BiG 1 빅 폰트(Big Font)
BiG 2 빅 픽쳐(Big Picture)
BiG 3 빅 북(Big Book)

ITQ 정보기술자격
POWER POINT 2016
파워포인트 2016

이 책의 차례

- 목차 ··· 2
- 렉스미디어 자료 다운로드 방법 ··· 4
- ITQ 시험 안내 ·· 6
- 이 책의 구성 ·· 8
- 채점 프로그램 다운로드 및 사용 방법 ································ 10
- ITQ 회원 가입 및 시험 접수 안내 ····································· 12

PART 01 출제유형 분석

Chapter 1 • 수험자 유의사항 및 답안 작성요령 ················ 17
    1. 수험자 등록하기 ··· 18
    2. 답안 작성 준비하기 ··· 19
    3. 답안 저장하고 전송하기 ······································ 21

Chapter 2 • 전체 구성 ··· 24
    1. 슬라이드 마스터에 제목 도형 작성하기 ··················· 25
    2. 텍스트 상자의 글꼴 서식 지정하기 ························· 30
    3. 로고 그림 삽입하기 ··· 31
    4. 슬라이드 번호 삽입하기 ······································ 33

Chapter 3 • 표지 디자인 ·· 40
    1. 도형 작성하기 ·· 41
    2. 도형 효과 지정하기 ··· 43
    3. 워드아트(WordArt) 작성하기 ································ 46
    4. 그림 삽입하기 ·· 49

Chapter 4 • 목차 슬라이드 ··· 56
    1. 목차 도형 작성하기 ··· 57
    2. 텍스트 입력하기 ··· 61
    3. 하이퍼링크 지정하기 ··· 65
    4. 그림 삽입하기 ·· 66

Chapter 5 • 텍스트/동영상 슬라이드 ···························· 72
    1. 텍스트 입력 및 글머리 기호 지정하기 ····················· 73
    2. 단락 서식 지정하기 ··· 77
    3. 동영상 삽입하기 ··· 80

Chapter 6 • 표 슬라이드 ·· 84
    1. 표 작성하기 ··· 85
    2. 표 스타일 지정하기 ··· 88
    3. 상단 도형 작성하기 ··· 90
    4. 좌측 도형 작성하기 ··· 93

이 책의 차례

Chapter 7 • 차트 슬라이드 ·· 100
    1. 차트 작성하기 ··· 101
    2. 차트 레이아웃 지정하기 ································ 105
    3. 차트 글꼴 및 색상 지정하기 ·························· 111
    4. 차트 축 서식 지정하기 ································· 114
    5. 도형 작성하기 ··· 116

Chapter8 • 도형 슬라이드 ·· 122
    1. 왼쪽 배경 도형 작성하기 ······························ 123
    2. 왼쪽 도형 작성하기 ····································· 127
    3. 오른쪽 도형 작성하기 ·································· 129
    4. 텍스트 상자 삽입하기 ·································· 136
    5. 스마트아트(SmartArt) 작성하기 ····················· 140
    6. 애니메이션 지정하기 ··································· 146

PART 01 실전모의문제

제01회 실전모의문제 ···158
제02회 실전모의문제 ···162
제03회 실전모의문제 ···166
제04회 실전모의문제 ···170
제05회 실전모의문제 ···174
제06회 실전모의문제 ···178
제07회 실전모의문제 ···182
제08회 실전모의문제 ···186
제09회 실전모의문제 ···190
제10회 실전모의문제 ···194

제11회 실전모의문제 ···198
제12회 실전모의문제 ···202
제13회 실전모의문제 ···206
제14회 실전모의문제 ···210
제15회 실전모의문제 ···214
제16회 실전모의문제 ···218
제17회 실전모의문제 ···222
제18회 실전모의문제 ···226
제19회 실전모의문제 ···230
제20회 실전모의문제 ···234

PART 01 기출예상문제

제1회 정보기술자격(ITQ) 시험
제2회 정보기술자격(ITQ) 시험
제3회 정보기술자격(ITQ) 시험
제4회 정보기술자격(ITQ) 시험
제5회 정보기술자격(ITQ) 시험
제6회 정보기술자격(ITQ) 시험
제7회 정보기술자격(ITQ) 시험

Last Summary (마무리 핵심요약)
(시험 당일날 가져가세요!)

기출예상문제
기출예상문제는 시험지와 똑같은 크기로 제작하였습니다.

렉스미디어 자료 다운로드 방법

1. 렉스미디어 홈페이지(www.rexmedia.net)에 접속한 후 **[자료실]-[대용량 자료실]**을 클릭합니다. 그런 다음 렉스미디어 자료실 페이지가 나타나면 **'수험서 관련\2024년 ITQ' 폴더를 선택**합니다.

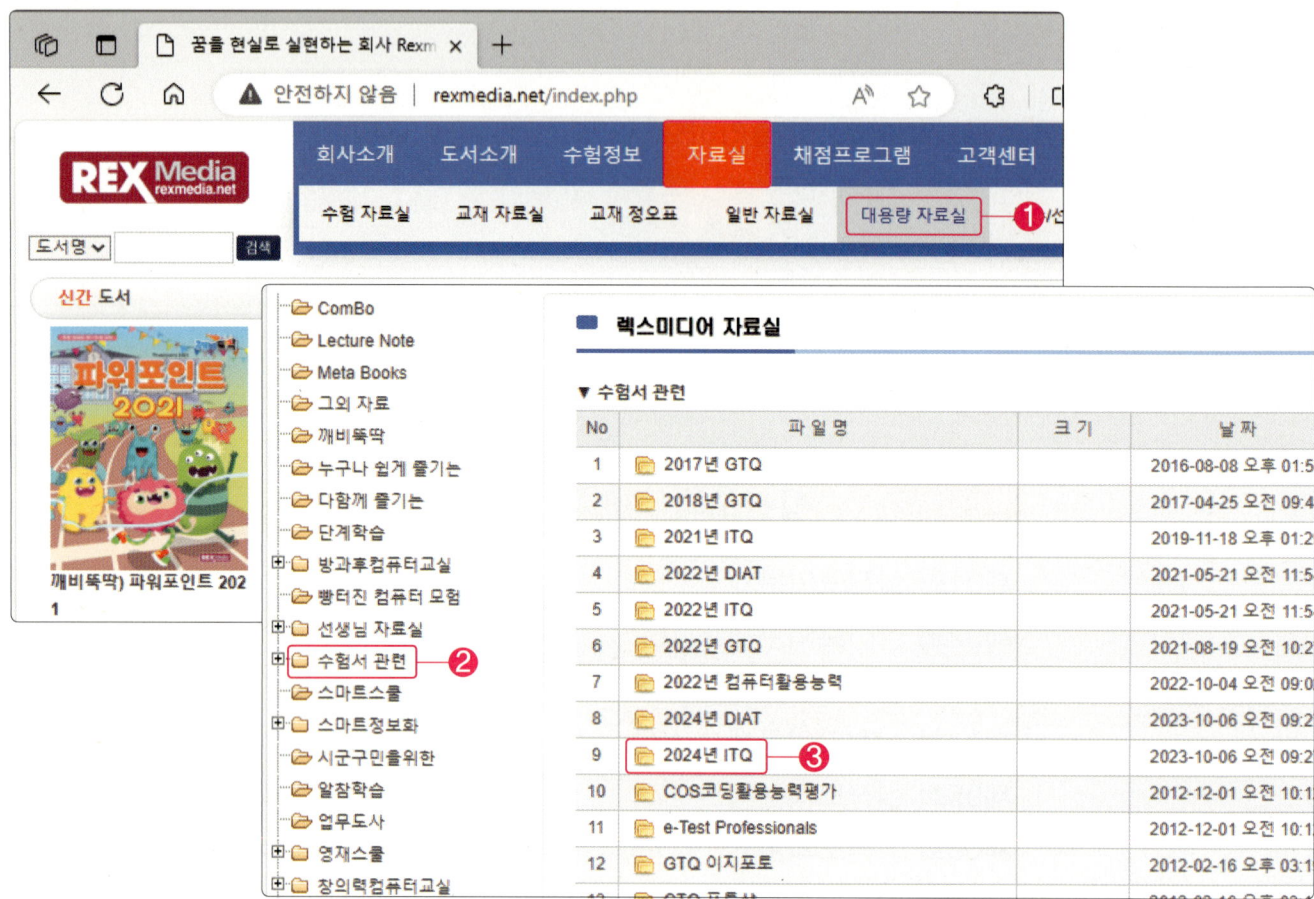

2. 2024년 ITQ화면이 나타나면 **(빅라플) ITQ 파워포인트2016.zip를 클릭**합니다.

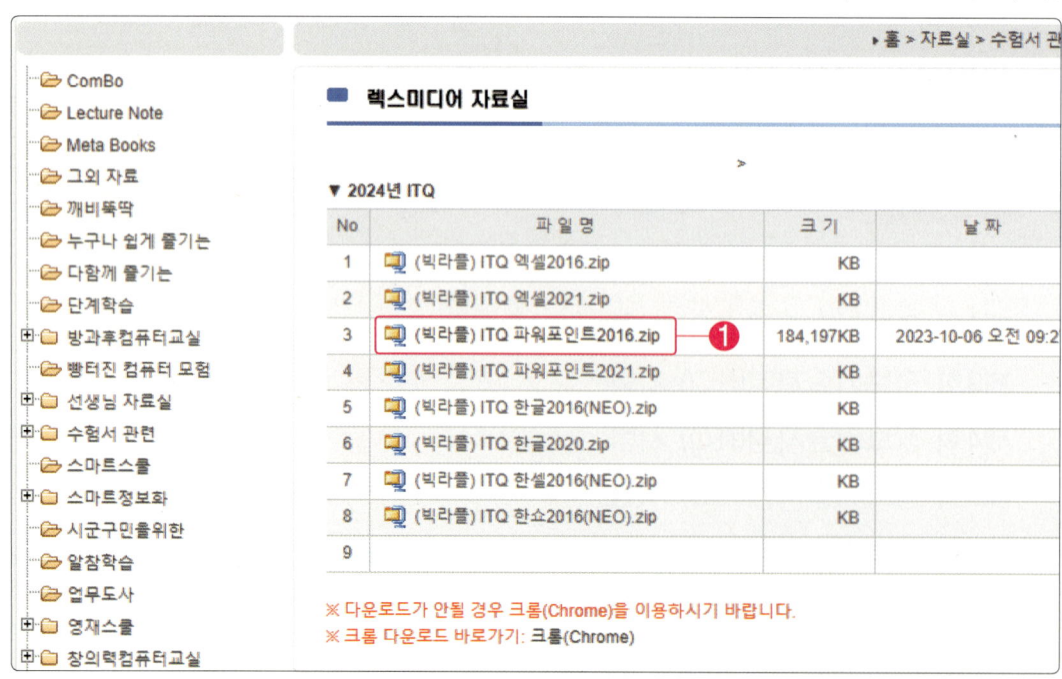

렉스미디어 자료 다운로드 방법

3. 다운로드가 완료되면 [폴더에 표시]를 클릭합니다.

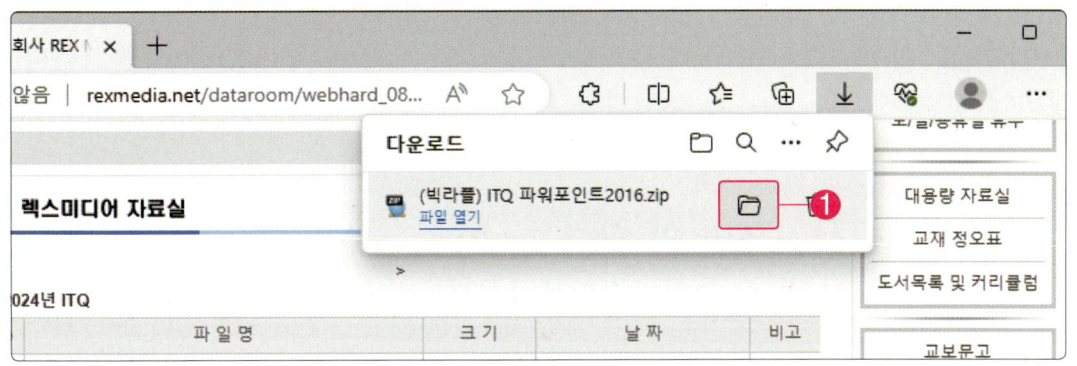

4. 'C:\(빅라플) ITQ 파워포인트2016' 폴더에 압축 해제하면 다음과 같이 (빅라플) ITQ 파워포인트2016 자료가 다운로드된 것을 확인할 수 있습니다.

❶ [ITQ] 시험에 사용되는 파일이 담겨져 있습니다.
❷ [1Part 출제유형분석]에서 사용하는 소스파일과 완성파일이 담겨져 있습니다.
❸ [2Part 실전모의문제]에서 다룬 문제의 완성파일이 담겨져 있습니다.
❹ [3Part 기출예상문제]에서 다룬 문제의 완성파일이 담겨져 있습니다.
❺ ITQ 수험자용 프로그램입니다.(설치 후 사용하세요)

5. ITQ 폴더를 복사한 후 '내 PC\문서' 폴더에 붙여넣기 합니다.

ITQ 시험 안내

ITQ 시험이란?
- 정보기술 능력 또는 정보기술 활용능력을 객관적으로 평가하는 시험입니다.
- 정보기술 관리 및 실무능력 수준을 지수화하고 등급화 시키는 국가 인증 시험입니다.
- 산업인력의 정보 경쟁력을 높이고 정보화를 촉진시키기 위한 목적의 국가공인자격을 말합니다.

공정성, 객관성, 신뢰성이 확보된 첨단 OA자격 시험
- 2002년 1월 11일 정보통신부(현 과학기술정보통신부) 공인을 획득한 국가공인자격 시험입니다.
- 1957년 산업발전법에 의거하여 설립된 한국생산성본부에서 시행합니다.

현장실무 위주의 시험
- 실무중심의 작업형문제로 출제되어 현장 활용도가 높습니다.
- 단체 구성원의 정례화된 목표 지향이 용이하며, 개인의 변별력을 확보할 수 있습니다.
- 특히 구성원의 업무 차별화에 따른 과목 선택이 가능합니다.

발전성과 활용성이 탁월
- 동일 시험과목에 응시가 가능하며, 취득한 성적별로 A·B·C등급을 부여하여 업그레이드 할 수 있습니다.
- 많은 공공기관, 대기업, 중소기업, 대학 등에서 정보기술자격 제도로 ITQ를 채택하여 활용하고 있습니다.

학습이 용이
- 8과목 중 1과목만 취득하여도 국가공인자격이 부여됩니다.
- 쉽고 자세한 학습용 교재가 다양하게 개발되어 있으며, 교육 커리큘럼이 우수합니다.

실기시험만으로 평가
- 필기시험이 없습니다.
- 실질적으로 업무에 필요한 실무 작업형의 문제로 실기시험만으로 평가하는 미래형 첨단 IT자격입니다.

시험 일정 및 검정 수수료
- 시험 일정 및 검정 수수료는 https://license.kpc.or.kr 홈페이지의 [접수/수험표 확인] 에서 확인할 수 있습니다.

시험 시행처 안내
- 주관 : 한국생산성본부 ITQ센터(https://license.kpc.or.kr)
  서울 종로구 새문안로 5가길 32 생산성빌딩
- 전화 : 1577-9402(유료)

ITQ 시험 안내

ITQ 시험 과목 및 시험 프로그램

시험 과목	시험 프로그램	시험 방법	시험 시간
아래한글 한셀 한쇼	한컴오피스 2020/2016(NEO) 병행 ※한셀/한쇼 과목은 NEO버전으로만 운영	실무 작업형 실기시험 하루에 3과목까지 응시가능	과목당 60분
MS 워드 한글 엑셀 한글 파워포인트 한글 액세스	MS 오피스 2021/2016 병행		
인터넷	내장브라우저 IE8:0 이상		

ITQ 시험 등급

ITQ 시험은 과목별로 500점 만점을 기준으로 A 등급부터 C 등급까지 등급별 자격을 부여합니다. 이 중 3과목 이상 A 등급을 취득하면 OA 마스터 자격을 부여하는데, 한두 과목에서 낮은 등급을 받았을 경우 다시 응시하여 A 등급으로 업그레이드하면 됩니다.

A 등급	B 등급	C 등급
400점~500점	300점~399점	200점~299점

※ OA 마스터 신청시 아래한글과 MS 워드는 같은 종목으로 인정됩니다.

ITQ 파워포인트 2016 버전의 문항 및 배점

문항	배점	주요내용
전체 구성	60점	슬라이드 크기, 슬라이드 개수 및 순서, 슬라이드 번호, 그림 편집, 슬라이드 마스터 등 전체적인 구성 내용을 평가
1. 표지 디자인	40점	도형과 그림을 이용한 제목 슬라이드 작성 능력 평가 ▶ 도형에 그림 삽입 및 도형 효과, 워드아트, 로고 삽입(투명한 색 설정)
2. 목차 슬라이드	60점	목차에 따른 하이퍼링크와 도형, 그림 배치 능력을 평가 ▶ 도형 편집 및 효과, 하이퍼링크, 그림 편집
3. 텍스트/동영상 슬라이드	60점	텍스트 간의 조화로운 배치 능력을 평가 ▶ 텍스트 편집 / 목록 수준 조절 / 글머리 기호 / 내어쓰기, 동영상 삽입
4. 표 슬라이드	80점	파워포인트 내에서의 표 작성 능력 평가 ▶ 표 삽입 및 편집, 도형 편집 및 효과
5. 차트 슬라이드	100점	프리젠테이션을 위한 차트를 작성할 수 있는 종합 능력 평가 ▶ 차트 삽입 및 편집, 도형 편집 및 효과
6. 도형 슬라이드	100점	도형을 이용한 슬라이드 작성 능력 평가 ▶ 도형 및 스마트아트 이용 : 실무에 활용되는 다양한 도형 작성, 그룹화 / 애니메이션 효과

이 책의 구성

출제유형분석
ITQ 시험의 출제유형을 작업별로 분석하여 자세하게 설명하였습니다.

따라하기 제공파일
따라하기에서 사용하는 소스 파일과 완성파일입니다.

문제
작업별로 풀어야 할 문제입니다.

체크! 체크!
작업별로 문제를 풀어가는 과정을 요약한 것입니다.

한가지 더!
ITQ 시험의 출제유형과 관련은 있지만 따라하기에서 다루지 못한 내용입니다. ITQ 시험의 출제유형을 이해하는 데 도움이 되는 경우 설명하였습니다.

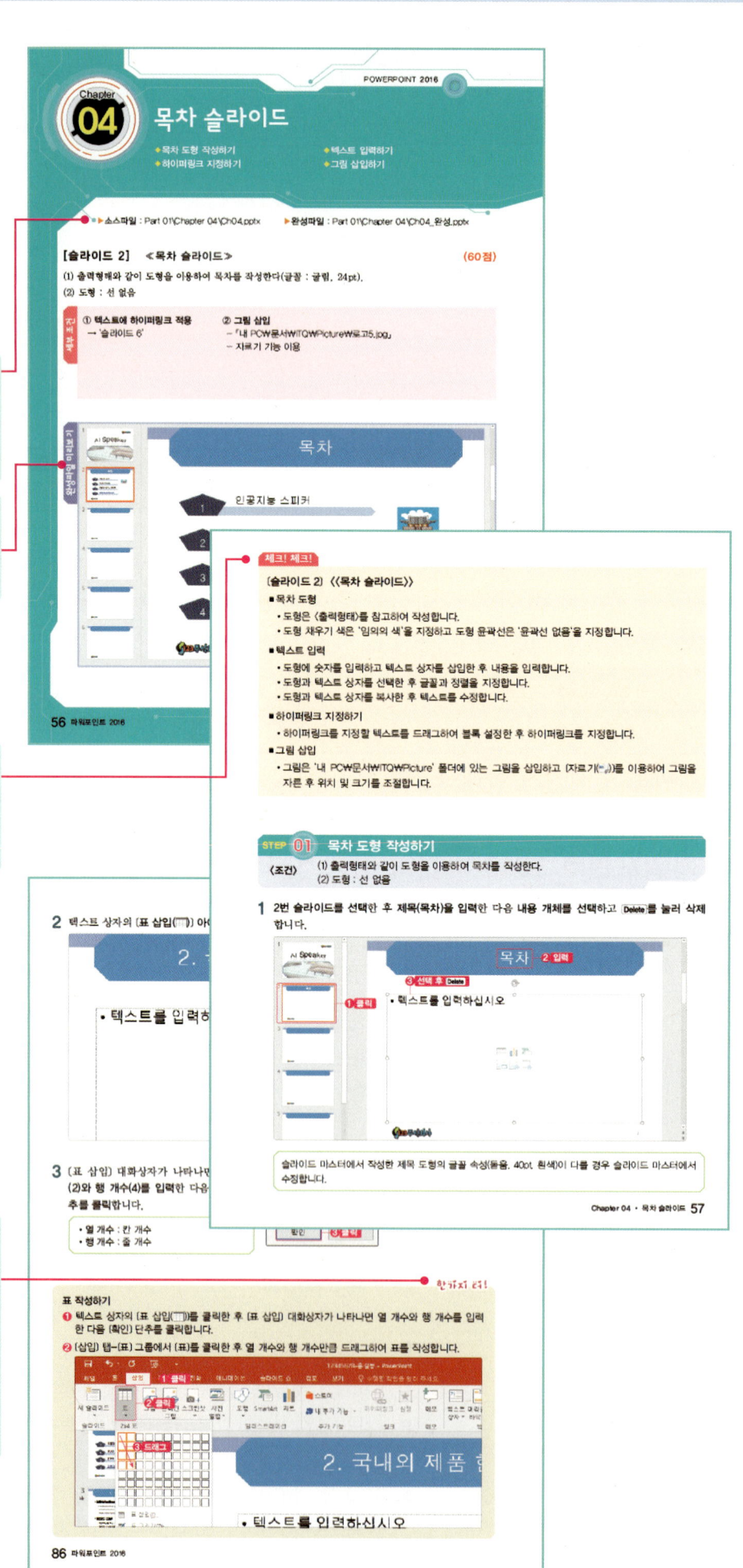

이 책의 구성

실전문제유형

작업별로 실전문제유형 문제를 마련하여 ITQ 시험을 쉽고 빠르게 준비할 수 있도록 하였습니다.

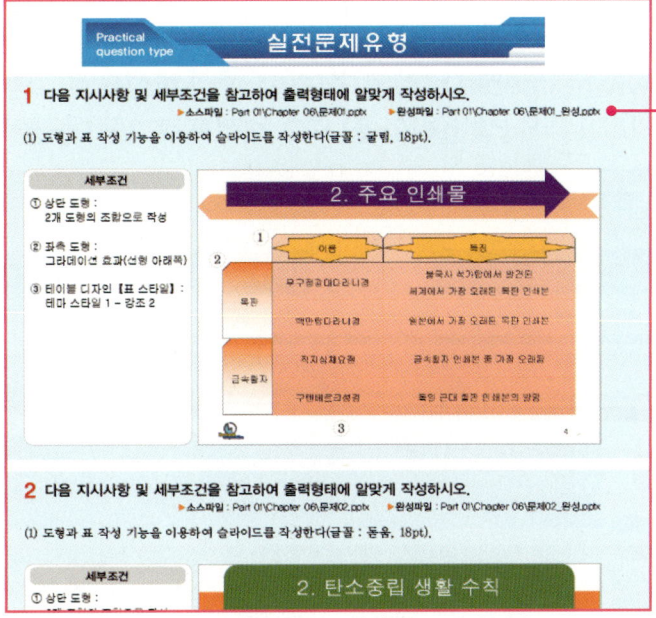

실전문제유형 연습파일
실전문제유형 문제에서 사용하는 소스파일과 완성파일입니다.

실전모의문제

실전모의문제 20회를 마련하여 ITQ 시험에 100% 대비할 수 있도록 하였습니다.

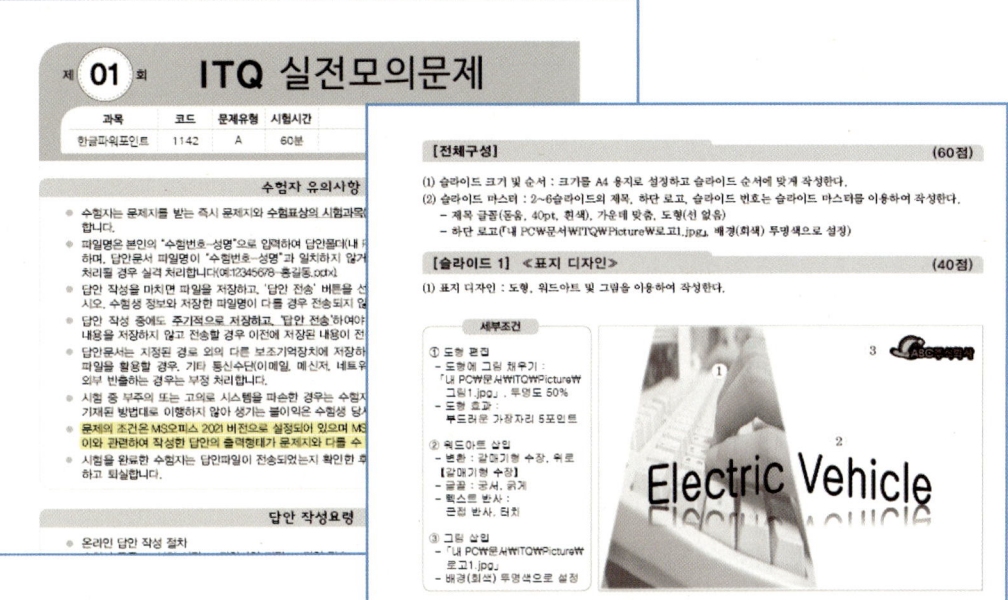

기출예상문제

기출예상문제 7회를 마련하여 ITQ 시험에 100% 대비할 수 있도록 하였습니다.

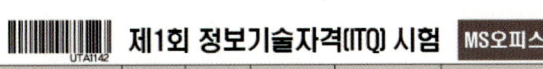

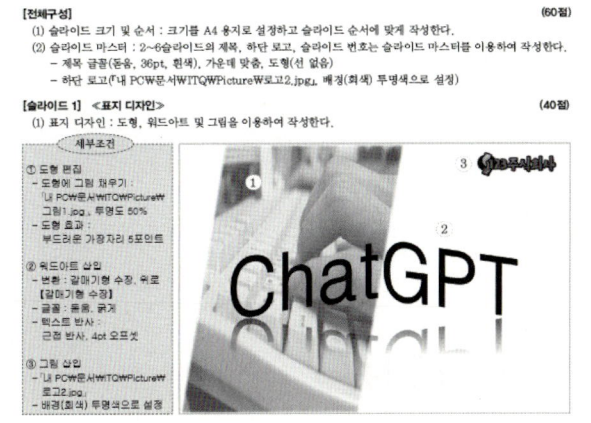

채점 프로그램 다운로드 및 사용 방법

◆ **채점 프로그램 다운로드**

1. 렉스미디어 **홈페이지(www.rexmedia.net)에 접속**한 후 **[채점프로그램]-[ITQ]를 클릭**한 다음 ITQ 채점프로그램 페이지가 나타나면 **[(빅라플) ITQ 채점프로그램]을 클릭**합니다.

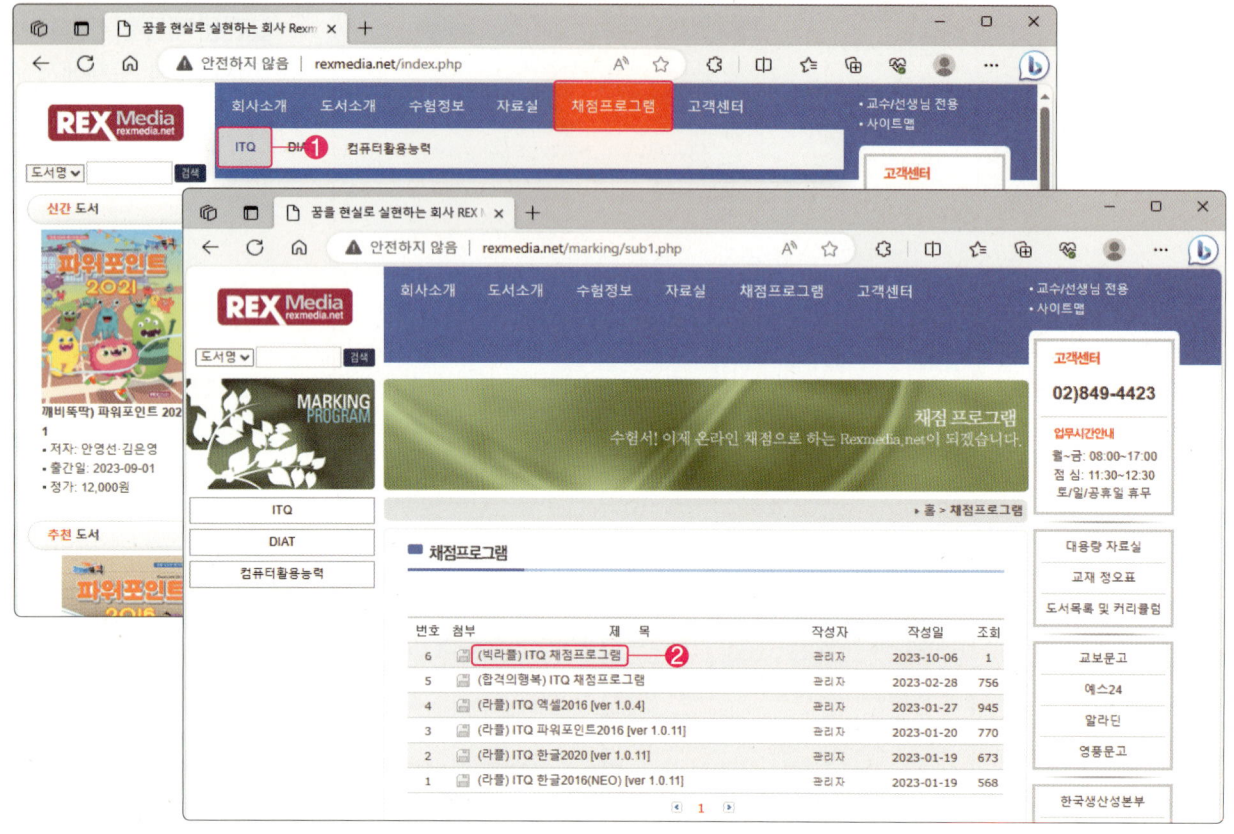

※ 채점 프로그램은 주기적으로 업데이트를 실시합니다.

◆ **채점 프로그램 사용 방법**

1. **채점 프로그램을 설치**한 후 **설치된** 프로그램을 실행시킨 다음 **원하는 과목을 선택**합니다.

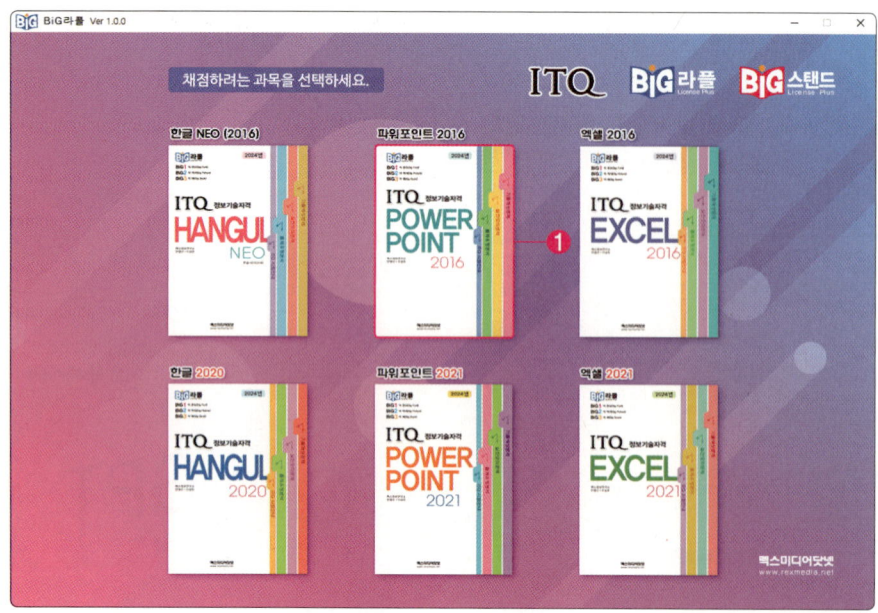

채점 프로그램 다운로드 및 사용 방법

2. 파워포인트 2016 화면이 나타나면 **원하는 회차를 선택**합니다.

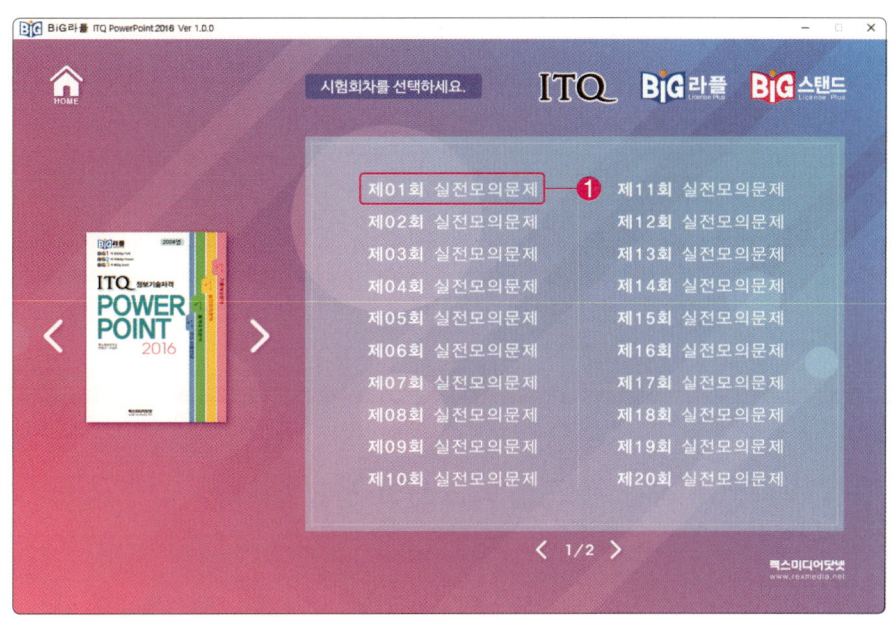

3. 채점 화면이 나타나면 **정답파일을 선택**한 후 **학생답안** 파일을 불러온 다음 **채점 단추를 클릭**합니다. 채점이 완료되면 항목별 점수 및 총점수를 확인 할 수 있습니다. 각 항목별 버튼을 클릭하면 채점 결과를 확인 할 수 있습니다.

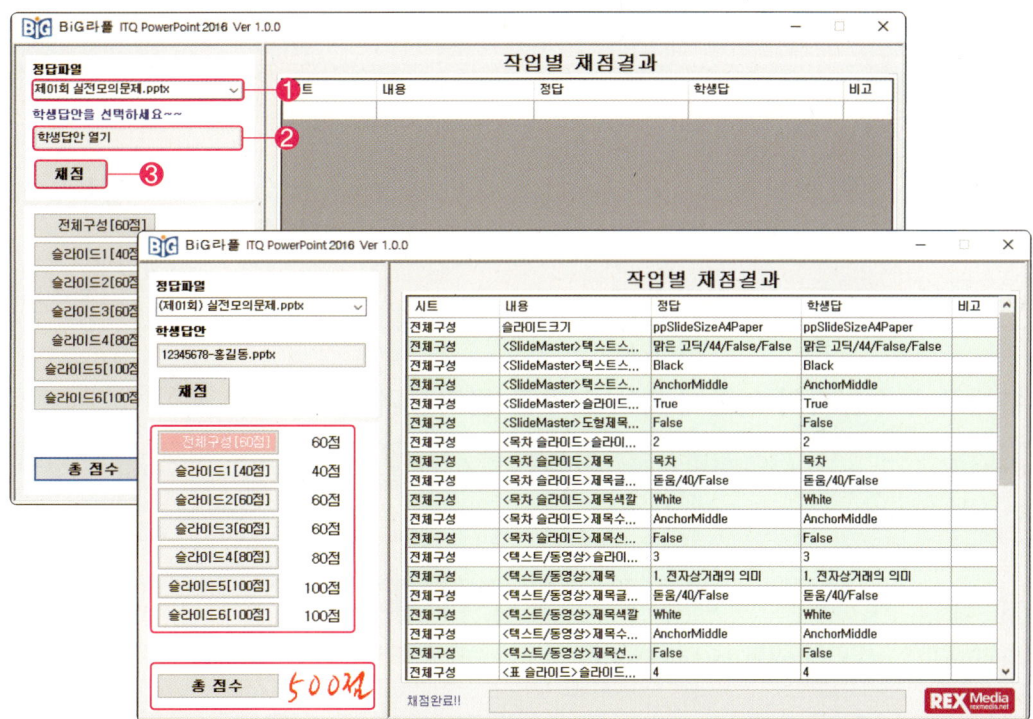

※ 채점 프로그램 사용시 주의사항

- 오피스 프로그램이 정품이 아닌 경우 채점 프로그램이 정상적으로 실행되지 않습니다.
- 렉스미디어에서 제공하지 않은 파일로 답안을 작성할 경우 오류가 발생할 수 있습니다.
- 채점 프로그램은 오피스 프로그램의 한계로 100% 정확한 채점은 어렵습니다. 학습에 도움을 드리고자 제공하오니 참고용 자료로 활용해 주시기 바랍니다.

ITQ 회원 가입 및 시험 접수 안내

◆ ITQ 회원 가입하기

1 ITQ 자격 검정 사이트(https://license.kpc.or.kr)에 접속한 후 오른쪽 위의 [회원가입]을 클릭합니다.

2 [회원가입] 페이지가 나타나면 [전체 약관 동의]를 체크하여 선택합니다.

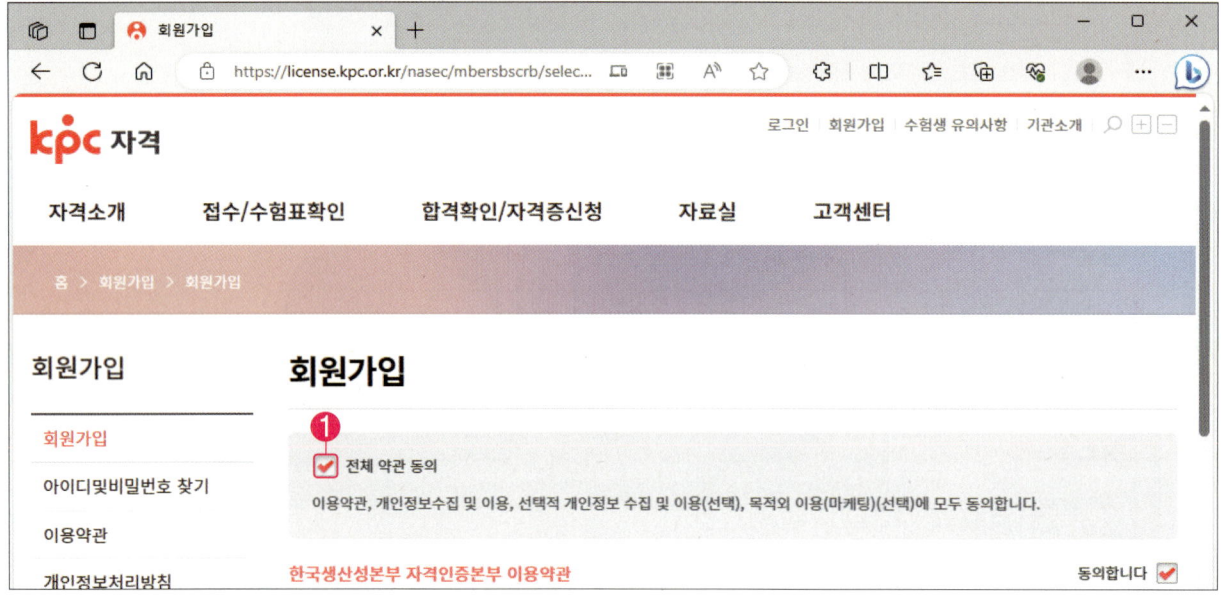

3 페이지의 아래쪽에 **수험자의 기준에 맞는 단추를 클릭**합니다.

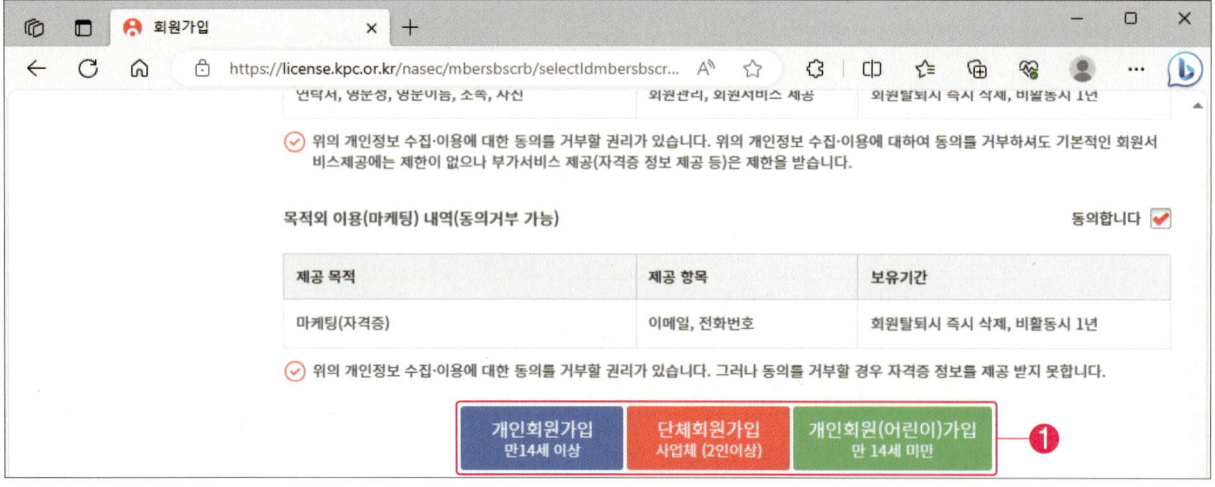

※ 회원 가입 절차는 시험 주관사에 의해 변경될 수도 있습니다.

※ 회원가입 (만14세 미만 개인회원)
   만14세 미만 학생은 [개인회원(어린이) 가입 만14세 미만]을 클릭합니다.

ITQ 회원 가입 및 시험 접수 안내

4 회원가입(개인회원)의 [본인인증] 페이지가 나타나면 '**본인인증**' 절차를 진행합니다. 본인 명의의 **휴대폰이 있는 수험자는 '휴대폰 본인인증'을 클릭, 휴대폰이 없는 수험자는 'IPIN 인증'을 클릭**합니다.

> **회원가입 (만14세 미만 개인회원)**
>
> 회원가입(만14세 미만 개인회원) 페이지가 나타나면 '보호자(법적대리인) 본인인증'의 [동의합니다]를 체크하여 선택합니다.
>
> 1. 만14세 미만 개인회원일 경우 '보호자(법적대리인) 본인인증' 절차를 진행한 후 '14세미만 본인인증' 절차를 진행해야 합니다.

5 [개인정보 입력] 페이지가 나타나면 '**기본 정보**' 및 '**추가 정보**'를 입력한 후 [**가입하기**] 단추를 클릭합니다. 회원가입을 묻는 대화상자가 나타나면 [예] 단추를 클릭합니다.

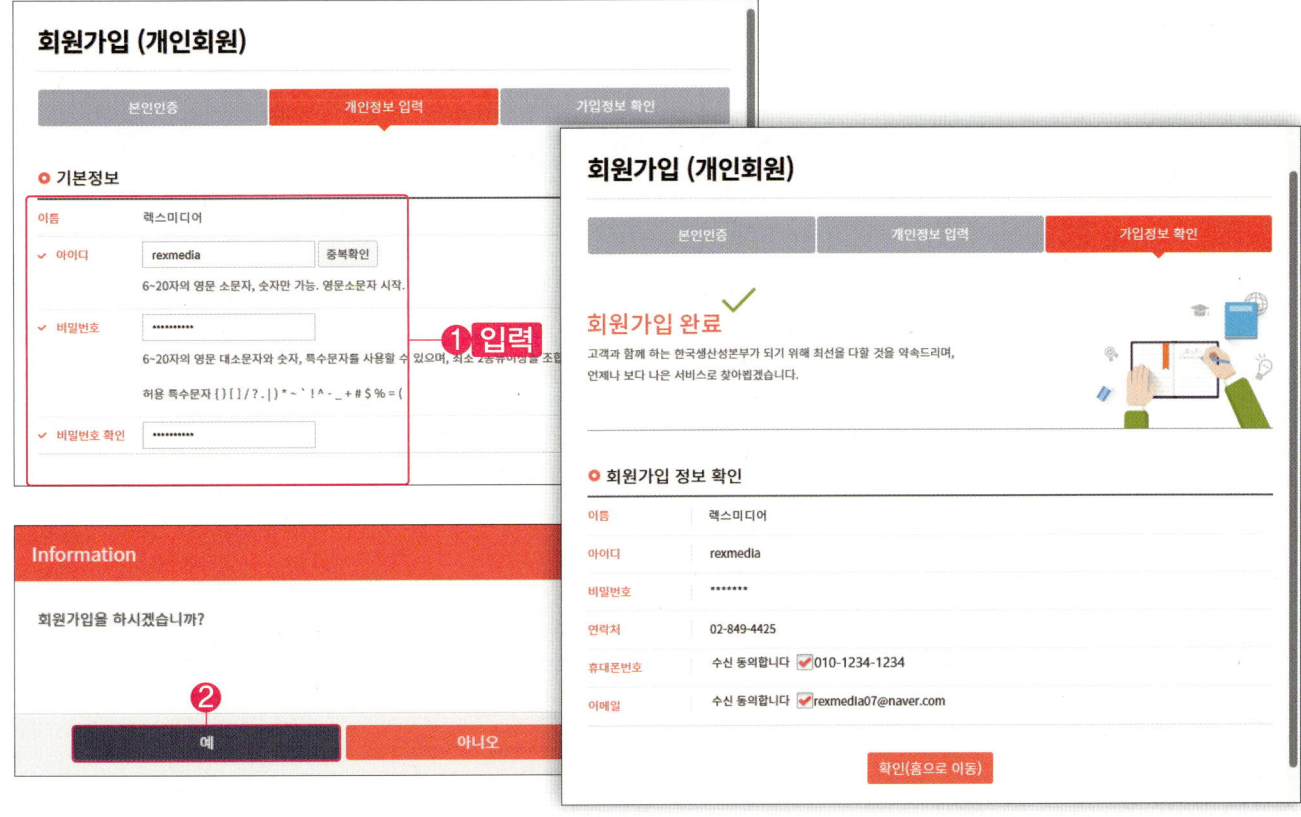

ITQ 시험 접수 안내 13

ITQ 회원 가입 및 시험 접수 안내

◆ **ITQ 시험 접수 안내**

- ◆ 응시 원서의 입력 항목에 따라 지역 및 고사장을 선택하고 신상명세 입력, 본인 사진을 등록합니다.
  - 사진 등록을 위한 이미지 파일은 온라인 편집이 가능합니다.
- ◆ 응시 원서 작성이 끝나면 결제 화면에서 신용카드 및 온라인 이체로 응시료를 결제합니다.
  - 결재 금액은 응시료 + 인터넷 접수 건별 소정의 수수료가 산정됩니다.
- ◆ 응시 원서 작성과 온라인 결제가 끝나면 ITQ 시험 접수 확인증이 화면에 출력되고 인쇄 기능이 지원됩니다.

인터넷 접수

인터넷 원서 접수 기간 확인
↓
| 단체 회원 로그인 | 개인 회원 가입 확인 |
↓ ↓
| 접수 방법 선택 | 개인 정보 확인 |
↓ ↓
| 지역/고사장/응시 회원 편집 | 지역/고사장/과목 선택 |
↓ ↓
| 결제 | 결제 |
↓ ↓
| 접수 완료/확인 | 접수증 확인(출력) |
↓
수험표 확인(시험일 2일전까지 사진 등록)
↓
시험 응시

방문 접수

방문 접수 기간 확인
↓
지역센터 위치 확인
↓
개인 회원 가입 확인
↓
지역별 방문 접수(원서작성)
↓
응시료 입금
↓
수험표 확인
↓
시험 응시

BiG 1 빅 폰트(Big Font)
BiG 2 빅 픽쳐(Big Picture)
BiG 3 빅 북(Big Book)

ITQ 정보기술자격
POWER POINT 2016

PART 01
출제유형분석

PART 01
출제유형분석 차례

BIG 라플

Chapter 1 수험자 유의사항 및 답안 작성요령 ········· 17
- 수험자 등록하기
- 답안 작성 준비하기
- 답안 저장하고 전송하기

Chapter 2 전체 구성 ········· 24
- 슬라이드 마스터에 제목 도형 작성하기
- 텍스트 상자의 글꼴 서식 지정하기
- 로고 그림 삽입하기
- 슬라이드 번호 삽입하기

Chapter 3 표지 디자인 ········· 40
- 도형 작성하기
- 도형 효과 지정하기
- 워드아트(WordArt) 작성하기
- 그림 삽입하기

Chapter 4 목차 슬라이드 ········· 56
- 목차 도형 작성하기
- 텍스트 입력하기
- 하이퍼링크 지정하기
- 그림 삽입하기

Chapter 5 텍스트/동영상 슬라이드 ········· 72
- 텍스트 입력 및 글머리 기호 지정하기
- 단락 서식 지정하기
- 동영상 삽입하기

Chapter 6 표 슬라이드 ········· 84
- 표 작성하기
- 표 스타일 지정하기
- 상단 도형 작성하기
- 좌측 도형 작성하기

Chapter 7 차트 슬라이드 ········· 100
- 차트 작성하기
- 차트 레이아웃 지정하기
- 차트 글꼴 및 색상 지정하기
- 차트 축 서식 지정하기
- 도형 작성하기

Chapter 8 도형 슬라이드 ········· 122
- 왼쪽 배경 도형 작성하기
- 왼쪽 도형 작성하기
- 오른쪽 도형 작성하기
- 텍스트 상자 삽입하기
- 스마트아트(SmartArt) 작성하기
- 애니메이션 지정하기

BIG 라플

- 각 페이지에서 문제를 해결할 수 있도록 문제조건을 상단에 추가하였습니다.
- 시험에 나오는 내용만 학습합니다.
- 시험문제는 흑백이지만, 교육 효과를 위해 칼라로 학습합니다.
- 실제 문제보다 글자와 화면이 조금 큽니다.

수험자 유의사항 및 답안 작성요령

◆ 수험자 등록하기
◆ 답안 저장하고 전송하기
◆ 답안 작성 준비하기

▶ 소스파일 : 없음   ▶ 완성파일 : Part 01\Chapter 01\Ch01_완성.pptx

수험자 유의사항

- 수험자는 문제지를 받는 즉시 문제지와 <u>수험표상의 시험과목(프로그램)이 동일한지 반드시 확인</u>하여야 합니다.
- 파일명은 본인의 "수험번호-성명"으로 입력하여 답안폴더(내 PC\문서\ITQ)에 하나의 파일로 저장해야 하며, 답안문서 파일명이 "수험번호-성명"과 일치하지 않거나, 답안파일을 전송하지 않아 미제출로 처리될 경우 실격 처리합니다(예:12345678-홍길동.pptx).
- 답안 작성을 마치면 파일을 저장하고, '답안 전송' 버튼을 선택하여 감독위원 PC로 답안을 전송하십시오. 수험생 정보와 저장한 파일명이 다를 경우 전송되지 않으므로 주의하시기 바랍니다.
- 답안 작성 중에도 <u>주기적으로 저장하고, '답안 전송'</u>하여야 문제 발생을 줄일 수 있습니다. 작업한 내용을 저장하지 않고 전송할 경우 이전에 저장된 내용이 전송되오니 이점 유의하시기 바랍니다.
- 답안문서는 지정된 경로 외의 다른 보조기억장치에 저장하는 경우, 지정된 시험 시간 외에 작성된 파일을 활용할 경우, 기타 통신수단(이메일, 메신저, 네트워크 등)을 이용하여 타인에게 전달 또는 외부 반출하는 경우는 부정 처리합니다.
- 시험 중 부주의 또는 고의로 시스템을 파손한 경우는 수험자가 변상해야 하며, 〈수험자 유의사항〉에 기재된 방법대로 이행하지 않아 생기는 불이익은 수험생 당사자의 책임임을 알려 드립니다.
- <u>문제의 조건은 MS오피스 2021 버전으로 설정되어 있으며 MS오피스 2016은 【 】에 표기되어 있습니다. 이와 관련하여 작성한 답안의 출력형태가 문제지와 다를 수 있습니다.</u>
- 시험을 완료한 수험자는 답안파일이 전송되었는지 확인한 후 감독위원의 지시에 따라 문제지를 제출하고 퇴실합니다.

답안 작성요령

- 온라인 답안 작성 절차
  수험자 등록 ⇒ 시험 시작 ⇒ 답안파일 저장 ⇒ 답안 전송 ⇒ 시험 종료
- 슬라이드의 크기는 A4 Paper로 설정하여 작성합니다.
- 슬라이드의 총 개수는 6개로 구성되어 있으며 슬라이드 1부터 순서대로 작업하고 반드시 문제와 세부 조건대로 합니다.
- 별도의 지시사항이 없는 경우 출력형태를 참조하여 글꼴색은 검정 또는 흰색으로 작성하고, 기타사항은 전체적인 균형을 고려하여 작성합니다.
- 슬라이드 도형 및 개체에 출력형태와 다른 스타일(그림자, 외곽선 등)을 적용했을 경우 감점처리 됩니다.
- 슬라이드 번호를 작성합니다(슬라이드 1에는 생략).
- 2~6번 슬라이드 제목 도형과 하단 로고는 슬라이드 마스터를 이용하여 출력형태와 동일하게 작성합니다 (슬라이드 1에는 생략).
- 문제와 세부조건, 세부조건 번호 ○(점선원)는 입력하지 않습니다.
- 각 개체의 위치는 오른쪽의 슬라이드와 동일하게 구성합니다.
- 그림 삽입 문제의 경우 반드시 「내 PC\문서\ITQ\Picture」폴더에서 정확한 파일을 선택하여 삽입하십시오.
- 각 슬라이드를 각각의 파일로 작업해서 저장할 경우 실격 처리됩니다.

체크! 체크!

수험자 유의사항 및 답안 작성요령

- **수험자 등록** : 수험번호를 입력한 후 수험 정보를 확인한 다음 감독위원의 지시사항에 따릅니다.
- **[전체 구성] 페이지 설정** : 슬라이드 크기는 'A4 용지(210×297mm)'로 지정하며 슬라이드는 총 6개를 작성합니다.
- **답안 저장 및 전송**
  - 저장 위치(내 PC\문서\ITQ)를 선택한 후 파일명(수험번호-성명)으로 저장한 다음 감독위원 PC로 답안을 전송합니다.
  - 저장 위치 및 파일명을 잘못 지정할 경우 답안 전송이 되지 않으니 꼭! 확인해야 합니다.

STEP 01 수험자 등록하기

1 KOAS 수험자용 프로그램을 실행하기 위해 바탕화면에서 **KOAS 수험자용 아이콘을 더블클릭**합니다.

2 [수험자 등록] 대화상자가 나타나면 **수험자와 수험번호를 입력**한 후 **수험과목(한글파워포인트)을 선택**한 다음 **[확인] 단추를 클릭**합니다.

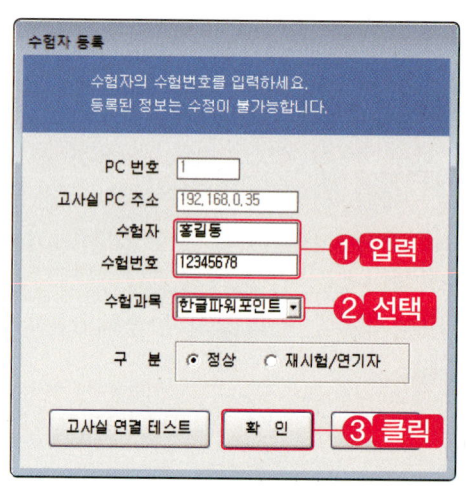

> 실제 시험에서는 수험번호(본인의 수험번호)만 입력합니다.

3 수험번호와 구분이 맞는지 묻는 대화상자가 나타나면 수험번호와 구분을 확인한 후 **[예] 단추를 클릭**합니다.

4 [수험자 정보] 대화상자가 나타나면 수험번호, 성명, 수험과목, 좌석번호, 답안 폴더를 확인한 후 **[확인] 단추를 클릭**합니다.

5 컴퓨터가 잠금 상태가 되면 감독위원이 시험을 시작할 때까지 대기합니다.

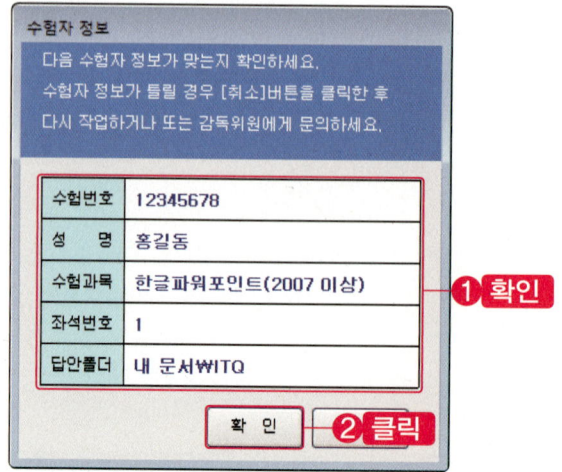

STEP 02 답안 작성 준비하기

〈전체구성〉 (1) 슬라이드 크기 및 순서 : 크기를 A4 용지로 설정하고 슬라이드 순서에 맞게 작성한다.

1 파워포인트를 실행하기 위해 [**시작()**]을 **클릭**한 후 앱 뷰에서 [**PowerPoint 2016()**]을 **클릭**합니다.

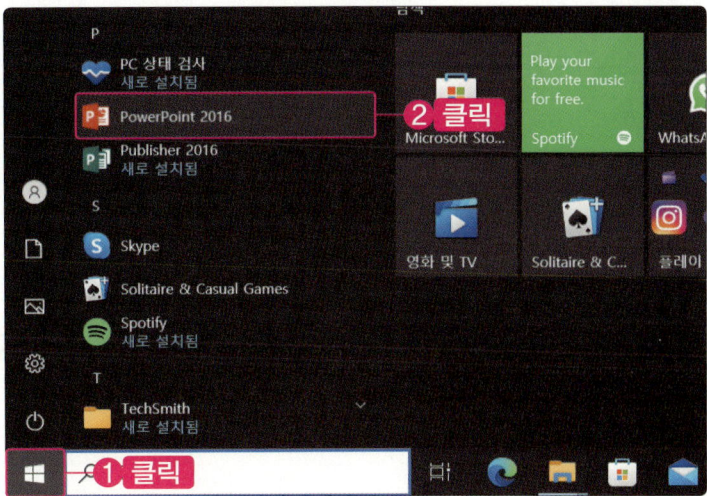

2 파워포인트 시작 화면이 나타나면 [**새 프레젠테이션**]을 **클릭**합니다.

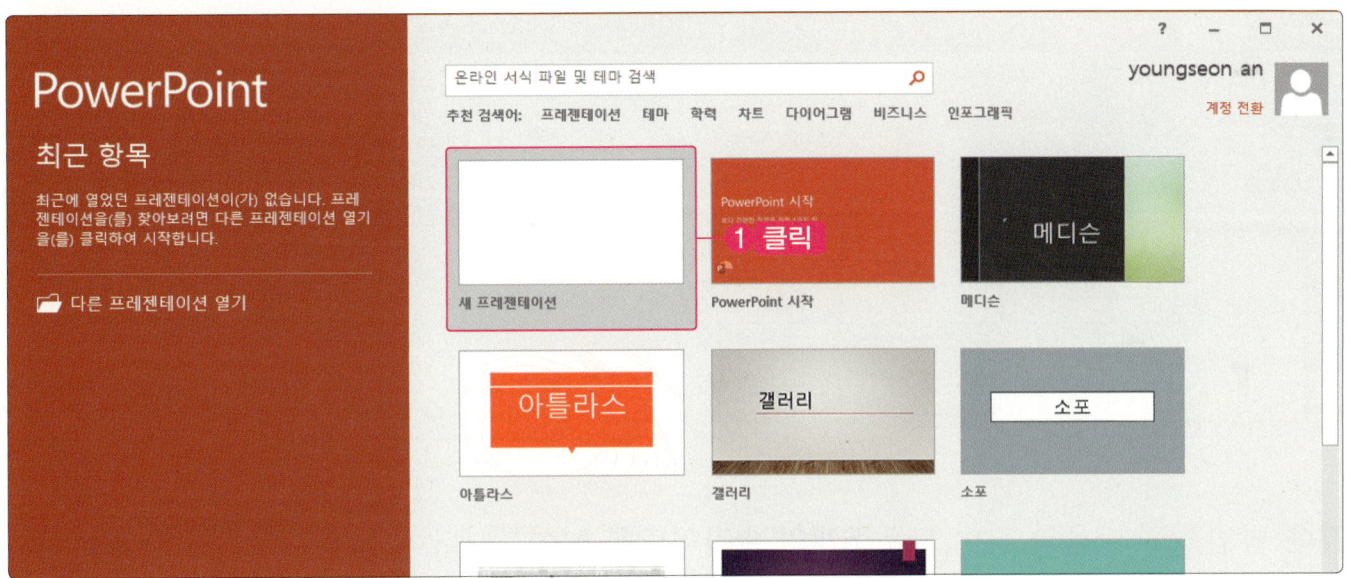

3 파워포인트 화면이 나타나면 슬라이드 크기를 지정하기 위해 [**디자인**] **탭**을 **클릭**한 후 [**슬라이드 크기**]-[**사용자 지정 슬라이드 크기**]를 **클릭**합니다.

Chapter 01 • 수험자 유의사항 및 답안 작성요령   19

4 〔슬라이드 크기〕 대화상자가 나타나면 **슬라이드 크기(A4 용지(210×297mm))를 선택**한 후 〔확인〕 단추를 클릭합니다. 그런다음 〔Microsoft PowerPoint〕 대화상자가 나타나면 〔**맞춤 확인**〕을 클릭합니다.

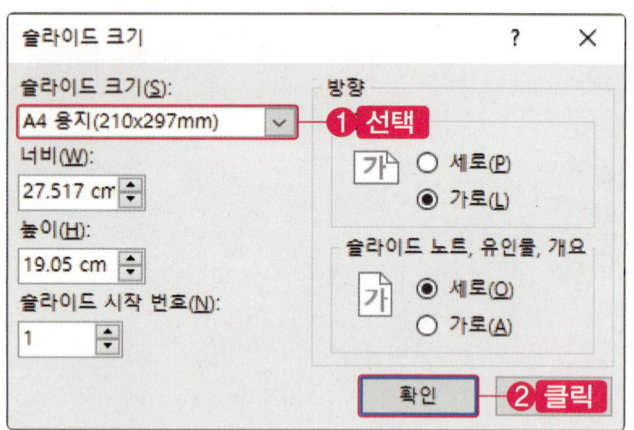
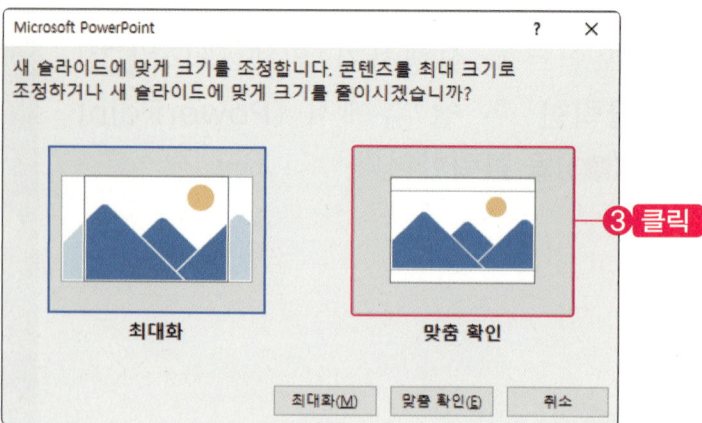

5 새로운 슬라이드를 삽입하기 위해 〔홈〕 탭-〔슬라이드〕 그룹에서 〔새 슬라이드〕의 **(목록(▼))** 단추를 클릭한 다음 〔**제목 및 내용**〕을 클릭합니다.

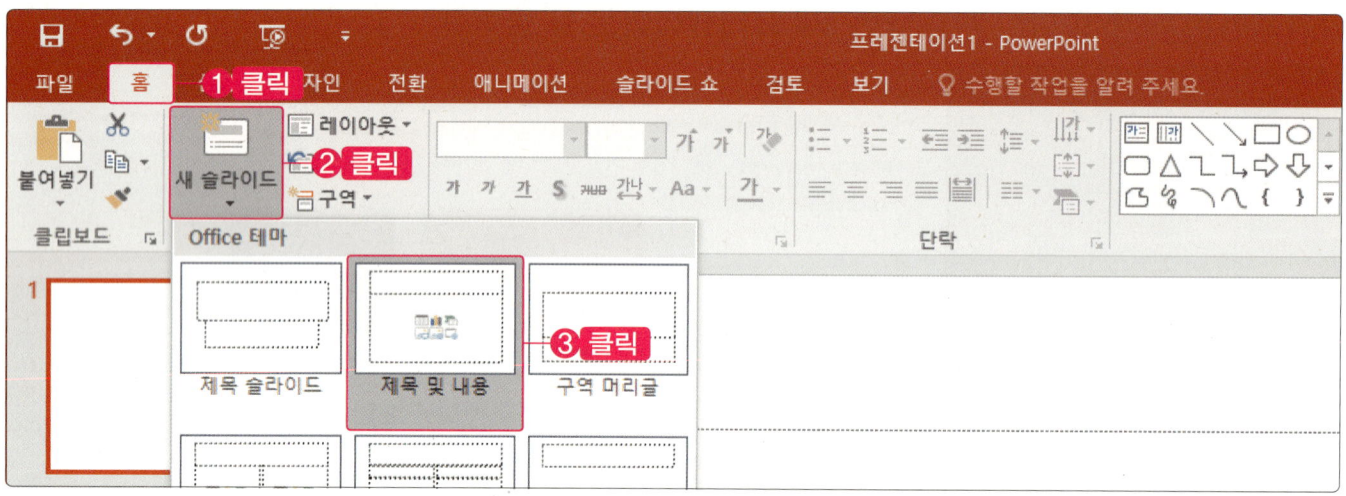

6 같은 방법으로 다음과 같이 모두 **6개의 슬라이드를 작성**합니다.

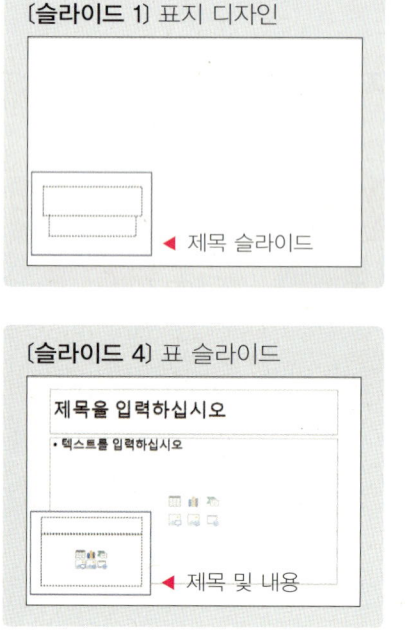
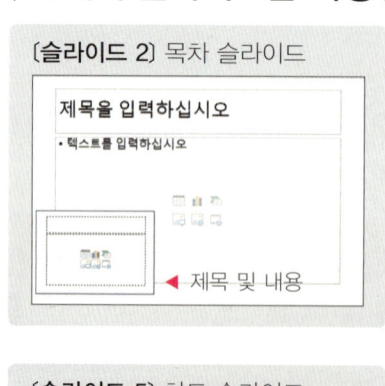
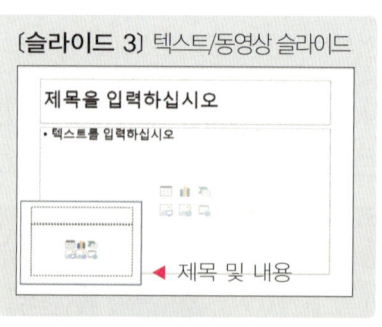
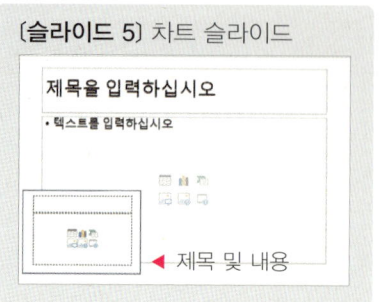
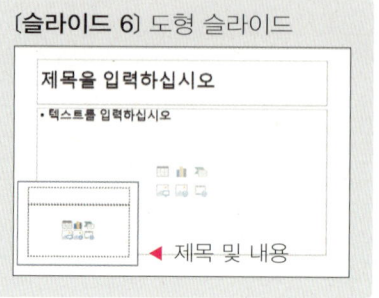

STEP 03 답안 저장하고 전송하기

수험자 유의사항: 파일명은 본인의 "수험번호-성명"으로 입력하여 답안폴더(내 PC₩문서₩ITQ)에 하나의 파일로 저장해야하며, 답안문서 파일명이 "수험번호-성명"과 일치하지 않거나, 답안파일을 전송하지 않아 미제출로 처리될 경우 실격 처리합니다(예:12345678-홍길동.pptx).

1 답안을 저장하기 위해 [**파일**] **탭을 클릭**한 후 [**다른 이름으로 저장**] **탭을 클릭**한 다음 [**찾아보기**]를 **클릭**합니다.

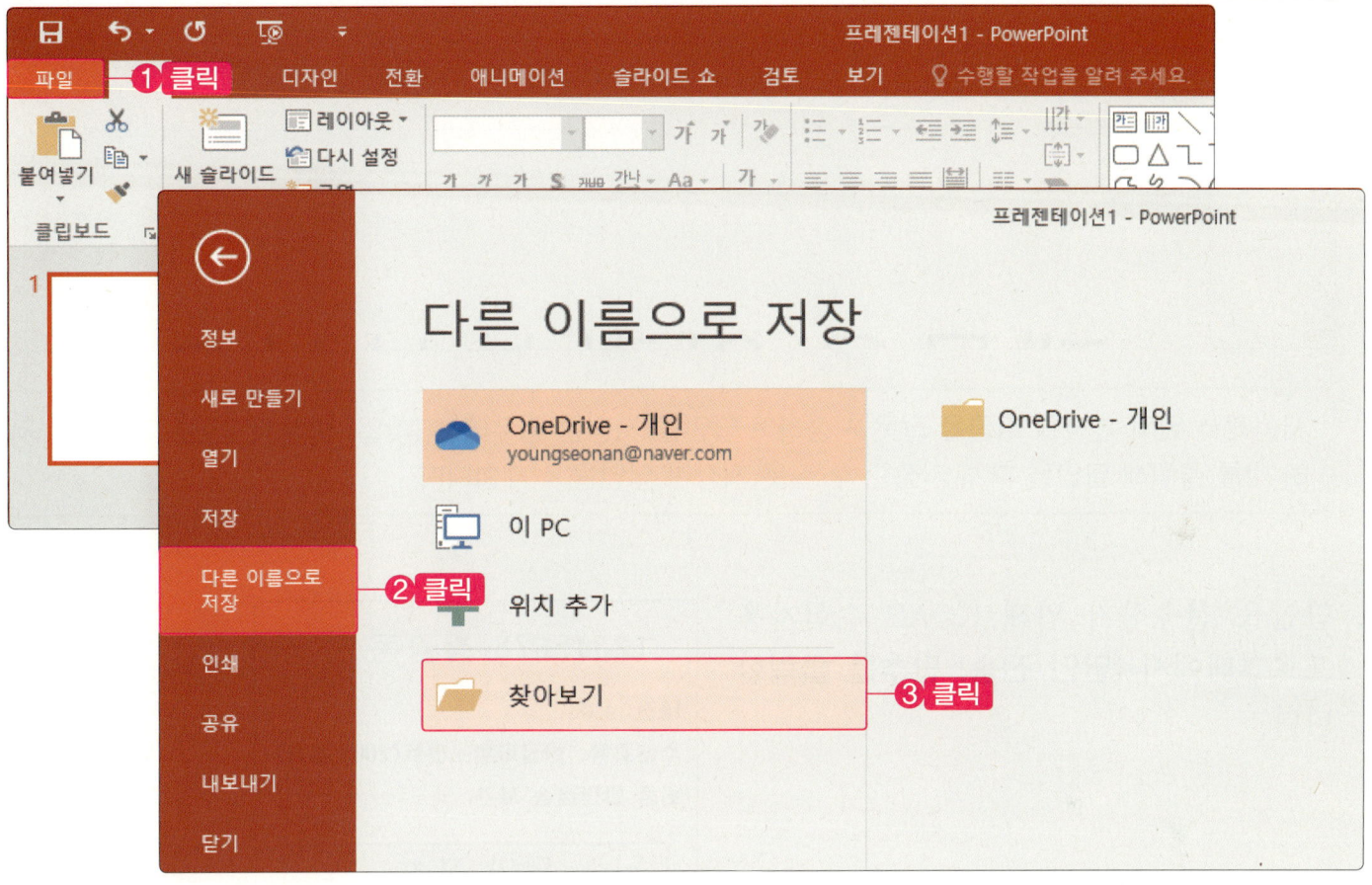

> 빠른 실행 도구 모음에서 [저장(🖫)]을 클릭하거나 Ctrl+S를 눌러 답안을 저장할 수도 있습니다.

2 [다른 이름으로 저장] 대화상자가 나타나면 **저장위치(내 PC\문서\ITQ)를 지정**한 후 **파일 이름(12345678-홍길동)을 입력**한 다음 [**저장**] **단추를 클릭**합니다.

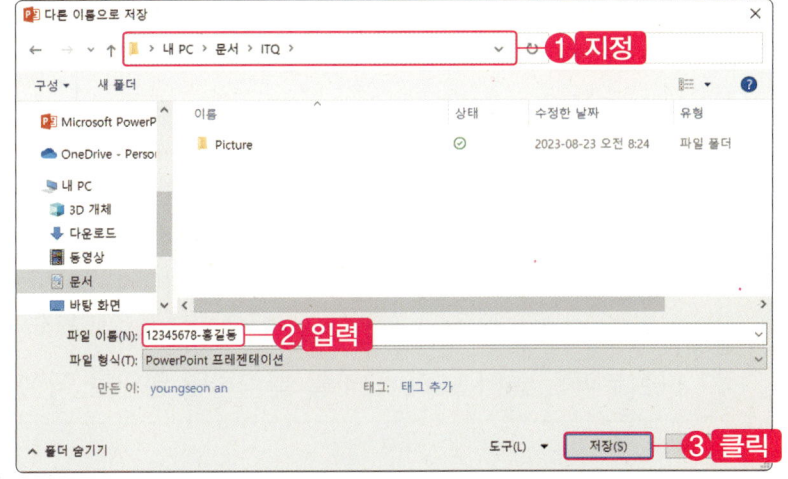

> 시험에서는 본인의 수험번호와 성명을 조합하여 '수험번호-성명' 형식의 파일 이름을 입력합니다.

3 다음과 같이 답안이 저장됩니다.

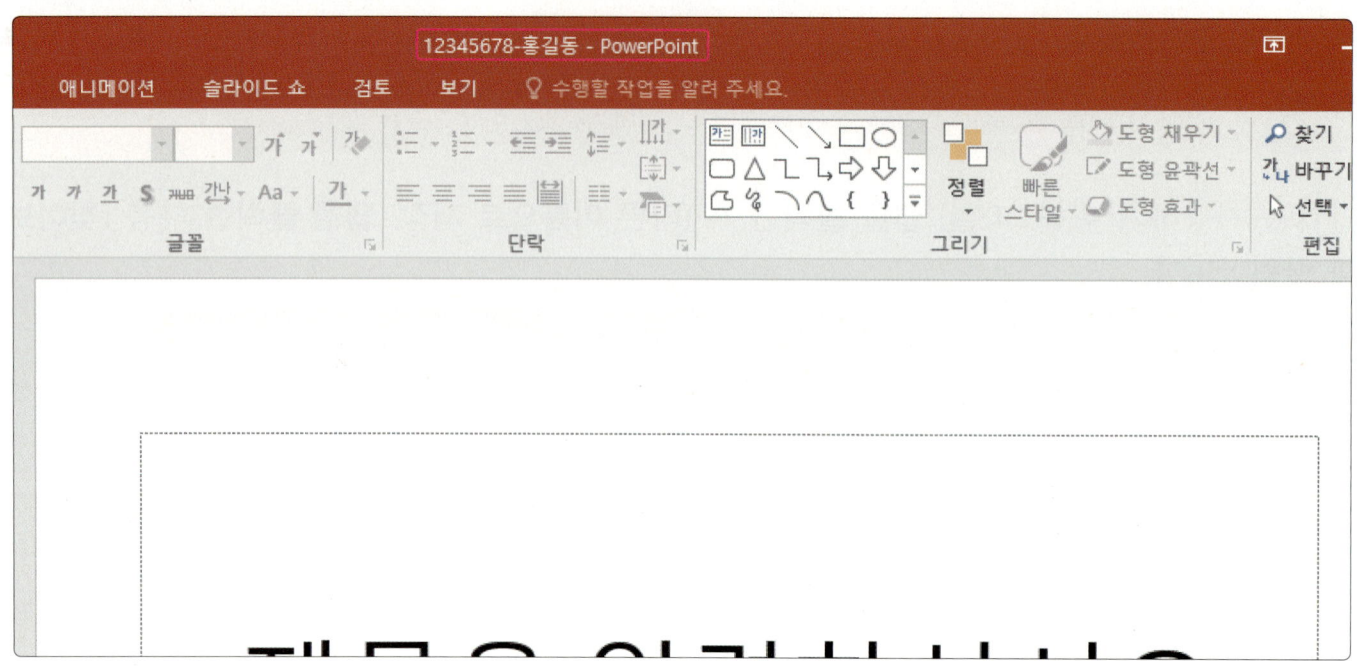

> 시험에서 위치나 파일 이름을 잘못 지정하여 답안을 저장한 경우에는 [파일] 탭에서 [다른 이름으로 저장하기]를 클릭해 답안을 다시 저장한 후 잘못 저장한 답안을 삭제합니다.

4 답안을 전송하기 위해 KOAS 수험자용 프로그램에서 [답안 전송] 단추를 클릭합니다.

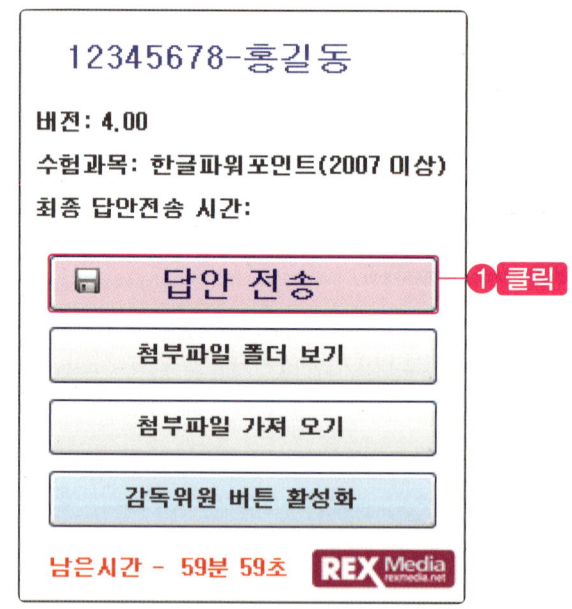

- 답안을 작성하는 도중에 주기적으로 [파일] 탭-[저장]을 클릭하거나 Ctrl+S를 눌러 답안을 저장한 후 감독위원 PC로 전송해 두면 오류가 발생한 경우, 전송된 답안을 불러와서 복구할 수 있습니다. 전송된 답안은 KOAS 수험자용 프로그램에서 [답안 가져오기] 단추를 클릭하여 불러오므로 오류가 발생한 경우, 감독위원에게 문의합니다.
- [첨부파일 폴더 보기] 단추를 클릭하면 답안을 작성할 때 사용할 그림이 있는지 확인할 수 있습니다.

5 지금 전송할 것인지 묻는 대화상자가 나타나면 [예] 단추를 클릭합니다.

6 〔답안전송〕 대화상자가 나타나면 **파일 목록(12345678-홍길동.pptx)과 존재(있음)를 확인**한 후 〔답안전송〕 **단추를 클릭**합니다.

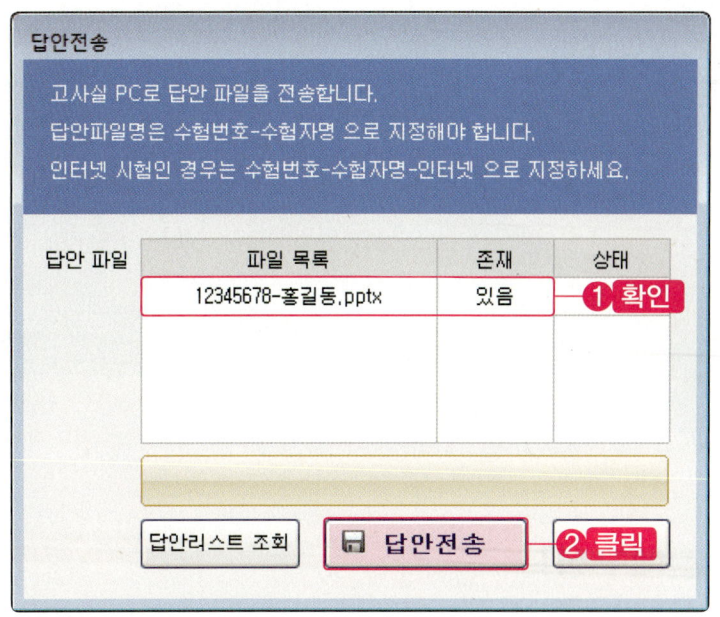

> 존재가 '없음'일 경우 파일명(수험번호-성명) 또는 저장 위치(내 PC\문서\ITQ)를 확인합니다.

7 답안파일 전송을 성공하였다는 메시지가 나타나면 **[확인] 단추를 클릭**합니다.

8 〔답안전송〕 대화상자가 다시 나타나면 〔상태〕에 '성공'이 표시되는지 확인한 후 〔닫기〕 **단추를 클릭**합니다.

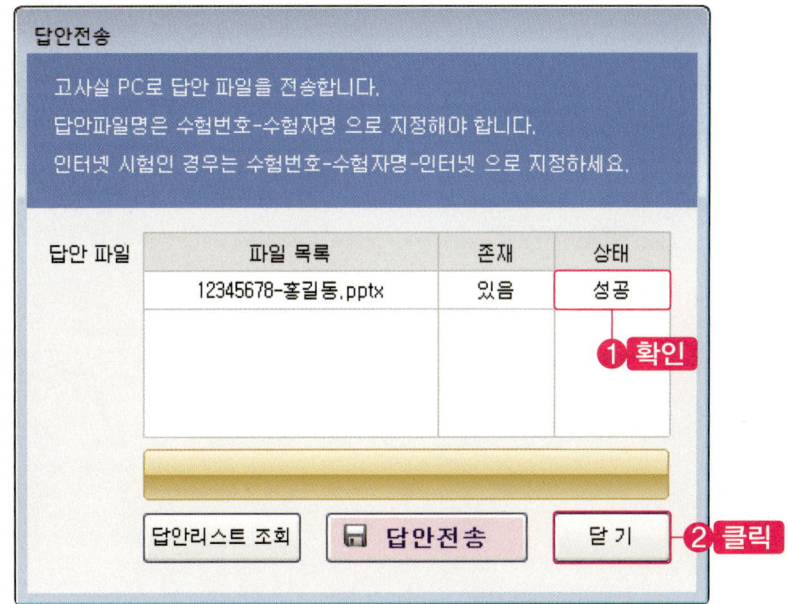

Chapter 02 전체 구성

- 슬라이드 마스터에 제목 도형 작성하기
- 로고 그림 삽입하기
- 텍스트 상자의 글꼴 서식 지정하기
- 슬라이드 번호 삽입하기

▶소스파일 : Part 01\Chapter 02\Ch02.pptx   ▶완성파일 : Part 01\Chapter 02\Ch02_완성.pptx

[전체구성] (60점)

(1) 슬라이드 크기 및 순서 : 크기를 A4 용지로 설정하고 슬라이드 순서에 맞게 작성한다.
(2) 슬라이드 마스터 : 2~6슬라이드의 제목, 하단 로고, 슬라이드 번호는 슬라이드 마스터를 이용하여 작성한다.
　　- 제목 글꼴(돋움, 40pt, 흰색), 가운데 맞춤, 도형(선 없음)
　　- 하단 로고(「내 PC\문서\ITQ\Picture\로고2.jpg」, 배경(회색) 투명색으로 설정)

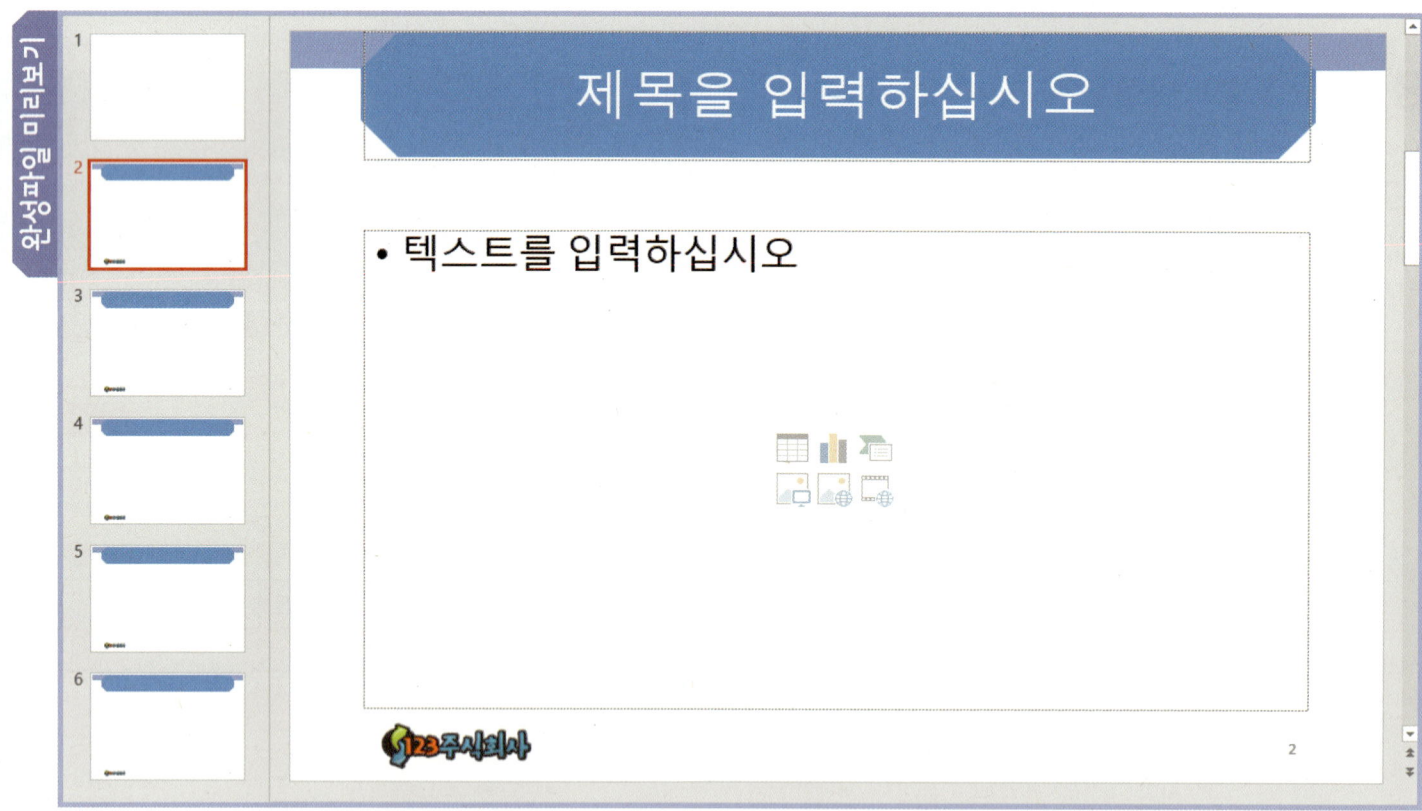

> **체크! 체크!**
>
> **〔전체 구성〕 슬라이드 마스터**
>
> ■ 제목 도형
> - 슬라이드 마스터에서 세 번째 슬라이드 마스터 〔제목 및 내용 레이아웃: 슬라이드 2-6에서 사용〕을 선택합니다.
> - 제목 도형은 〈출력형태〉를 참고하여 작성하며, 도형 채우기는 임의의 색을 지정하고 도형 윤곽선은 〔윤곽선 없음〕을 선택합니다.
> - 제목 텍스트 상자의 정렬(왼쪽 맞춤, 가운데 맞춤, 오른쪽 맞춤)을 확인하고 지정합니다.
>
> ■ 로고 그림 삽입
> - 그림은 '내 PC\문서\ITQ\Picture' 폴더에 있는 그림을 삽입합니다.
> - 그림의 회색 배경을 투명색으로 지정합니다.
>
> ■ 슬라이드 번호 삽입
> - 슬라이드 번호를 선택한 후 '제목 슬라이드에는 표시 안 함'을 체크합니다.

STEP 01 슬라이드 마스터에 제목 도형 작성하기

〈전체구성〉 (2) 슬라이드 마스터 : 2~6슬라이드의 제목, 하단 로고, 슬라이드 번호는 슬라이드 마스터를 이용하여 작성한다.
- 도형(선 없음)

1 슬라이드 마스터를 작성하기 위해 〔보기〕 탭-〔마스터 보기〕 그룹에서 **〔슬라이드 마스터〕를 클릭**합니다.

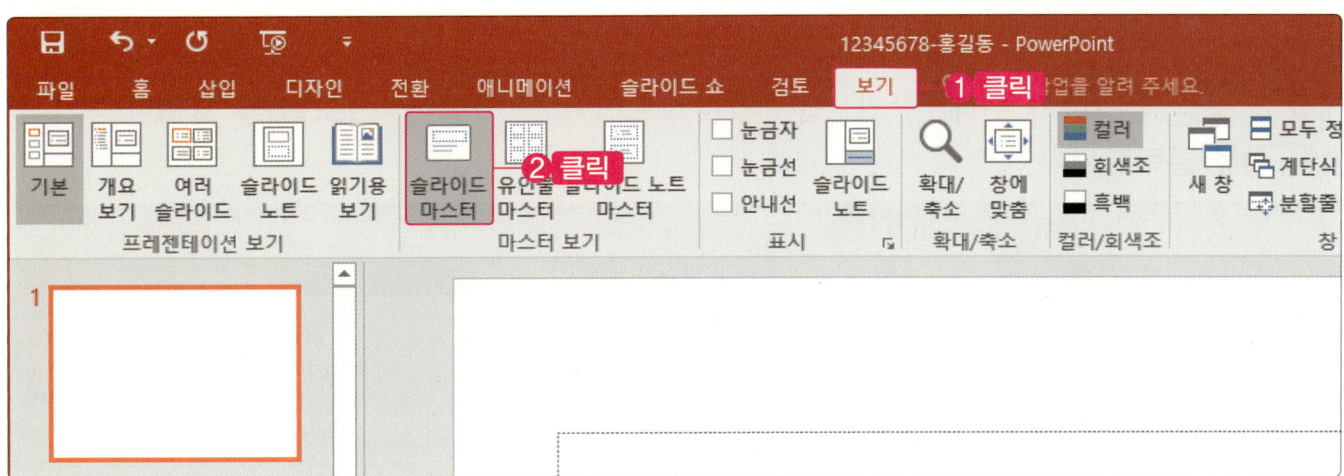

> 슬라이드 마스터를 사용하면 색, 글꼴, 제목, 로고 및 기타 스타일에 일관성을 더하고 프레젠테이션의 형태를 통합할 수 있습니다.

> **파일 열기**
>
> 〔파일〕 탭-〔열기〕-〔찾아보기〕를 클릭한 후 〔열기〕 대화상자가 나타나면 찾는 위치(Part 01\Chapter 02)를 지정한 다음 파일(Ch02.pptx)을 선택하고 〔열기〕 단추를 클릭합니다.

2 슬라이드 마스터 편집 화면이 나타나면 세 번째 슬라이드 마스터 **(제목 및 내용 레이아웃: 슬라이드 2-6에서 사용)을 선택**합니다.

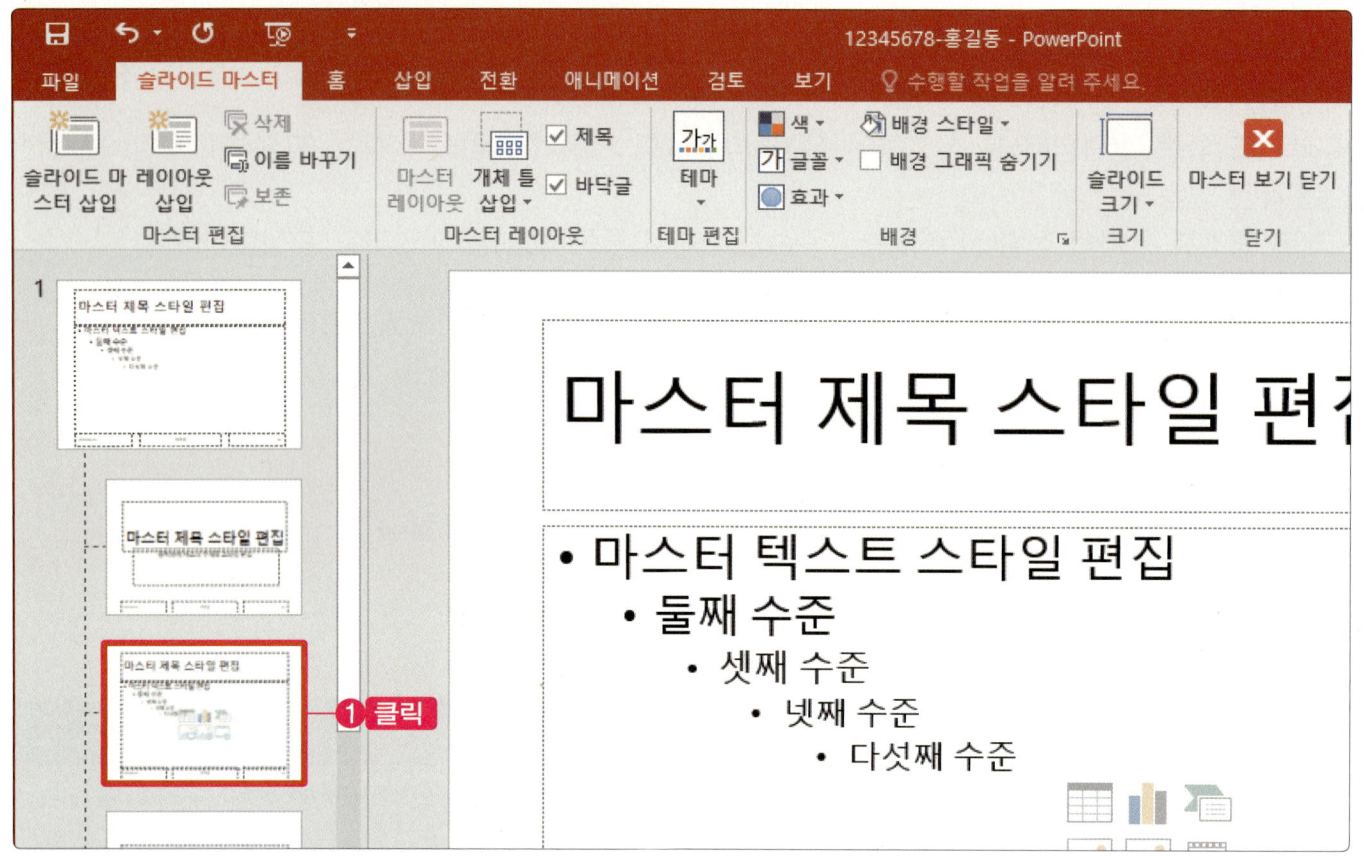

> 슬라이드 마스터 작성은 지정된 레이아웃이 있는 것은 아닙니다. 그러나 ITQ 시험에서 (슬라이드 1)에는 도형, 로고, 페이지 번호를 지정하지 않기 때문에 슬라이드 마스터를 실행한 후 세 번째 슬라이드((제목 및 내용 레이아웃: 슬라이드 2-6에서 사용))에 지정하는 것이 편리합니다.

3 제목 도형을 작성하기 위해 〔삽입〕 탭-〔일러스트레이션〕 그룹에서 **〔도형〕을 클릭**한 후 **〔직사각형(□)〕을 클릭**합니다.

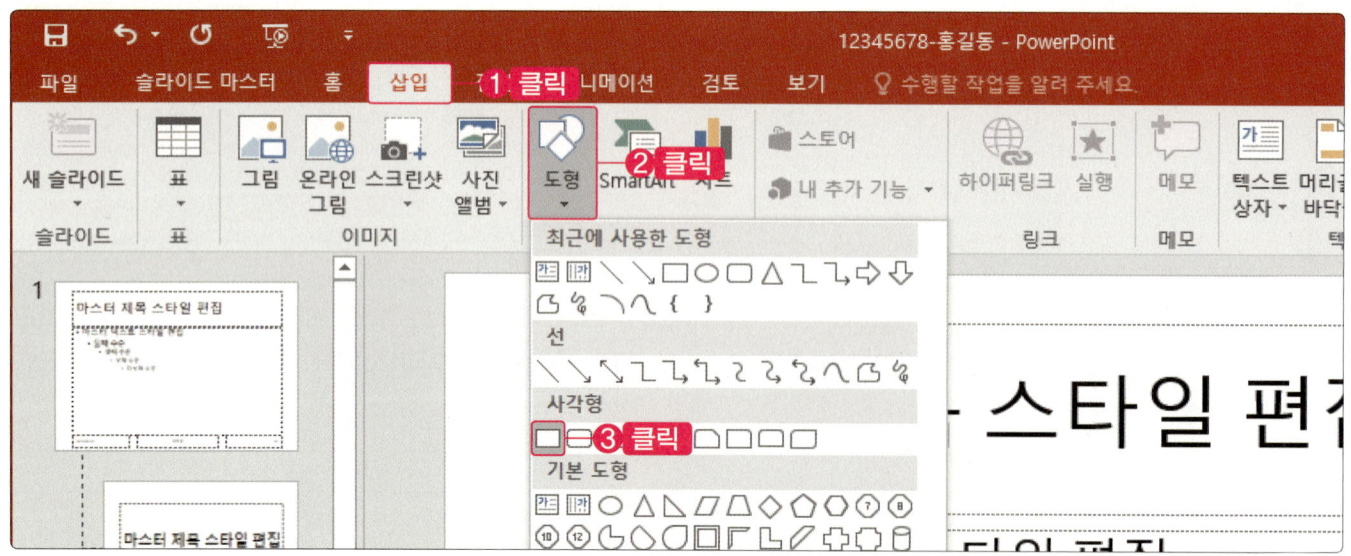

> 슬라이드 마스터의 도형은 문제지의 〔슬라이드 2〕를 참고하여 작성합니다.

26 파워포인트 2016

| 〈조건〉 | 도형(선 없음) |

4 마우스 포인터 모양이 + 모양으로 변경되면 **드래그하여 도형을 작성**합니다.

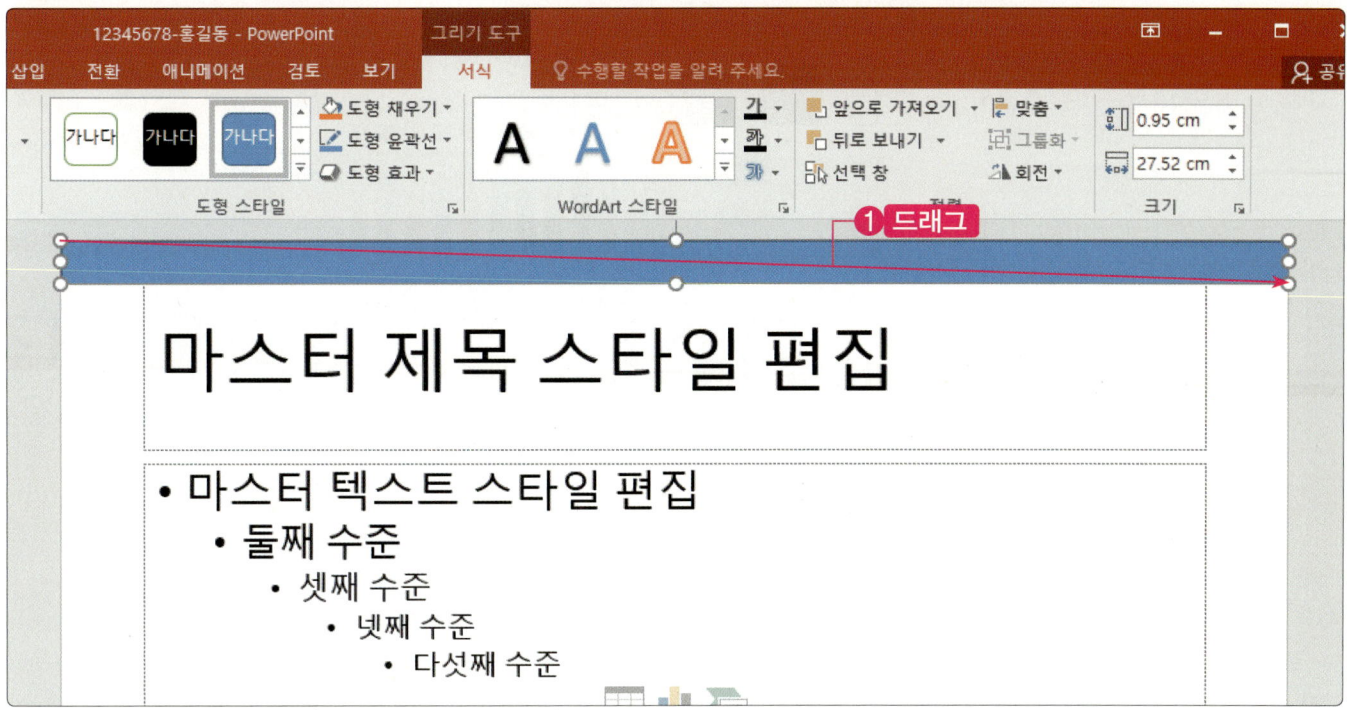

도형의 크기와 위치는 문제지의 〈출력형태〉를 보고 수험자가 판단하여 작성합니다.

5 도형이 삽입되면 [그리기 도구] 정황 탭-[서식] 탭-[도형 스타일] 그룹에서 [**도형 윤곽선**]을 클릭한 후 [**윤곽선 없음**]을 클릭합니다.

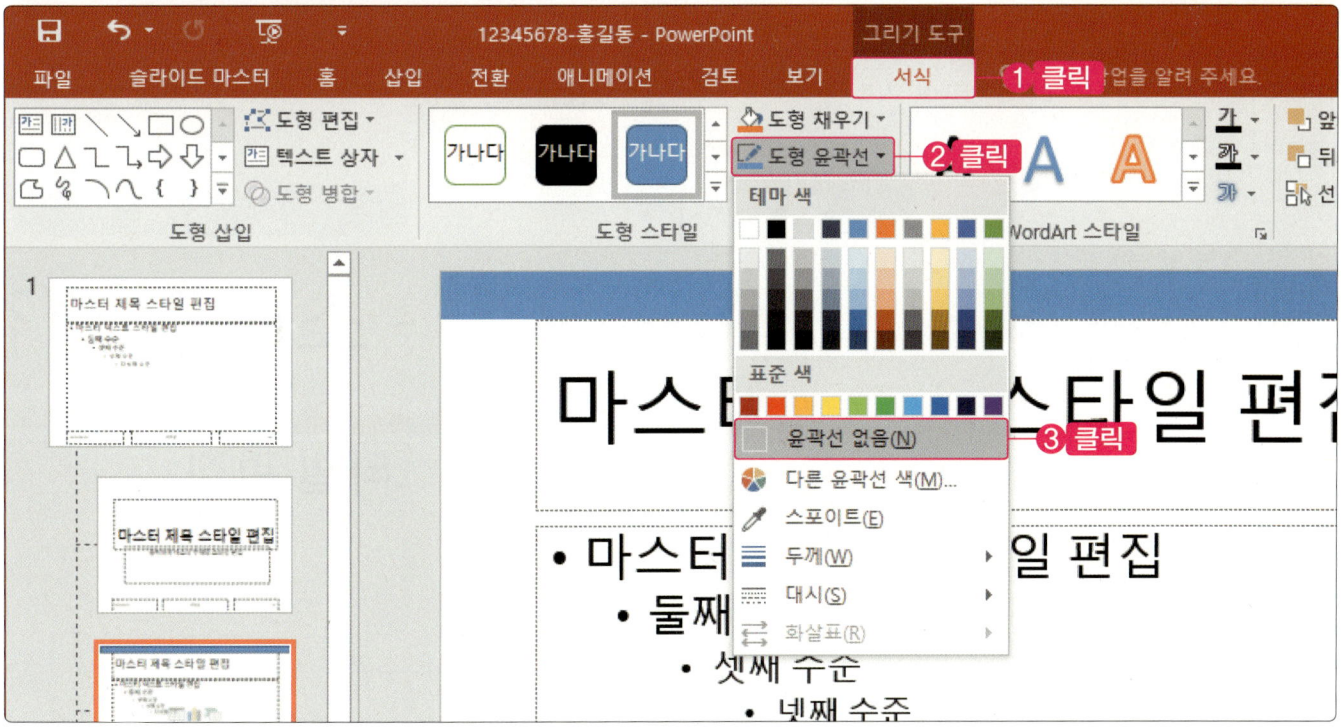

〈조건〉의 '도형(선 없음)'이 [도형 윤곽선]-[윤곽선 없음]을 지정하는 문제입니다.

6 〔그리기 도구〕 정황 탭-〔서식〕 탭-〔도형 스타일〕 그룹에서 〔**도형 채우기**〕를 **클릭**한 후 **임의의 색을 지정**합니다.

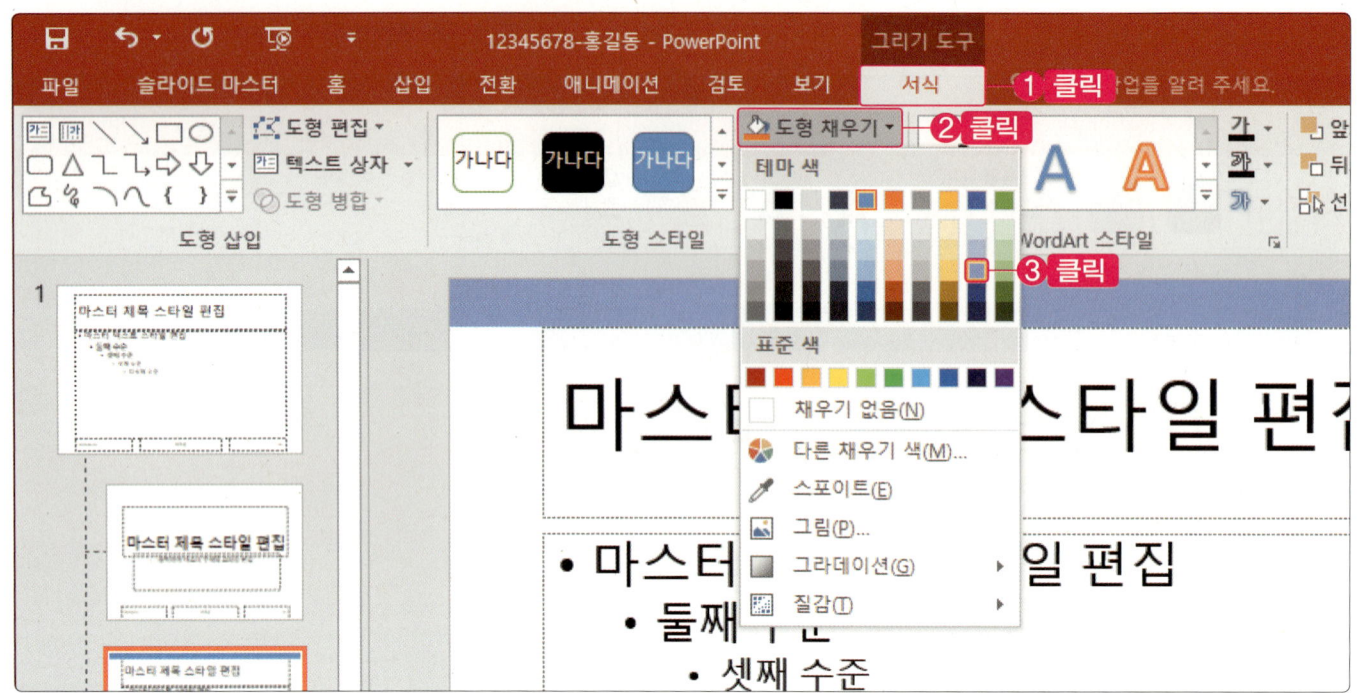

> 채우기 색은 수험자가 임의의 색을 지정하며 채우기 색을 변경하지 않아도 감점되지 않습니다.

7 슬라이드 마스터 편집 화면이 나타나면 〔삽입〕 탭-〔일러스트레이션〕 그룹에서 〔**도형**〕을 **클릭**한 후 〔**팔각형(⑧)**〕을 **클릭**합니다.

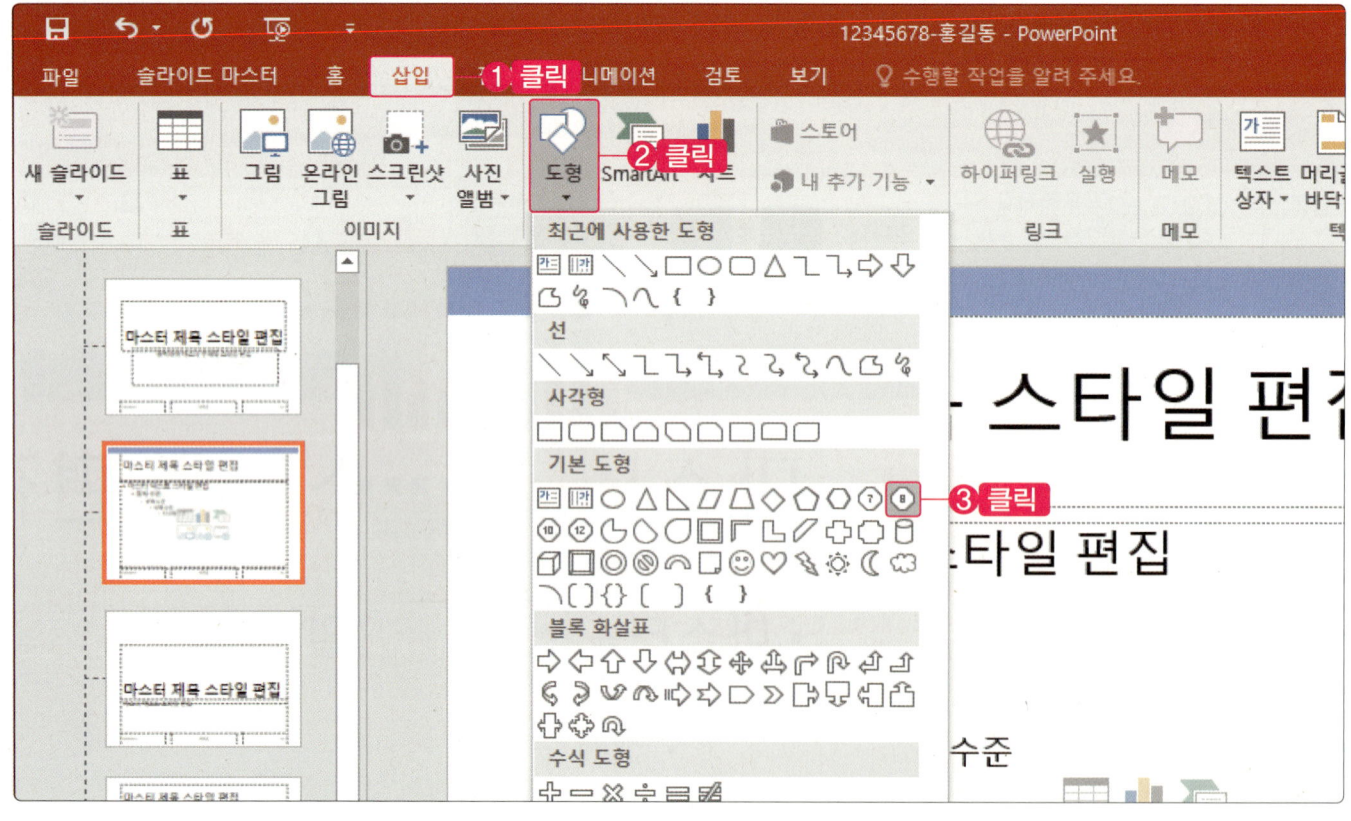

> 슬라이드 마스터의 도형은 문제지의 〔슬라이드 2〕를 참고하여 작성합니다.

8 마우스 포인터 모양이 + 모양으로 변경되면 **드래그하여 도형을 작성**합니다.

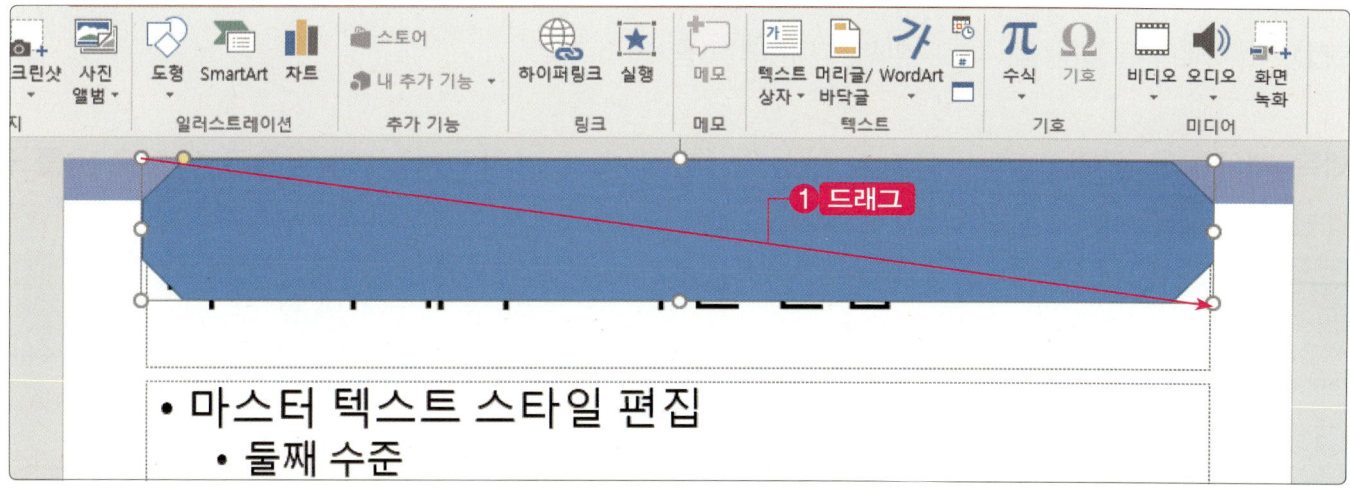

> (직사각형(☐)) 도형과 (팔각형(⬡)) 도형의 순서가 변경된 경우 바로가기 메뉴의 (맨 앞으로 가져오기) 또는 (맨 뒤로 보내기)를 이용하여 순서를 변경합니다.

9 도형이 삽입되면 (그리기 도구) 정황 탭-(서식) 탭-(도형 스타일) 그룹에서 **(도형 윤곽선)을 클릭**한 후 **(윤곽선 없음)을 클릭**합니다.

10 (그리기 도구) 정황 탭-(서식) 탭-(도형 스타일) 그룹에서 **(도형 채우기)를 클릭**한 후 **임의의 색을 지정**합니다.

Chapter 02 · 전체 구성

STEP 02 텍스트 상자의 글꼴 서식 지정하기

〈조건〉 제목 글꼴(돋움, 40pt, 흰색), 가운데 맞춤

1 **제목 개체틀을 선택**한 후 바로가기 메뉴의 [맨 앞으로 가져오기]-[맨 앞으로 가져오기]를 클릭합니다.

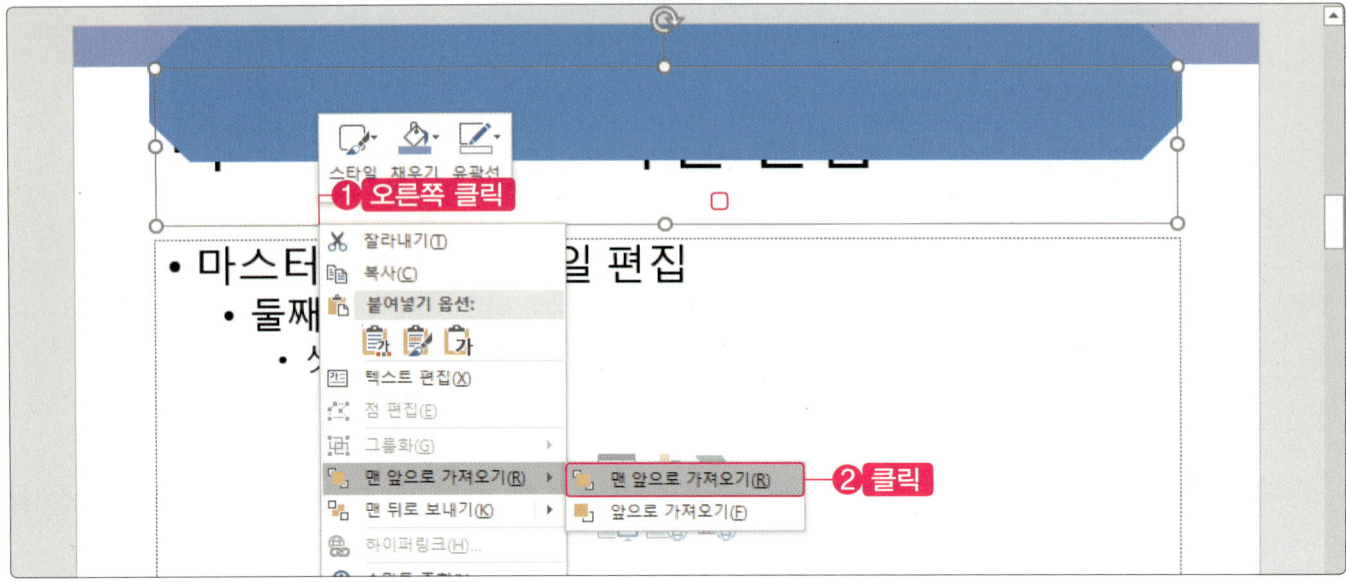

2 다음과 같이 **제목 개체틀의 크기 및 위치를 조절**합니다.

3 [홈] 탭-[글꼴] 그룹에서 **글꼴(돋움)**과 **글꼴 크기(40)**, **글꼴 색(흰색, 배경 1)**을 선택한 후 [가운데 맞춤(≡)]을 클릭합니다.

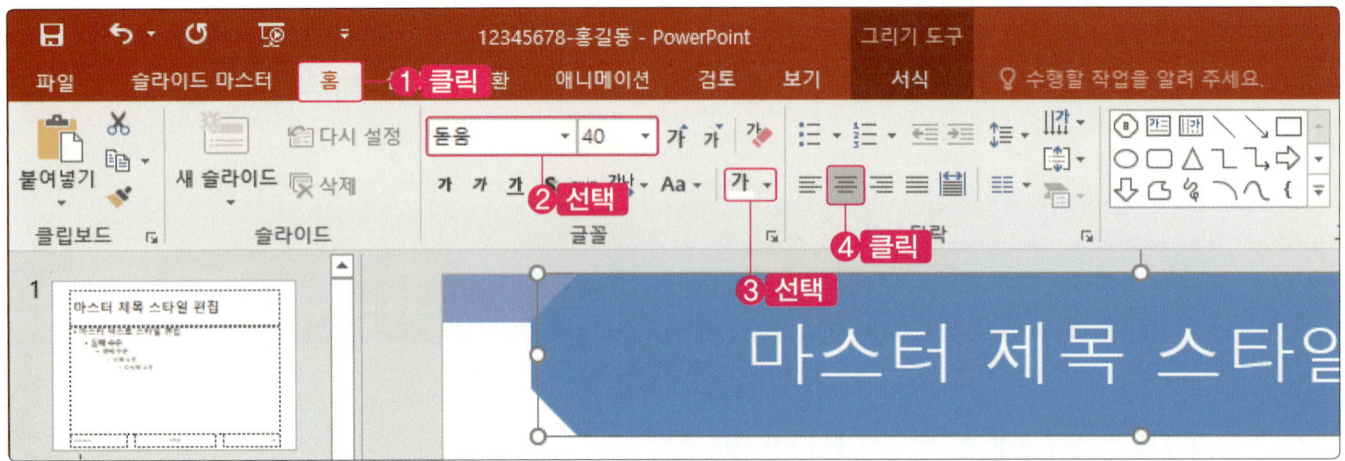

제목 텍스트 상자의 정렬(왼쪽 맞춤, 가운데 맞춤, 오른쪽 맞춤)을 확인합니다.

STEP 03 로고 그림 삽입하기

〈조건〉 하단 로고(「내 PC\문서\ITQ\Picture\로고2.jpg」, 배경(회색) 투명색으로 설정)

1 그림을 삽입하기 위해 [삽입] 탭-[이미지] 그룹에서 **[그림]**을 클릭합니다.

2 [그림 삽입] 대화상자가 나타나면 **위치**(내 PC\문서\ITQ\Picture)를 **지정**한 후 **파일**(로고2.jpg)을 **선택**한 다음 [삽입]을 클릭합니다.

3 삽입된 **그림을 드래그하여 위치를 이동**한 후 **크기를 조절**합니다.

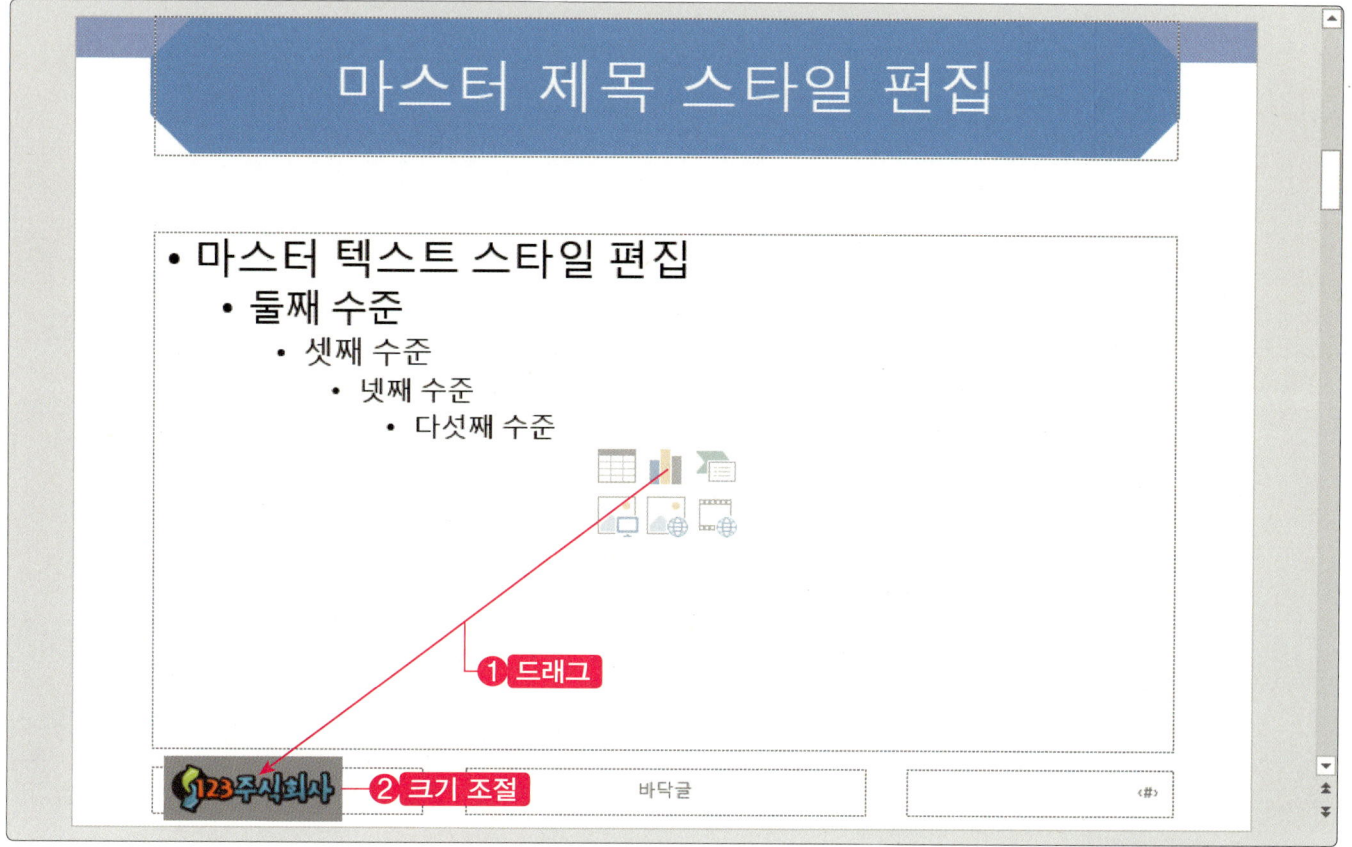

〈조건〉 하단 로고(「내 PC₩문서₩ITQ₩Picture₩로고2.jpg」, 배경(회색) 투명색으로 설정)

4 〔그림 도구〕 정황 탭-〔서식〕 탭-〔조정〕 그룹에서 〔색〕을 **클릭**한 후 〔**투명한 색 설정**〕을 **클릭**합니다.

5 마우스 포인터 모양이 ⚟ 모양으로 변경되면 **그림의 회색 부분을 클릭**하여 배경을 투명하게 수정합니다.

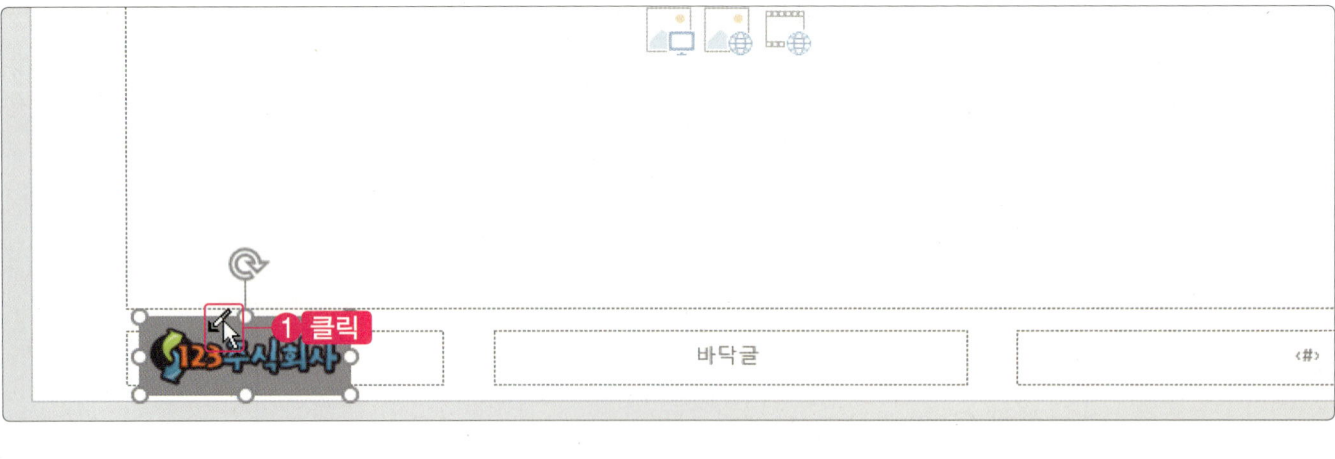

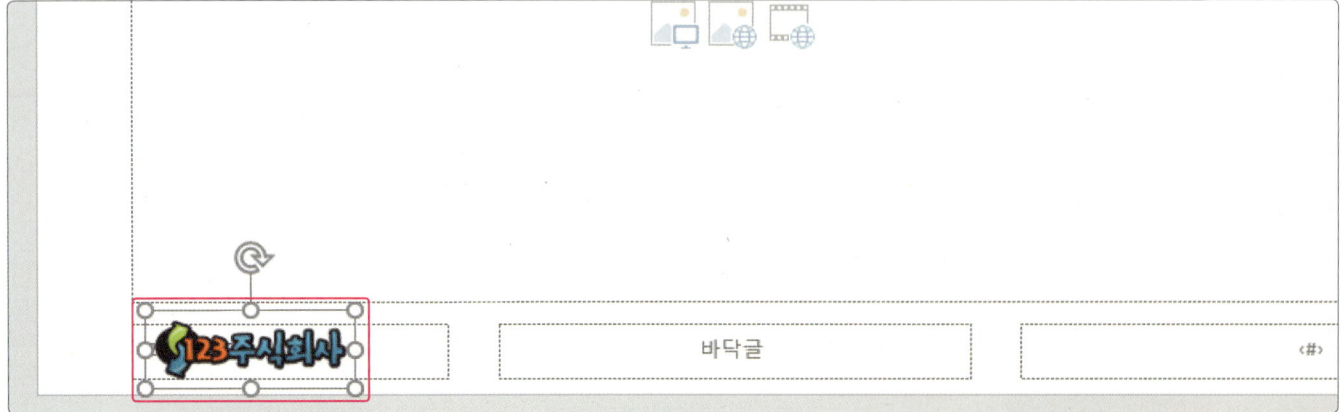

STEP 04 슬라이드 번호 삽입하기

〈전체구성〉 (2) 슬라이드 마스터 : 2~6슬라이드의 제목, 하단 로고, 슬라이드 번호는 슬라이드 마스터를 이용하여 작성한다.

1 슬라이드 편집 화면이 다시 나타나면 〔삽입〕 탭-〔텍스트〕 그룹에서 〔**머리글/바닥글**〕을 클릭합니다.

2 〔머리글/바닥글〕 대화상자가 나타나면 〔슬라이드〕 탭에서 〔**슬라이드 번호**〕를 체크(∨)한 후 〔**제목 슬라이드에는 표시 안 함**〕을 체크(∨)한 다음 〔모두 적용〕 단추를 클릭합니다.

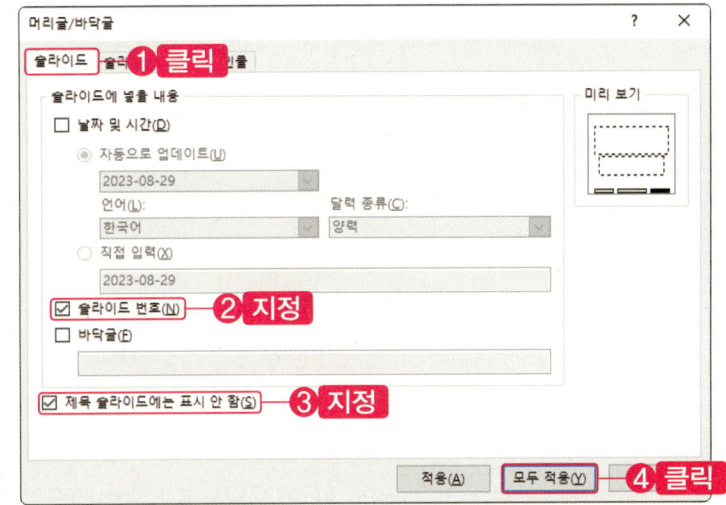

> 〔제목 슬라이드에는 표시 안 함〕을 선택하지 않으면 제목 슬라이드에도 슬라이드 번호가 표시됩니다.

3 슬라이드 마스터 작성이 완료되면 〔슬라이드 마스터〕 탭-〔닫기〕 그룹에서 〔**마스터 보기 닫기**〕를 클릭합니다.

4 다음과 같이 [슬라이드 2] ~ [슬라이드 6]에 슬라이드 번호가 삽입됩니다.

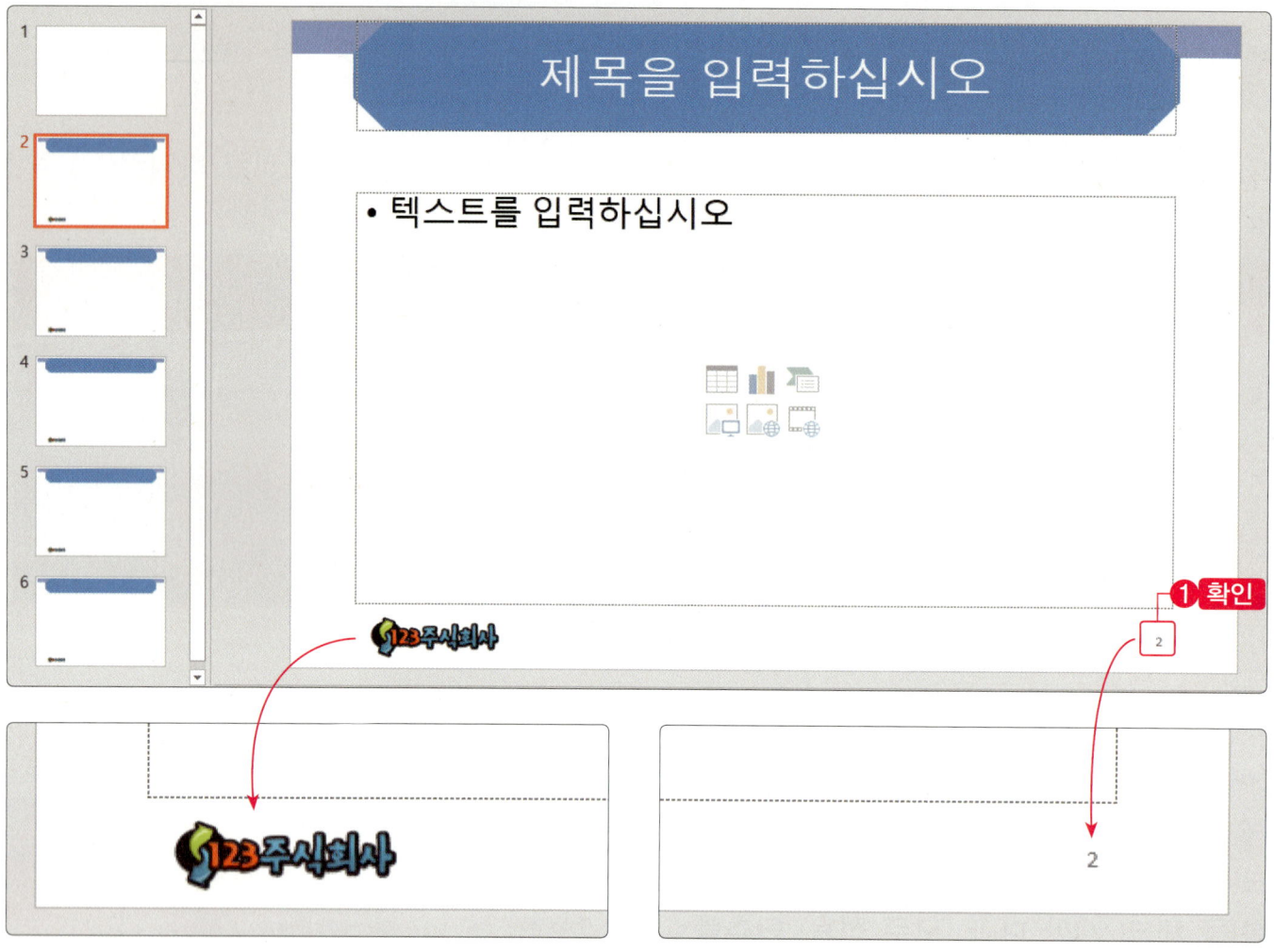

> **슬라이드 마스터를 지정해도 페이지 번호가 나오지 않을 경우**
> 페이지 번호가 나오지 않을 경우 [머리글/바닥글] 대화상자에서 [슬라이드 번호]와 [제목 슬라이드에는 표시 안 함] 항목에 체크(∨)해야 합니다. 만약, 문제지와 페이지 번호 모양을 다르게 적용하여 수정해야 할 경우에는 [머리글/바닥글] 대화상자에서 [슬라이드 번호] 항목에 체크를 해제하여 [모두 적용]한 후 다시 [슬라이드 번호] 항목에 체크(∨)를 표시하여 [모두 적용]을 클릭합니다.
> ※ 이전에 적용했던 페이지 번호를 제거한 후 다시 적용하기 위한 반복 과정입니다.
>
> **슬라이드 번호(쪽 번호)는 서식 지정**
> 슬라이드의 번호, 글꼴, 크기, 색상은 채점 대상이 아니기 때문에 기본값으로 사용해도 무관합니다.

실전문제유형

1 다음 지시사항 및 세부조건을 참고하여 출력형태에 알맞게 작성하시오.

▶소스파일 : Part 01\Chapter 02\문제01.pptx   ▶완성파일 : Part 01\Chapter 02\문제01_완성.pptx

[전체구성]
(2) 슬라이드 마스터 : 2~6슬라이드의 제목, 하단 로고, 슬라이드 번호는 슬라이드 마스터를 이용하여 작성한다.
 - 제목 글꼴(돋움, 40pt, 흰색), 가운데 맞춤, 도형(선 없음)
 - 하단 로고(「내 PC\문서\ITQ\Picture\로고3.jpg」, 배경(연보라) 투명색으로 설정)

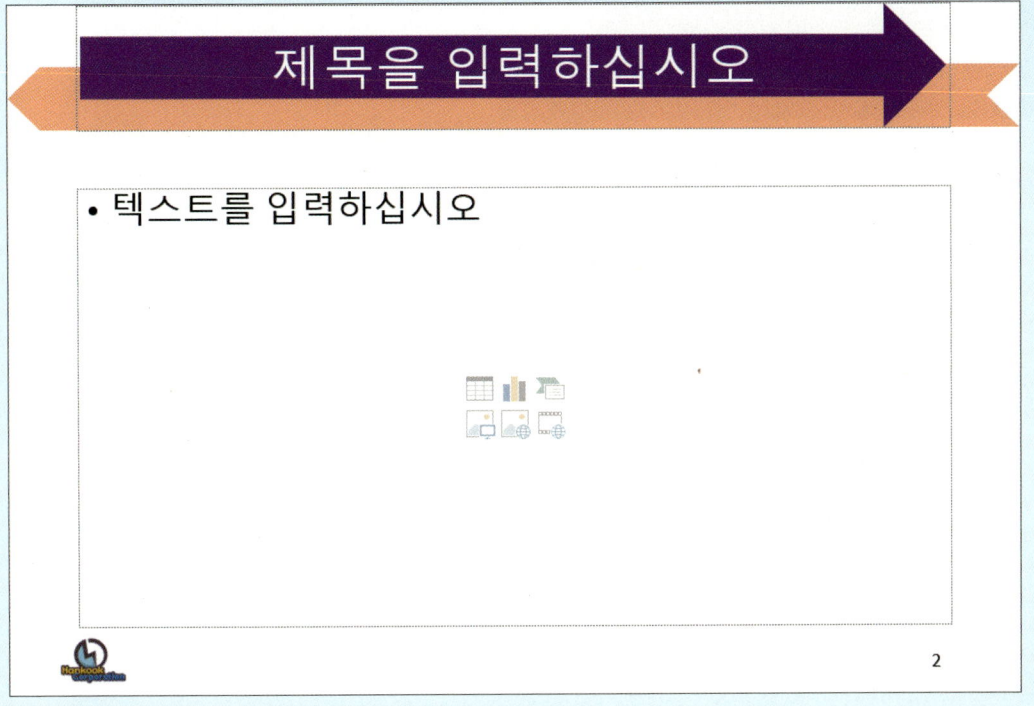

2 다음 지시사항 및 세부조건을 참고하여 출력형태에 알맞게 작성하시오.

▶소스파일 : Part 01\Chapter 02\문제02.pptx   ▶완성파일 : Part 01\Chapter 02\문제02_완성.pptx

[전체구성]
(2) 슬라이드 마스터 : 2~6슬라이드의 제목, 하단 로고, 슬라이드 번호는 슬라이드 마스터를 이용하여 작성한다.
 - 제목 글꼴(돋움, 40pt, 흰색), 가운데 맞춤, 도형(선 없음)
 - 하단 로고(「내 PC\문서\ITQ\Picture\로고2.jpg」, 배경(회색) 투명색으로 설정)

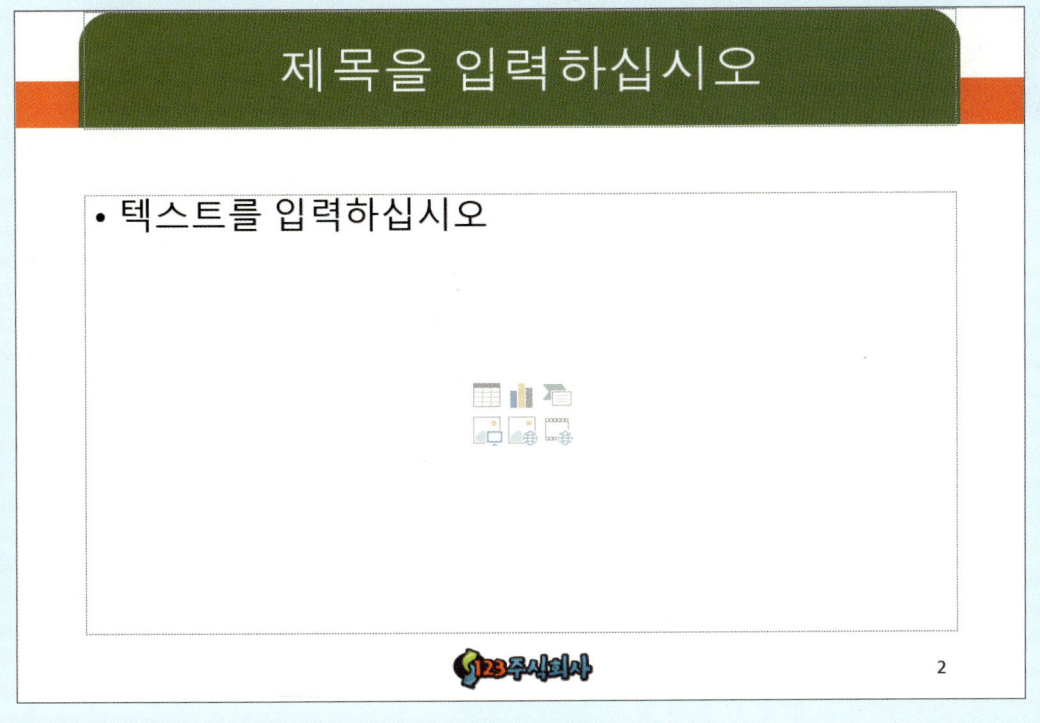

Practical question type / 실전문제유형

3 다음 지시사항 및 세부조건을 참고하여 출력형태에 알맞게 작성하시오.

▶소스파일 : Part 01\Chapter 02\문제03.pptx   ▶완성파일 : Part 01\Chapter 02\문제03_완성.pptx

[전체구성]

(2) 슬라이드 마스터 : 2~6슬라이드의 제목, 하단 로고, 슬라이드 번호는 슬라이드 마스터를 이용하여 작성한다.
 - 제목 글꼴(돋움, 40pt, 흰색), 가운데 맞춤, 도형(선 없음)
 - 하단 로고(「내 PC\문서\ITQ\Picture\로고1.jpg」, 배경(회색) 투명색으로 설정)

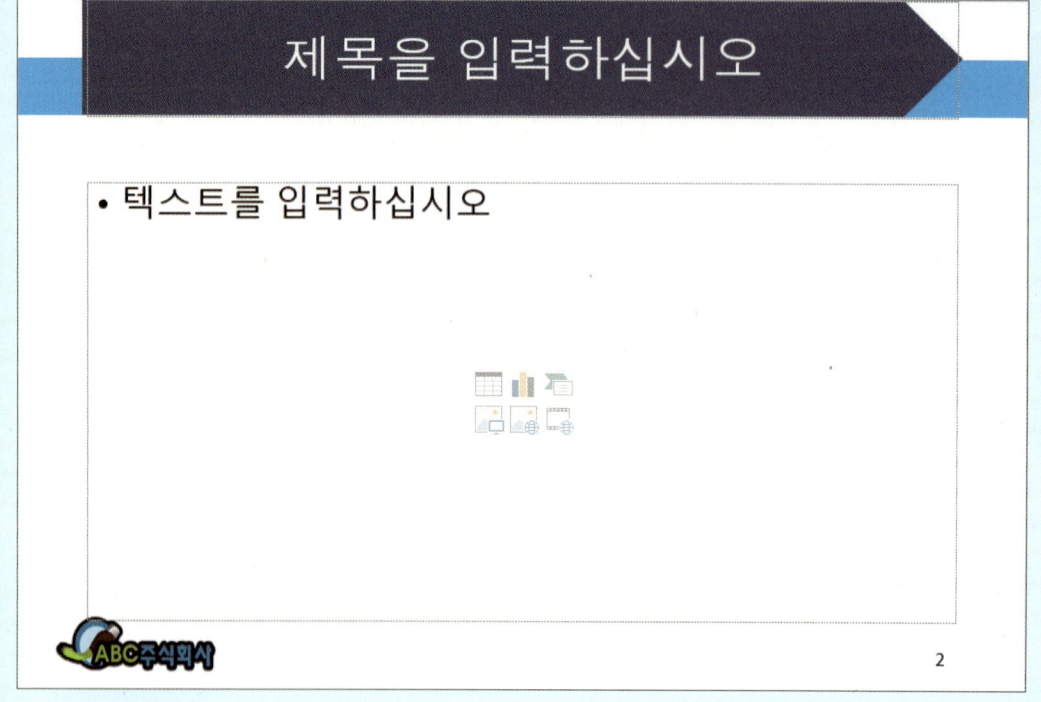

4 다음 지시사항 및 세부조건을 참고하여 출력형태에 알맞게 작성하시오.

▶소스파일 : Part 01\Chapter 02\문제04.pptx   ▶완성파일 : Part 01\Chapter 02\문제04_완성.pptx

[전체구성]

(2) 슬라이드 마스터 : 2~6슬라이드의 제목, 하단 로고, 슬라이드 번호는 슬라이드 마스터를 이용하여 작성한다.
 - 제목 글꼴(돋움, 40pt, 흰색), 가운데 맞춤, 도형(선 없음)
 - 하단 로고(「내 PC\문서\ITQ\Picture\로고1.jpg」, 배경(회색) 투명색으로 설정)

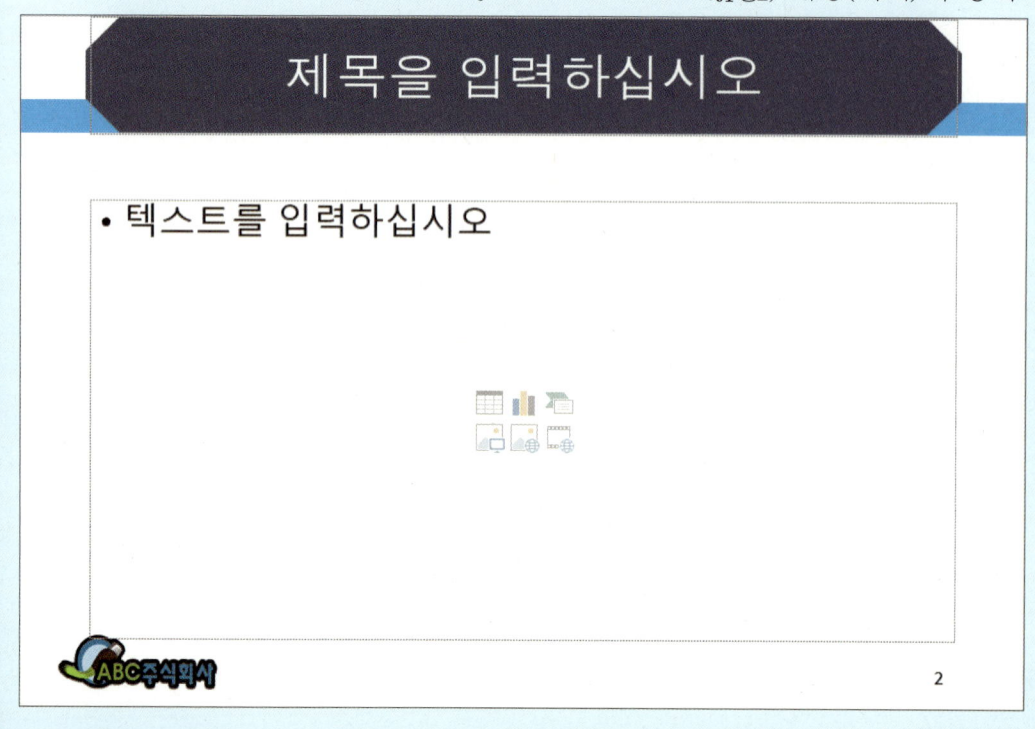

5 다음 지시사항 및 세부조건을 참고하여 출력형태에 알맞게 작성하시오.

▶소스파일 : Part 01\Chapter 02\문제05.pptx   ▶완성파일 : Part 01\Chapter 02\문제05_완성.pptx

[전체구성]

(2) 슬라이드 마스터 : 2~6슬라이드의 제목, 하단 로고, 슬라이드 번호는 슬라이드 마스터를 이용하여 작성한다.
- 제목 글꼴(돋움, 40pt, 흰색), 가운데 맞춤, 도형(선 없음)
- 하단 로고(「내 PC\문서\ITQ\Picture\로고1.jpg」, 배경(회색) 투명색으로 설정)

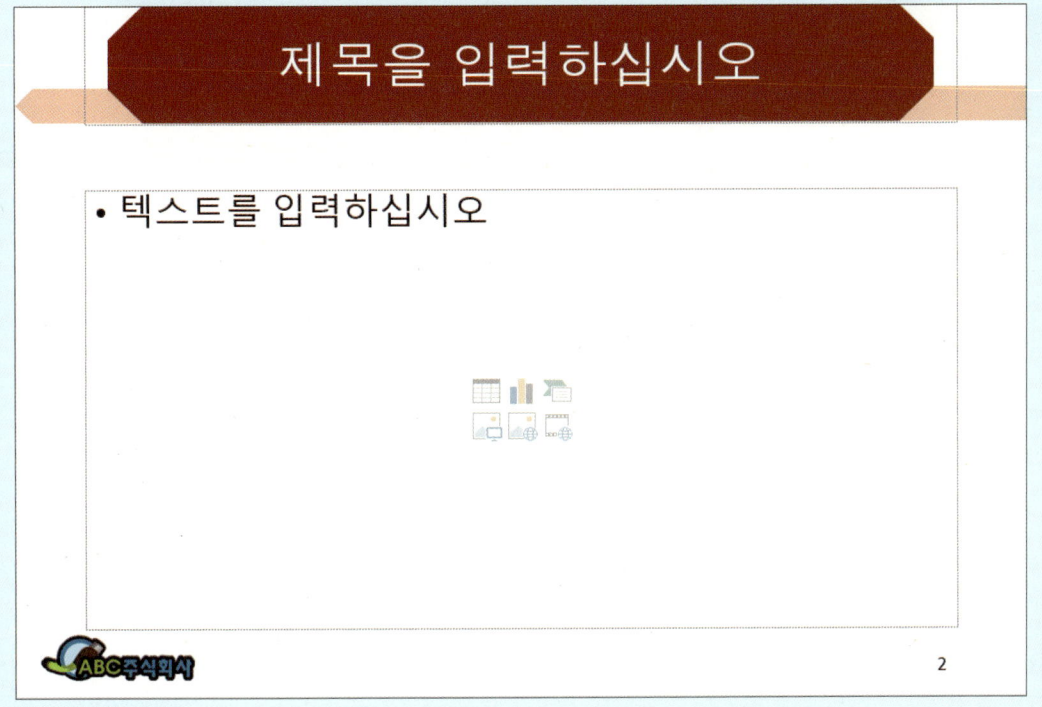

6 다음 지시사항 및 세부조건을 참고하여 출력형태에 알맞게 작성하시오.

▶소스파일 : Part 01\Chapter 02\문제06.pptx   ▶완성파일 : Part 01\Chapter 02\문제06_완성.pptx

[전체구성]

(2) 슬라이드 마스터 : 2~6슬라이드의 제목, 하단 로고, 슬라이드 번호는 슬라이드 마스터를 이용하여 작성한다.
- 제목 글꼴(돋움, 40pt, 흰색), 가운데 맞춤, 도형(선 없음)
- 하단 로고(「내 PC\문서\ITQ\Picture\로고2.jpg」, 배경(회색) 투명색으로 설정)

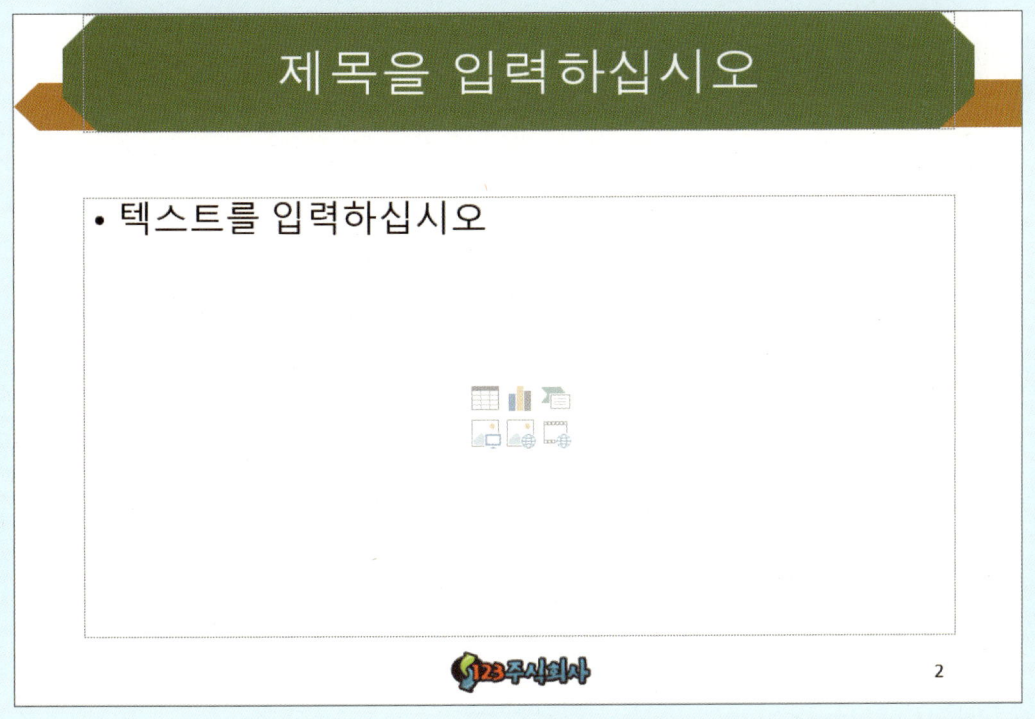

Practical question type
실전문제유형

7 다음 지시사항 및 세부조건을 참고하여 출력형태에 알맞게 작성하시오.

▶ 소스파일 : Part 01\Chapter 02\문제07.pptx   ▶ 완성파일 : Part 01\Chapter 02\문제07_완성.pptx

[전체구성]

(2) 슬라이드 마스터 : 2~6슬라이드의 제목, 하단 로고, 슬라이드 번호는 슬라이드 마스터를 이용하여 작성한다.
 - 제목 글꼴(돋움, 40pt, 흰색), 가운데 맞춤, 도형(선 없음)
 - 하단 로고(「내 PC₩문서₩ITQ₩Picture₩로고2.jpg」, 배경(회색) 투명색으로 설정)

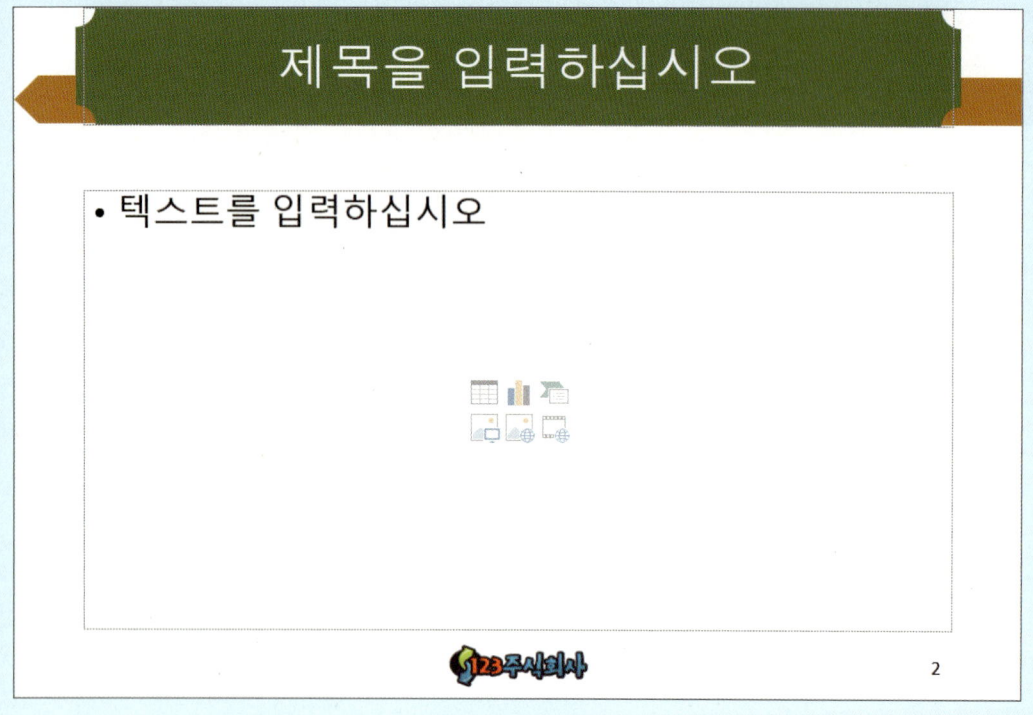

8 다음 지시사항 및 세부조건을 참고하여 출력형태에 알맞게 작성하시오.

▶ 소스파일 : Part 01\Chapter 02\문제08.pptx   ▶ 완성파일 : Part 01\Chapter 02\문제08_완성.pptx

[전체구성]

(2) 슬라이드 마스터 : 2~6슬라이드의 제목, 하단 로고, 슬라이드 번호는 슬라이드 마스터를 이용하여 작성한다.
 - 제목 글꼴(돋움, 40pt, 흰색), 가운데 맞춤, 도형(선 없음)
 - 하단 로고(「내 PC₩문서₩ITQ₩Picture₩로고2.jpg」, 배경(회색) 투명색으로 설정)

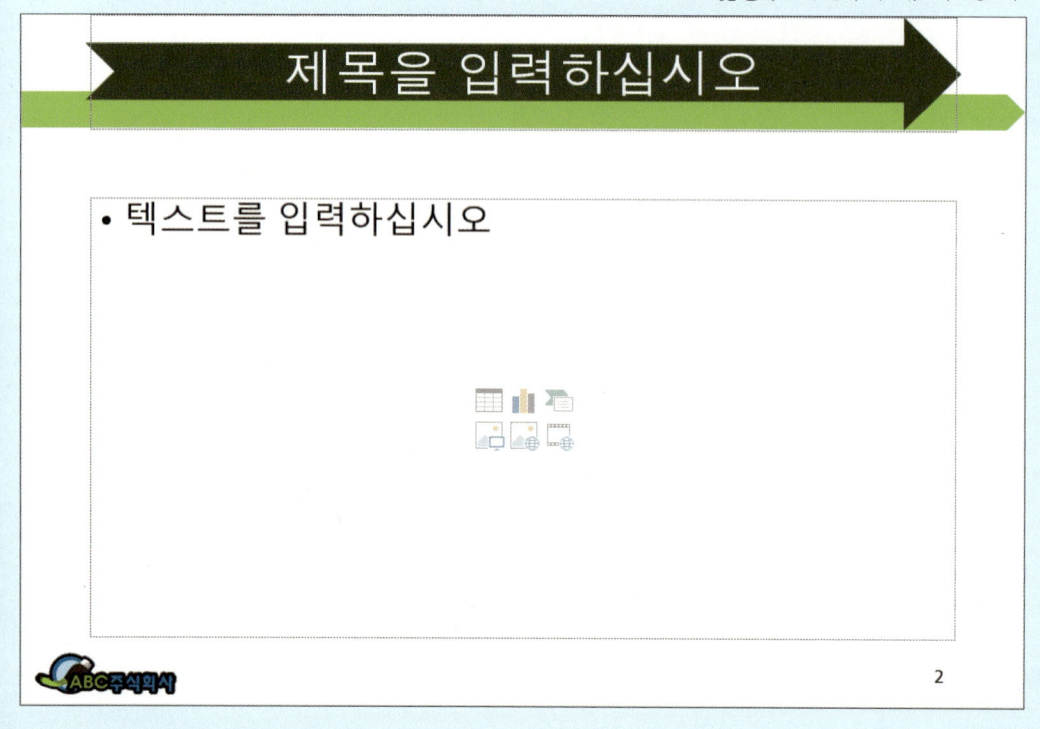

Practical question type — 실전문제유형

9 다음 지시사항 및 세부조건을 참고하여 출력형태에 알맞게 작성하시오.

▶소스파일 : Part 01\Chapter 02\문제09.pptx   ▶완성파일 : Part 01\Chapter 02\문제09_완성.pptx

[전체구성]

(2) 슬라이드 마스터 : 2~6슬라이드의 제목, 하단 로고, 슬라이드 번호는 슬라이드 마스터를 이용하여 작성한다.
 - 제목 글꼴(돋움, 40pt, 흰색), 가운데 맞춤, 도형(선 없음)
 - 하단 로고(「내 PC\문서\ITQ\Picture\로고2.jpg」, 배경(회색) 투명색으로 설정)

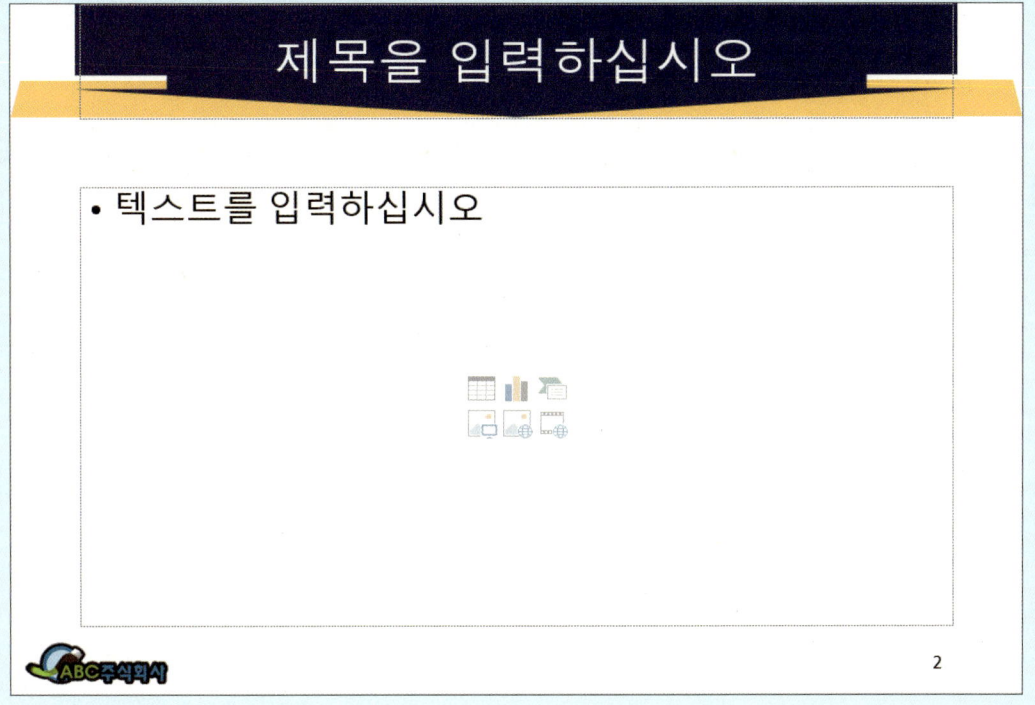

10 다음 지시사항 및 세부조건을 참고하여 출력형태에 알맞게 작성하시오.

▶소스파일 : Part 01\Chapter 02\문제10.pptx   ▶완성파일 : Part 01\Chapter 02\문제10_완성.pptx

[전체구성]

(2) 슬라이드 마스터 : 2~6슬라이드의 제목, 하단 로고, 슬라이드 번호는 슬라이드 마스터를 이용하여 작성한다.
 - 제목 글꼴(돋움, 40pt, 흰색), 가운데 맞춤, 도형(선 없음)
 - 하단 로고(「내 PC\문서\ITQ\Picture\로고2.jpg」, 배경(회색) 투명색으로 설정)

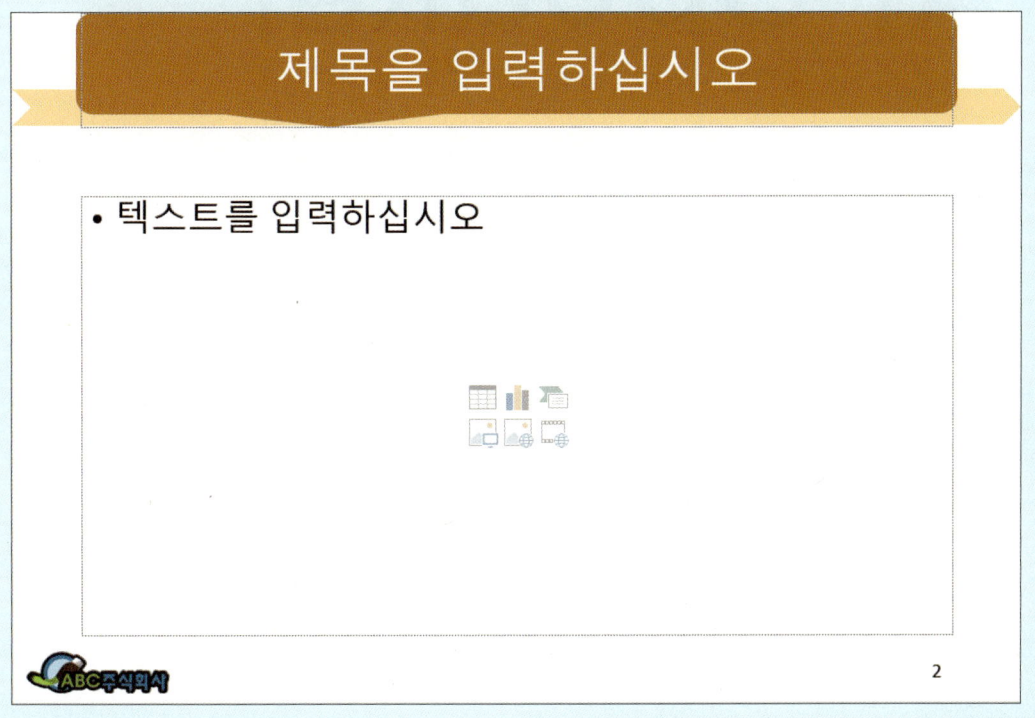

Chapter 03 표지 디자인

POWERPOINT 2016

◆ 도형 작성하기
◆ 워드아트(WordArt) 작성하기
◆ 도형에 효과 지정하기
◆ 그림 삽입하기

▶소스파일 : Part 01\Chapter 03\Ch03.pptx   ▶완성파일 : Part 01\Chapter 03\Ch03_완성.pptx

[슬라이드 1] ≪표지 디자인≫   (40점)

(1) 표지 디자인 : 도형, 워드아트 및 그림을 이용하여 작성한다.

① 도형 편집	② 워드아트 삽입	③ 그림 삽입
- 도형에 그림 채우기 : 「내 PC₩문서₩ITQ₩Picture₩ 그림1.jpg」, 투명도 50% - 도형 효과 : (부드러운 가장자리 5포인트)	- 변환 : 삼각형, 위로【삼각형】 - 글꼴 : 돋움, 굵게 - 텍스트 반사 : 근접 반사, 터치	-「내 PC₩문서₩ITQ₩Picture₩ 로고2.jpg」 - 배경(회색) 투명색으로 설정

체크! 체크!

〔슬라이드 1〕《표지 디자인》

- **제목 도형**
  - 도형은 〈출력형태〉를 참고하여 작성합니다.
  - 도형 효과를 지정하기 때문에 채우기 색 및 도형 윤곽선을 지정하지 않습니다.
- **도형에 그림 삽입**
  - 그림은 '내 PC₩문서₩ITQ₩Picture' 폴더에 있는 그림을 삽입합니다.
  - 도형은 회전하고 그림은 회전하지 않게 하려면 〔그림 서식〕 작업 창의 〔채우기〕 탭에서 〔도형과 함께 회전〕을 선택 해제합니다.
- **워드아트(WordArt) 작성**
  - 워드아트 모양은 '채우기 – 검정, 텍스트 1, 그림자'를 선택한 후 변경합니다.
  - 2016 버전은 【 】안의 조건으로 작성합니다.
- **그림 삽입**
  - 그림은 '내 PC₩문서₩ITQ₩Picture' 폴더에 있는 그림을 삽입하고 회색 배경을 투명색으로 지정합니다.

STEP 01 도형 작성하기

1 **1번 슬라이드를 선택**한 후 표지 슬라이드에 표시된 제목 및 부제목 개체틀을 삭제하기 위해 **Ctrl + A를 눌러 모두 선택**한 다음 **Delete를 눌러 삭제**합니다.

> **파일 열기**
> 〔파일〕 탭-〔열기〕-〔찾아보기〕를 클릭한 후 〔열기〕 대화상자가 나타나면 찾는 위치(Part 01\Chapter 03)를 지정한 다음 파일(Ch03.pptx)을 선택하고 〔열기〕 단추를 클릭합니다.

2 〔삽입〕 탭-〔일러스트레이션〕 그룹에서 〔도형〕을 클릭한 후 〔팔각형(⑧)〕을 클릭합니다.

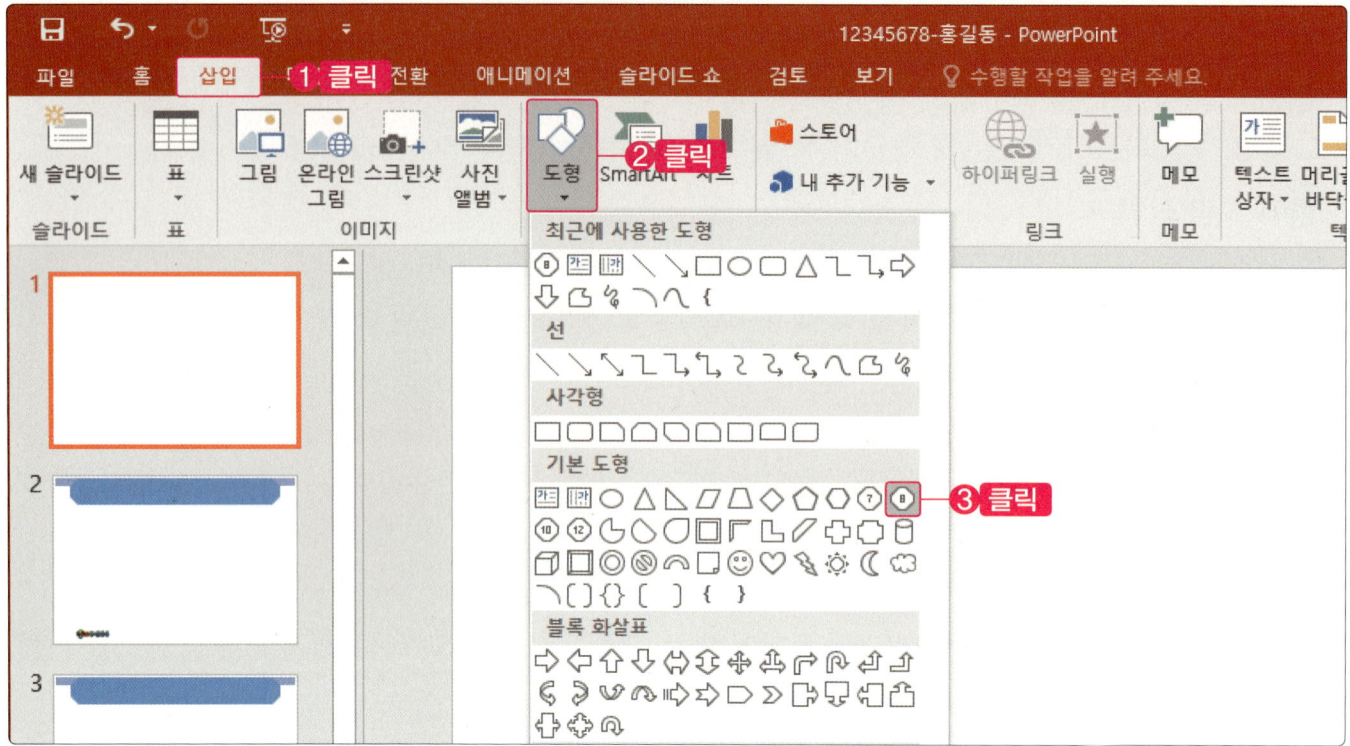

3 마우스 포인터 모양이 + 모양으로 변경되면 드래그하여 도형을 작성합니다.

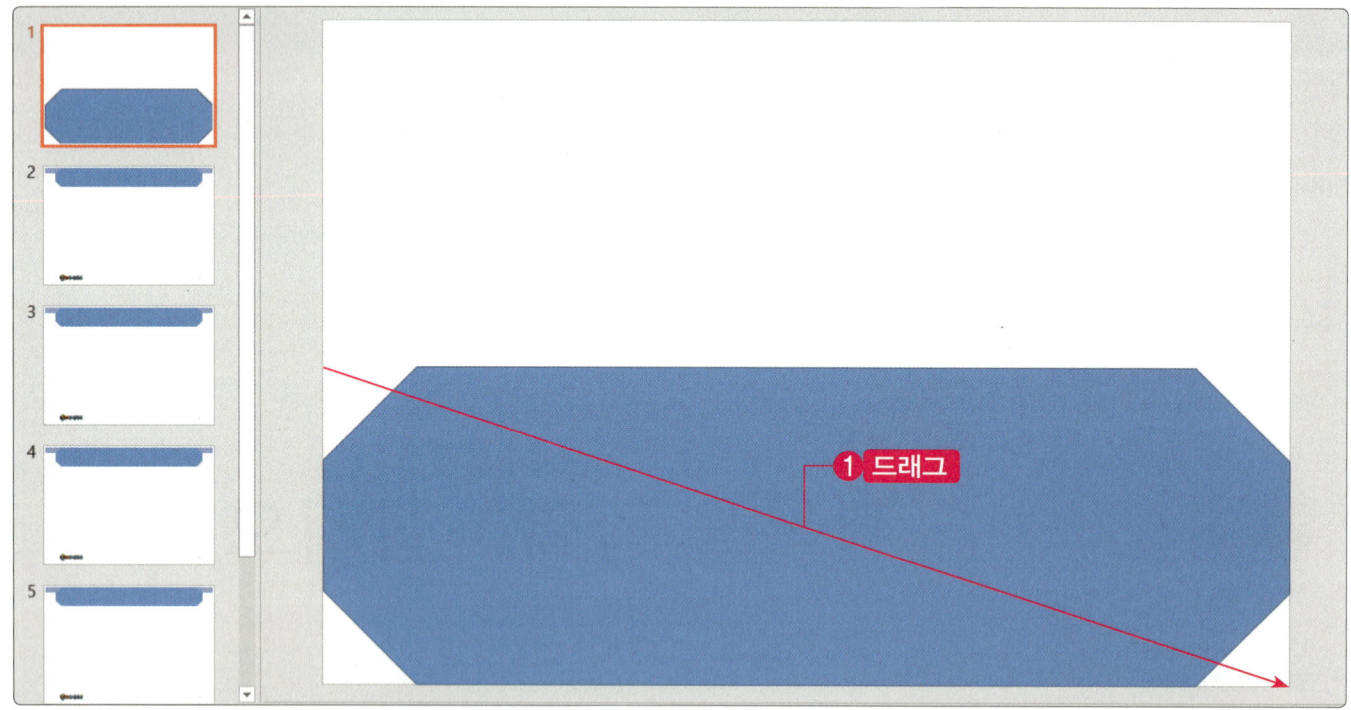

도형의 크기는 수험자가 〈출력형태〉를 참고하여 작성합니다.

STEP 02 도형 효과 지정하기

〈조건〉
① 도형 편집
- 도형에 그림 채우기 : 「내 PC₩문서₩ITQ₩Picture₩그림1.jpg」, 투명도 50%
- 도형 효과 : (부드러운 가장자리 5포인트)

1 〔그리기 도구〕 정황 탭-〔서식〕 탭-〔도형 스타일〕 그룹에서 **〔도형 채우기〕**를 **클릭**한 후 〔**그림**〕을 **클릭**합니다.

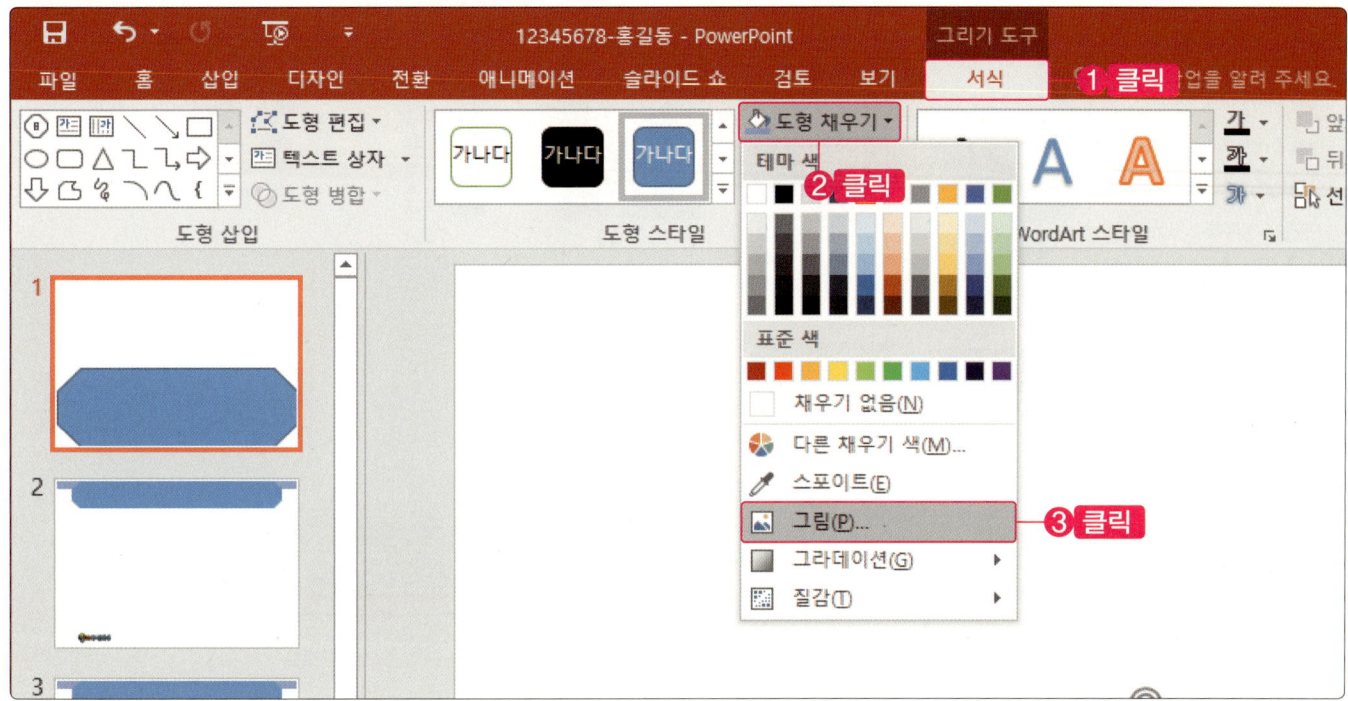

2 〔그림 삽입〕 화면이 나타나면 **〔파일에서〕**를 **클릭**합니다.

Chapter 03 · 표지 디자인 **43**

<조건> ① 도형 편집
• 도형에 그림 채우기 : 「내 PC\문서\ITQ\Picture\그림1.jpg」

3 〔그림 삽입〕 대화상자가 나타나면 **위치(내 PC\문서\ITQ\Picture)를 지정**한 후 **파일(그림1.jpg) 을 선택**한 다음 〔**삽입**〕 **단추를 클릭**합니다.

4 도형에 그림이 삽입되면 〔그림 도구〕 정황 탭-〔서식〕 탭-〔그림 스타일〕 그룹의 〔**도형 서식(⬚)**〕 **을 클릭**합니다.

〈조건〉　① 도형 편집
　　　　　• 도형에 그림 채우기 : 「내 PC₩문서₩ITQ₩Picture₩그림1.jpg」, 투명도 50%
　　　　　• 도형 효과 : (부드러운 가장자리 5포인트)

5 〔그림 서식〕 작업 창이 나타나면 〔**채우기 및 선(**🎨**)**〕을 클릭한 후 〔**채우기**〕를 클릭한 다음 **투명도 (50)를 입력**하고 〔**닫기(X)**〕를 클릭합니다.

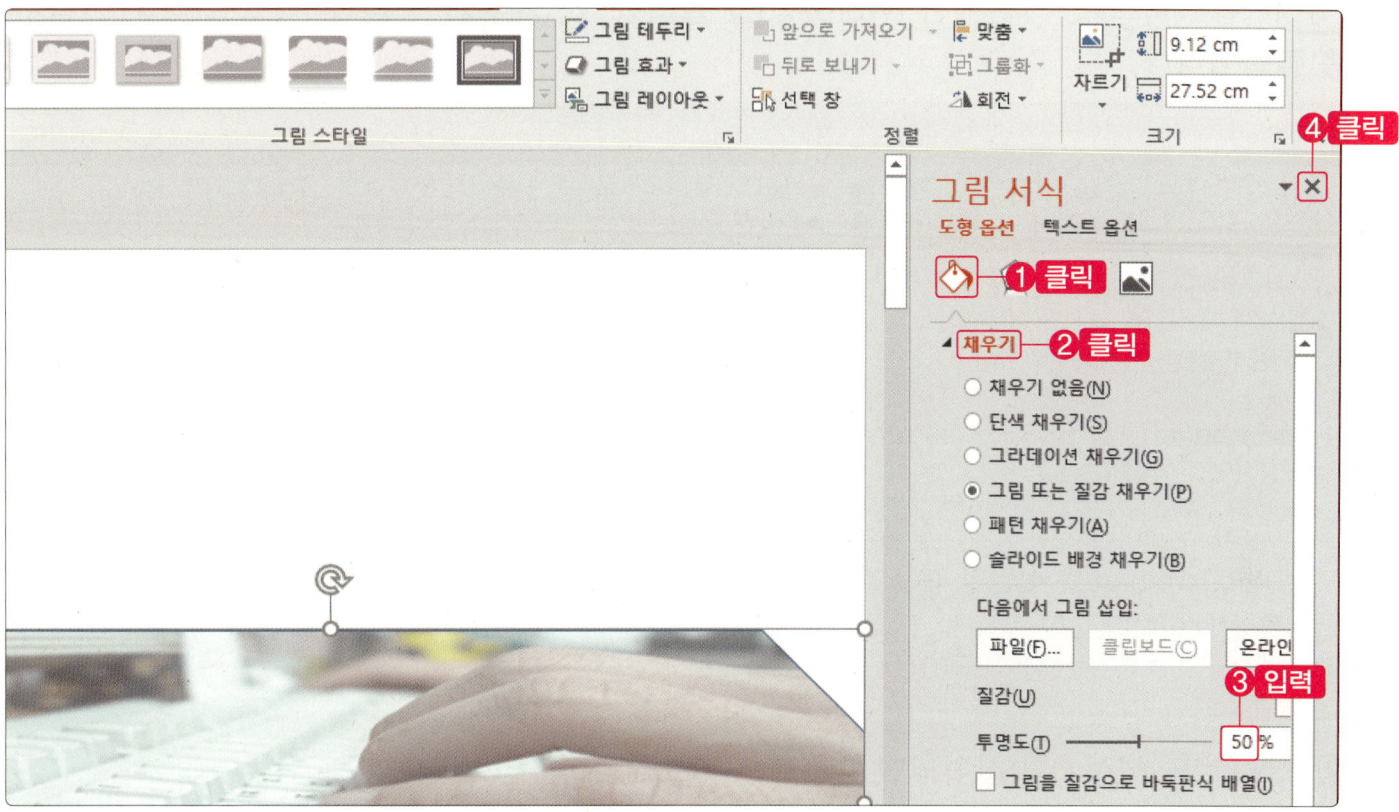

6 〔그림 도구〕 정황 탭-〔서식〕 탭-〔그림 스타일〕 그룹에서 〔**그림 효과**〕를 클릭한 후 〔부드러운 가장자리〕-〔**5 포인트**〕를 클릭합니다.

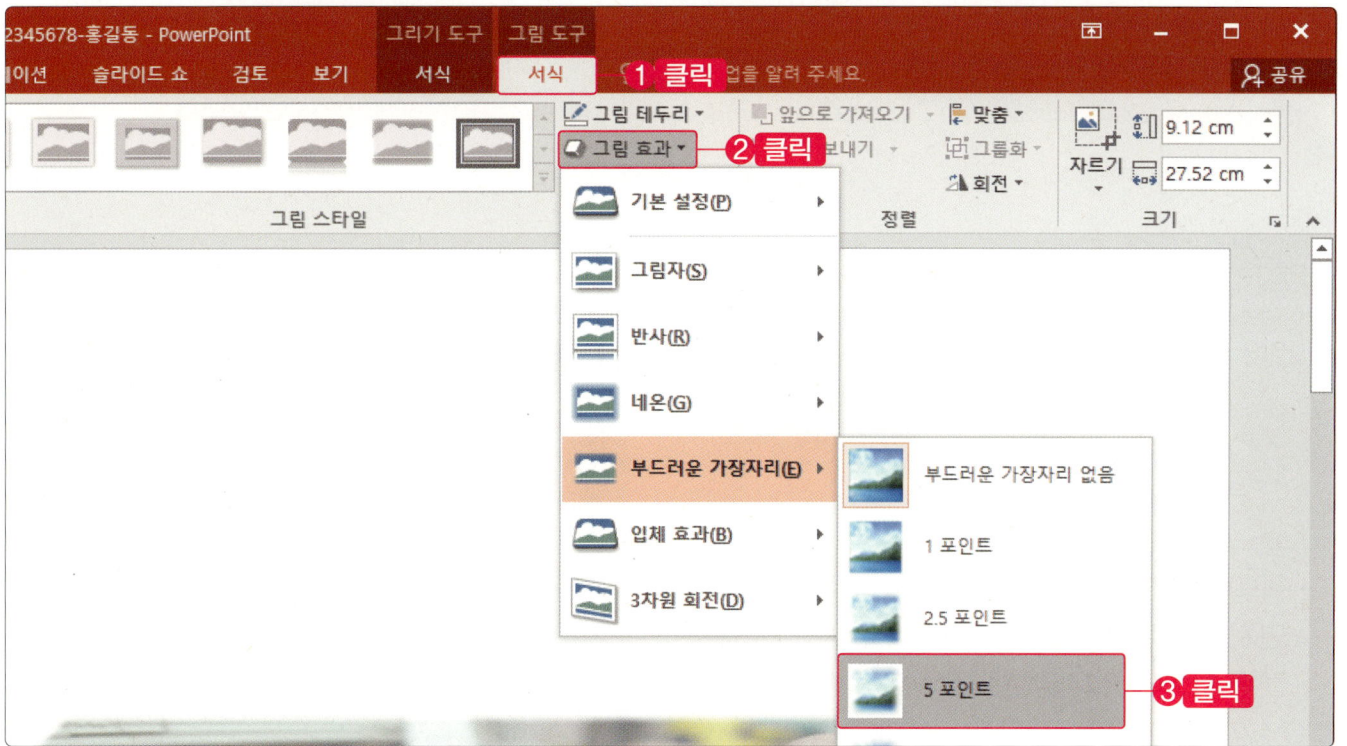

STEP 03 워드아트(WordArt) 작성하기

〈조건〉
② 워드아트 삽입
 – 변환 : 삼각형, 위로【삼각형】
 – 글꼴 : 돋움, 굵게
 – 텍스트 반사 : 근접 반사, 터치

1 〔삽입〕 탭-〔텍스트〕 그룹에서 〔WordArt〕를 **클릭**한 후 〔채우기 – 검정, 텍스트 색 1, 그림자(A)〕**를 클릭**합니다.

> 워드아트(WordArt)를 삽입할 때는 효과가 거의 없는 첫 번째 워드아트(채우기 – 검정, 텍스트 색 1, 그림자)를 선택합니다.

2 워드아트(WordArt)가 삽입되면 **텍스트(AI Speaker)를 입력**합니다.

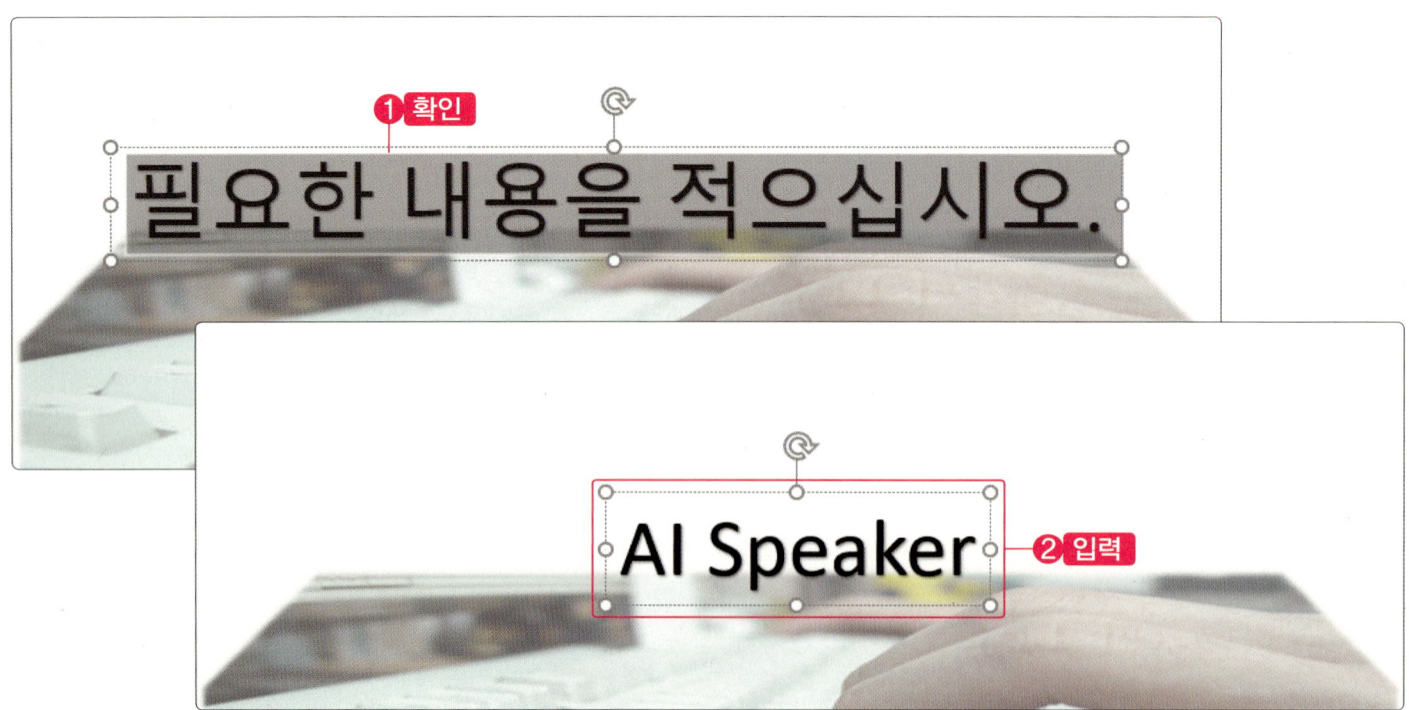

- 워드아트(WordArt)를 삽입한 후 바로 내용을 입력하면 이전 내용(필요한 내용을 적으십시오.)이 삭제되면서 내용이 입력됩니다.
- 블록 지정이 해제되었을 경우에는 텍스트를 드래그하여 블록으로 설정한 후 다시 입력합니다.

<조건>　② 워드아트 삽입
　　　　• 변환 : 삼각형, 위로【삼각형】　　　　• 글꼴 : 돋움, 굵게

3 **워드아트(WordArt) 상자를 선택**한 후 〔그리기 도구〕 정황 탭-〔서식〕 탭-〔WordArt 스타일〕 그룹에서 〔**텍스트 효과(가▼)**〕를 **클릭**한 다음 〔**변환**〕-**삼각형(abcde)**을 **클릭**합니다.

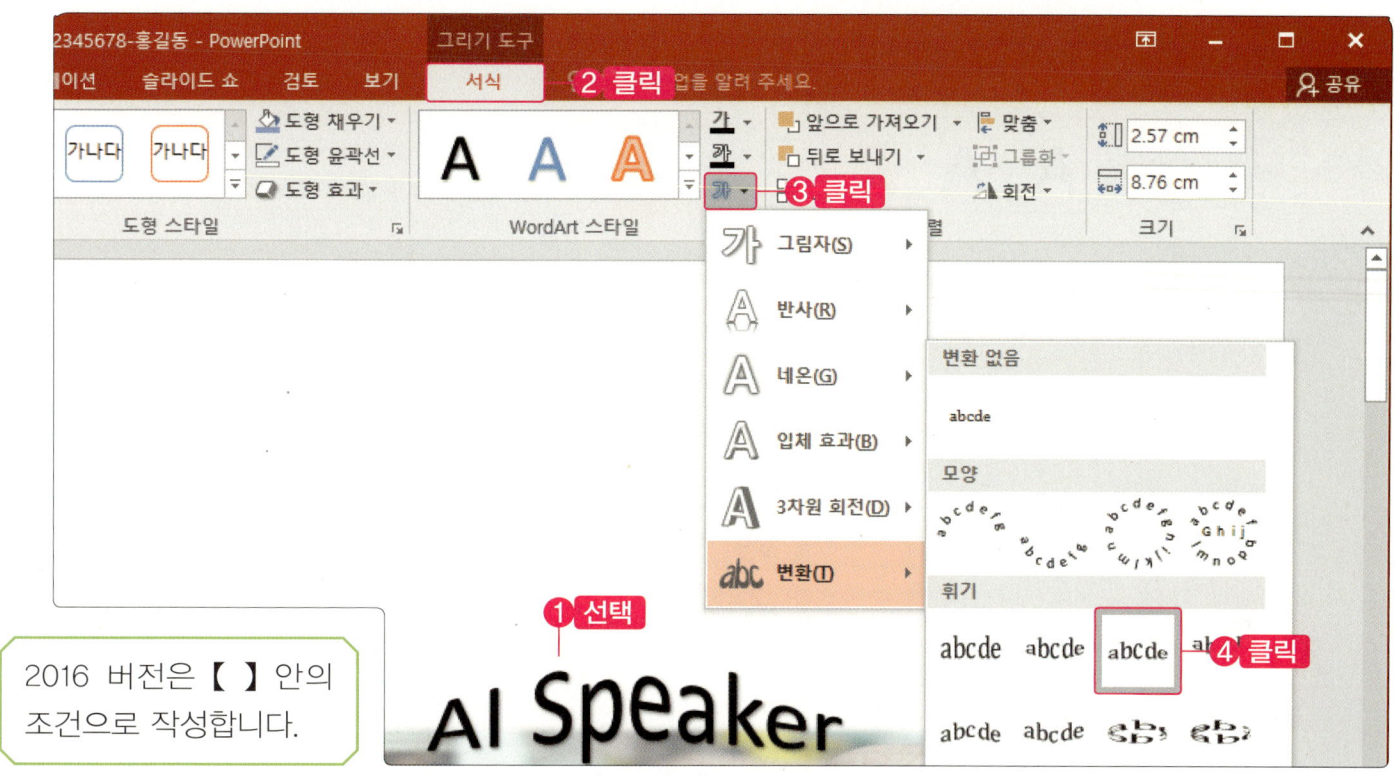

2016 버전은 【 】 안의 조건으로 작성합니다.

4 〔홈〕 탭-〔글꼴〕 그룹에서 **글꼴(돋움)을 선택**한 후 〔**굵게(가)**〕를 **선택**한 다음 〔**텍스트 그림자(S)**〕를 **선택해제**합니다.

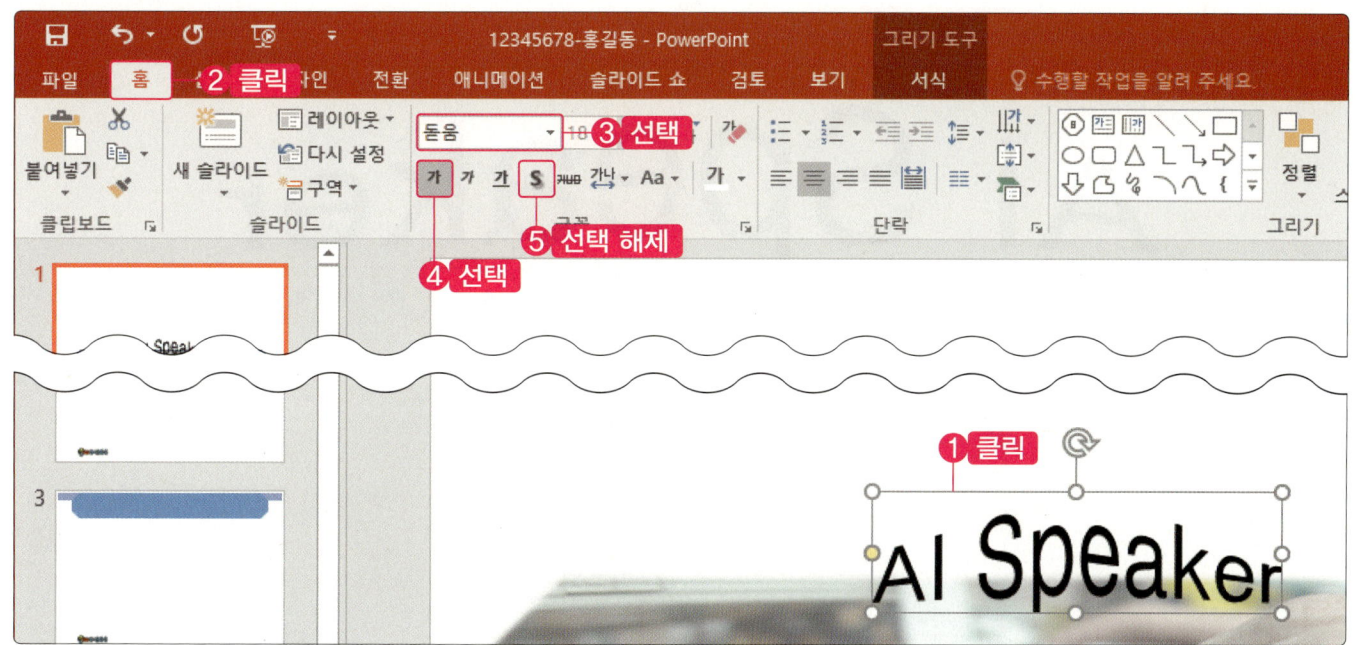

워드아트(WordArt)의 글꼴은 '돋움'과 '굵게'를 지정하라는 문제의 세부 조건에 따라 '텍스트 그림자'는 지정을 해제합니다.

〈조건〉　② 워드아트 삽입
　　　　　• 텍스트 반사 : 근접반사, 터치

5 〔그리기 도구〕 정황 탭-〔서식〕 탭-〔WordArt 스타일〕 그룹에서 〔**텍스트 효과(가▼)**〕를 **클릭**한 후 〔반사〕-**〔근접 반사, 터치(A)〕를 클릭**합니다.

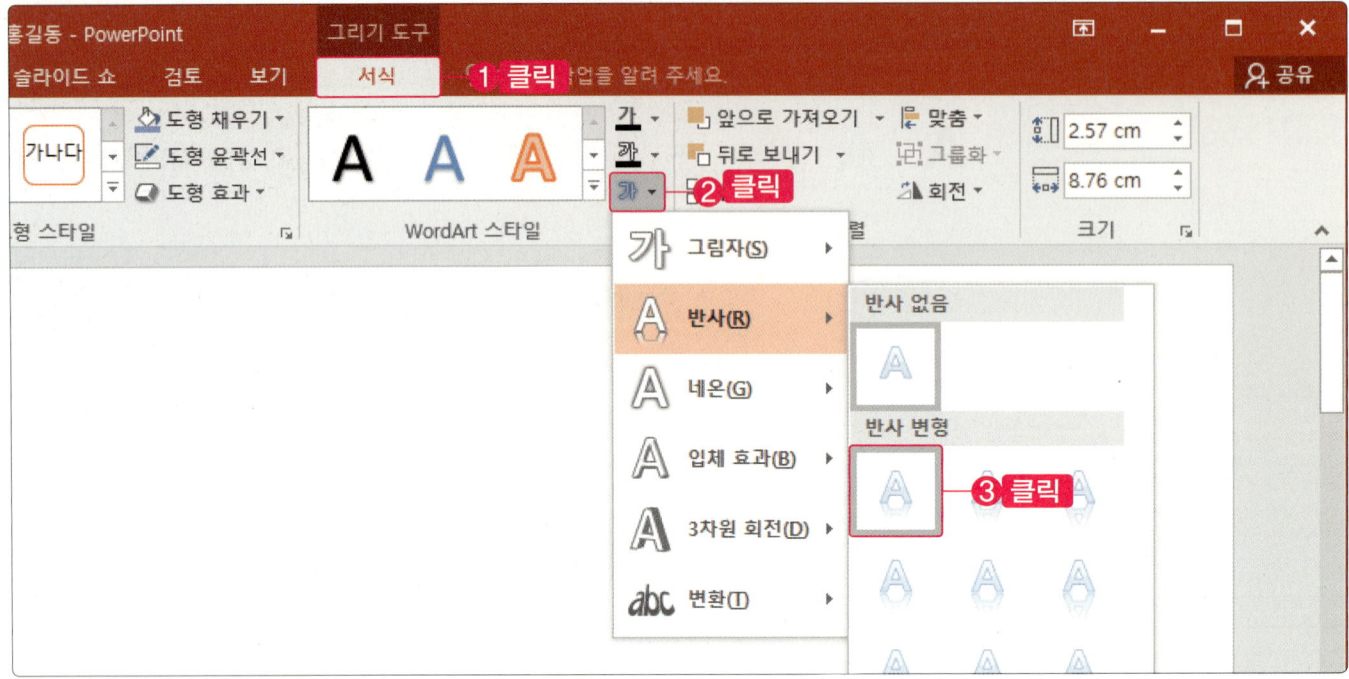

6 워드아트(WordArt) 텍스트 상자의 **크기 및 위치를 조절**합니다.

워드아트(WordArt)의 크기 조절점(○)을 드래그하여 크기를 조절합니다.

STEP 04 그림 삽입하기

〈조건〉 ③ 그림 삽입
- 「내 PC\문서\ITQ\Picture\로고2.jpg」
- 배경(회색) 투명색으로 설정

1 〔삽입〕 탭-〔이미지〕 그룹에서 〔그림(🖼)〕을 클릭합니다. 그런다음 〔그림 삽입〕 대화상자가 나타나면 **위치(내 PC\문서\ITQ\Picture)를 지정**한 후 **파일(로고2.jpg)을 클릭**한 다음 〔삽입〕 단추를 **클릭**합니다.

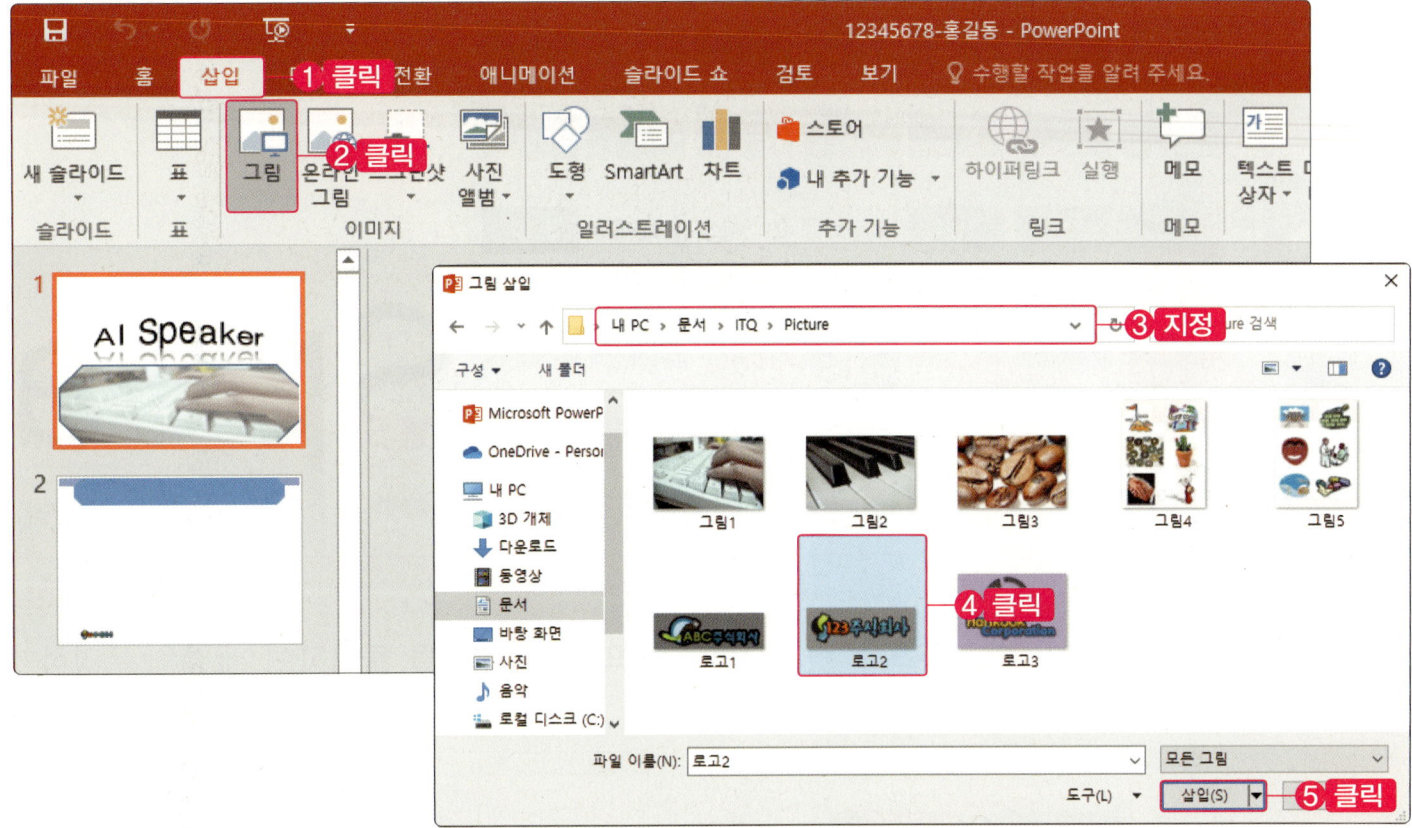

2 삽입된 **그림을 드래그하여 위치를 이동**한 후 **크기를 조절**합니다.

〈조건〉　③ 그림 삽입
　　　　　• 배경(회색) 투명색으로 설정

3 〔그림 도구〕 정황 탭-〔서식〕 탭-〔조정〕 그룹에서 〔색〕을 **클릭**한 후 〔**투명한 색 설정**〕을 **클릭**합니다.

4 마우스 포인터 모양이 ⬚ 모양으로 변경되면 **그림의 회색 부분을 클릭**하여 배경을 투명하게 수정합니다.

5 표지 디자인 슬라이드 작성이 완료되면 빠른 실행 도구 모음에서 〔**저장(🖫)**〕을 **클릭**합니다.

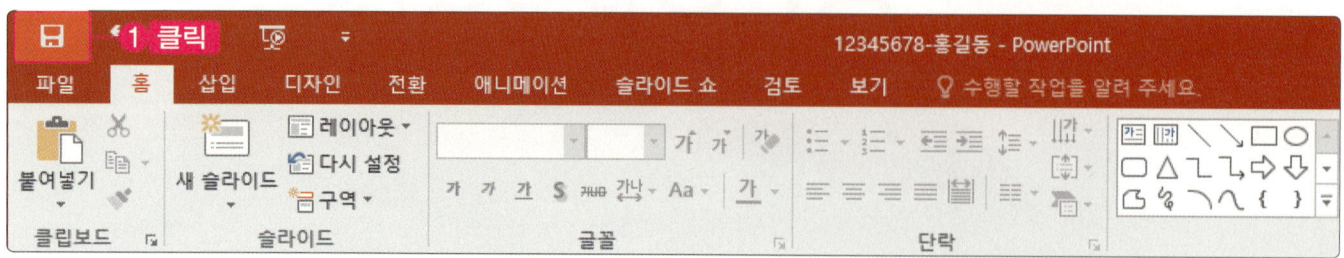

〔파일〕 탭-〔저장〕을 클릭하거나 Ctrl+S를 눌러 답안을 저장할 수도 있습니다.

실전문제유형

Practical question type

1 다음 지시사항 및 세부조건을 참고하여 출력형태에 알맞게 작성하시오.
▶ 소스파일 : Part 01\Chapter 03\문제01.pptx   ▶ 완성파일 : Part 01\Chapter 03\문제01_완성.pptx

(1) 표지 디자인 : 도형, 워드아트 및 그림을 이용하여 작성한다.

세부조건

① 도형 편집
- 도형에 그림 채우기 :
「내 PC\문서\ITQ\Picture\
그림3.jpg」, 투명도 50%
- 도형 효과 :
부드러운 가장자리 5포인트

② 워드아트 삽입
- 변환 : 중지
- 글꼴 : 맑은고딕, 굵게
- 텍스트 반사 :
근접 반사, 터치

③ 그림 삽입
-「내 PC\문서\ITQ\Picture\
로고3.jpg」,
- 배경(연보라) 투명색으로 설정

2 다음 지시사항 및 세부조건을 참고하여 출력형태에 알맞게 작성하시오.
▶ 소스파일 : Part 01\Chapter 03\문제02.pptx   ▶ 완성파일 : Part 01\Chapter 03\문제02_완성.pptx

(1) 표지 디자인 : 도형, 워드아트 및 그림을 이용하여 작성한다.

세부조건

① 도형 편집
- 도형에 그림 채우기 :
「내 PC\문서\ITQ\Picture\
그림3.jpg」, 투명도 50%
- 도형 효과 :
부드러운 가장자리 5포인트

② 워드아트 삽입
- 변환 : 물결, 위로
【물결2】
- 글꼴 : 돋움, 굵게
- 텍스트 반사 :
근접 반사, 4pt 오프셋

③ 그림 삽입
-「내 PC\문서\ITQ\Picture\
로고2.jpg」,
- 배경(회색) 투명색으로 설정

Practical question type
실전문제유형

3 다음 지시사항 및 세부조건을 참고하여 출력형태에 알맞게 작성하시오.
▶ 소스파일 : Part 01\Chapter 03\문제03.pptx   ▶ 완성파일 : Part 01\Chapter 03\문제03_완성.pptx

(1) 표지 디자인 : 도형, 워드아트 및 그림을 이용하여 작성한다.

세부조건
① 도형 편집
 - 도형에 그림 채우기 :
  「내 PC\문서\ITQ\Picture\
  그림1.jpg」, 투명도 50%
 - 도형 효과 :
  부드러운 가장자리 5포인트

② 워드아트 삽입
 - 변환 : 삼각형, 위로
  【삼각형】
 - 글꼴 : 궁서, 굵게
 - 텍스트 반사 :
  근접 반사, 터치

③ 그림 삽입
 -「내 PC\문서\ITQ\Picture\
  로고1.jpg」,
 - 배경(회색) 투명색으로 설정

4 다음 지시사항 및 세부조건을 참고하여 출력형태에 알맞게 작성하시오.
▶ 소스파일 : Part 01\Chapter 03\문제04.pptx   ▶ 완성파일 : Part 01\Chapter 03\문제04_완성.pptx

(1) 표지 디자인 : 도형, 워드아트 및 그림을 이용하여 작성한다.

세부조건
① 도형 편집
 - 도형에 그림 채우기 :
  「내 PC\문서\ITQ\Picture\
  그림1.jpg」, 투명도 50%
 - 도형 효과 :
  부드러운 가장자리 5포인트

② 워드아트 삽입
 - 변환 : 기울기, 위로
  【위로 기울기】
 - 글꼴 : 궁서, 굵게
 - 텍스트 반사 :
  1/2 반사, 터치

③ 그림 삽입
 -「내 PC\문서\ITQ\Picture\
  로고1.jpg」,
 - 배경(회색) 투명색으로 설정

실전문제유형

5 다음 지시사항 및 세부조건을 참고하여 출력형태에 알맞게 작성하시오.

▶ 소스파일 : Part 01\Chapter 03\문제05.pptx   ▶ 완성파일 : Part 01\Chapter 03\문제05_완성.pptx

(1) 표지 디자인 : 도형, 워드아트 및 그림을 이용하여 작성한다.

세부조건

① 도형 편집
- 도형에 그림 채우기 :
  「내 PC\문서\ITQ\Picture\
  그림2.jpg」, 투명도 50%
- 도형 효과 :
  부드러운 가장자리 5포인트

② 워드아트 삽입
- 변환 : 삼각형, 위로
  【삼각형】
- 글꼴 : 돋움, 굵게
- 텍스트 반사 :
  근접 반사, 터치

③ 그림 삽입
- 「내 PC\문서\ITQ\Picture\
  로고1.jpg」,
- 배경(회색) 투명색으로 설정

6 다음 지시사항 및 세부조건을 참고하여 출력형태에 알맞게 작성하시오.

▶ 소스파일 : Part 01\Chapter 03\문제06.pptx   ▶ 완성파일 : Part 01\Chapter 03\문제06_완성.pptx

(1) 표지 디자인 : 도형, 워드아트 및 그림을 이용하여 작성한다.

세부조건

① 도형 편집
- 도형에 그림 채우기 :
  「내 PC\문서\ITQ\Picture\
  그림2.jpg」, 투명도 50%
- 도형 효과 :
  부드러운 가장자리 5포인트

② 워드아트 삽입
- 변환 : 물결, 위로
  【물결2】
- 글꼴 : 돋움, 굵게
- 텍스트 반사 :
  전체 반사, 터치

③ 그림 삽입
- 「내 PC\문서\ITQ\Picture\
  로고2.jpg」,
- 배경(회색) 투명색으로 설정

Practical question type
실전문제유형

7 다음 지시사항 및 세부조건을 참고하여 출력형태에 알맞게 작성하시오.

▶ 소스파일 : Part 01\Chapter 03\문제07.pptx   ▶ 완성파일 : Part 01\Chapter 03\문제07_완성.pptx

(1) 표지 디자인 : 도형, 워드아트 및 그림을 이용하여 작성한다.

세부조건

① 도형 편집
- 도형에 그림 채우기 : 「내 PC\문서\ITQ\Picture\그림2.jpg」, 투명도 50%
- 도형 효과 : 부드러운 가장자리 5포인트

② 워드아트 삽입
- 변환 : 물결, 위로 【물결2】
- 글꼴 : 돋움, 굵게
- 텍스트 반사 : 전체 반사, 터치

③ 그림 삽입
- 「내 PC\문서\ITQ\Picture\로고2.jpg」,
- 배경(회색) 투명색으로 설정

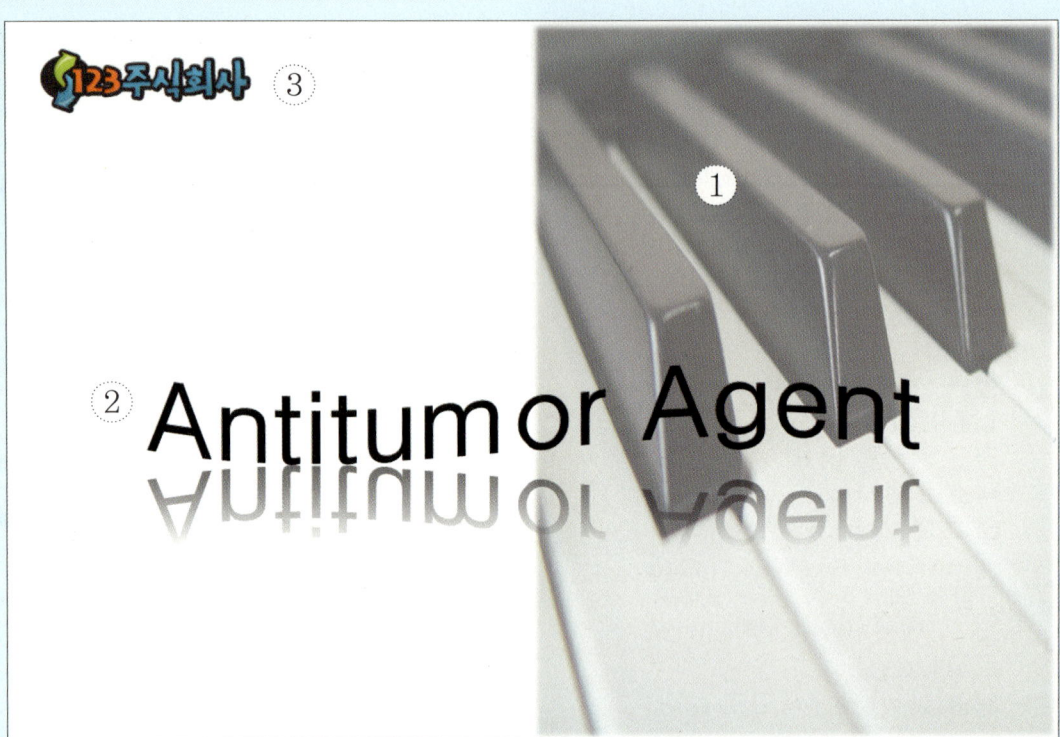

8 다음 지시사항 및 세부조건을 참고하여 출력형태에 알맞게 작성하시오.

▶ 소스파일 : Part 01\Chapter 03\문제08.pptx   ▶ 완성파일 : Part 01\Chapter 03\문제08_완성.pptx

(1) 표지 디자인 : 도형, 워드아트 및 그림을 이용하여 작성한다.

세부조건

① 도형 편집
- 도형에 그림 채우기 : 「내 PC\문서\ITQ\Picture\그림1.jpg」, 투명도 50%
- 도형 효과 : 부드러운 가장자리 5포인트

② 워드아트 삽입
- 변환 : 삼각형, 아래로 【역삼각형】
- 글꼴 : 돋움, 굵게
- 텍스트 반사 : 근접 반사, 4pt 오프셋

③ 그림 삽입
- 「내 PC\문서\ITQ\Picture\로고1.jpg」,
- 배경(회색) 투명색으로 설정

실전문제유형

9 다음 지시사항 및 세부조건을 참고하여 출력형태에 알맞게 작성하시오.
▶ 소스파일 : Part 01\Chapter 03\문제09.pptx   ▶ 완성파일 : Part 01\Chapter 03\문제09_완성.pptx

(1) 표지 디자인 : 도형, 워드아트 및 그림을 이용하여 작성한다.

세부조건

① 도형 편집
- 도형에 그림 채우기 :
  「내 PC\문서\ITQ\Picture\그림1.jpg」, 투명도 50%
- 도형 효과 :
  부드러운 가장자리 5포인트

② 워드아트 삽입
- 변환 : 삼각형, 아래로
  【역삼각형】
- 글꼴 : 돋움, 굵게
- 텍스트 반사 :
  근접 반사, 4pt 오프셋

③ 그림 삽입
- 「내 PC\문서\ITQ\Picture\로고1.jpg」,
- 배경(회색) 투명색으로 설정

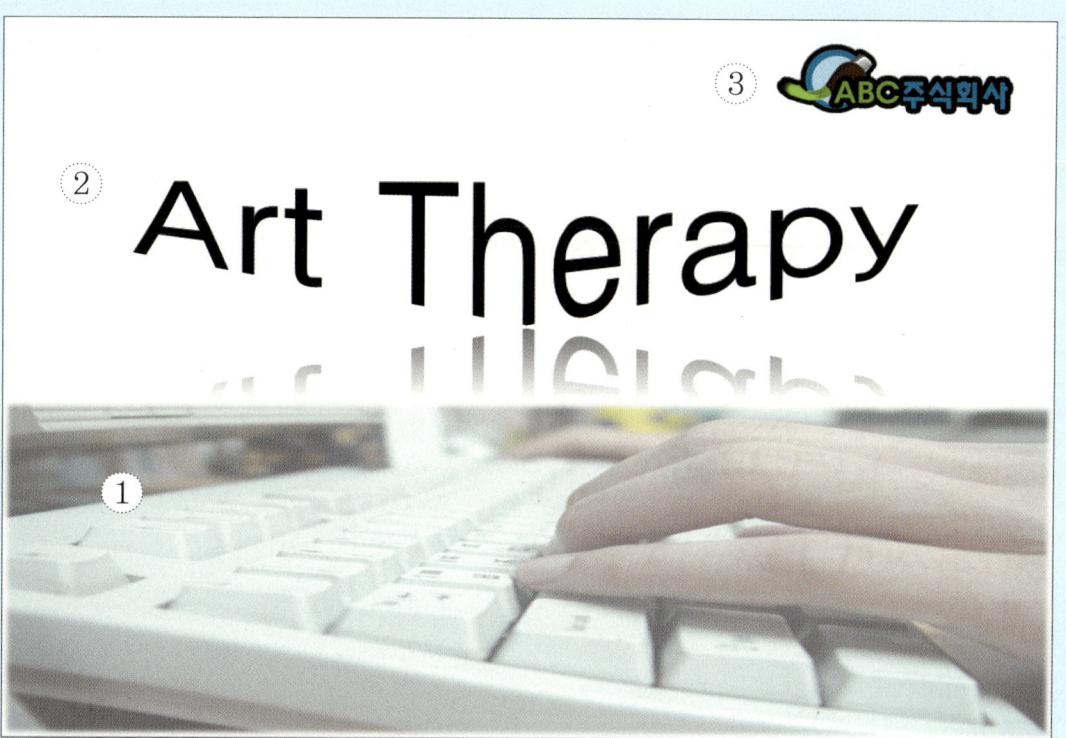

10 다음 지시사항 및 세부조건을 참고하여 출력형태에 알맞게 작성하시오.
▶ 소스파일 : Part 01\Chapter 03\문제10.pptx   ▶ 완성파일 : Part 01\Chapter 03\문제10_완성.pptx

(1) 표지 디자인 : 도형, 워드아트 및 그림을 이용하여 작성한다.

세부조건

① 도형 편집
- 도형에 그림 채우기 :
  「내 PC\문서\ITQ\Picture\그림1.jpg」, 투명도 50%
- 도형 효과 :
  부드러운 가장자리 5포인트

② 워드아트 삽입
- 변환 : 삼각형, 아래로
  【역삼각형】
- 글꼴 : 돋움, 굵게
- 텍스트 반사 :
  근접 반사, 4pt 오프셋

③ 그림 삽입
- 「내 PC\문서\ITQ\Picture\로고1.jpg」,
- 배경(회색) 투명색으로 설정

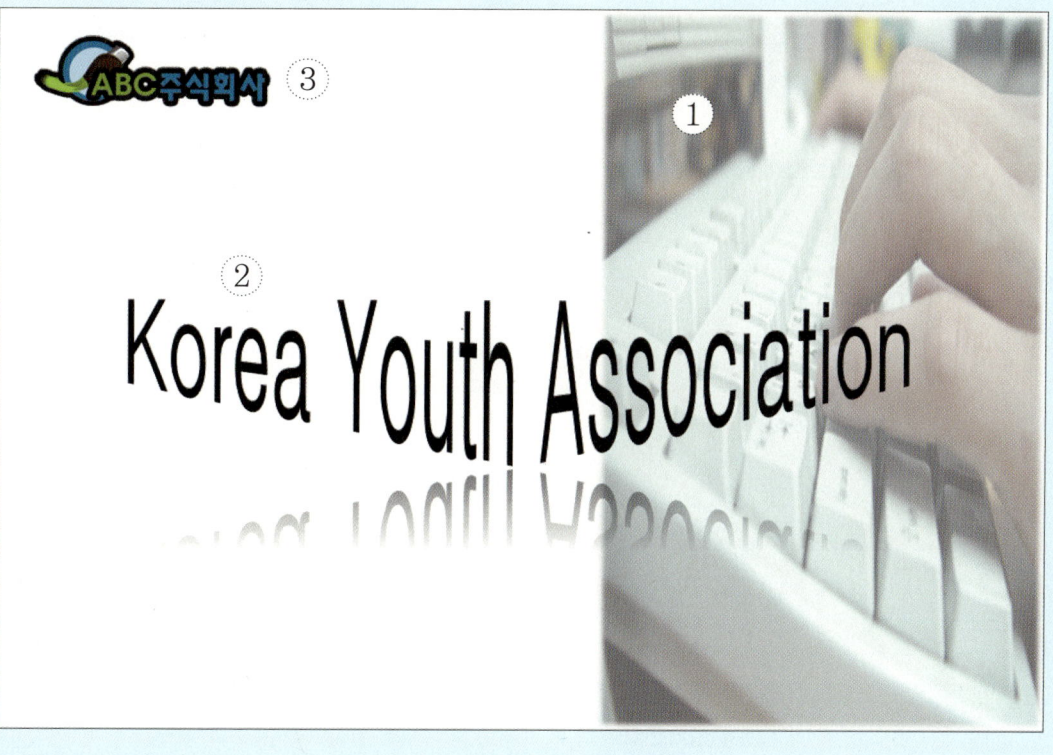

Chapter 04 목차 슬라이드

- ◆ 목차 도형 작성하기
- ◆ 하이퍼링크 지정하기
- ◆ 텍스트 입력하기
- ◆ 그림 삽입하기

▶소스파일 : Part 01\Chapter 04\Ch04.pptx   ▶완성파일 : Part 01\Chapter 04\Ch04_완성.pptx

[슬라이드 2]   ≪목차 슬라이드≫   (60점)

(1) 출력형태와 같이 도형을 이용하여 목차를 작성한다(글꼴 : 굴림, 24pt).
(2) 도형 : 선 없음

① 텍스트에 하이퍼링크 적용
→ '슬라이드 6'

② 그림 삽입
- 「내 PC\문서\ITQ\Picture\로고5.jpg」
- 자르기 기능 이용

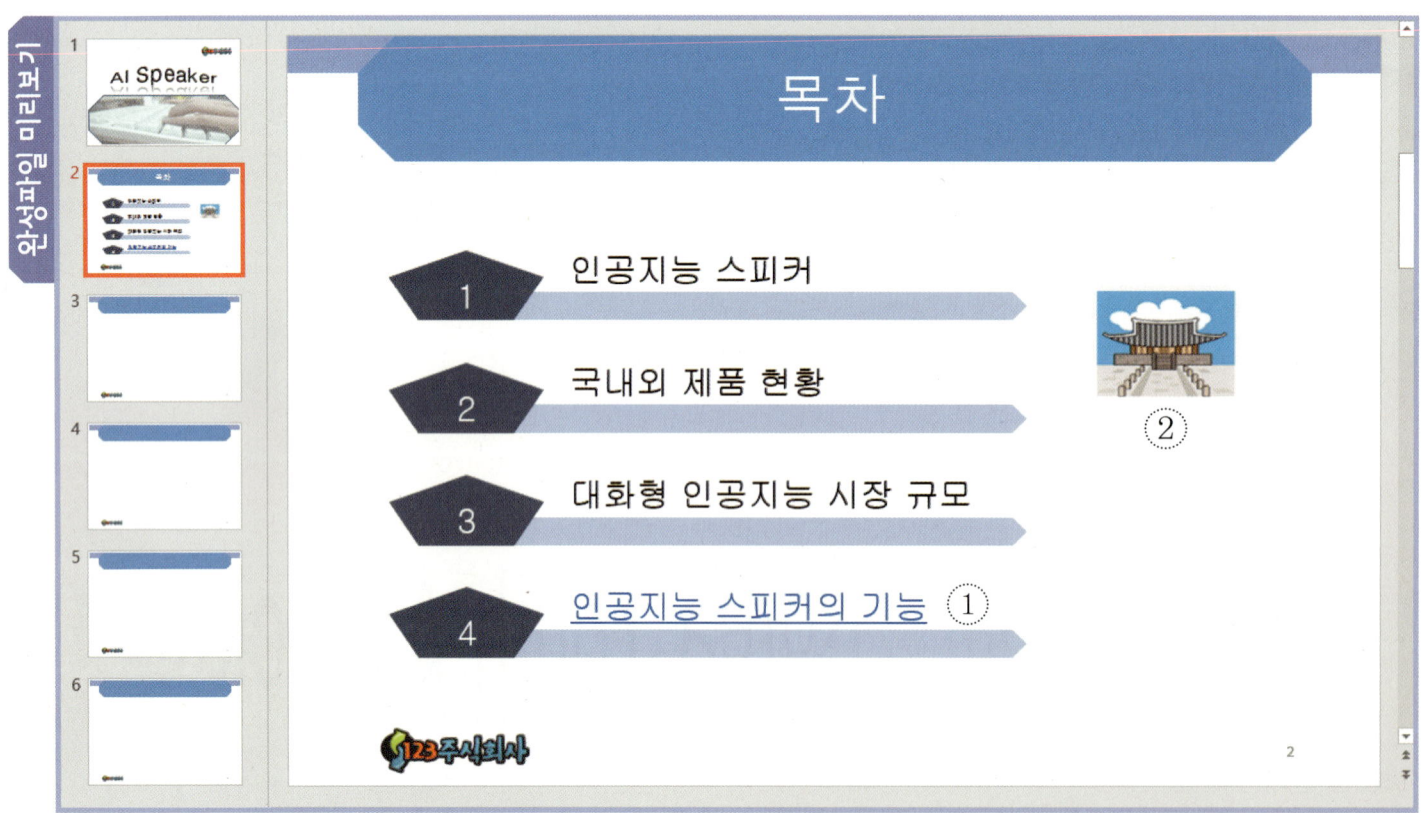

> **체크! 체크!**
>
> 〔슬라이드 2〕 《《목차 슬라이드》》
>
> ■ 목차 도형
> - 도형은 〈출력형태〉를 참고하여 작성합니다.
> - 도형 채우기 색은 '임의의 색'을 지정하고 도형 윤곽선은 '윤곽선 없음'을 지정합니다.
>
> ■ 텍스트 입력
> - 도형에 숫자를 입력하고 텍스트 상자를 삽입한 후 내용을 입력합니다.
> - 도형과 텍스트 상자를 선택한 후 글꼴과 정렬을 지정합니다.
> - 도형과 텍스트 상자를 복사한 후 텍스트를 수정합니다.
>
> ■ 하이퍼링크 지정하기
> - 하이퍼링크를 지정할 텍스트를 드래그하여 블록 설정한 후 하이퍼링크를 지정합니다.
>
> ■ 그림 삽입
> - 그림은 '내 PC₩문서₩ITQ₩Picture' 폴더에 있는 그림을 삽입하고 〔자르기(🖼)〕를 이용하여 그림을 자른 후 위치 및 크기를 조절합니다.

STEP 01 목차 도형 작성하기

〈조건〉
(1) 출력형태와 같이 도형을 이용하여 목차를 작성한다.
(2) 도형 : 선 없음

1 2번 슬라이드를 선택한 후 제목(목차)을 입력한 다음 내용 개체를 선택하고 Delete 를 눌러 삭제합니다.

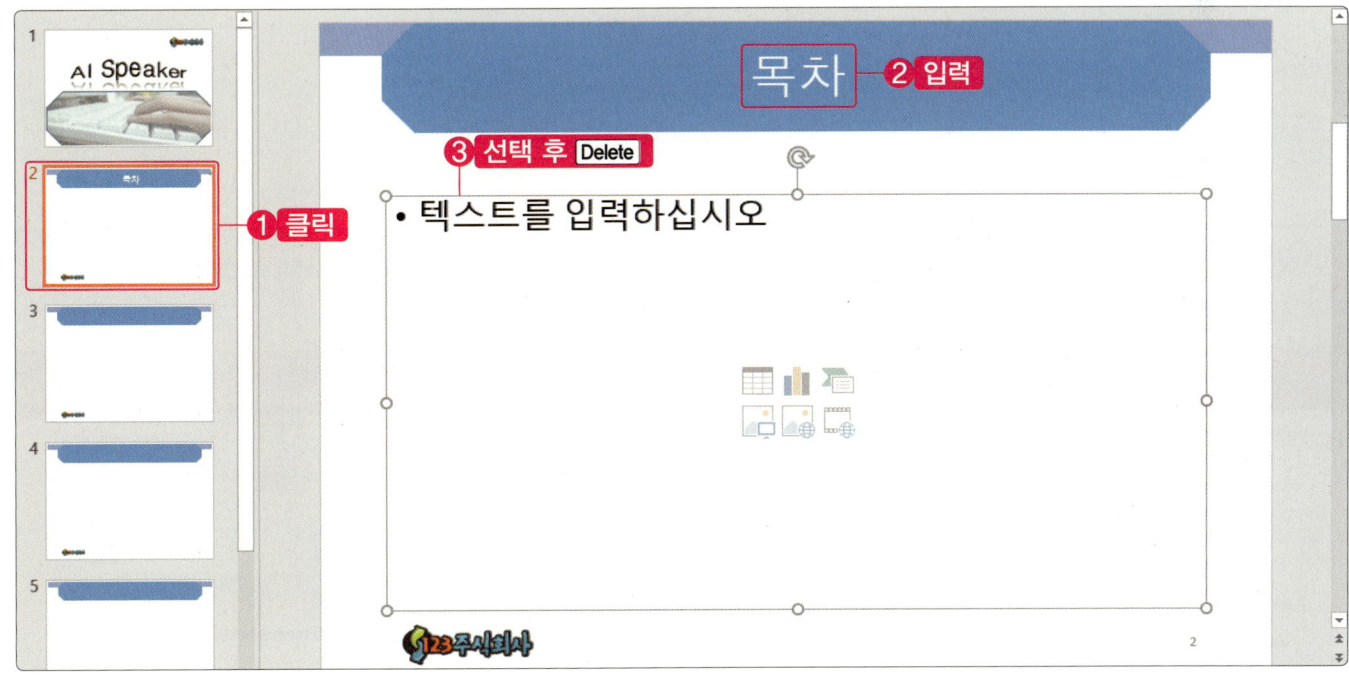

> 슬라이드 마스터에서 작성한 제목 도형의 글꼴 속성(돋움, 40pt, 흰색)이 다를 경우 슬라이드 마스터에서 수정합니다.

2 〔삽입〕 탭-〔일러스트레이션〕 그룹에서 〔도형〕을 클릭한 후 〔오각형(▭)〕을 클릭합니다.

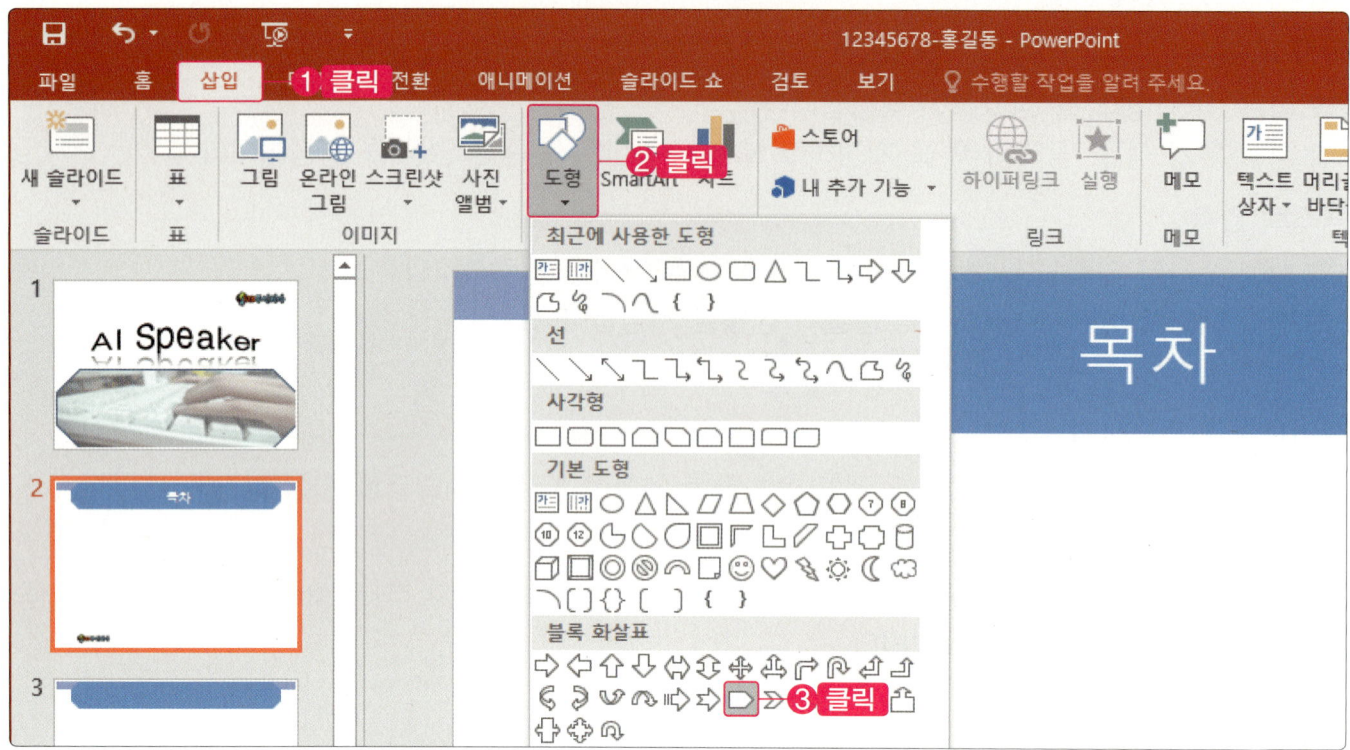

3 마우스 포인터 모양이 + 모양으로 변경되면 드래그하여 도형을 작성합니다.

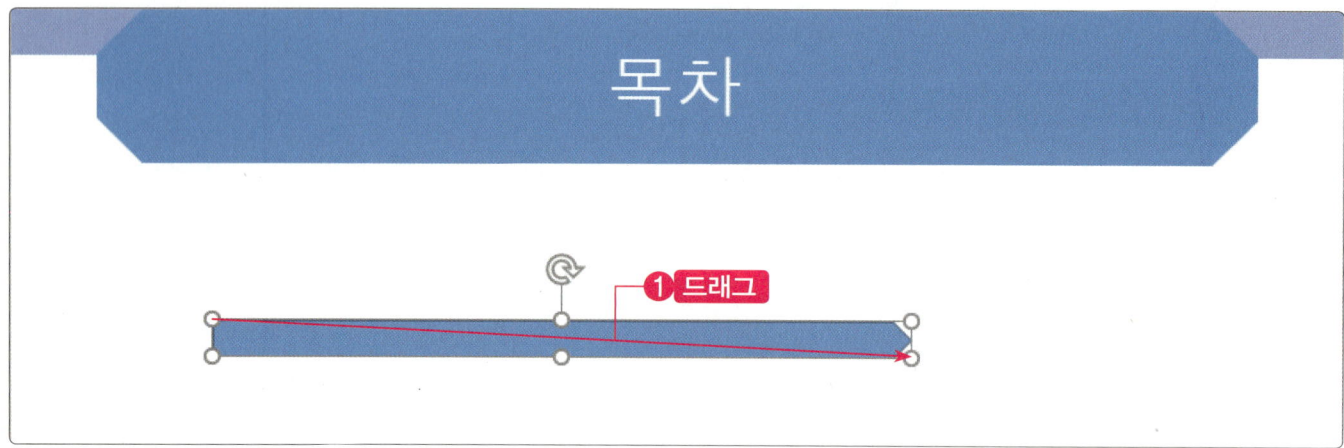

도형 모양을 좌우 대칭할 경우 〔그리기 도구〕 정황 탭-〔서식〕 탭-〔정렬〕 그룹에서 〔회전〕을 클릭한 후 〔좌우 대칭〕을 클릭합니다.

〈조건〉　(2) 도형 : 선 없음

4 도형이 삽입되면 [그리기 도구] 정황 탭-[서식] 탭-[도형 스타일] 그룹에서 [**도형 윤곽선**]을 클릭한 후 [**윤곽선 없음**]을 클릭합니다.

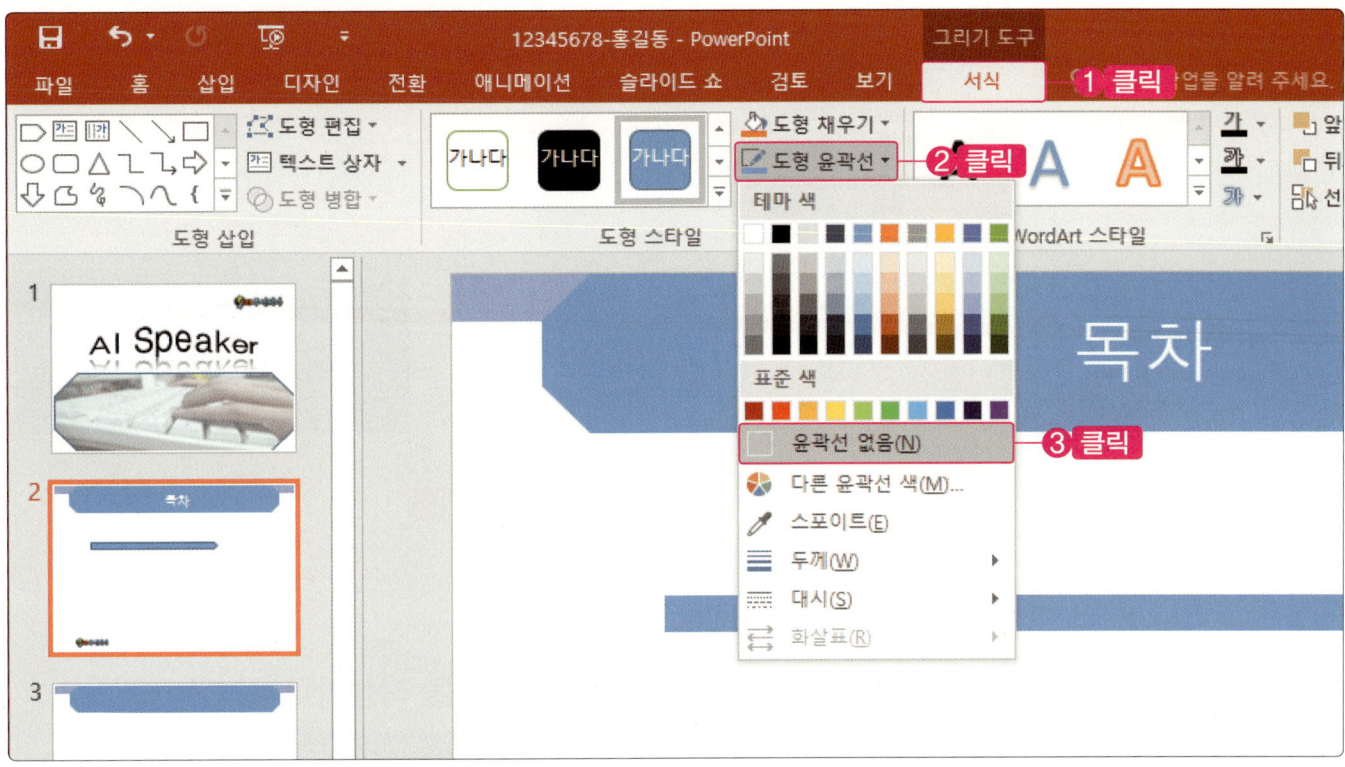

5 [그리기 도구] 정황 탭-[서식] 탭-[도형 스타일] 그룹에서 [**도형 채우기**]를 클릭한 후 **임의의 색을 지정**합니다.

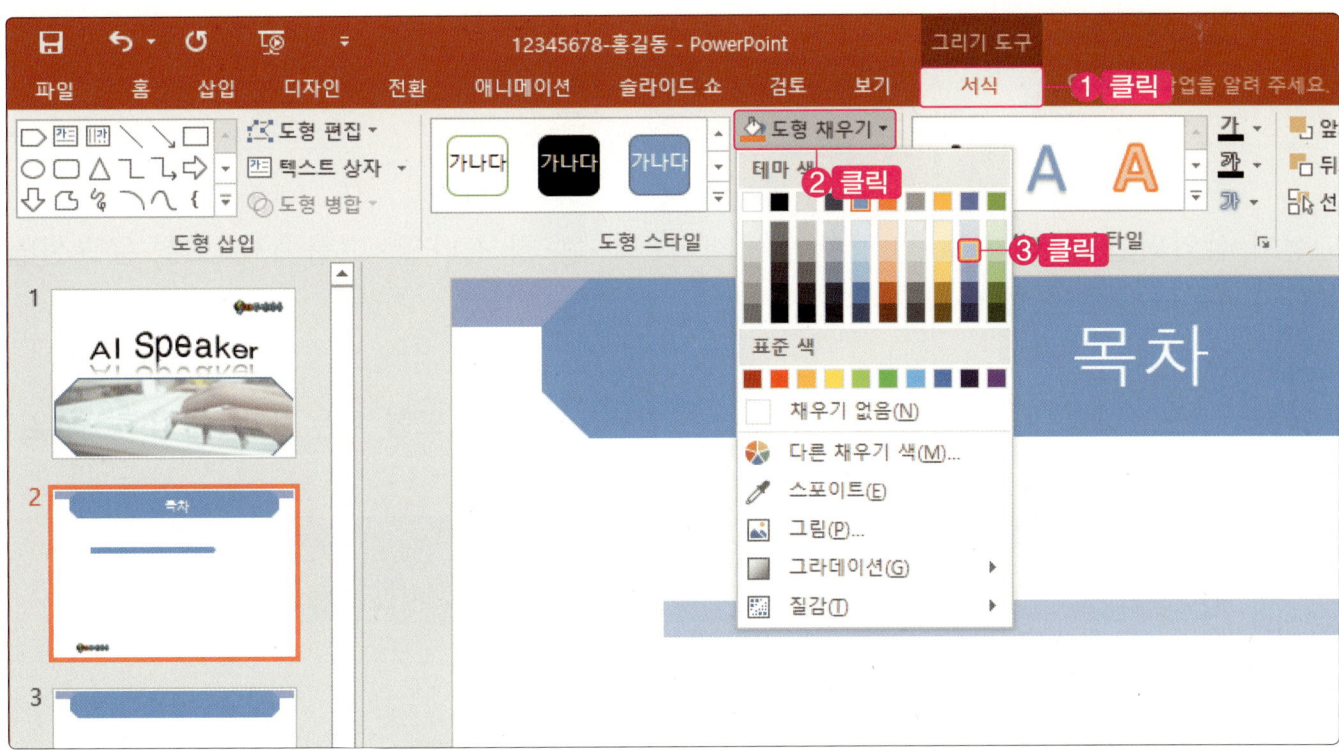

채우기 색은 수험자가 임의의 색을 지정하며 채우기 색을 변경하지 않아도 감점되지 않습니다.

〈조건〉　(2) 도형 : 선 없음

6 슬라이드 마스터 편집 화면이 나타나면 〔삽입〕 탭-〔일러스트레이션〕 그룹에서 〔도형〕을 클릭한 후 〔정오각형(⬠)〕을 클릭합니다.

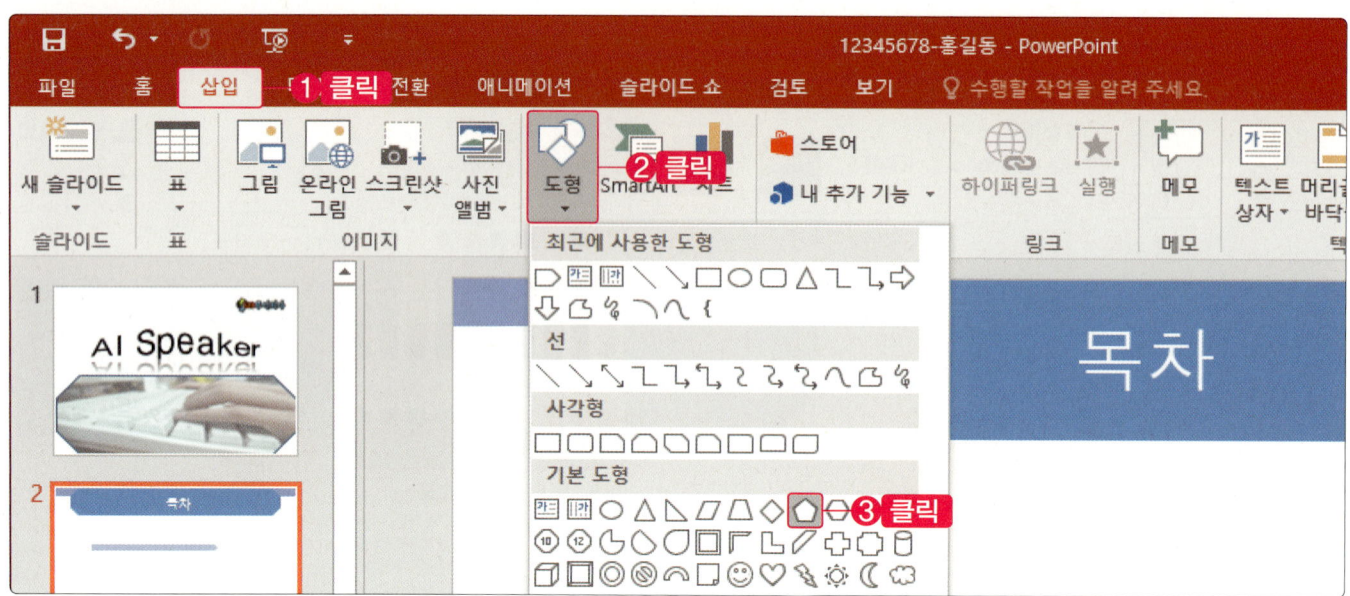

7 마우스 포인터 모양이 + 모양으로 변경되면 **드래그하여 도형을 작성**합니다.

8 도형이 삽입되면 〔그리기 도구〕 상황 탭-〔서식〕 탭-〔도형 스타일〕 그룹에서 〔**도형 윤곽선**〕을 클릭한 후 〔윤곽선 없음〕을 클릭합니다.

9 〔그리기 도구〕 상황 탭-〔서식〕 탭-〔도형 스타일〕 그룹에서 〔**도형 채우기**〕를 클릭한 후 **임의의 색을 지정**합니다.

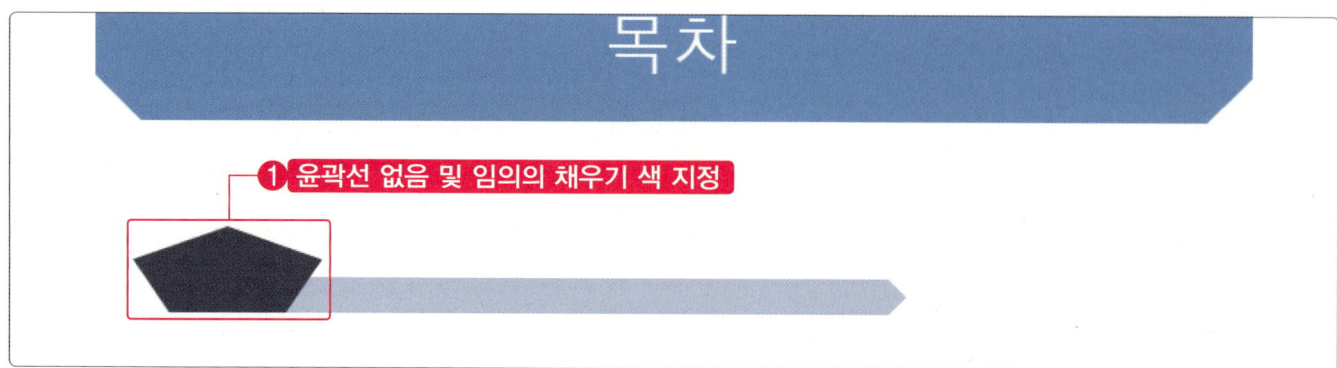

STEP 02 텍스트 입력하기

〈조건〉 (1) 출력형태와 같이 도형을 이용하여 목차를 작성한다(글꼴 : 굴림, 24pt).

1 도형에 숫자를 입력한 후 도형을 선택한 다음 〔홈〕 탭-〔글꼴〕 그룹에서 **글꼴(굴림)과 글꼴 크기 (24)를 선택**합니다.

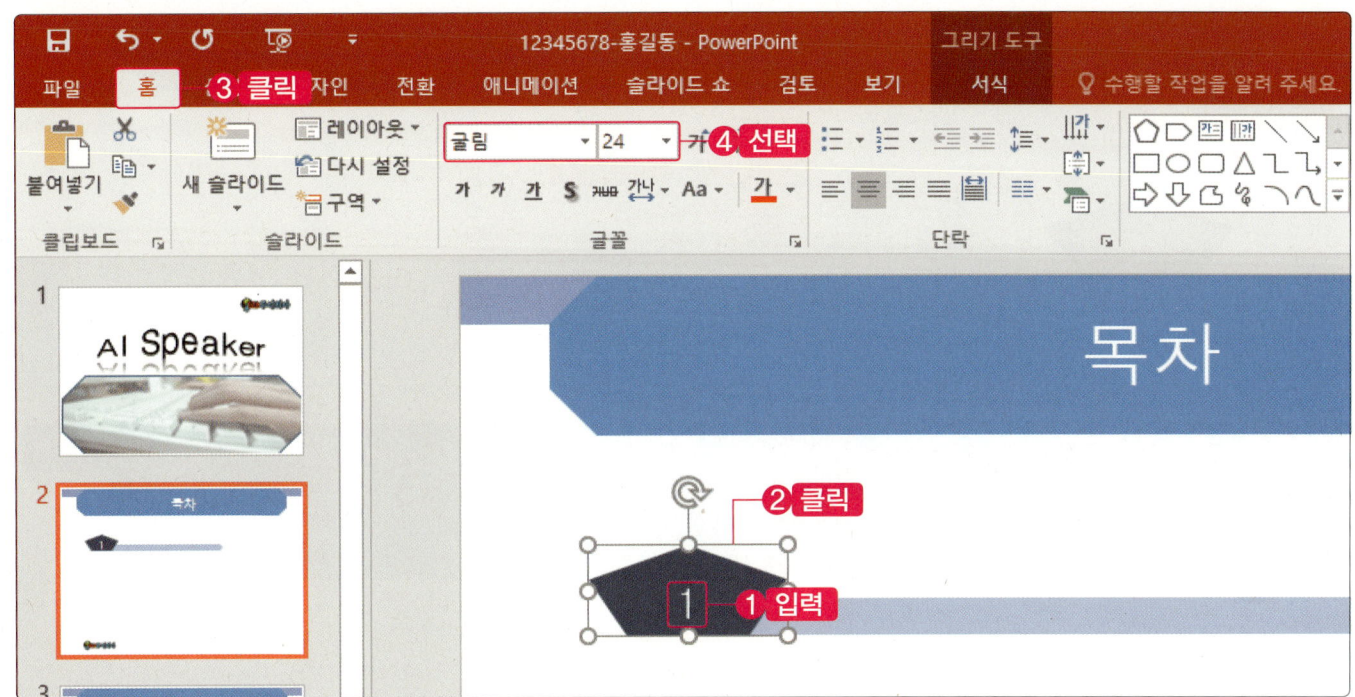

한가지 더!

한글 자음 특수문자

자음	특수문자
ㄱ	공백 ! ' , . / : ; ? ^ _ ` |
ㄴ	" ( ) [ ] { } ' ' " " 〔〕 〈 〉 《 》 「 」 『 』
ㄷ	+ - < = > ± × ÷ ≠ ≤ ≥ ∞ ∴
ㄹ	$ % ₩ F ′ ″ ℃ Å ¢ £ ¥ ¤ °F
ㅁ	# & * @ § ※ ☆ ★ ○ ● ◎ ◇ ◆
ㅂ	─ │ ┌ ┐ ┘ └ ├ ┬ ┤ ┴ ┼ ━ ┃
ㅅ	㉠ ㉡ ㉢ ㉣ ㉤ ㉥ ㉦ ㉧ ㉨ ㉩ ㉪ ㉫ ㉬ ㉭

자음	특수문자
ㅇ	ⓐ ⓑ ⓒ ⓓ ⓔ ⓕ ⓖ ⓗ ⓘ ⓙ ⓚ ⓛ ⓜ
ㅈ	0 1 2 3 4 ⅰ ⅱ ⅲ ⅳ Ⅰ Ⅱ Ⅲ Ⅳ
ㅊ	½ ⅓ ⅔ ¼ ¾ ⅛ ⅜ ⅝ ⅞ ¹ ² ³ ⁴ ⁿ
ㅋ	ㄱ ㄲ ㄳ ㄴ ㄵ ㄶ ㄷ ㄸ ㄹ ㄺ ㄻ ㄼ
ㅌ	ㄽ ㄾ ㄿ ㅀ ㅁ ㅂ ㅃ ㅄ ㅅ ㅆ ㅇ ㅈ ㅉ ㅊ ㅋ ㅌ ㅍ ㅎ
ㅍ	A B C D E F G H I J K L M N O P Q
ㅎ	Α Β Γ Δ Ε Ζ Η Θ Ι Κ Λ Μ Ν

2 〔삽입〕 탭-〔텍스트〕 그룹에서 〔**텍스트 상자**〕를 클릭합니다.

> 〈조건〉　• 글꼴 : 굴림, 24pt

3 마우스 포인터 모양이 ↓ 모양으로 변경되면 **드래그하여 텍스트 상자를 삽입**한 후 '**인공지능 스피커**'를 **입력**합니다.

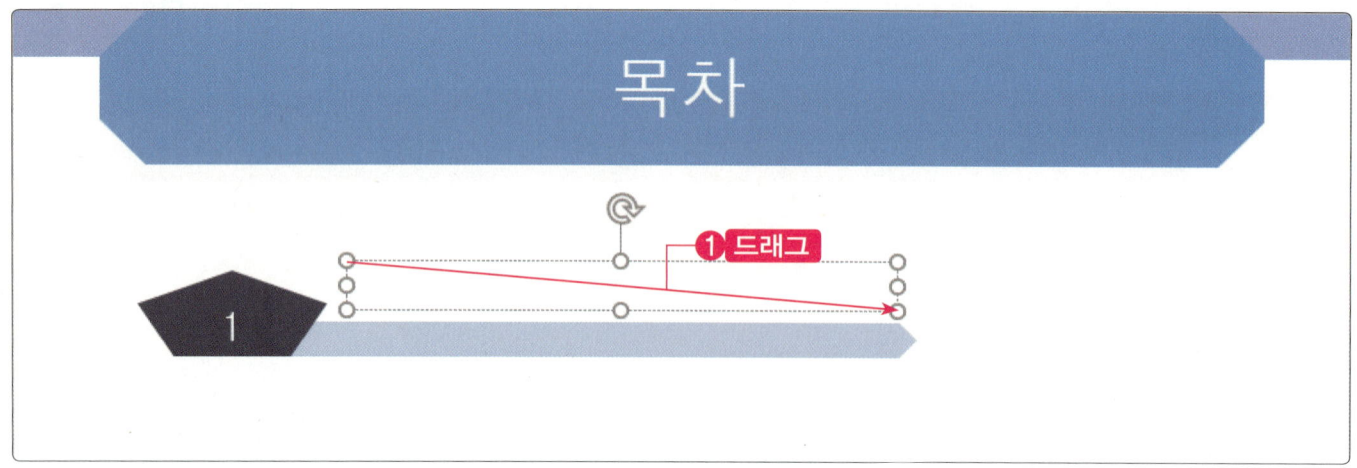

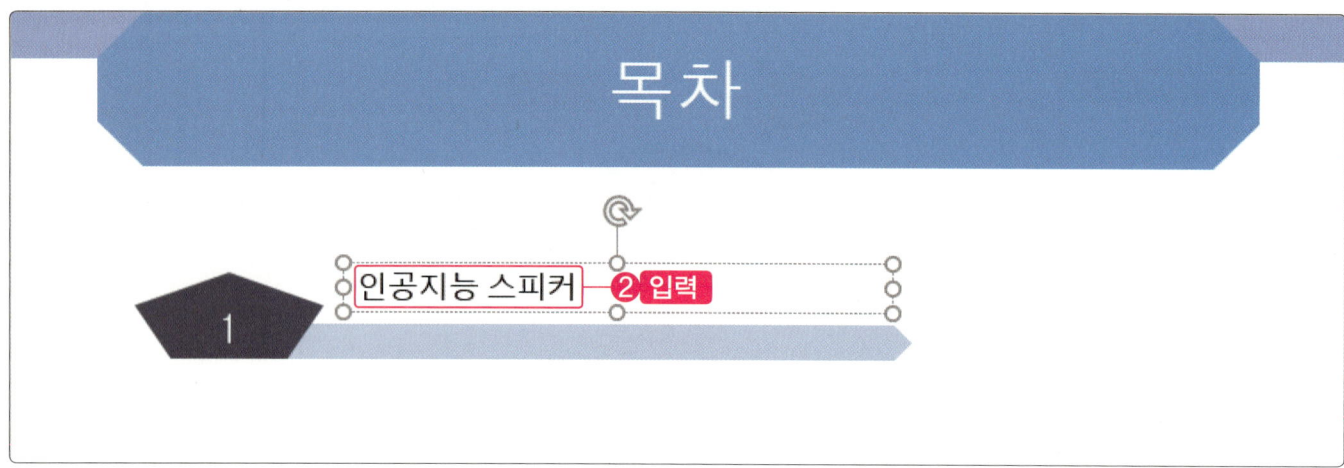

4 텍스트를 드래그하여 블록으로 설정한 후 [홈] 탭-[글꼴] 그룹에서 **글꼴(굴림)과 글꼴 크기(24)를 선택**합니다.

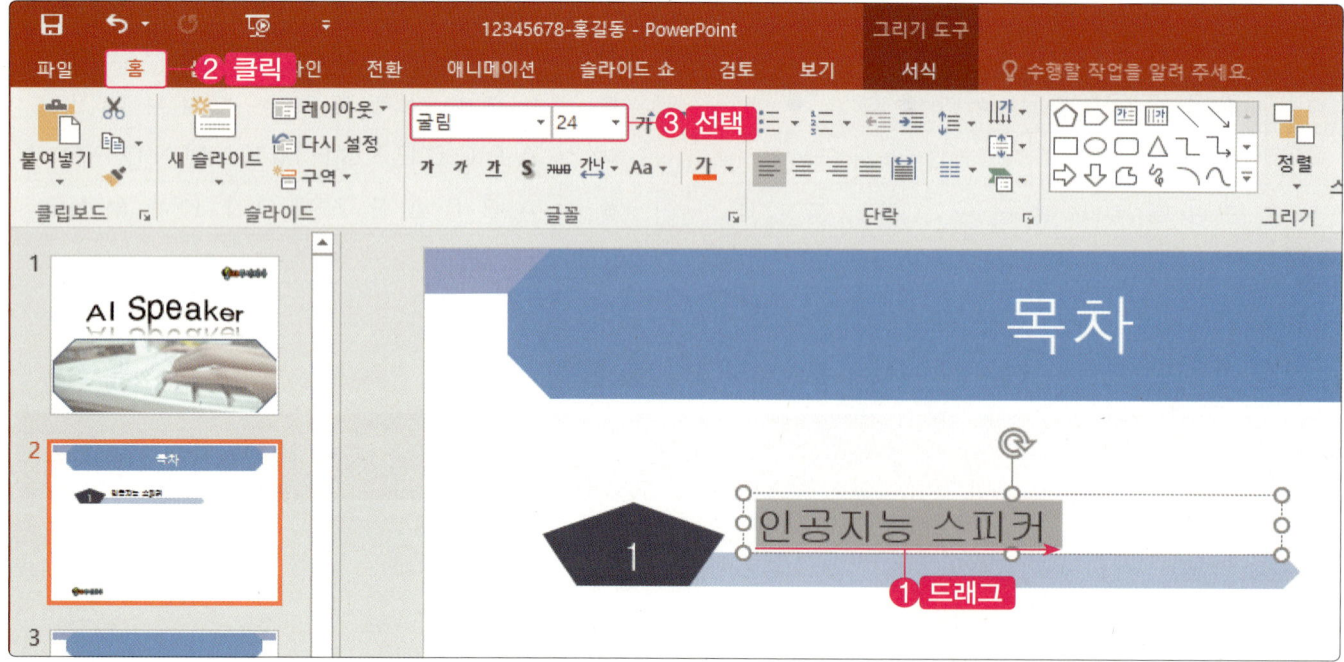

5 목차 도형을 드래그하여 선택한 후 Ctrl+Shift를 누른 상태에서 드래그하여 도형을 복사합니다.

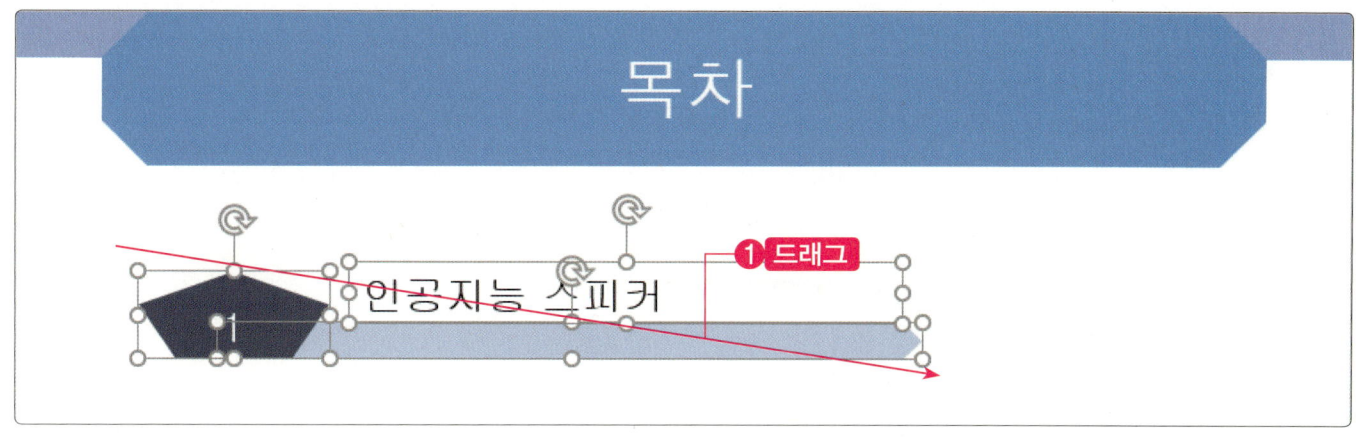

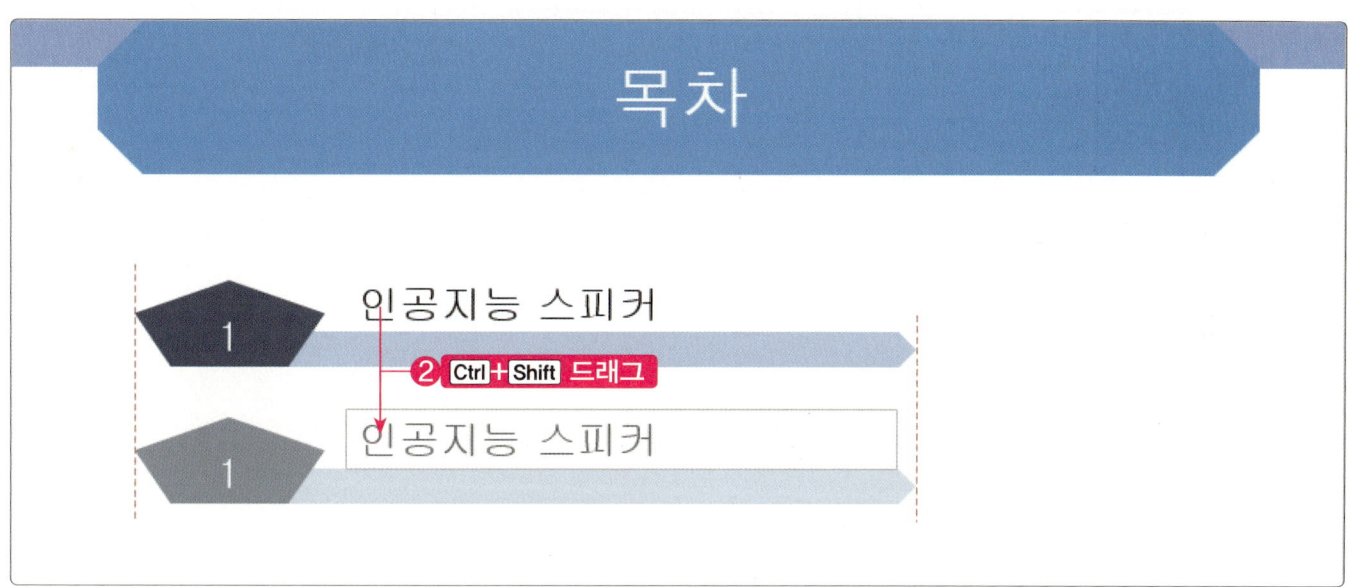

6 목차 도형이 복사되면 **내용을 수정**합니다.

도형 복제하기

도형 복제는 복사(Ctrl+C)한 후 붙여넣기(Ctrl+V) 보다 훨씬 편리한 기능으로 도형을 복제(Ctrl+D)한 다음 위치를 조정하고 다시 복제(Ctrl+D)하면 따로 정렬하지 않아도 쉽게 도형을 배치할 수 있습니다.

도형 복제 방법

- 도형을 선택한 후 복제(Ctrl+D)한 다음 위치를 조절하고 다시 복제(Ctrl+D)하면 동일한 간격으로 복제가 이루어집니다.

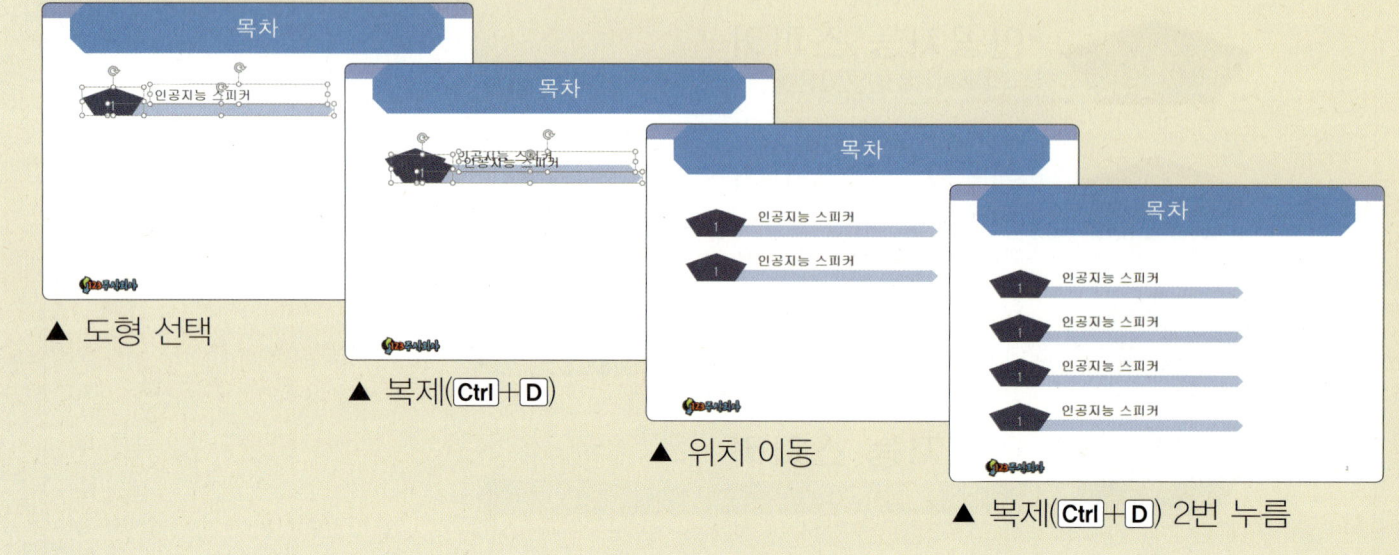

▲ 도형 선택   ▲ 복제(Ctrl+D)   ▲ 위치 이동   ▲ 복제(Ctrl+D) 2번 누름

STEP 03 하이퍼링크 지정하기

〈조건〉 ① 텍스트에 하이퍼링크 적용
→ '슬라이드 6'

1 텍스트를 드래그하여 블록으로 설정한 후 [삽입] 탭-[링크] 그룹에서 [**하이퍼링크**]를 클릭합니다.

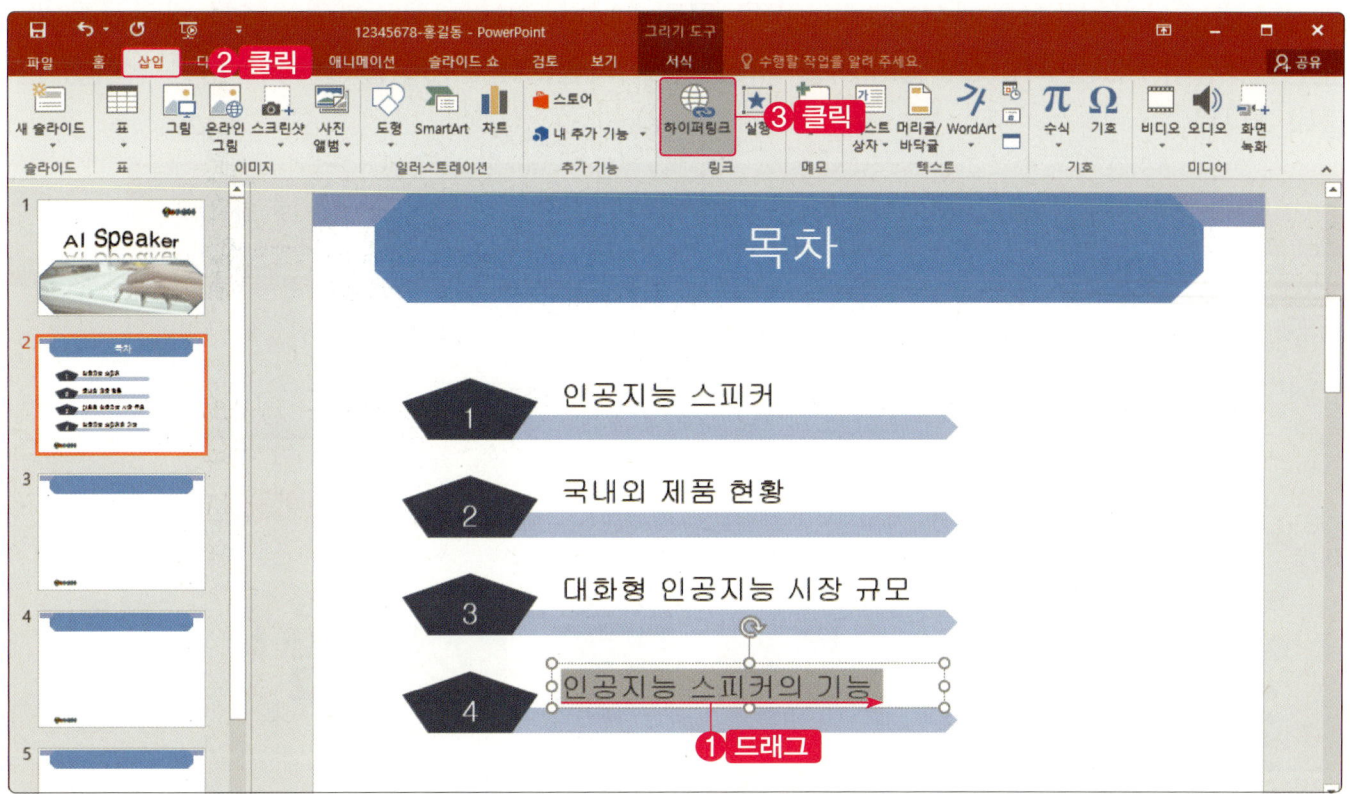

- 하이퍼링크는 도형이 아닌 텍스트에 지정합니다.
- 텍스트를 드래그하여 블록으로 설정한 후 바로가기 메뉴의 [하이퍼링크]를 클릭해도 됩니다.

2 [하이퍼링크 삽입] 대화상자가 나타나면 **연결 대상(현재 문서)을 클릭**한 후 **이 문서에서 위치(6. 슬라이드 6)를 클릭**한 다음 [**확인**] 단추를 클릭합니다.

6개의 슬라이드를 미리 만들지 않으면 하이퍼링크를 적용할 수 없으므로 반드시 6개의 슬라이드를 미리 작성해 두어야 합니다.

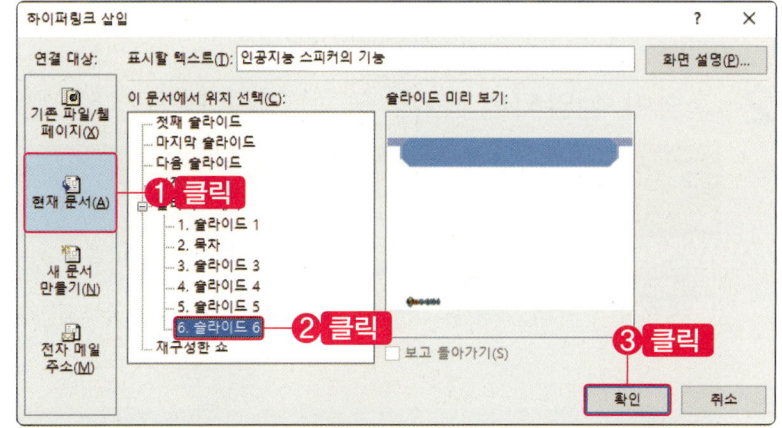

3 블록으로 설정한 텍스트에 하이퍼링크가 적용되면 파란색 글꼴 색과 밑줄이 표시됩니다.

하이퍼링크를 제거하기 위해서는 하이퍼링크가 적용된 텍스트에서 바로가기 메뉴의 [하이퍼링크 제거]를 클릭하면 하이퍼링크를 제거할 수 있습니다.

STEP 04 그림 삽입하기

〈조건〉
② 그림 삽입
- 「내 PC₩문서₩ITQ₩Picture₩로고5.jpg」
- 자르기 기능 이용

1 〔삽입〕 탭-〔이미지〕 그룹에서 〔**그림**(🖼)〕을 클릭합니다. 그런다음 〔그림 삽입〕 대화상자가 나타나면 **위치**(내 PC\문서\ITQ\Picture)를 **지정**한 후 **파일**(그림5.jpg)을 클릭한 다음 〔**삽입**〕 단추를 클릭합니다.

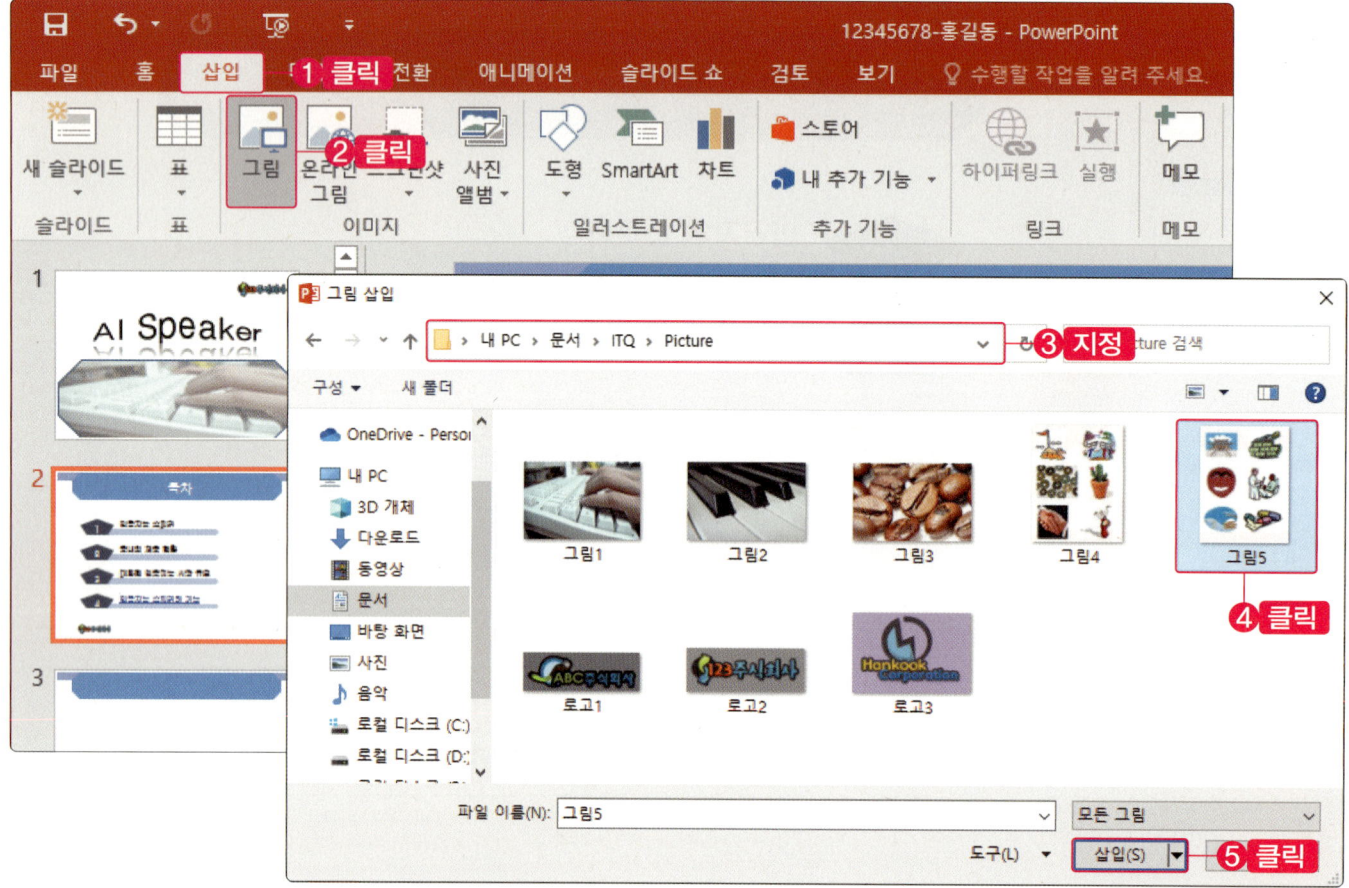

2 그림이 삽입되면 〔그림 도구〕 정황 탭-〔서식〕 탭-〔크기〕 그룹에서 〔**자르기**(🔲)〕를 클릭합니다.

〈조건〉 • 자르기 기능 이용

3 그림 모서리의 모양이 ┛ 모양으로 변경되면 **그림의 모서리 부분을 드래그하여 자를 부분을 지정**한 후 `Esc`를 눌러 자르기 기능을 해제합니다.

4 **그림을 드래그하여 위치를 이동**합니다.

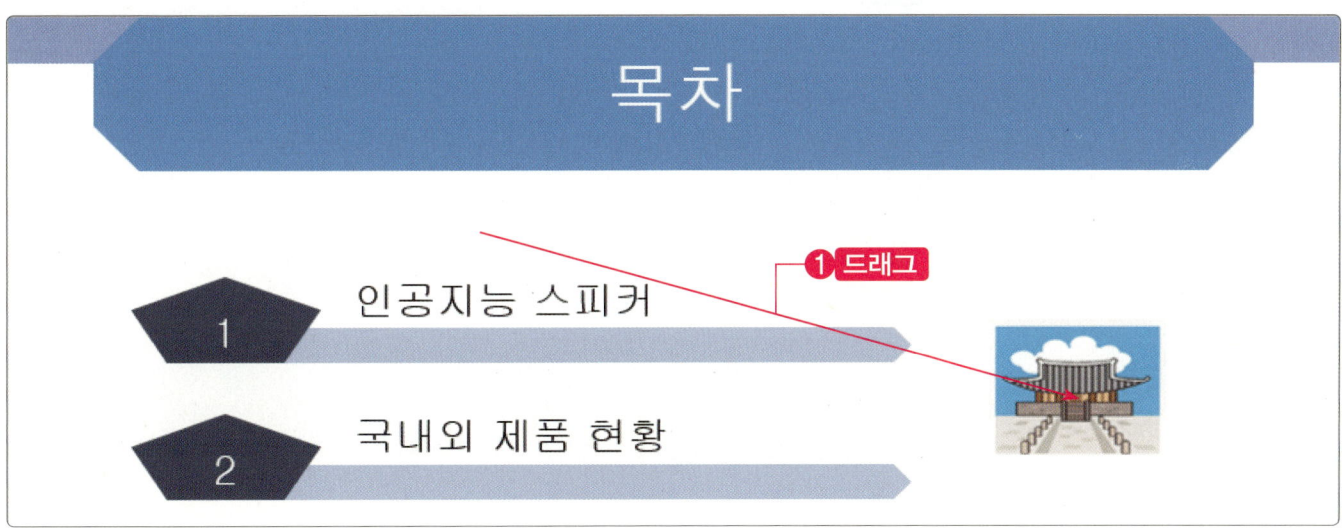

5 목차 슬라이드 작성이 완료되면 빠른 실행 도구 모음에서 **[저장(🖫)]을 클릭**합니다.

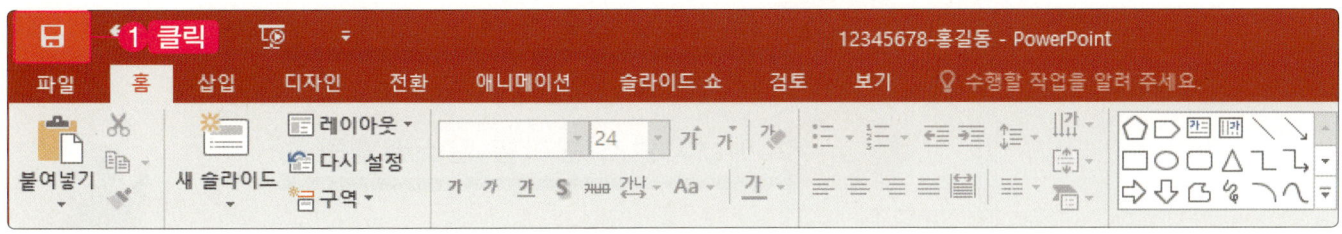

[파일] 탭-[저장]을 클릭하거나 `Ctrl`+`S`를 눌러 답안을 저장할 수도 있습니다.

실전문제유형

1 다음 지시사항 및 세부조건을 참고하여 출력형태에 알맞게 작성하시오.

▶ 소스파일 : Part 01\Chapter 04\문제01.pptx   ▶ 완성파일 : Part 01\Chapter 04\문제01_완성.pptx

(1) 출력형태와 같이 도형을 이용하여 목차를 작성한다(글꼴 : 돋움, 24pt).
(2) 도형 : 선 없음

세부조건

① 텍스트에 하이퍼링크 적용
  → '슬라이드 5'

② 그림 삽입
  - 「내 PC\문서\ITQ\Picture\그림4.jpg」,
  - 자르기 기능 이용

2 다음 지시사항 및 세부조건을 참고하여 출력형태에 알맞게 작성하시오.

▶ 소스파일 : Part 01\Chapter 04\문제02.pptx   ▶ 완성파일 : Part 01\Chapter 04\문제02_완성.pptx

(1) 출력형태와 같이 도형을 이용하여 목차를 작성한다(글꼴 : 굴림, 24pt).
(2) 도형 : 선 없음

세부조건

① 텍스트에 하이퍼링크 적용
  → '슬라이드 6'

② 그림 삽입
  - 「내 PC\문서\ITQ\Picture\그림4.jpg」,
  - 자르기 기능 이용

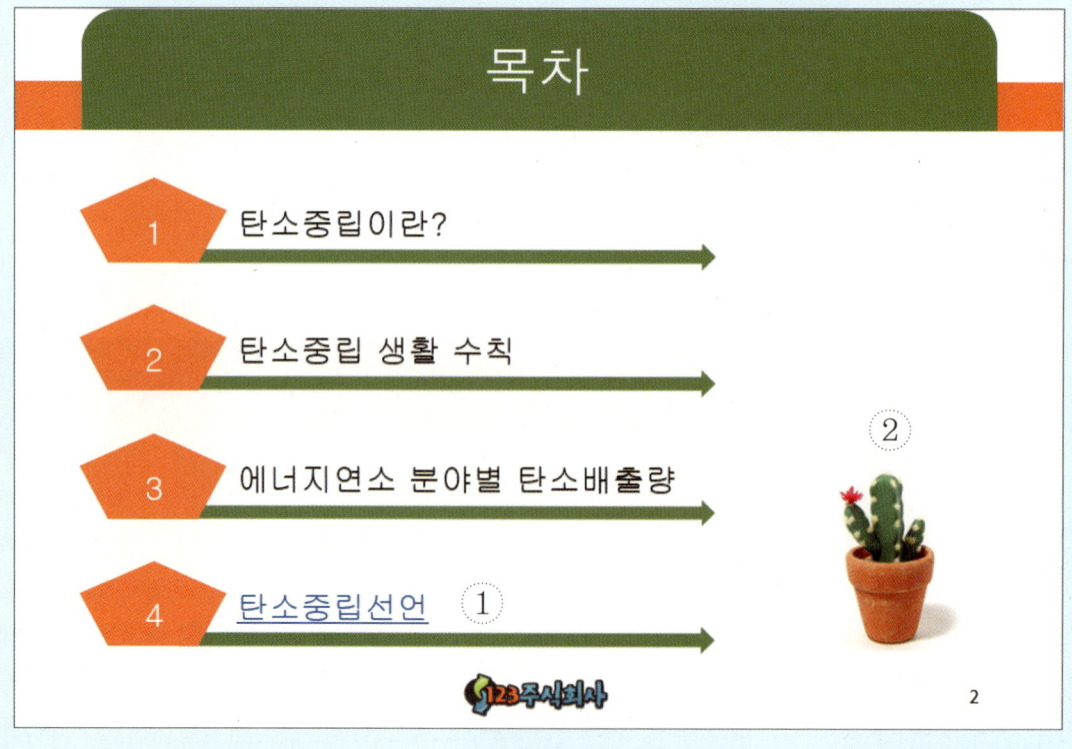

Practical question type
실전문제유형

3 다음 지시사항 및 세부조건을 참고하여 출력형태에 알맞게 작성하시오.
▶ 소스파일 : Part 01\Chapter 04\문제03.pptx   ▶ 완성파일 : Part 01\Chapter 04\문제03_완성.pptx

(1) 출력형태와 같이 도형을 이용하여 목차를 작성한다(글꼴 : 돋움, 24pt).
(2) 도형 : 선 없음

세부조건

① 텍스트에 하이퍼링크 적용
  → '슬라이드 5'

② 그림 삽입
  -「내 PC\문서\ITQ\Picture\그림4.jpg」,
  - 자르기 기능 이용

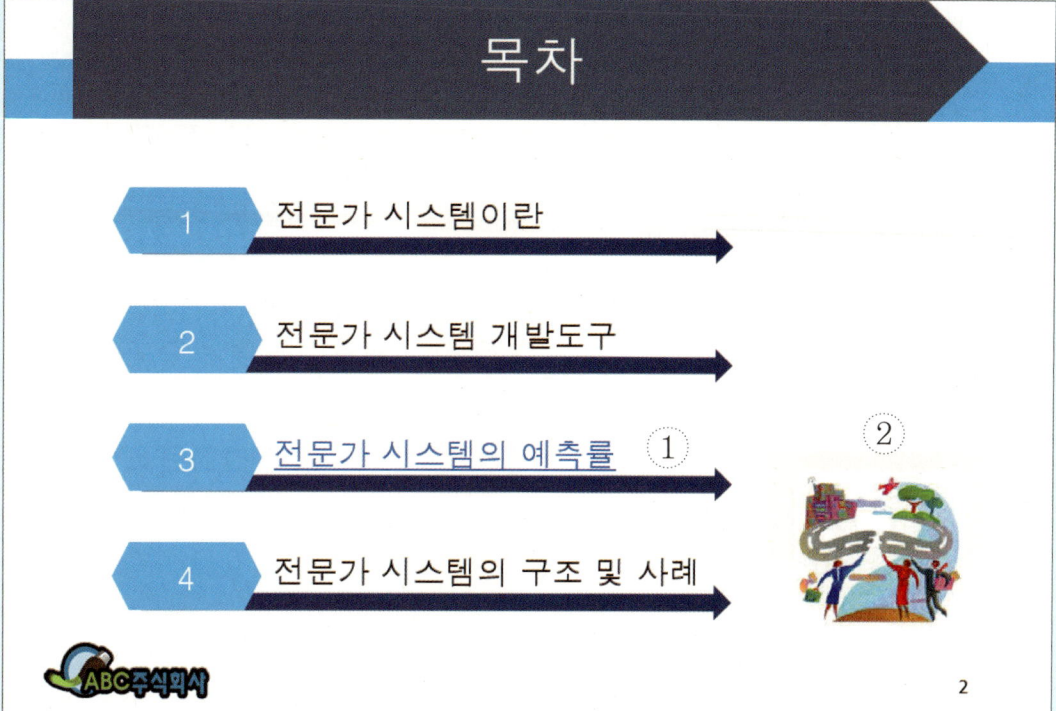

4 다음 지시사항 및 세부조건을 참고하여 출력형태에 알맞게 작성하시오.
▶ 소스파일 : Part 01\Chapter 04\문제04.pptx   ▶ 완성파일 : Part 01\Chapter 04\문제04_완성.pptx

(1) 출력형태와 같이 도형을 이용하여 목차를 작성한다(글꼴 : 돋움, 24pt).
(2) 도형 : 선 없음

세부조건

① 텍스트에 하이퍼링크 적용
  → '슬라이드 5'

② 그림 삽입
  -「내 PC\문서\ITQ\Picture\그림4.jpg」,
  - 자르기 기능 이용

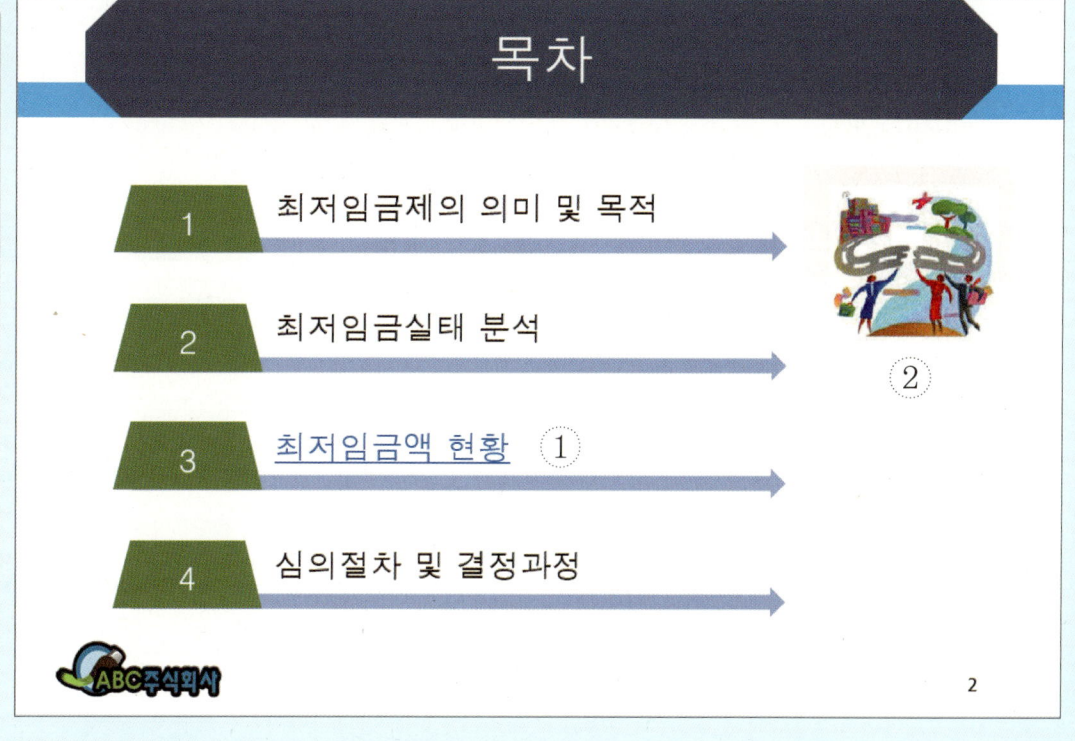

Practical question type
실전문제유형

5 다음 지시사항 및 세부조건을 참고하여 출력형태에 알맞게 작성하시오.

▶ 소스파일 : Part 01\Chapter 04\문제05.pptx ▶ 완성파일 : Part 01\Chapter 04\문제05_완성.pptx

(1) 출력형태와 같이 도형을 이용하여 목차를 작성한다(글꼴 : 굴림, 24pt).
(2) 도형 : 선 없음

세부조건

① 텍스트에 하이퍼링크 적용
 → '슬라이드 6'

② 그림 삽입
 - 「내 PC\문서\ITQ\Picture\그림4.jpg」
 - 자르기 기능 이용

6 다음 지시사항 및 세부조건을 참고하여 출력형태에 알맞게 작성하시오.

▶ 소스파일 : Part 01\Chapter 04\문제06.pptx ▶ 완성파일 : Part 01\Chapter 04\문제06_완성.pptx

(1) 출력형태와 같이 도형을 이용하여 목차를 작성한다(글꼴 : 굴림, 24pt).
(2) 도형 : 선 없음

세부조건

① 텍스트에 하이퍼링크 적용
 → '슬라이드 4'

② 그림 삽입
 - 「내 PC\문서\ITQ\Picture\그림4.jpg」
 - 자르기 기능 이용

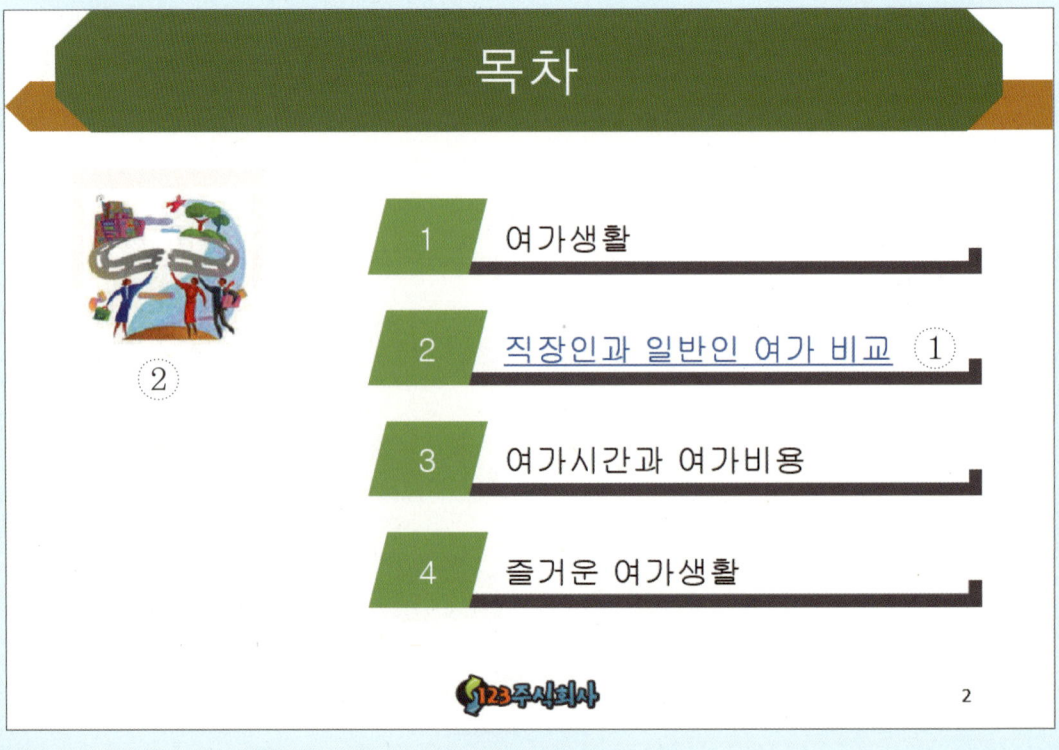

Practical question type
실전문제유형

7 다음 지시사항 및 세부조건을 참고하여 출력형태에 알맞게 작성하시오.

▶소스파일 : Part 01\Chapter 04\문제07.pptx   ▶완성파일 : Part 01\Chapter 04\문제07_완성.pptx

(1) 출력형태와 같이 도형을 이용하여 목차를 작성한다(글꼴 : 굴림, 24pt).
(2) 도형 : 선 없음

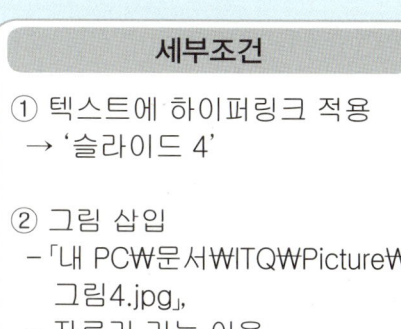

세부조건
① 텍스트에 하이퍼링크 적용
  → '슬라이드 4'
② 그림 삽입
  –「내 PC₩문서₩ITQ₩Picture₩
   그림4.jpg」,
  – 자르기 기능 이용

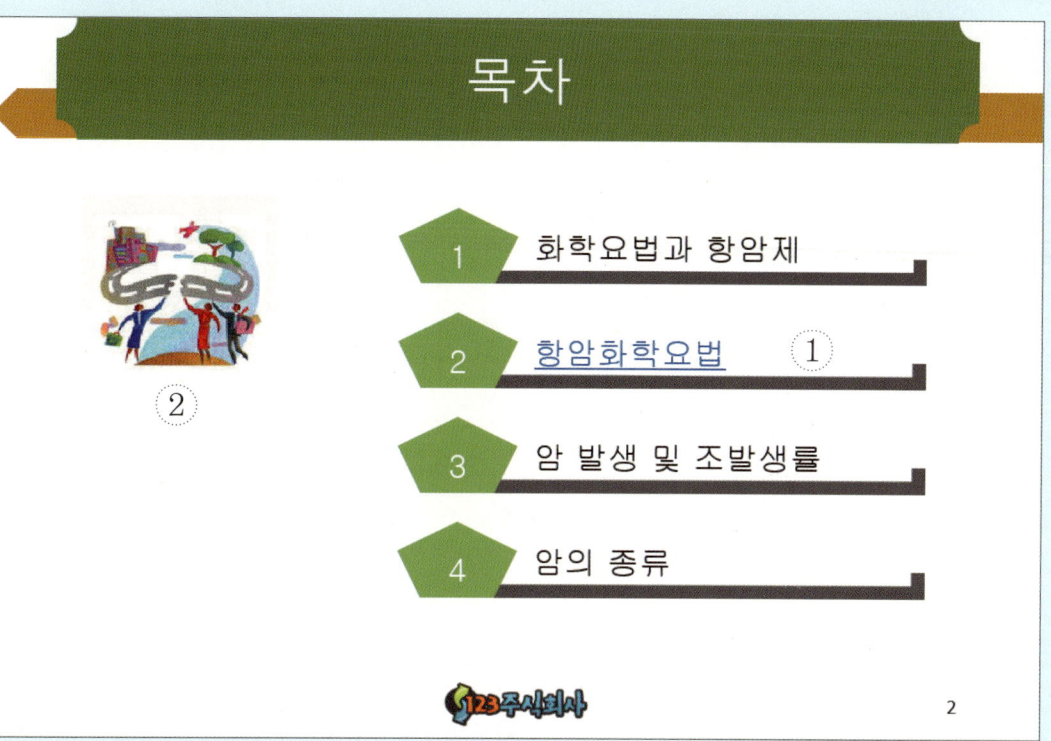

8 다음 지시사항 및 세부조건을 참고하여 출력형태에 알맞게 작성하시오.

▶소스파일 : Part 01\Chapter 04\문제08.pptx   ▶완성파일 : Part 01\Chapter 04\문제08_완성.pptx

(1) 출력형태와 같이 도형을 이용하여 목차를 작성한다(글꼴 : 굴림, 24pt).
(2) 도형 : 선 없음

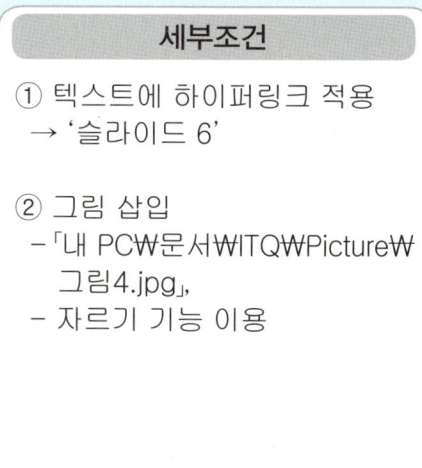

세부조건
① 텍스트에 하이퍼링크 적용
  → '슬라이드 6'
② 그림 삽입
  –「내 PC₩문서₩ITQ₩Picture₩
   그림4.jpg」,
  – 자르기 기능 이용

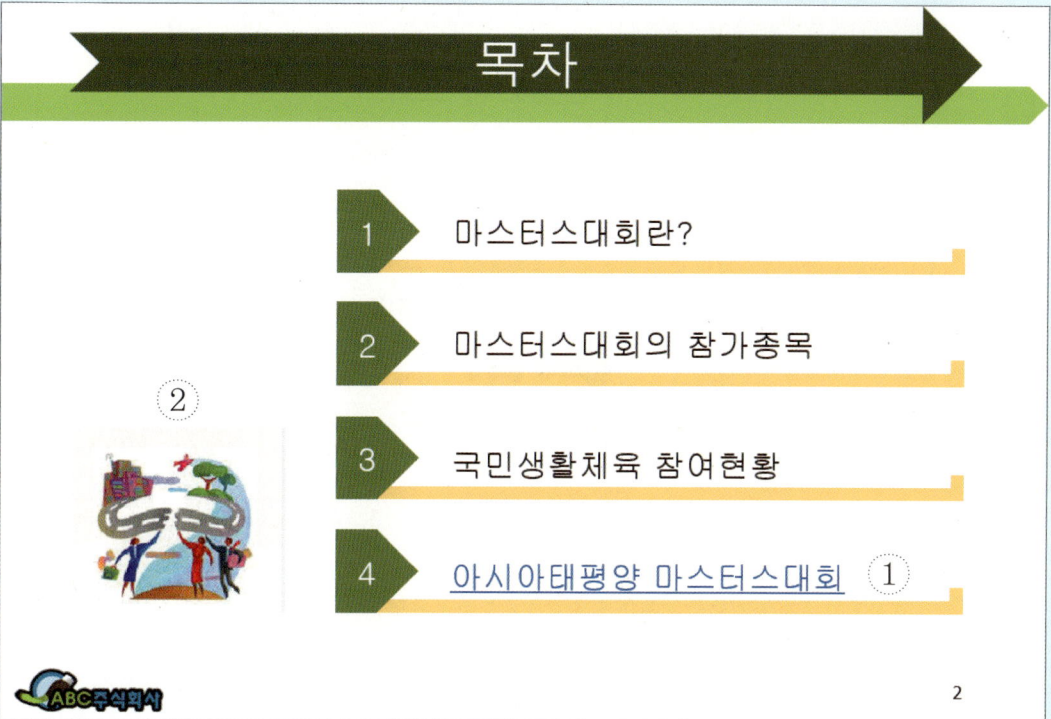

POWERPOINT 2016

텍스트/동영상 슬라이드

◆ 텍스트 입력 및 글머리 기호 지정하기 ◆ 단락 서식 지정하기
◆ 동영상 삽입하기

▶소스파일 : Part 01\Chapter 05\Ch05.pptx   ▶완성파일 : Part 01\Chapter 05\Ch05_완성.pptx

[슬라이드 3]   ≪텍스트/동영상 슬라이드≫   (60점)

(1) 텍스트 작성 : 글머리 기호 사용(➢, ✓)
   ➢ 문단(굴림, 24pt, 굵게, 줄간격 : 1.5줄), ✓ 문단(굴림, 20pt, 줄간격 : 1.5줄)

> ① 동영상 삽입 :
> – 「내 PC₩문서₩ITQ₩Picture₩동영상.wmv」
> – 자동실행, 반복재생 설정

72 파워포인트 2016

체크! 체크!

〔슬라이드 3〕 《《텍스트/동영상 슬라이드》》

- **텍스트 입력 및 글머리 기호 지정**
  - 텍스트(한글 또는 영문)을 입력합니다.
  - 첫 번째 단락과 나머지 단락의 목록 수준 및 글머리 기호를 지정합니다.
- **단락 서식 지정하기**
  - 첫 번째 단락과 나머지 단락을 각각 드래그하여 블록 설정한 후 글꼴 서식을 지정합니다.
  - 텍스트 전체를 드래그하여 블록으로 설정한 후 줄 간격을 지정합니다.
  - 텍스트 상자의 크기를 조절한 후 복사한 다음 텍스트를 수정합니다.
- **동영상 삽입하기**
  - 동영상은 '내 PC\문서\ITQ\Picture' 폴더에 있는 동영상을 삽입하고 〔자동실행〕과 〔반복재생〕을 지정합니다.

STEP 01 텍스트 입력 및 글머리 기호 지정하기

〈조건〉　(1) 텍스트 작성 : 글머리 기호 사용(➤, ✓)

1 3번 슬라이드를 선택한 후 제목(1. 인공지능 스피커)을 입력합니다.

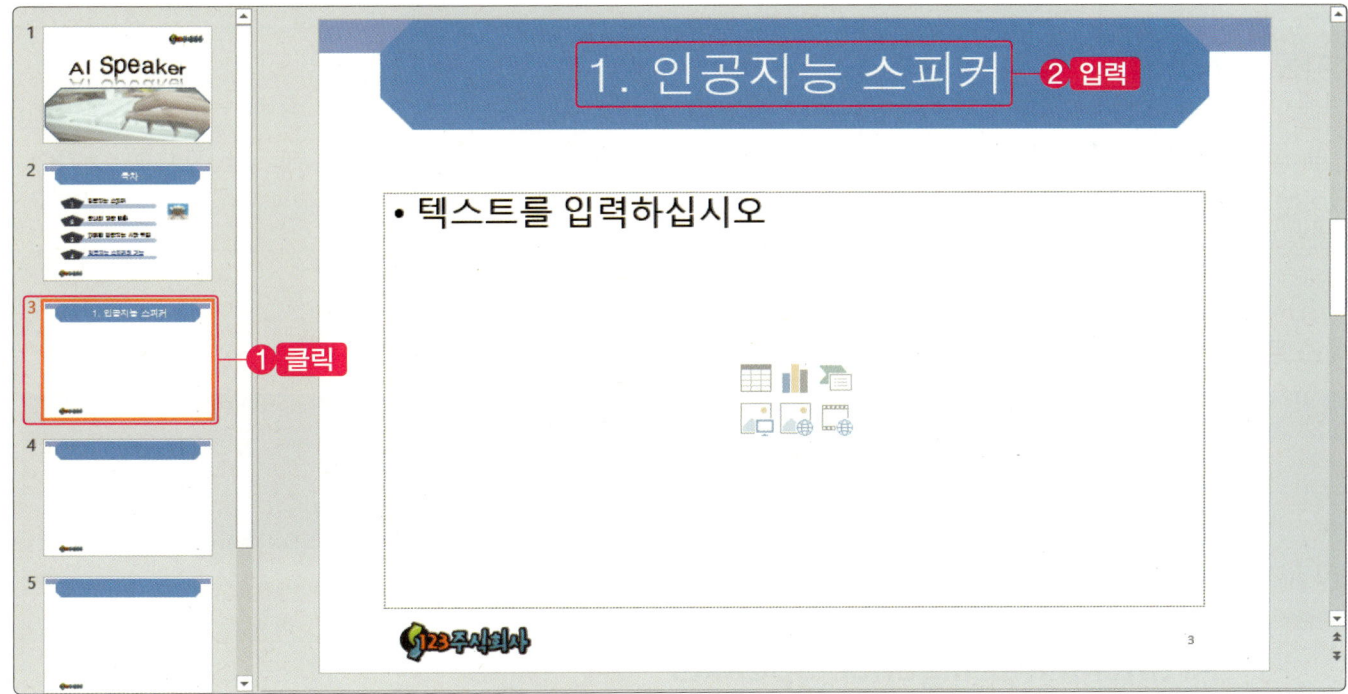

2 텍스트 상자를 선택한 후 바로가기 메뉴의 [도형 서식]을 클릭합니다. 그런다음 [도형 서식] 작업 창이 나타나면 [텍스트 옵션]을 클릭한 후 [텍스트 상자(□)]를 클릭한 다음 [자동 맞춤 안 함]을 선택하고 [닫기(×)]를 클릭합니다.

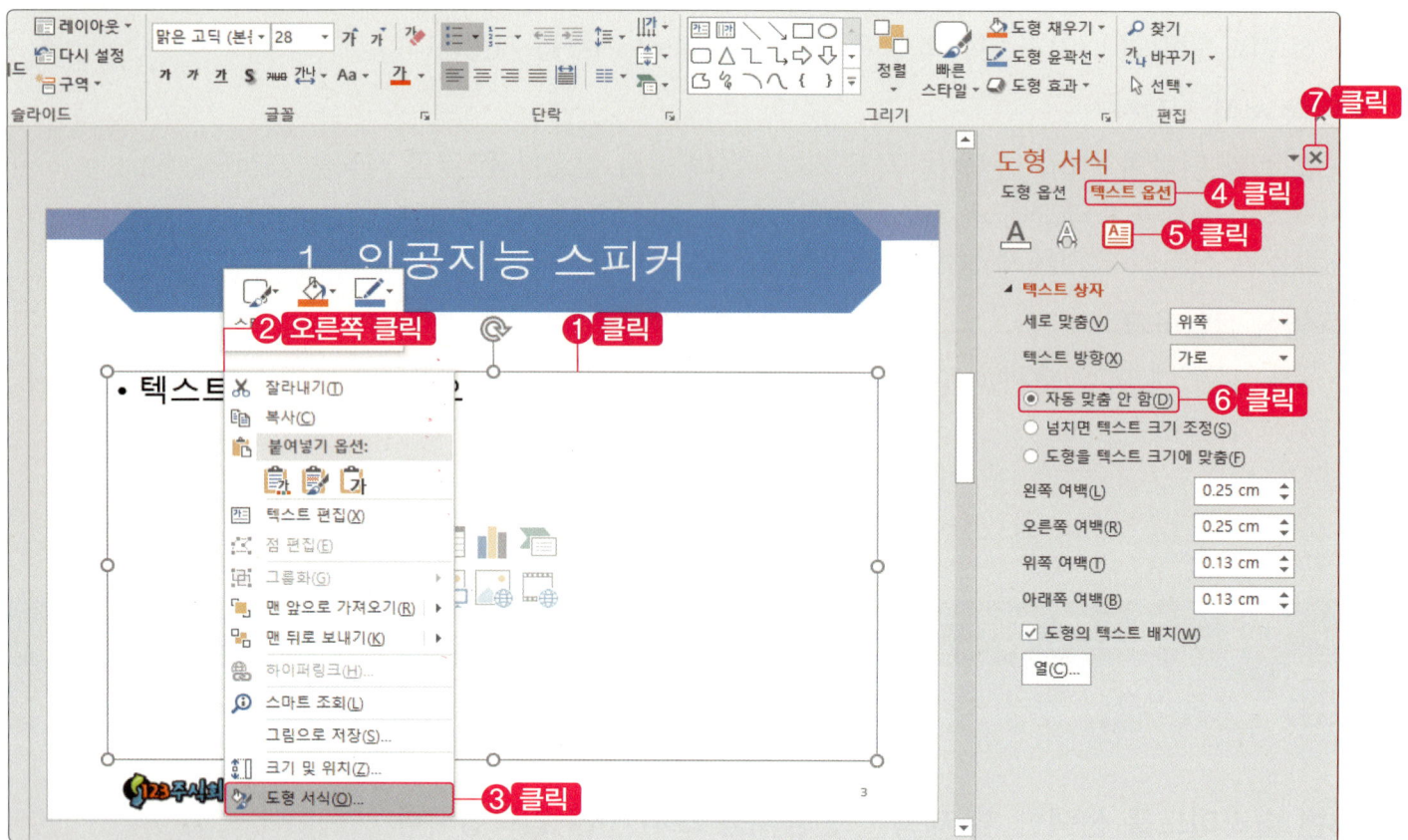

> **자동 맞춤 안 함**
> 텍스트 상자 안에 내용을 입력할 때 텍스트 상자의 크기에 비해 글자 수가 많아 글자가 넘치게 되면 임의로 글꼴 크기 및 줄 간격이 자동으로 조절됩니다. [자동 맞춤 안함]을 선택하면, 텍스트 상자의 크기와 상관없이 글꼴 크기 및 줄 간격이 고정됩니다.

3 텍스트 상자를 클릭한 후 "Artificial Intelligence Speaker"를 입력합니다.

> **텍스트 빨간 밑줄(맞춤법 검사)**
> 텍스트를 입력할 때 텍스트 아래쪽에 빨간색 밑줄이 생기는 이유는 오탈자 및 맞춤법에 맞지 않을 때 표시됩니다. 빨간색 밑줄이 표시되면 〈출력형태〉를 확인한 후 텍스트를 입력하고 빨간색 밑줄이 생기더라도 오탈자가 없다면 채점과 무관합니다.

4 Enter를 눌러 문단을 강제개행한 후 Tab을 눌러 글머리 기호 수준을 한 단계 내린 다음 텍스트를 입력합니다.

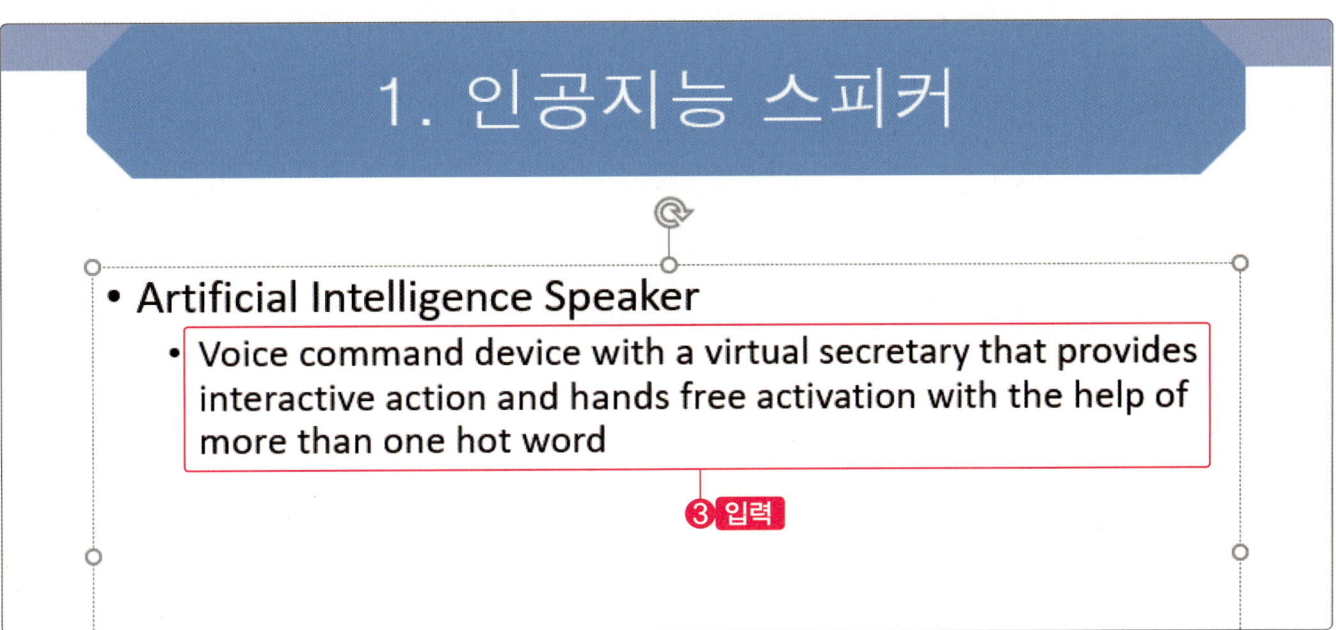

- 목록 수준 늘림 : [홈] 탭-[단락] 그룹에서 [목록 수준 늘림(➡)] 또는 Tab
- 목록 수준 줄임 : [홈] 탭-[단락] 그룹에서 [목록 수준 줄임(⬅)] 또는 Shift + Tab

> 〈조건〉　(1) 텍스트 작성 : 글머리 기호 사용(➢, ✓)

5 글머리 기호를 변경하기 위해 **첫 번째 단락에 커서를 위치**한 후 [홈] 탭-[단락] 그룹에서 [글머리 기호]의 [목록(▼)] 단추를 클릭한 다음 [화살표 글머리 기호(➢)]를 클릭합니다.

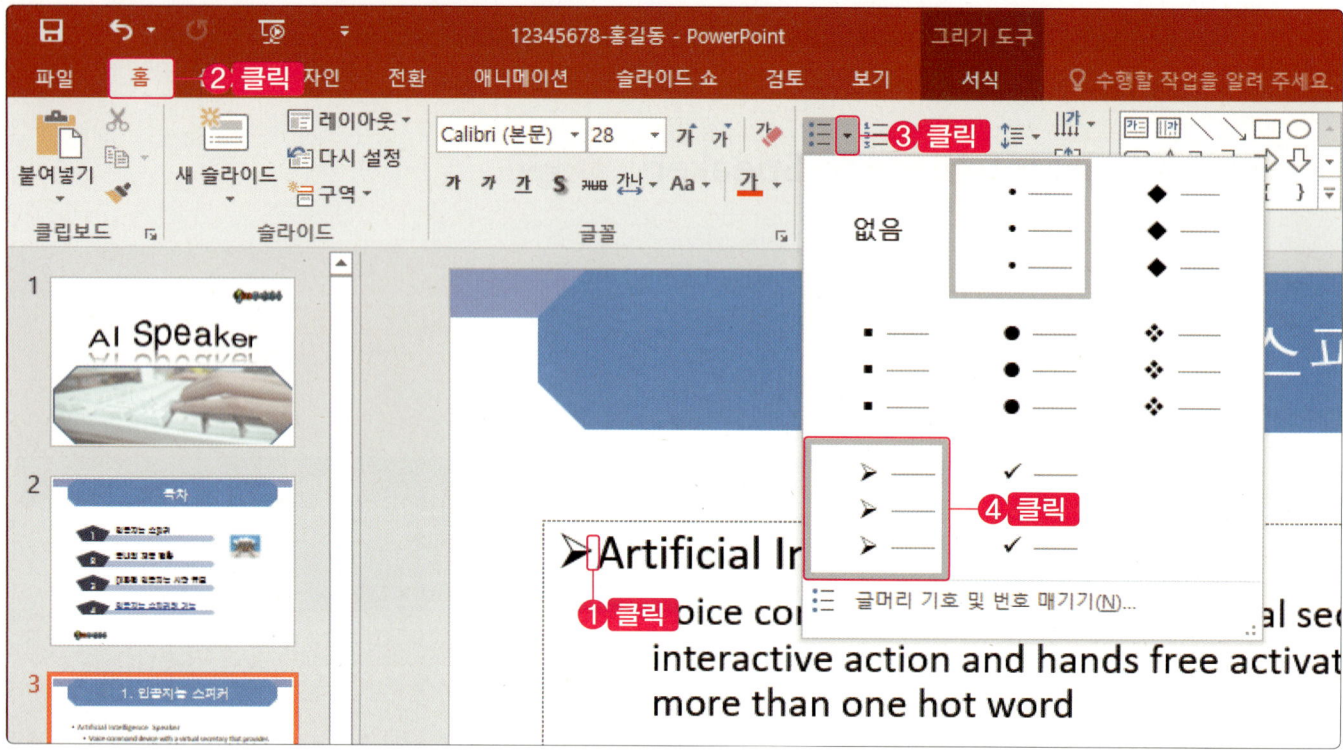

6 두 번째 단락에 커서를 위치한 후 [홈] 탭-[단락] 그룹에서 [글머리 기호]의 [목록(▼)] 단추를 클릭한 다음 [대조표 글머리 기호(✓)]를 클릭합니다.

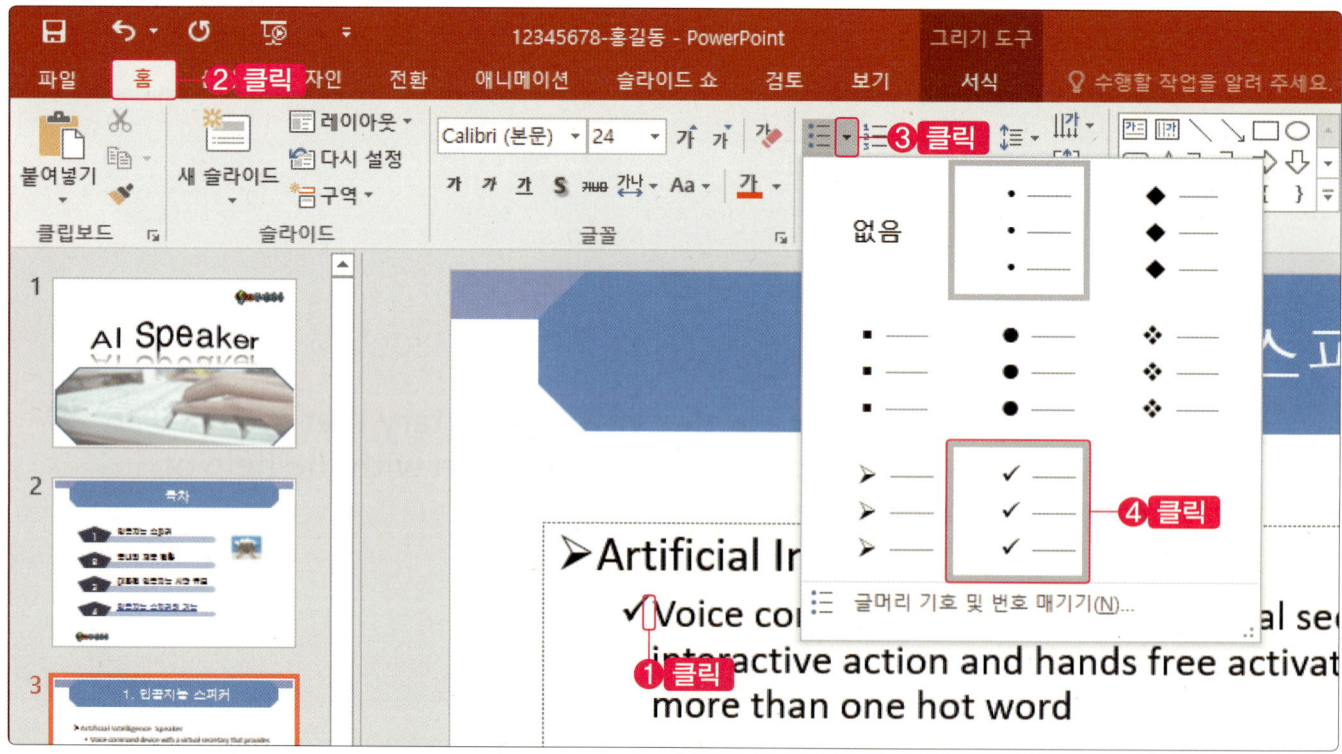

> 단락이 2개 이상일 경우 드래그하여 블록으로 설정한 후 글머리 기호를 지정합니다.

STEP 02 단락 서식 지정하기

〈조건〉 ➢ 문단(굴림, 24pt, 굵게, 줄간격 : 1.5줄), ✓ 문단(굴림, 20pt, 줄간격 : 1.5줄)

1 첫 번째 단락을 드래그하여 블록으로 설정한 후 [홈] 탭-[글꼴] 그룹에서 **글꼴(굴림)과 글꼴 크기(24), [굵게(가)]를 선택**합니다.

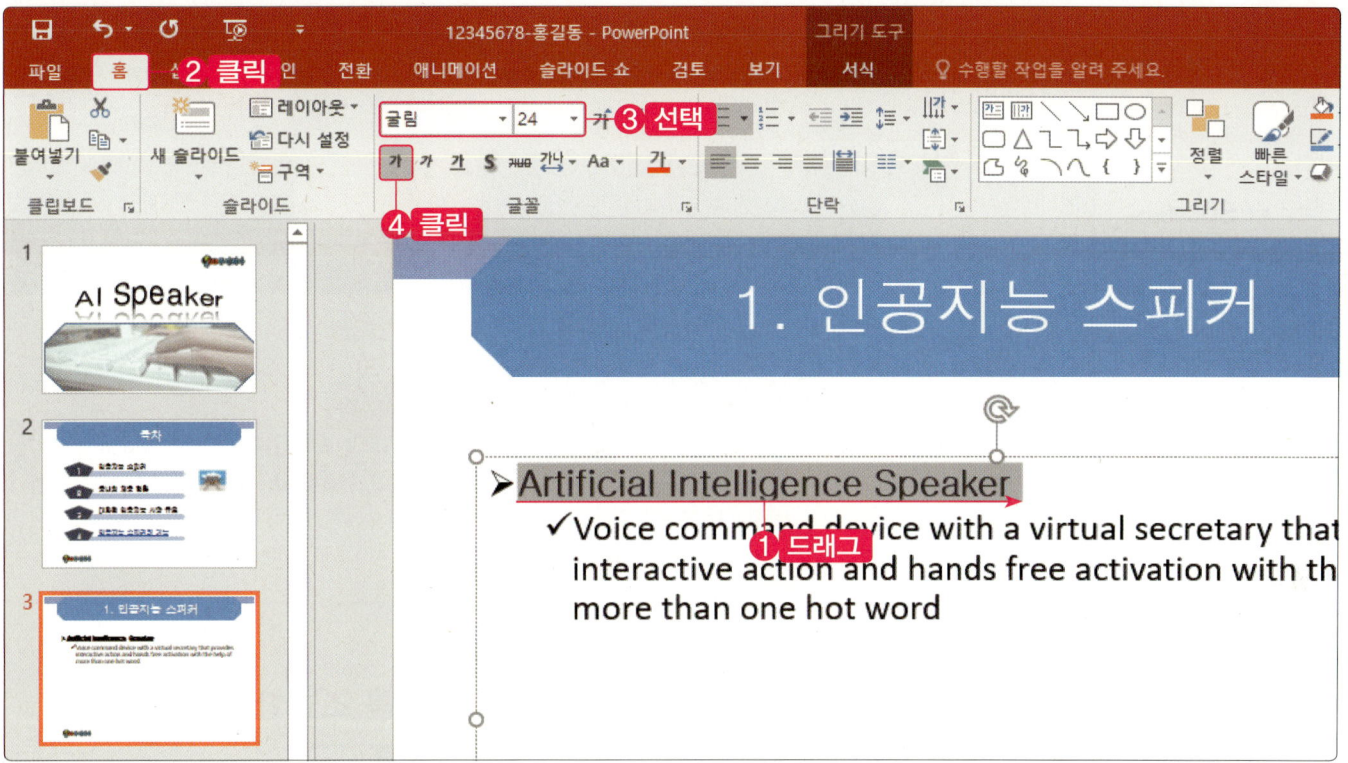

2 두 번째 단락을 드래그하여 블록으로 설정한 후 [홈] 탭-[글꼴] 그룹에서 **글꼴(굴림)과 글꼴 크기(20)를 선택**합니다.

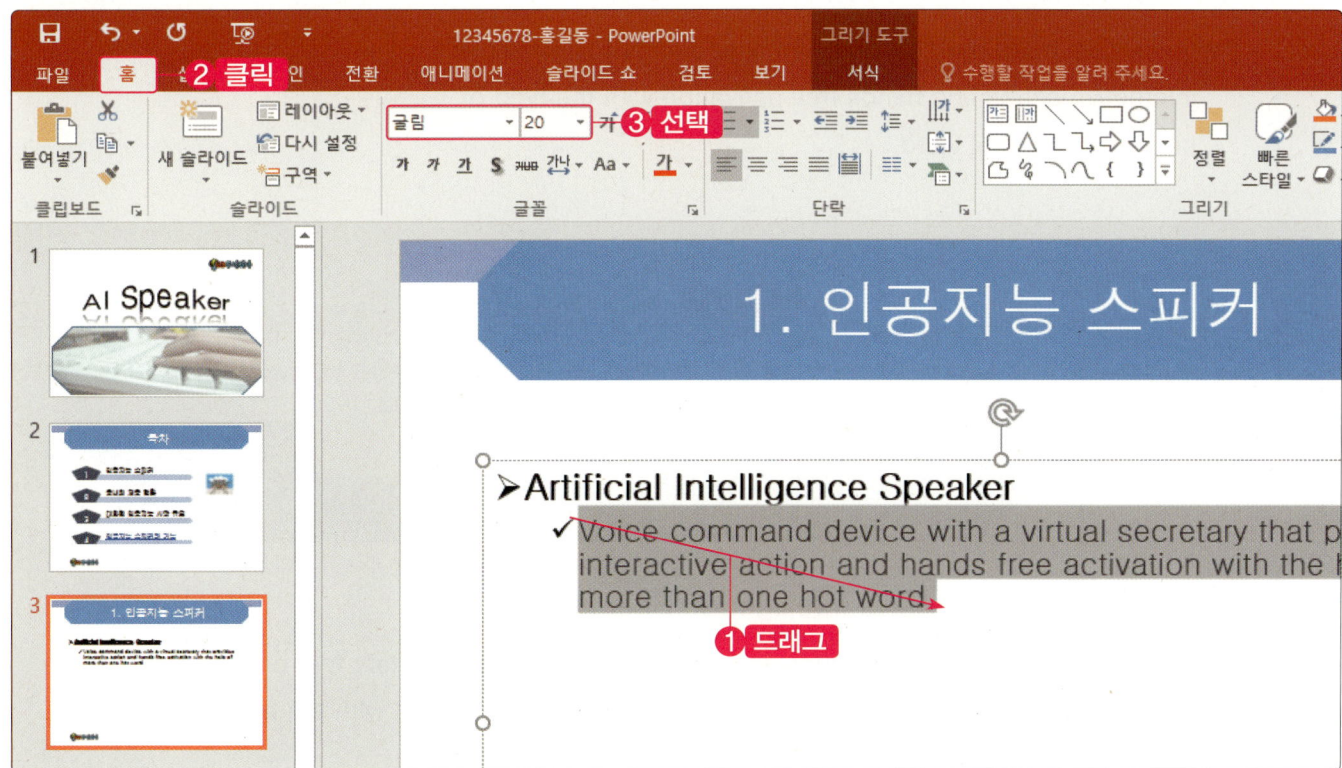

Chapter 05 • 텍스트/동영상 슬라이드 **77**

<조건> ➢ 문단(굴림, 24pt, 굵게, 줄간격 : 1.5줄), ✓ 문단(굴림, 20pt, 줄간격 : 1.5줄)

3 텍스트 전체를 드래그하여 블록으로 설정한 후 [홈] 탭-[단락] 그룹에서 [줄 간격(≡▼)]을 클릭한 다음 [1.5]를 클릭합니다.

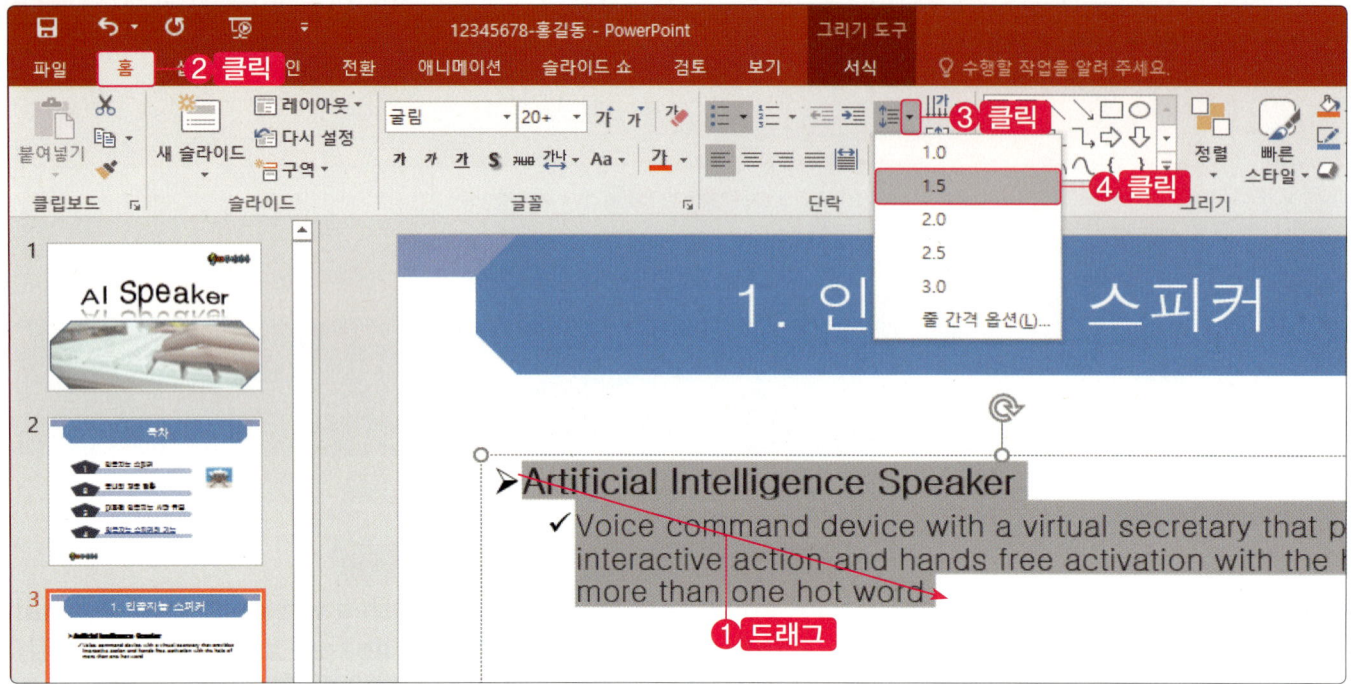

4 텍스트 상자를 선택한 후 크기 조절점을 드래그하여 크기 및 위치를 조절합니다.

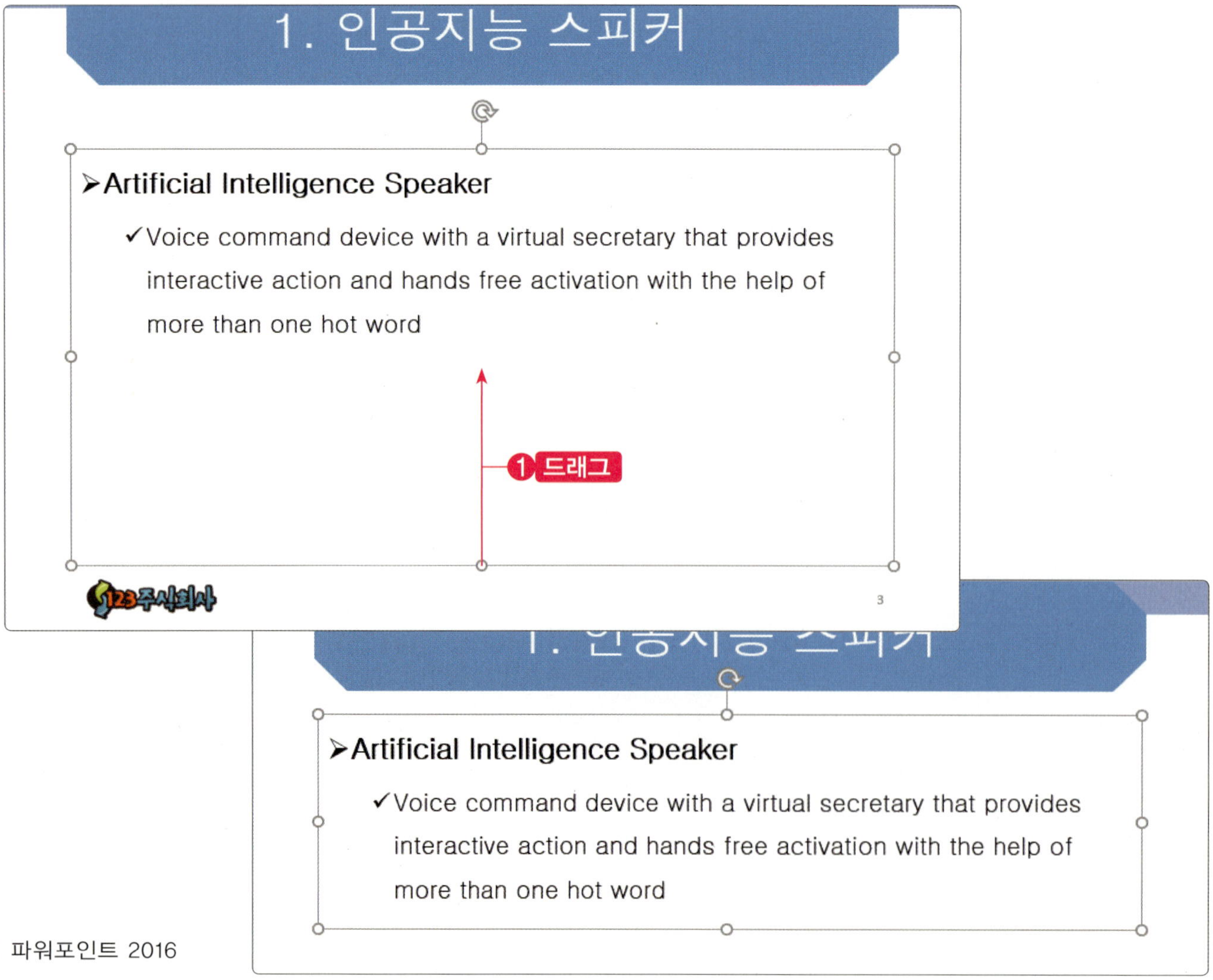

5 텍스트 상자를 `Ctrl`+`Shift`를 누른 상태에서 아래로 드래그하여 **복사**합니다.

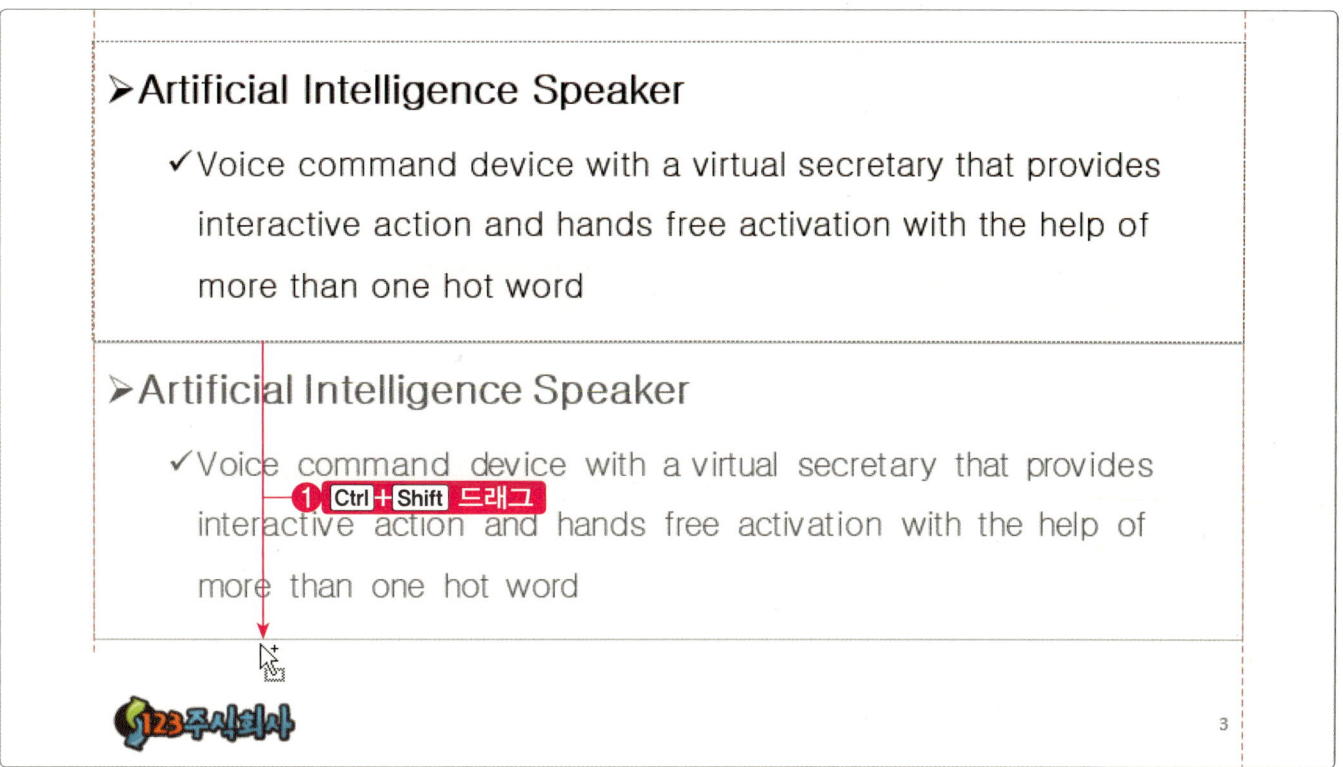

6 텍스트 상자가 복사되면 **텍스트를 수정**합니다.

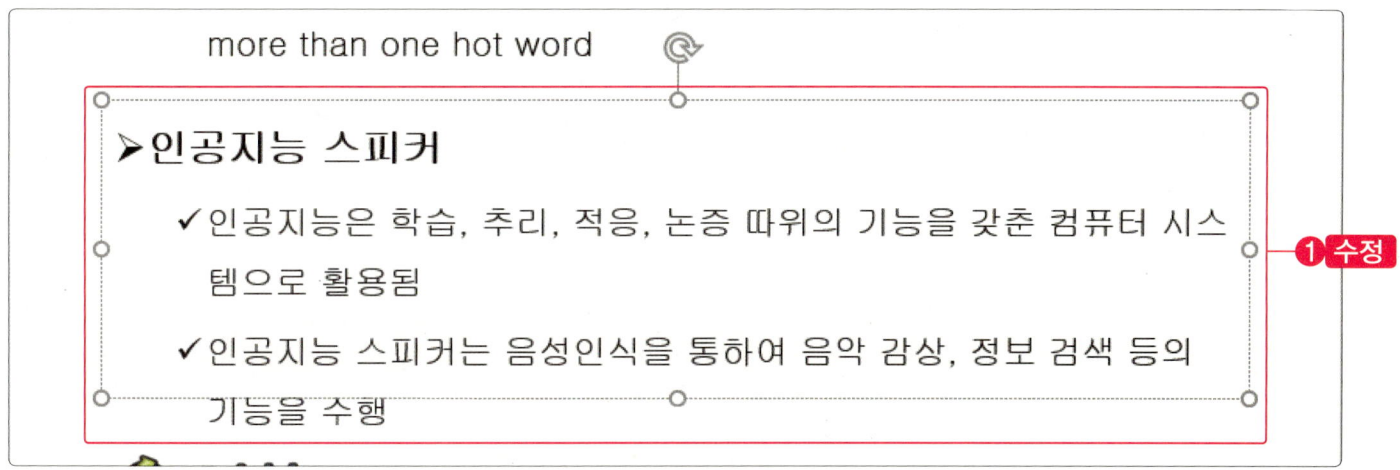

7 텍스트 상자의 **크기 조절점을 드래그**하여 크기를 조절합니다.

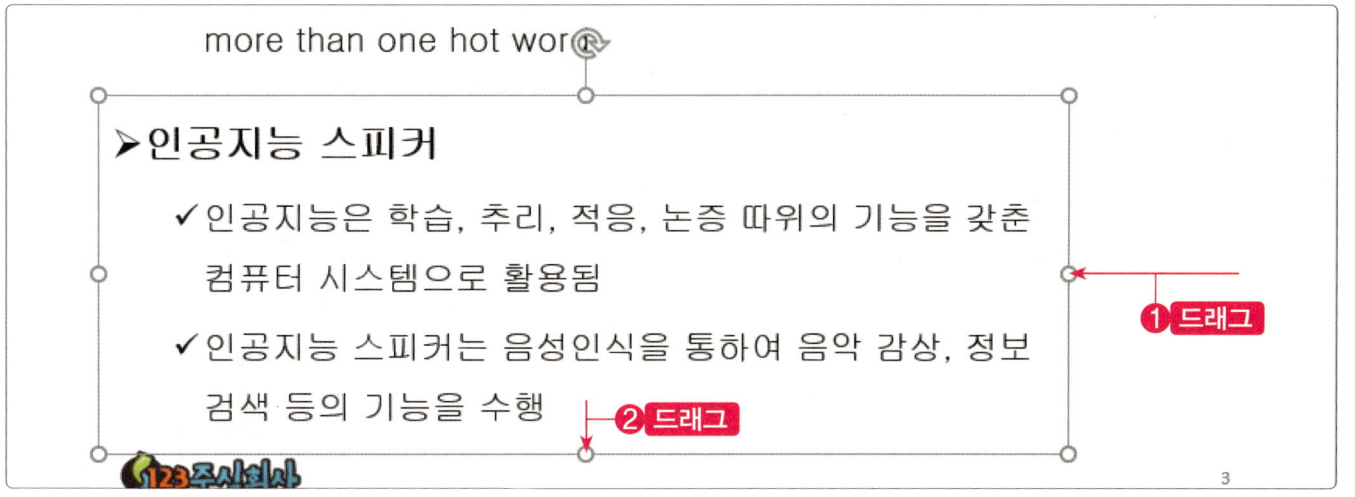

STEP 03 동영상 삽입하기

〈조건〉 ① 동영상 삽입 :
- 「내 PC\문서\ITQ\Picture\동영상.wmv」
- 자동실행, 반복재생 설정

1 〔삽입〕 탭-〔미디어〕 그룹에서 〔비디오〕를 클릭한 후 〔내 PC의 비디오〕를 클릭합니다.

2 〔비디오 삽입〕 대화상자가 나타나면 위치(내 PC\문서\ITQ\Picture)를 지정한 후 파일(동영상.wmv)을 선택한 다음 〔삽입〕 단추를 클릭합니다.

3 동영상이 삽입되면 위치 및 크기를 조절한 후 〔비디오 도구〕 정황 탭-〔재생〕 탭-〔비디오 옵션〕 그룹에서 〔자동 실행〕을 선택한 다음 〔반복 재생〕을 선택합니다.

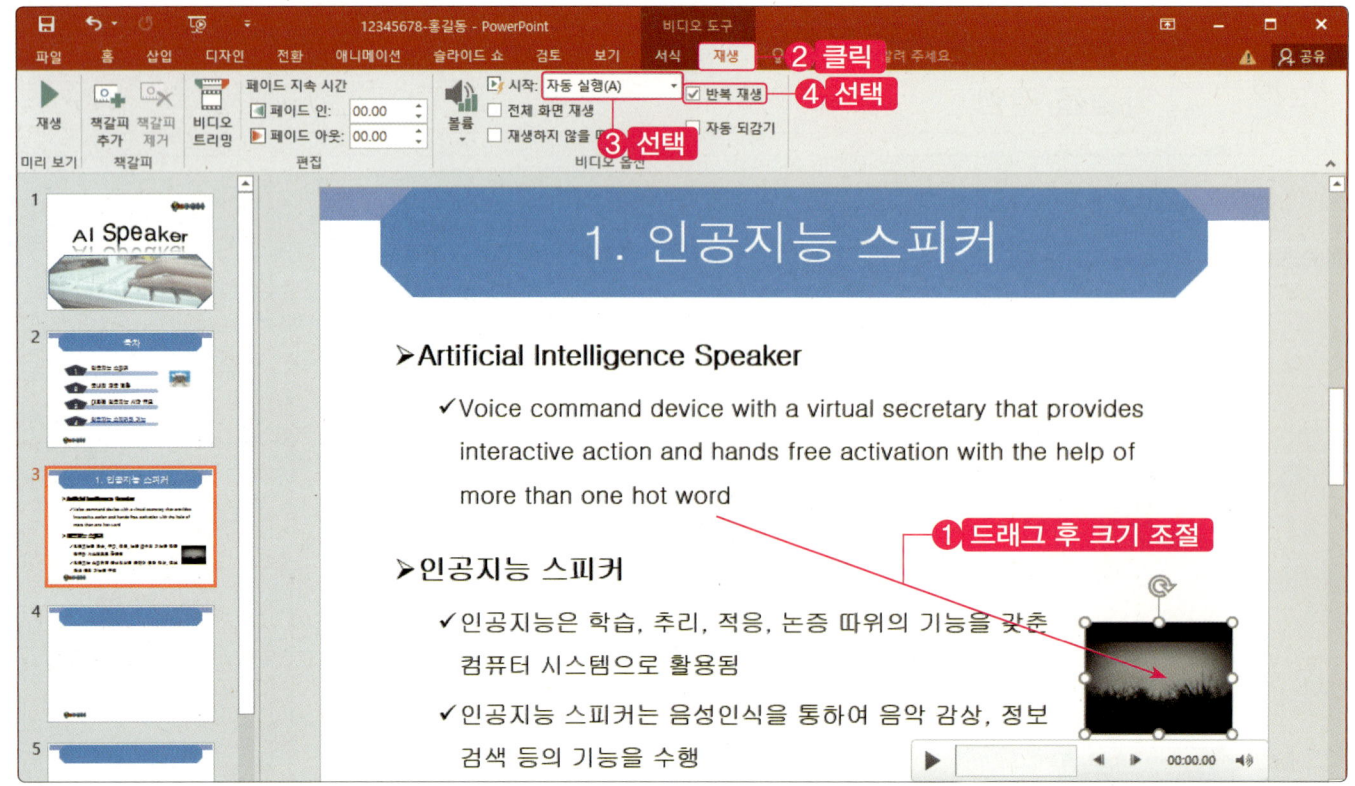

실전문제유형

Practical question type

1 다음 지시사항 및 세부조건을 참고하여 출력형태에 알맞게 작성하시오.

▶ 소스파일 : Part 01\Chapter 05\문제01.pptx   ▶ 완성파일 : Part 01\Chapter 05\문제01_완성.pptx

(1) 텍스트 작성 : 글머리 기호 사용(➢, ✓)
➢문단(굴림, 24pt, 굵게, 줄간격 : 1.5줄), ✓문단(굴림, 20pt, 줄간격 : 1.5줄)

세부조건

① 동영상 삽입 :
- 「내 PC₩문서₩ITQ₩Picture₩동영상.wmv」
- 자동실행, 반복재생 설정

1. 직지란 무엇인가

➢ **Jikji**
  ✓ UNESCO confirmed Jikji as the world's oldest metalloid type and includes it in memory of the world
  ✓ This was published 78 years prior to Gutenberg's bible

➢ **직지심체요절**
  ✓ 세계에서 가장 오래된 금속활자로 인쇄한 책으로 세계기록문화유산에 등재되어 있으며 구텐베르크 금속활자보다 78년 앞선 우리 문화유산

---

2 다음 지시사항 및 세부조건을 참고하여 출력형태에 알맞게 작성하시오.

▶ 소스파일 : Part 01\Chapter 05\문제02.pptx   ▶ 완성파일 : Part 01\Chapter 05\문제02_완성.pptx

(1) 텍스트 작성 : 글머리 기호 사용(❖, ■)
❖문단(굴림, 24pt, 굵게, 줄간격 : 1.5줄), ■문단(굴림, 20pt, 줄간격 : 1.5줄)

세부조건

① 동영상 삽입 :
- 「내 PC₩문서₩ITQ₩Picture₩동영상.wmv」
- 자동실행, 반복재생 설정

1. 탄소중립이란?

❖ **Carbon neutrality**
  ■ Carbon neutrality is a state of net-zero carbon dioxide emissions
  ■ Carbon sinks are any systems that absorb more carbon than they emit, such as forests, soils and oceans

❖ **탄소중립 기본방향**
  ■ 태양광, 풍력, 수력 등 탄소 배출이 없는 에너지원이 에너지 공급 시스템의 중심이 되어야 하며 원료의 재사용, 제품의 지속가능성을 높이는 순환형 경제구조로 전환

Practical question type
실전문제유형

3 다음 지시사항 및 세부조건을 참고하여 출력형태에 알맞게 작성하시오.

▶ 소스파일 : Part 01\Chapter 05\문제03.pptx   ▶ 완성파일 : Part 01\Chapter 05\문제03_완성.pptx

(1) 텍스트 작성 : 글머리 기호 사용(◆, ➢)
　　◆문단(굴림, 24pt, 굵게, 줄간격 : 1.5줄), ➢문단(굴림, 20pt, 줄간격 : 1.5줄)

세부조건
① 동영상 삽입 : 　- 「내 PC₩문서₩ITQ₩Picture₩동영상.wmv」 　- 자동실행, 반복재생 설정

1. 전문가 시스템이란

◆ Expert System
　➢ An expert system also known as a knowledge based system, is a computer program that contains some of the subject-specific knowledge of one or more human experts

◆ 전문가 시스템이란
　➢ 전문가와 같은 지적능력을 갖는 소프트웨어 체계
　➢ 전문가를 찾아가지 않더라도 쉽고 저렴한 가격으로 원하는 서비스를 시간제약없이 제공 받을 수 있음

①

---

4 다음 지시사항 및 세부조건을 참고하여 출력형태에 알맞게 작성하시오.

▶ 소스파일 : Part 01\Chapter 05\문제04.pptx   ▶ 완성파일 : Part 01\Chapter 05\문제04_완성.pptx

(1) 텍스트 작성 : 글머리 기호 사용(◆, ➢)
　　◆문단(굴림, 24pt, 굵게, 줄간격 : 1.5줄), ➢문단(굴림, 20pt, 줄간격 : 1.5줄)

세부조건
① 동영상 삽입 : 　- 「내 PC₩문서₩ITQ₩Picture₩동영상.wmv」 　- 자동실행, 반복재생 설정

1. 최저임금제의 의미 및 목적

◆ Minimum wage systems
　➢ The minimum wage system is a wage system that determines wages as part of a social policy by setting up a certain amount of wages and legally banning wages

◆ 최저임금제도의 목적
　➢ 근로자에 대하여 임금의 최저수준을 보장함으로서 임금 격차가 완화되어 근로자의 생활안정과 소득분배 개선
　➢ 공정한 경쟁을 촉진하고 경영합리화를 기함

①

Practical question type 실전문제유형

5 다음 지시사항 및 세부조건을 참고하여 출력형태에 알맞게 작성하시오.

▶ 소스파일 : Part 01\Chapter 05\문제05.pptx   ▶ 완성파일 : Part 01\Chapter 05\문제05_완성.pptx

(1) 텍스트 작성 : 글머리 기호 사용(◆, ➢)
  ◆문단(굴림, 24pt, 굵게, 줄간격 : 1.5줄), ➢문단(굴림, 20pt, 줄간격 : 1.5줄)

세부조건

① 동영상 삽입 :
  -「내 PC\문서\ITQ\Picture\동영상.wmv」
  - 자동실행, 반복재생 설정

1. 탄소 배출량 측정 기준 범위

◆ Scope 3
  ➢ Classified into Scope 1, Scope 2, and Scope 3 according to the measurement range of carbon emitted by a company

◆ 스코프 3
  ➢ 스코프 1 : 탄소 배출 성격과 측정 범위에 따라 생산단계에서 직접 배출
  ➢ 스코프 2 : 동력을 만드는 과정에서 간접 배출
  ➢ 스코프 3 : 물류 및 제품 사용과 폐기과정에서 외부 배출

 ABC주식회사

---

6 다음 지시사항 및 세부조건을 참고하여 출력형태에 알맞게 작성하시오.

▶ 소스파일 : Part 01\Chapter 05\문제06.pptx   ▶ 완성파일 : Part 01\Chapter 05\문제06_완성.pptx

(1) 텍스트 작성 : 글머리 기호 사용(❖, ✓)
  ❖문단(굴림, 24pt, 굵게, 줄간격 : 1.5줄), ✓문단(굴림, 20pt, 줄간격 : 1.5줄)

세부조건

① 동영상 삽입 :
  -「내 PC\문서\ITQ\Picture\동영상.wmv」
  - 자동실행, 반복재생 설정

1. 여가생활

❖ Spare time
  ✓ This is time spent away from work and education, as well as necessary activities such as eating and sleeping

❖ 여가생활
  ✓ 개인의 선택권이 보장되는 시간적 활동
  ✓ 직업상의 일이나 집안일, 이동, 교육 등의 의무시간과 수면, 식사 등의 필수시간에서 자유로운 선택적인 시간을 보내는 생활

 123주식회사

Chapter 06 표 슬라이드

- 표 작성하기
- 상단 도형 작성하기
- 표 스타일 지정하기
- 좌측 도형 작성하기

▶소스파일 : Part 01\Chapter 06\Ch06.pptx   ▶완성파일 : Part 01\Chapter 06\Ch06_완성.pptx

[슬라이드 4]   ≪표 슬라이드≫   (80점)

(1) 도형과 표 작성 기능을 이용하여 슬라이드를 작성한다(글꼴 : 돋움, 18pt).

| 세부조건 | ① 상단 도형 :
2개 도형의 조합으로 작성 | ② 좌측 도형 :
그라데이션 효과(선형 아래쪽) | ③ 표 스타일
테마 스타일 1 – 강조 5 |

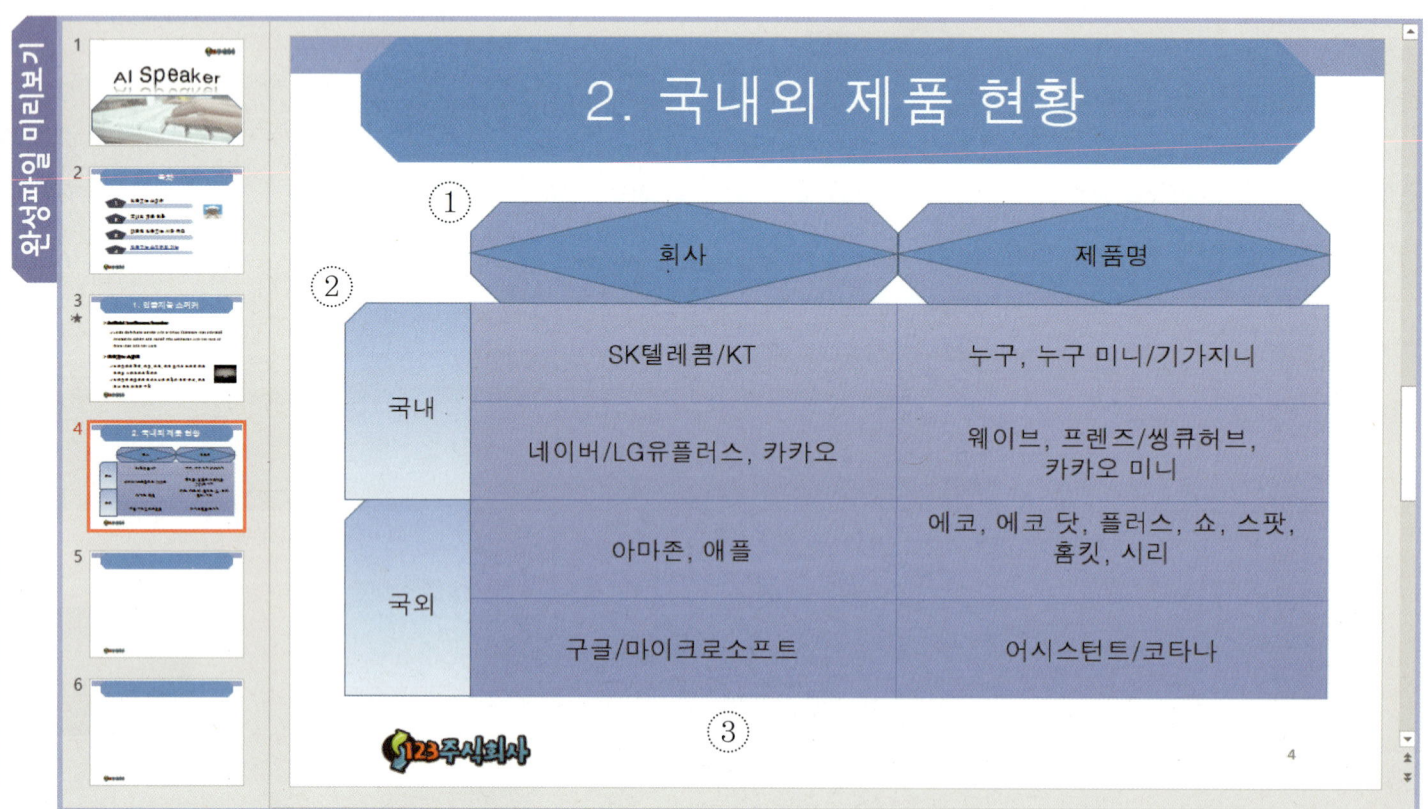

체크! 체크!

〔슬라이드 4〕 《《표 슬라이드》》

■ 표 작성하기
- 열 개수(칸 수)와 행 개수(줄 수)를 입력하여 표를 삽입합니다.
- 표 및 셀 크기를 조절한 후 텍스트를 입력합니다.

■ 표 스타일 지정하기
- 표를 선택한 후 〔표 도구〕 정황 탭-〔디자인〕 탭-〔표 스타일〕 그룹에서 〔자세히(▼)〕를 클릭한 다음 '테마 스타일'을 지정합니다.
- 〔머리글 행〕과 〔줄무늬 행〕을 선택 해제합니다.
- 글꼴 서식 및 단락 서식을 지정합니다.

■ 상단 도형 작성하기
- 상단 2개 도형은 〈출력형태〉를 참고하여 작성하며, 도형 채우기는 임의의 색을 지정합니다.
- 상단 도형에 텍스트를 입력한 후 글꼴 서식을 지정한 다음 복사합니다.

■ 좌측 도형 작성하기
- 좌측 도형은 〈출력형태〉를 참고하여 작성하며, 도형 채우기는 임의의 색을 지정합니다.
- 좌측 도형에 그라데이션 효과를 지정한 후 도형을 복사합니다.
- 좌측 도형에 텍스트를 입력한 후 글꼴 서식을 지정합니다.

STEP 01 표 작성하기

1 4번 슬라이드를 선택한 후 제목(2. 국내외 제품 현황)을 입력합니다.

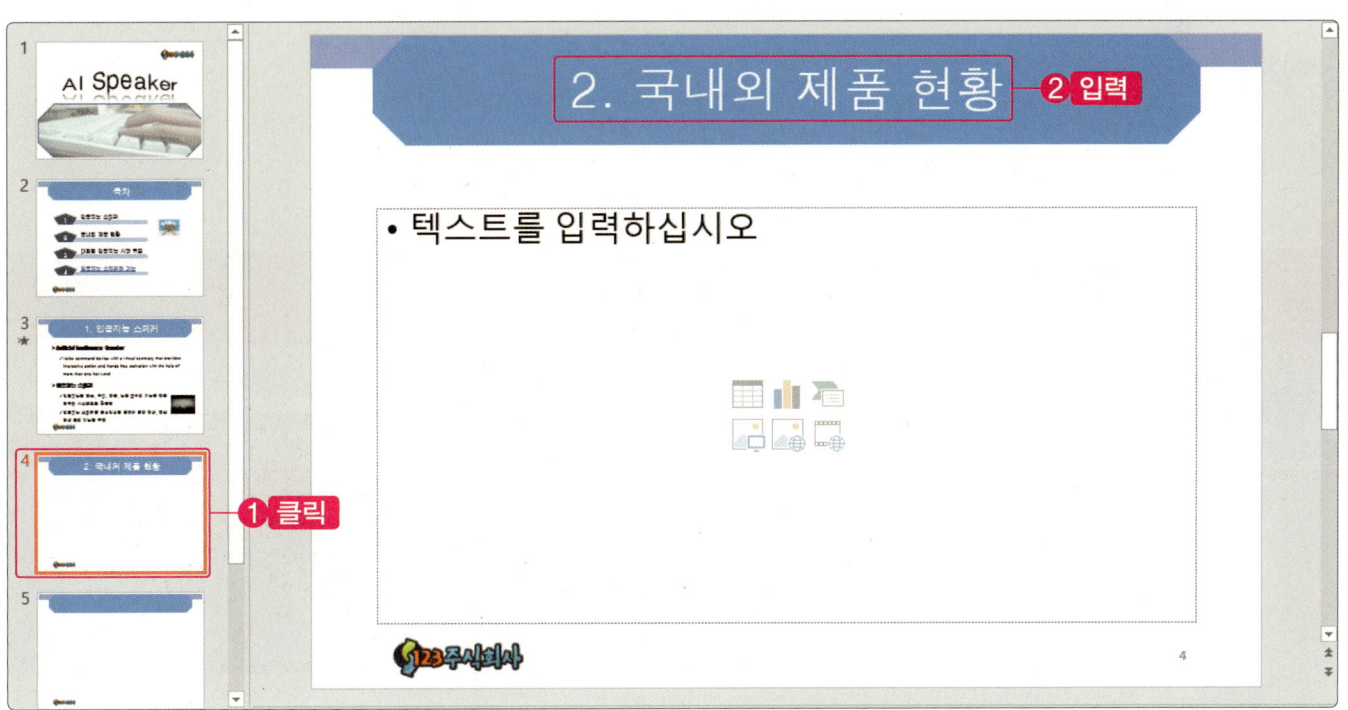

2 텍스트 상자의 [표 삽입(􀃉)] 아이콘을 클릭합니다.

3 [표 삽입] 대화상자가 나타나면 **열 개수(2)와 행 개수(4)를 입력**한 다음 [확인] 단추를 클릭합니다.

- 열 개수 : 칸 개수
- 행 개수 : 줄 개수

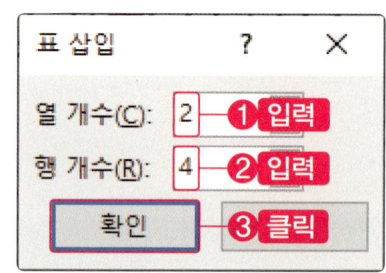

한가지 더!

표 작성하기

❶ 텍스트 상자의 [표 삽입(􀃉)]를 클릭한 후 [표 삽입] 대화상자가 나타나면 열 개수와 행 개수를 입력한 다음 [확인] 단추를 클릭합니다.

❷ [삽입] 탭-[표] 그룹에서 [표]를 클릭한 후 열 개수와 행 개수만큼 드래그하여 표를 작성합니다.

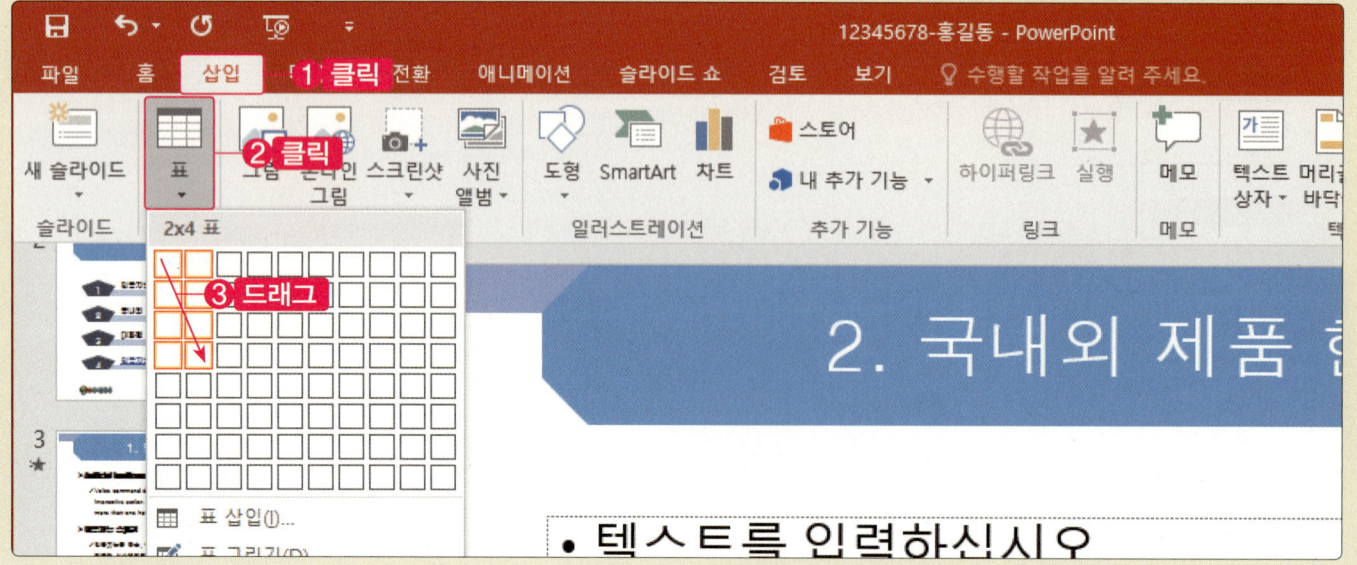

4 표가 삽입되면 **위치를 조절**한 후 **크기 조절점을 드래그하여 크기를 조절**합니다.

5 다음과 같이 표의 **각 셀에 내용을 입력**합니다.

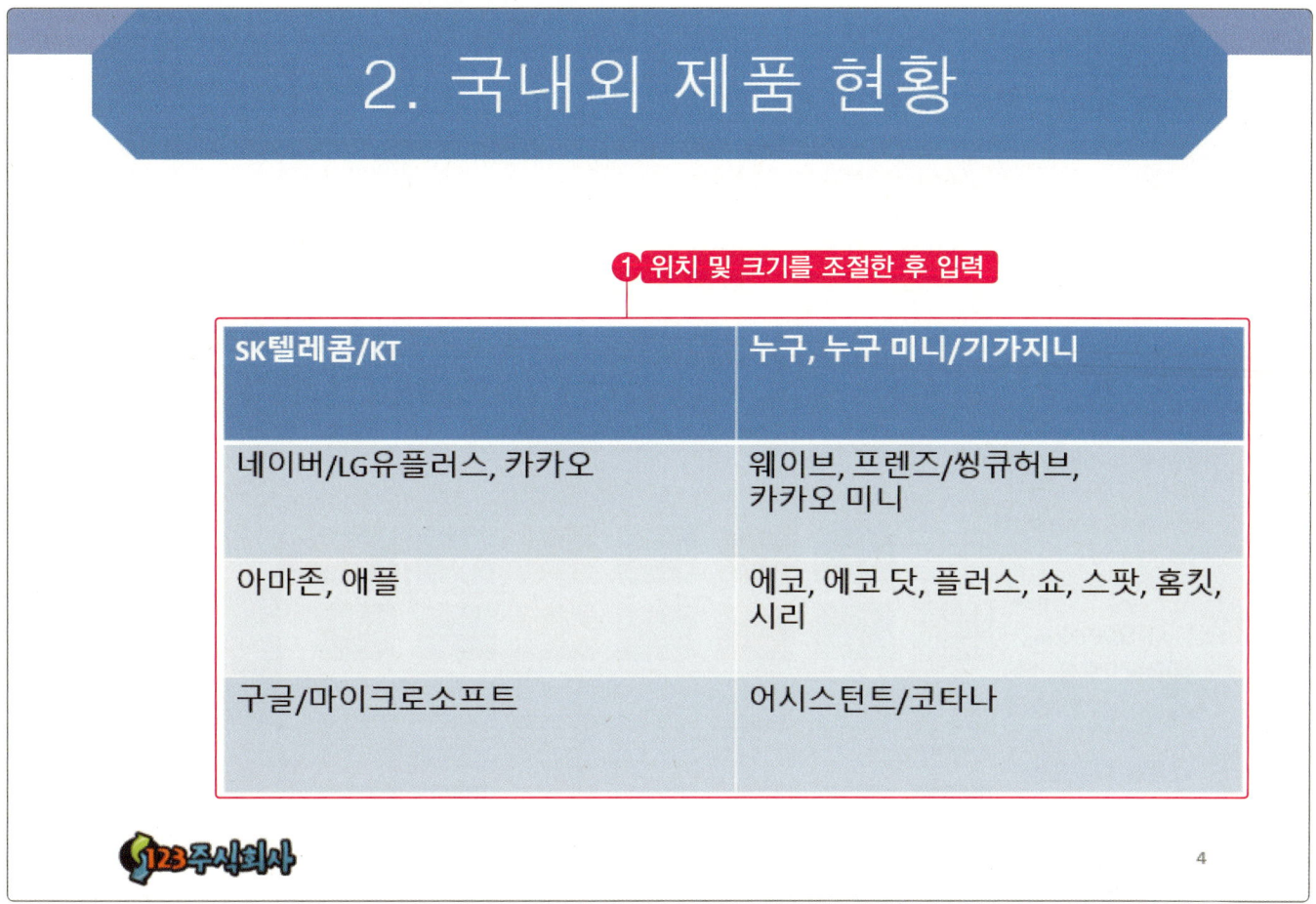

〈출력형태〉를 참고하여 내용을 입력하며, 줄 간격은 지정하지 않습니다.

표 크기 조절 / 셀 너비 조절 / 셀 높이 조절
- 표 크기 조절 : 크기 조절점을 드래그합니다.
- 셀 너비 조절 : 표 안의 세로 경계선을 드래그합니다.
- 셀 높이 조절 : 표 안의 가로 경계선을 드래그합니다.

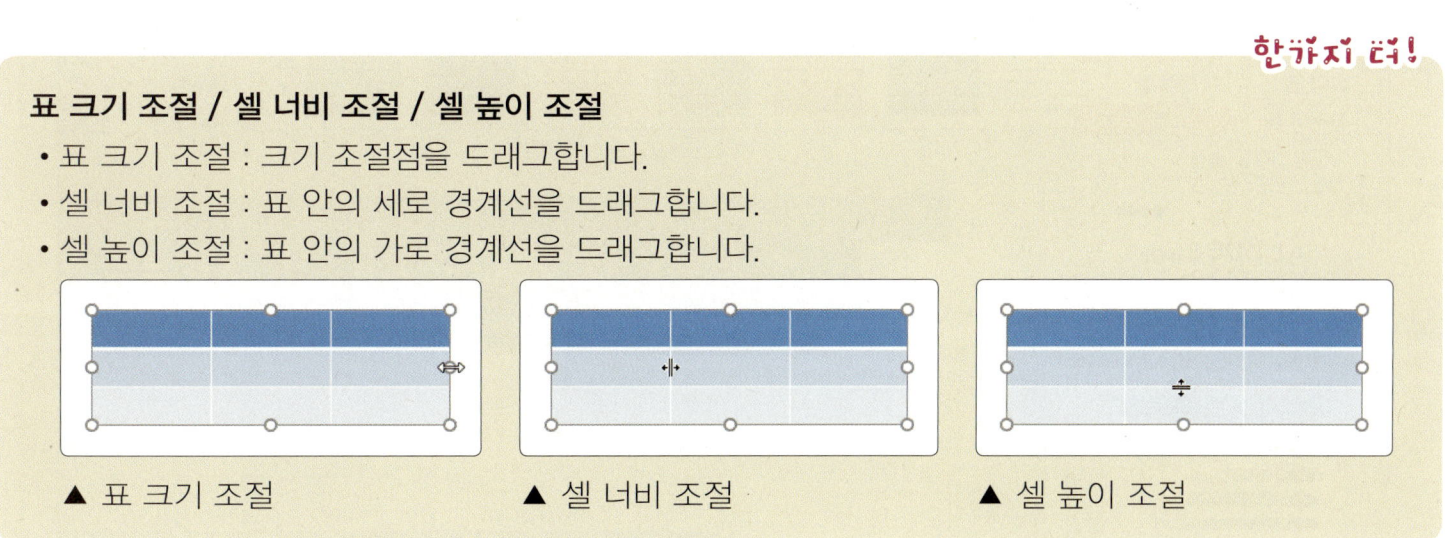

▲ 표 크기 조절　　　▲ 셀 너비 조절　　　▲ 셀 높이 조절

STEP 02 표 스타일 지정하기

<조건> (1) 도형과 표 작성 기능을 이용하여 슬라이드를 작성한다(글꼴 : 돋움, 18pt).
③ 표 스타일 : 테마 스타일 1 – 강조 5

1 표를 선택한 후 [표 도구] 정황 탭-[디자인] 탭-[표 스타일] 그룹에서 [자세히(▼)]를 클릭한 다음 [테마 스타일 1 – 강조 5(▒)]을 클릭합니다.

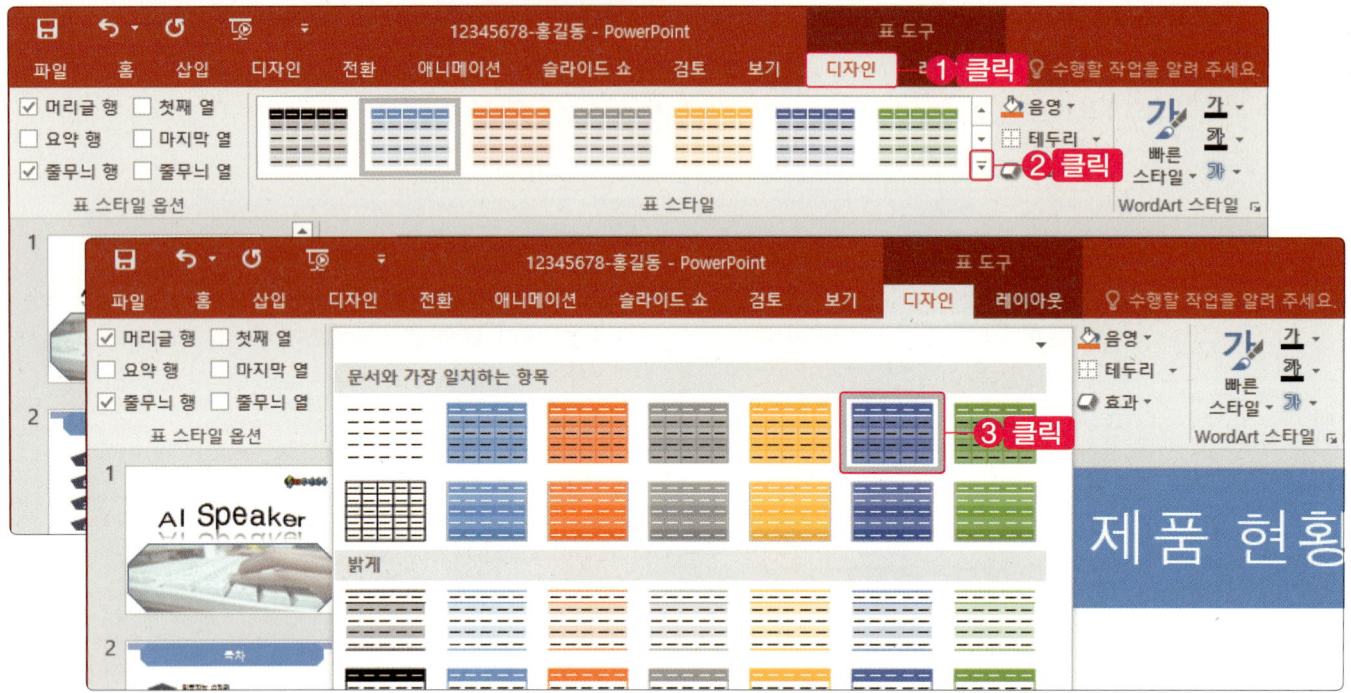

2 [표 도구] 정황 탭-[디자인] 탭-[표 스타일 옵션] 그룹에서 [머리글 행]과 [줄무늬 행]을 선택 해제합니다.

- **머리글 행** : 표의 머리글 행을 설정하거나 해제합니다. 머리글 행은 표의 첫 행 서식을 특별하게 지정합니다.
- **줄무늬 행** : 짝수 행과 홀수 행의 서식이 서로 다른 줄무늬 행을 표시합니다.

<조건>　(1) 도형과 표 작성 기능을 이용하여 슬라이드를 작성한다(글꼴 : 돋움, 18pt).

3 〔홈〕 탭-〔글꼴〕 그룹에서 **글꼴(돋움)과 글꼴 크기(18)를 선택**합니다.

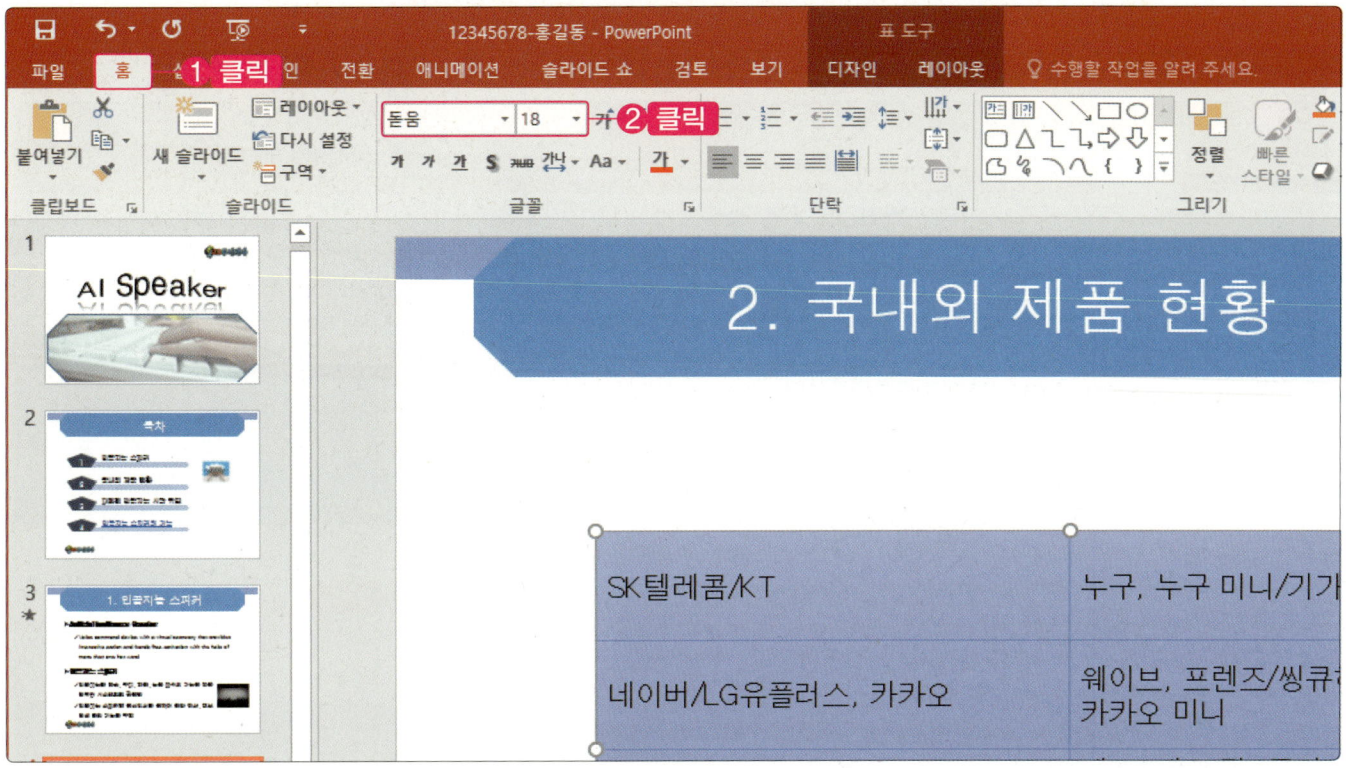

> 글꼴과 글꼴 크기를 지정한 후 표 내용의 오른쪽 끝이 출력형태와 다를 경우 Enter를 눌러 맞춰줍니다.

4 〔홈〕 탭-〔단락〕 그룹에서 〔**가운데 맞춤**(≡)〕을 **선택**한 후 〔**텍스트 맞춤**(⇕)〕을 **클릭**한 다음 〔**중간**〕을 **클릭**합니다.

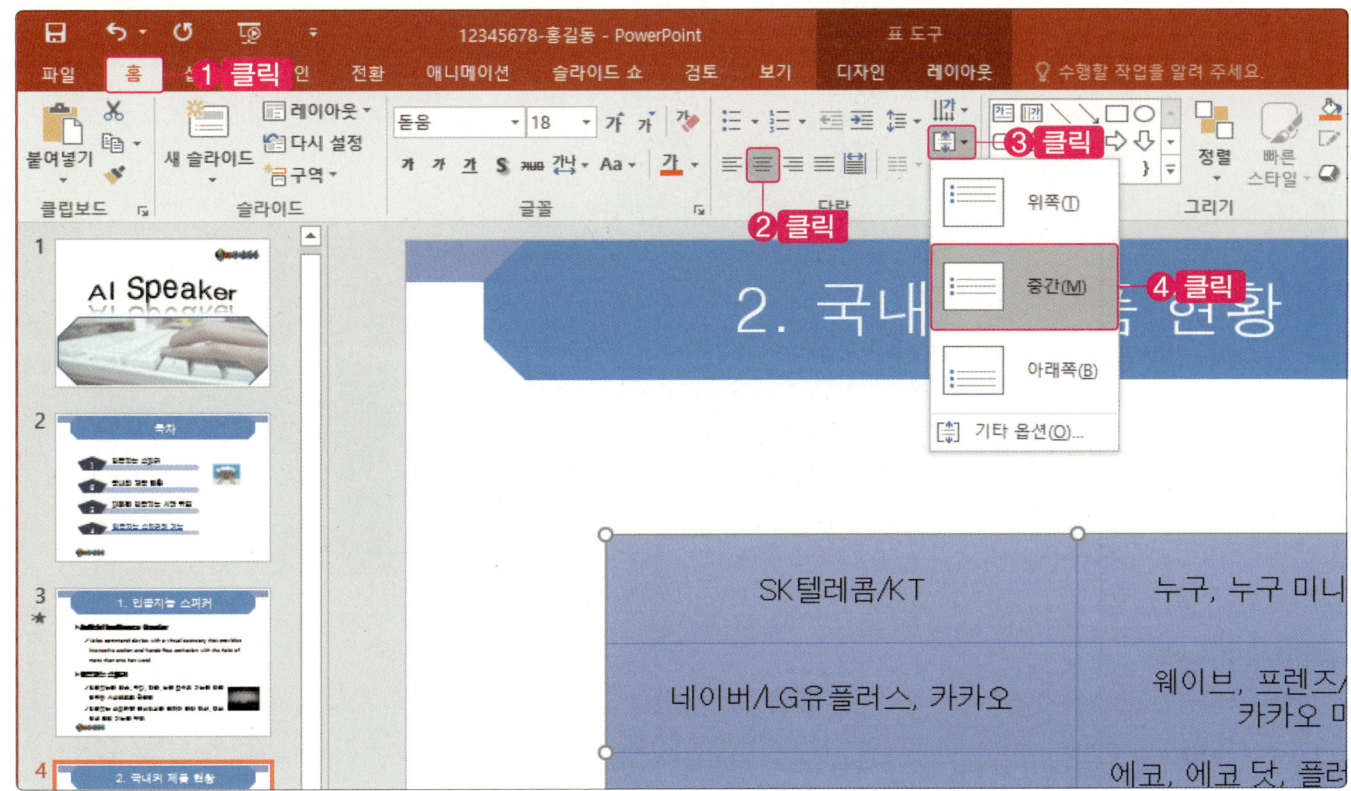

Chapter 06 · 표 슬라이드 **89**

STEP 03 상단 도형 작성하기

〈조건〉 (1) 도형과 표 작성 기능을 이용하여 슬라이드를 작성한다(글꼴 : 돋움, 18pt).
① 상단 도형 : 2개 도형의 조합으로 작성

1 〔삽입〕 탭-〔일러스트레이션〕 그룹에서 〔도형〕을 클릭한 후 〔팔각형(⑧)〕을 클릭합니다.

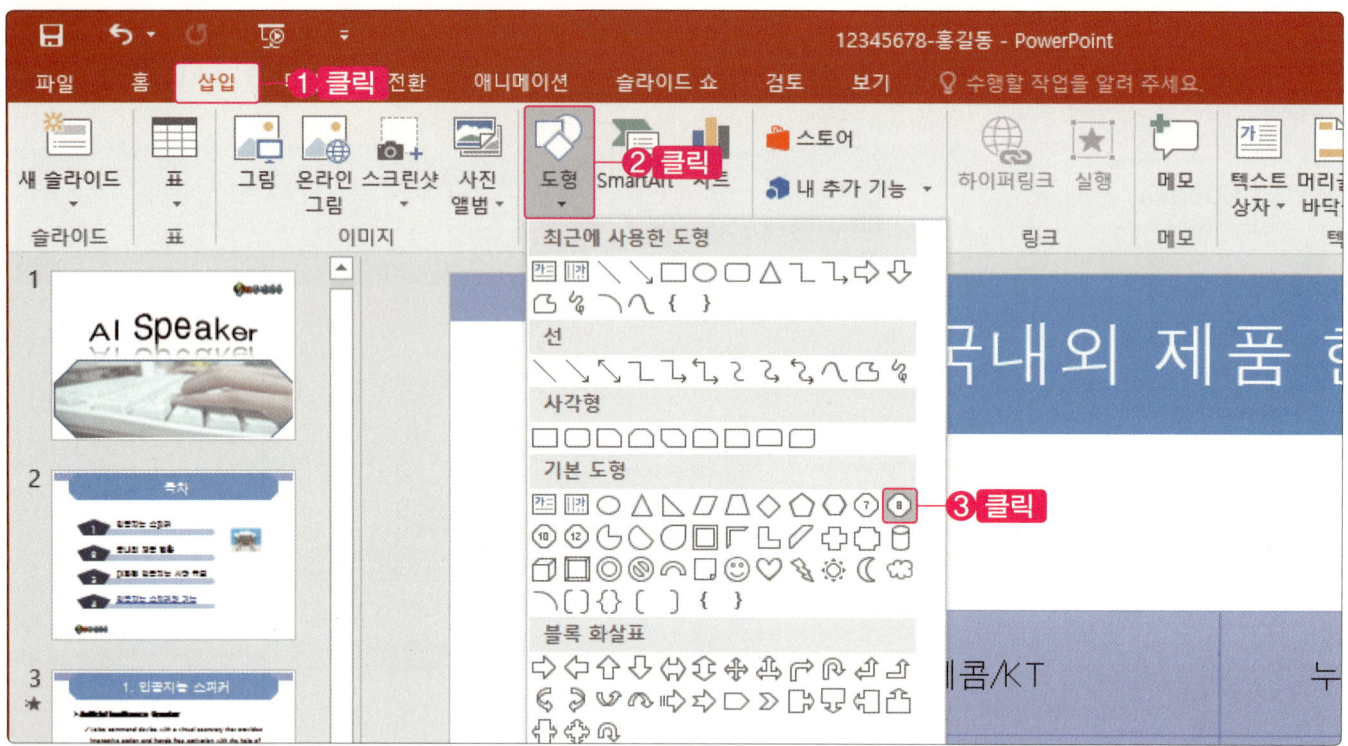

2 마우스 포인터 모양이 + 모양으로 변경되면 **드래그하여 도형을 작성**합니다.

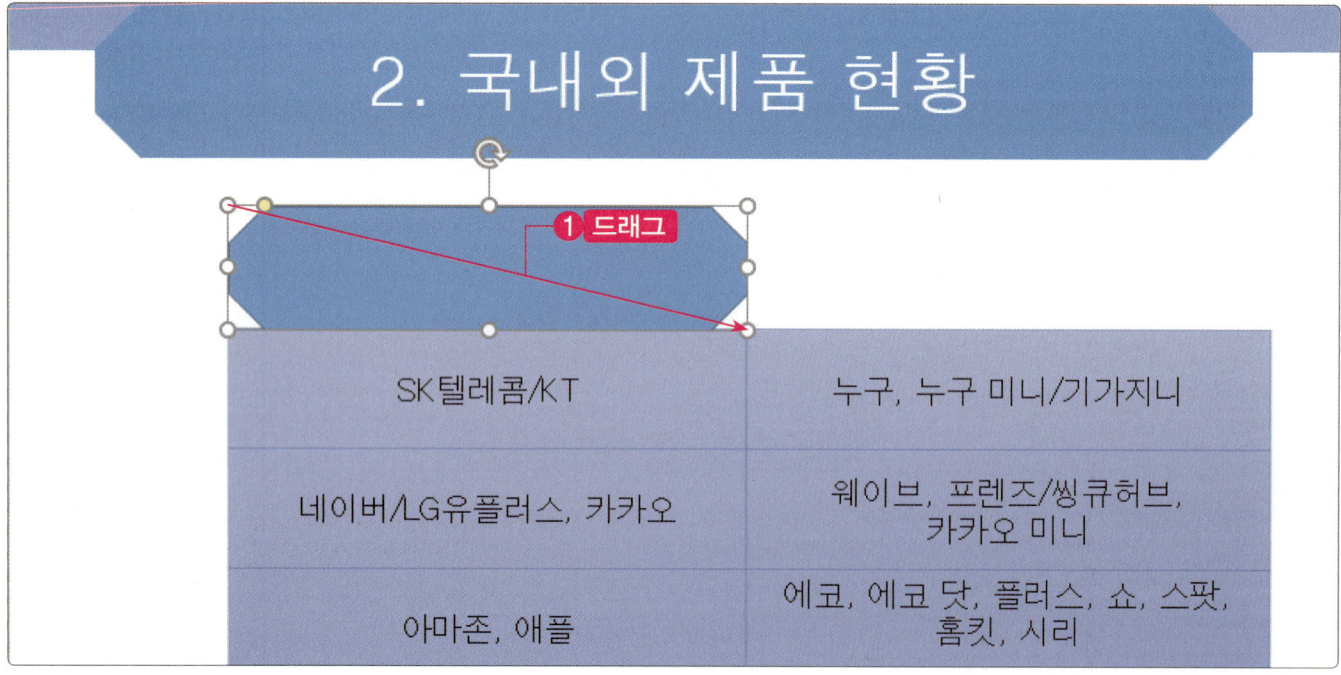

> **도형 크기 조절**
> - Alt+드래그 : Alt를 누른 상태에서 크기 조절점(○)을 드래그하면 크기를 세밀하게 조절할 수 있습니다.
> - Ctrl+드래그 : Ctrl를 누른 상태에서 크기 조절점(○)을 드래그하면 좌우 크기가 같이 조절됩니다.

〈조건〉 (1) 도형과 표 작성 기능을 이용하여 슬라이드를 작성한다(글꼴 : 돋움, 18pt).
① 상단 도형 : 2개 도형의 조합으로 작성

3 〔그리기 도구〕 정황 탭-〔서식〕 탭-〔도형 스타일〕 그룹에서 〔**도형 채우기**〕를 클릭한 후 **임의의 색을 지정**합니다.

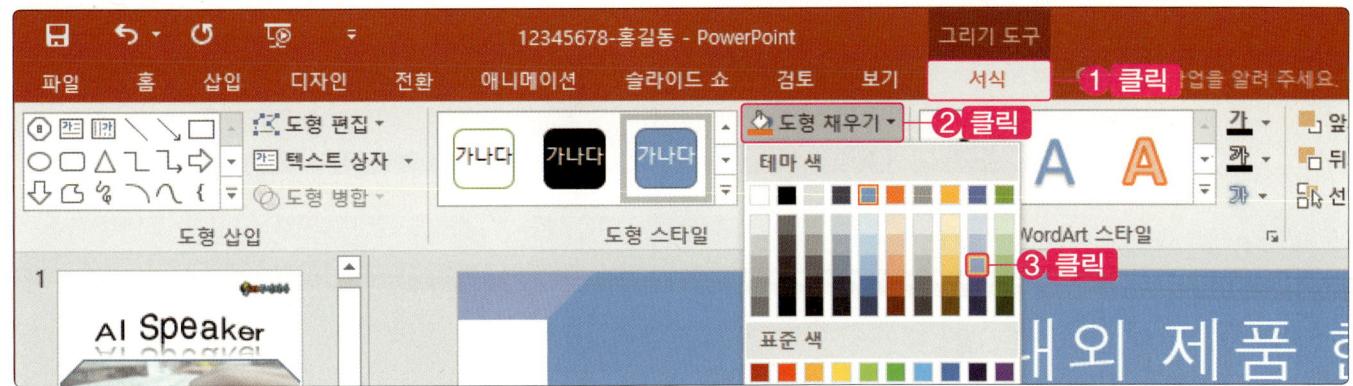

채우기 색은 수험자가 임의의 색을 지정하며 채우기 색을 변경하지 않아도 감점되지 않습니다.

4 〔삽입〕 탭-〔일러스트레이션〕 그룹에서 〔**도형**〕을 **클릭**한 후 〔**다이아몬드(◇)**〕을 **클릭**합니다.

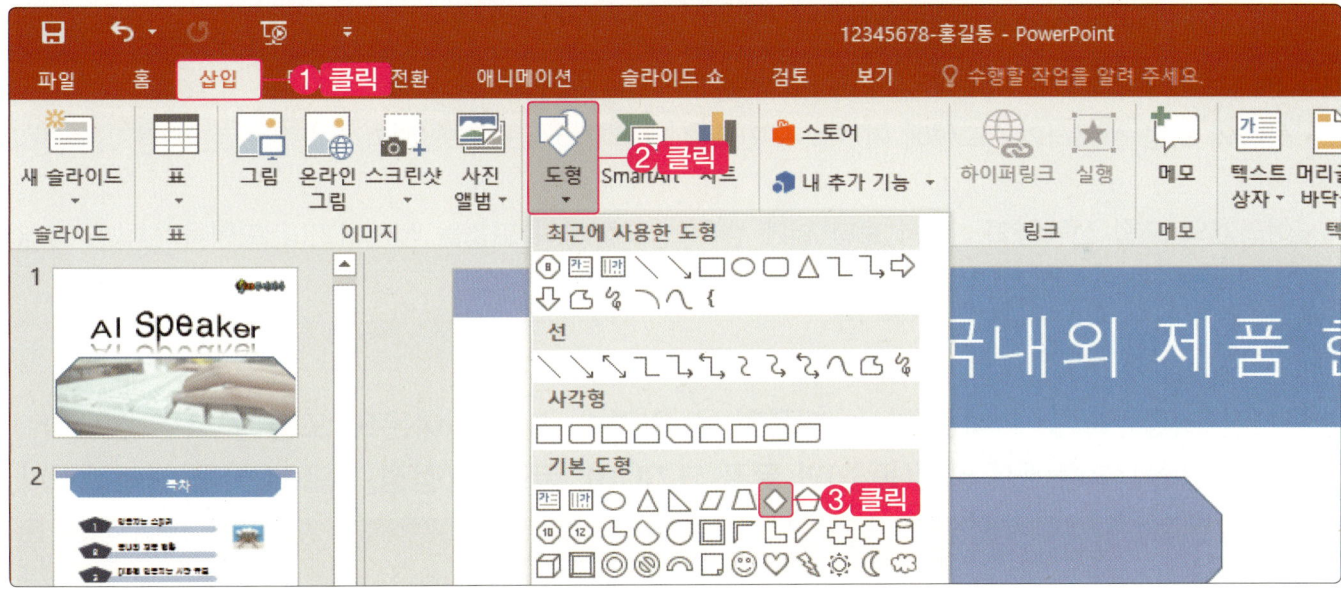

5 마우스 포인터 모양이 + 모양으로 변경되면 **드래그하여 도형을 작성**합니다.

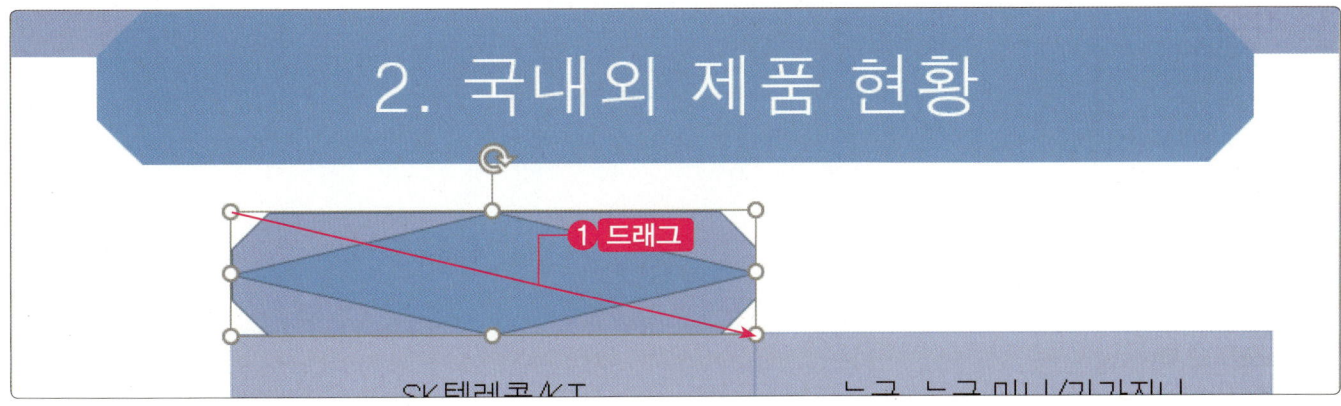

> 〈조건〉 (1) 도형과 표 작성 기능을 이용하여 슬라이드를 작성한다(글꼴 : 돋움, 18pt).
> ① 상단 도형 : 2개 도형의 조합으로 작성

6 상단 도형을 드래그하여 **선택**한 후 Ctrl과 Shift를 누른 상태에서 드래그하여 도형을 **복사**합니다.

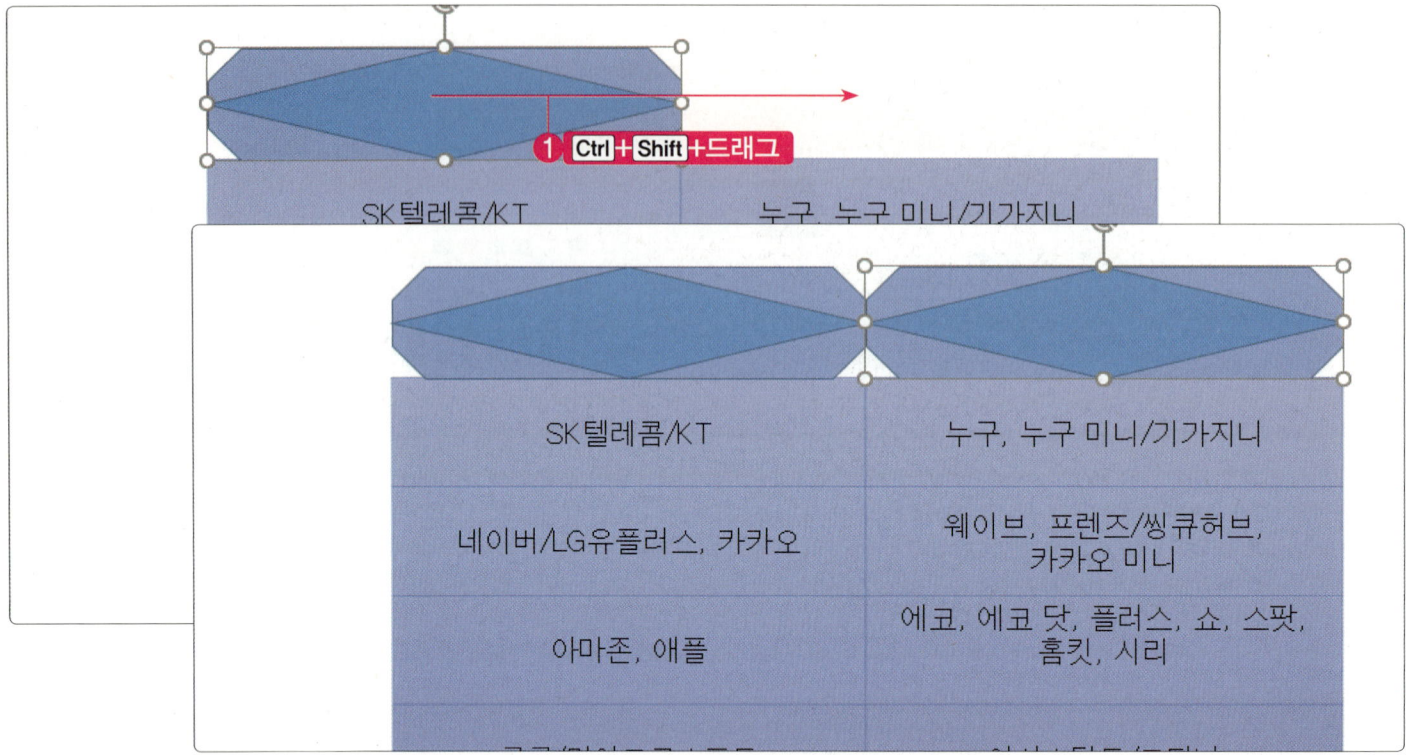

- 하나의 도형 선택하기 : 도형에 마우스 포인트를 가져가 마우스 포인터가 모양으로 변경되면 클릭합니다.
- 여러개의 도형 선택하기 : 도형 보다 넓게 범위를 지정하여 도형을 선택하거나 도형을 선택한 후 Ctrl 이나 Shift를 누른 상태에서 다른 도형들을 선택합니다.

7 다이아몬드(◇) 도형에 **내용(회사, 제품명)을 입력**한 후 **다이아몬드 도형을 모두 선택**한 다음 [홈] 탭-[글꼴] 그룹에서 **글꼴(돋움)**과 **글꼴 크기(18)**, **글꼴 색(검정, 텍스트 1)**을 선택합니다.

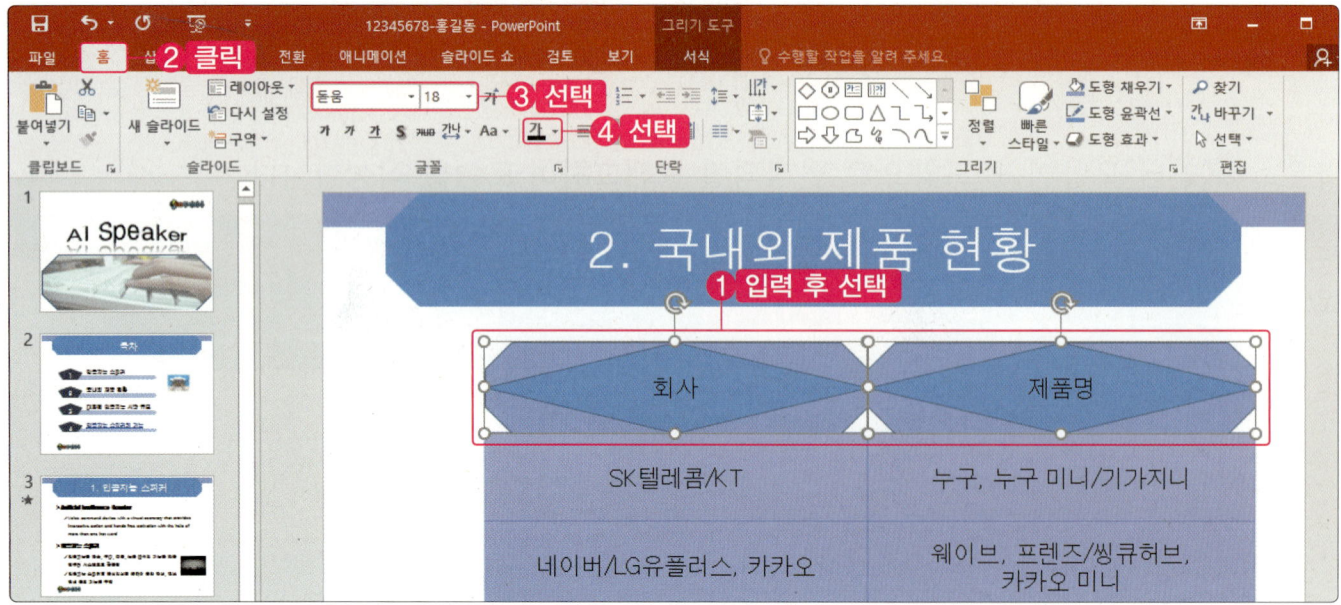

STEP 04 좌측 도형 작성하기

〈조건〉 (1) 도형과 표 작성 기능을 이용하여 슬라이드를 작성한다(글꼴 : 돋움, 18pt).
② 좌측 도형 : 그라데이션 효과(선형 아래쪽)

1 〔삽입〕 탭-〔일러스트레이션〕 그룹에서 〔도형〕을 **클릭**한 후 〔한쪽 모서리가 잘린 사각형(⬜)〕을 **클릭**합니다.

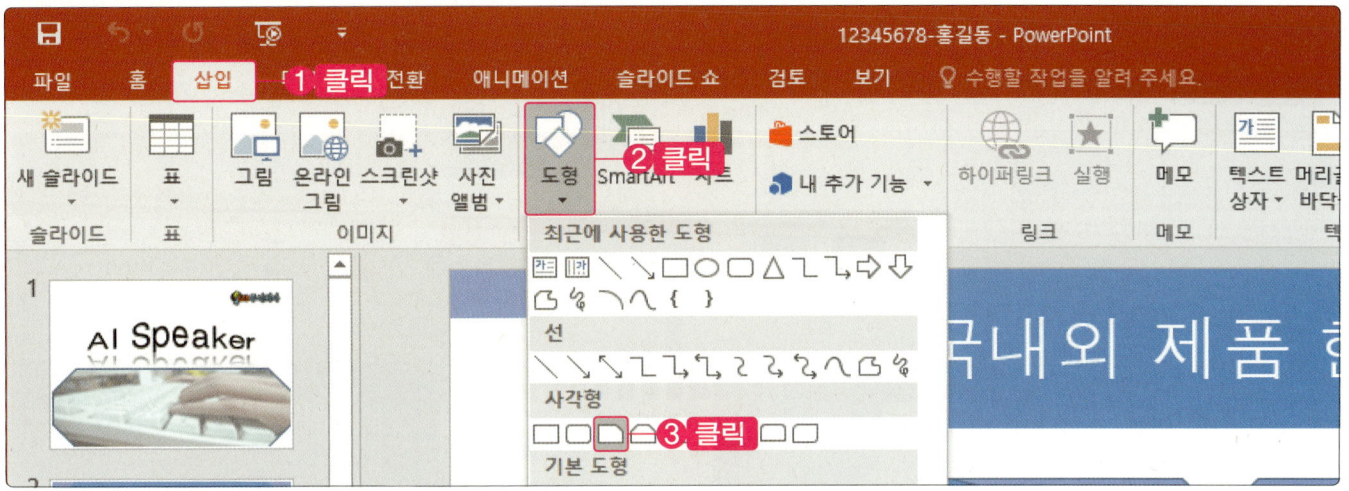

2 마우스 포인터 모양이 + 모양으로 변경되면 **드래그하여 도형을 작성**합니다.

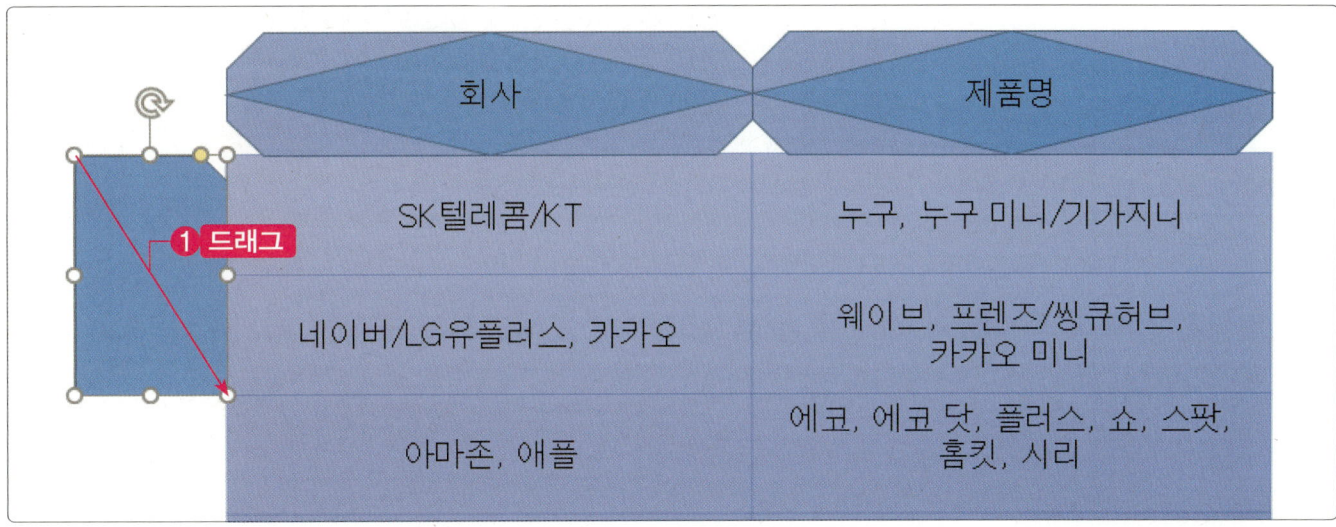

3 〔그리기 도구〕 정황 탭-〔서식〕 탭-〔정렬〕 그룹에서 〔**회전**〕을 **클릭**한 후 〔**좌우 대칭**〕을 **클릭**합니다.

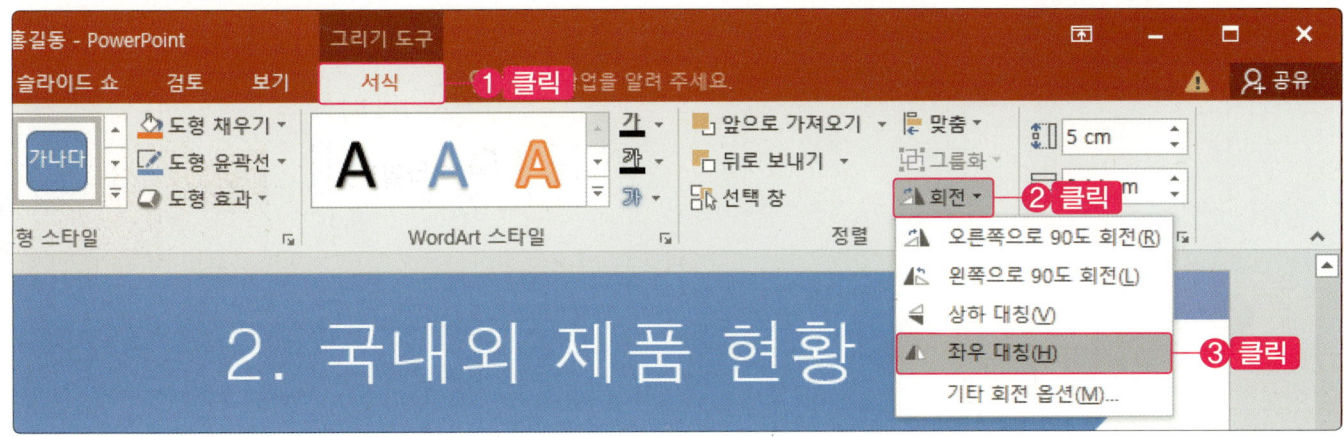

<조건>　① 도형과 표 작성 기능을 이용하여 슬라이드를 작성한다(글꼴 : 돋움, 18pt).
　　　　② 좌측 도형 : 그라데이션 효과(선형 아래쪽)

4 〔그리기 도구〕 정황 탭-〔서식〕 탭-〔도형 스타일〕 그룹에서 〔**도형 채우기**〕를 **클릭**한 후 **임의의 색을 지정**합니다.

5 〔그리기 도구〕 정황 탭-〔서식〕 탭-〔도형 스타일〕 그룹에서 〔**도형 채우기**〕를 **클릭**한 후 〔그라데이션〕-〔**선형 아래쪽**(　)〕을 **클릭**합니다.

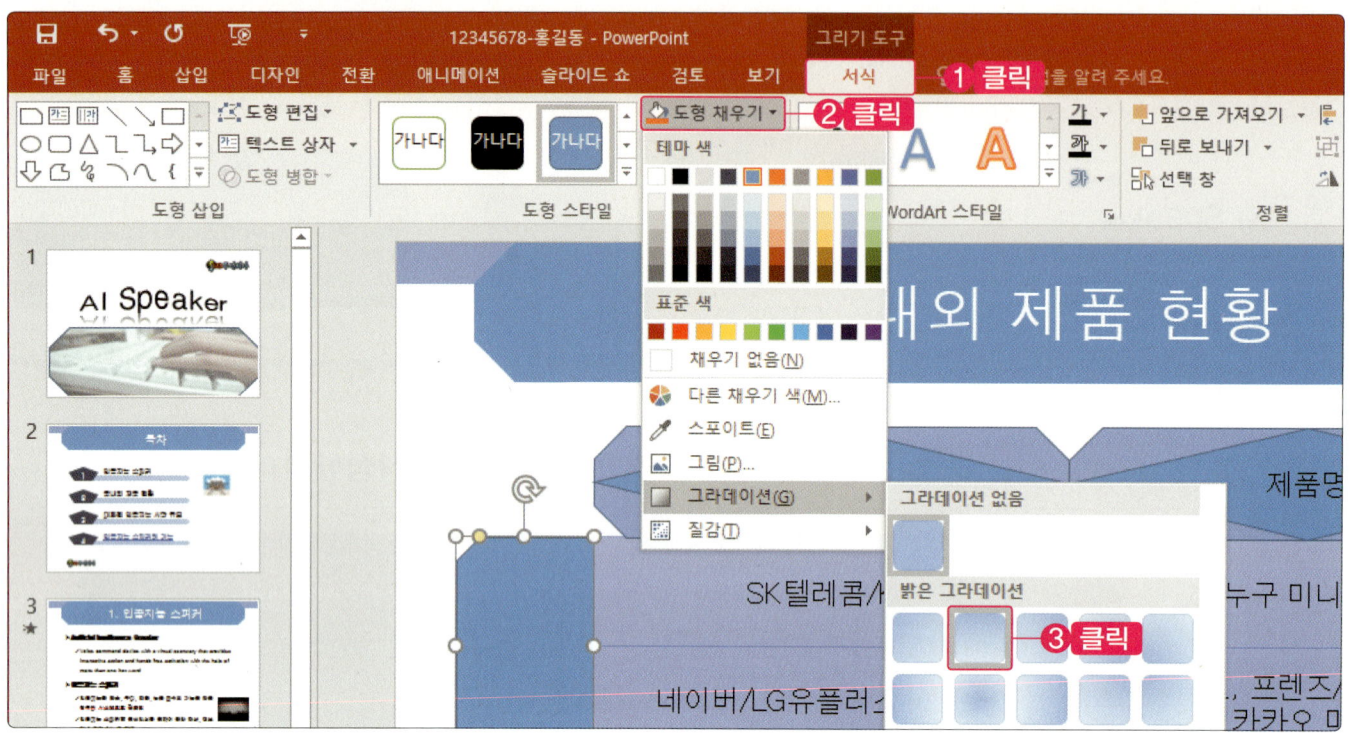

6 좌측 도형을 선택한 후 Ctrl과 Shift를 누른 상태에서 드래그하여 도형을 복사합니다.

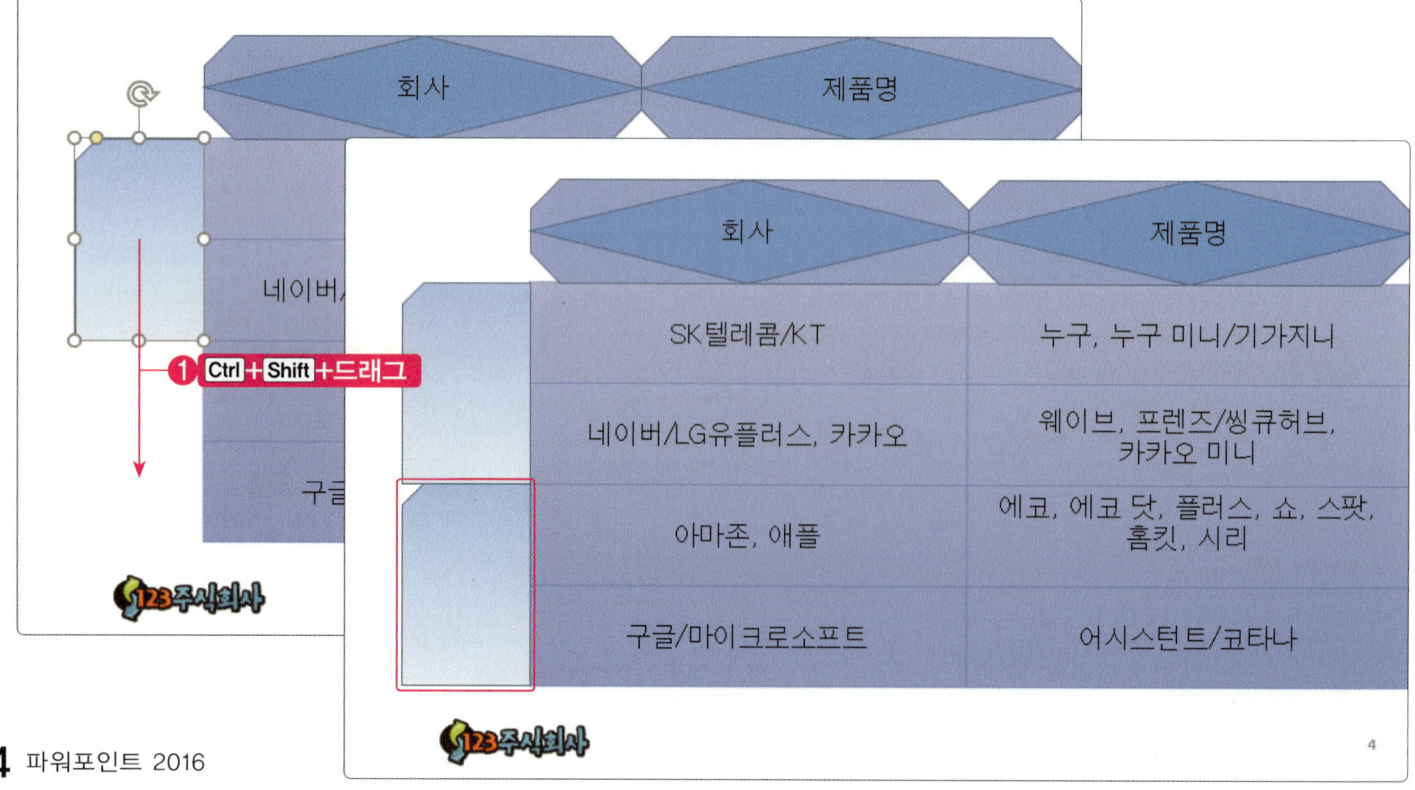

〈조건〉 (1) 도형과 표 작성 기능을 이용하여 슬라이드를 작성한다(글꼴 : 돋움, 18pt).

7 〔한쪽 모서리가 잘린 사각형(▱)〕 도형에 **내용(국내, 국외)을 입력**합니다.

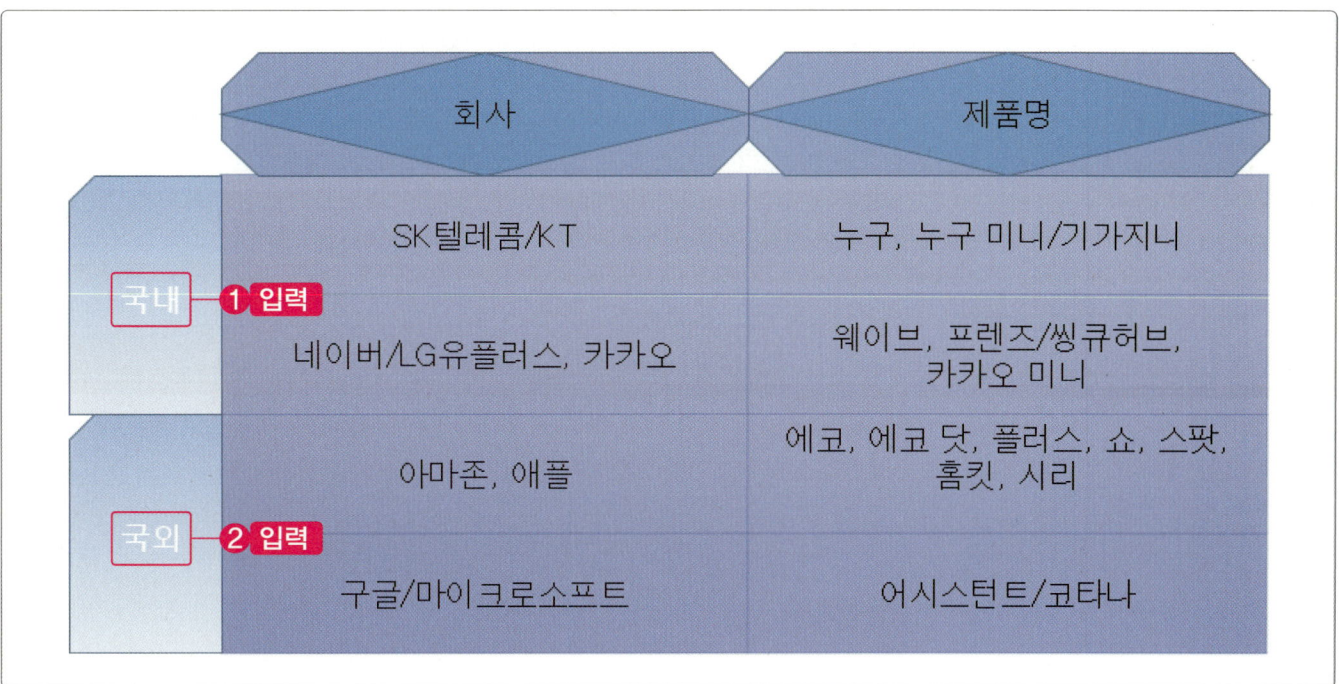

8 〔한쪽 모서리가 잘린 사각형(▱)〕 도형을 모두 **선택**한 후 〔홈〕 탭-〔글꼴〕 그룹에서 **글꼴(돋움)**과 **글꼴 크기(18), 글꼴 색(검정, 텍스트 1)을 선택**합니다.

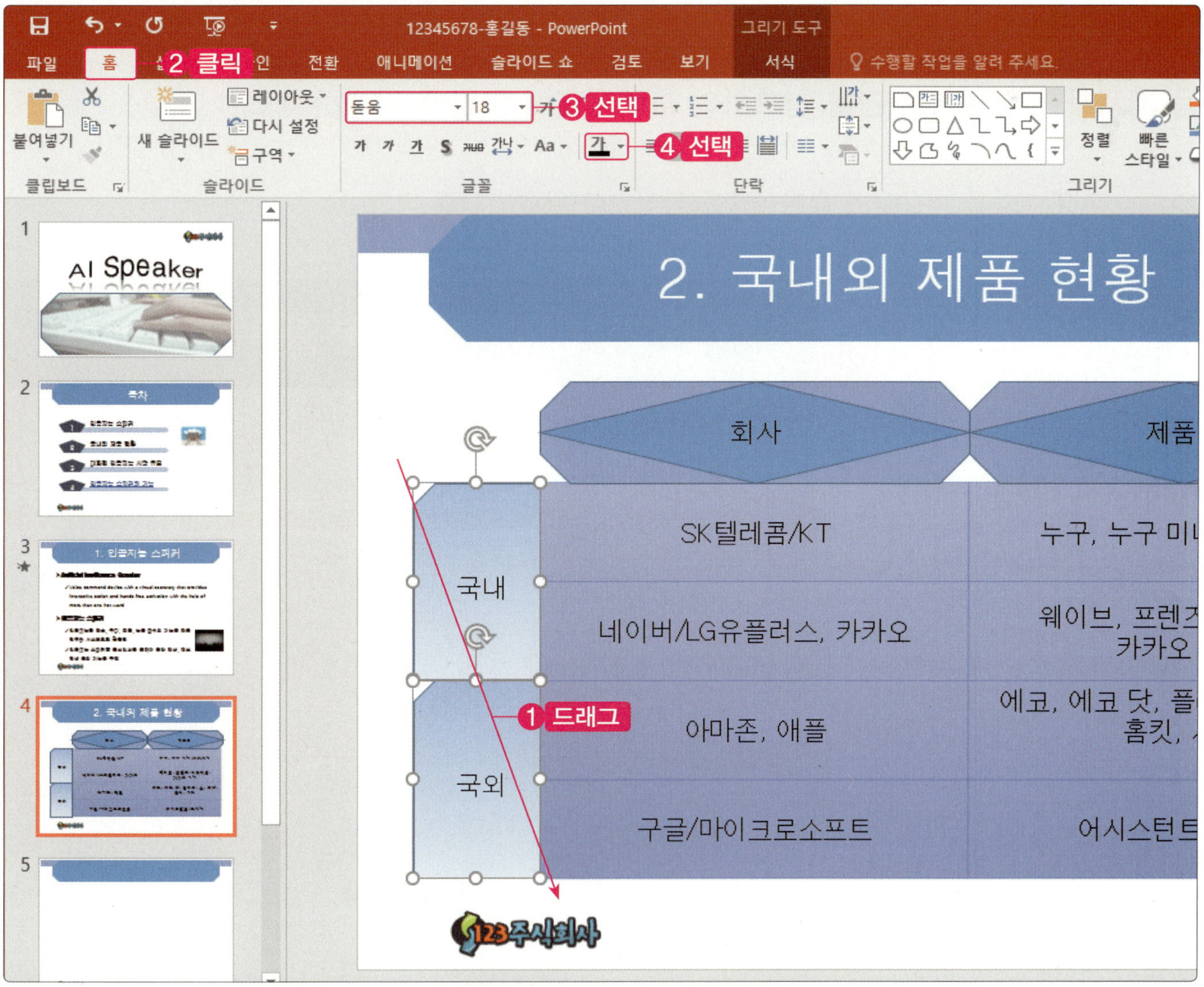

실전문제유형

1 다음 지시사항 및 세부조건을 참고하여 출력형태에 알맞게 작성하시오.
▶ 소스파일 : Part 01\Chapter 06\문제01.pptx   ▶ 완성파일 : Part 01\Chapter 06\문제01_완성.pptx

(1) 도형과 표 작성 기능을 이용하여 슬라이드를 작성한다(글꼴 : 굴림, 18pt).

세부조건
① 상단 도형 :
  2개 도형의 조합으로 작성
② 좌측 도형 :
  그라데이션 효과(선형 아래쪽)
③ 테이블 디자인【표 스타일】:
  테마 스타일 1 - 강조 2

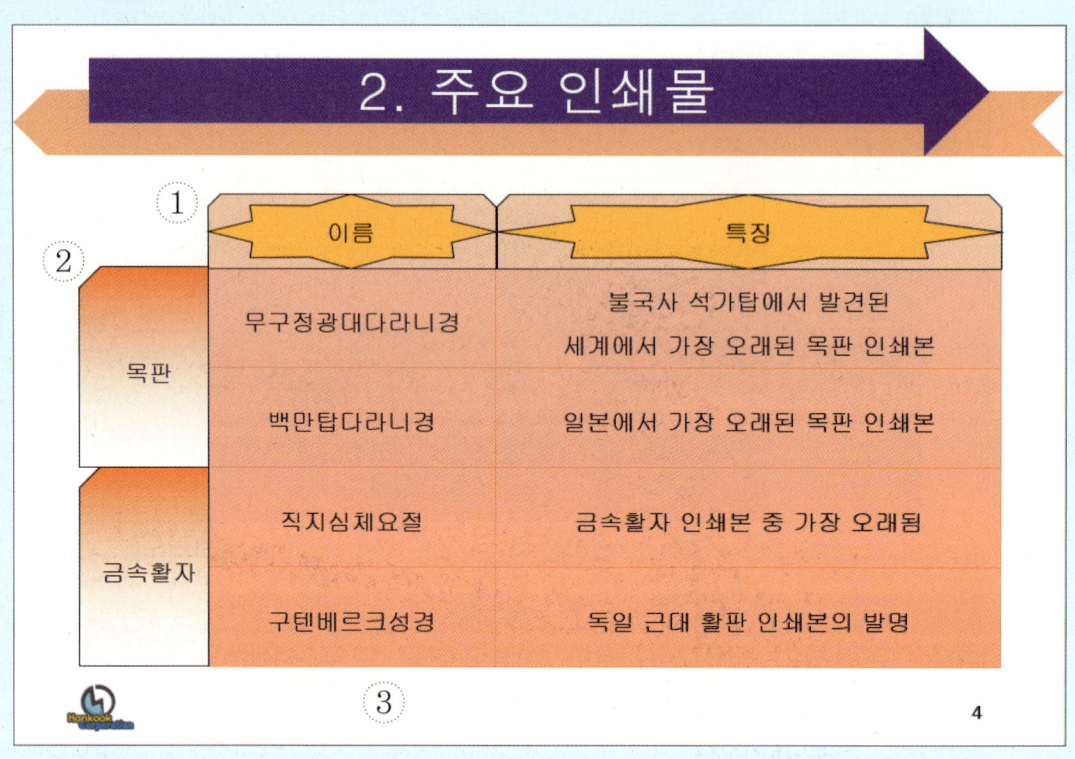

2 다음 지시사항 및 세부조건을 참고하여 출력형태에 알맞게 작성하시오.
▶ 소스파일 : Part 01\Chapter 06\문제02.pptx   ▶ 완성파일 : Part 01\Chapter 06\문제02_완성.pptx

(1) 도형과 표 작성 기능을 이용하여 슬라이드를 작성한다(글꼴 : 돋움, 18pt).

세부조건
① 상단 도형 :
  2개 도형의 조합으로 작성
② 좌측 도형 :
  그라데이션 효과(선형 아래쪽)
③ 테이블 디자인【표 스타일】:
  테마 스타일 1 - 강조 2

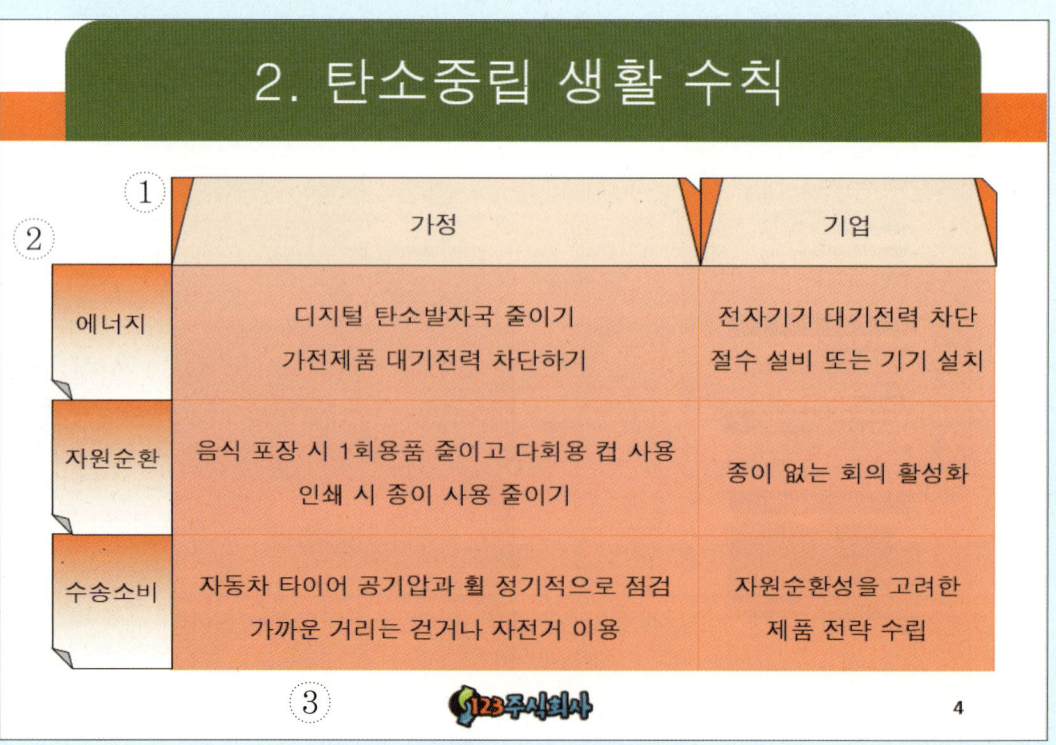

실전문제유형

Practical question type

3 다음 지시사항 및 세부조건을 참고하여 출력형태에 알맞게 작성하시오.

▶ 소스파일 : Part 01\Chapter 06\문제03.pptx   ▶ 완성파일 : Part 01\Chapter 06\문제03_완성.pptx

(1) 도형과 표 작성 기능을 이용하여 슬라이드를 작성한다(글꼴 : 돋움, 18pt).

세부조건

① 상단 도형 :
   2개 도형의 조합으로 작성

② 좌측 도형 :
   그라데이션 효과(선형 아래쪽)

③ 테이블 디자인【표 스타일】:
   테마 스타일 1 - 강조 2

2. 전문가 시스템 개발도구

개발도구	특징	개발자
범용 시스템 — ROSIE	규칙중심, 전진추론, 절차지향 언어, 영어식 구문	랜드회사
범용 시스템 — OPS5	규칙중심, 전진추론, 융통성 있는 제어방식 및 표현방식 채택	카네기멜론 대학
특수목적 시스템 — EMYCIN	규칙중심, 후진추론, 확신도 이용 설명기능, 지식습득	스탠포드 대학

4 다음 지시사항 및 세부조건을 참고하여 출력형태에 알맞게 작성하시오.

▶ 소스파일 : Part 01\Chapter 06\문제04.pptx   ▶ 완성파일 : Part 01\Chapter 06\문제04_완성.pptx

(1) 도형과 표 작성 기능을 이용하여 슬라이드를 작성한다(글꼴 : 돋움, 18pt).

세부조건

① 상단 도형 :
   2개 도형의 조합으로 작성

② 좌측 도형 :
   그라데이션 효과(선형 아래쪽)

③ 테이블 디자인【표 스타일】:
   테마 스타일 1 - 강조 2

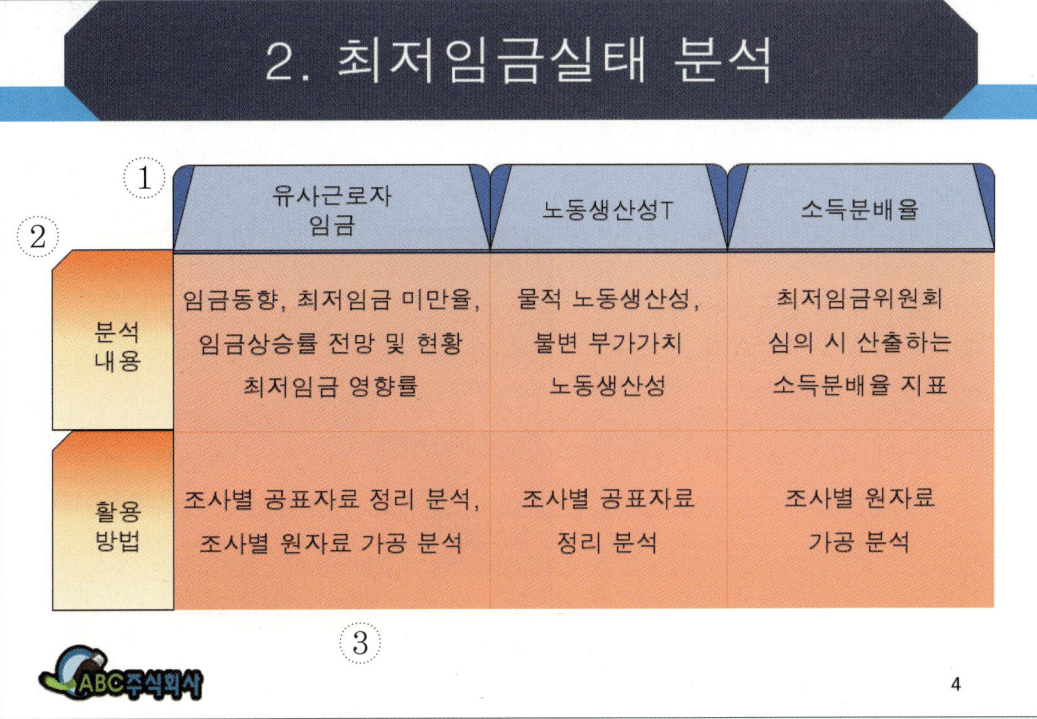

2. 최저임금실태 분석

	유사근로자 임금	노동생산성T	소득분배율
분석 내용	임금동향, 최저임금 미만율, 임금상승률 전망 및 현황 최저임금 영향률	물적 노동생산성, 불변 부가가치 노동생산성	최저임금위원회 심의 시 산출하는 소득분배율 지표
활용 방법	조사별 공표자료 정리 분석, 조사별 원자료 가공 분석	조사별 공표자료 정리 분석	조사별 원자료 가공 분석

Practical question type
실전문제유형

5 다음 지시사항 및 세부조건을 참고하여 출력형태에 알맞게 작성하시오.

▶ 소스파일 : Part 01\Chapter 06\문제05.pptx   ▶ 완성파일 : Part 01\Chapter 06\문제05_완성.pptx

(1) 도형과 표 작성 기능을 이용하여 슬라이드를 작성한다(글꼴 : 돋움, 18pt).

세부조건
① 상단 도형 :
  2개 도형의 조합으로 작성
② 좌측 도형 :
  그라데이션 효과(선형 아래쪽)
③ 테이블 디자인【표 스타일】:
  테마 스타일 1 - 강조 2

2. 온실가스 배출원 분류

	정의	대상
직접 배출	기업이 소유하고 통제하는 발생원에서 발생한 온실가스	보일러, 화로, 터빈, 운송수단, 소각로, 온실가스 발생 화학공정
간접 배출	기업이 구입하여 소비한 전기와 스팀 생산에서 발생한 온실가스	수입하거나 다른 경로를 통해 기업 경계로 들어온 전기와 스팀
기타	기업의 소유나 통제 외 시설에서 발생한 온실가스	프랜차이즈, 아웃소싱 활동, 폐기물 처분

---

6 다음 지시사항 및 세부조건을 참고하여 출력형태에 알맞게 작성하시오.

▶ 소스파일 : Part 01\Chapter 06\문제06.pptx   ▶ 완성파일 : Part 01\Chapter 06\문제06_완성.pptx

(1) 도형과 표 작성 기능을 이용하여 슬라이드를 작성한다(글꼴 : 돋움, 18pt).

세부조건
① 상단 도형 :
  2개 도형의 조합으로 작성
② 좌측 도형 :
  그라데이션 효과(선형 아래쪽)
③ 테이블 디자인【표 스타일】:
  테마 스타일 1 - 강조 6

2. 직장인과 일반인 여가 비교

	특징	차이점
직장인	경제적, 시간적, 시설적 상황에 의존하는 여가	주 5일제 근무로 여가시간 증가, 주말을 이용한 문화 예술 및 스포츠 참여
	여가를 활용하는 패턴에서는 유사성 발견	적극적 여가생활의 요인 내재
일반인		절대적인 여가시간의 활용
	다양한 공간에서 즐길 수 있는 여가의 발견	전문성 보다는 자신의 흥미에 중점을 두고 자유 시간에 즐기는 다양한 활동

Practical question type
실전문제유형

7 다음 지시사항 및 세부조건을 참고하여 출력형태에 알맞게 작성하시오.

▶ 소스파일 : Part 01\Chapter 06\문제07.pptx   ▶ 완성파일 : Part 01\Chapter 06\문제07_완성.pptx

(1) 도형과 표 작성 기능을 이용하여 슬라이드를 작성한다(글꼴 : 돋움, 18pt).

세부조건
① 상단 도형 :
   2개 도형의 조합으로 작성

② 좌측 도형 :
   그라데이션 효과(선형 아래쪽)

③ 테이블 디자인【표 스타일】:
   테마 스타일 1 - 강조 5

2. 항암화학요법

	종류	내용
세포독성 요법	선행 항암화학요법	암세포의 크기를 줄인 후 시행하여 미용적, 기능적 측면을 최대한 살릴 수 있는 방법
	근치적 항암화학요법	항암화학요법만으로 완치 가능한 암에 시행
표적 요법	보조적 항암화학요법	근치적 수술 후 재발 방지를 위해 시행
	고식적 항암화학요법	진행속도를 늦춰 환자 삶의 질을 향상시키고 생명연장을 목표로 시행하는 치료

123주식회사

---

8 다음 지시사항 및 세부조건을 참고하여 출력형태에 알맞게 작성하시오.

▶ 소스파일 : Part 01\Chapter 06\문제08.pptx   ▶ 완성파일 : Part 01\Chapter 06\문제08_완성.pptx

(1) 도형과 표 작성 기능을 이용하여 슬라이드를 작성한다(글꼴 : 돋움, 18pt).

세부조건
① 상단 도형 :
   2개 도형의 조합으로 작성

② 좌측 도형 :
   그라데이션 효과(선형 아래쪽)

③ 테이블 디자인【표 스타일】:
   테마 스타일 1 - 강조 6

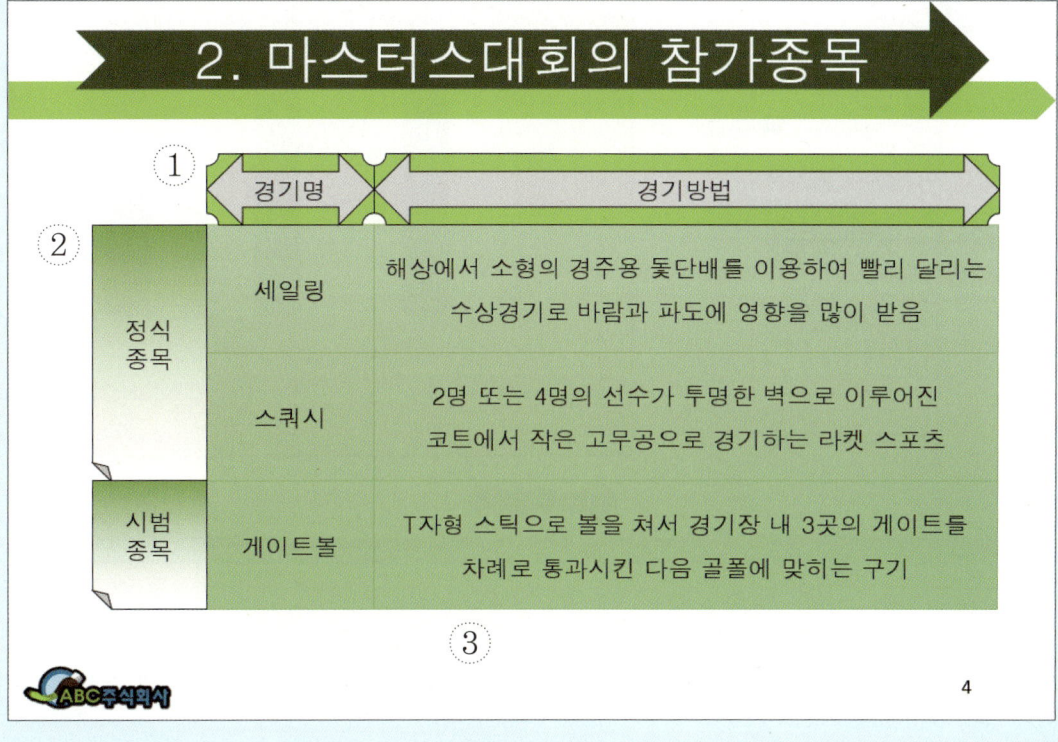

Chapter 07 차트 슬라이드

◆ 차트 작성하기
◆ 차트 레이아웃 지정하기
◆ 차트 글꼴 및 색상 지정하기
◆ 차트 축 서식 지정하기
◆ 도형 작성하기

▶ 소스파일 : Part 01\Chapter 07\Ch07.pptx   ▶ 완성파일 : Part 01\Chapter 07\Ch07_완성.pptx

[슬라이드 5] ≪차트 슬라이드≫ (100점)

(1) 차트 작성 기능을 이용하여 슬라이드를 작성한다.
(2) 차트 : 종류(묶은 세로 막대형), 글꼴(돋움, 16pt), 외곽선

※ 차트 설명
- 차트제목 : 궁서, 24pt, 굵게, 채우기(흰색), 테두리, 그림자(오프셋 왼쪽)
- 차트영역 : 채우기(노랑) 그림영역 : 채우기(흰색)
- 데이터 서식 : 2024년 계열을 표식이 있는 꺾은선형으로 변경 후 보조축으로 지정
- 값 표시 : 아시아의 2024년 계열만

① 도형 삽입
- 스타일 : 미세효과 – 파랑, 강조 1
- 글꼴 : 굴림, 18pt

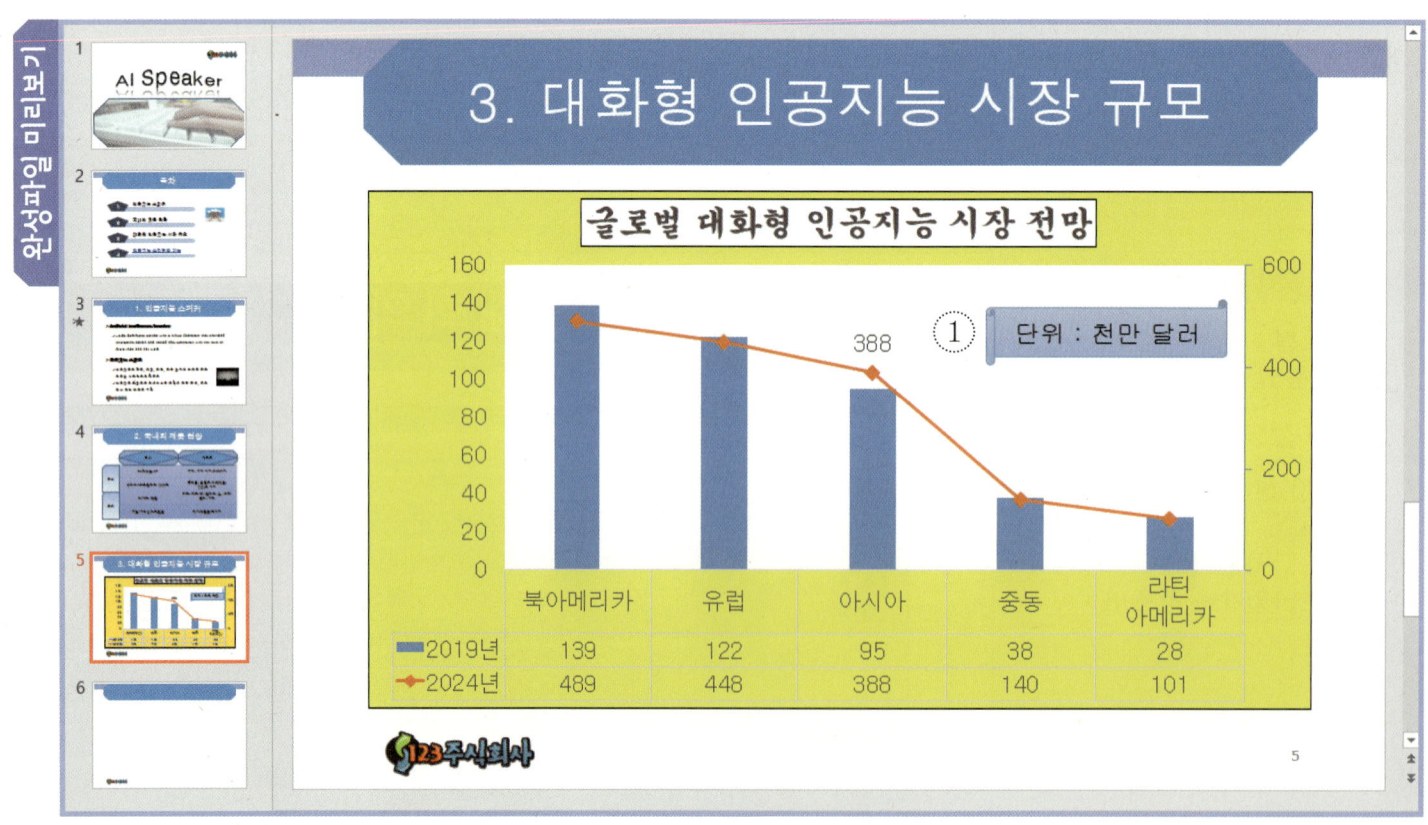

체크! 체크!

〔슬라이드 5〕《《차트 슬라이드》》

■ 차트 작성하기
  • 차트 종류를 선택한 후 데이터를 입력합니다.

■ 차트 레이아웃 지정하기
  • 차트 제목을 입력합니다.
  • 차트 요소 추가를 이용하여 차트 레이아웃을 지정합니다.

■ 차트 글꼴 및 색상 지정하기
  • 차트 글꼴 및 차트 서식을 지정합니다.
  • 차트 제목에 글꼴 서식 및 채우기 색, 도형 윤곽선, 도형 효과를 지정합니다.
  • 차트영역과 그림영역에 채우기 색을 지정한 후 도형 윤곽선을 지정합니다.

■ 차트 축 서식 지정하기
  • 축 서식을 이용하여 최대, 최소를 지정한 후 주 단위와 보조 단위를 지정합니다.
  • 눈금의 위치를 지정합니다.

■ 도형 작성하기
  • 도형은 〈출력형태〉를 참고하여 작성하며, 도형 스타일을 지정합니다.
  • 도형에 텍스트를 입력한 후 글꼴 서식을 지정합니다.

STEP 01 차트 작성하기

〈조건〉
(1) 차트 작성 기능을 이용하여 슬라이드를 작성한다.
(2) 차트 : 종류(묶은 세로 막대형)
  ■ 데이터 서식 : 2024년 계열을 표식이 있는 꺾은선형으로 변경 후 보조축으로 지정

1 **5번 슬라이드를 선택**한 후 **제목(3. 대화형 인공지능 시장 규모)을 입력**합니다. 그런다음 텍스트 상자의 〔**차트 삽입(▮▮)**〕 아이콘을 클릭합니다.

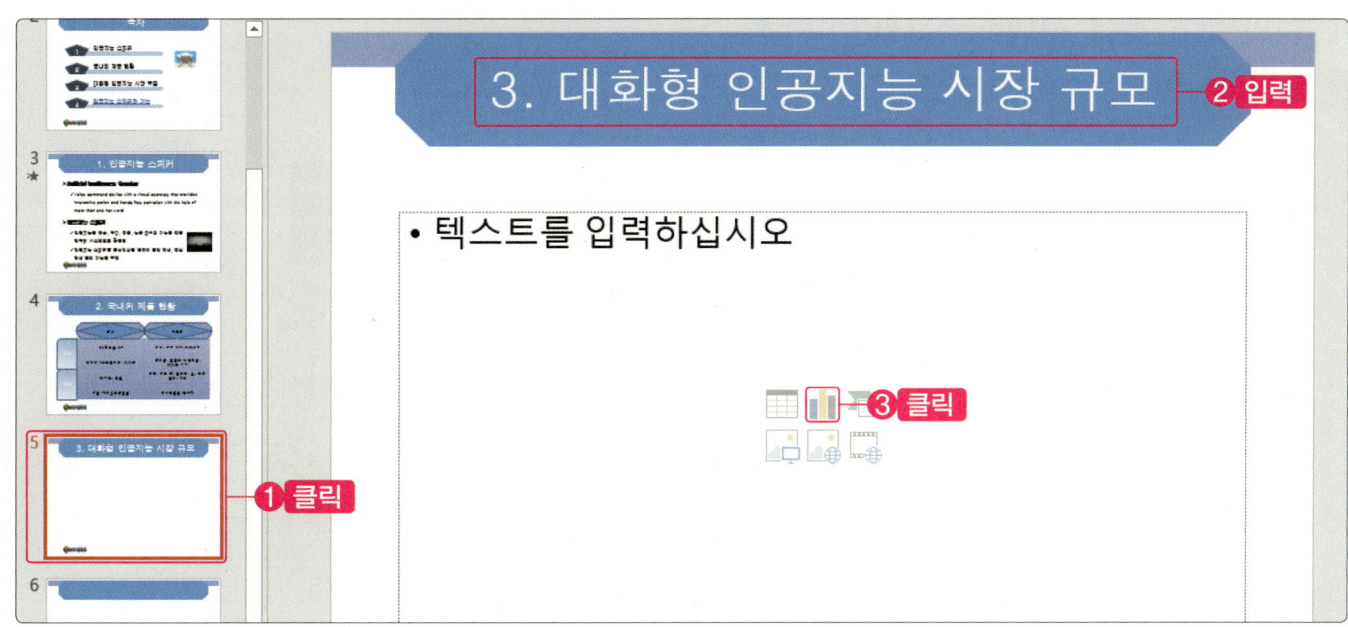

〈조건〉 (2) 차트 : 종류(묶은 세로 막대형)
■ 데이터 서식 : 2024년 계열을 표식이 있는 꺾은선형으로 변경 후 보조축으로 지정

2 [차트 삽입] 대화상자가 나타나면 [모든 차트]-[콤보]를 클릭한 후 [사용자 지정 조합]을 클릭합니다. 그런다음 계열2의 [목록] 단추를 클릭한 후 [표식이 있는 꺾은선형]을 클릭합니다.

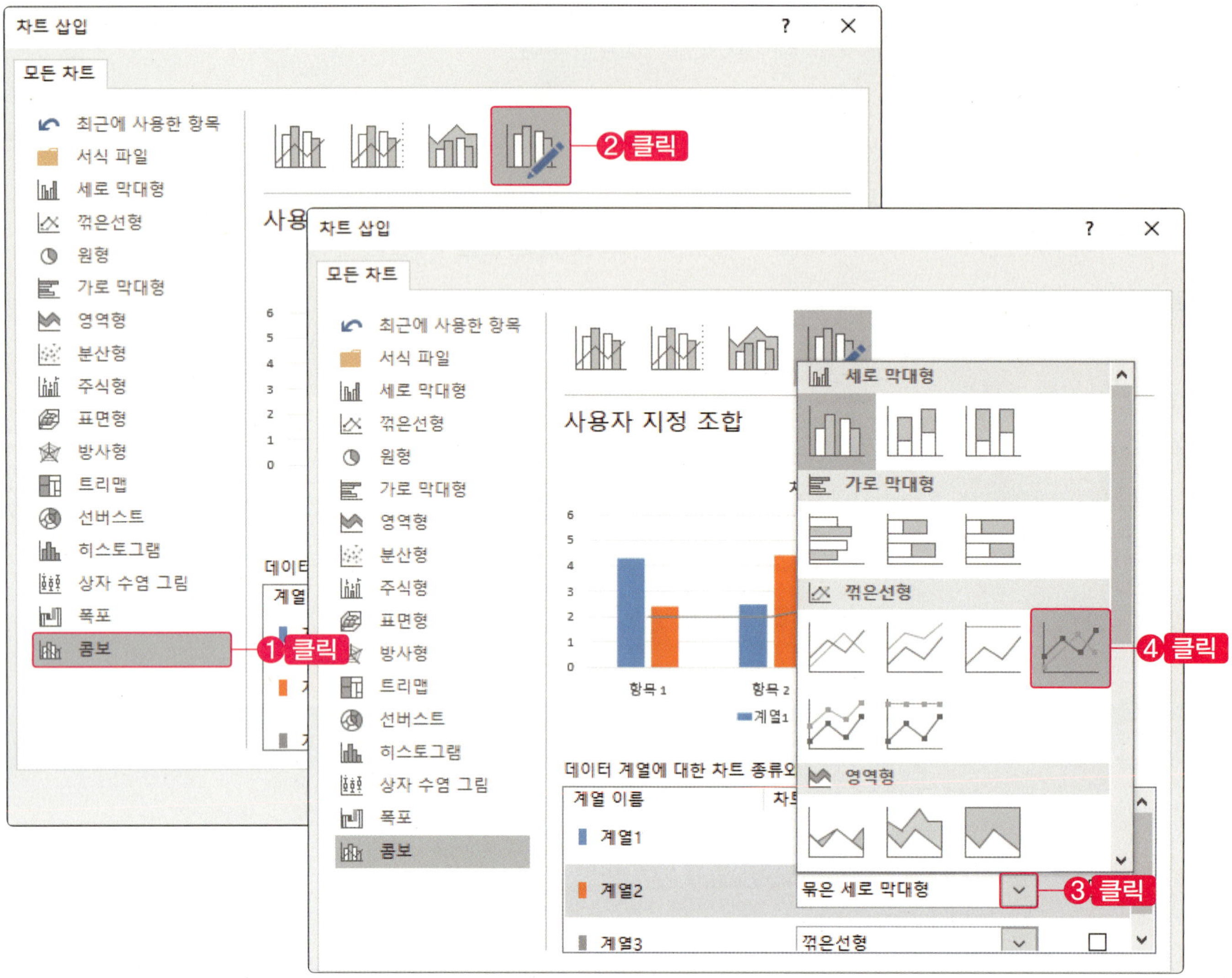

3 계열2의 보조 축을 선택한 후 [확인] 단추를 클릭합니다.

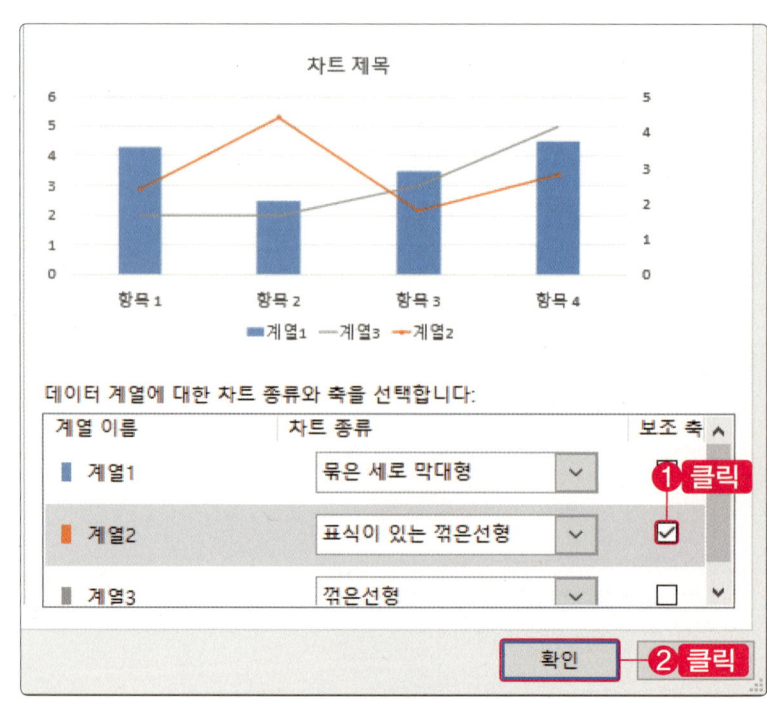

4 [Microsoft PowerPoint의 차트] 프로그램이 실행되면 **4~5행을 드래그하여 선택**합니다.

5 4~5행이 선택되면 **바로가기 메뉴의 [삭제]를 클릭**합니다.

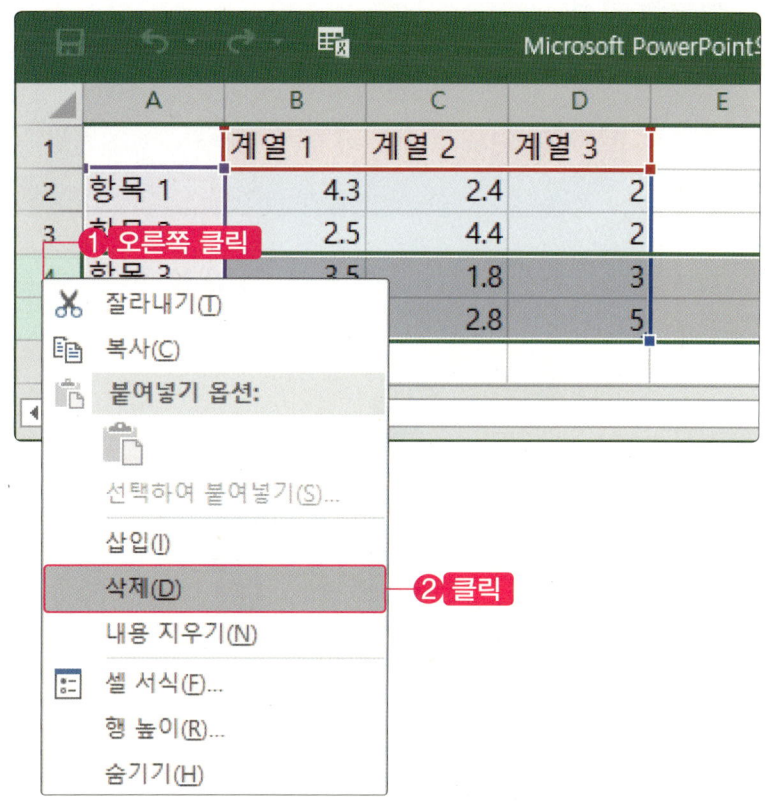

6 다음과 같이 **데이터를 입력**합니다.

	북아메리카	유럽	아시아	중동	라틴 아메리카
2019년	139	122	95	38	28
2024년	489	448	388	140	101

> F1셀에서 '라틴'을 입력한 후 [Alt]+[Enter]를 눌러 강제 개행한 다음 '아메리카'를 입력합니다.

차트의 종류
- **세로 막대형** : 시간 경과에 따른 데이터 변화를 표시하거나 항목을 비교하는 경우에 사용합니다.
- **꺾은선형** : 분기나 월과 같이 일정한 기간 동안의 데이터 추세를 표시하는 경우에 사용합니다.
- **원형** : 전체 항목에 대한 각 항목의 비율을 표시하는 경우에 사용합니다.
- **가로 막대형** : 시간 경과에 따른 데이터 변화보다 항목을 비교하는 경우에 주로 사용합니다. 항목 이름이 길거나 값이 기간인 경우에도 사용합니다.
- **영역형** : 시간 경과에 따른 데이터 변화량을 강조하는 경우에 사용합니다.
- **분산형** : 여러 데이터 계열 사이의 관계를 표시하는 경우에 사용합니다.
- **도넛형** : 원형 차트와 마찬가지로 전체 항목에 대한 각 항목의 비율을 표시하는 경우에 사용합니다.

차트의 구성
차트는 차트 영역, 그림 영역, 차트 제목, 범례 등으로 구성되어 있습니다.

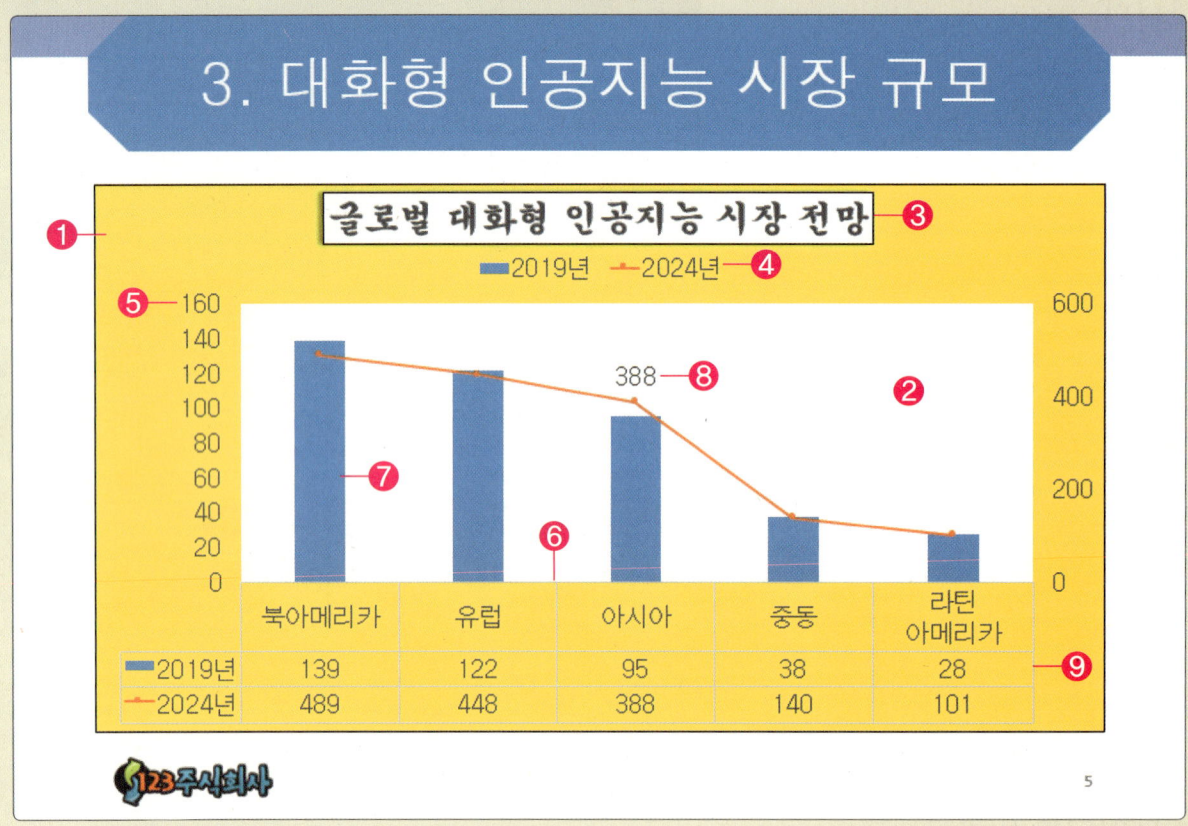

- ❶ **차트 영역** : 모든 차트 요소를 포함한 차트 전체 입니다. 차트 요소는 차트 영역, 그림 영역, 차트 제목, 범례 등을 말합니다.
- ❷ **그림 영역** : 2차원 차트에서는 데이터 계열을 포함한 축으로 둘러싸인 영역이며 3차원 차트에서는 세로 축, 세로 축 제목, 가로 축, 가로 축 제목을 포함합니다.
- ❸ **차트 제목** : 차트의 제목입니다.
- ❹ **범례** : 데이터 계열을 구분하는 색과 이름을 표시하는 곳입니다.
- ❺ **세로 축** : 데이터 계열의 값을 표시하는 축입니다. '기본 세로 축'이라고도 합니다.
- ❻ **가로 축** : 데이터 계열의 이름을 표시하는 축입니다.
- ❼ **데이터 계열** : 관련 데이터 요소의 집합으로 수치 데이터를 나타내는 가로 막대, 세로 막대, 꺾은선 등을 말합니다. '계열'이라고도 합니다.
- ❽ **데이터 레이블** : 데이터 요소의 데이터 계열 이름, 항목 이름, 값을 표시합니다.
- ❾ **데이터 표** : 차트 데이터를 표시합니다.

STEP 02 차트 레이아웃 지정하기

<조건>
- 값 표시 : 아시아의 2024년 계열만

1 **파워포인트 프로그램을 선택**한 후 〔차트 도구〕 정황 탭-〔디자인〕 탭-〔데이터〕 그룹에서 〔**행/열 전환**(📊)〕을 **클릭**합니다.

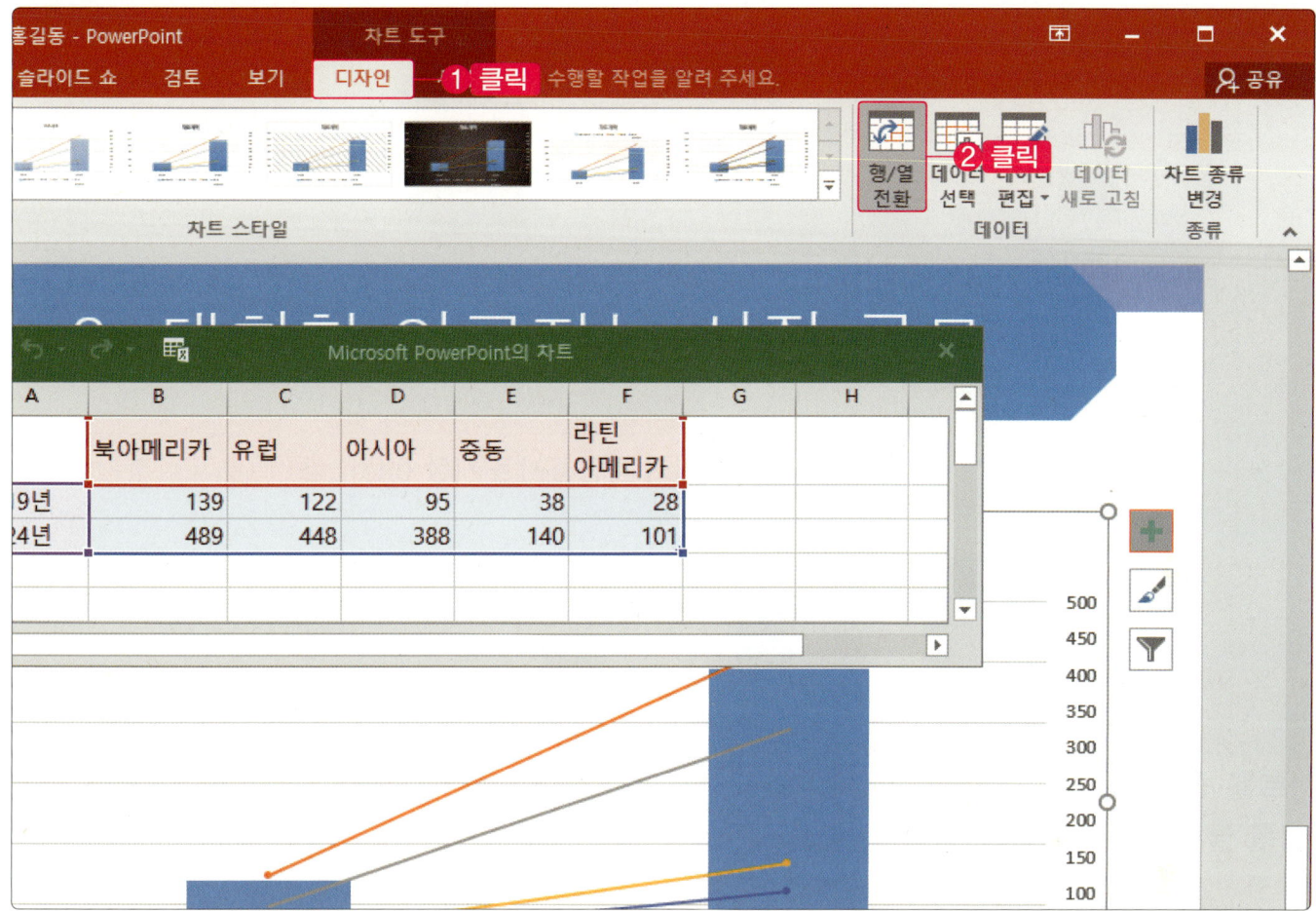

- Microsoft PowerPoint의 차트 프로그램을 종료하면 〔행/열 전환〕이 비활성화되어 사용할 수 없습니다.
- Microsoft PowerPoint의 차트 프로그램을 종료한 경우 〔차트 도구〕 정황 탭-〔디자인〕 탭-〔데이터〕 그룹에서 〔데이터 편집〕을 클릭하여 Microsoft PowerPoint의 차트 프로그램을 실행합니다.

2 차트의 행/열이 전환되면 **〔닫기〕를 눌러** Microsoft PowerPoint의 차트 프로그램을 닫습니다.

3 차트 제목을 드래그하여 블록으로 설정한 후 **차트 제목(글로벌 대화형 인공지능 시장 전망)**을 입력합니다.

4 **차트를 선택**한 후 [차트 도구] 정황 탭-[디자인] 탭-[차트 레이아웃] 그룹에서 [**차트 요소 추가**]를 클릭한 다음 [범례]-[**없음**]을 클릭합니다.

5 〔차트 도구〕 정황 탭-〔디자인〕 탭-〔차트 레이아웃〕 그룹에서 〔**차트 요소 추가**〕를 **클릭**한 후 〔데이터 표〕-〔**범례 표지 포함**〕을 클릭합니다.

6 〔차트 도구〕 정황 탭-〔디자인〕 탭-〔차트 레이아웃〕 그룹에서 〔**차트 요소 추가**〕를 **클릭**한 후 〔눈금선〕-〔**기본 주 가로**〕를 클릭하여 선택 해제합니다.

지정된 속성을 한번 더 선택하면 속성이 해제됩니다.

7 표식이 있는 꺾은선형 차트를 선택한 후 바로가기 메뉴의 [데이터 계열 서식]을 클릭합니다.

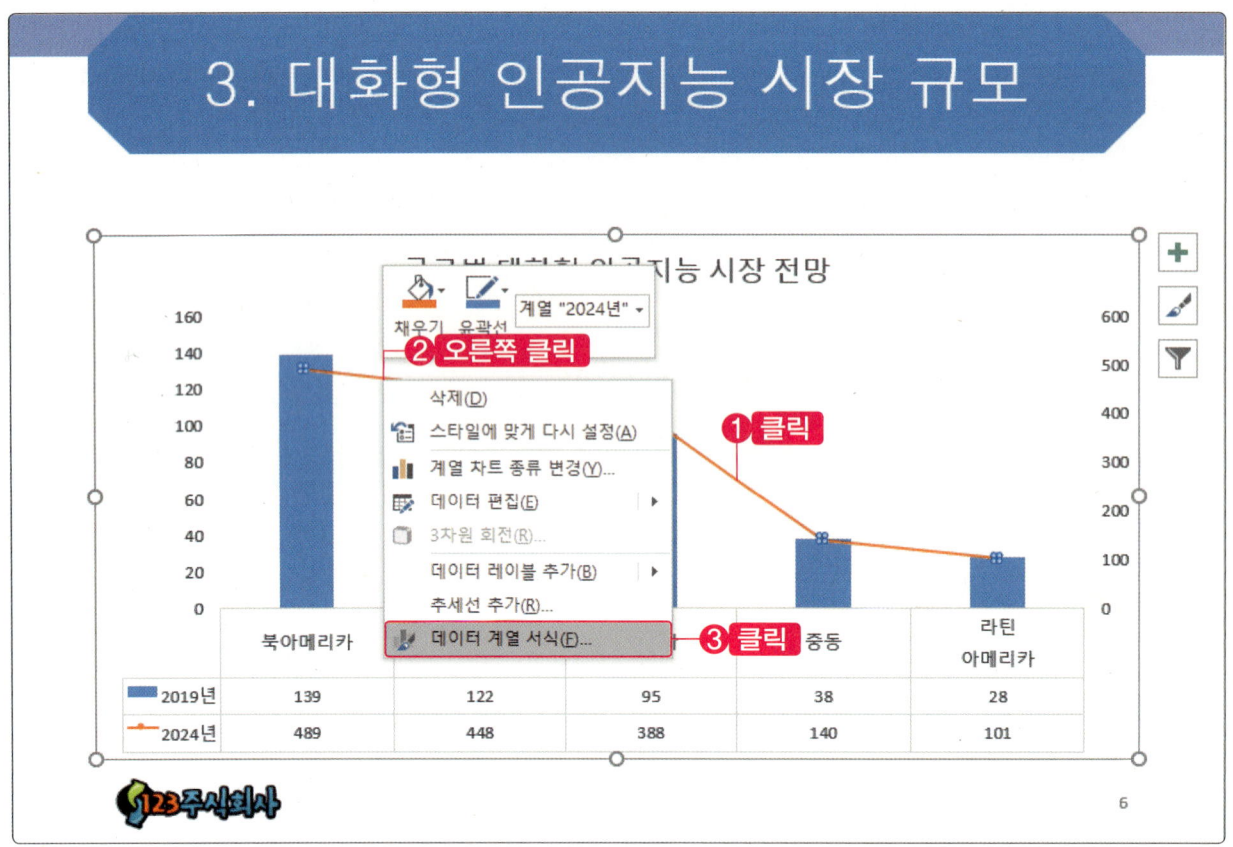

8 [데이터 계열 서식] 작업 창이 나타나면 [채우기 및 선(🎨)]을 클릭한 후 [표식]을 클릭한 다음 [표식 옵션]을 클릭하고 [기본 제공]을 클릭한 후 [형식(◆)]을 선택한 다음 크기(12)을 지정합니다. 그런다음 [닫기(✖)]를 클릭합니다.

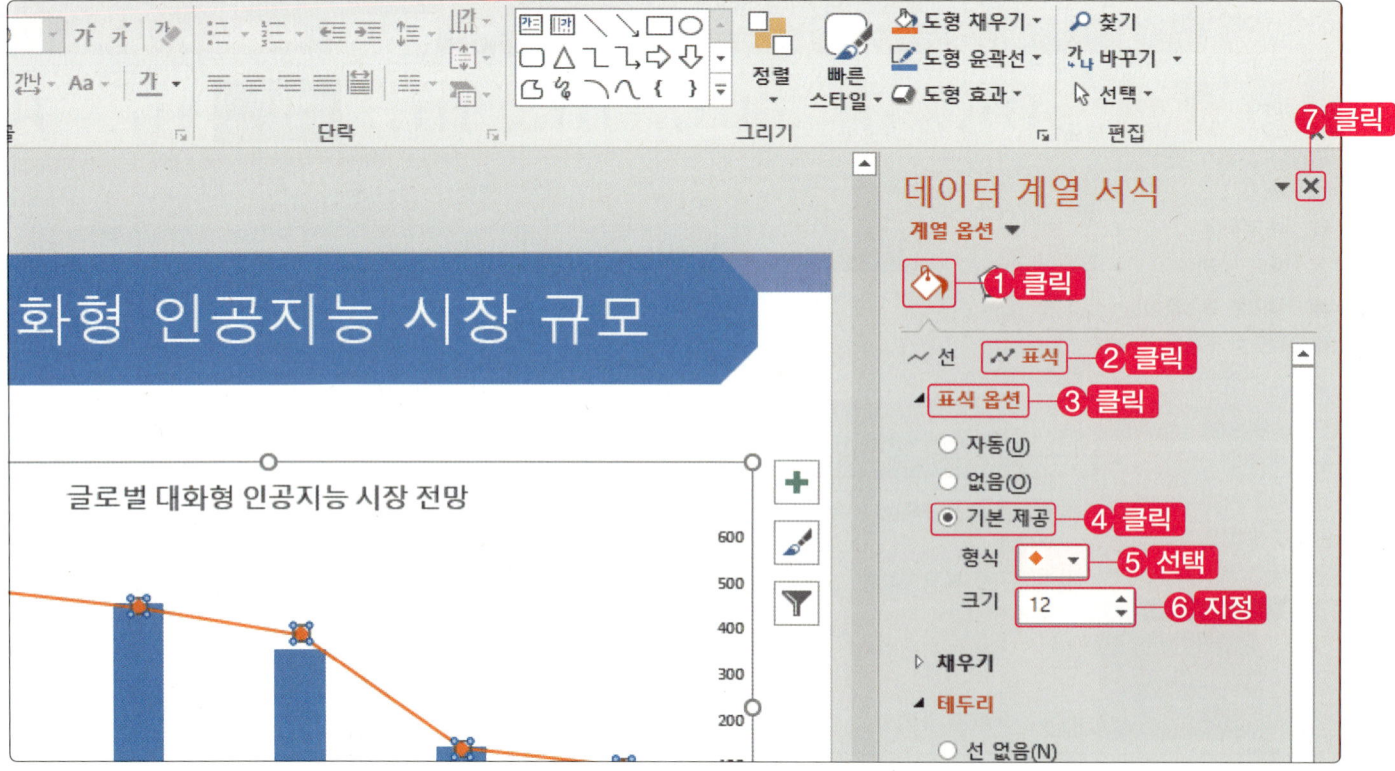

> 표식의 크기는 임의의 크기를 지정합니다.

| 〈조건〉 | ■ 값 표시 : 아시아의 2024년 계열만 |

9 데이터 레이블을 지정하기 위해 '2024년' 계열을 클릭한 후 다시 '아시아의 2024년' 계열을 클릭합니다.

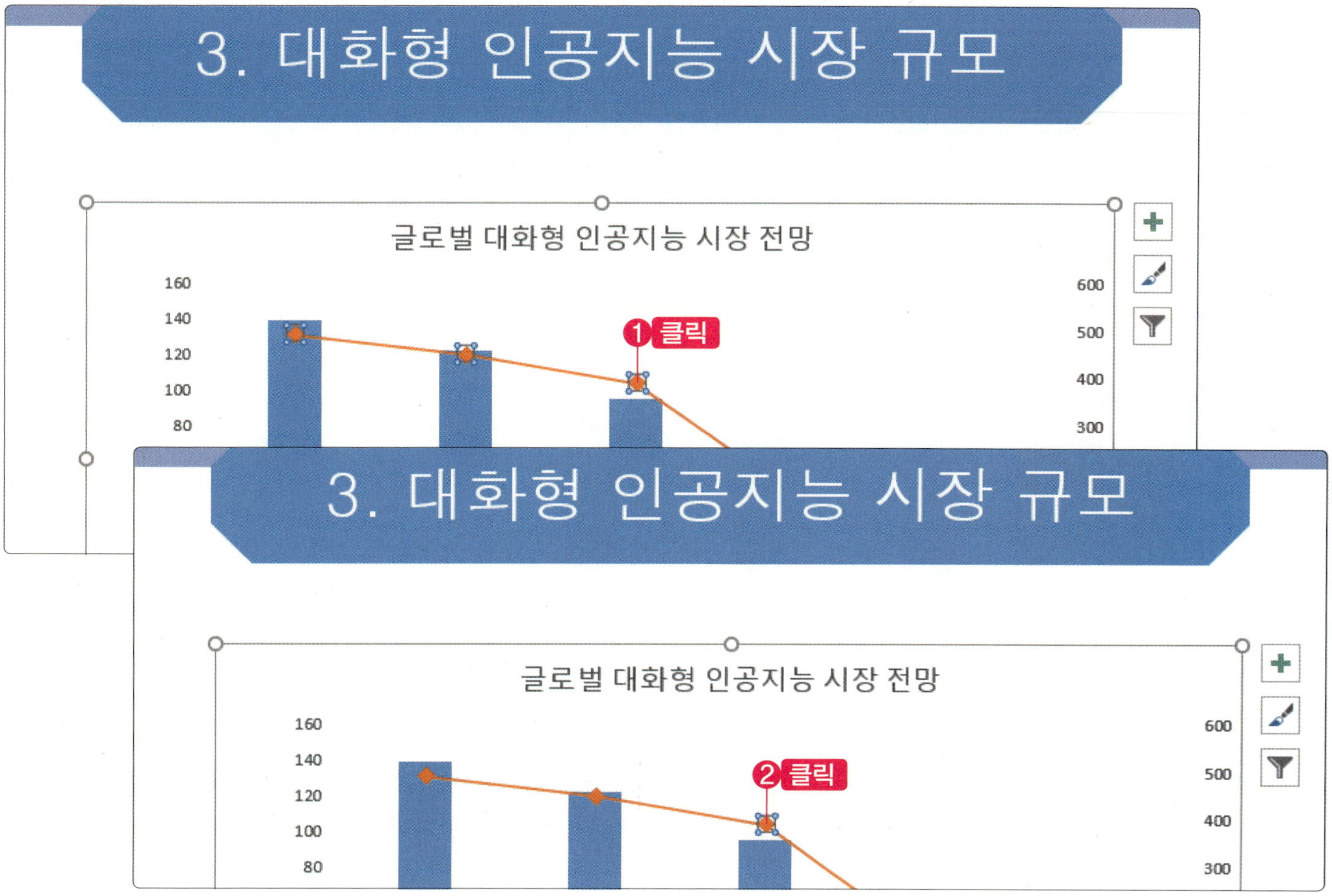

10 [차트 도구] 정황 탭-[디자인] 탭-[차트 레이아웃] 그룹에서 **[차트 요소 추가]**를 클릭한 후 [데이터 레이블]-**[위쪽]**을 클릭합니다.

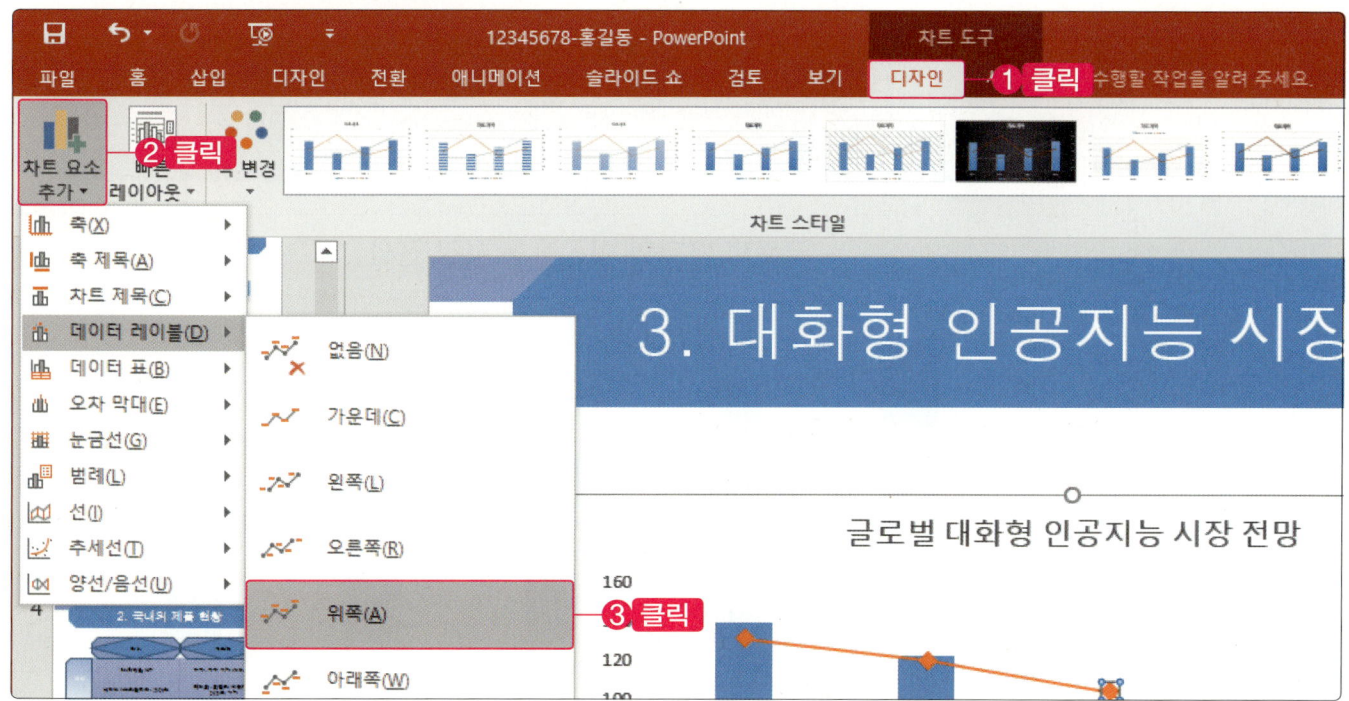

데이터 레이블

- 시험 유형에 따라 차트에 데이터 레이블 값이 표시되는 위치(가운데, 왼쪽, 오른쪽, 위쪽 등)가 다양하게 출제되기 때문에 〈출력형태〉를 참고하여 작성합니다.
- 데이터 레이블이 특정 계열이 아닌 전체 계열에 값을 표시하는 문제도 출제됩니다. 이 경우에는 해당 계열을 한 번만 클릭한 후 전체 계열이 선택되었을 때 데이터 레이블을 작성합니다.

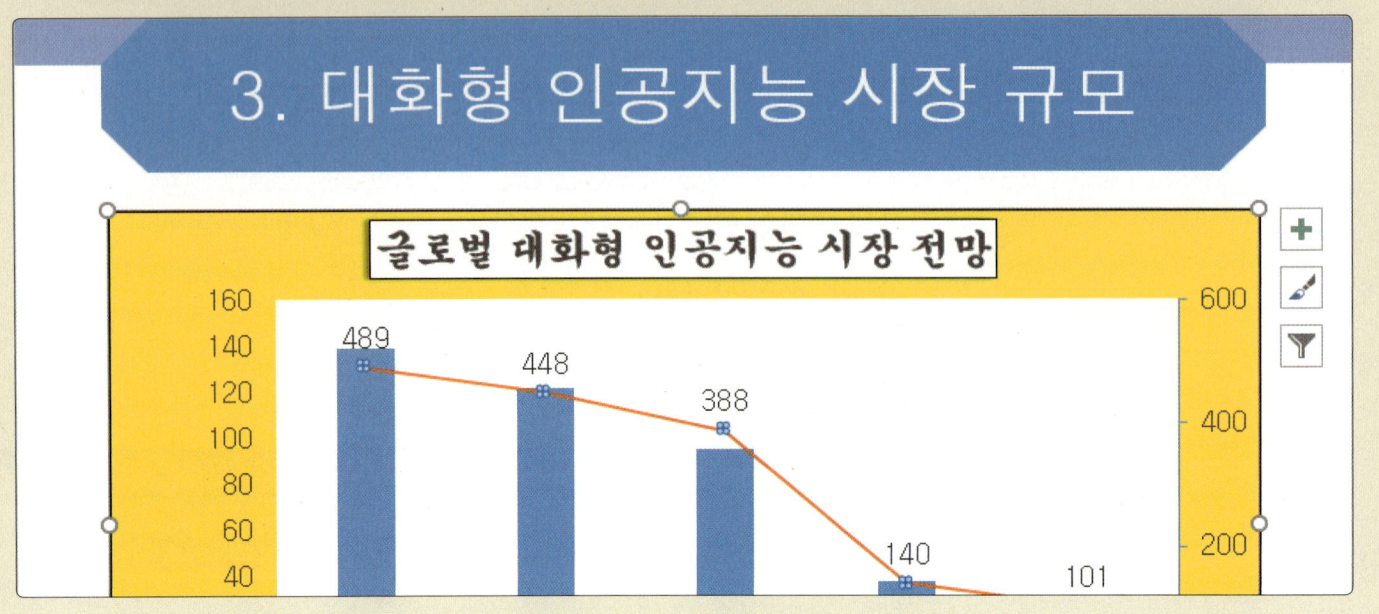

11 다음과 같이 차트의 **크기 조절점을 드래그하여 크기를 조절**합니다.

STEP 03 차트 글꼴 및 색상 지정하기

〈조건〉 (2) 차트 : 종류(묶은 세로 막대형), 글꼴(돋움, 16pt), 외곽선
- 차트 제목 : 궁서, 24pt, 굵게, 채우기(흰색), 테두리, 그림자(오프셋 왼쪽)
- 차트 영역 : 채우기(노랑), 그림 영역 : 채우기(흰색)

1 차트를 **선택**한 후 〔홈〕 탭-〔글꼴〕 그룹에서 **글꼴(돋움)과 글꼴 크기(16)를 선택**합니다.

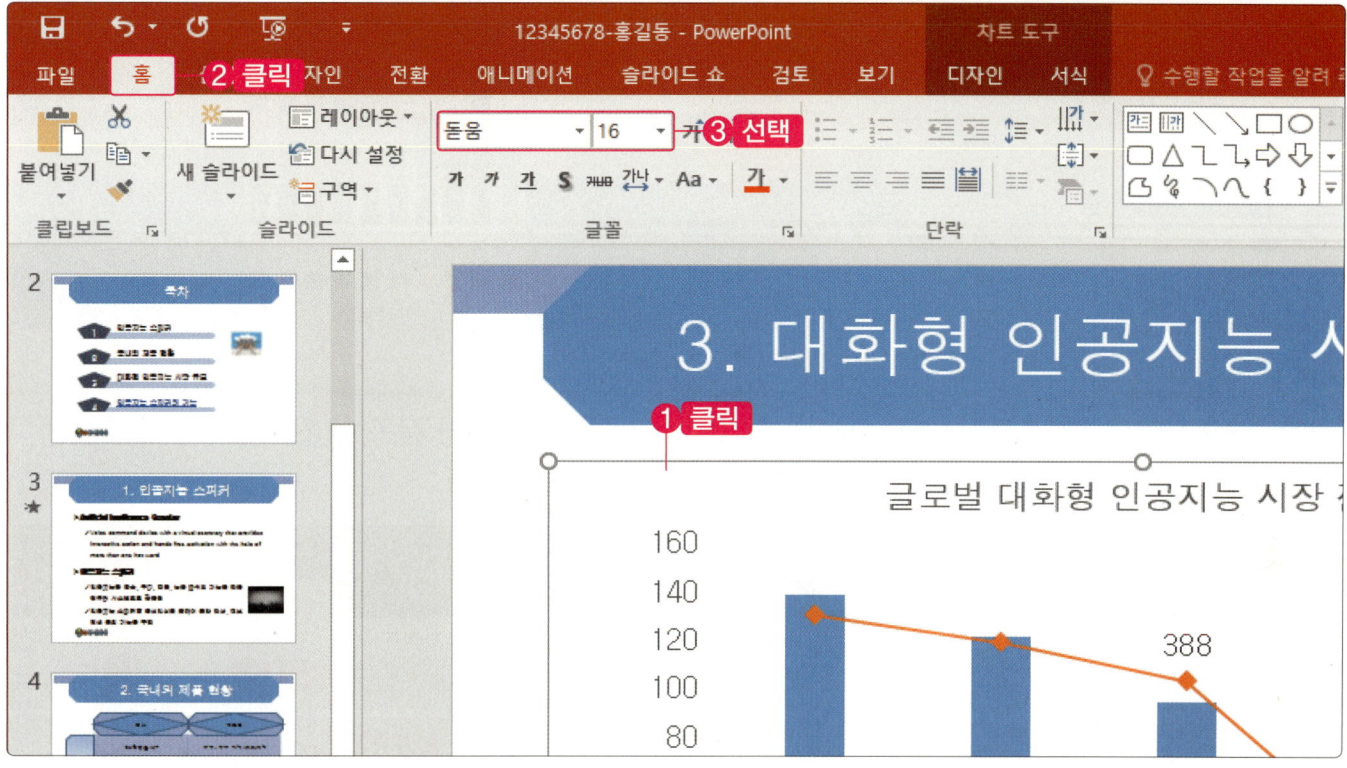

2 차트 제목을 **선택**한 후 〔홈〕 탭-〔글꼴〕 그룹에서 **글꼴(궁서)과 글꼴 크기(24), 〔굵게(가)〕를 선택**합니다.

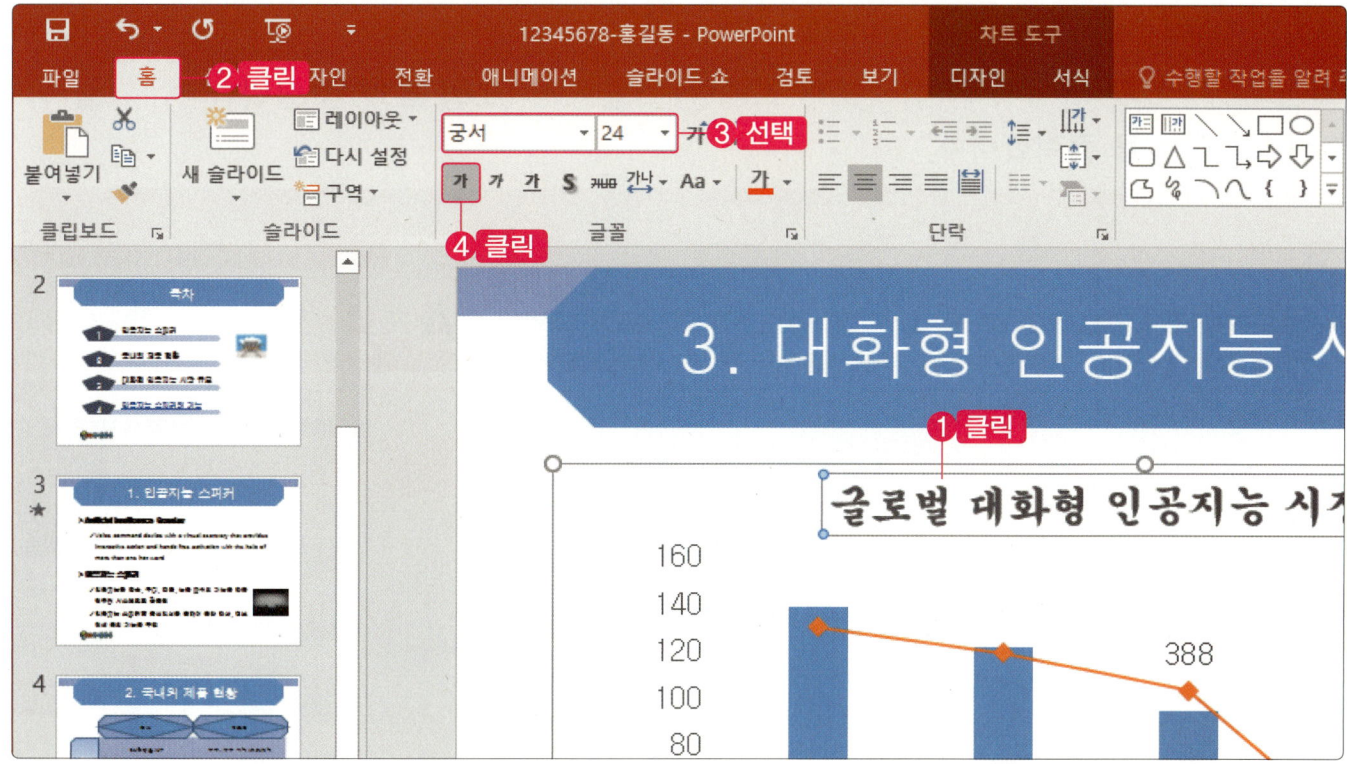

Chapter 07 · 차트 슬라이드 **111**

〈조건〉　■ 차트 제목 : 채우기(흰색), 테두리, 그림자(오프셋 왼쪽)

3 [차트 도구] 상황 탭-[서식] 탭-[도형 스타일] 그룹에서 [**도형 채우기**]를 클릭한 후 [**흰색, 배경 1**]을 클릭합니다.

4 [차트 도구] 상황 탭-[서식] 탭-[도형 스타일] 그룹에서 [**도형 윤곽선**]을 클릭한 후 [**검정, 텍스트 1**]을 클릭합니다.

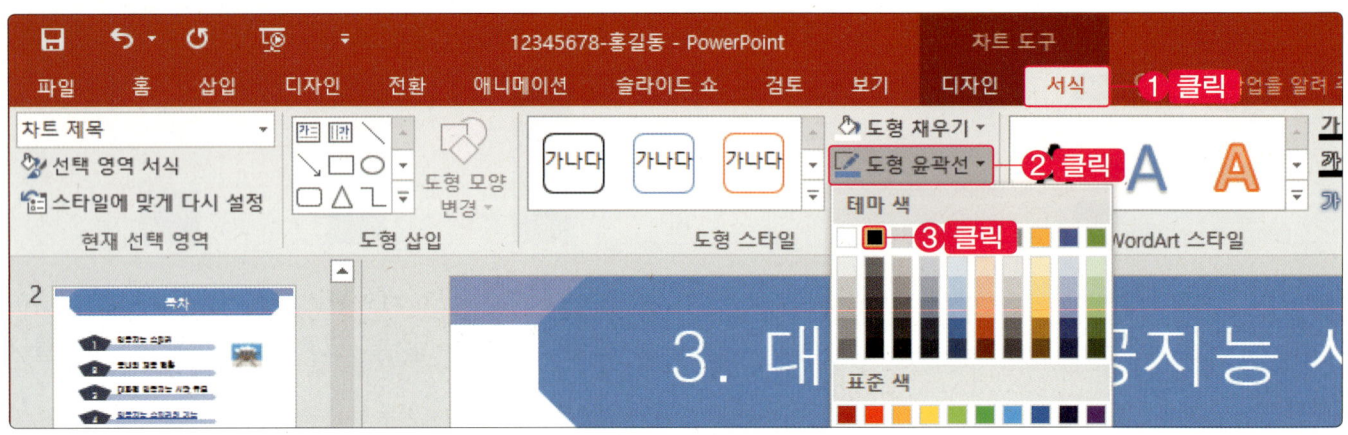

5 [차트 도구] 상황 탭-[서식] 탭-[도형 스타일] 그룹에서 [**도형 효과**]를 클릭한 후 [그림자]-[**오프셋 왼쪽(□)**]을 클릭합니다.

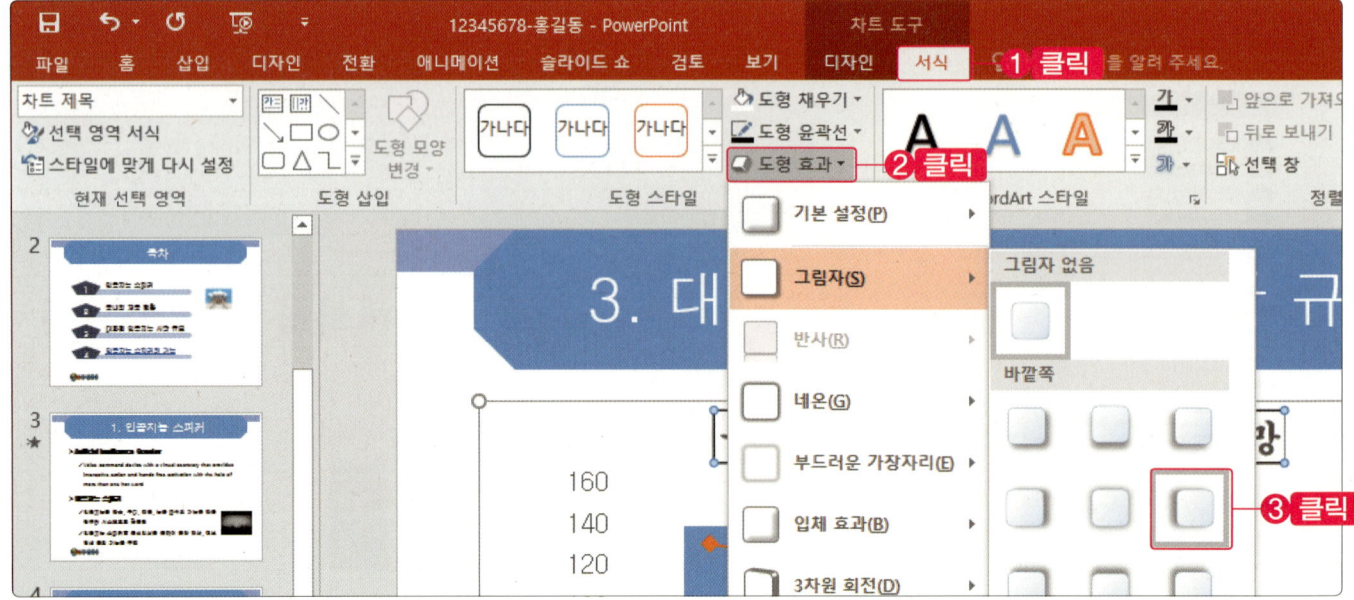

〈조건〉　■ 차트 영역 : 채우기(노랑), 그림 영역 : 채우기(흰색)

6 **차트를 선택**한 후 [차트 도구] 정황 탭-[서식] 탭-[도형 스타일] 그룹에서 [**도형 채우기**]를 클릭한 다음 [**노랑**]을 클릭합니다.

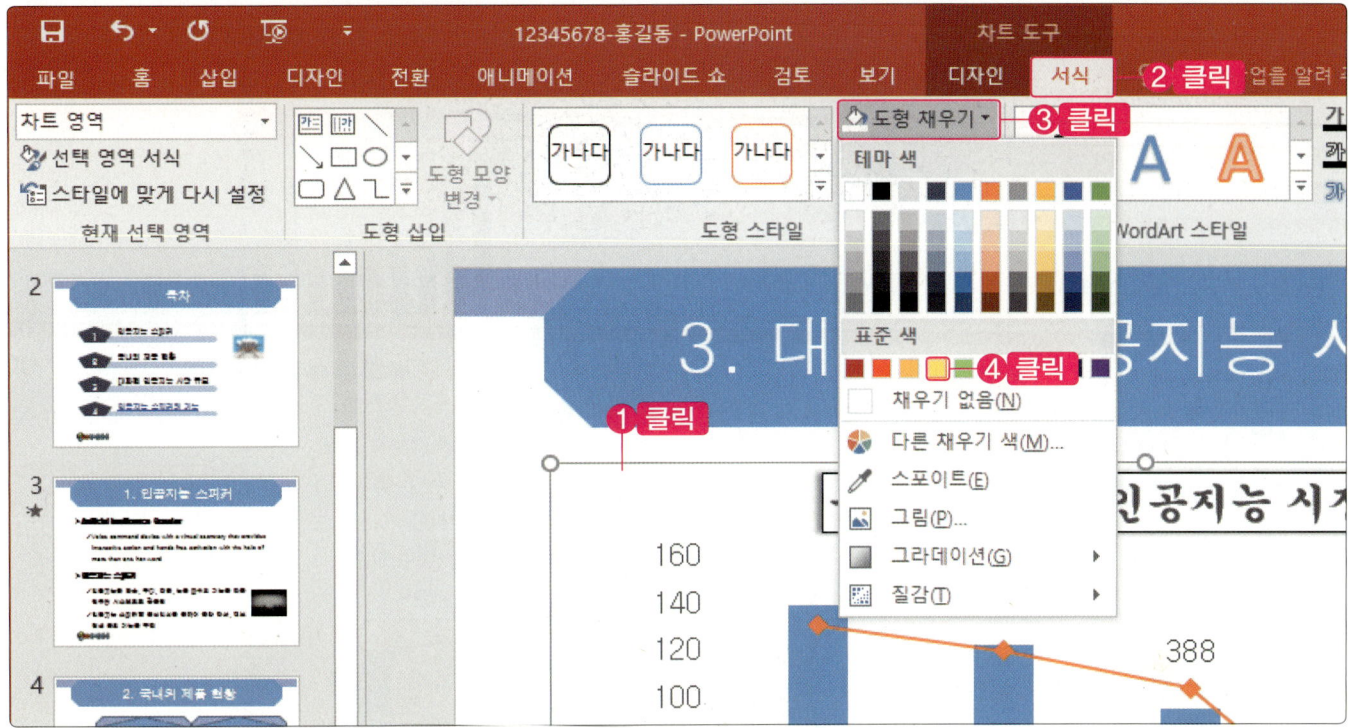

차트 영역에 채우기 색을 지정한 후 차트 제목에도 '노랑' 채우기 색이 지정되면 차트 제목을 선택한 다음 다시 도형 채우기(흰색, 배경 1)를 지정합니다.

7 [차트 도구] 정황 탭-[서식] 탭-[도형 스타일] 그룹에서 [**도형 윤곽선**]을 클릭한 후 [**검정, 텍스트 1**]을 클릭합니다.

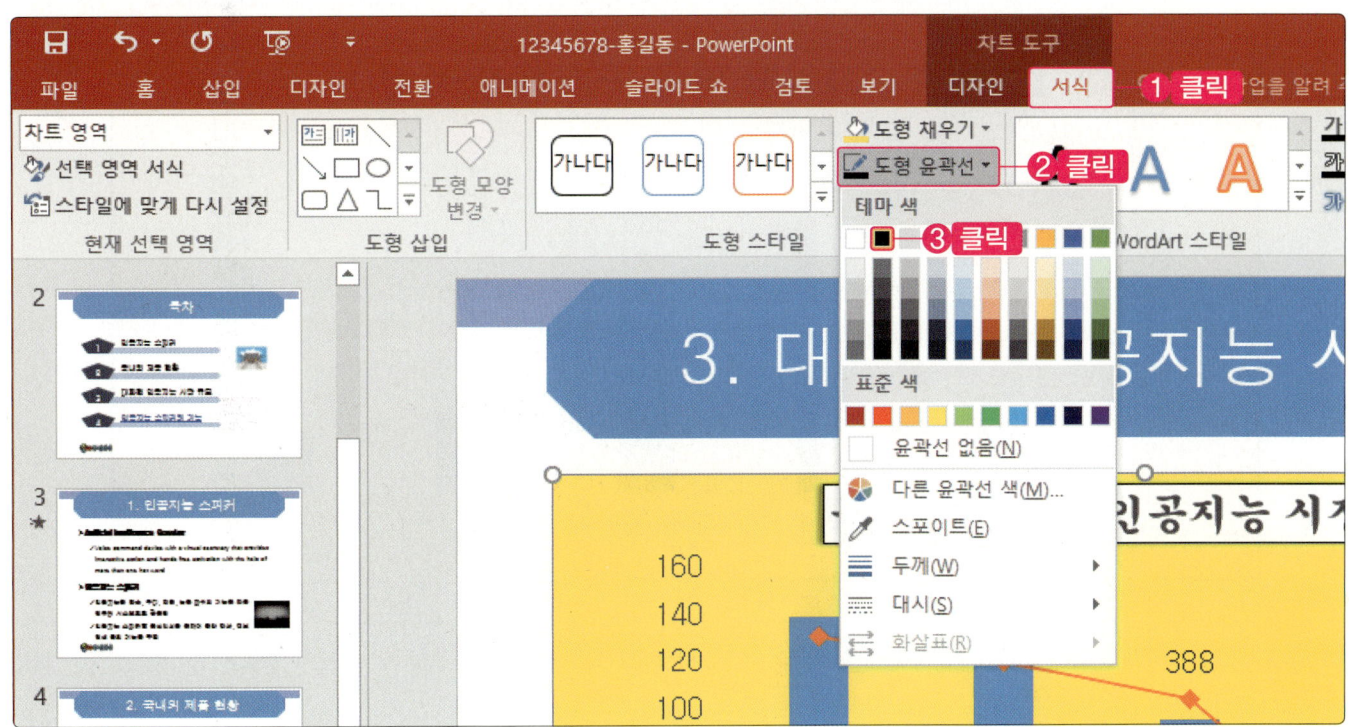

〈조건〉　■ 차트 영역 : 채우기(노랑), 그림 영역 : 채우기(흰색)

8 그림 영역을 선택한 후 [차트 도구] 정황 탭-[서식] 탭-[도형 스타일] 그룹에서 [**도형 채우기**]를 클릭한 다음 [**흰색, 배경 1**]을 클릭합니다.

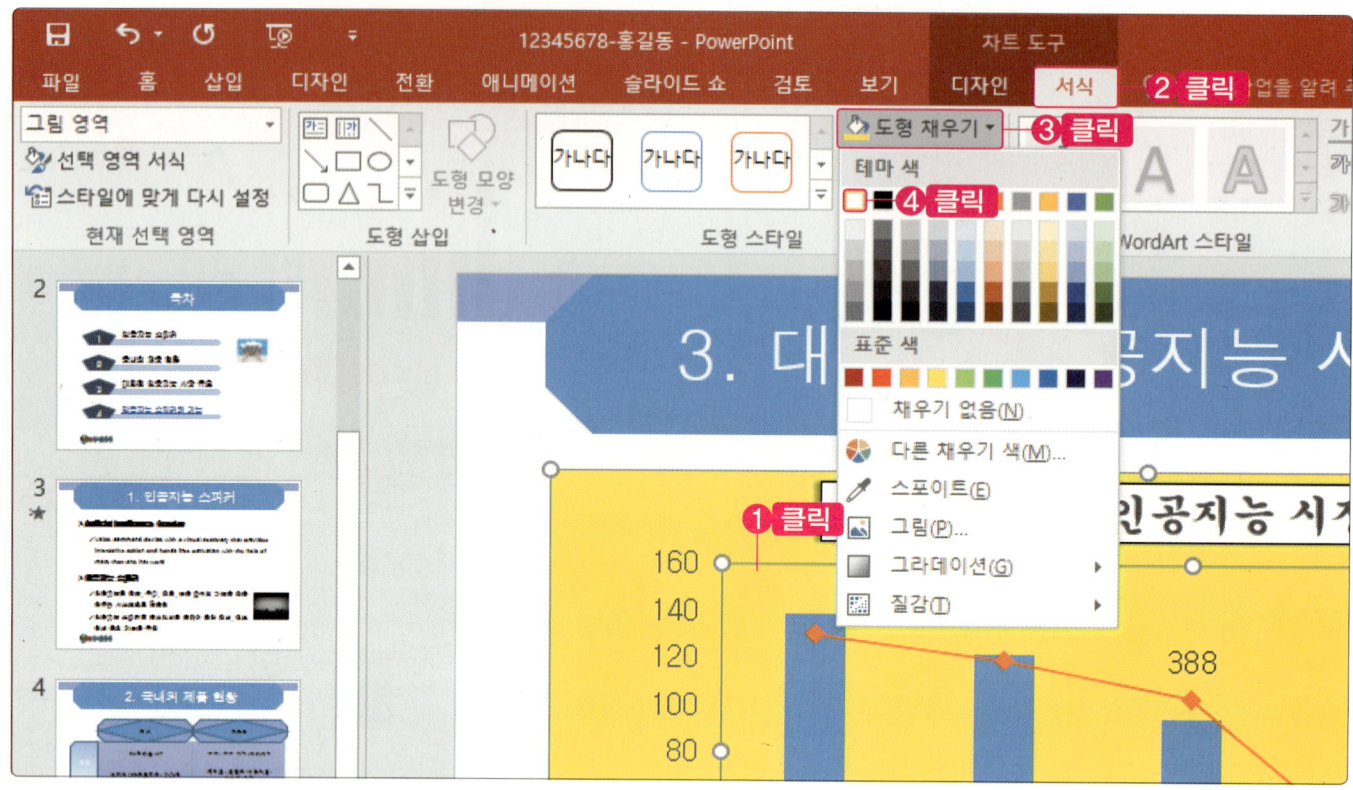

STEP 04 차트 축 서식 지정하기

1 [세로 (값) 축]을 클릭한 후 바로가기 메뉴의 [**축 서식**]을 클릭합니다.

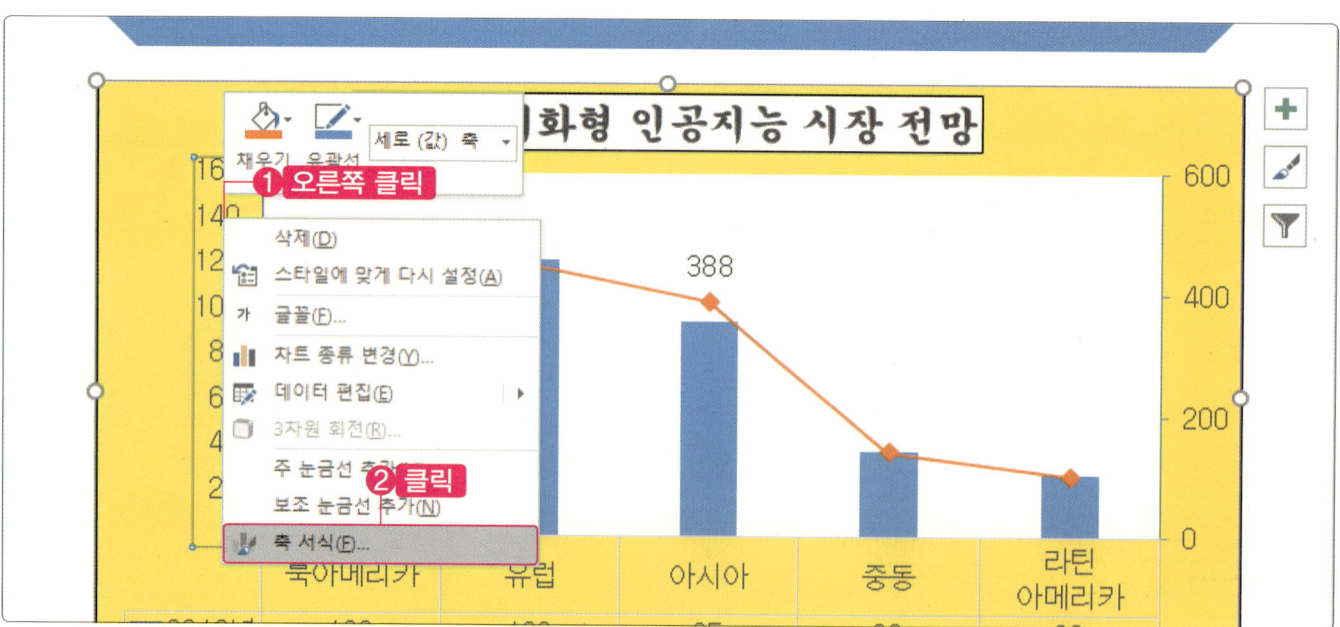

[세로 (값) 축]과 [보조 세로 (값) 축]은 세부 지시사항이 없으므로 수험자가 〈출력형태〉를 보고 판단하여 지정합니다.

2 (축 서식) 작업 창이 나타나면 (축 옵션) 탭에서 [채우기 및 선(⬧)]을 클릭한 후 (선)을 클릭한 다음 (실선)을 클릭하고 (색(검정, 텍스트 1))을 선택합니다.

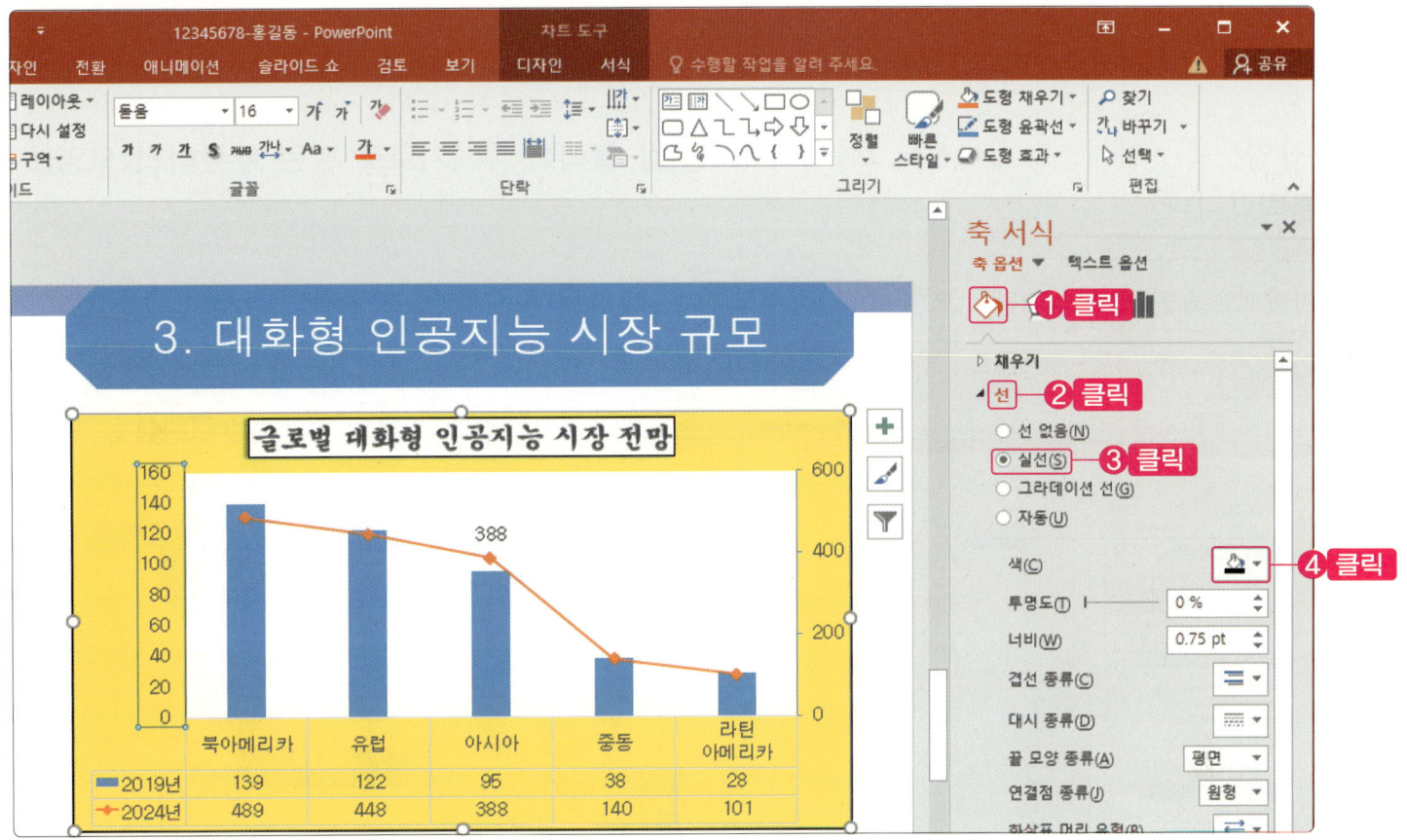

3 (보조 세로 (값) 축)을 클릭한 후 (축 옵션(📊))을 클릭한 다음 (축 옵션) 탭에서 **최대값(600)**과 **단위(200)**를 입력합니다. 그런다음 (눈금) 탭을 클릭한 후 (눈금) 설정 화면이 나타나면 주 눈금(바깥쪽)을 선택한 다음 (닫기(✕))를 클릭합니다.

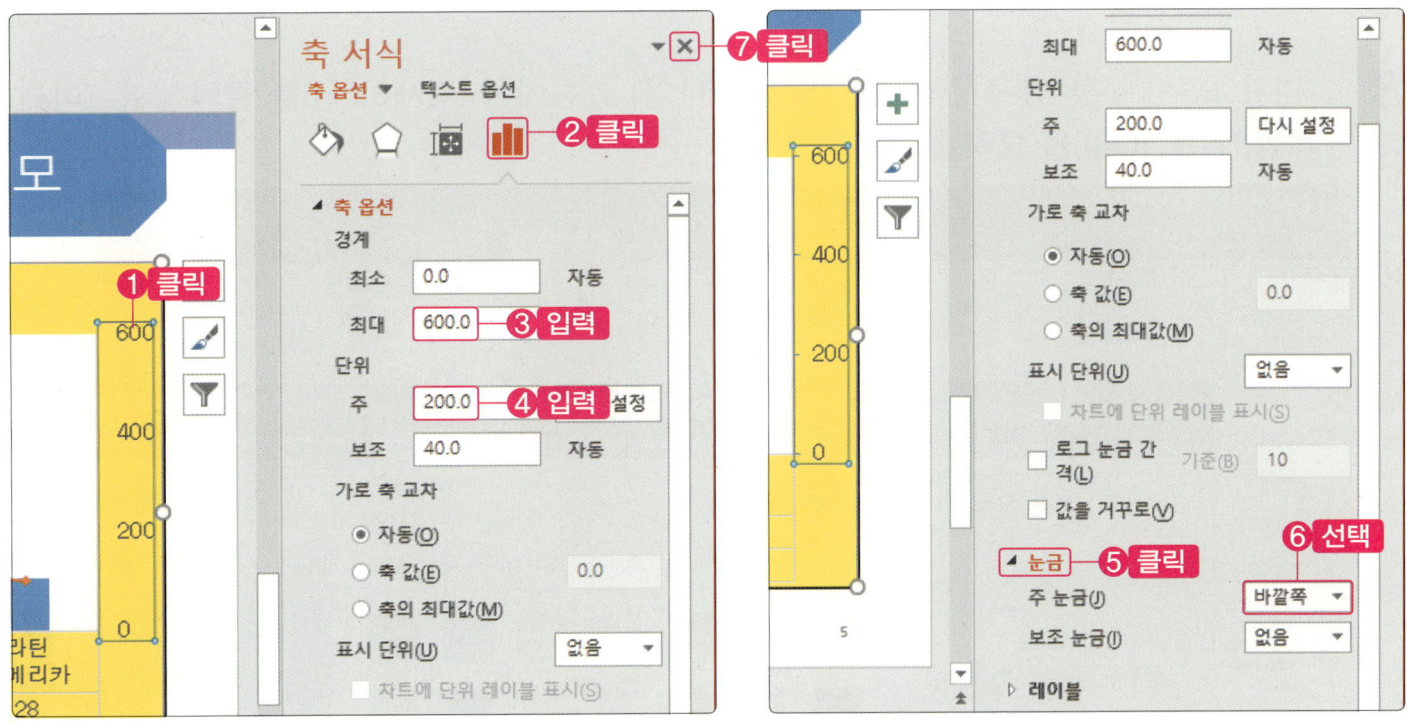

> 눈금이 표시되지 않을 경우 (없음)을 선택한 후 다시 (바깥쪽)을 선택합니다.

STEP 05 도형 작성하기

〈조건〉
① 도형 삽입
- 스타일 : 미세 효과 – 파랑, 강조 1
- 글꼴 : 굴림, 18pt

1 〔삽입〕 탭-〔일러스트레이션〕 그룹에서 〔도형〕을 클릭한 후 〔가로로 말린 두루마리 모양(▭)〕를 클릭합니다.

2 마우스 포인터 모양이 + 모양으로 변경되면 **드래그하여 도형을 작성**합니다.

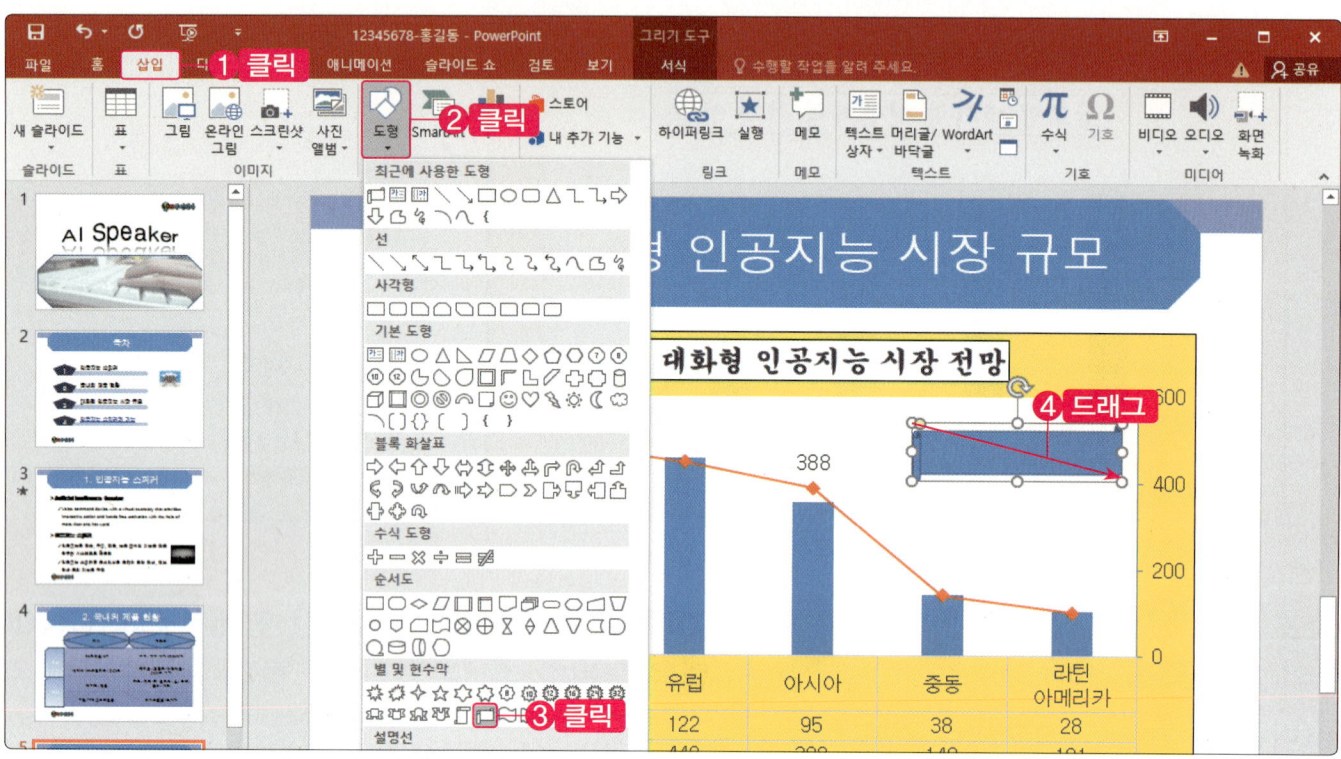

3 〔그리기 도구〕 정황 탭-〔서식〕 탭-〔도형 스타일〕 그룹에서 〔**자세히**(▽)〕를 클릭한 후 〔**미세효과 – 파랑, 강조 1**(가나다)〕을 클릭합니다.

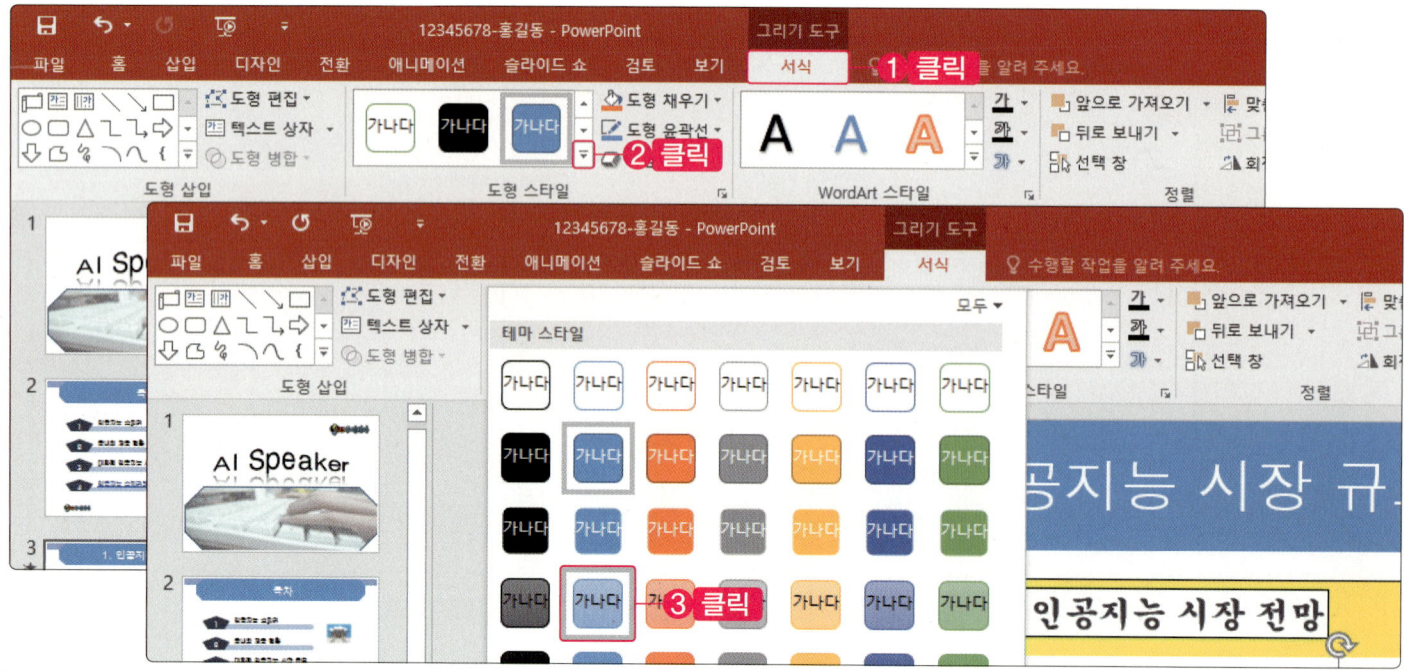

〈조건〉 • 글꼴 : 굴림, 18pt

4 도형에 "**단위 : 천만 달러**"를 **입력**합니다.

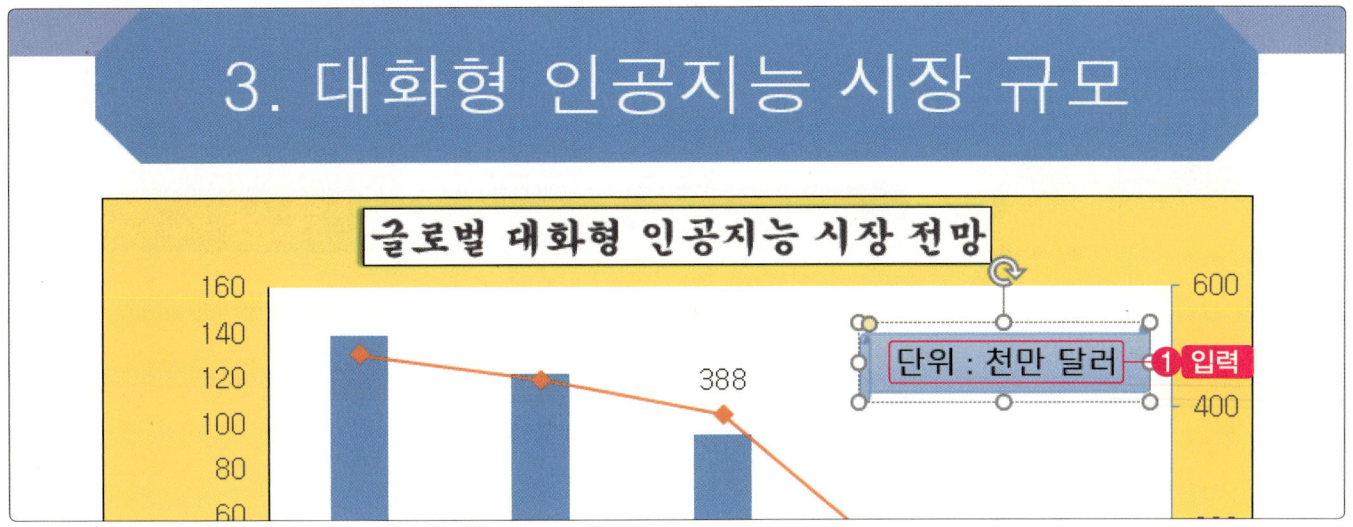

5 **텍스트를 드래그하여 블록으로 설정**한 다음 [홈] 탭-[글꼴] 그룹에서 **글꼴(굴림)과 글꼴 크기 (18)를 선택**합니다.

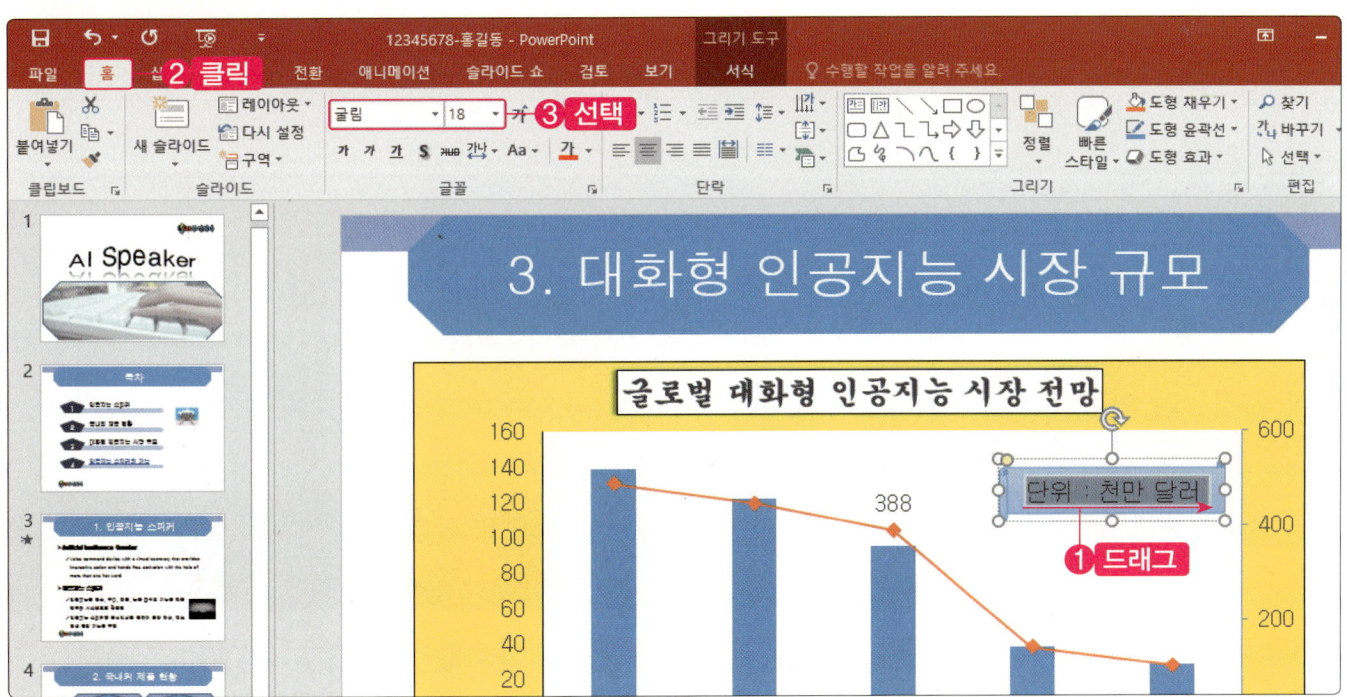

6 차트 슬라이드 작성이 완료되면 빠른 실행 도구 모음에서 **[저장(🖫)]을 클릭**합니다.

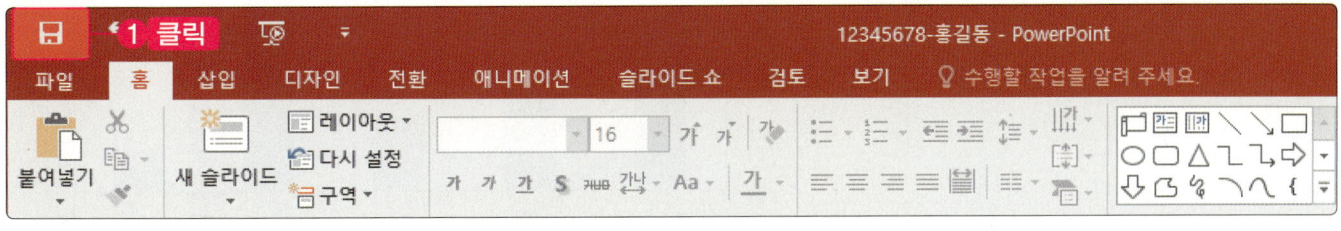

[파일] 탭-[저장]을 클릭하거나 Ctrl+S를 눌러 답안을 저장할 수도 있습니다.

Practical question type
실전문제유형

1 다음 지시사항 및 세부조건을 참고하여 출력형태에 알맞게 작성하시오.
▶ 소스파일 : Part 01\Chapter 07\문제01.pptx ▶ 완성파일 : Part 01\Chapter 07\문제01_완성.pptx

(1) 차트 작성 기능을 이용하여 슬라이드를 작성한다.
(2) 차트 : 종류(묶은 세로 막대형), 글꼴(돋움, 16pt) 외곽선

세부조건
※ 차트 설명
- 차트제목 : 궁서, 24pt, 굵게, 채우기(흰색), 테두리, 그림자(오프셋 아래쪽)
- 차트영역 : 채우기(노랑) 그림영역 : 채우기(흰색)
- 데이터 서식 : 문화유산 계열을 표식이 있는 꺾은선형으로 변경 후 보조축으로 지정
- 값 표시 : 중국의 자연유산 계열만

① 도형 삽입
 - 스타일 :
   미세효과 - 파랑, 강조1
 - 글꼴 : 굴림, 18pt

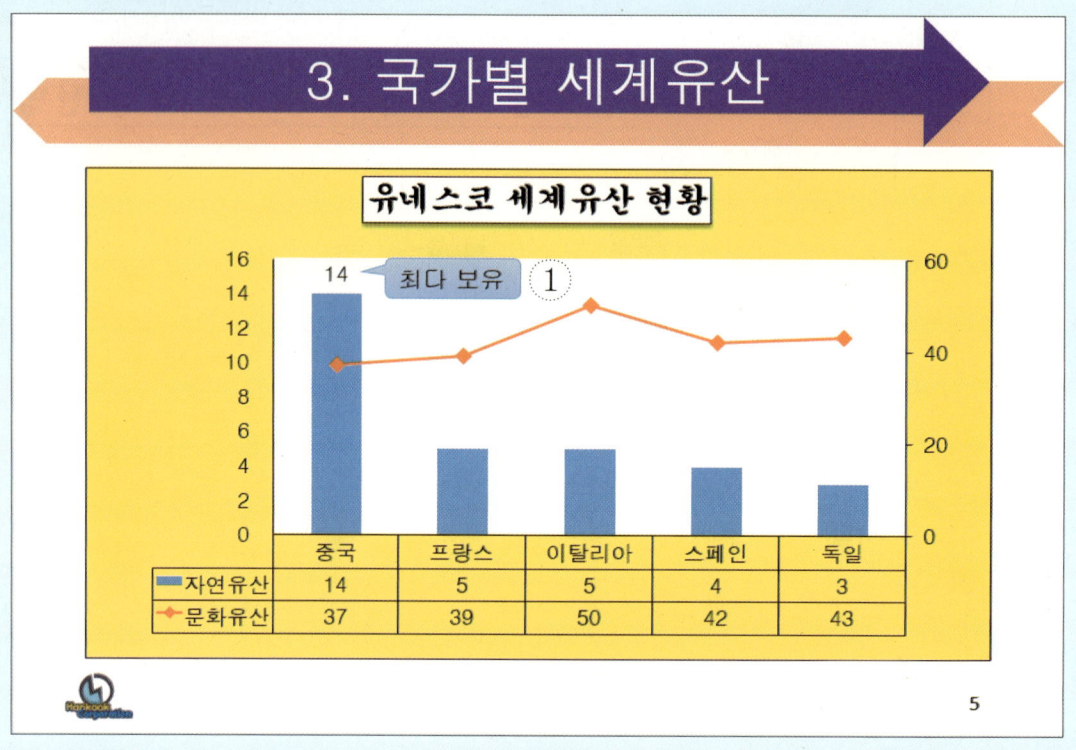

---

2 다음 지시사항 및 세부조건을 참고하여 출력형태에 알맞게 작성하시오.
▶ 소스파일 : Part 01\Chapter 07\문제02.pptx ▶ 완성파일 : Part 01\Chapter 07\문제02_완성.pptx

(1) 차트 작성 기능을 이용하여 슬라이드를 작성한다.
(2) 차트 : 종류(묶은 세로 막대형), 글꼴(돋움, 16pt) 외곽선

세부조건
※ 차트 설명
- 차트제목 : 궁서, 24pt, 굵게, 채우기(흰색), 테두리, 그림자(오프셋 오른쪽)
- 차트영역 : 채우기(노랑) 그림영역 : 채우기(흰색)
- 데이터 서식 : 비OECD국가 계열을 표식이 있는 꺾은선형으로 변경 후 보조축으로 지정
- 값 표시 : 기타의 비OECD국가 계열만

① 도형 삽입
 - 스타일 :
   미세효과 - 파랑, 강조1
 - 글꼴 : 굴림, 18pt

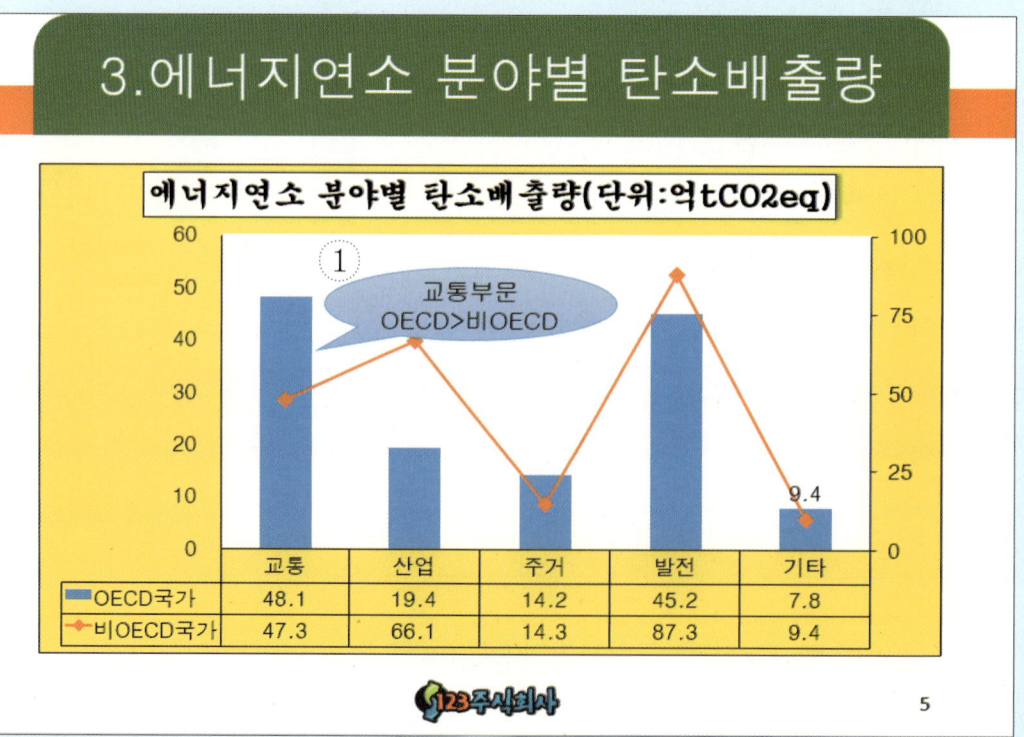

실전문제유형

Practical question type

3 다음 지시사항 및 세부조건을 참고하여 출력형태에 알맞게 작성하시오.

▶ 소스파일 : Part 01\Chapter 07\문제03.pptx   ▶ 완성파일 : Part 01\Chapter 07\문제03_완성.pptx

(1) 차트 작성 기능을 이용하여 슬라이드를 작성한다.
(2) 차트 : 종류(묶은 세로 막대형), 글꼴(돋움, 16pt) 외곽선

세부조건

※ 차트 설명
- 차트제목 : 궁서, 24pt, 굵게, 채우기(흰색), 테두리, 그림자(오프셋 왼쪽)
- 차트영역 : 채우기(노랑) 그림영역 : 채우기(흰색)
- 데이터 서식 : 회귀분석 계열을 표식이 있는 꺾은선형으로 변경 후 보조축으로 지정
- 값 표시 : 4회의 신경망 계열만

① 도형 삽입
- 스타일 : 미세효과 – 파랑, 강조1
- 글꼴 : 굴림, 18pt

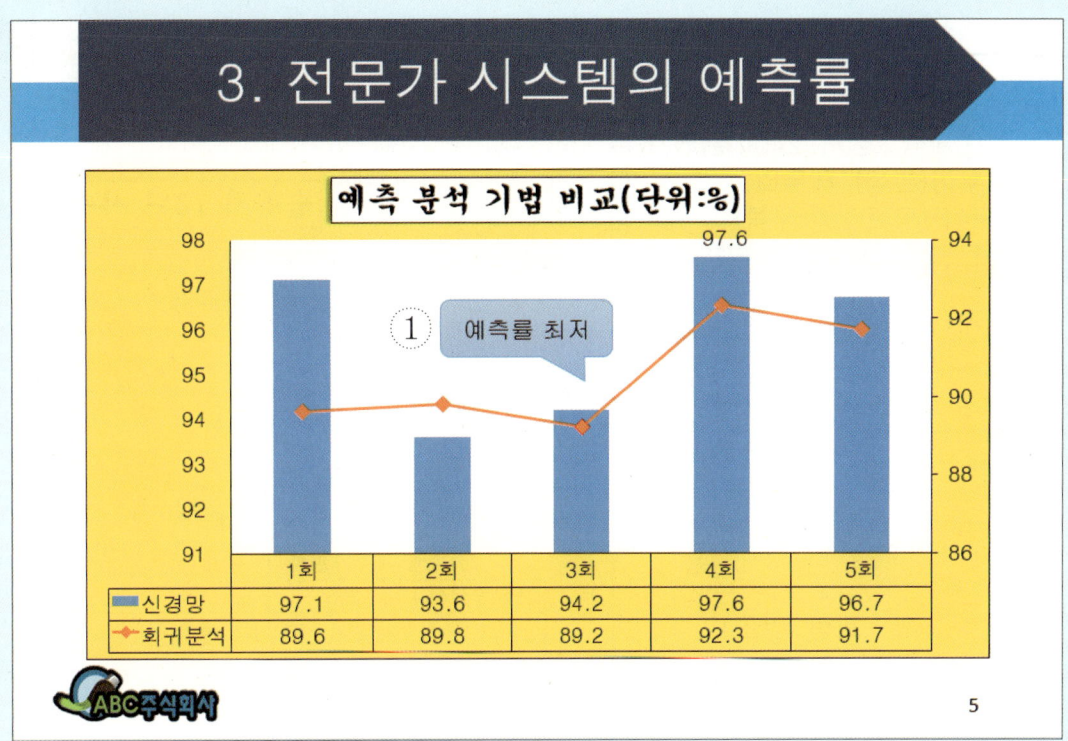

4 다음 지시사항 및 세부조건을 참고하여 출력형태에 알맞게 작성하시오.

▶ 소스파일 : Part 01\Chapter 07\문제04.pptx   ▶ 완성파일 : Part 01\Chapter 07\문제04_완성.pptx

(1) 차트 작성 기능을 이용하여 슬라이드를 작성한다.
(2) 차트 : 종류(묶은 세로 막대형), 글꼴(돋움, 16pt) 외곽선

세부조건

※ 차트 설명
- 차트제목 : 궁서, 24pt, 굵게, 채우기(흰색), 테두리, 그림자(오프셋 왼쪽)
- 차트영역 : 채우기(노랑) 그림영역 : 채우기(흰색)
- 데이터 서식 : 인상율 계열을 표식이 있는 꺾은선형으로 변경 후 보조축으로 지정
- 값 표시 : 2025년의 최저임금 계열만

① 도형 삽입
- 스타일 : 미세효과 – 파랑, 강조1
- 글꼴 : 굴림, 18pt

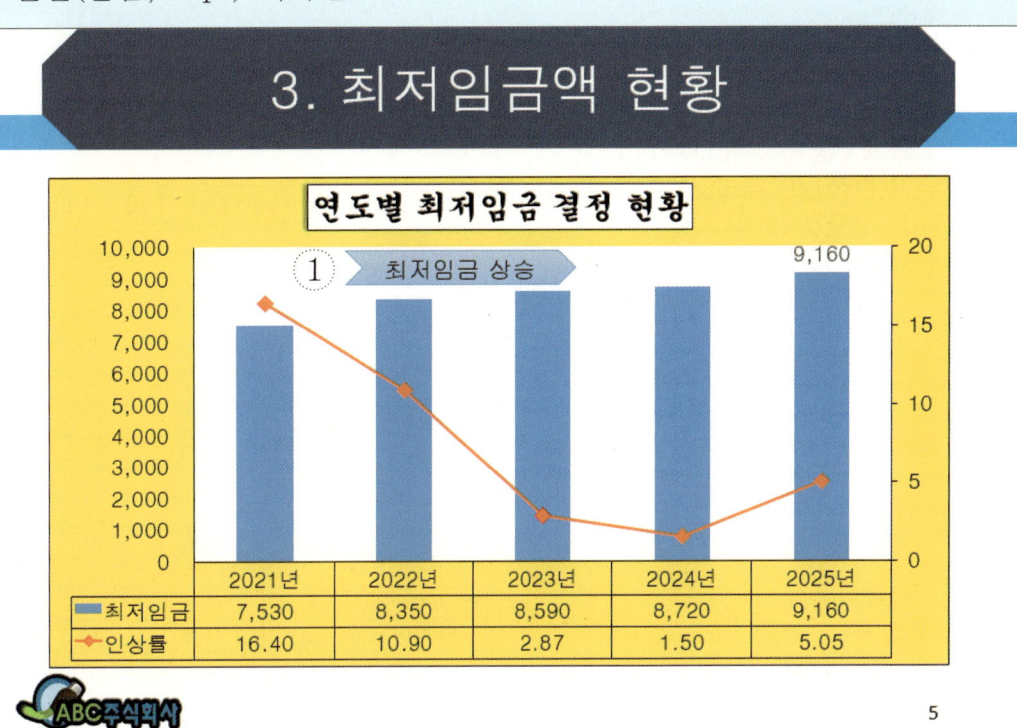

실전문제유형

5 다음 지시사항 및 세부조건을 참고하여 출력형태에 알맞게 작성하시오.
▶ 소스파일 : Part 01\Chapter 07\문제05.pptx ▶ 완성파일 : Part 01\Chapter 07\문제05_완성.pptx

(1) 차트 작성 기능을 이용하여 슬라이드를 작성한다.
(2) 차트 : 종류(묶은 세로 막대형), 글꼴(돋움, 16pt) 외곽선

세부조건

※ 차트 설명
- 차트제목 : 궁서, 24pt, 굵게, 채우기(흰색), 테두리, 그림자(오프셋 아래쪽)
- 차트영역 : 채우기(노랑) 그림영역 : 채우기(흰색)
- 데이터 서식 : 조립/폐차 계열을 표식이 있는 꺾은선형으로 변경 후 보조축으로 지정
- 값 표시 : 수소전기차의 연료생산 계열만

① 도형 삽입
 - 스타일 :
  미세효과 - 파랑, 강조1
 - 글꼴 : 굴림, 18pt

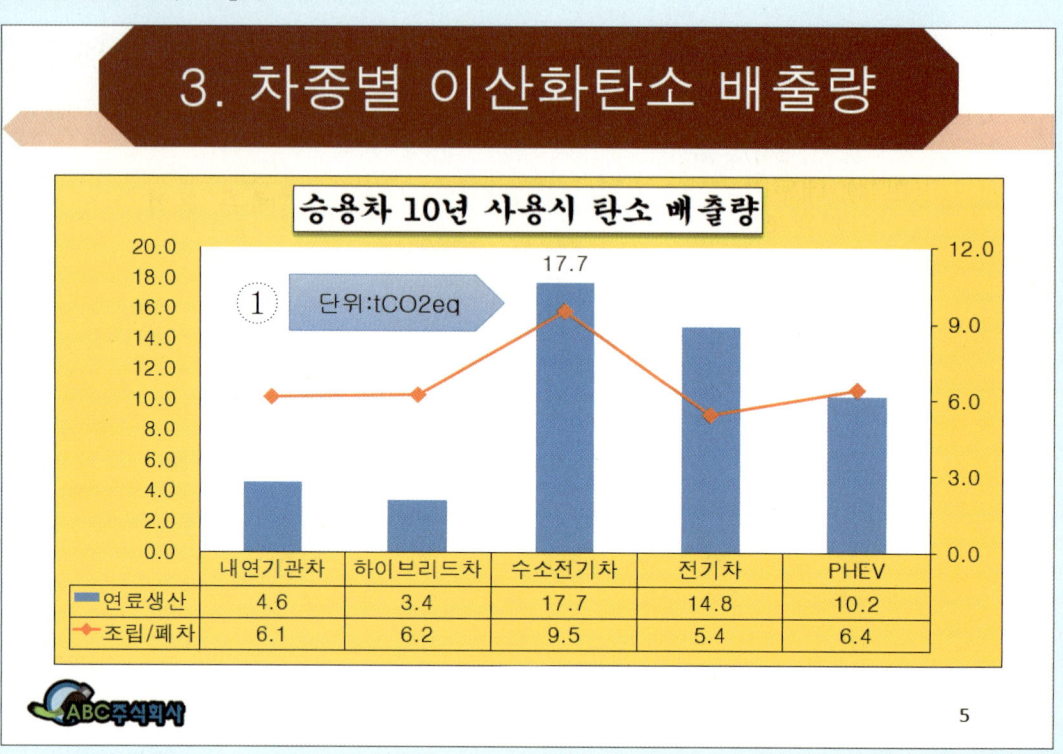

6 다음 지시사항 및 세부조건을 참고하여 출력형태에 알맞게 작성하시오.
▶ 소스파일 : Part 01\Chapter 07\문제06.pptx ▶ 완성파일 : Part 01\Chapter 07\문제06_완성.pptx

(1) 차트 작성 기능을 이용하여 슬라이드를 작성한다.
(2) 차트 : 종류(묶은 세로 막대형), 글꼴(돋움, 16pt) 외곽선

세부조건

※ 차트 설명
- 차트제목 : 궁서, 24pt, 굵게, 채우기(흰색), 테두리, 그림자(오프셋 왼쪽)
- 차트영역 : 채우기(노랑) 그림영역 : 채우기(흰색)
- 데이터 서식 : 여가비용(월평균) 계열을 표식이 있는 꺾은선형으로 변경 후 보조축으로 지정
- 값 표시 : 2020년의 여가시간(휴일평균) 계열만

① 도형 삽입
 - 스타일 :
  미세효과 - 파랑, 강조1
 - 글꼴 : 굴림, 18pt

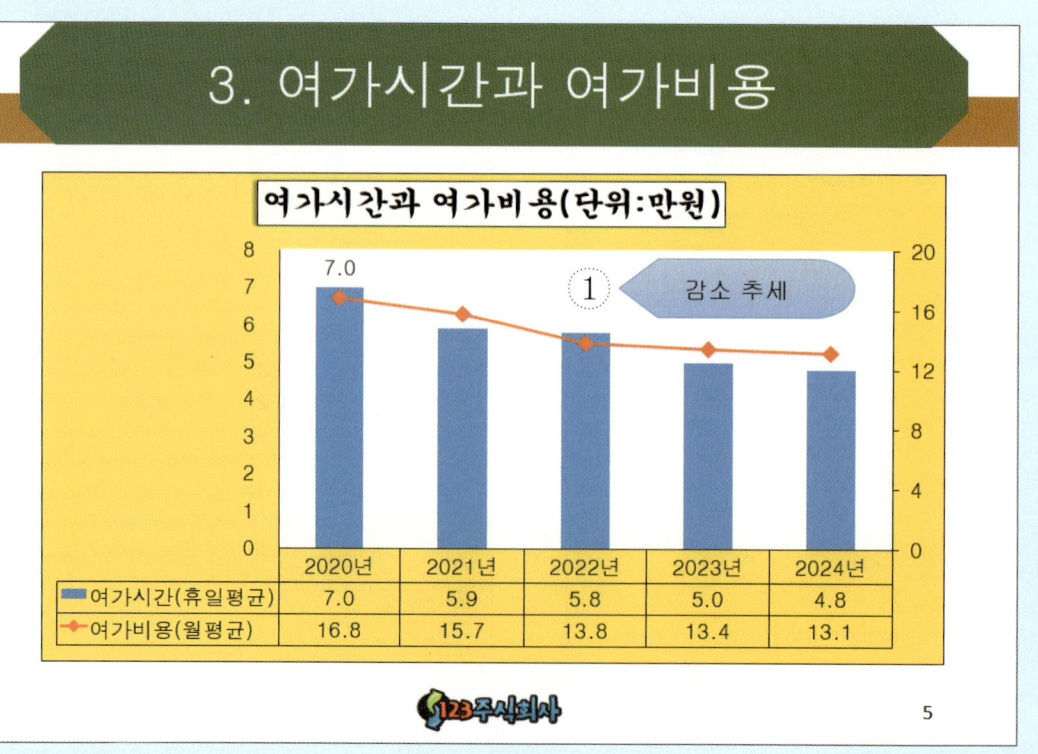

Practical question type
실전문제유형

7 다음 지시사항 및 세부조건을 참고하여 출력형태에 알맞게 작성하시오.

▶ 소스파일 : Part 01\Chapter 07\문제07.pptx   ▶ 완성파일 : Part 01\Chapter 07\문제07_완성.pptx

(1) 차트 작성 기능을 이용하여 슬라이드를 작성한다.
(2) 차트 : 종류(묶은 세로 막대형), 글꼴(돋움, 16pt) 외곽선

세부조건

※ 차트 설명
- 차트제목 : 궁서, 24pt, 굵게, 채우기(흰색), 테두리, 그림자(오프셋 왼쪽)
- 차트영역 : 채우기(노랑) 그림영역 : 채우기(흰색)
- 데이터 서식 : 조발생률(명/10만명) 계열을 표식이 있는 꺾은선형으로 변경 후 보조축으로 지정
- 값 표시 : 2026년의 발생자 수(만명) 계열만

① 도형 삽입
 - 스타일 :
   미세효과 – 파랑, 강조1
 - 글꼴 : 굴림, 18pt

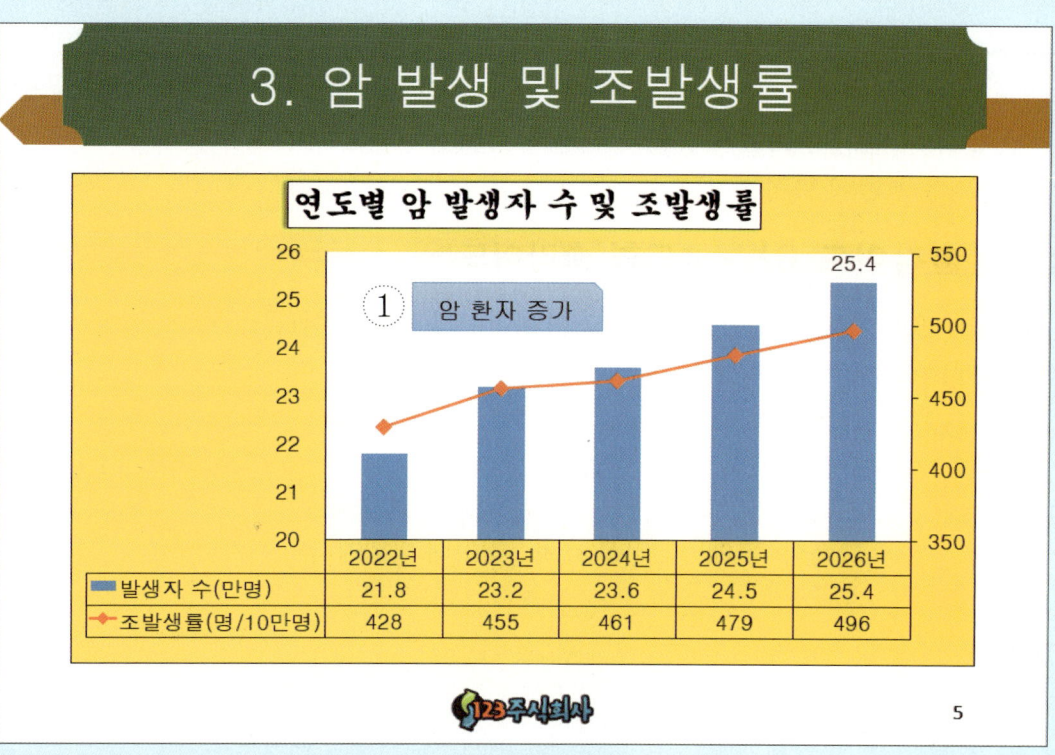

---

8 다음 지시사항 및 세부조건을 참고하여 출력형태에 알맞게 작성하시오.

▶ 소스파일 : Part 01\Chapter 07\문제08.pptx   ▶ 완성파일 : Part 01\Chapter 07\문제08_완성.pptx

(1) 차트 작성 기능을 이용하여 슬라이드를 작성한다.
(2) 차트 : 종류(묶은 세로 막대형), 글꼴(돋움, 16pt) 외곽선

세부조건

※ 차트 설명
- 차트제목 : 궁서, 24pt, 굵게, 채우기(흰색), 테두리, 그림자(오프셋 오른쪽)
- 차트영역 : 채우기(노랑) 그림영역 : 채우기(흰색)
- 데이터 서식 : 주 2회 이상 계열을 표식이 있는 꺾은선형으로 변경 후 보조축으로 지정
- 값 표시 : 2021년의 주 2회 이상 계열만

① 도형 삽입
 - 스타일 :
   미세효과 – 파랑, 강조1
 - 글꼴 : 굴림, 18pt

3. 국민생활체육 참여현황

대한민국 국민생활체육 참여율(%)

① 참여율 감소

	2017년	2018년	2019년	2020년	2021년
주 1회 이상	59.2	62.2	66.6	60.1	60.8
주 2회 이상	48.2	52.4	52.2	47.1	49.8

POWERPOINT 2016

Chapter 08 도형 슬라이드

- ◆ 왼쪽 배경 도형 작성하기
- ◆ 오른쪽 도형 작성하기
- ◆ 스마트아트(SmartArt) 작성하기
- ◆ 왼쪽 도형 작성하기
- ◆ 텍스트 상자 삽입하기
- ◆ 애니메이션 지정하기

▶ 소스파일 : Part 01\Chapter 08\Ch08.pptx   ▶ 완성파일 : Part 01\Chapter 08\Ch08_완성.pptx

[슬라이드 6]   ≪도형 슬라이드≫   (100점)

(1) 슬라이드와 같이 도형 및 스마트아트를 배치한다(글꼴 : 굴림, 18pt)
(2) 애니메이션 순서 : ① ⇒ ②

① **도형 및 스마트아트 편집**
  - 스마트아트 디자인 : 3차원 만화, 3차원 경사
  - 그룹화 후 애니메이션 효과 : 닦아내기(위에서)

② **도형 편집**
  - 그룹화 후 애니메이션 효과 : 바운드

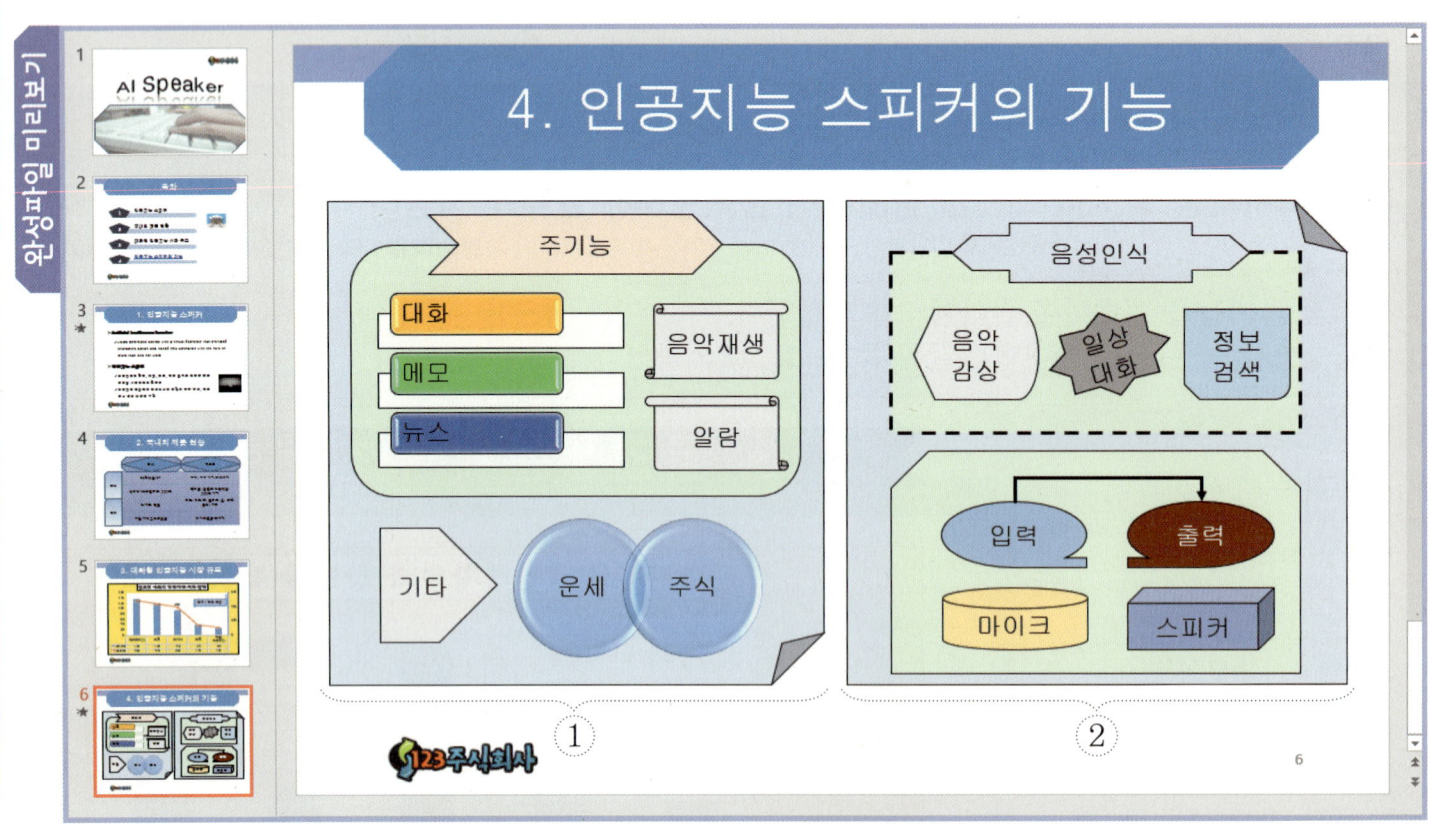

122 파워포인트 2016

> **체크! 체크!**
>
> 〔슬라이드 6〕《《도형 슬라이드》》
>
> ■ 왼쪽 배경 도형 작성하기
> - 도형은 〈출력형태〉를 참고하여 작성한 후 채우기 색과 도형 윤곽선을 지정합니다.
> - 도형에 글꼴 서식을 지정한 후 (기본 도형으로 설정)을 설정합니다.
>
> ■ 왼쪽/오른쪽 도형 작성하기
> - 도형은 〈출력형태〉를 참고하여 작성한 후 채우기 색을 지정한 다음 텍스트를 입력합니다.
>
> ■ 텍스트 상자 입력하기
> - 도형에 텍스트를 입력 및 텍스트 방향을 지정합니다.
> - 도형을 회전한 경우 텍스트도 같이 회전되므로 이럴 경우 텍스트 상자를 이용하여 텍스트를 입력합니다.
>
> ■ 스마트아트(SmartArt) 작성하기
> - 스마트아트(SmartArt)를 삽입한 후 색 변경 및 SmartArt 스타일을 지정합니다.
> - 스마트아트(SmartArt)에 글꼴 서식을 지정한 후 크기 및 위치를 지정합니다.
>
> ■ 애니메이션 지정하기
> - 애니메이션 순서에 맞게 도형을 그룹화 한 후 애니메이션을 지정합니다.

STEP 01 왼쪽 배경 도형 작성하기

〈조건〉 (1) 슬라이드와 같이 도형 및 스마트아트를 배치한다(글꼴 : 굴림, 18pt).

1 6번 슬라이드를 선택한 후 **제목(4. 인공지능 스피커의 기능)**을 입력한 다음 **텍스트 상자를 선택**하고 Delete를 눌러 삭제합니다.

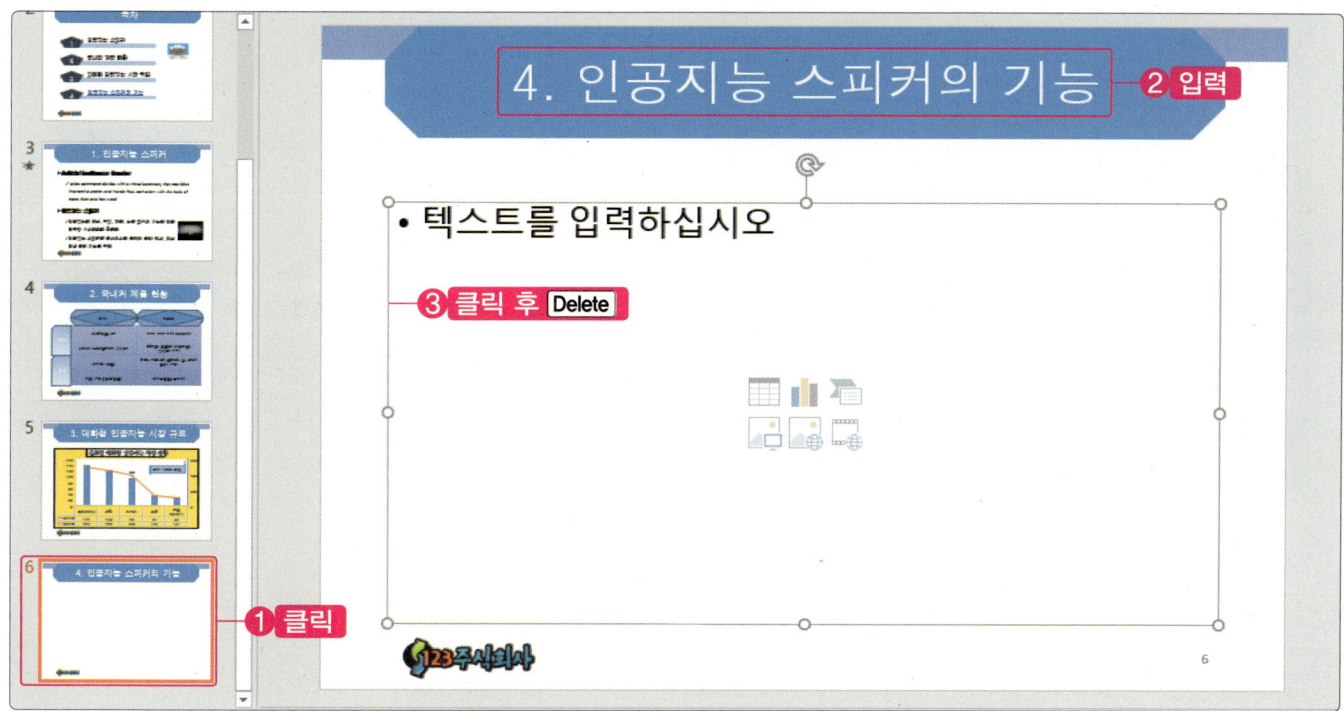

2 [삽입] 탭-[일러스트레이션] 그룹에서 [도형]을 클릭한 후 [모서리가 접힌 도형(⬜)]을 클릭합니다.

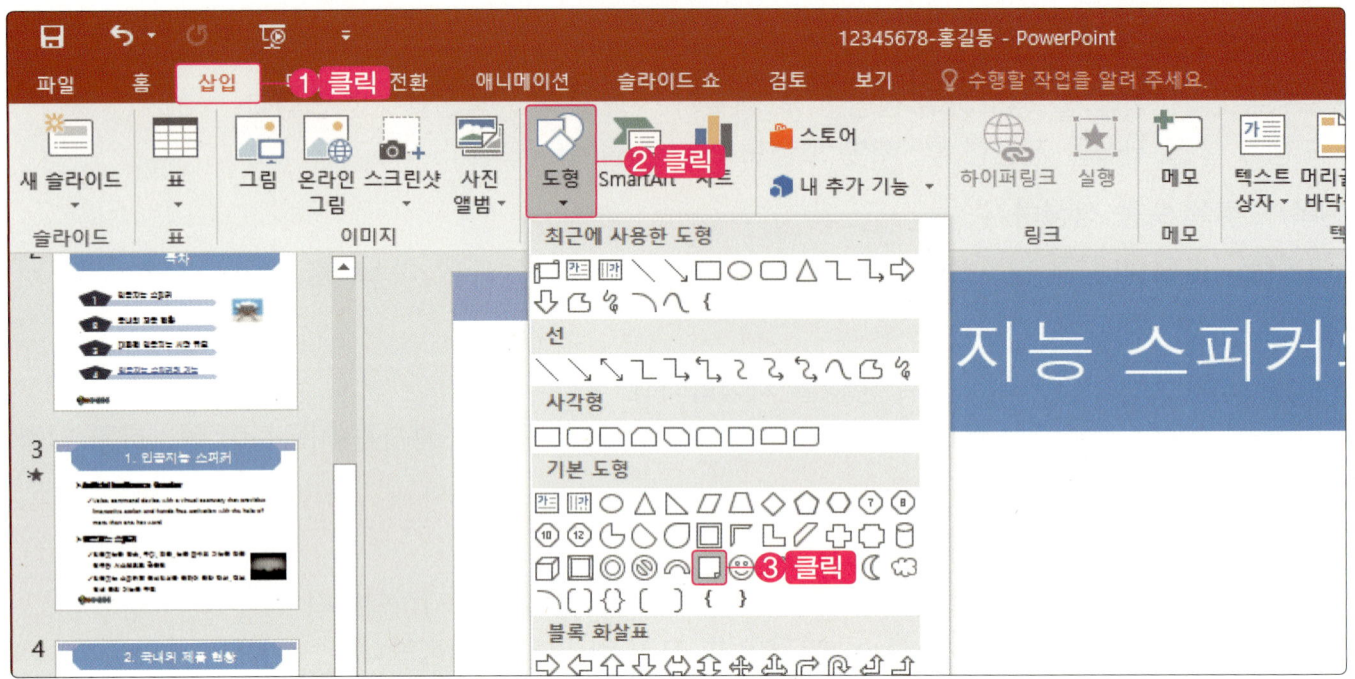

도형 작성은 배경 도형을 먼저 작성합니다.

3 마우스 포인터 모양이 + 모양으로 변경되면 **드래그하여 도형을 작성**합니다.

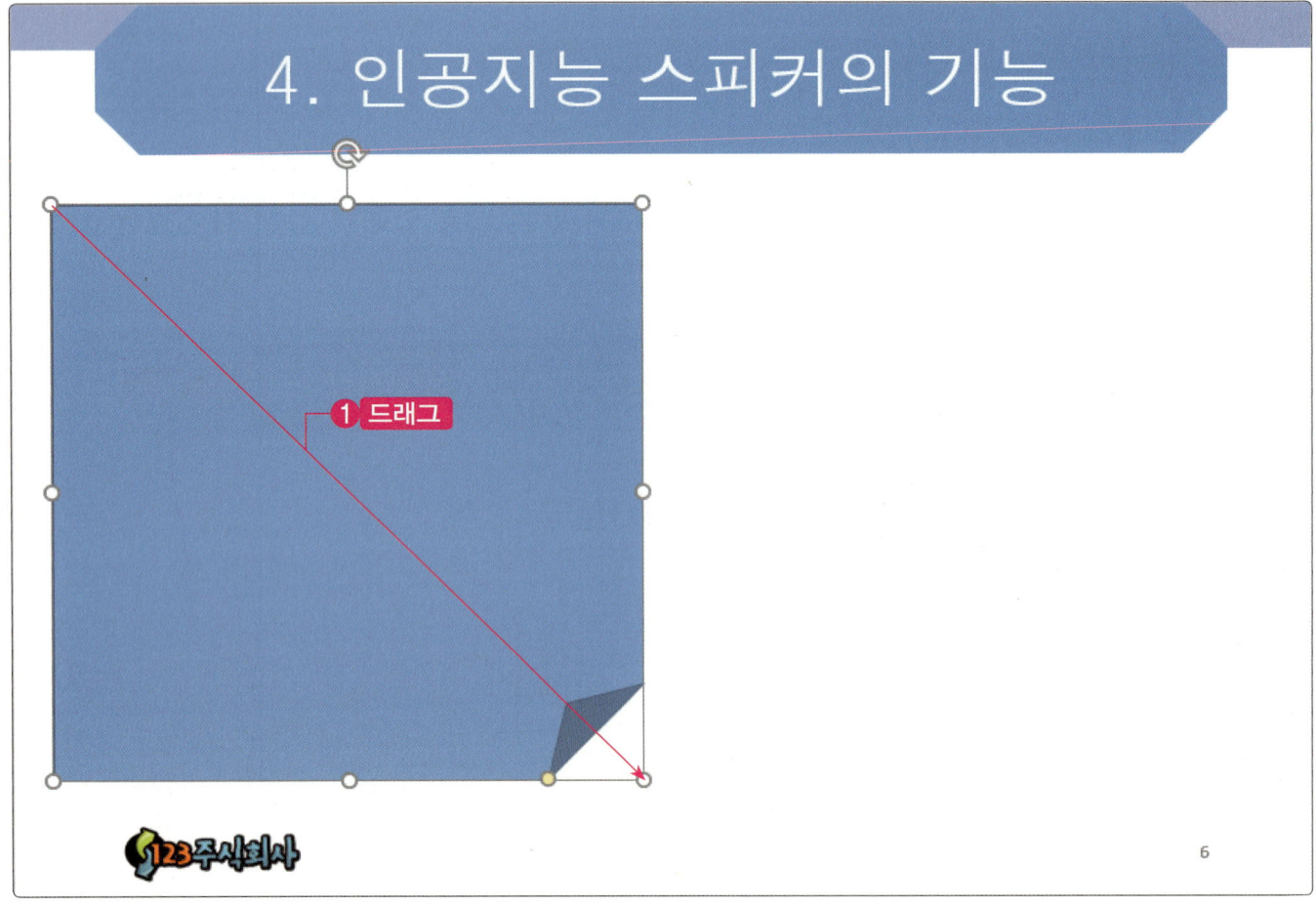

〈출력형태〉를 참고하여 슬라이드의 절반 정도로 크기 및 위치를 조절하여 작성합니다.

4 모양 조절점(○)을 드래그하여 도형 모양을 변경합니다.

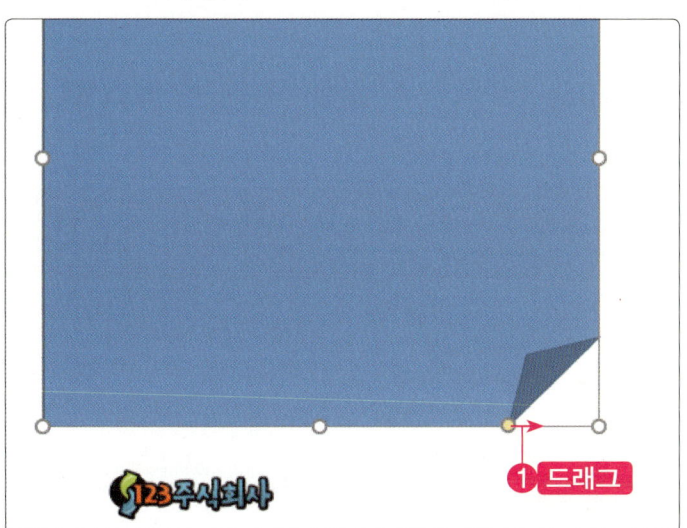 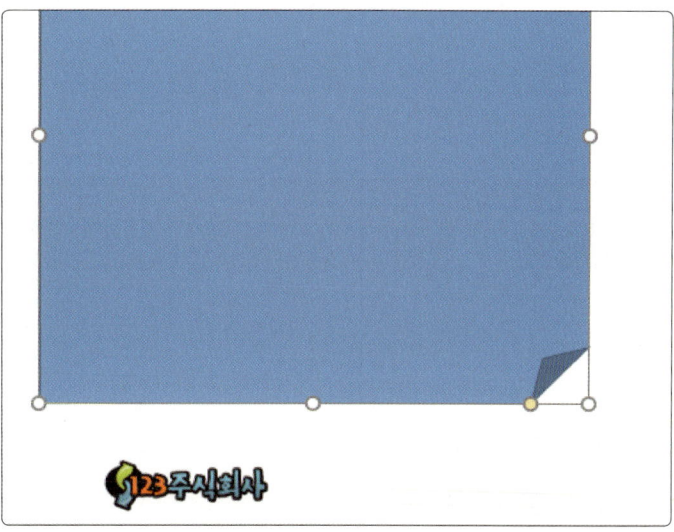

5 [그리기 도구] 정황 탭-[서식] 탭-[도형 스타일] 그룹에서 [**도형 채우기**]를 **클릭**한 후 **임의의 색을 지정**합니다.

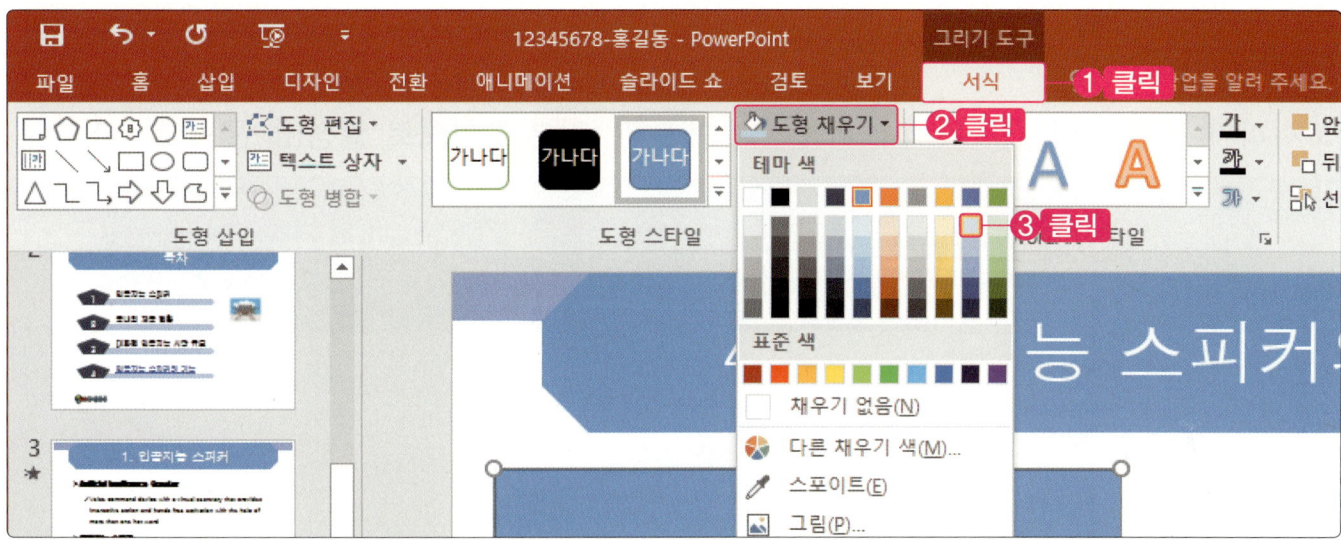

6 [그리기 도구] 정황 탭-[서식] 탭-[도형 스타일] 그룹에서 [**도형 윤곽선**]을 **클릭**한 후 [**검정, 텍스트 1**]을 **클릭**합니다.

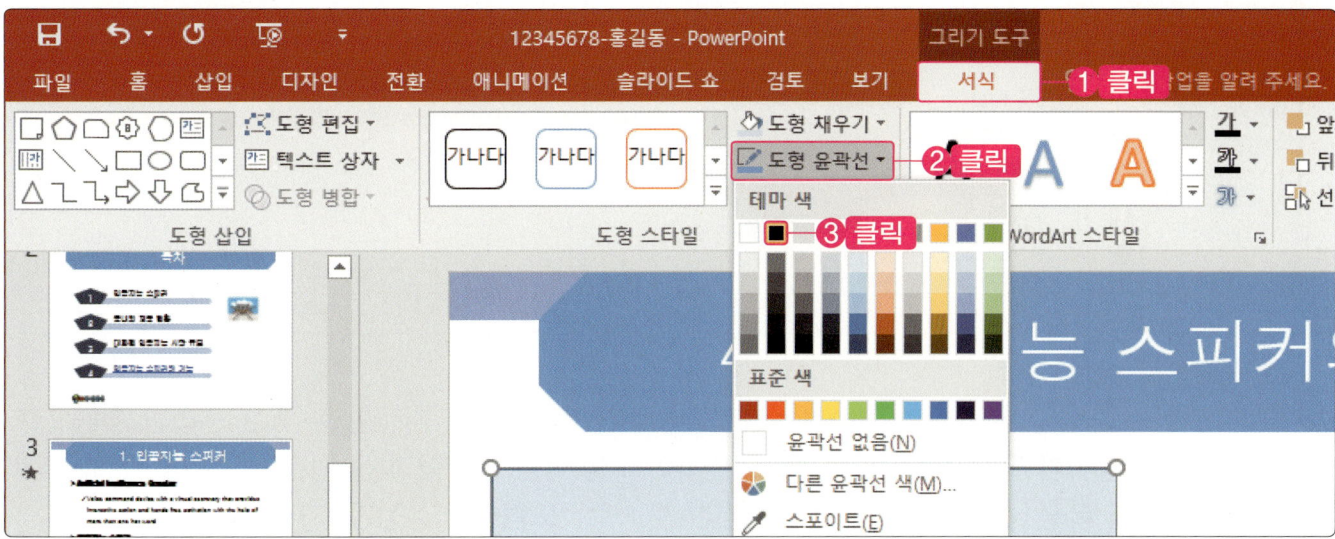

〈조건〉 • 글꼴 : 굴림, 18pt

7 [홈] 탭-[글꼴] 그룹에서 **글꼴(굴림)과 글꼴 크기(18)를 선택**한 후 **글꼴 색(검정, 텍스트 1)을 선택**합니다.

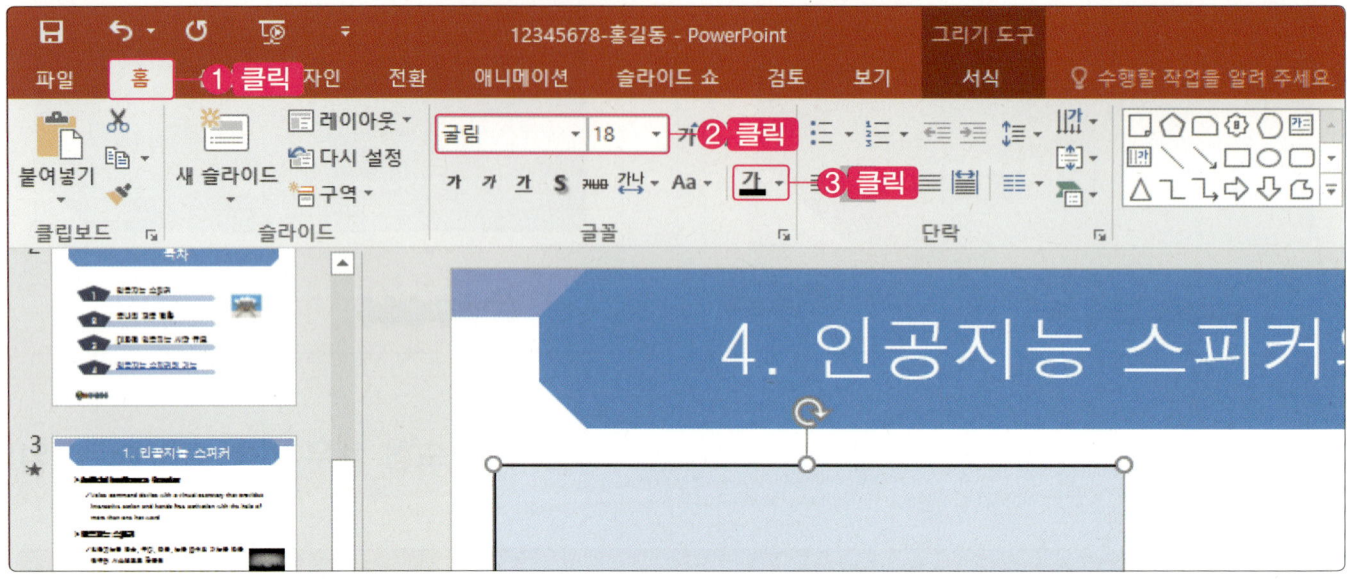

8 [모서리가 접힌 도형(□)] 위에서 바로가기 메뉴의 [**기본 도형으로 설정**]을 클릭합니다.

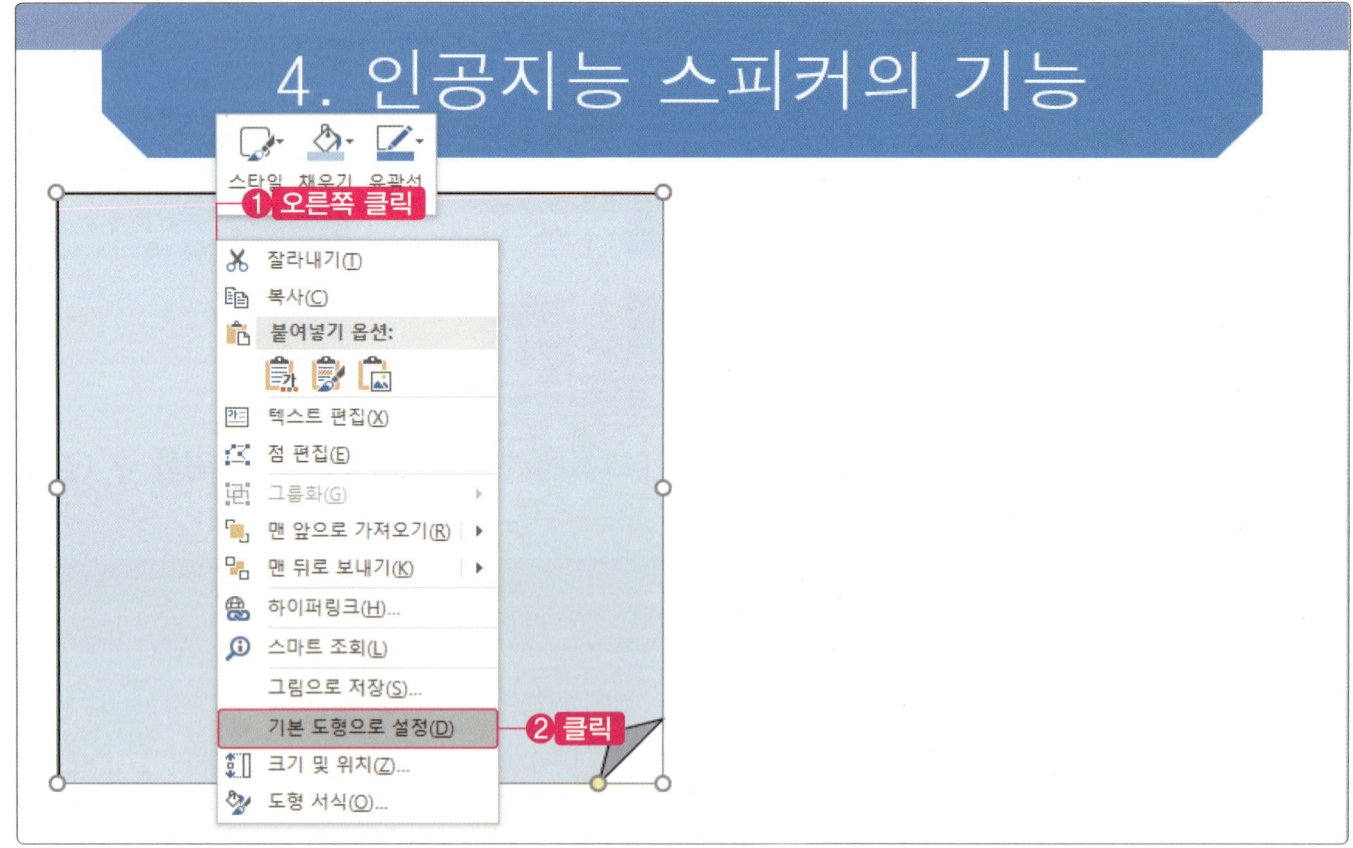

> **기본 도형으로 설정**
> • [기본 도형으로 설정]은 새로 삽입하려는 도형들의 서식을 한 번에 지정할 수 있는 편리한 기능으로 다양한 도형에 동일한 글꼴 서식을 요구하는 [슬라이드 6] 작업시 도형 작성 시간을 단축할 수 있습니다.
> • 도형 윤곽선과 글꼴 서식을 조건에 맞게 변경한 후 [기본 도형으로 설정]을 지정합니다.

STEP 02 왼쪽 도형 작성하기

⟨조건⟩ (1) 슬라이드와 같이 도형 및 스마트아트를 배치한다(글꼴 : 굴림, 18pt).

1 [삽입] 탭-[일러스트레이션] 그룹에서 [**도형**]을 **클릭**한 후 [**모서리가 둥근 직사각형(▢)**]을 **클릭**합니다.

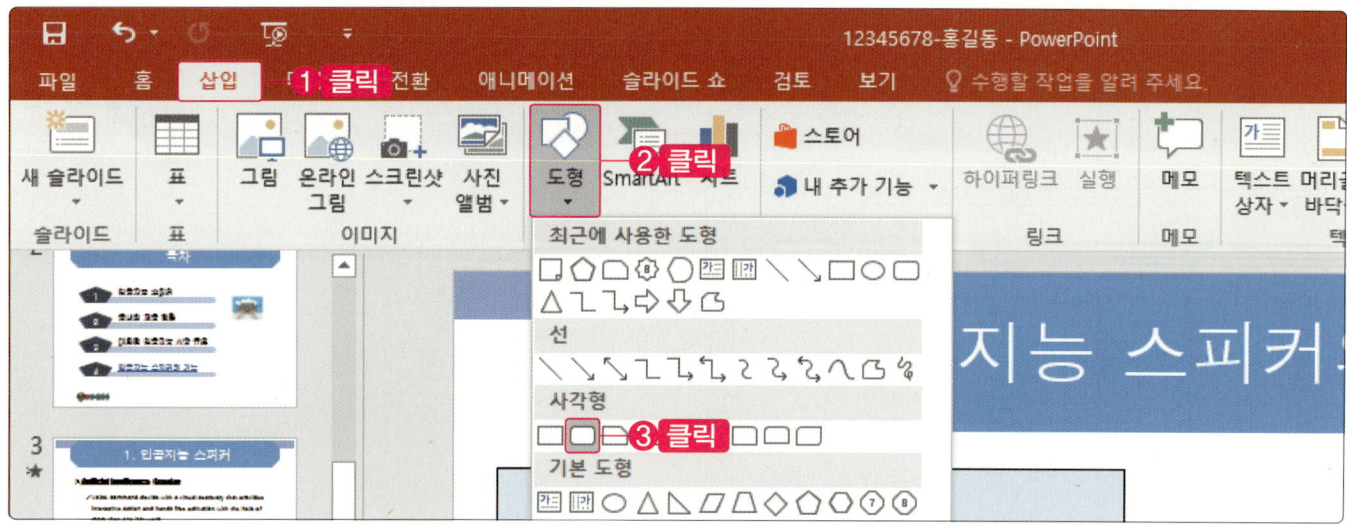

2 마우스 포인터 모양이 + 모양으로 변경되면 **드래그하여 도형을 작성**합니다.

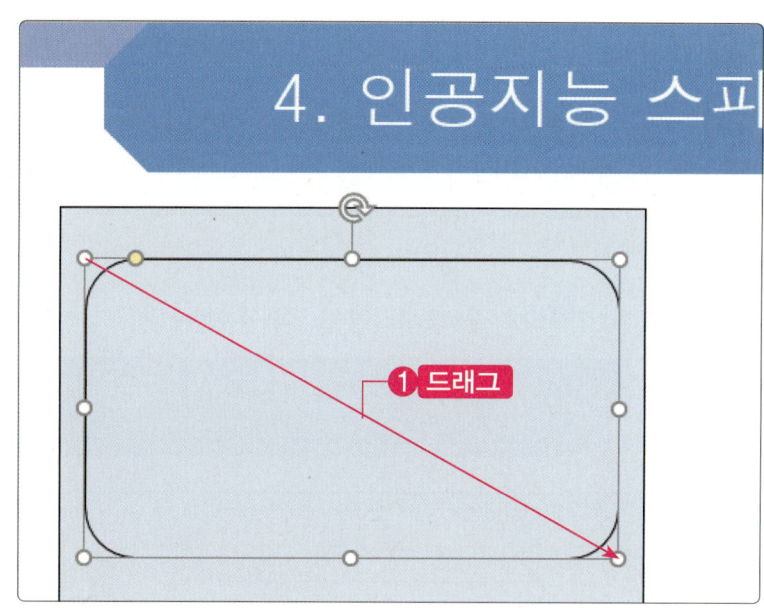

3 [그리기 도구] 정황 탭-[서식] 탭-[도형 스타일] 그룹에서 [**도형 채우기**]를 **클릭**한 후 **임의의 색을 지정**합니다.

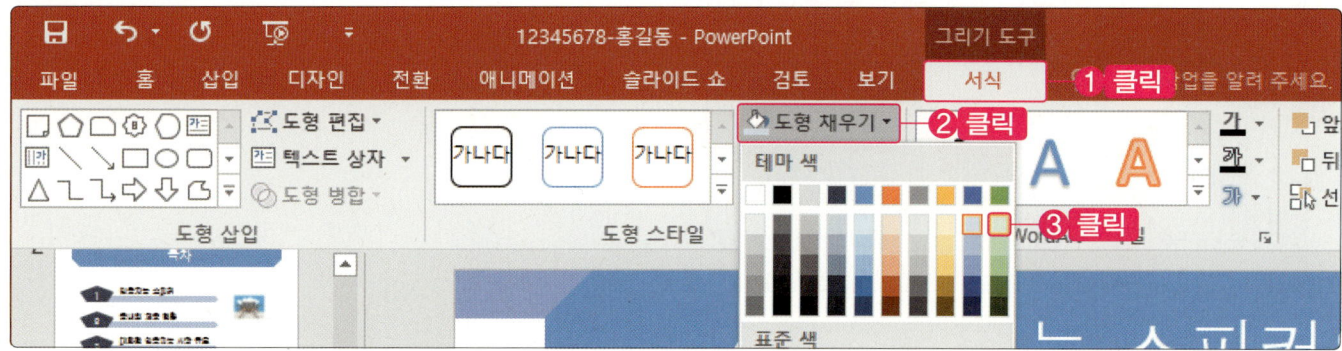

4 〔삽입〕 탭-〔일러스트레이션〕 그룹에서 〔도형〕을 **클릭**한 후 〔갈매기형 수장(>)〕을 **클릭**합니다. 그런다음 마우스 포인터 모양이 + 모양으로 변경되면 **드래그하여 도형을 작성**합니다.

5 〔그리기 도구〕 정황 탭-〔서식〕 탭-〔도형 스타일〕 그룹에서 〔**도형 채우기**〕를 **클릭**한 후 **임의의 색을 지정**한 다음 **텍스트(주기능)를 입력**합니다.

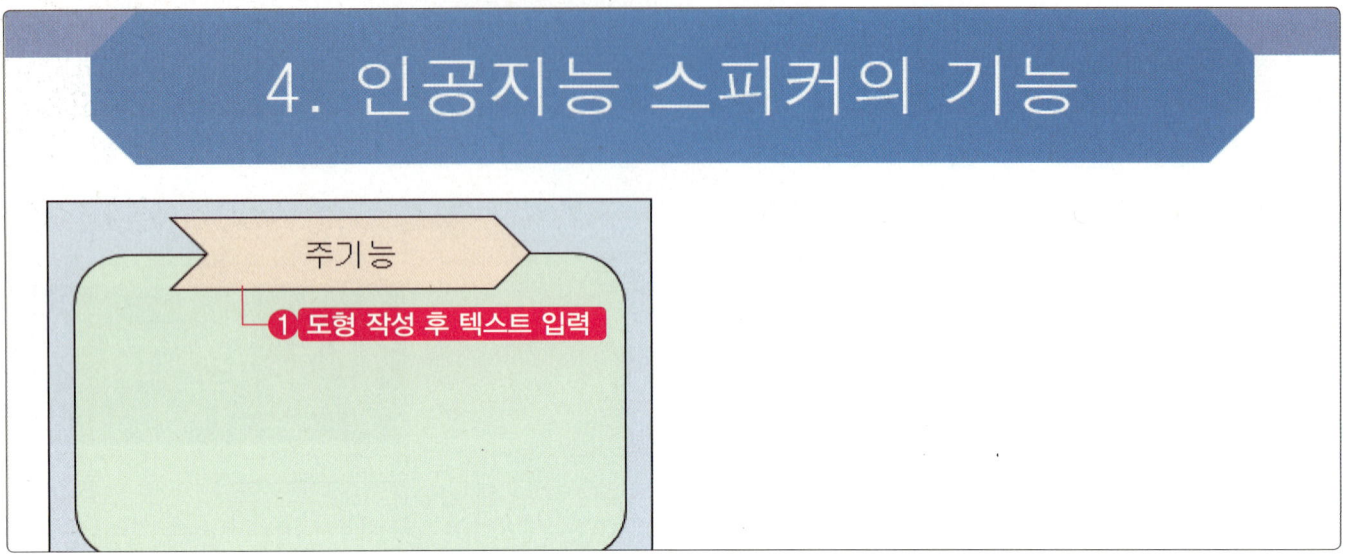

- 도형은 〔기본 도형으로 설정〕된 글꼴 및 글꼴 크기, 글꼴 색등이 적용되어 별도로 변경하지 않아도 됩니다.
- 단, 〔기본 도형으로 설정〕을 하지 않은 경우 〔홈〕 탭-〔글꼴〕 그룹에서 글꼴 및 글꼴 크기, 글꼴 색을 지정해줘야 합니다.

6 같은 방법으로 왼쪽 도형을 작성합니다.

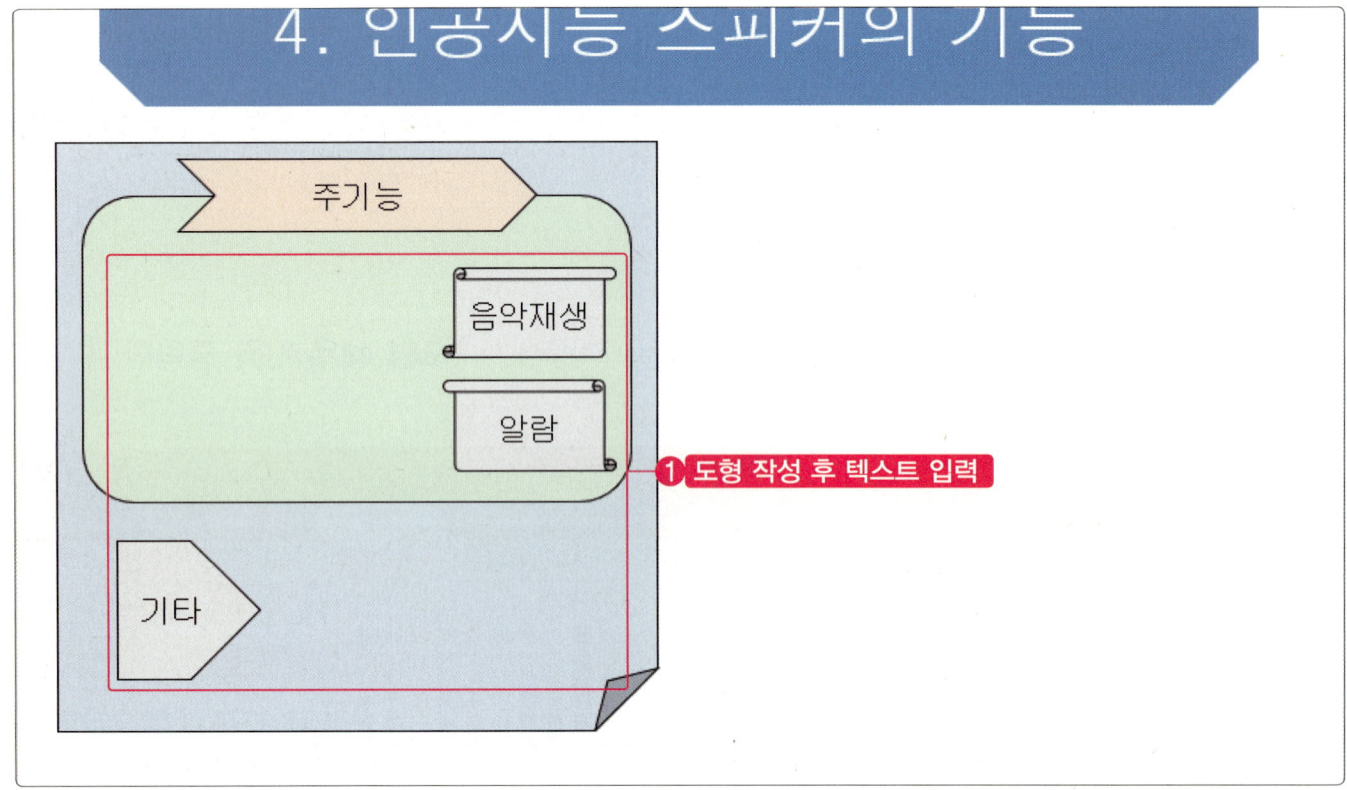

STEP 03 오른쪽 도형 작성하기

〈조건〉 (1) 슬라이드와 같이 도형 및 스마트아트를 배치한다.

1 왼쪽 배경 도형을 **선택**한 후 Ctrl+Shift를 누른 상태에서 오른쪽으로 드래그하여 배경 도형을 **복사**합니다.

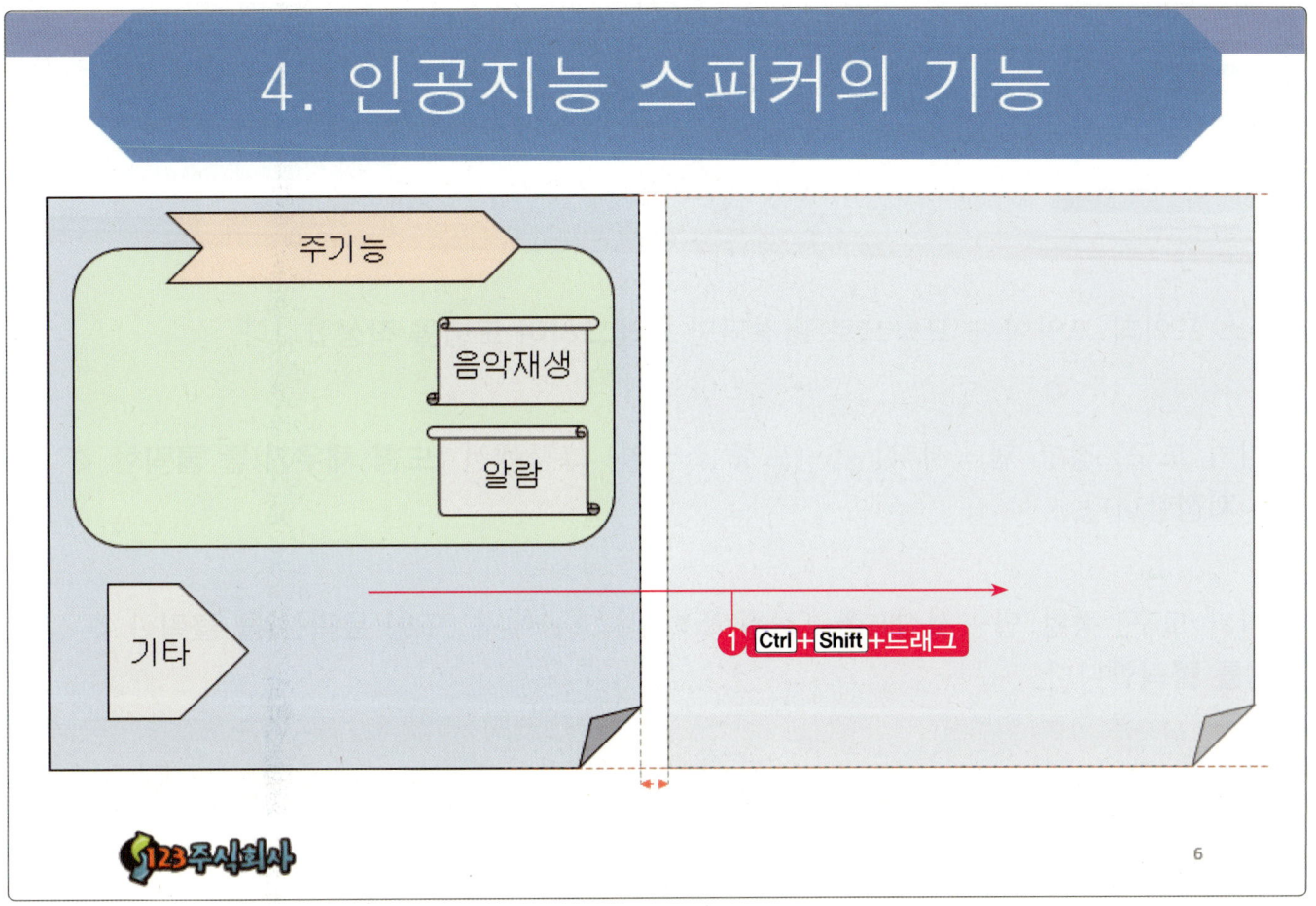

2 배경 도형이 복사되면 [그리기 도구] 정황 탭-[서식] 탭에서 [회전]을 **클릭**한 후 [상하 대칭]을 **클릭**합니다.

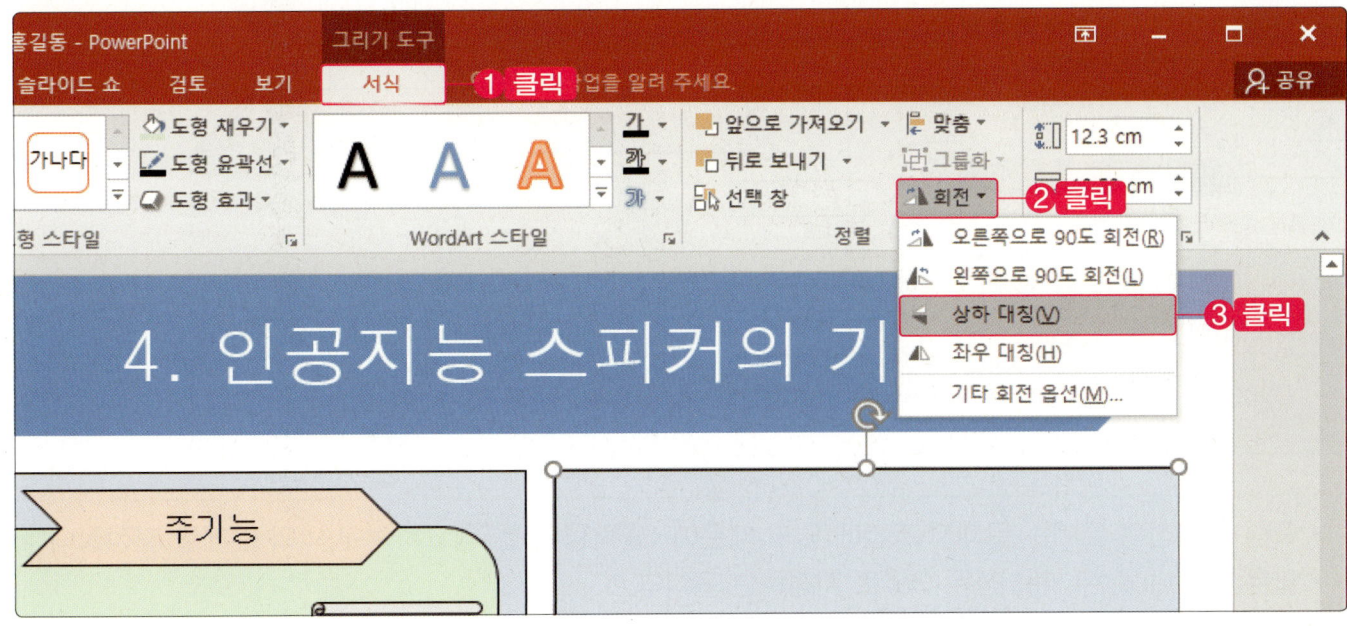

3 〔삽입〕 탭-〔일러스트레이션〕 그룹에서 〔도형〕을 **클릭**한 후 **직사각형(▢)**을 **클릭**합니다.

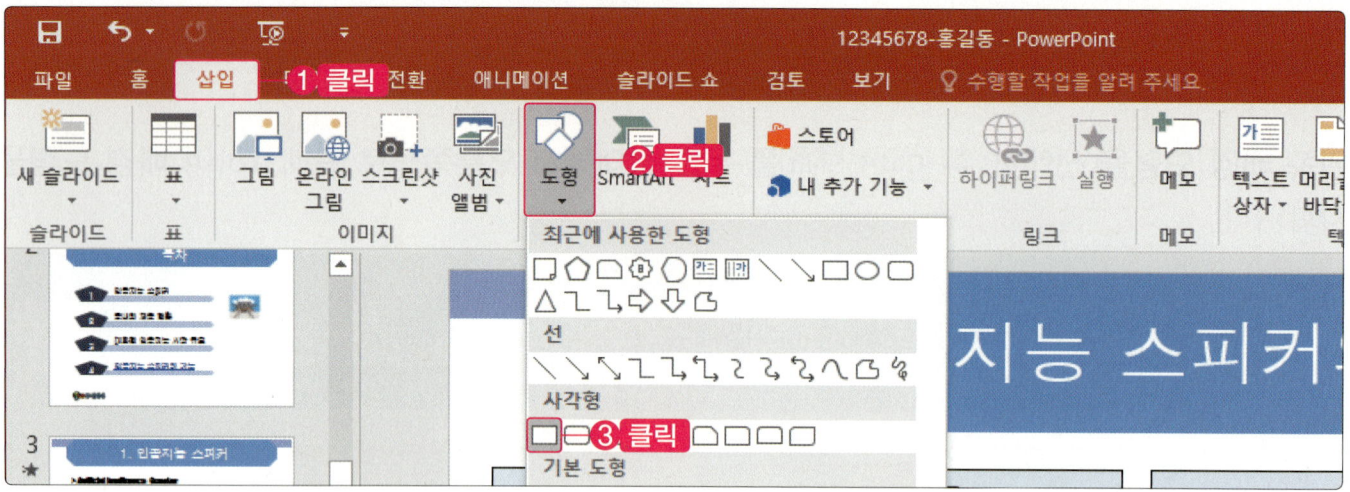

4 마우스 포인터 모양이 + 모양으로 변경되면 **드래그하여 도형을 작성**합니다.

5 〔그리기 도구〕 정황 탭-〔서식〕 탭-〔도형 스타일〕 그룹에서 〔도형 채우기〕를 **클릭**한 후 **임의의 색을 지정**합니다.

6 〔그리기 도구〕 정황 탭-〔서식〕 탭-〔도형 스타일〕 그룹에서 〔도형 윤곽선〕을 **클릭**한 후 〔두께〕- 〔3pt〕를 **클릭**합니다.

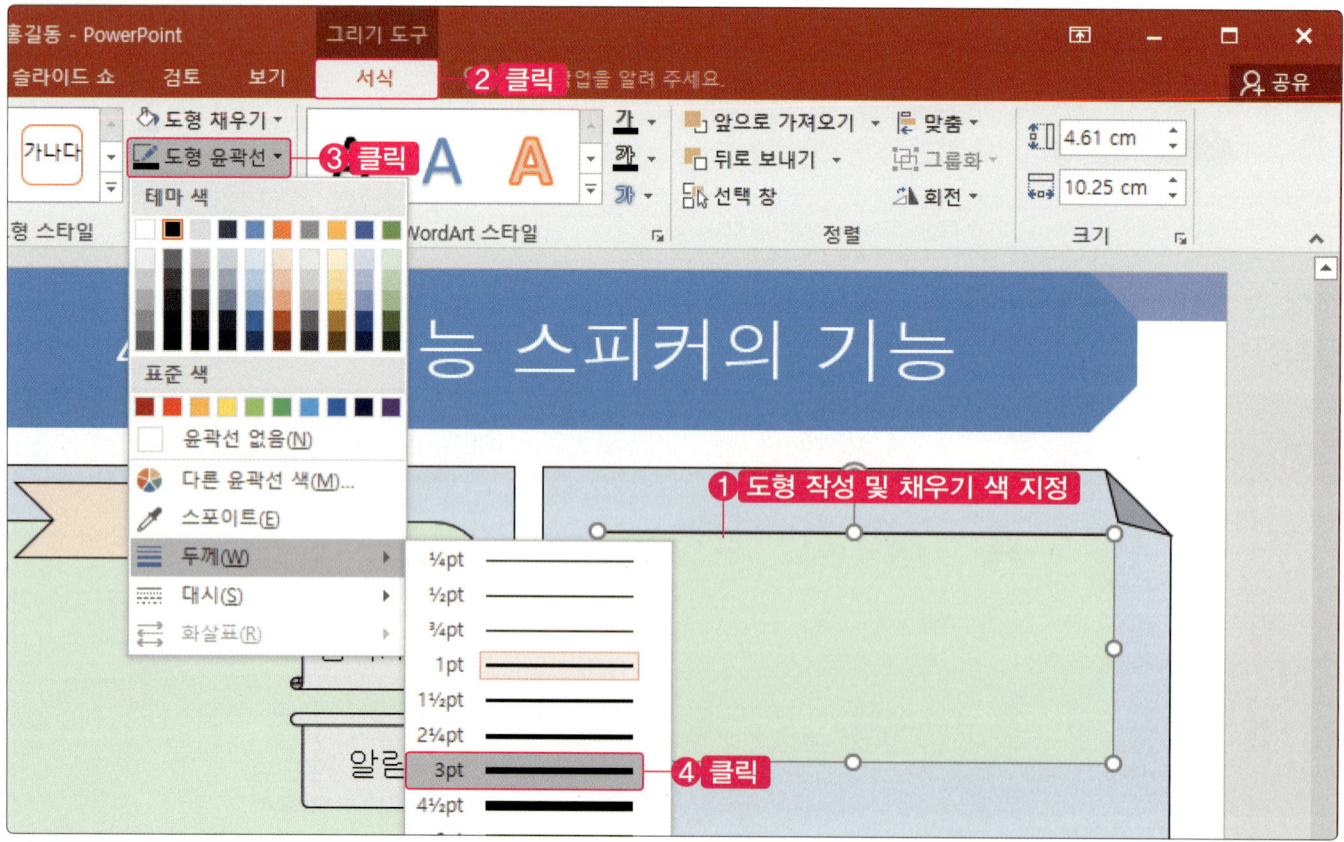

- 도형 윤곽선의 두께는 문제지 조건에 없기 때문에 〈출력형태〉를 참고하여 임의의 두께를 지정합니다.
- 얇은 선은 '1pt', 두꺼운 선은 '3pt'로 지정하면 됩니다.

7 〔그리기 도구〕 정황 탭-〔서식〕 탭-〔도형 스타일〕 그룹에서 〔**도형 윤곽선**〕을 **클릭**한 후 〔대시〕-〔**파선(- - - -)**〕을 **클릭**합니다.

8 〔삽입〕 탭-〔일러스트레이션〕 그룹에서 〔**도형**〕을 **클릭**한 후 〔**왼쪽/오른쪽 화살표 설명선(⊕)**〕을 **클릭**합니다.

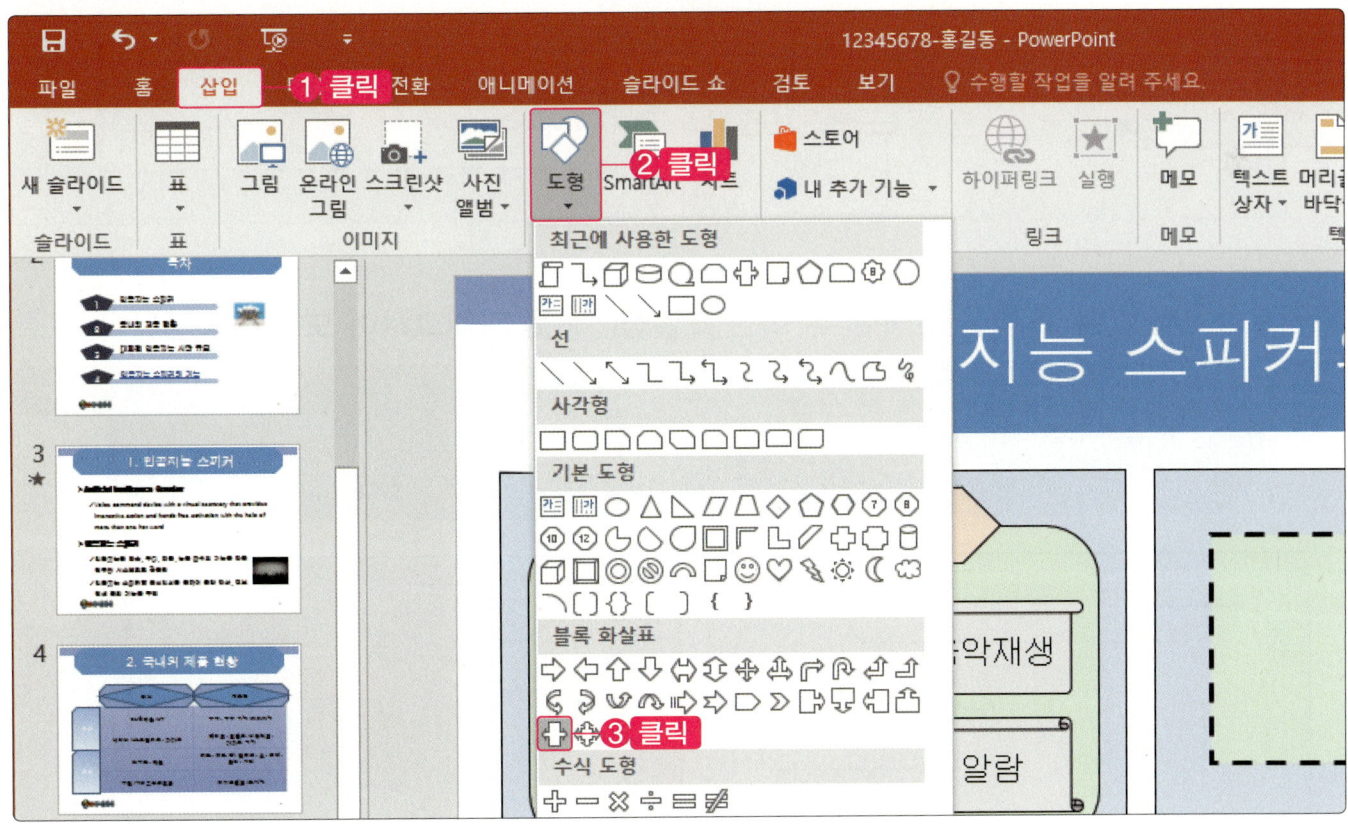

9 마우스 포인터 모양이 + 모양으로 변경되면 **드래그하여 도형을 작성**합니다.

Chapter 08 · 도형 슬라이드 **131**

10 모양 조절점(○)을 드래그하여 도형 모양을 변경합니다.

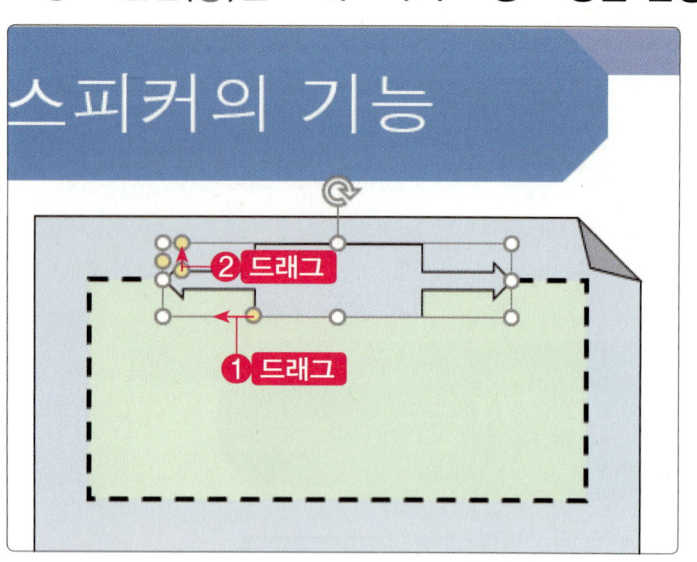
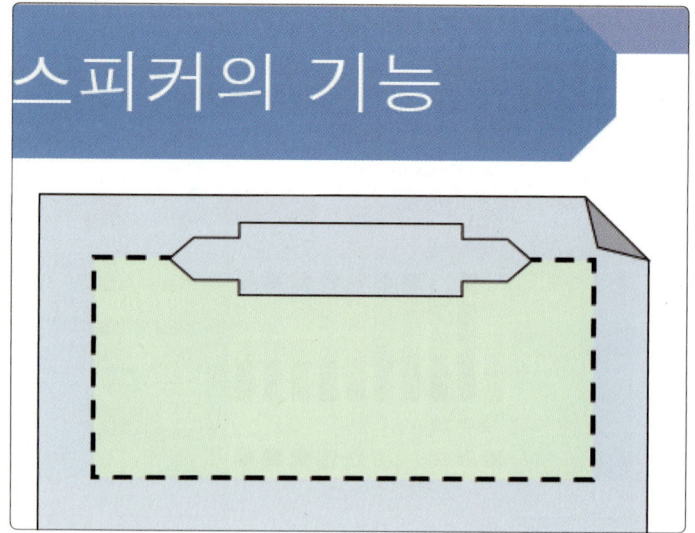

11 다음과 같이 도형을 작성합니다.

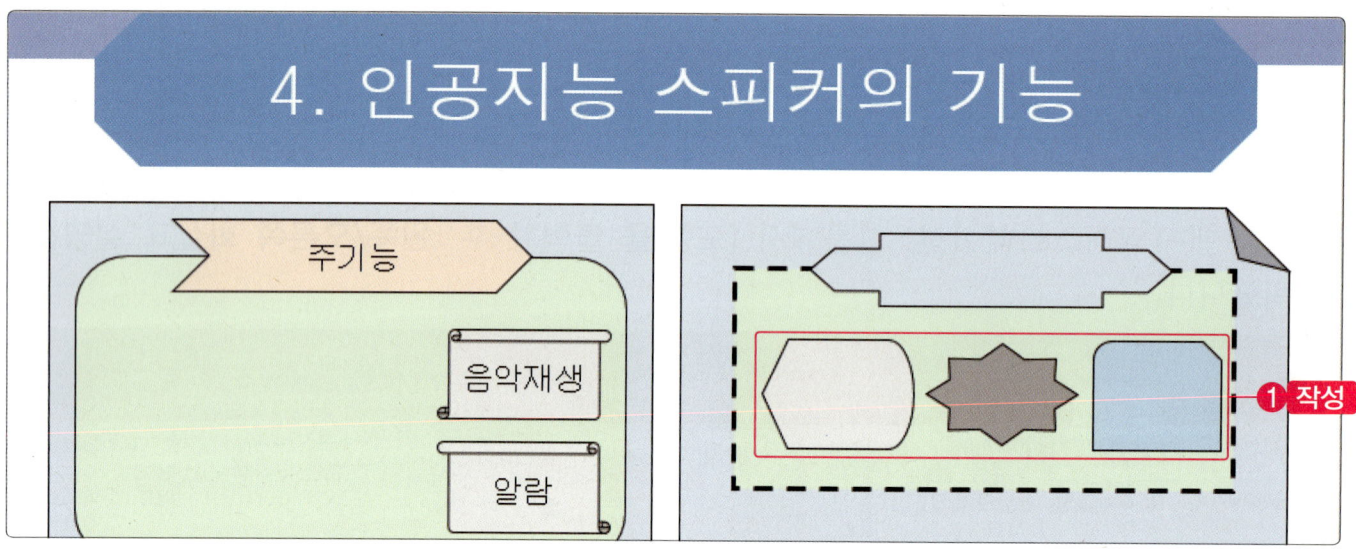

12 '포인트가 8개인 별' 도형을 선택한 후 회전 조절점(⟳)을 드래그하여 도형을 회전합니다.

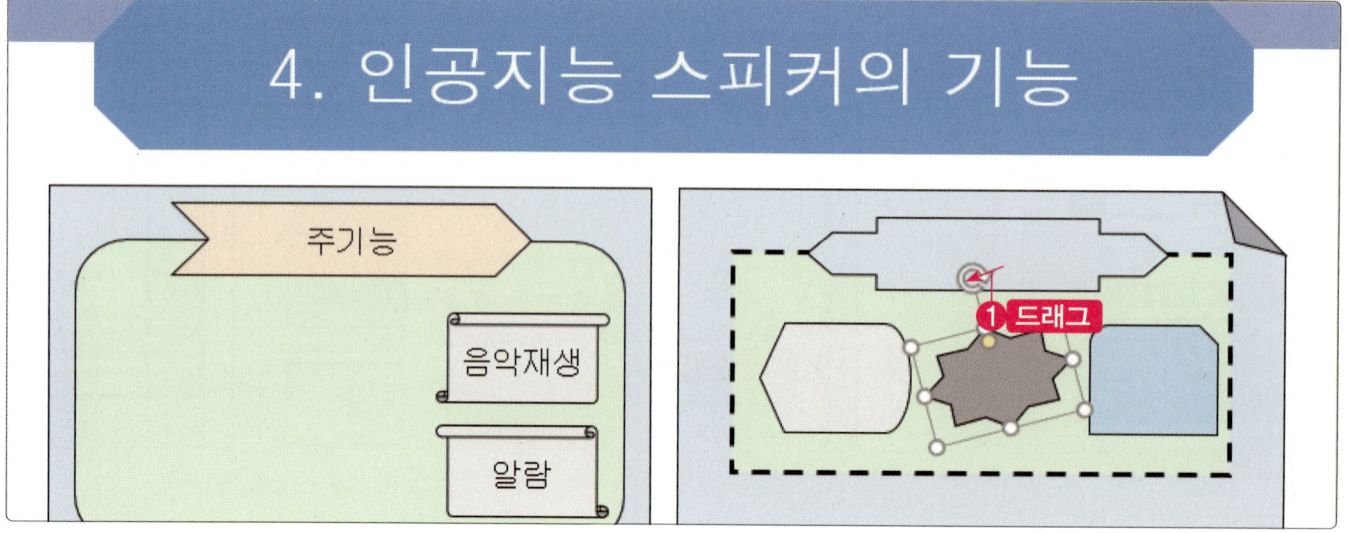

Shift 를 누르고 드래그하면 15°씩 회전합니다.

13 같은 방법으로 '한쪽 모서리는 잘리고 다른 쪽 모서리는 둥근 사각형' 도형을 선택한 후 회전 조절점(⟳)을 드래그하여 도형을 회전합니다.

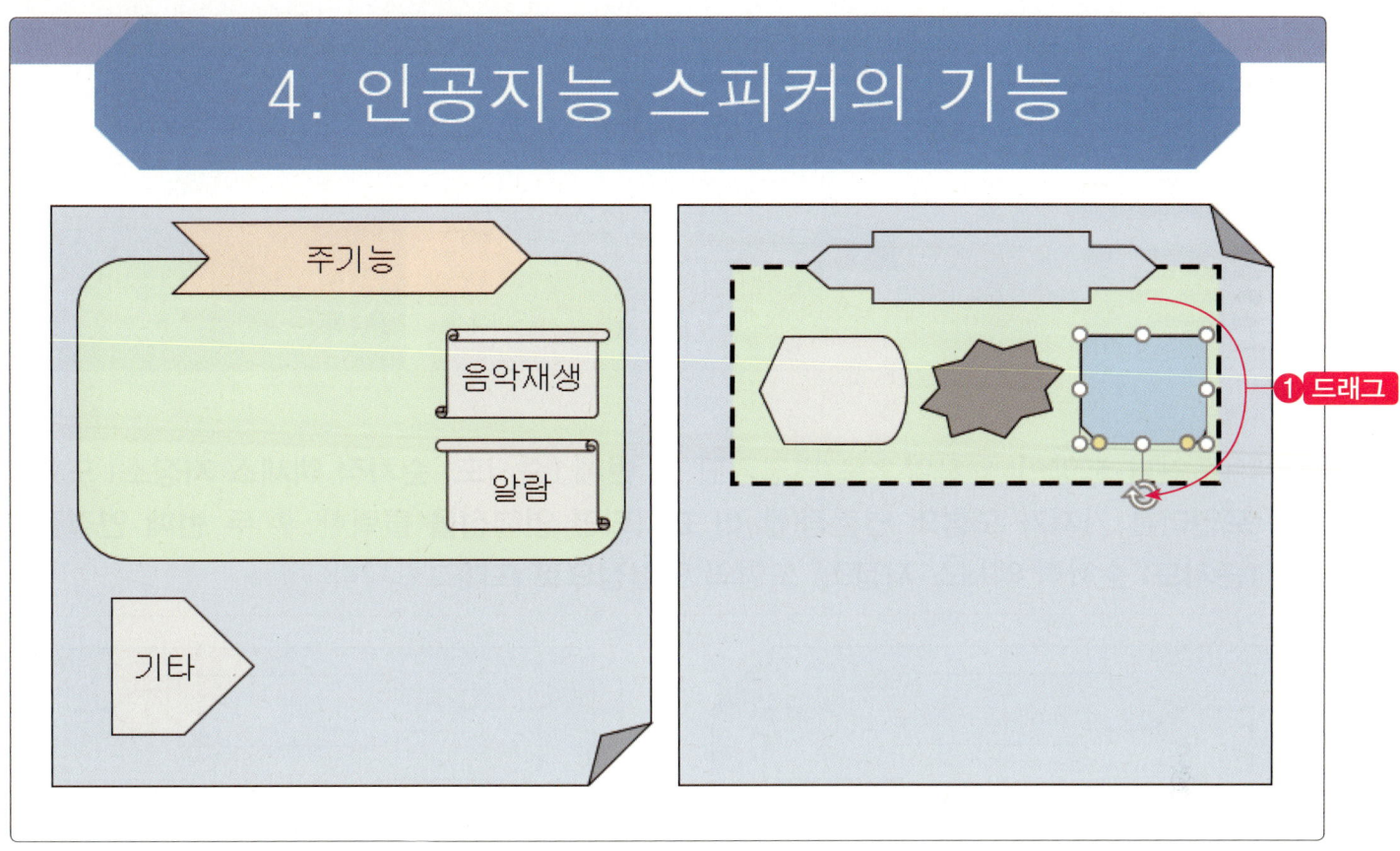

14 같은 방법으로 나머지 도형을 작성합니다.

15 〔삽입〕 탭-〔일러스트레이션〕 그룹에서 〔도형〕을 클릭한 후 〔꺾인 화살표 연결선(⌐)〕을 클릭합니다.

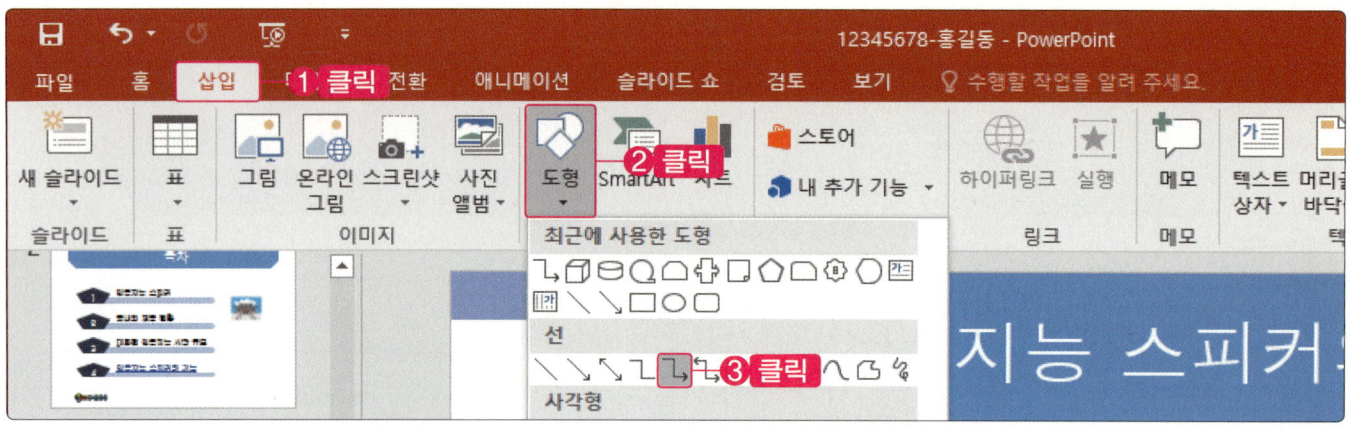

16 마우스 포인터 모양이 + 모양으로 변경되면 **첫 번째 〔순서도: 순차적 액세스 저장소〕 도형**에 마우스 포인터를 가져가 도형의 연결점(●)이 표시되면 연결점을 클릭한 후 두 번째 연결점을 두 번째 〔순서도: 순차적 액세스 저장소〕 도형의 연결점으로 드래그합니다.

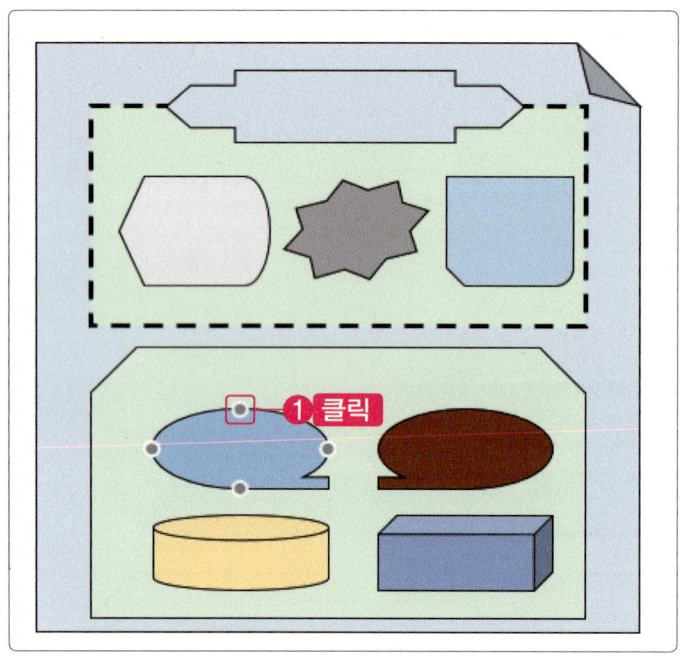 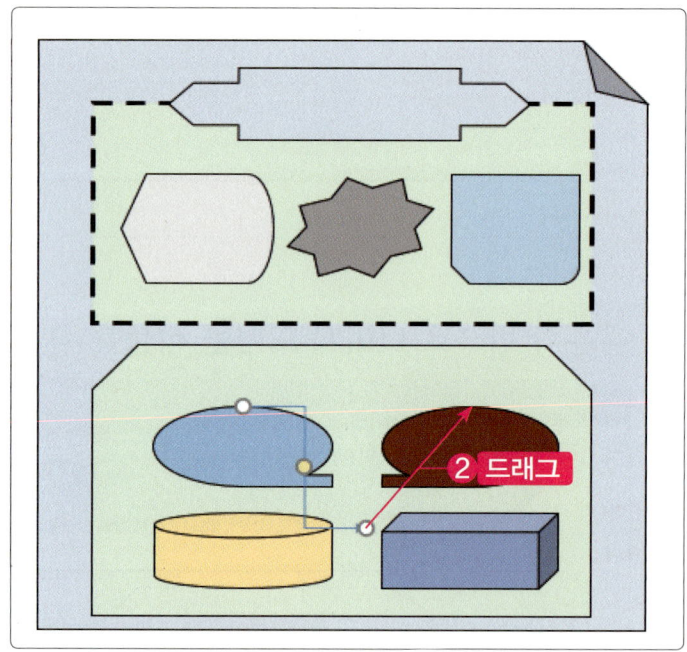

134 파워포인트 2016

17 〔그리기 도구〕 정황 탭-〔서식〕 탭-〔도형 스타일〕 그룹에서 〔도형 윤곽선〕을 클릭한 후 〔**검정, 텍스트 1**〕을 클릭합니다.

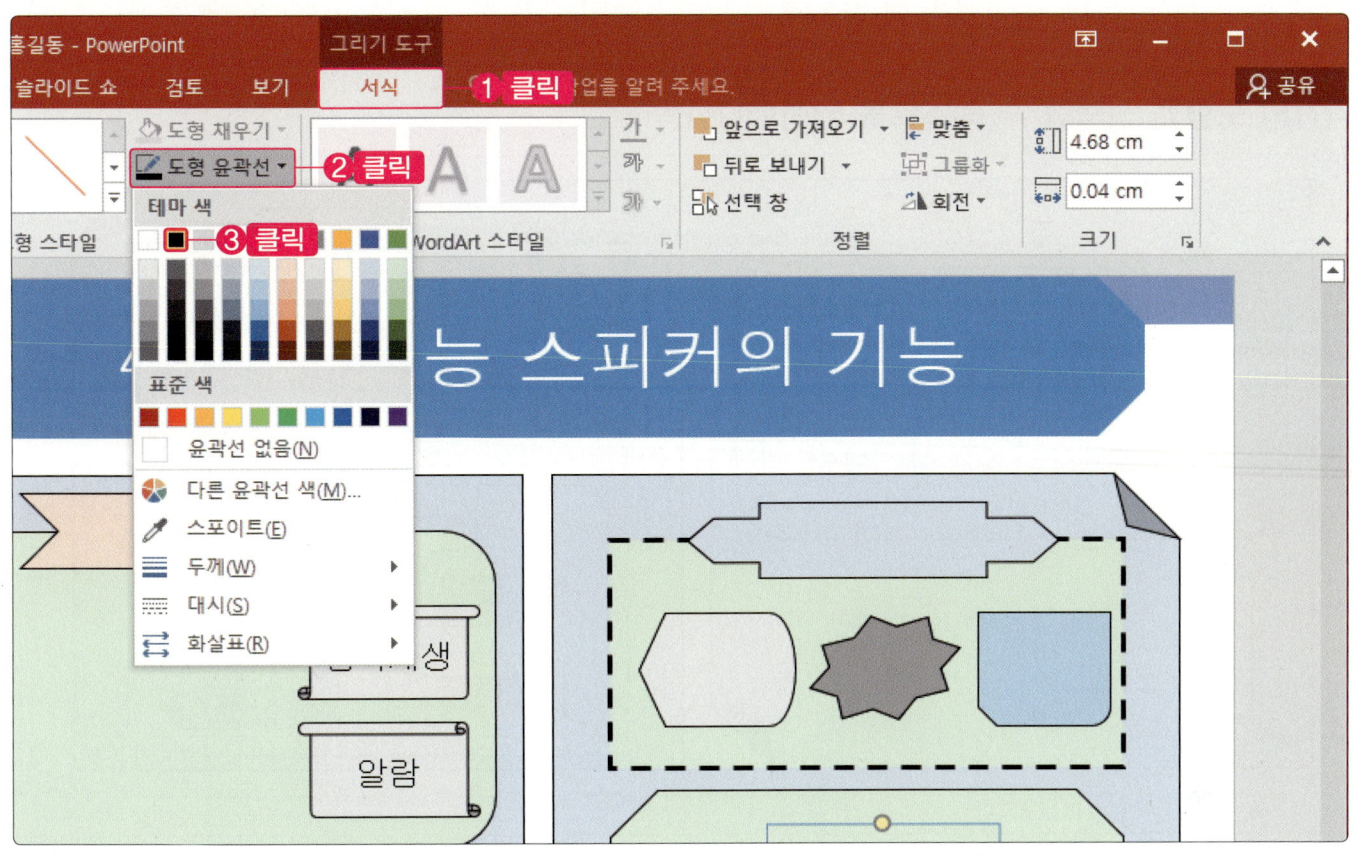

18 〔그리기 도구〕 정황 탭-〔서식〕 탭-〔도형 스타일〕 그룹에서 〔**도형 윤곽선**〕을 클릭한 후 〔두께〕-〔**2¼ pt**〕를 클릭합니다.

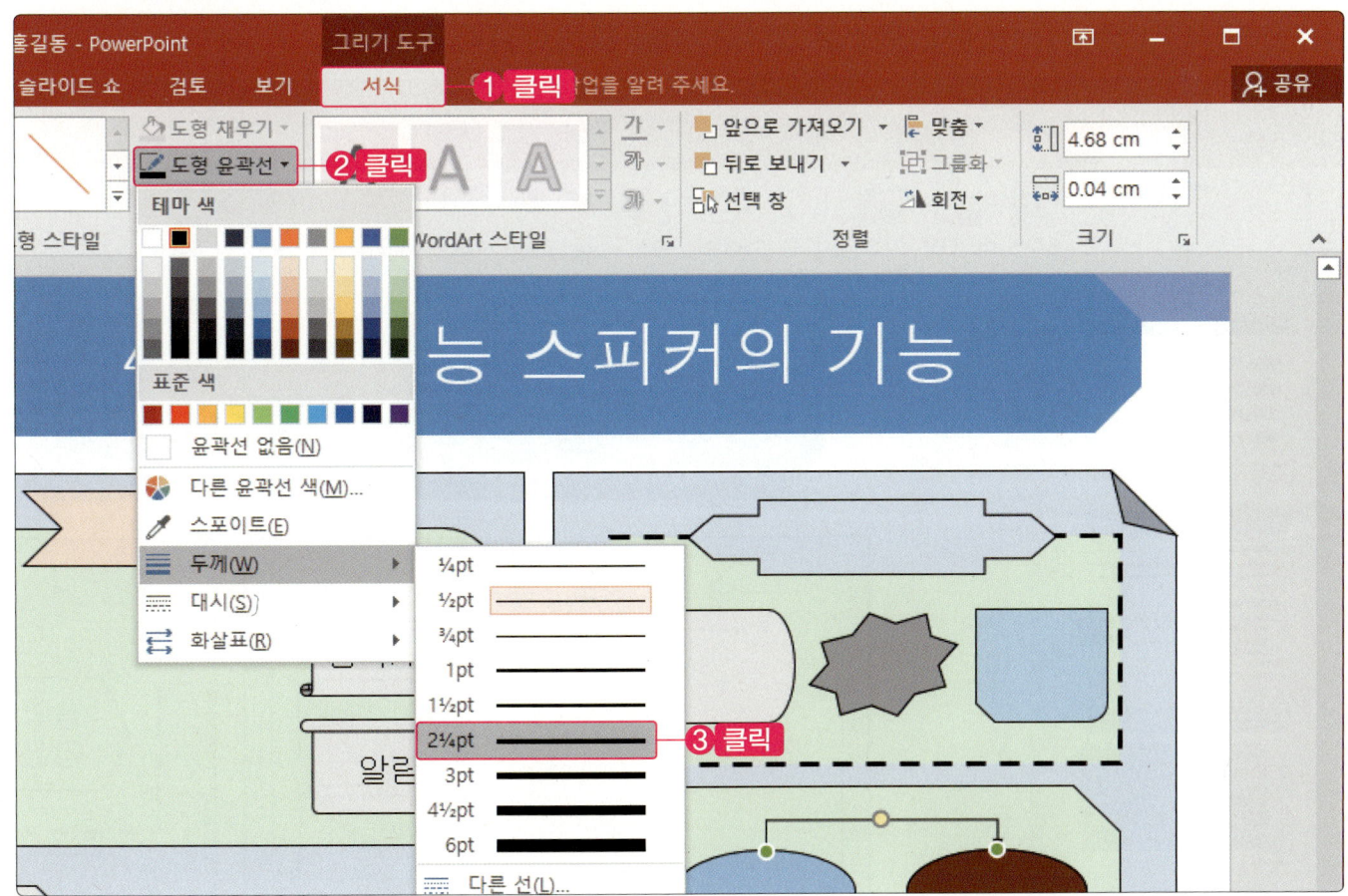

Chapter 08 · 도형 슬라이드 **135**

STEP 04 텍스트 상자 삽입하기

〈조건〉 (1) 슬라이드와 같이 도형 및 스마트아트를 배치한다(글꼴 : 굴림, 18pt).

1 각각의 **도형을 선택**한 후 **텍스트를 입력**합니다.

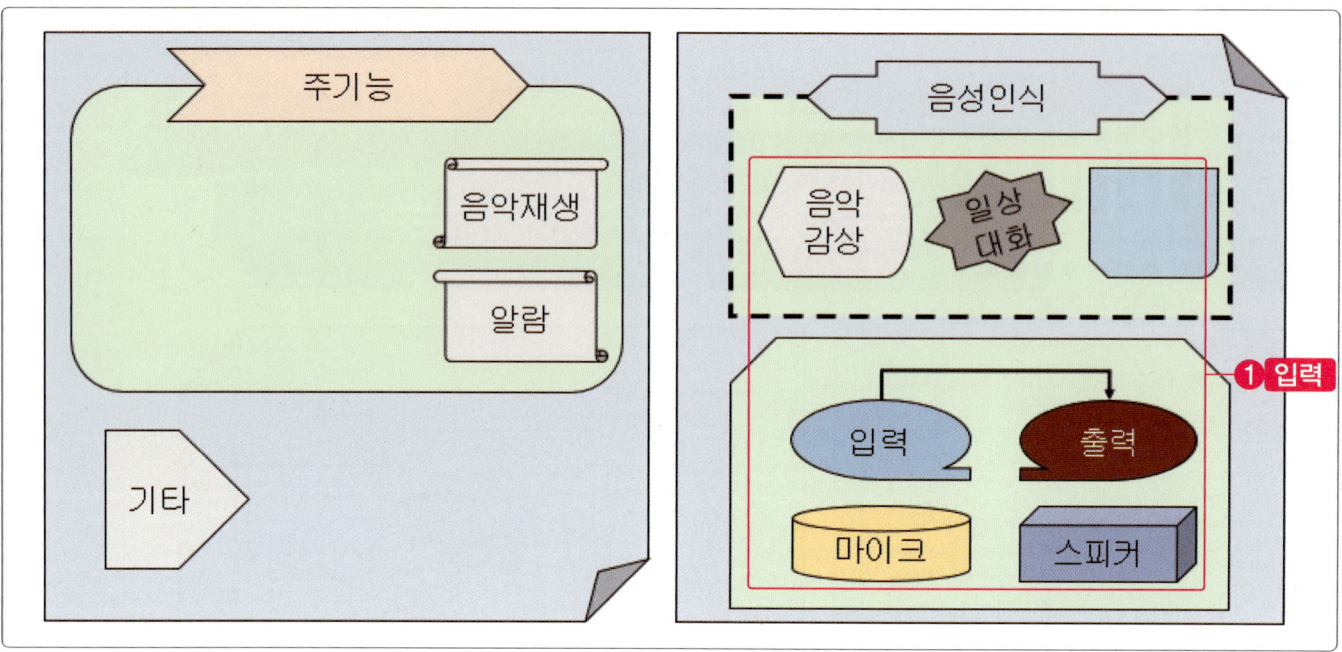

'출력' 텍스트를 입력한 후 드래그하여 블록으로 설정한 후 〔홈〕 탭-〔글꼴〕 그룹에서 글꼴 색(흰색, 배경 1)을 선택합니다.

2 〔삽입〕 탭-〔텍스트〕 그룹에서 **텍스트 상자(가)를 클릭**합니다.

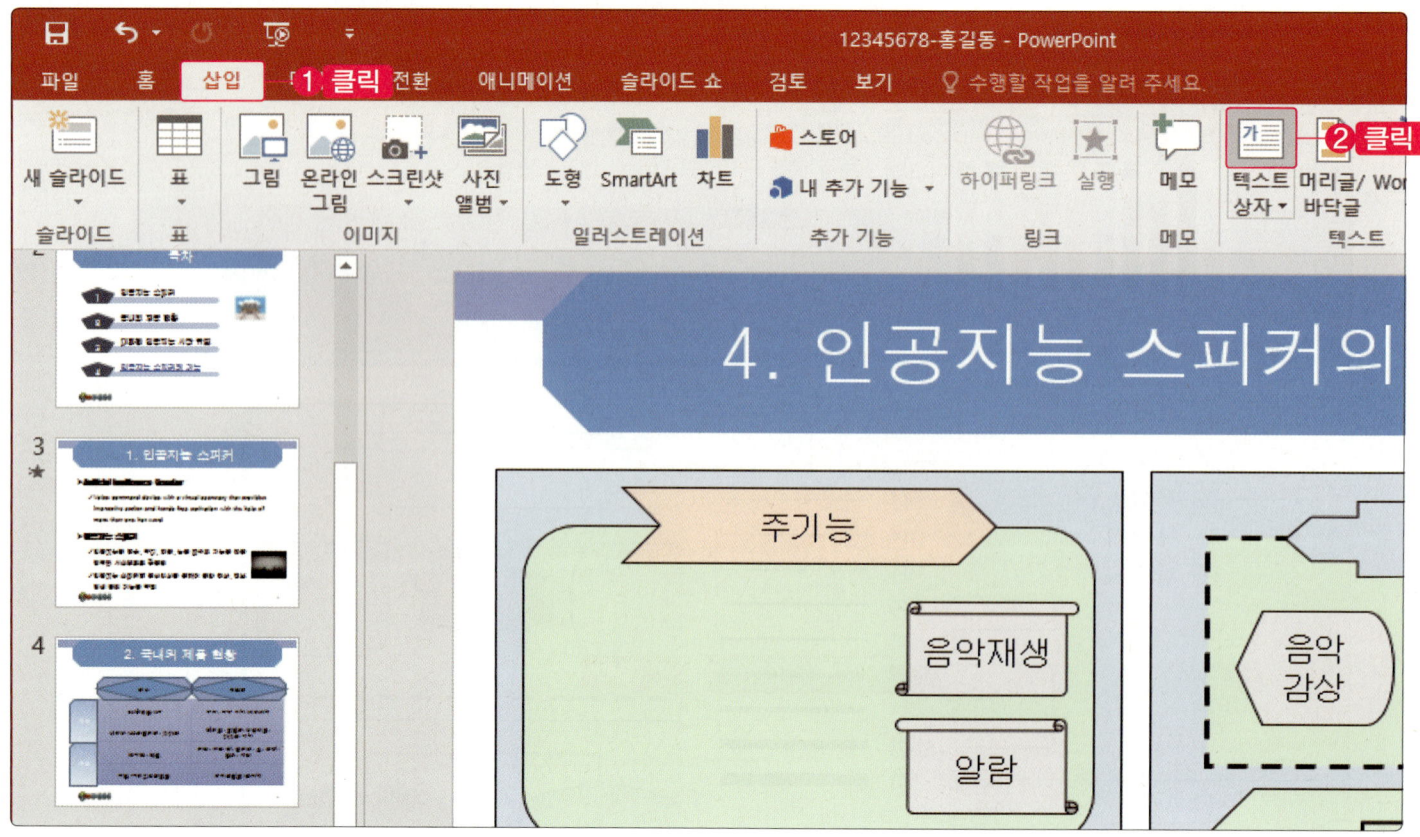

〈조건〉　(1) 슬라이드와 같이 도형 및 스마트아트를 배치한다(글꼴 : 굴림, 18pt).

3 텍스트 상자를 작성하기 위해 **빈 공간을 클릭**한 후 **텍스트를 입력**합니다.

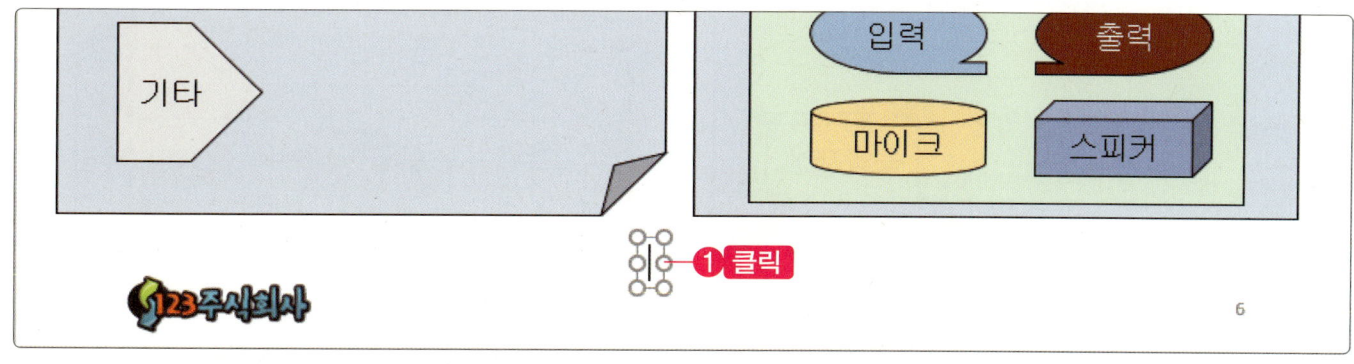

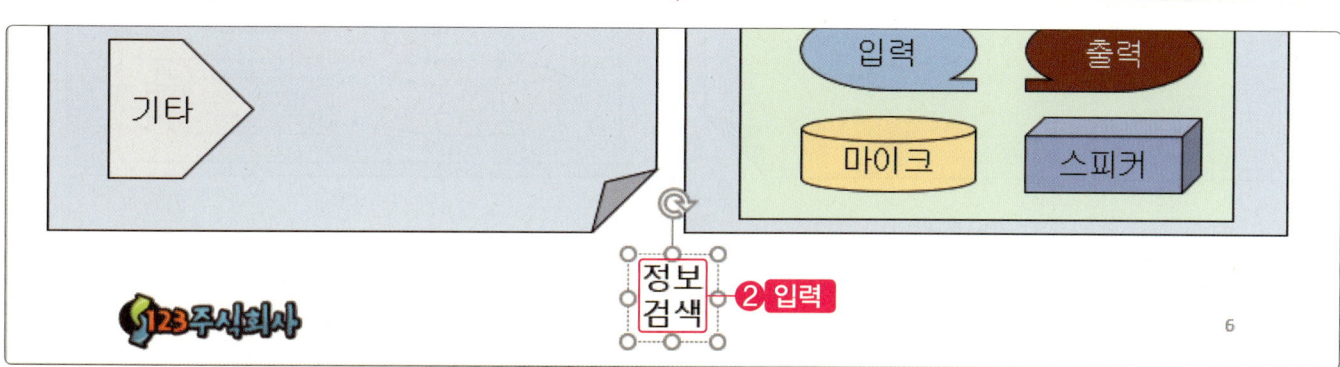

'텍스트 상자(㉠)'를 선택한 상태에서 도형을 클릭하면 도형에 텍스트 입력 모드가 됩니다. 그렇기 때문에 빈 공간을 클릭한 후 텍스트 상자를 작성합니다.

4 텍스트를 드래그하여 블록으로 설정한 후 [홈] 탭-[글꼴] 그룹에서 **글꼴(굴림)과 글꼴 크기(18)를 선택**합니다.

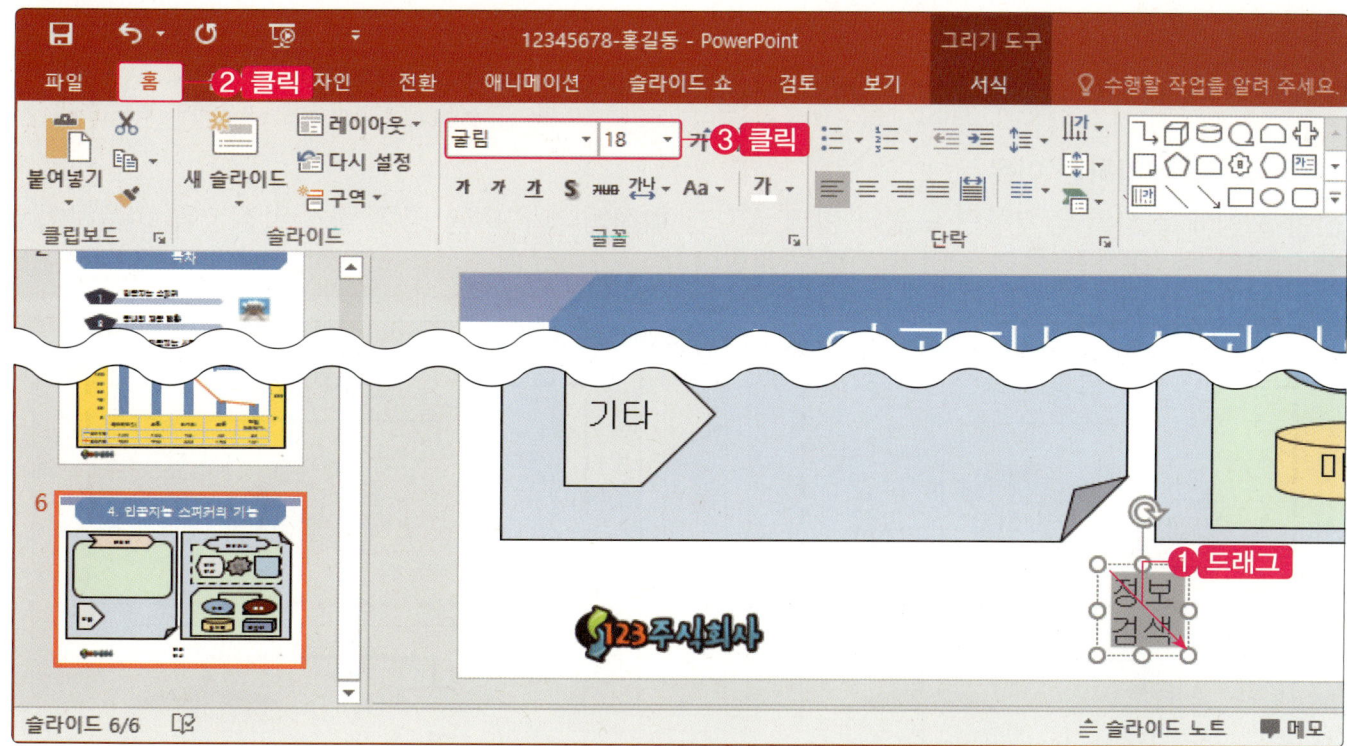

Chapter 08 · 도형 슬라이드　**137**

5 텍스트 상자를 '한쪽 모서리는 잘리고 다른 쪽 모서리는 둥근 사각형(◰)' 도형 위로 드래그하여 텍스트 상자를 배치합니다.

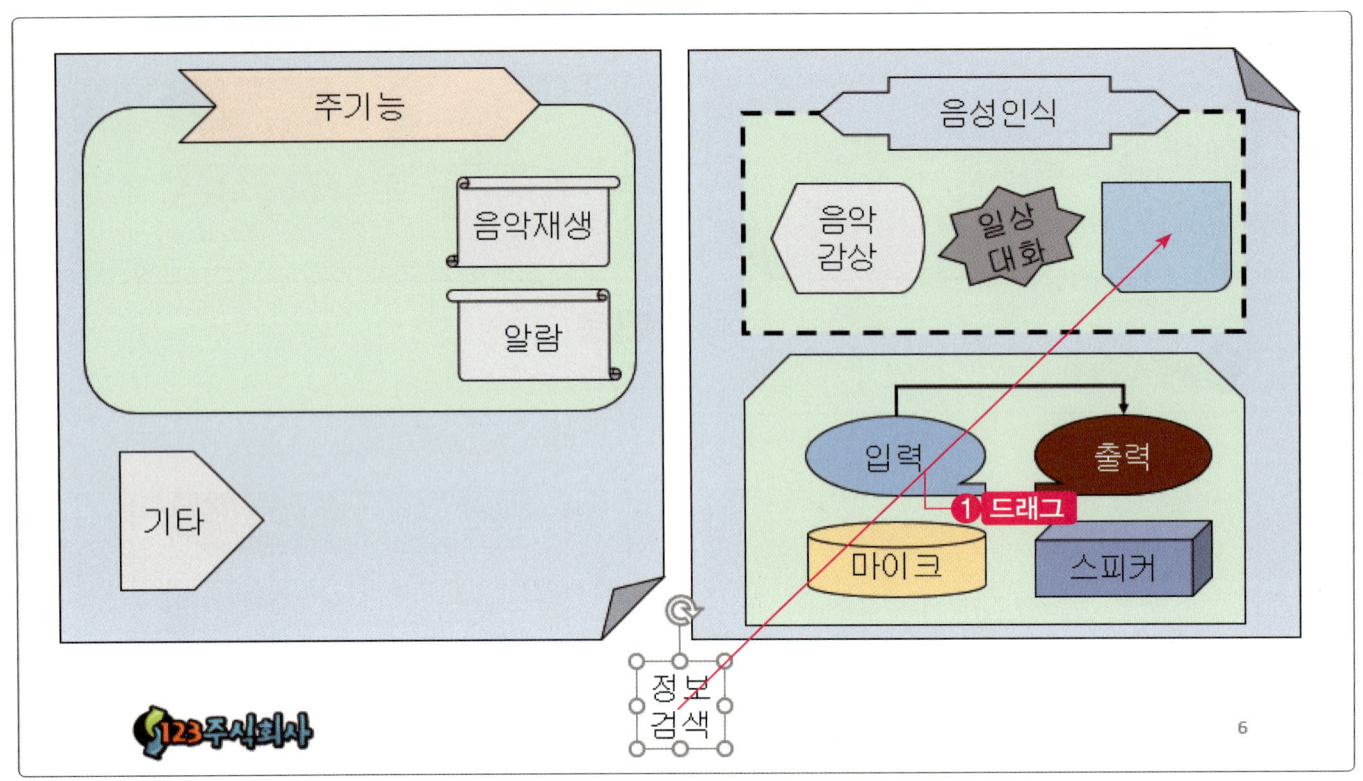

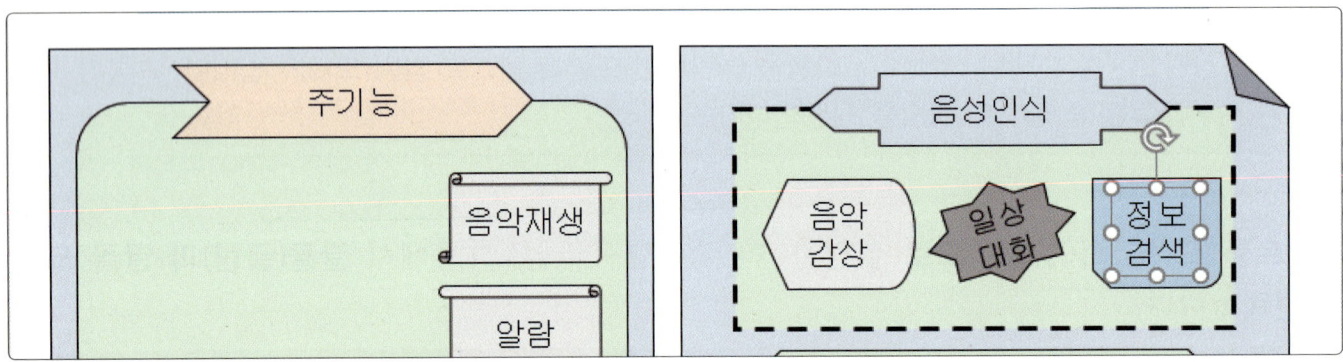

텍스트 상자를 삽입하는 이유

회전한 도형에 글자를 입력하면 도형과 함께 글자가 회전됩니다. 이럴 경우 텍스트 상자를 이용하여 글자를 입력한 후 〈출력형태〉와 같이 위치를 변경합니다.

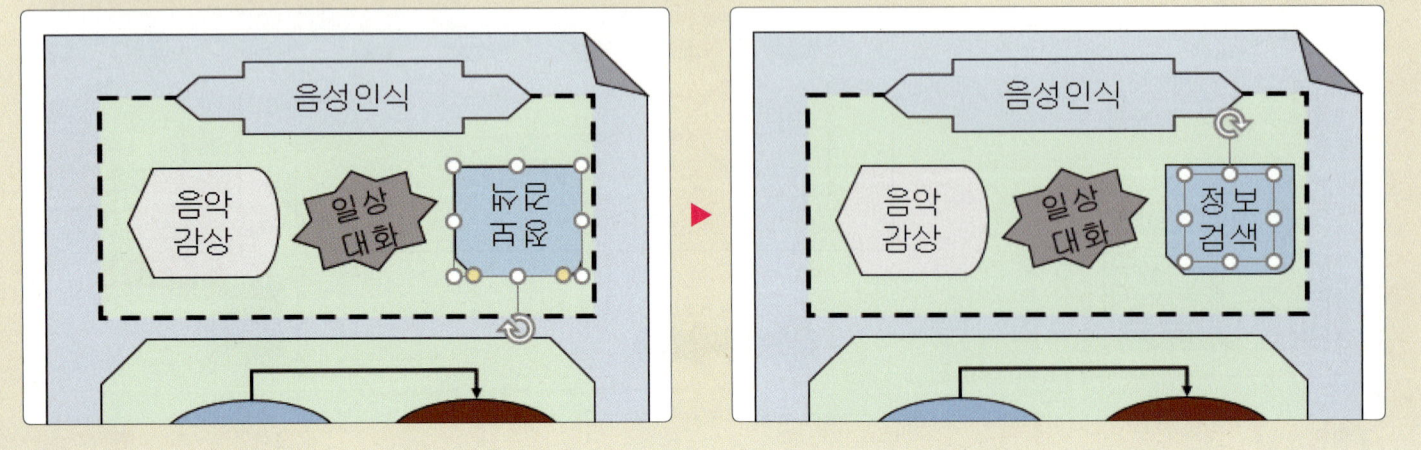

텍스트 방향 변경하기

도형 또는 텍스트 상자에서 텍스트를 읽는 방향을 변경할 수 있습니다. 즉, 텍스트를 세로로 쓰거나 세워쓰거나 원하는 방향으로 회전합니다.

다음과 같이 도형과 텍스트가 같이 회전된 경우 [홈] 탭-[단락] 그룹에서 [텍스트 방향(|||가)]을 클릭한 후 [모든 텍스트 270도 회전]을 클릭합니다.

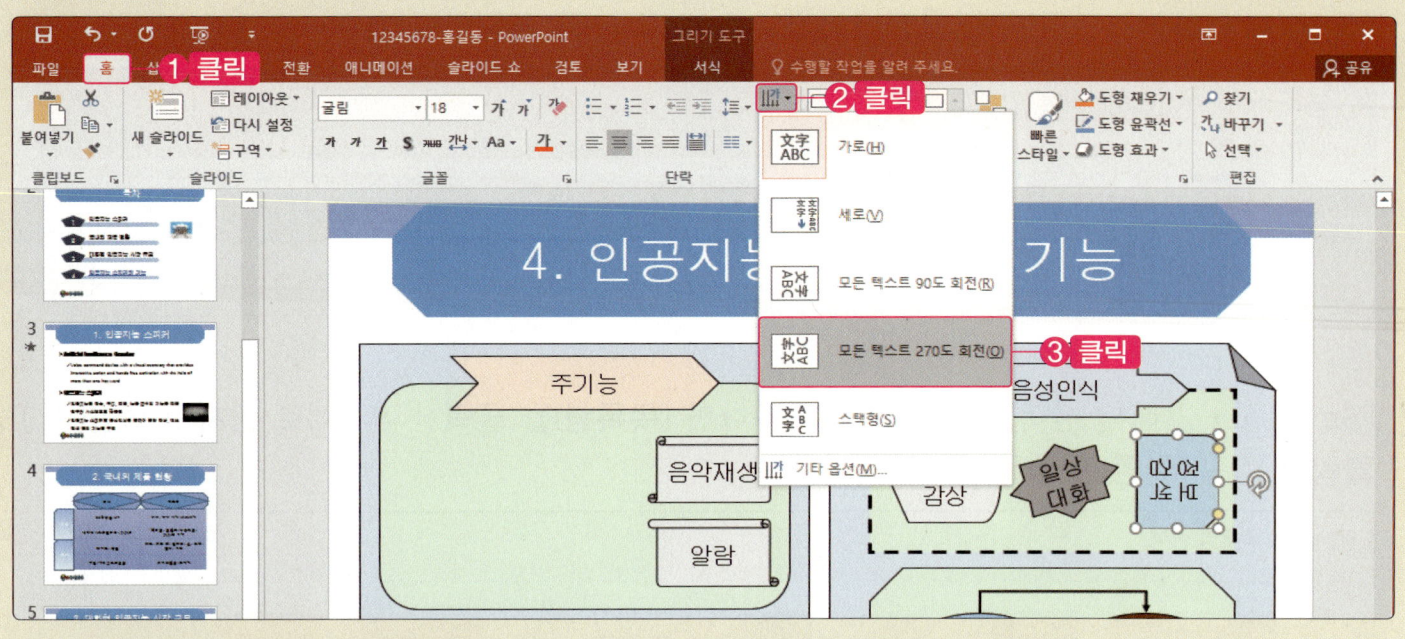

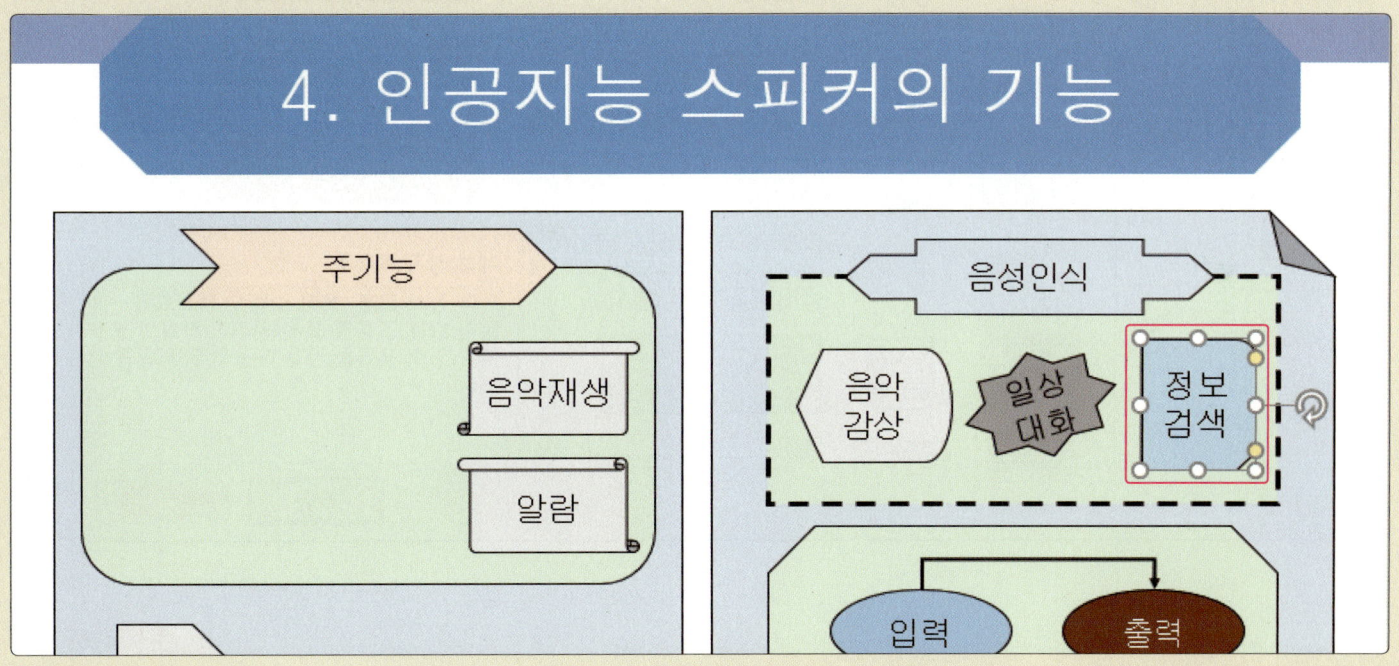

텍스트 방향 알아보기

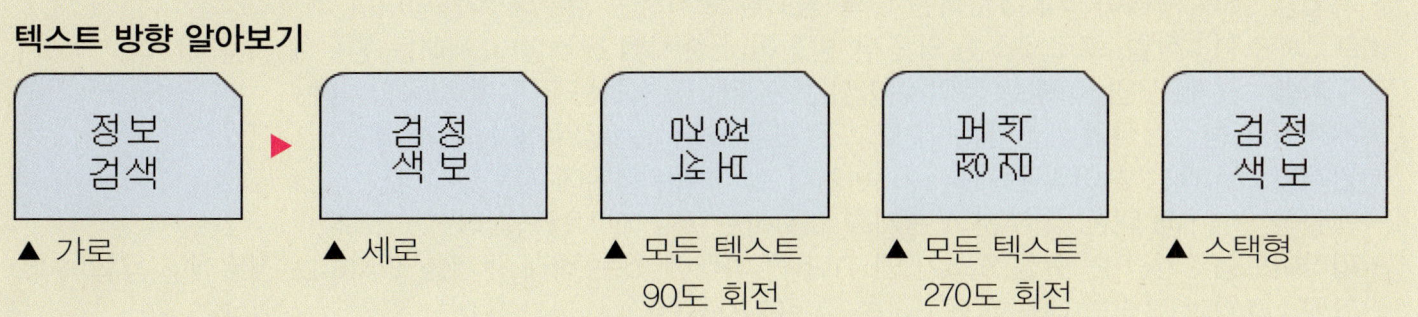

▲ 가로 　　▲ 세로 　　▲ 모든 텍스트 90도 회전 　　▲ 모든 텍스트 270도 회전 　　▲ 스택형

STEP 05 스마트아트(SmartArt) 작성하기

〈조건〉 (1) 슬라이드와 같이 도형 및 스마트아트를 배치한다(글꼴 : 굴림, 18pt).
① 도형 및 스마트아트 편집
– 스마트아트 디자인 : 3차원 만화, 3차원 경사

1 〔삽입〕 탭-〔일러스트레이션〕 그룹에서 〔SmartArt(📋)〕를 클릭합니다.

2 〔SmartArt 그래픽 선택〕 대화상자가 나타나면 〔목록형〕을 클릭한 후 〔세로 상자 목록형(📋)〕을 클릭한 다음 〔확인〕 단추를 클릭합니다.

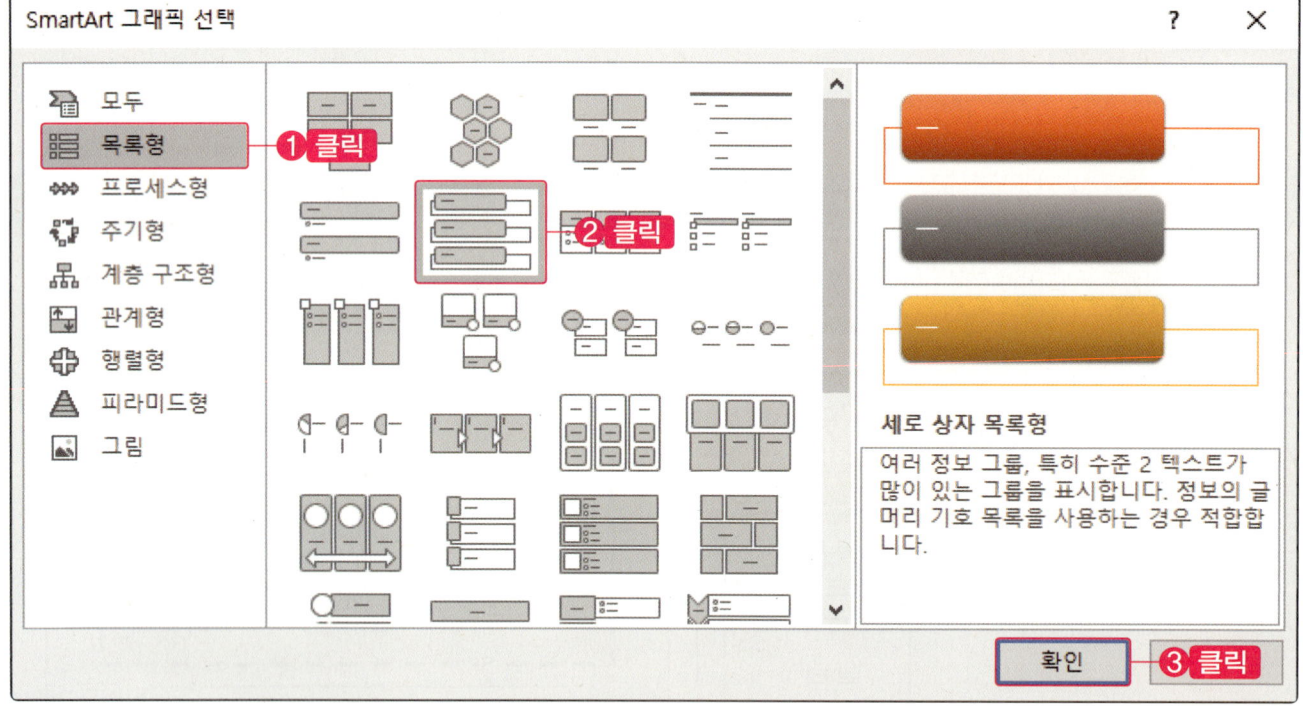

> **한가지 더!**
>
> **스마트아트(SmartArt)의 종류**
> - **목록형** : 비순차적이거나 그룹화된 블록 정보를 표시하는 경우에 사용합니다.
> - **프로세스형** : 작업, 프로세스 등의 진행 방향이나 순차적 단계를 표시하는 경우에 사용합니다.
> - **주기형** : 단계, 작업, 이벤트 등의 이어지는 순서를 표시하는 경우에 사용합니다.
> - **계층 구조형** : 조직의 계층 정보나 보고 관계를 표시하는 경우에 사용합니다.
> - **관계형** : 두 내용 사이의 관계를 비교하거나 표시하는 경우에 사용합니다.
> - **행렬형** : 전체에 대한 각 부분의 관계를 표시하는 경우에 사용합니다.
> - **피라미드형** : 가장 큰 구성 요소가 맨 위나 맨 아래에 있는 비례 관계를 표시하는 경우에 사용합니다.
> - **그림** : 그림과 그림의 내용을 표시하는 경우에 사용합니다.

3 스마트아트의 **도형을 클릭**하여 **내용(대화, 메모, 뉴스)을 입력**합니다.

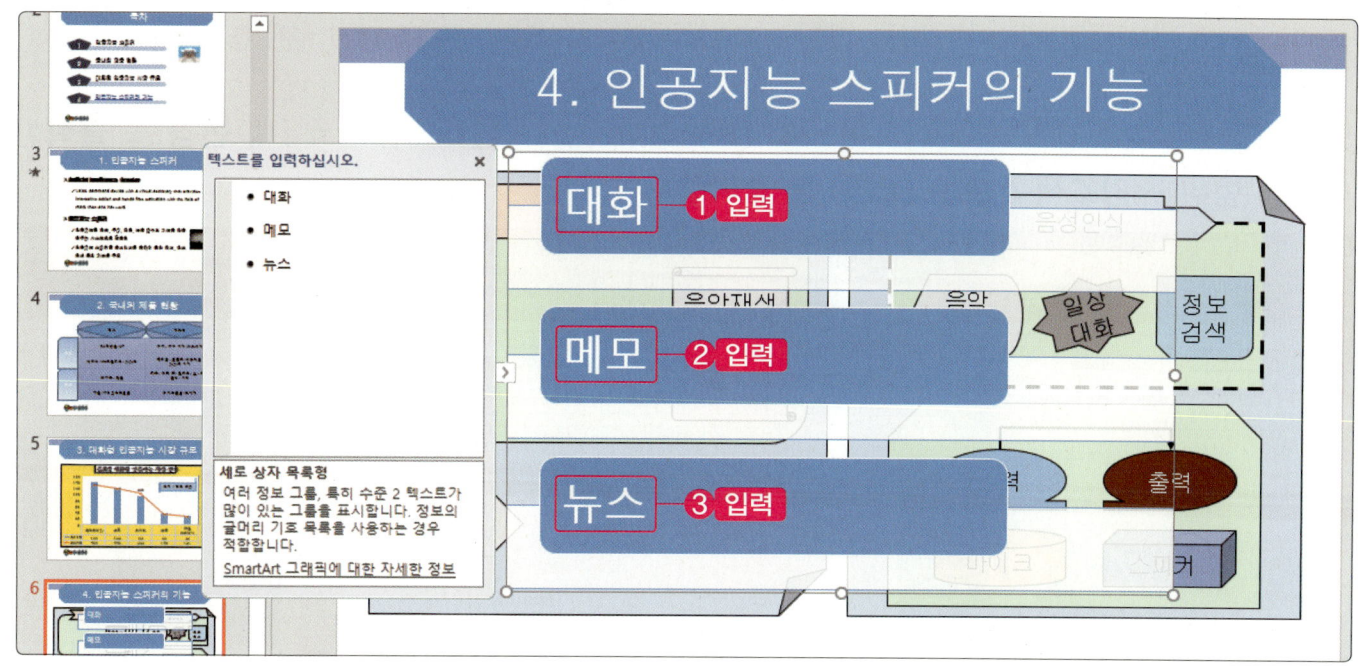

스마트아트(SmartArt) 텍스트 창 입력하기

스마트아트(SmartArt)에 텍스트를 입력하는 방법은 왼쪽 텍스트 창을 이용하여 입력하는 방법과 오른쪽에 표시된 스마트아트(SmartArt) 개체를 직접 클릭하여 입력하는 방법이 있습니다. 만약, 텍스트 창이 표시되지 않을 경우 왼쪽에 표시된 텍스트 창 화살표(◁)를 클릭하면 표시되며, 텍스트 입력란의 [닫기(✖)]를 클릭하면 숨길 수 있습니다.

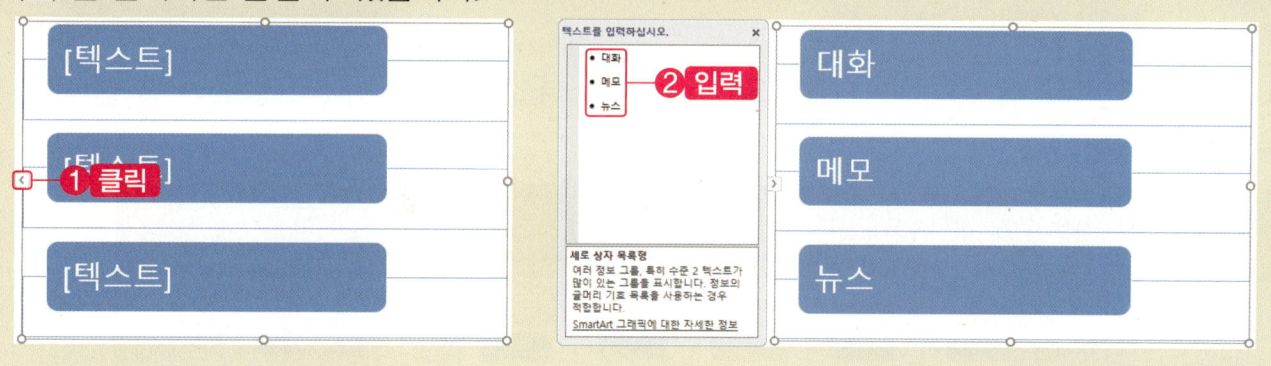

4 **크기 조절점을 드래그**하여 **크기를 조절**한 후 **위치를 이동**합니다.

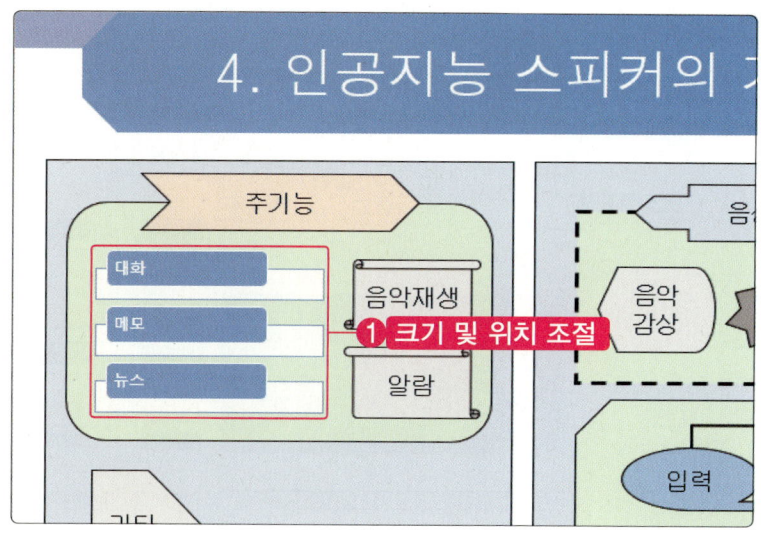

<조건>　(1) 슬라이드와 같이 도형 및 스마트아트를 배치한다(글꼴 : 굴림, 18pt).
　　　　① 도형 및 스마트아트 편집 – 스마트아트 디자인 : 3차원 만화, 3차원 경사

5 〔SmartArt 도구〕 정황 탭–〔디자인〕 탭–〔SmartArt 스타일〕 그룹에서 〔**색 변경**〕을 **클릭**한 후 〔**색상형 범위 – 강조색 4 또는 5(▤)**〕를 **클릭**합니다.

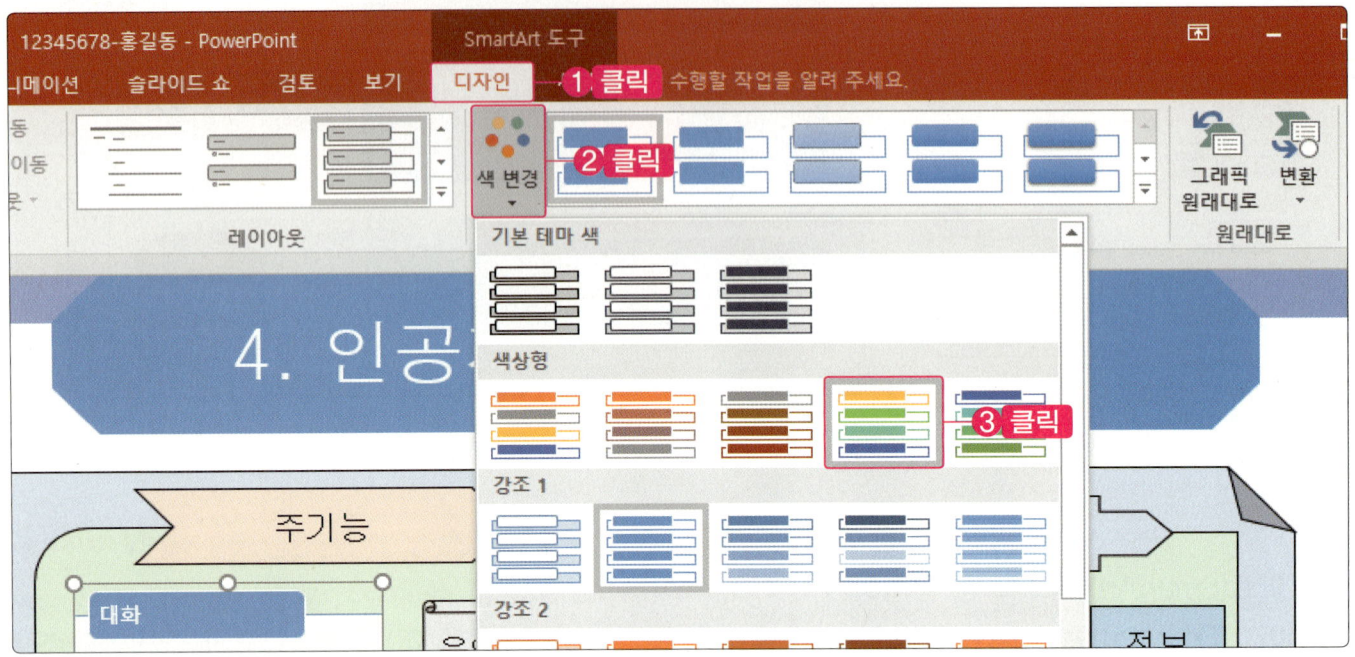

스마트아트(SmartArt)의 색 변경은 임의의 색을 지정합니다.

6 〔SmartArt 도구〕 정황 탭–〔디자인〕 탭–〔SmartArt 스타일〕 그룹에서 〔**자세히(▼)**〕를 **클릭**한 후 〔**만화(▤)**〕를 **클릭**합니다.

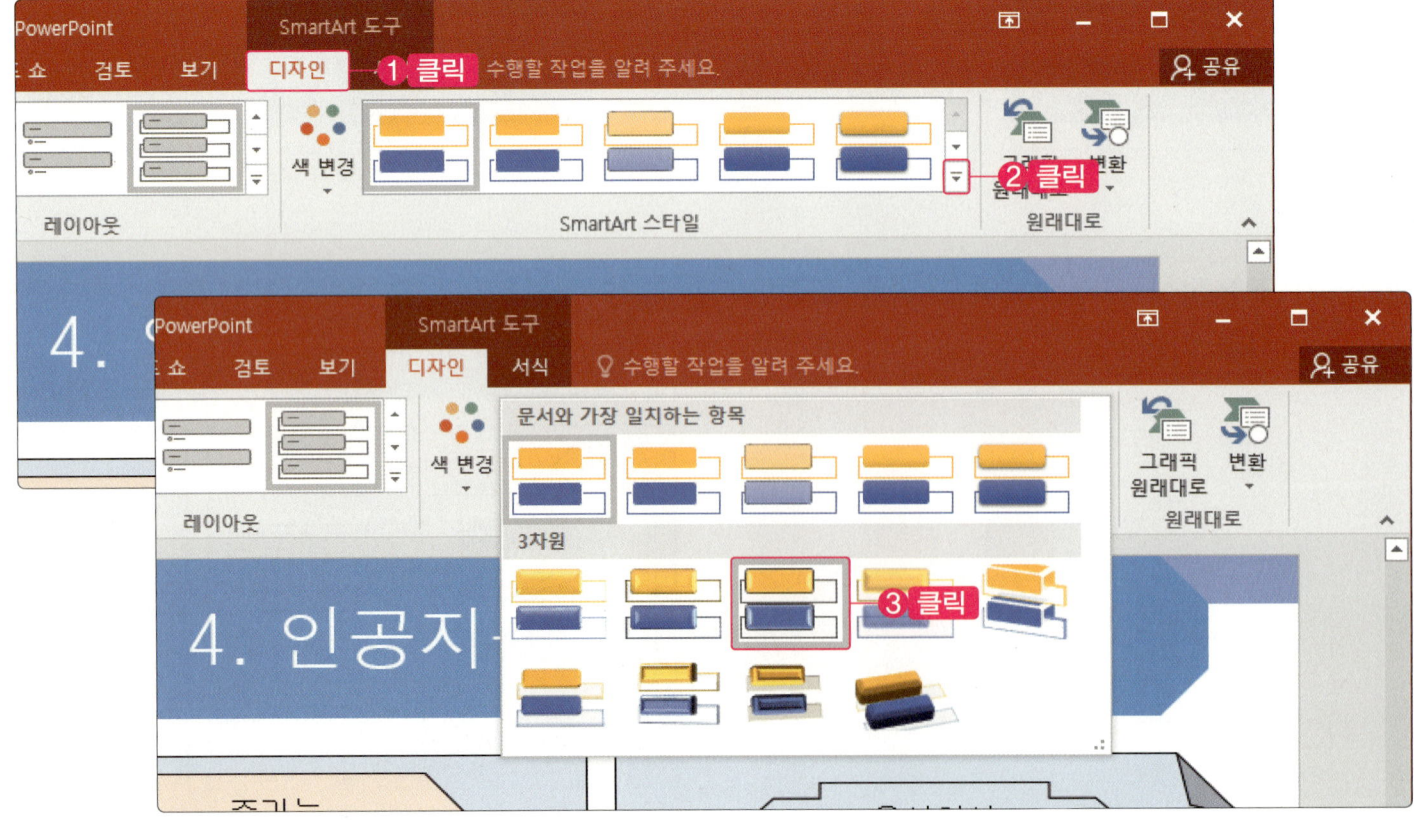

<조건> (1) 슬라이드와 같이 도형 및 스마트아트를 배치한다(글꼴 : 굴림, 18pt).
① 도형 및 스마트아트 편집 – 스마트아트 디자인 : 3차원 만화, 3차원 경사

7 〔홈〕 탭-〔글꼴〕 그룹에서 **글꼴(굴림)과 글꼴 크기(18), 글꼴 색(검정, 텍스트 1)을 선택**합니다.

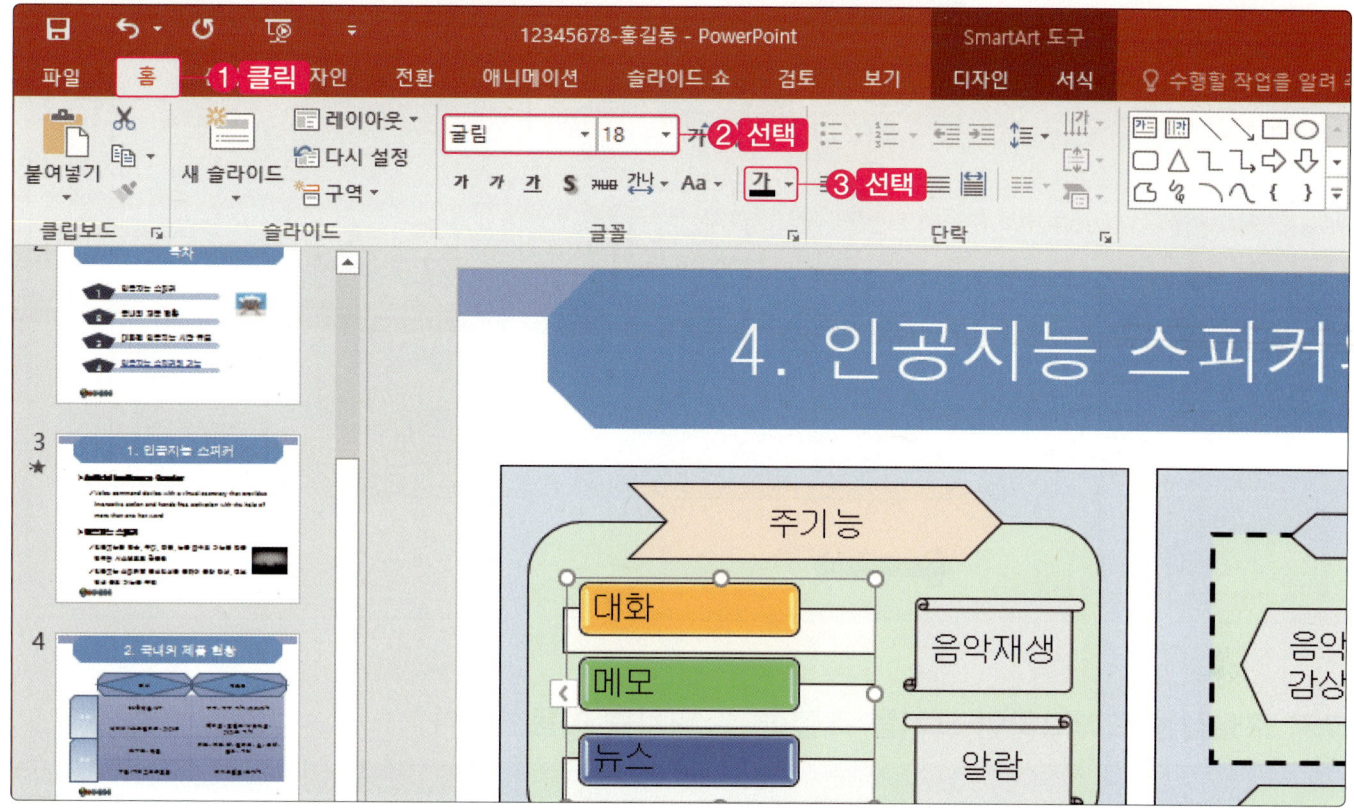

8 두 번째 스마트아트(SmartArt)를 작성하기 위해 〔삽입〕 탭-〔일러스트레이션〕 그룹에서 〔**SmartArt( )**〕를 **클릭**합니다.

9 〔SmartArt 그래픽 선택〕 대화상자가 나타나면 〔**관계형**〕을 **클릭**한 후 〔**선형 벤형(○○○○)**〕을 **클릭**한 다음 〔**확인**〕 단추를 **클릭**합니다.

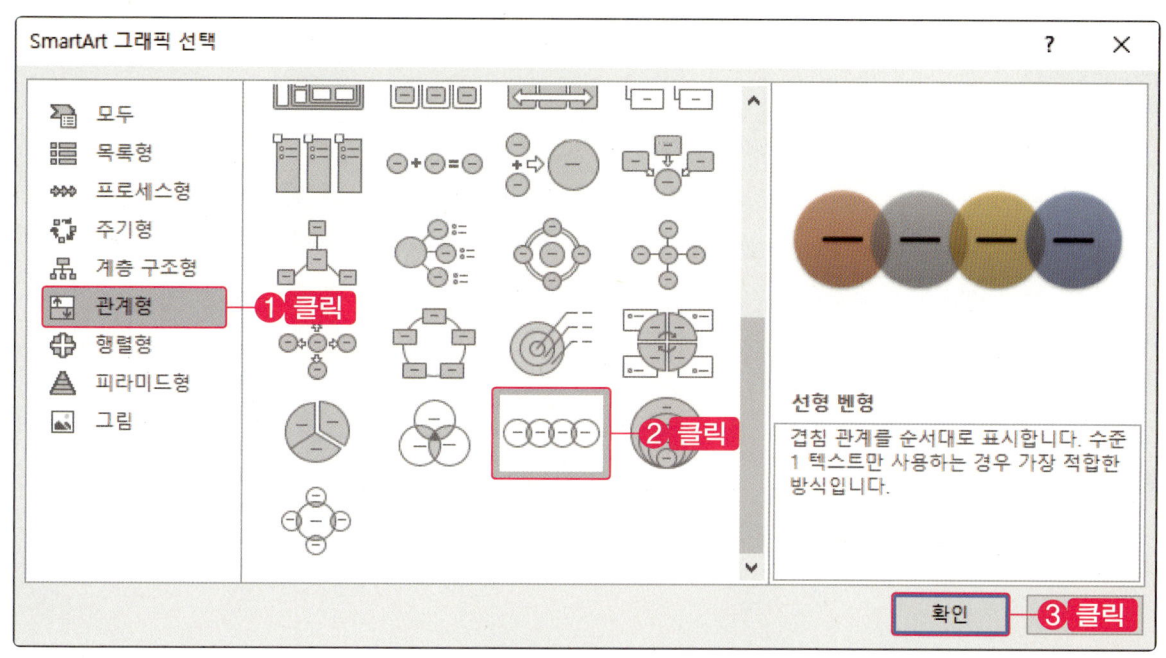

Chapter 08 · 도형 슬라이드 **143**

10 스마트아트의 텍스트 입력 창에서 '운세'와 '주식'을 입력한 후 Delete를 눌러 나머지 도형을 삭제합니다.

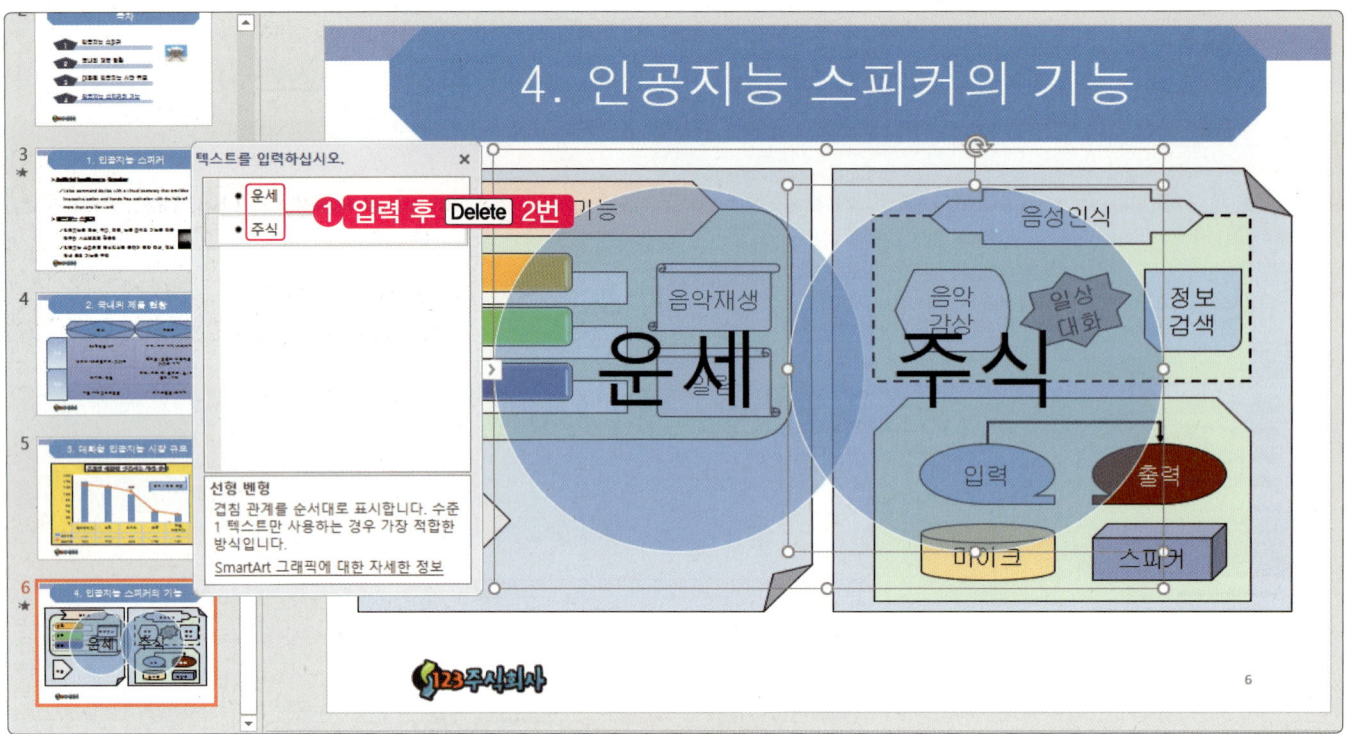

11 크기 조절점을 드래그하여 크기를 조절한 후 위치를 이동합니다.

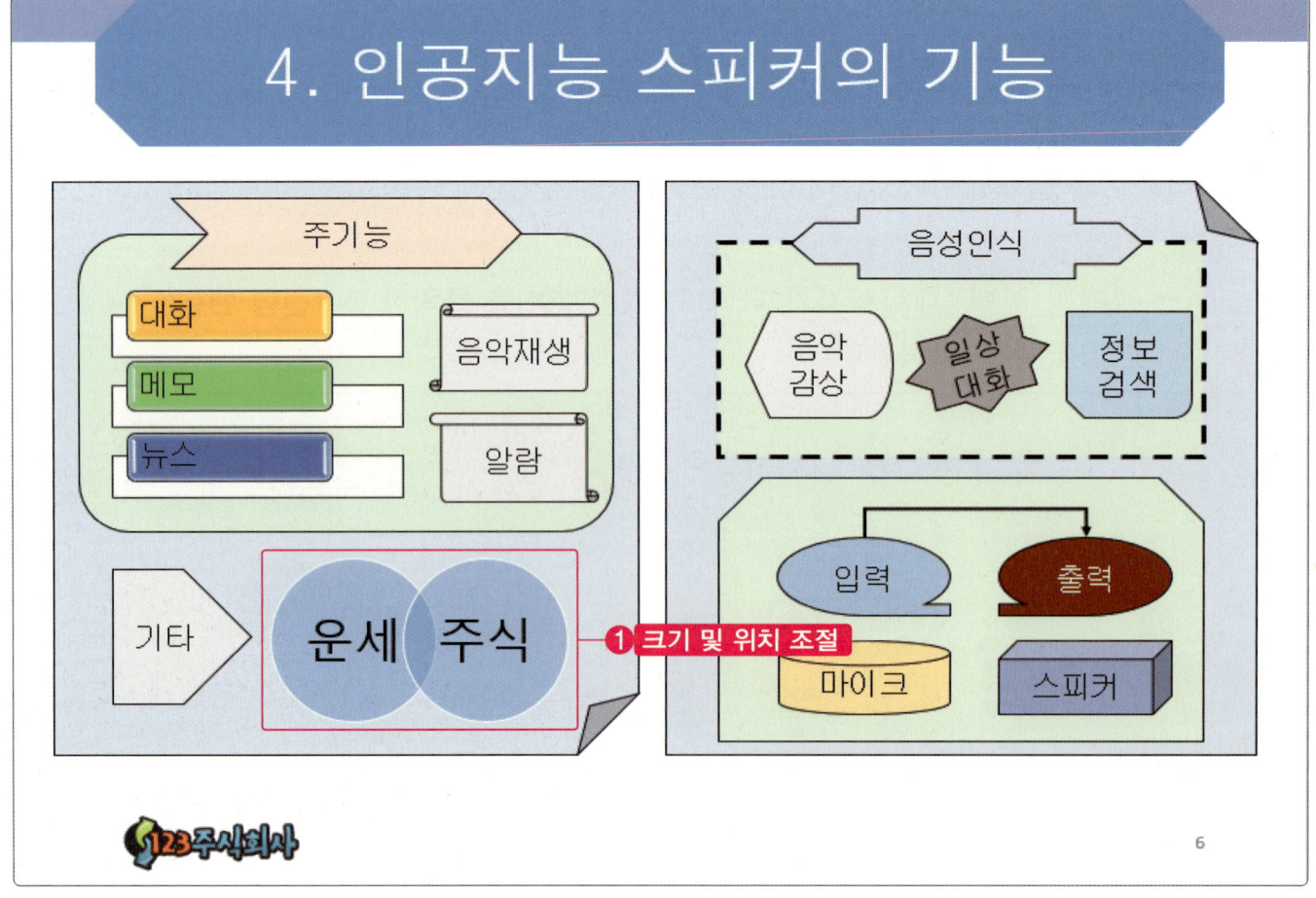

〈조건〉　(1) 슬라이드와 같이 도형 및 스마트아트를 배치한다(글꼴 : 굴림, 18pt).
　　　　① 도형 및 스마트아트 편집 – 스마트아트 디자인 : 3차원 만화, 3차원 경사

12 〔SmartArt 도구〕 정황 탭-〔디자인〕 탭-〔SmartArt 스타일〕 그룹에서 〔**자세히**(▼)〕를 **클릭**한 후 〔**경사**(◎◎)〕를 **클릭**합니다.

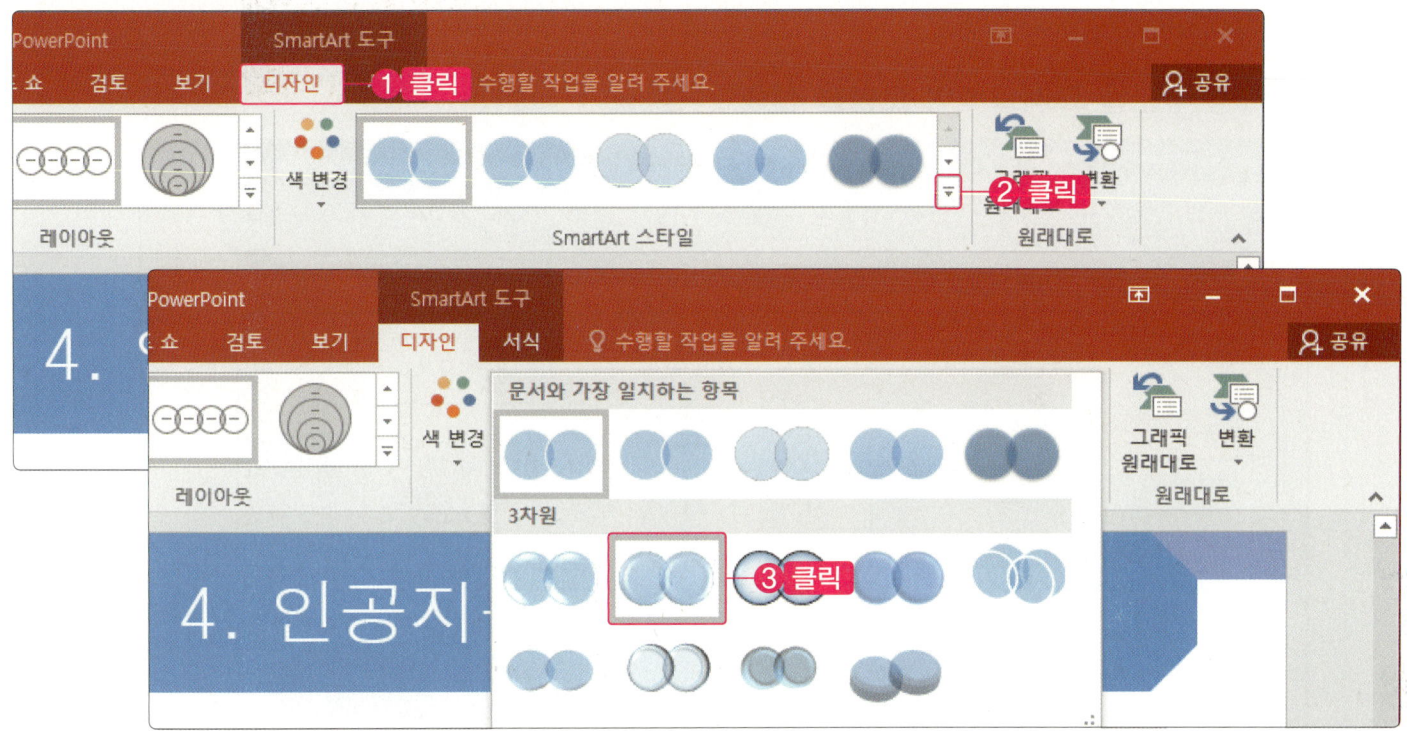

13 〔홈〕 탭-〔글꼴〕 그룹에서 **글꼴(굴림)**과 **글꼴 크기(18)**를 **선택**합니다.

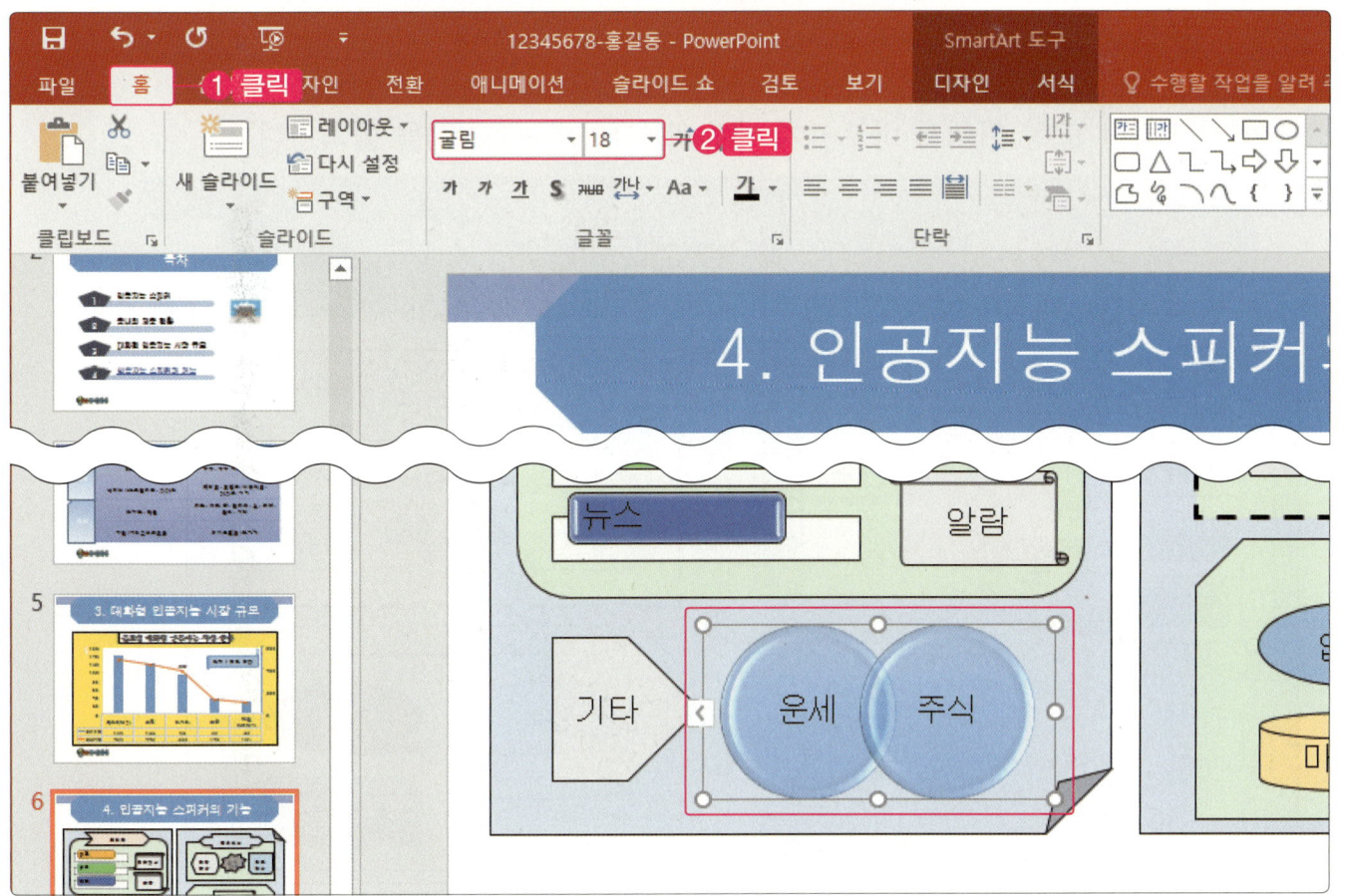

STEP 06 애니메이션 지정하기

<조건>
(2) 애니메이션 순서 : ① ⇒ ②
① 도형 및 스마트아트 편집
 - 그룹화 후 애니메이션 효과 : 닦아내기(위에서)
② 도형 편집
 - 그룹화 후 애니메이션 효과 : 바운드

1 왼쪽 도형 부분을 드래그하여 도형을 선택합니다.

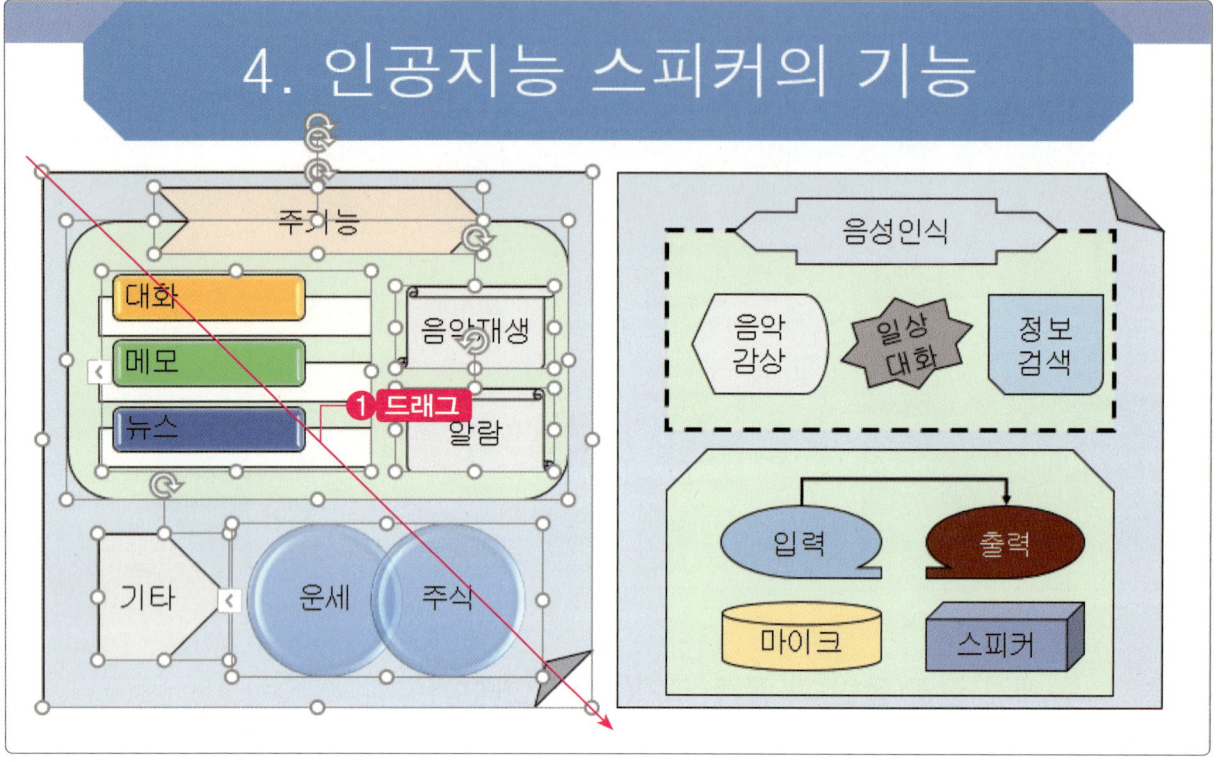

2 도형이 선택되면 도형 위에서 바로가기 메뉴의 [그룹화]-[그룹]을 클릭합니다.

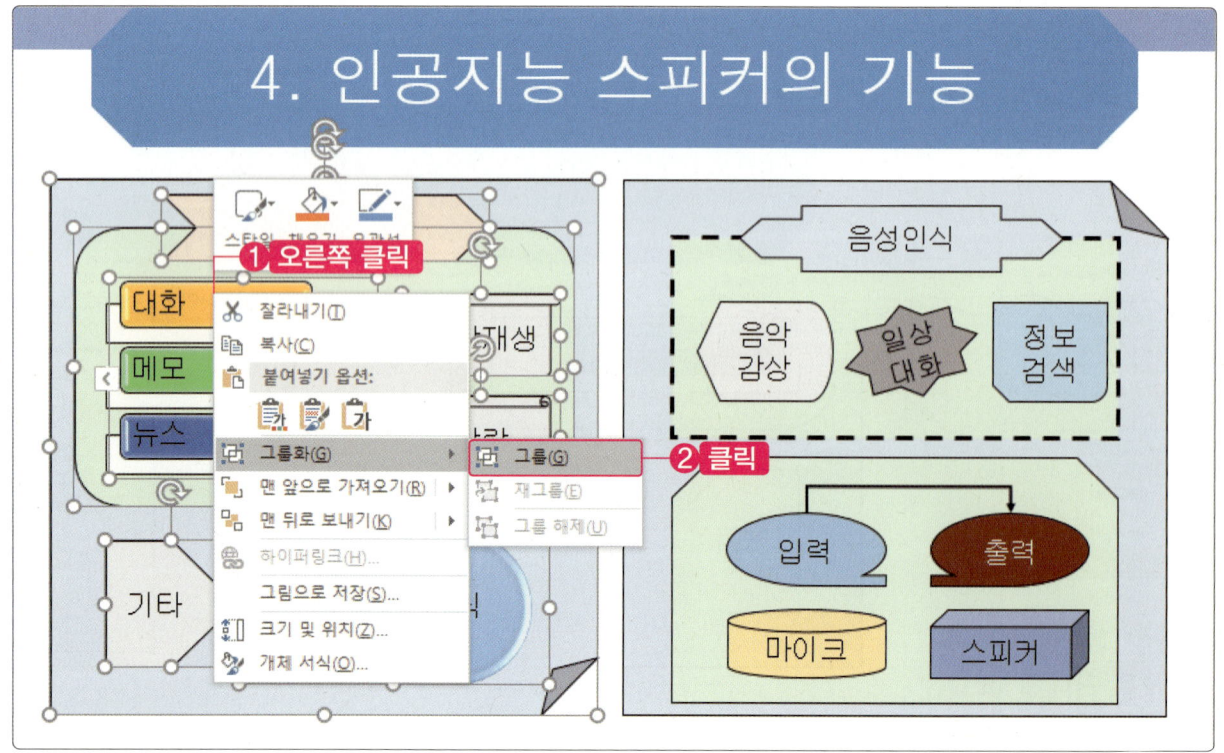

〈조건〉　① 도형 및 스마트아트 편집
　　　　　• 그룹화 후 애니메이션 효과 : 닦아내기(위에서)

도형과 스마트아트(SmartArt)가 그룹화되지 않는 경우
도형과 스마트아트(SmartArt)를 선택한 후 바로가기 메뉴의 [그룹]이 비활성화 되는 경우가 있습니다. 이런 경우는 스마트아트(SmartArt)를 작성할 때 슬라이드에서 [SmartArt 그래픽 삽입(📊)]을 클릭하여 작성할 때 발생합니다.

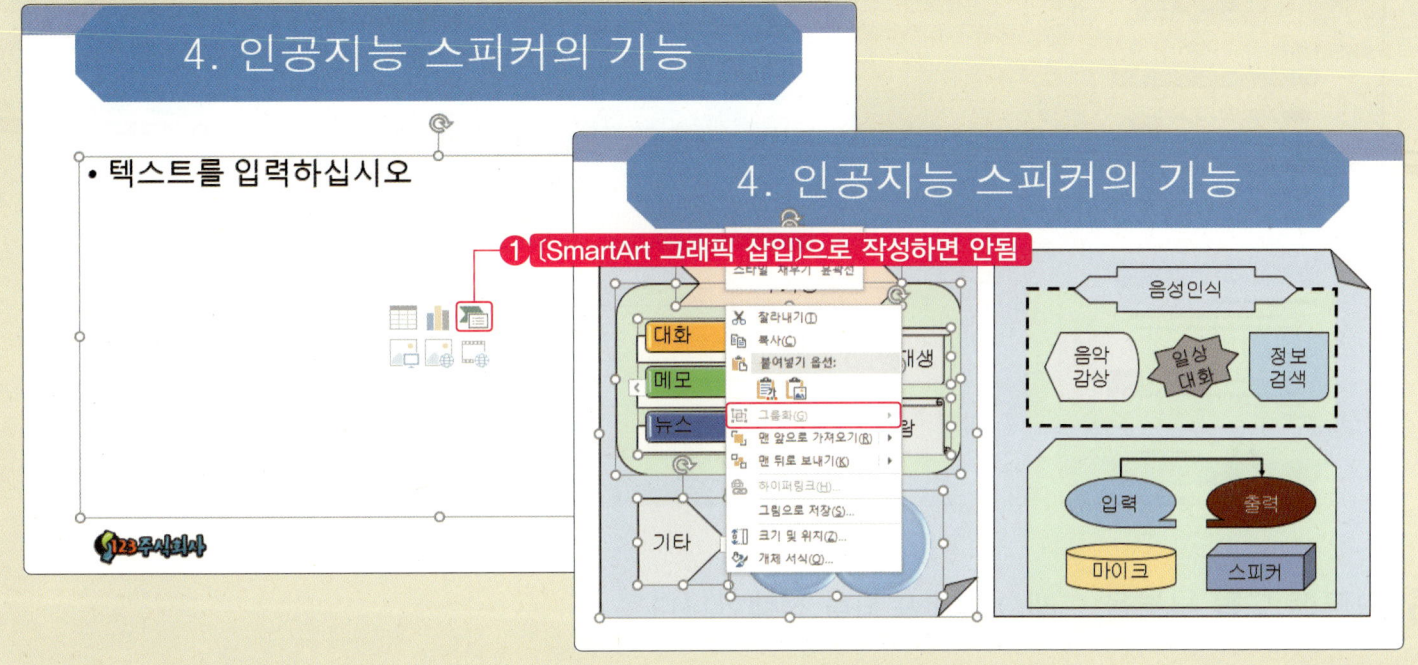

※ 스마트아트(SmartArt)를 삭제한 후 [삽입] 탭-[일러스트레이션] 그룹에서 [SmartArt(📊)]를 클릭하여 다시 작성합니다.

3 그룹이 지정되면 [애니메이션] 탭-[애니메이션] 그룹에서 **[자세히(▼)]를 클릭**한 후 **[닦아내기(⭐)]를 클릭**합니다.

〈조건〉　① 도형 및 스마트아트 편집
　　　　　• 그룹화 후 애니메이션 효과 : 닦아내기(위에서)

4 〔애니메이션〕 탭-〔애니메이션〕 그룹에서 〔효과 옵션〕을 클릭한 후 〔위에서〕를 클릭합니다.

5 오른쪽 도형 부분을 드래그하여 도형을 선택합니다.

6 도형이 선택되면 도형 위에서 바로가기 메뉴의 〔그룹화〕-〔**그룹**〕을 클릭합니다.

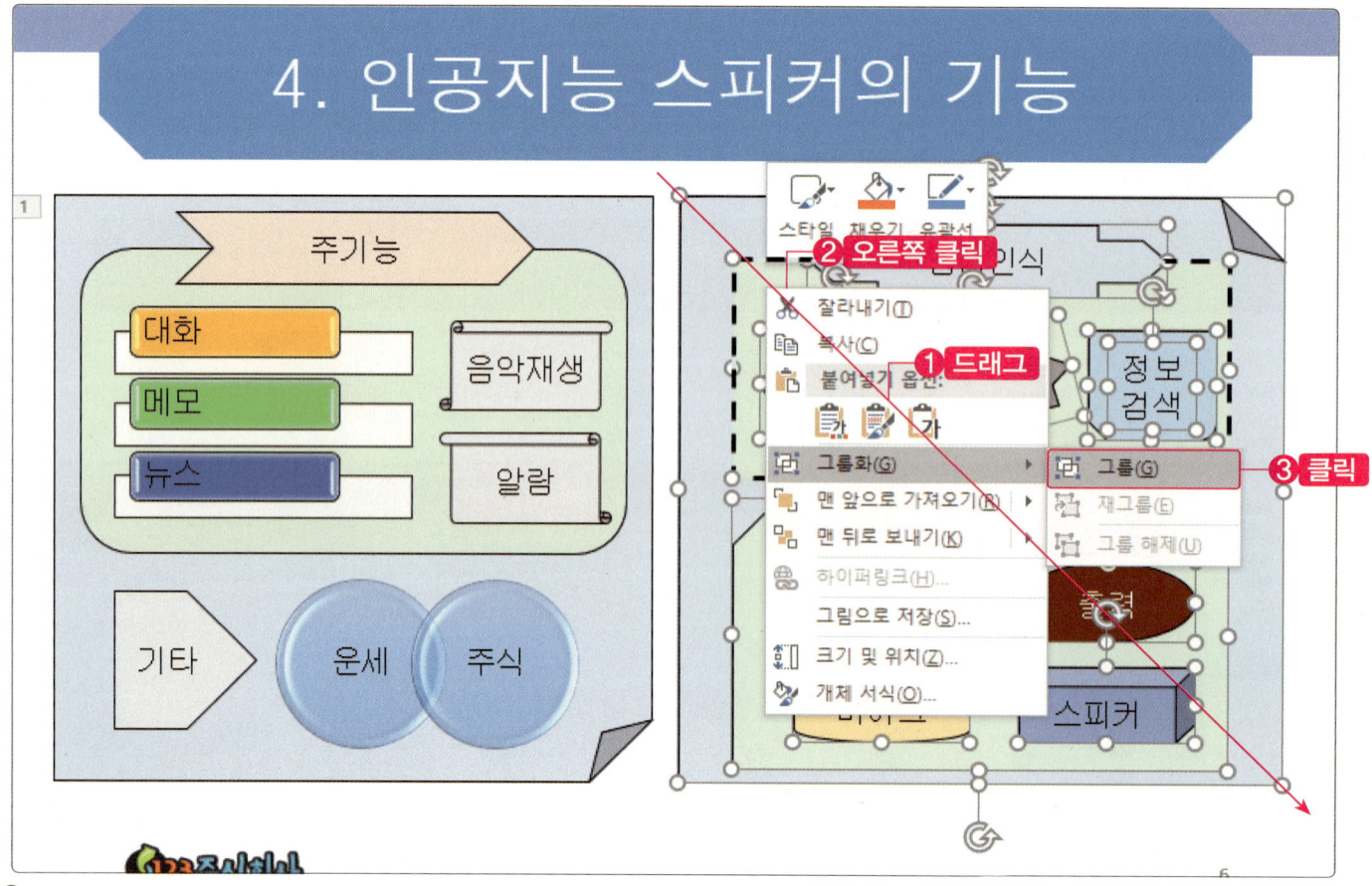

〈조건〉	① 도형 편집
	• 그룹화 후 애니메이션 효과 : 바운드

7 그룹이 지정되면 [애니메이션] 탭-[애니메이션] 그룹에서 [**자세히**(▼)]를 **클릭**한 후 [**바운드**(★)]를 **클릭**합니다.

추가 나타내기 효과

애니메이션 효과가 목록에 표시되지 않는 경우 [추가 나타내기 효과]를 클릭한 후 [나타내기 효과 변경] 대화상자가 나타나면 애니메이션 효과를 선택한 다음 [확인]을 클릭합니다.

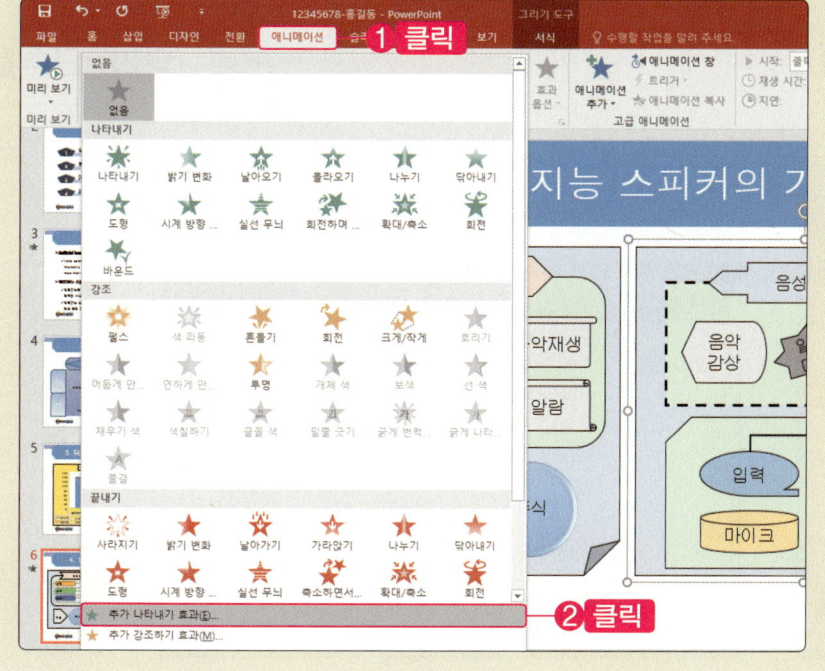
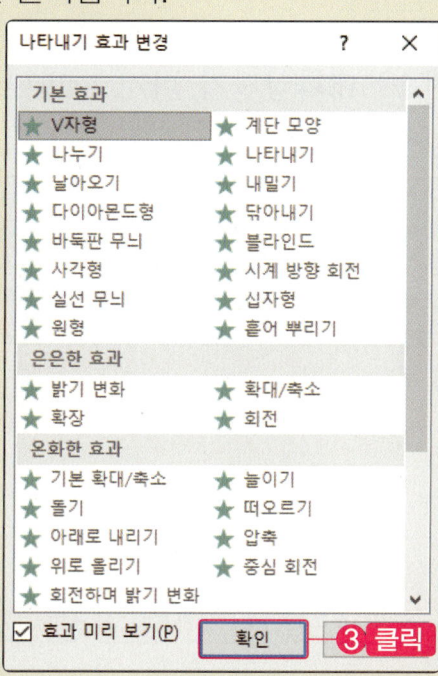

8 목차 슬라이드 작성이 완료되면 빠른 실행 도구 모음에서 [저장(🖫)]을 클릭합니다.

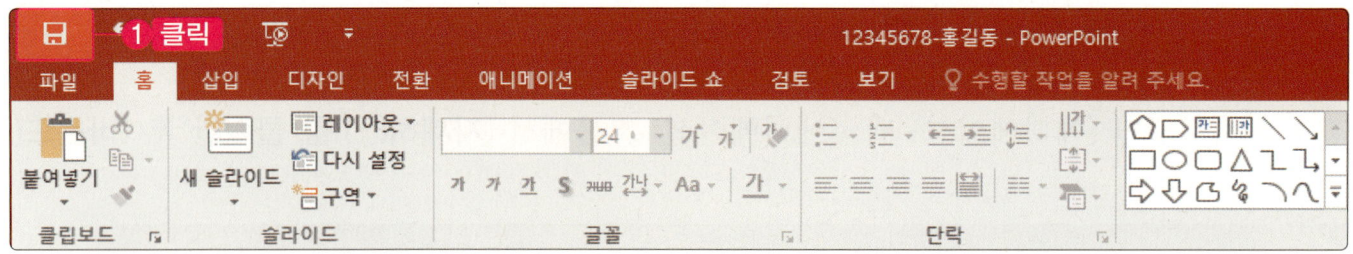

> [파일] 탭-[저장]을 클릭하거나 Ctrl+S를 눌러 답안을 저장할 수도 있습니다.

9 답안을 전송하기 위해 KOAS 수험자용 프로그램에서 [답안 전송] 단추를 클릭합니다.

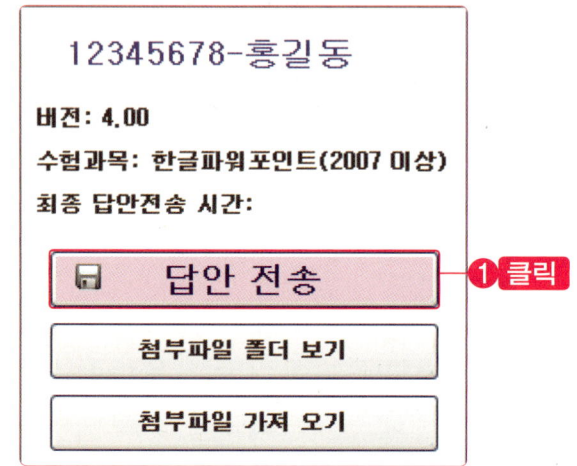

10 지금 전송할 것인지 묻는 대화상자가 나타나면 [예] 단추를 클릭합니다.

11 [답안전송] 대화상자가 나타나면 **파일 목록(12345678-홍길동.pptx)과 존재(있음)를 확인**한 후 [**답안전송**] **단추를 클릭**합니다.

12 답안파일 전송을 성공하였다는 메시지가 나타나면 [확인] **단추를 클릭**합니다.

13 [답안전송] 대화상자가 다시 나타나면 [상태]에 '성공'이 표시되는지 확인한 후 [**닫기**] **단추를 클릭**합니다.

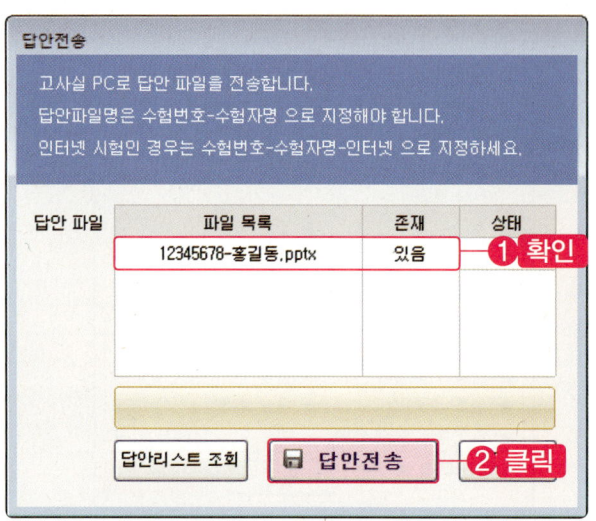
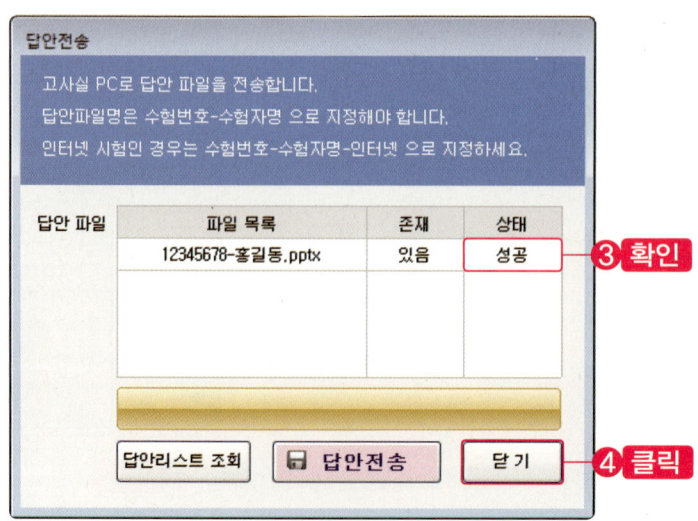

실전문제유형
Practical question type

1 다음 지시사항 및 세부조건을 참고하여 출력형태에 알맞게 작성하시오.
▶ 소스파일 : Part 01\Chapter 08\문제01.pptx ▶ 완성파일 : Part 01\Chapter 08\문제01_완성.pptx

(1) 슬라이드와 같이 도형 및 스마트아트를 배치한다(글꼴 : 굴림, 18pt).
(2) 애니메이션 순서 : ① ⇒ ②

세부조건

① 도형 및 스마트아트 편집
 - 스마트아트 디자인
  : 3차원 만화,
  3차원 벽돌
 - 그룹화 후 애니메이션 효과
  : 실선 무늬(세로)

② 도형 편집
 - 그룹화 후 애니메이션 효과
  : 바운드

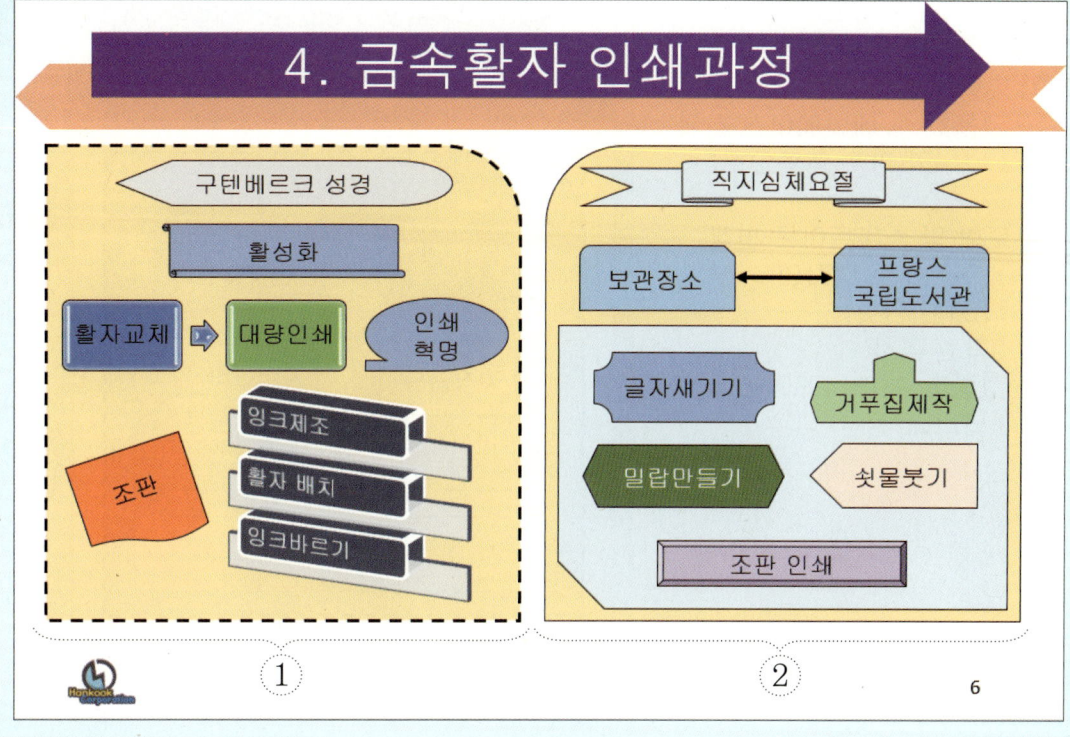

2 다음 지시사항 및 세부조건을 참고하여 출력형태에 알맞게 작성하시오.
▶ 소스파일 : Part 01\Chapter 08\문제02.pptx ▶ 완성파일 : Part 01\Chapter 08\문제02_완성.pptx

(1) 슬라이드와 같이 도형 및 스마트아트를 배치한다(글꼴 : 굴림, 18pt).
(2) 애니메이션 순서 : ① ⇒ ②

세부조건

① 도형 및 스마트아트 편집
 - 스마트아트 디자인
  : 강한 효과,
  3차원 경사
 - 그룹화 후 애니메이션 효과
  : 닦아내기(위에서)

② 도형 편집
 - 그룹화 후 애니메이션 효과
  : 바운드

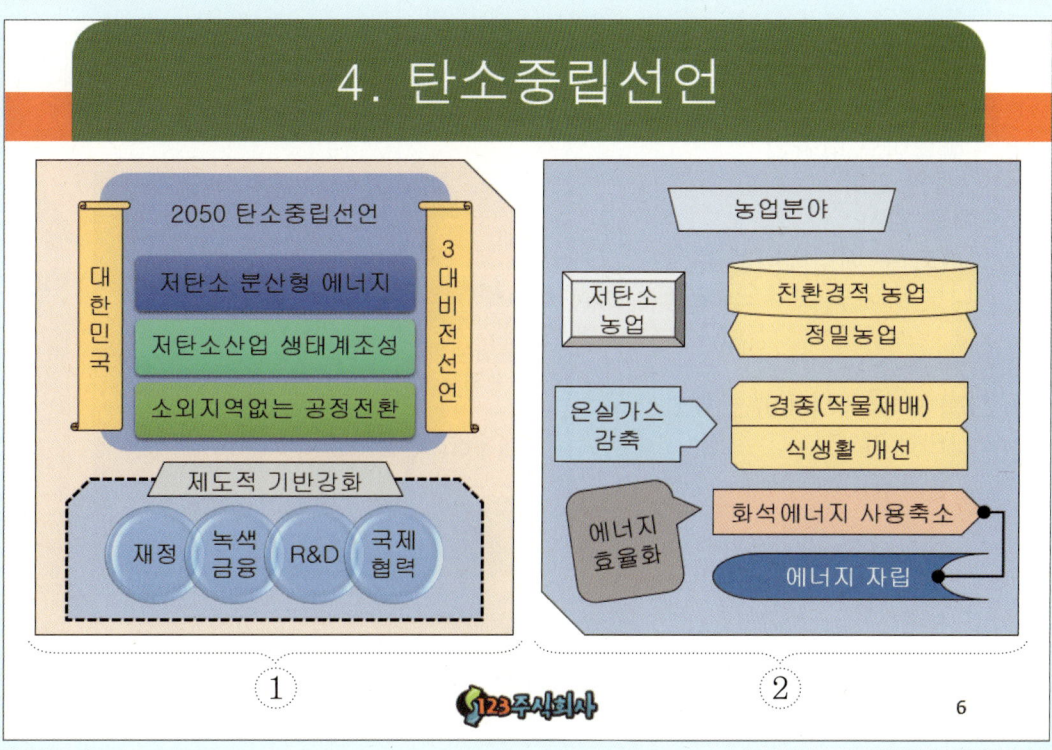

Practical question type
실전문제유형

3 다음 지시사항 및 세부조건을 참고하여 출력형태에 알맞게 작성하시오.
▶ 소스파일 : Part 01\Chapter 08\문제03.pptx ▶ 완성파일 : Part 01\Chapter 08\문제03_완성.pptx

(1) 슬라이드와 같이 도형 및 스마트아트를 배치한다(글꼴 : 굴림, 18pt).
(2) 애니메이션 순서 : ① ⇒ ②

세부조건

① 도형 편집
 - 그룹화 후 애니메이션 효과
  : 나누기(가로 안쪽으로)

② 도형 및 스마트아트 편집
 - 스마트아트 디자인
  : 3차원 만화,
  3차원 경사
 - 그룹화 후 애니메이션 효과
  : 나타내기

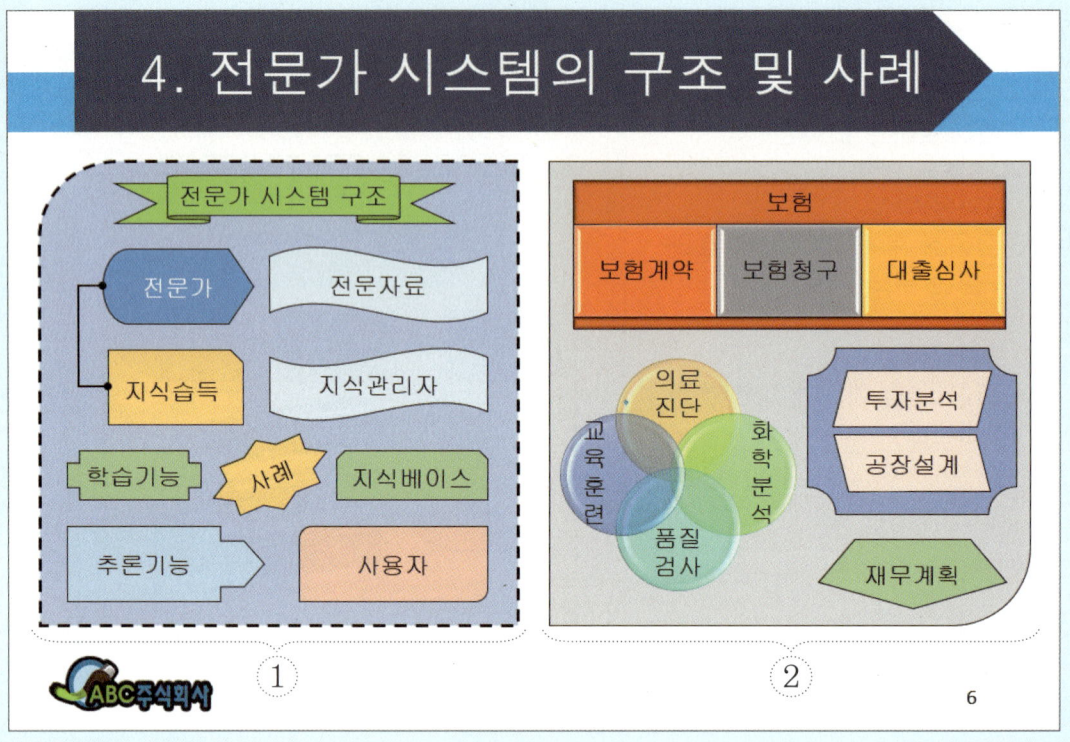

4 다음 지시사항 및 세부조건을 참고하여 출력형태에 알맞게 작성하시오.
▶ 소스파일 : Part 01\Chapter 08\문제04.pptx ▶ 완성파일 : Part 01\Chapter 08\문제04_완성.pptx

(1) 슬라이드와 같이 도형 및 스마트아트를 배치한다(글꼴 : 굴림, 18pt).
(2) 애니메이션 순서 : ① ⇒ ②

세부조건

① 도형 및 스마트아트 편집
 - 스마트아트 디자인
  : 3차원 만화,
  3차원 경사
 - 그룹화 후 애니메이션 효과
  : 나누기(가로 안쪽으로)

② 도형 편집
 - 그룹화 후 애니메이션 효과
  : 나타내기

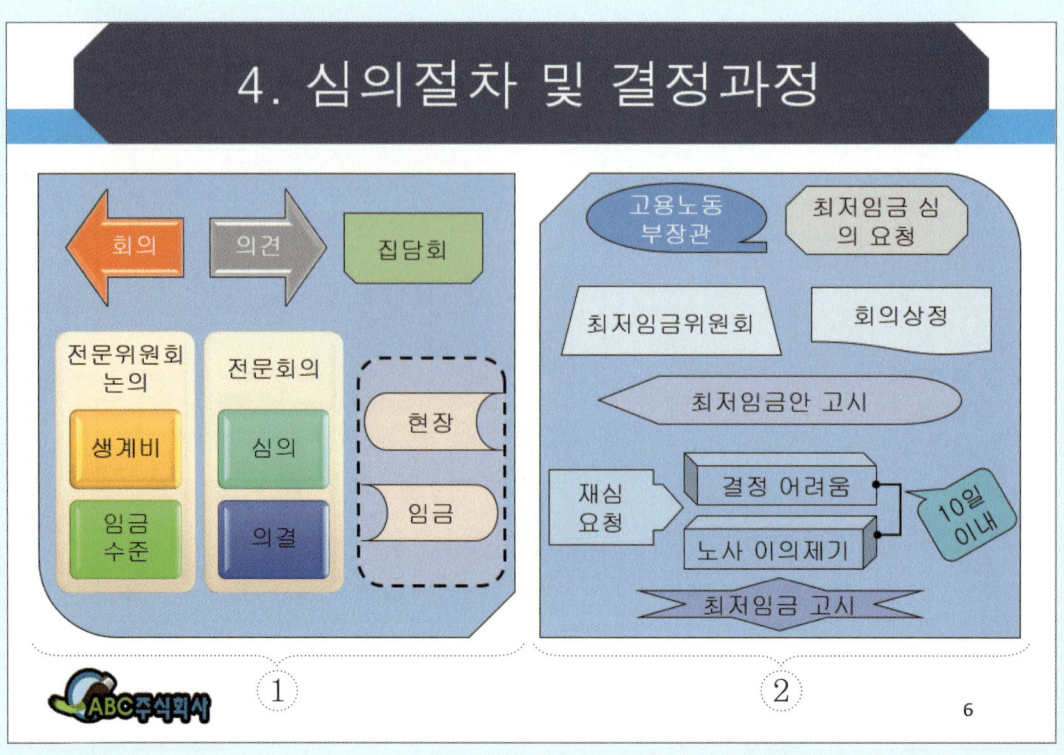

5 다음 지시사항 및 세부조건을 참고하여 출력형태에 알맞게 작성하시오.

▶ 소스파일 : Part 01\Chapter 08\문제05.pptx   ▶ 완성파일 : Part 01\Chapter 08\문제05_완성.pptx

(1) 슬라이드와 같이 도형 및 스마트아트를 배치한다(글꼴 : 굴림, 18pt).
(2) 애니메이션 순서 : ① ⇒ ②

세부조건

① 도형 및 스마트아트 편집
 - 스마트아트 디자인
  : 3차원 경사,
   3차원 만화
 - 그룹화 후 애니메이션 효과
  : 날아오기(왼쪽에서)

② 도형 편집
 - 그룹화 후 애니메이션 효과
  : 바운드

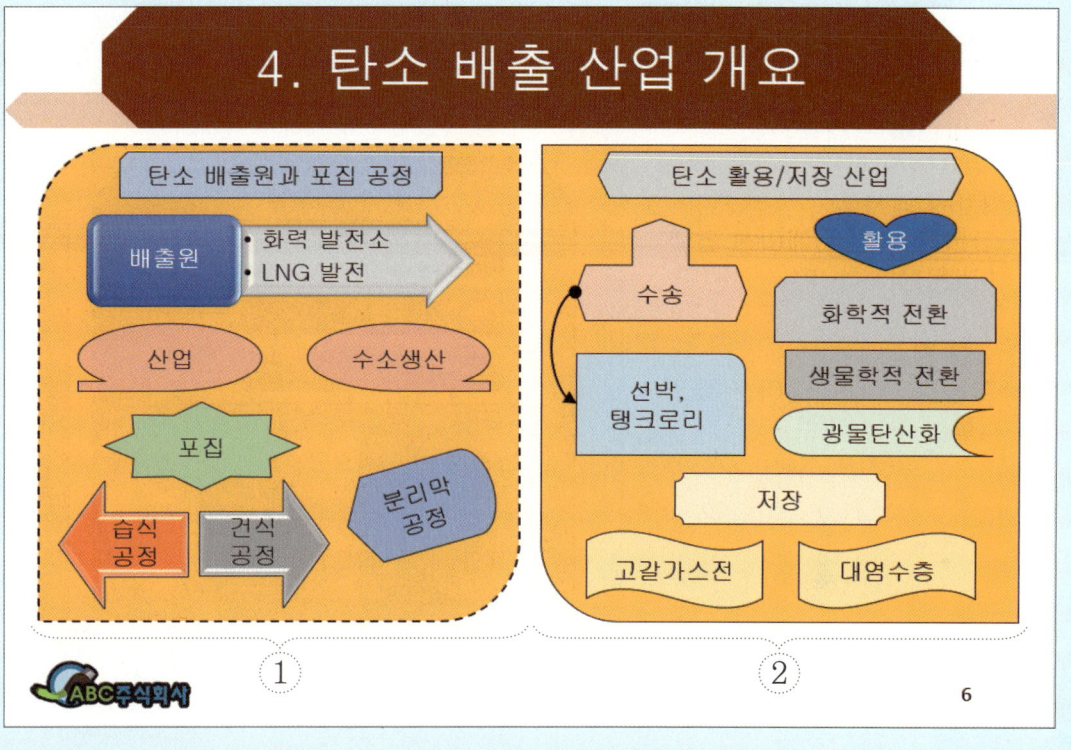

6 다음 지시사항 및 세부조건을 참고하여 출력형태에 알맞게 작성하시오.

▶ 소스파일 : Part 01\Chapter 08\문제06.pptx   ▶ 완성파일 : Part 01\Chapter 08\문제06_완성.pptx

(1) 슬라이드와 같이 도형 및 스마트아트를 배치한다(글꼴 : 굴림, 18pt).
(2) 애니메이션 순서 : ① ⇒ ②

세부조건

① 도형 및 스마트아트 편집
 - 스마트아트 디자인
  : 3차원 만화,
   3차원 경사
 - 그룹화 후 애니메이션 효과
  : 바운드

② 도형 편집
 - 그룹화 후 애니메이션 효과
  : 실선 무늬(세로)

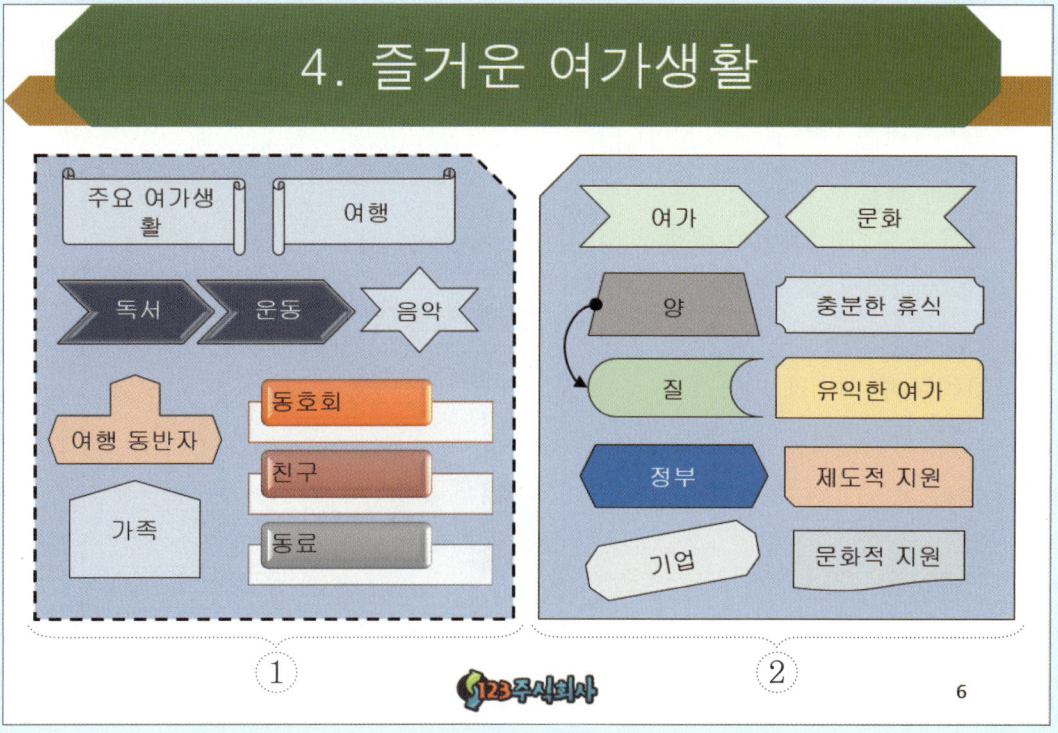

7 다음 지시사항 및 세부조건을 참고하여 출력형태에 알맞게 작성하시오.

▶소스파일 : Part 01\Chapter 08\문제07.pptx   ▶완성파일 : Part 01\Chapter 08\문제07_완성.pptx

(1) 슬라이드와 같이 도형 및 스마트아트를 배치한다(글꼴 : 굴림, 18pt).
(2) 애니메이션 순서 : ① ⇒ ②

세부조건

① 도형 및 스마트아트 편집
 - 스마트아트 디자인
   : 3차원 만화,
   3차원 경사
 - 그룹화 후 애니메이션 효과
   : 바운드

② 도형 편집
 - 그룹화 후 애니메이션 효과
   : 실선 무늬(세로)

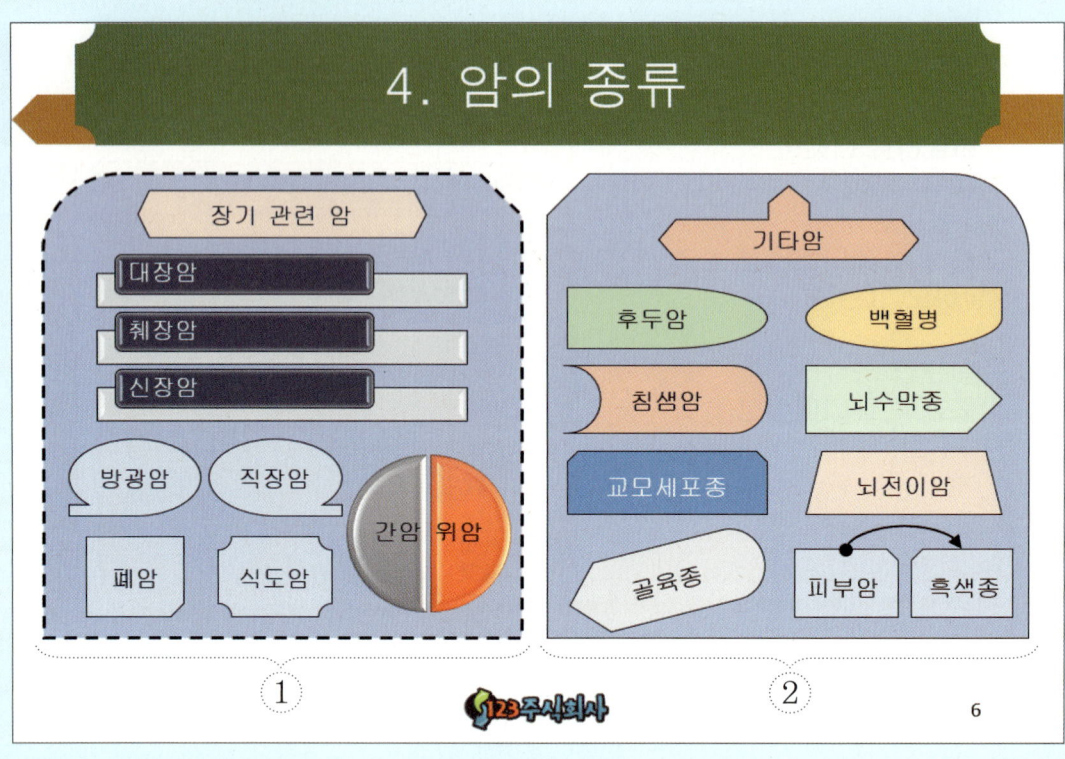

8 다음 지시사항 및 세부조건을 참고하여 출력형태에 알맞게 작성하시오.

▶소스파일 : Part 01\Chapter 08\문제08.pptx   ▶완성파일 : Part 01\Chapter 08\문제08_완성.pptx

(1) 슬라이드와 같이 도형 및 스마트아트를 배치한다(글꼴 : 굴림, 18pt).
(2) 애니메이션 순서 : ① ⇒ ②

세부조건

① 도형 및 스마트아트 편집
 - 스마트아트 디자인
   : 3차원 경사,
   3차원 만화
 - 그룹화 후 애니메이션 효과
   : 닦아내기(위에서)

② 도형 편집
 - 그룹화 후 애니메이션 효과
   : 바운드

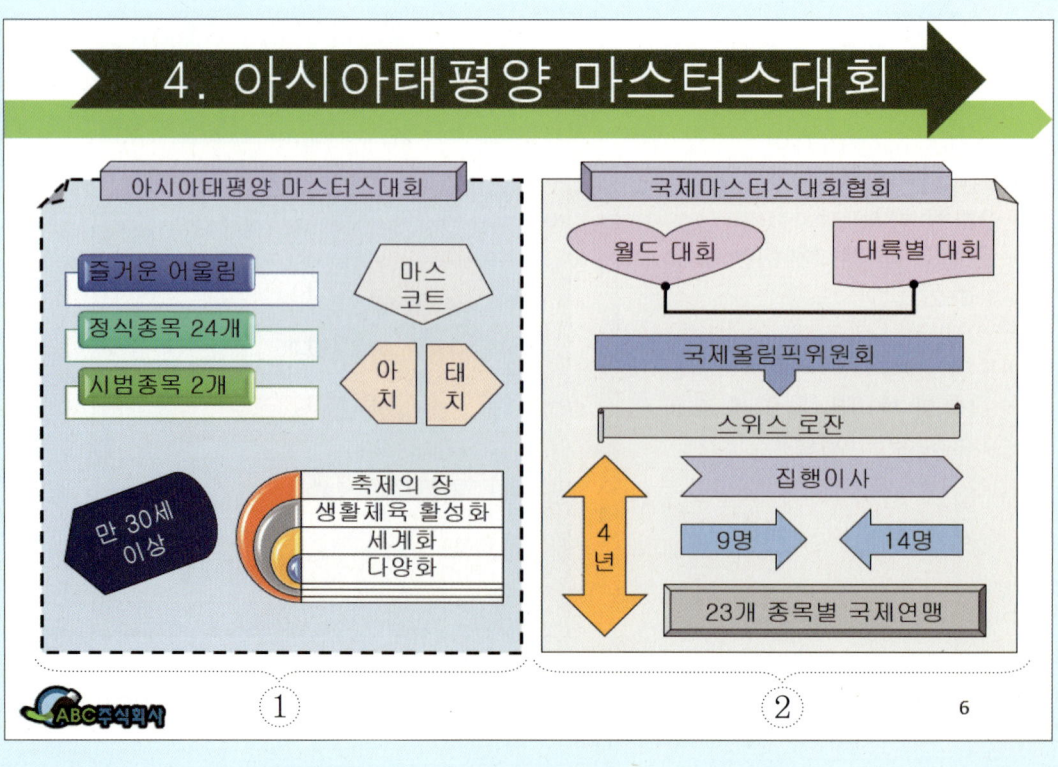

BiG 1 빅 폰트(Big Font)
BiG 2 빅 픽쳐(Big Picture)
BiG 3 빅 북(Big Book)

ITQ 정보기술자격
POWER POINT 2016

PART 02

실전모의문제

실전모의문제
출제유형분석
ITQ시험안내
기출예상문제

PART 02
실전모의문제 차례

BIG 라플

제01회 실전모의문제 ……… 158	**제11회** 실전모의문제 ……… 198
제02회 실전모의문제 ……… 162	**제12회** 실전모의문제 ……… 202
제03회 실전모의문제 ……… 166	**제13회** 실전모의문제 ……… 206
제04회 실전모의문제 ……… 170	**제14회** 실전모의문제 ……… 210
제05회 실전모의문제 ……… 174	**제15회** 실전모의문제 ……… 214
제06회 실전모의문제 ……… 178	**제16회** 실전모의문제 ……… 218
제07회 실전모의문제 ……… 182	**제17회** 실전모의문제 ……… 222
제08회 실전모의문제 ……… 186	**제18회** 실전모의문제 ……… 226
제09회 실전모의문제 ……… 190	**제19회** 실전모의문제 ……… 230
제10회 실전모의문제 ……… 194	**제20회** 실전모의문제 ……… 234

BIG 라플

- 2024년 부터 적용되는 문제 조건으로 만들었습니다.
- 실제 시험지와 같이 흑백으로 20회분 구성하였습니다.
- 각 문제에 대한 글자와 화면을 크게 만들었습니다.
- 채점프로그램을 활용하여 점수를 바로 확인할 수 있습니다.

도형 모양 조절점 변경하기

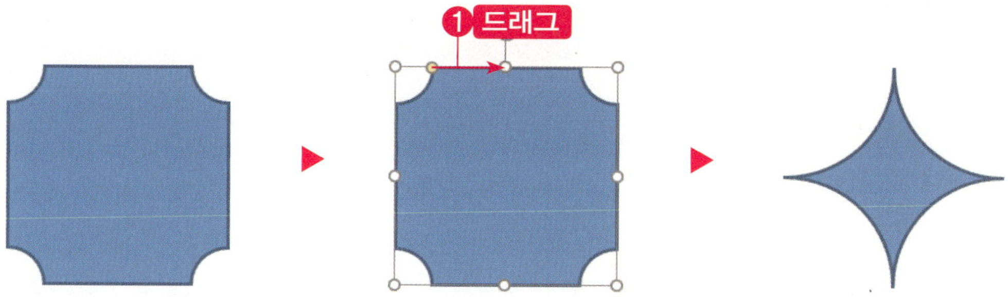

▲ 배지

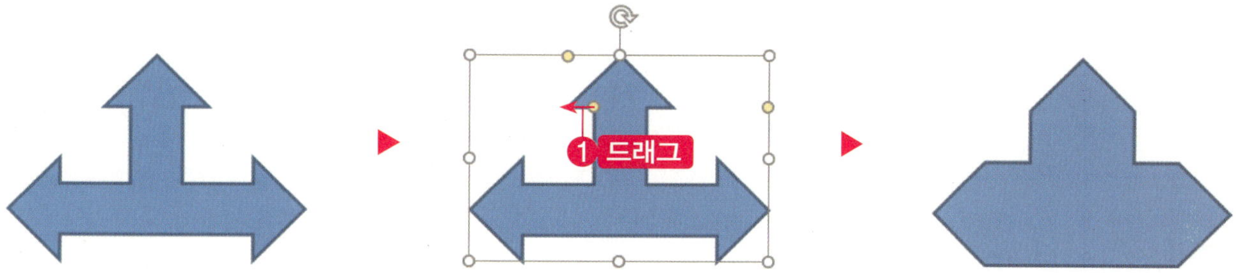

▲ 왼쪽/오른쪽/위쪽 화살표

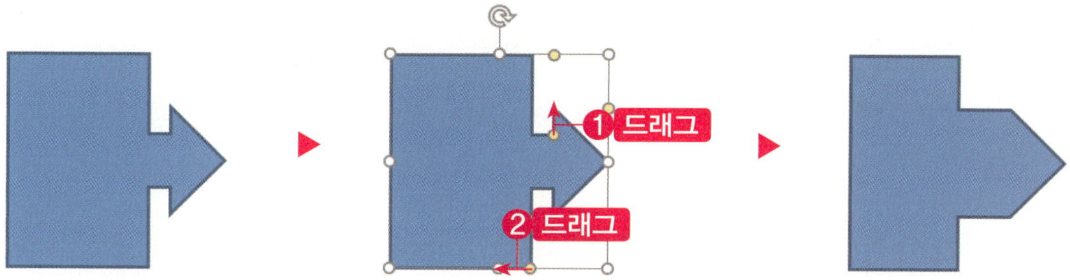

▲ 오른쪽 화살표 설명선

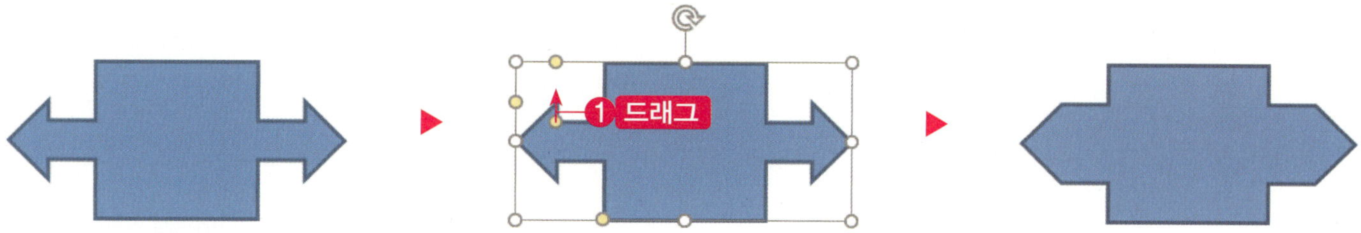

▲ 왼쪽/오른쪽 화살표 설명선

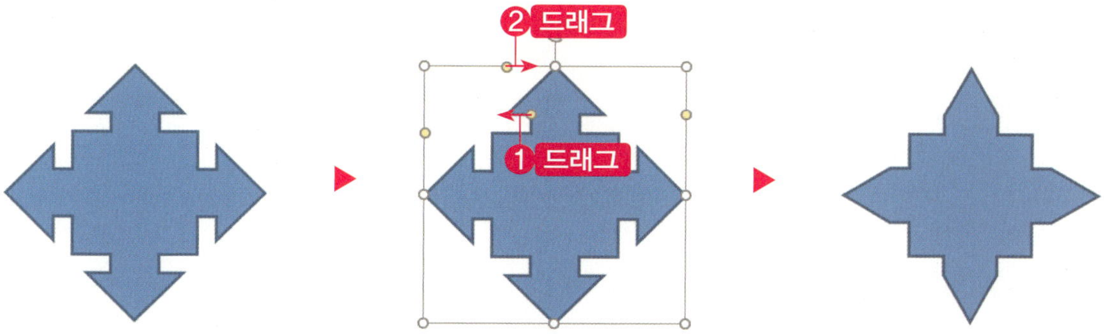

▲ 왼쪽/오른쪽/위쪽/아래쪽 화살표 설명선

제01회 ITQ 실전모의문제

과목	코드	문제유형	시험시간	수험번호	성명
한글파워포인트	1142	A	60분		

수험자 유의사항

- 수험자는 문제지를 받는 즉시 문제지와 <u>수험표상의 시험과목(프로그램)이 동일한지 반드시 확인</u>하여야 합니다.
- 파일명은 본인의 "수험번호-성명"으로 입력하여 답안폴더(내 PC\문서\ITQ)에 하나의 파일로 저장해야 하며, 답안문서 파일명이 "수험번호-성명"과 일치하지 않거나, 답안파일을 전송하지 않아 미제출로 처리될 경우 실격 처리합니다(예:12345678-홍길동.pptx).
- 답안 작성을 마치면 파일을 저장하고, '답안 전송' 버튼을 선택하여 감독위원 PC로 답안을 전송하십시오. 수험생 정보와 저장한 파일명이 다를 경우 전송되지 않으므로 주의하시기 바랍니다.
- 답안 작성 중에도 <u>주기적으로 저장하고, '답안 전송'</u>하여야 문제 발생을 줄일 수 있습니다. 작업한 내용을 저장하지 않고 전송할 경우 이전에 저장된 내용이 전송되오니 이점 유의하시기 바랍니다.
- 답안문서는 지정된 경로 외의 다른 보조기억장치에 저장하는 경우, 지정된 시험 시간 외에 작성된 파일을 활용할 경우, 기타 통신수단(이메일, 메신저, 네트워크 등)을 이용하여 타인에게 전달 또는 외부 반출하는 경우는 부정 처리합니다.
- 시험 중 부주의 또는 고의로 시스템을 파손한 경우는 수험자가 변상해야 하며, 〈수험자 유의사항〉에 기재된 방법대로 이행하지 않아 생기는 불이익은 수험생 당사자의 책임임을 알려 드립니다.
- <mark>문제의 조건은 MS오피스 2021 버전으로 설정되어 있으며 MS오피스 2016은 【 】에 표기되어 있습니다. 이와 관련하여 작성한 답안의 출력형태가 문제지와 다를 수 있습니다.</mark>
- 시험을 완료한 수험자는 답안파일이 전송되었는지 확인한 후 감독위원의 지시에 따라 문제지를 제출하고 퇴실합니다.

답안 작성요령

- 온라인 답안 작성 절차
  수험자 등록 ⇒ 시험 시작 ⇒ 답안파일 저장 ⇒ 답안 전송 ⇒ 시험 종료
- 슬라이드의 크기는 A4 Paper로 설정하여 작성합니다.
- 슬라이드의 총 개수는 6개로 구성되어 있으며 슬라이드 1부터 순서대로 작업하고 반드시 문제와 세부 조건대로 합니다.
- 별도의 지시사항이 없는 경우 출력형태를 참조하여 글꼴색은 검정 또는 흰색으로 작성하고, 기타사항은 전체적인 균형을 고려하여 작성합니다.
- 슬라이드 도형 및 개체에 출력형태와 다른 스타일(그림자, 외곽선 등)을 적용했을 경우 감점처리 됩니다.
- 슬라이드 번호를 작성합니다(슬라이드 1에는 생략).
- 2~6번 슬라이드 제목 도형과 하단 로고는 슬라이드 마스터를 이용하여 출력형태와 동일하게 작성합니다(슬라이드 1에는 생략).
- 문제와 세부조건, 세부조건 번호 ○(점선원)는 입력하지 않습니다.
- 각 개체의 위치는 오른쪽의 슬라이드와 동일하게 구성합니다.
- 그림 삽입 문제의 경우 반드시 「내 PC\문서\ITQ\Picture」폴더에서 정확한 파일을 선택하여 삽입하십시오.
- 각 슬라이드를 각각의 파일로 작업해서 저장할 경우 실격 처리됩니다.

[전체구성] (60점)

(1) 슬라이드 크기 및 순서 : 크기를 A4 용지로 설정하고 슬라이드 순서에 맞게 작성한다.
(2) 슬라이드 마스터 : 2~6슬라이드의 제목, 하단 로고, 슬라이드 번호는 슬라이드 마스터를 이용하여 작성한다.
  - 제목 글꼴(돋움, 40pt, 흰색), 가운데 맞춤, 도형(선 없음)
  - 하단 로고(「내 PC₩문서₩ITQ₩Picture₩로고1.jpg」, 배경(회색) 투명색으로 설정)

[슬라이드 1] 《표지 디자인》 (40점)

(1) 표지 디자인 : 도형, 워드아트 및 그림을 이용하여 작성한다.

세부조건

① 도형 편집
 - 도형에 그림 채우기 :
  「내 PC₩문서₩ITQ₩Picture₩그림1.jpg」, 투명도 50%
 - 도형 효과 :
  부드러운 가장자리 5포인트

② 워드아트 삽입
 - 변환 : 갈매기형 수장, 위로
  【갈매기형 수장】
 - 글꼴 : 궁서, 굵게
 - 텍스트 반사 :
  근접 반사, 터치

③ 그림 삽입
 - 「내 PC₩문서₩ITQ₩Picture₩로고1.jpg」
 - 배경(회색) 투명색으로 설정

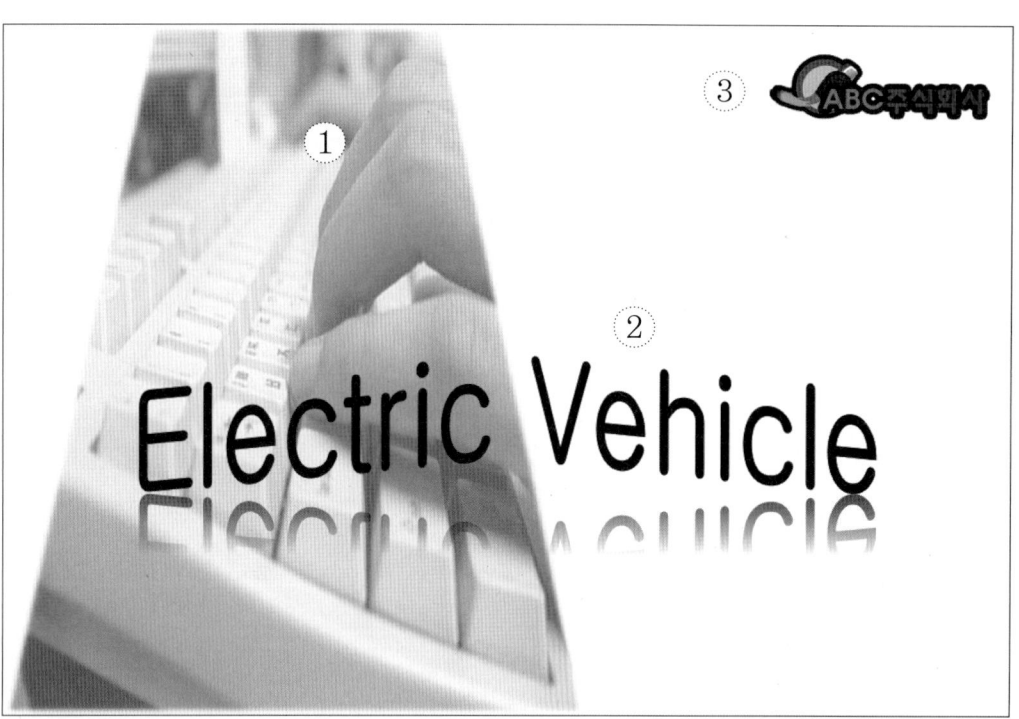

[슬라이드 2] 《목차 슬라이드》 (60점)

(1) 출력형태와 같이 도형을 이용하여 목차를 작성한다(글꼴 : 돋움, 24pt).
(2) 도형 : 선 없음

세부조건

① 텍스트에 하이퍼링크 적용
 → '슬라이드 4'

② 그림 삽입
 - 「내 PC₩문서₩ITQ₩Picture₩그림4.jpg」
 - 자르기 기능 이용

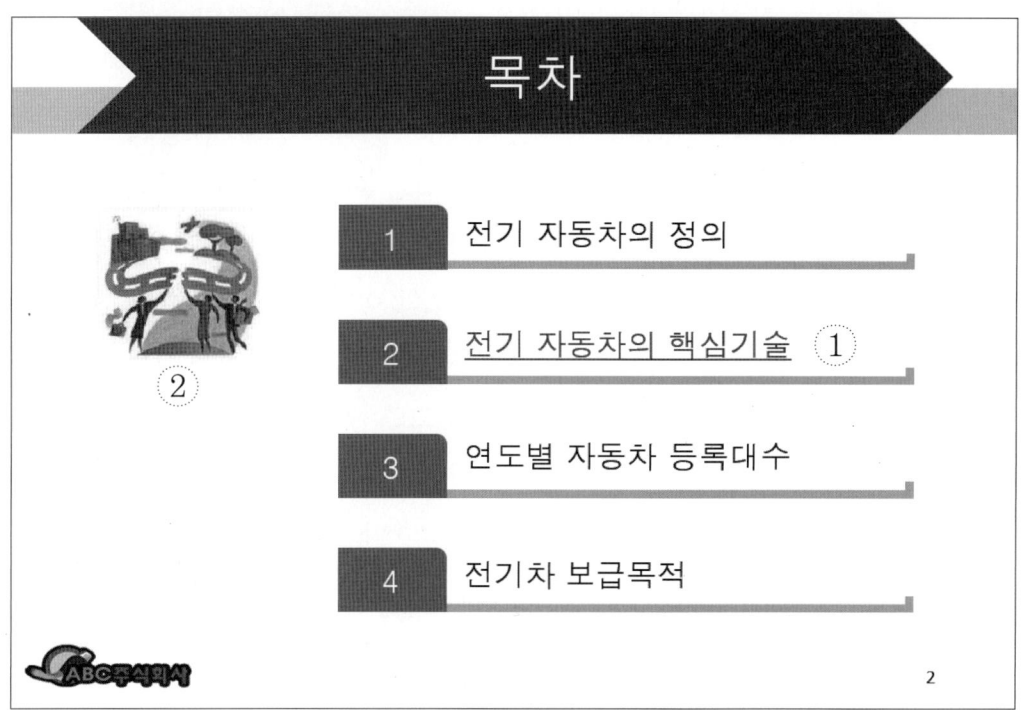

[슬라이드 3] ≪텍스트/동영상 슬라이드≫   (60점)

(1) 텍스트 작성 : 글머리 기호 사용(➢, ✓)
  ➢문단(굴림, 24pt, 굵게, 줄간격 : 1.5줄), ✓문단(굴림, 20pt, 줄간격 : 1.5줄)

세부조건

① 동영상 삽입 :
  - 「내 PC₩문서₩ITQ₩Picture₩동영상.wmv」
  - 자동실행, 반복재생– 설정

1. 전기 자동차의 정의

➢ **Electric Vehicle**
  ✓ Refers to a car that uses an electric battery and an electric motor without using oil fuel and engine
  ✓ They can reach maximum acceleration in half the time of a normal car

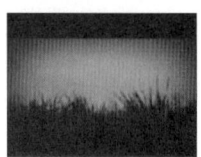

➢ **전기 자동차**
  ✓ 외부 공급원으로부터 충전된 전기에너지를 이용하여 주행하는 전력기반 자동차로서, 전기에너지를 배터리에 저장하고 모터로 공급하여 구동력을 발생시킴

[슬라이드 4] ≪표 슬라이드≫   (80점)

(1) 도형과 표 작성 기능을 이용하여 슬라이드를 작성한다(글꼴 : 굴림, 18pt).

세부조건

① 상단 도형 :
  2개 도형의 조합으로 작성

② 좌측 도형 :
  그라데이션 효과(선형 아래쪽)

③ 테이블 디자인【표 스타일】:
  테마 스타일 1 - 강조 5

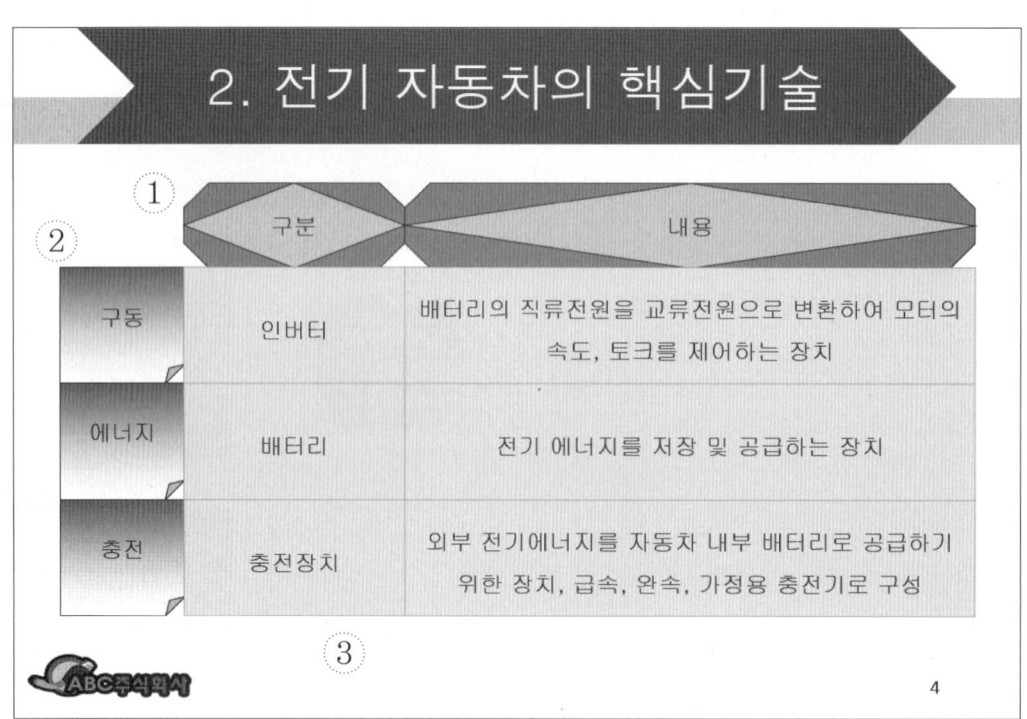

2. 전기 자동차의 핵심기술

구분		내용
구동	인버터	배터리의 직류전원을 교류전원으로 변환하여 모터의 속도, 토크를 제어하는 장치
에너지	배터리	전기 에너지를 저장 및 공급하는 장치
충전	충전장치	외부 전기에너지를 자동차 내부 배터리로 공급하기 위한 장치, 급속, 완속, 가정용 충전기로 구성

[슬라이드 5] ≪차트 슬라이드≫   (100점)

(1) 차트 작성 기능을 이용하여 슬라이드를 작성한다.
(2) 차트 : 종류(묶은 세로 막대형), 글꼴(돋움, 16pt), 외곽선

세부조건

※ 차트설명
- 차트제목 : 궁서, 24pt, 굵게, 채우기(흰색), 테두리, 그림자(오프셋 오른쪽)
- 차트영역 : 채우기(노랑) 그림영역 : 채우기(흰색)
- 데이터 서식 : 증가율(%) 계열을 표식이 있는 꺾은선형으로 변경 후 보조축으로 지정
- 값 표시 : 2022년의 등록대수(만대) 계열만

① 도형 삽입
 - 스타일 :
  미세효과 – 파랑, 강조1
 - 글꼴 : 굴림, 18pt

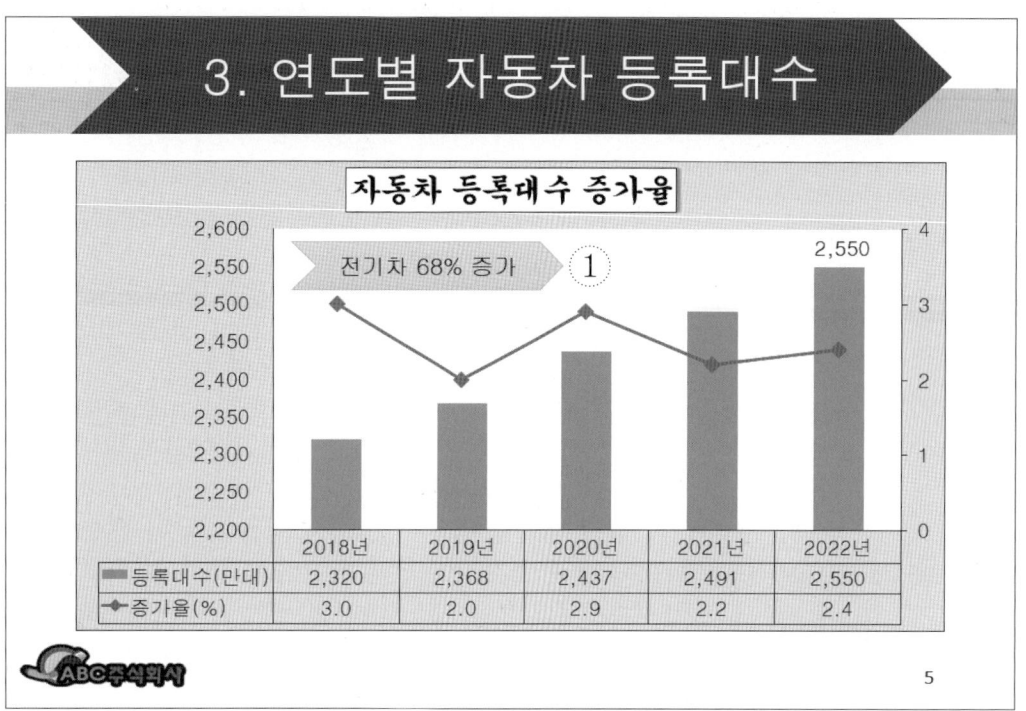

[슬라이드 6] ≪도형 슬라이드≫   (100점)

(1) 슬라이드와 같이 도형 및 스마트아트를 배치한다(글꼴 : 돋움, 18pt).
(2) 애니메이션 순서 : ① ⇒ ②

세부조건

① 도형 및 스마트아트 편집
 - 스마트아트 디자인
  : 3차원 벽돌,
   3차원 만화
 - 그룹화 후 애니메이션 효과
  : 닦아내기(위에서)

② 도형 편집
 - 그룹화 후 애니메이션 효과
  : 회전

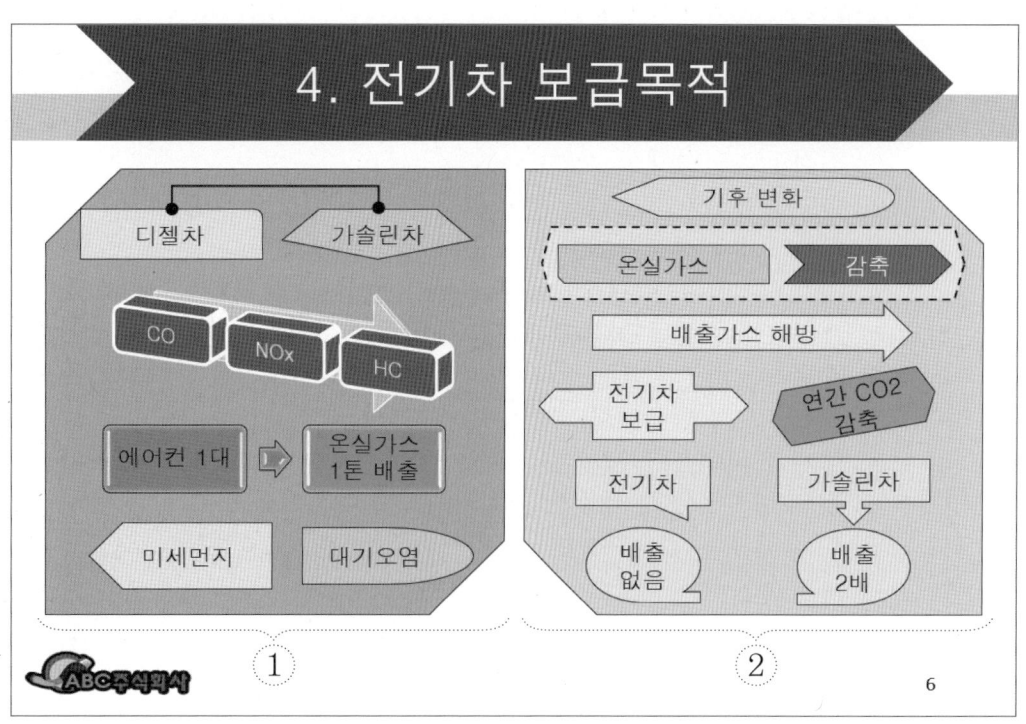

제 02 회 ITQ 실전모의문제

과목	코드	문제유형	시험시간	수험번호	성명
한글파워포인트	1142	B	60분		

수험자 유의사항

- 수험자는 문제지를 받는 즉시 문제지와 <u>수험표상의 시험과목(프로그램)이 동일한지 반드시 확인</u>하여야 합니다.
- 파일명은 본인의 "수험번호-성명"으로 입력하여 답안폴더(내 PC₩문서₩ITQ)에 하나의 파일로 저장해야 하며, 답안문서 파일명이 "수험번호-성명"과 일치하지 않거나, 답안파일을 전송하지 않아 미제출로 처리될 경우 실격 처리합니다(예:12345678-홍길동.pptx).
- 답안 작성을 마치면 파일을 저장하고, '답안 전송' 버튼을 선택하여 감독위원 PC로 답안을 전송하십시오. 수험생 정보와 저장한 파일명이 다를 경우 전송되지 않으므로 주의하시기 바랍니다.
- 답안 작성 중에도 <u>주기적으로 저장하고, '답안 전송'</u>하여야 문제 발생을 줄일 수 있습니다. 작업한 내용을 저장하지 않고 전송할 경우 이전에 저장된 내용이 전송되오니 이점 유의하시기 바랍니다.
- 답안문서는 지정된 경로 외의 다른 보조기억장치에 저장하는 경우, 지정된 시험 시간 외에 작성된 파일을 활용할 경우, 기타 통신수단(이메일, 메신저, 네트워크 등)을 이용하여 타인에게 전달 또는 외부 반출하는 경우는 부정 처리합니다.
- 시험 중 부주의 또는 고의로 시스템을 파손한 경우는 수험자가 변상해야 하며, 〈수험자 유의사항〉에 기재된 방법대로 이행하지 않아 생기는 불이익은 수험생 당사자의 책임임을 알려 드립니다.
- 문제의 조건은 MS오피스 2021 버전으로 설정되어 있으며 MS오피스 2016은 【 】에 표기되어 있습니다. 이와 관련하여 작성한 답안의 출력형태가 문제지와 다를 수 있습니다.
- 시험을 완료한 수험자는 답안파일이 전송되었는지 확인한 후 감독위원의 지시에 따라 문제지를 제출하고 퇴실합니다.

답안 작성요령

- 온라인 답안 작성 절차
  수험자 등록 ⇒ 시험 시작 ⇒ 답안파일 저장 ⇒ 답안 전송 ⇒ 시험 종료
- 슬라이드의 크기는 A4 Paper로 설정하여 작성합니다.
- 슬라이드의 총 개수는 6개로 구성되어 있으며 슬라이드 1부터 순서대로 작업하고 반드시 문제와 세부 조건대로 합니다.
- 별도의 지시사항이 없는 경우 출력형태를 참조하여 글꼴색은 검정 또는 흰색으로 작성하고, 기타사항은 전체적인 균형을 고려하여 작성합니다.
- 슬라이드 도형 및 개체에 출력형태와 다른 스타일(그림자, 외곽선 등)을 적용했을 경우 감점처리 됩니다.
- 슬라이드 번호를 작성합니다(슬라이드 1에는 생략).
- 2~6번 슬라이드 제목 도형과 하단 로고는 슬라이드 마스터를 이용하여 출력형태와 동일하게 작성합니다 (슬라이드 1에는 생략).
- 문제와 세부조건, 세부조건 번호 ◌(점선원)는 입력하지 않습니다.
- 각 개체의 위치는 오른쪽의 슬라이드와 동일하게 구성합니다.
- 그림 삽입 문제의 경우 반드시 「내 PC₩문서₩ITQ₩Picture」폴더에서 정확한 파일을 선택하여 삽입하십시오.
- 각 슬라이드를 각각의 파일로 작업해서 저장할 경우 실격 처리됩니다.

kpc 한국생산성본부

[전체구성] (60점)

(1) 슬라이드 크기 및 순서 : 크기를 A4 용지로 설정하고 슬라이드 순서에 맞게 작성한다.
(2) 슬라이드 마스터 : 2~6슬라이드의 제목, 하단 로고, 슬라이드 번호는 슬라이드 마스터를 이용하여 작성한다.
 - 제목 글꼴(돋움, 40pt, 흰색), 가운데 맞춤, 도형(선 없음)
 - 하단 로고(「내 PC\문서\ITQ\Picture\로고1.jpg」, 배경(회색) 투명색으로 설정)

[슬라이드 1] ≪표지 디자인≫ (40점)

(1) 표지 디자인 : 도형, 워드아트 및 그림을 이용하여 작성한다.

세부조건

① 도형 편집
 - 도형에 그림 채우기 :
 「내 PC\문서\ITQ\Picture\
 그림1.jpg」, 투명도 50%
 - 도형 효과 :
 부드러운 가장자리 5포인트

② 워드아트 삽입
 - 변환 : 갈매기형 수장, 위로
 【갈매기형 수장】
 - 글꼴 : 굴림, 굵게
 - 텍스트 반사 :
 근접 반사, 터치

③ 그림 삽입
 -「내 PC\문서\ITQ\Picture\
 로고1.jpg」
 - 배경(회색) 투명색으로 설정

[슬라이드 2] ≪목차 슬라이드≫ (60점)

(1) 출력형태와 같이 도형을 이용하여 목차를 작성한다(글꼴 : 돋움, 24pt).
(2) 도형 : 선 없음

세부조건

① 텍스트에 하이퍼링크 적용
 → '슬라이드 4'

② 그림 삽입
 -「내 PC\문서\ITQ\Picture\
 그림4.jpg」
 - 자르기 기능 이용

[슬라이드 3] ≪텍스트/동영상 슬라이드≫ (60점)

(1) 텍스트 작성 : 글머리 기호 사용(➤, ✓)
   ➤문단(굴림, 24pt, 굵게, 줄간격 : 1.5줄), ✓문단(굴림, 20pt, 줄간격 : 1.5줄)

세부조건

① 동영상 삽입 :
   - 「내 PC\문서\ITQ\Picture\동영상.wmv」
   - 자동실행, 반복재생 - 설정

1. 지진해일이란?

➤ **Risk of Tsunamis**
   ✓ A kind of long wave occurred in ocean
   ✓ It has super mighty power than the same kind of flowing and ebbing tide or storm surge

➤ **지진 해일이란?**
   ✓ 해저나 해안에서 발생한 지진에 의해 바다 밑바닥이 솟아오르거나 가라 앉으면서 해수면의 변화가 발생하여 큰 물결이 일어나 사방으로 퍼지게 되고, 매우 높은 파도가 되는 현상

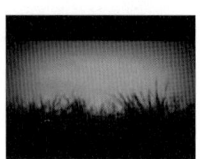

[슬라이드 4] ≪표 슬라이드≫ (80점)

(1) 도형과 표 작성 기능을 이용하여 슬라이드를 작성한다(글꼴 : 굴림, 18pt).

세부조건

① 상단 도형 :
   2개 도형의 조합으로 작성

② 좌측 도형 :
   그라데이션 효과(선형 아래쪽)

③ 테이블 디자인【표 스타일】:
   테마 스타일 1 - 강조 5

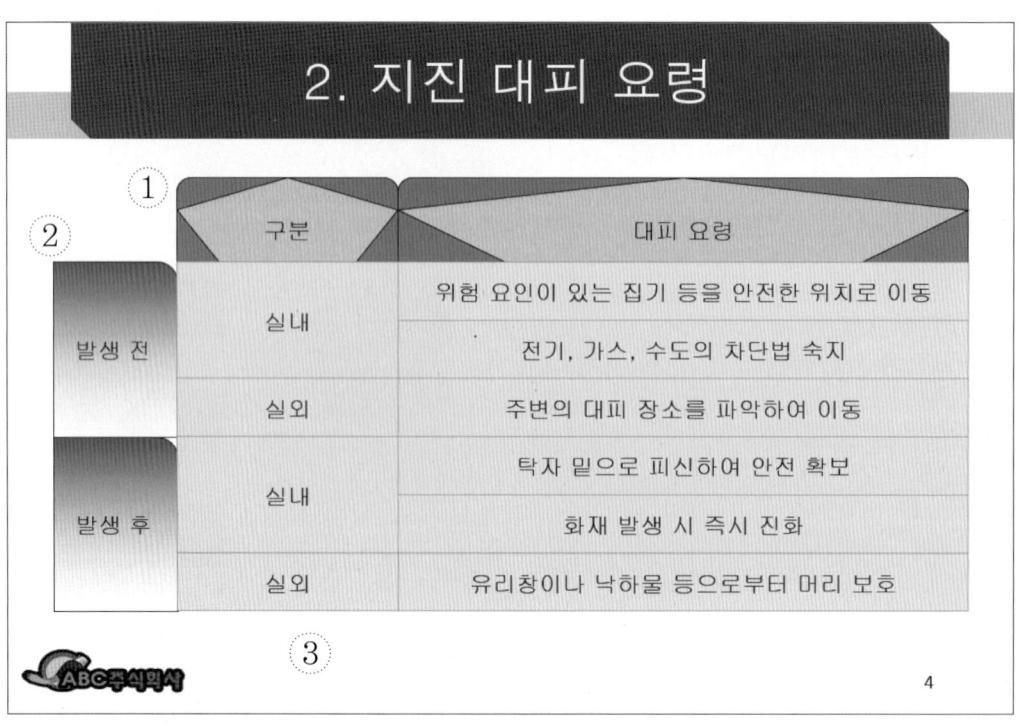

[슬라이드 5] ≪차트 슬라이드≫   (100점)

(1) 차트 작성 기능을 이용하여 슬라이드를 작성한다.
(2) 차트 : 종류(묶은 세로 막대형), 글꼴(돋움, 16pt), 외곽선

세부조건

※ 차트설명
- 차트제목 : 궁서, 24pt, 굵게, 채우기(흰색), 테두리, 그림자(오프셋 오른쪽)
- 차트영역 : 채우기(노랑) 그림영역 : 채우기(흰색)
- 데이터 서식 : 유감횟수 계열을 표식이 있는 꺾은선형으로 변경 후 보조축으로 지정
- 값 표시 : 2022년의 총횟수 계열만

① 도형 삽입
  - 스타일 :
    미세효과 – 파랑, 강조1
  - 글꼴 : 굴림, 18pt

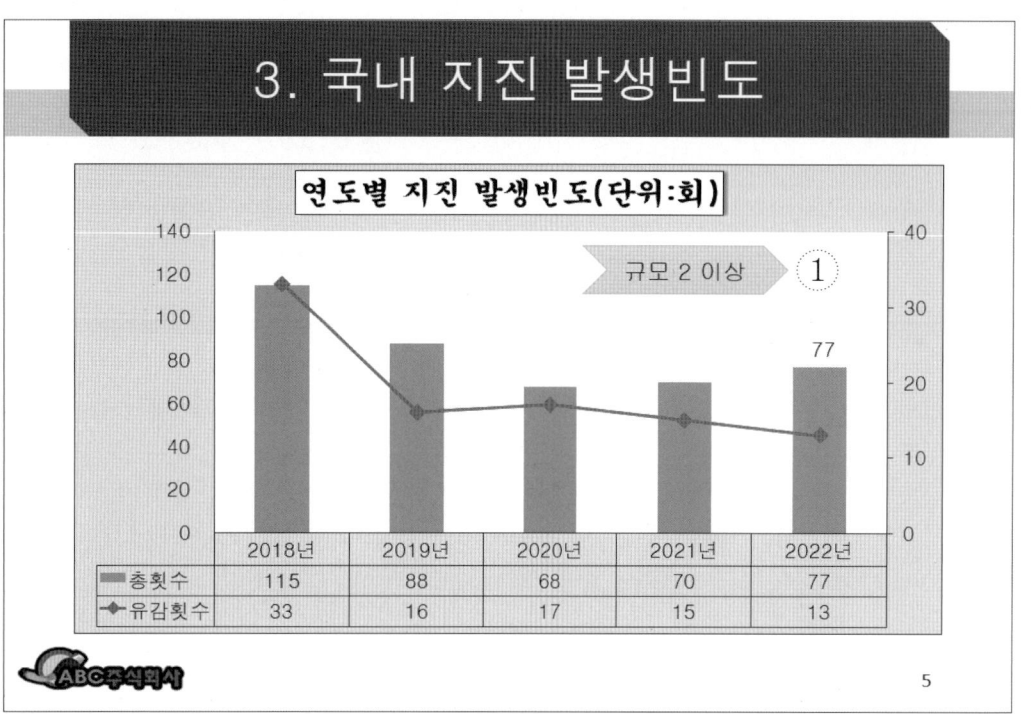

[슬라이드 6] ≪도형 슬라이드≫   (100점)

(1) 슬라이드와 같이 도형 및 스마트아트를 배치한다(글꼴 : 돋움, 18pt).
(2) 애니메이션 순서 : ① ⇒ ②

세부조건

① 도형 및 스마트아트 편집
  - 스마트아트 디자인
    : 3차원 벽돌,
      3차원 만화
  - 그룹화 후 애니메이션 효과
    : 닦아내기(위에서)

② 도형 편집
  - 그룹화 후 애니메이션 효과
    : 회전

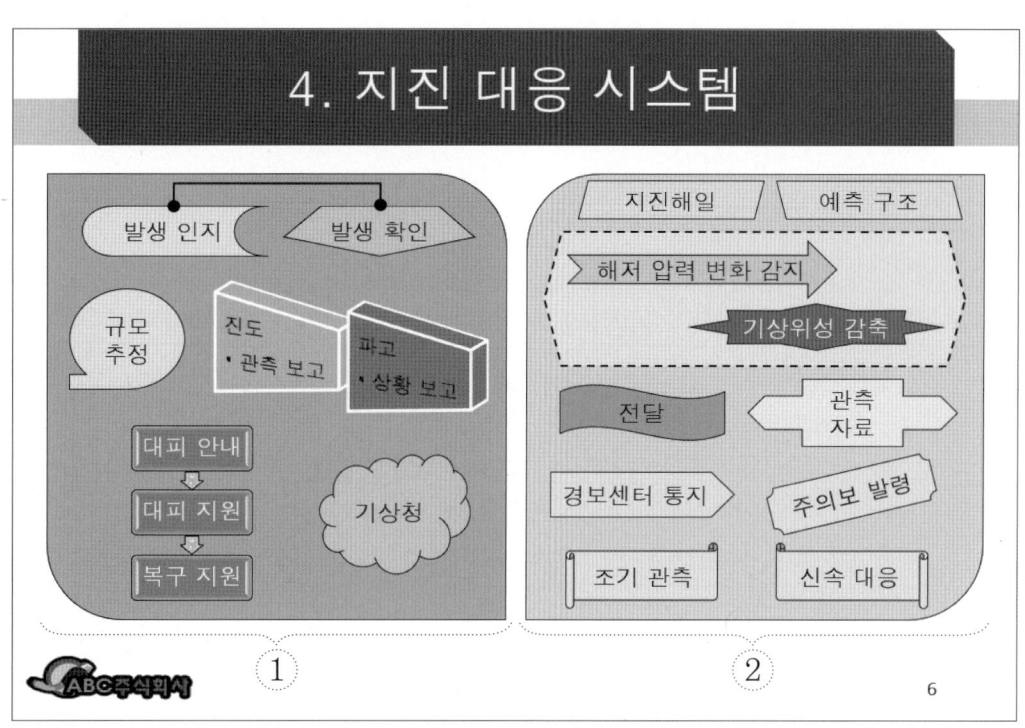

제 03 회 ITQ 실전모의문제

과목	코드	문제유형	시험시간	수험번호	성명
한글파워포인트	1142	C	60분		

수험자 유의사항

- 수험자는 문제지를 받는 즉시 문제지와 수험표상의 시험과목(프로그램)이 동일한지 반드시 확인하여야 합니다.
- 파일명은 본인의 "수험번호-성명"으로 입력하여 답안폴더(내 PC₩문서₩ITQ)에 하나의 파일로 저장해야 하며, 답안문서 파일명이 "수험번호-성명"과 일치하지 않거나, 답안파일을 전송하지 않아 미제출로 처리될 경우 실격 처리합니다(예:12345678-홍길동.pptx).
- 답안 작성을 마치면 파일을 저장하고, '답안 전송' 버튼을 선택하여 감독위원 PC로 답안을 전송하십시오. 수험생 정보와 저장한 파일명이 다를 경우 전송되지 않으므로 주의하시기 바랍니다.
- 답안 작성 중에도 주기적으로 저장하고, '답안 전송'하여야 문제 발생을 줄일 수 있습니다. 작업한 내용을 저장하지 않고 전송할 경우 이전에 저장된 내용이 전송되오니 이점 유의하시기 바랍니다.
- 답안문서는 지정된 경로 외의 다른 보조기억장치에 저장하는 경우, 지정된 시험 시간 외에 작성된 파일을 활용할 경우, 기타 통신수단(이메일, 메신저, 네트워크 등)을 이용하여 타인에게 전달 또는 외부 반출하는 경우는 부정 처리합니다.
- 시험 중 부주의 또는 고의로 시스템을 파손한 경우는 수험자가 변상해야 하며, 〈수험자 유의사항〉에 기재된 방법대로 이행하지 않아 생기는 불이익은 수험생 당사자의 책임임을 알려 드립니다.
- 문제의 조건은 MS오피스 2021 버전으로 설정되어 있으며 MS오피스 2016은 【 】에 표기되어 있습니다. 이와 관련하여 작성한 답안의 출력형태가 문제지와 다를 수 있습니다.
- 시험을 완료한 수험자는 답안파일이 전송되었는지 확인한 후 감독위원의 지시에 따라 문제지를 제출하고 퇴실합니다.

답안 작성요령

- 온라인 답안 작성 절차
  수험자 등록 ⇒ 시험 시작 ⇒ 답안파일 저장 ⇒ 답안 전송 ⇒ 시험 종료
- 슬라이드의 크기는 A4 Paper로 설정하여 작성합니다.
- 슬라이드의 총 개수는 6개로 구성되어 있으며 슬라이드 1부터 순서대로 작업하고 반드시 문제와 세부조건대로 합니다.
- 별도의 지시사항이 없는 경우 출력형태를 참조하여 글꼴색은 검정 또는 흰색으로 작성하고, 기타사항은 전체적인 균형을 고려하여 작성합니다.
- 슬라이드 도형 및 개체에 출력형태와 다른 스타일(그림자, 외곽선 등)을 적용했을 경우 감점처리 됩니다.
- 슬라이드 번호를 작성합니다(슬라이드 1에는 생략).
- 2~6번 슬라이드 제목 도형과 하단 로고는 슬라이드 마스터를 이용하여 출력형태와 동일하게 작성합니다(슬라이드 1에는 생략).
- 문제와 세부조건, 세부조건 번호 ◯(점선원)는 입력하지 않습니다.
- 각 개체의 위치는 오른쪽의 슬라이드와 동일하게 구성합니다.
- 그림 삽입 문제의 경우 반드시 「내 PC₩문서₩ITQ₩Picture」폴더에서 정확한 파일을 선택하여 삽입하십시오.
- 각 슬라이드를 각각의 파일로 작업해서 저장할 경우 실격 처리됩니다.

kpc 한국생산성본부

[전체구성] (60점)

(1) 슬라이드 크기 및 순서 : 크기를 A4 용지로 설정하고 슬라이드 순서에 맞게 작성한다.
(2) 슬라이드 마스터 : 2~6슬라이드의 제목, 하단 로고, 슬라이드 번호는 슬라이드 마스터를 이용하여 작성한다.
  - 제목 글꼴(굴림, 40pt, 흰색), 가운데 맞춤, 도형(선 없음)
  - 하단 로고(「내 PC₩문서₩ITQ₩Picture₩로고2.jpg」, 배경(회색) 투명색으로 설정)

[슬라이드 1] 《표지 디자인》 (40점)

(1) 표지 디자인 : 도형, 워드아트 및 그림을 이용하여 작성한다.

세부조건

① 도형 편집
 - 도형에 그림 채우기 :
  「내 PC₩문서₩ITQ₩Picture₩그림3.jpg」, 투명도 50%
 - 도형 효과 :
  부드러운 가장자리 5포인트

② 워드아트 삽입
 - 변환 : 기울기, 위로
  【위로 기울기】
 - 글꼴 : 돋움, 굵게
 - 텍스트 반사 :
  근접 반사, 4pt 오프셋

③ 그림 삽입
 - 「내 PC₩문서₩ITQ₩Picture₩로고2.jpg」
 - 배경(회색) 투명색으로 설정

[슬라이드 2] 《목차 슬라이드》 (60점)

(1) 출력형태와 같이 도형을 이용하여 목차를 작성한다(글꼴 : 돋움, 24pt).
(2) 도형 : 선 없음

세부조건

① 텍스트에 하이퍼링크 적용
 → '슬라이드 6'

② 그림 삽입
 - 「내 PC₩문서₩ITQ₩Picture₩그림5.jpg」
 - 자르기 기능 이용

[슬라이드 3] ≪텍스트/동영상 슬라이드≫ (60점)

(1) 텍스트 작성 : 글머리 기호 사용(❖, ■)
 ❖문단(굴림, 24pt, 굵게, 줄간격 : 1.5줄), ■문단(굴림, 20pt, 줄간격 : 1.5줄)

세부조건

① 동영상 삽입 :
 -「내 PC₩문서₩ITQ₩Picture₩동영상.wmv」
 - 자동실행, 반복재생 - 설정

1. 슬리포노믹스

❖ Sleeponomics
 ■ Sleeponomics is a compound word that combines 'sleep' and 'economy' and is a related industry that grows as it pays a lot of money for a good night's sleep

❖ 슬리포노믹스
 ■ 수면과 경제를 합친 합성어로 숙면을 위해 많은 돈을 지불함에 따라 성장하는 관련 산업
 ■ 수면상태를 분석하는 슬립테크와 함께 성장

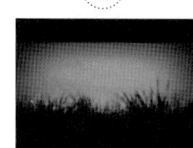

[슬라이드 4] ≪표 슬라이드≫ (80점)

(1) 도형과 표 작성 기능을 이용하여 슬라이드를 작성한다(글꼴 : 돋움, 18pt).

세부조건

① 상단 도형 :
 2개 도형의 조합으로 작성

② 좌측 도형 :
 그라데이션 효과(선형 아래쪽)

③ 테이블 디자인【표 스타일】:
 테마 스타일 1 - 강조 5

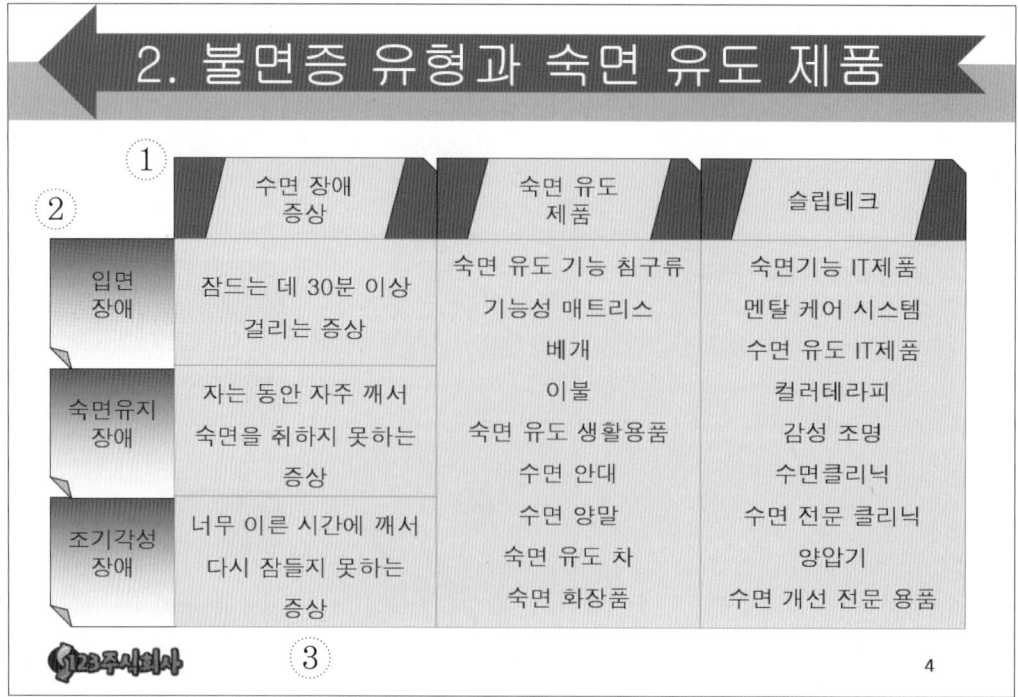

2. 불면증 유형과 숙면 유도 제품

	수면 장애 증상	숙면 유도 제품	슬립테크
입면 장애	잠드는 데 30분 이상 걸리는 증상	숙면 유도 기능 침구류 기능성 매트리스 베개	숙면기능 IT제품 멘탈 케어 시스템 수면 유도 IT제품
숙면유지 장애	자는 동안 자주 깨서 숙면을 취하지 못하는 증상	이불 숙면 유도 생활용품 수면 안대	컬러테라피 감성 조명 수면클리닉
조기각성 장애	너무 이른 시간에 깨서 다시 잠들지 못하는 증상	수면 양말 숙면 유도 차 숙면 화장품	수면 전문 클리닉 양압기 수면 개선 전문 용품

[슬라이드 5] ≪차트 슬라이드≫   (100점)

(1) 차트 작성 기능을 이용하여 슬라이드를 작성한다.
(2) 차트 : 종류(묶은 세로 막대형), 글꼴(돋움, 16pt), 외곽선

세부조건

※ 차트설명
- 차트제목 : 궁서, 24pt, 굵게, 채우기(흰색), 테두리, 그림자(오프셋 오른쪽)
- 차트영역 : 채우기(노랑)
  그림영역 : 채우기(흰색)
- 데이터 서식 : 1인당 진료비 계열을 표식이 있는 꺾은선형으로 변경 후 보조축으로 지정
- 값 표시 : 2020년의 1인당 진료비 계열만

① 도형 삽입
- 스타일 :
   미세효과 – 파랑, 강조1
- 글꼴 : 굴림, 18pt

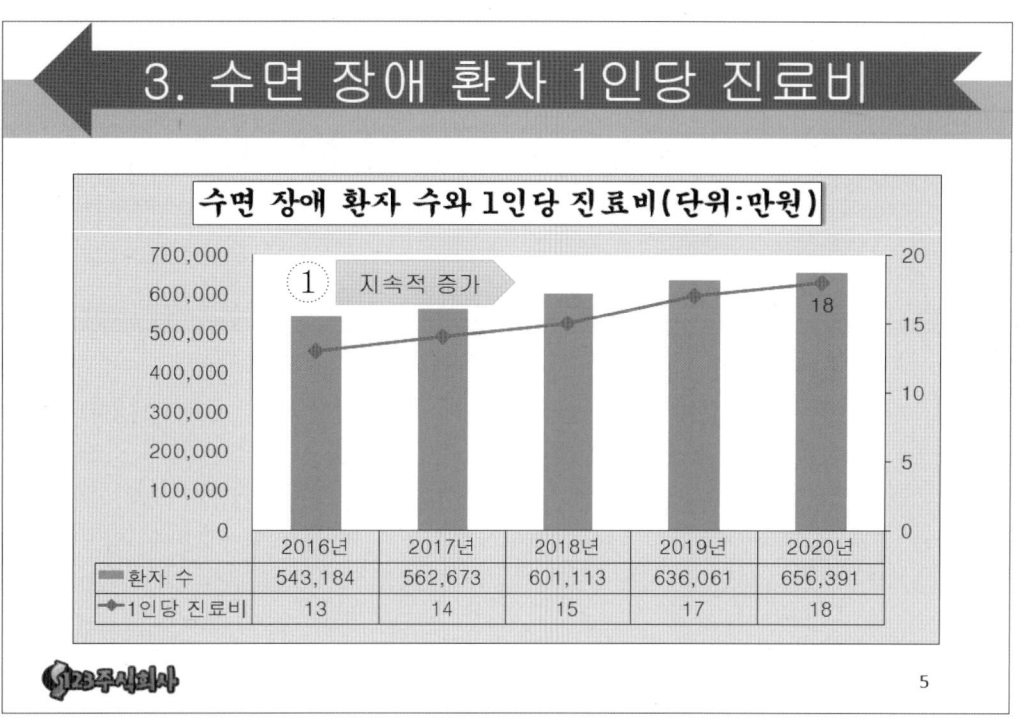

[슬라이드 6] ≪도형 슬라이드≫   (100점)

(1) 슬라이드와 같이 도형 및 스마트아트를 배치한다(글꼴 : 굴림, 18pt).
(2) 애니메이션 순서 : ① ⇒ ②

세부조건

① 도형 및 스마트아트 편집
- 스마트아트 디자인
  : 3차원 경사,
    3차원 벽돌
- 그룹화 후 애니메이션 효과
  : 닦아내기(위에서)

② 도형 편집
- 그룹화 후 애니메이션 효과
  : 바운드

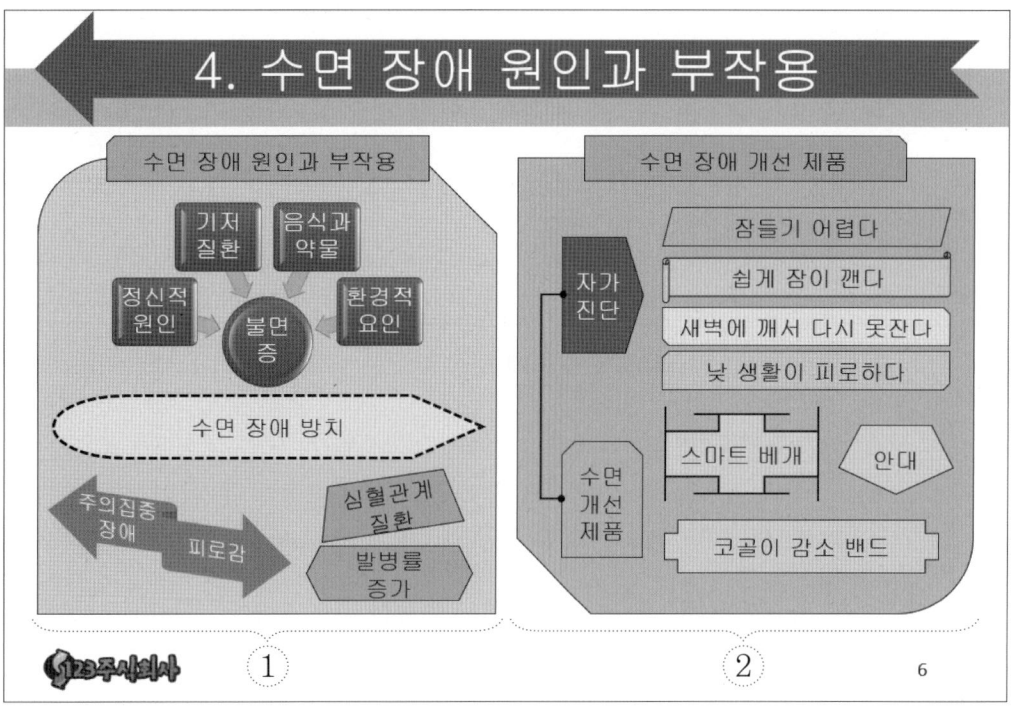

169

제 04 회 ITQ 실전모의문제

과목	코드	문제유형	시험시간	수험번호	성명
한글파워포인트	1142	A	60분		

수험자 유의사항

- 수험자는 문제지를 받는 즉시 문제지와 **수험표상의 시험과목(프로그램)이 동일한지 반드시 확인**하여야 합니다.
- 파일명은 본인의 "수험번호-성명"으로 입력하여 답안폴더(내 PC₩문서₩ITQ)에 하나의 파일로 저장해야 하며, 답안문서 파일명이 "수험번호-성명"과 일치하지 않거나, 답안파일을 전송하지 않아 미제출로 처리될 경우 실격 처리합니다(예:12345678-홍길동.pptx).
- 답안 작성을 마치면 파일을 저장하고, '답안 전송' 버튼을 선택하여 감독위원 PC로 답안을 전송하십시오. 수험생 정보와 저장한 파일명이 다를 경우 전송되지 않으므로 주의하시기 바랍니다.
- 답안 작성 중에도 **주기적으로 저장하고, '답안 전송'**하여야 문제 발생을 줄일 수 있습니다. 작업한 내용을 저장하지 않고 전송할 경우 이전에 저장된 내용이 전송되오니 이점 유의하시기 바랍니다.
- 답안문서는 지정된 경로 외의 다른 보조기억장치에 저장하는 경우, 지정된 시험 시간 외에 작성된 파일을 활용할 경우, 기타 통신수단(이메일, 메신저, 네트워크 등)을 이용하여 타인에게 전달 또는 외부 반출하는 경우는 부정 처리합니다.
- 시험 중 부주의 또는 고의로 시스템을 파손한 경우는 수험자가 변상해야 하며, 〈수험자 유의사항〉에 기재된 방법대로 이행하지 않아 생기는 불이익은 수험생 당사자의 책임임을 알려 드립니다.
- 문제의 조건은 MS오피스 2021 버전으로 설정되어 있으며 MS오피스 2016은 【 】에 표기되어 있습니다. 이와 관련하여 작성한 답안의 출력형태가 문제지와 다를 수 있습니다.
- 시험을 완료한 수험자는 답안파일이 전송되었는지 확인한 후 감독위원의 지시에 따라 문제지를 제출하고 퇴실합니다.

답안 작성요령

- 온라인 답안 작성 절차
  수험자 등록 ⇒ 시험 시작 ⇒ 답안파일 저장 ⇒ 답안 전송 ⇒ 시험 종료
- 슬라이드의 크기는 A4 Paper로 설정하여 작성합니다.
- 슬라이드의 총 개수는 6개로 구성되어 있으며 슬라이드 1부터 순서대로 작업하고 반드시 문제와 세부 조건대로 합니다.
- 별도의 지시사항이 없는 경우 출력형태를 참조하여 글꼴색은 검정 또는 흰색으로 작성하고, 기타사항은 전체적인 균형을 고려하여 작성합니다.
- 슬라이드 도형 및 개체에 출력형태와 다른 스타일(그림자, 외곽선 등)을 적용했을 경우 감점처리 됩니다.
- 슬라이드 번호를 작성합니다(슬라이드 1에는 생략).
- 2~6번 슬라이드 제목 도형과 하단 로고는 슬라이드 마스터를 이용하여 출력형태와 동일하게 작성합니다(슬라이드 1에는 생략).
- 문제와 세부조건, 세부조건 번호 ○(점선원)는 입력하지 않습니다.
- 각 개체의 위치는 오른쪽의 슬라이드와 동일하게 구성합니다.
- 그림 삽입 문제의 경우 반드시 「내 PC₩문서₩ITQ₩Picture」폴더에서 정확한 파일을 선택하여 삽입하십시오.
- 각 슬라이드를 각각의 파일로 작업해서 저장할 경우 실격 처리됩니다.

[전체구성] (60점)

(1) 슬라이드 크기 및 순서 : 크기를 A4 용지로 설정하고 슬라이드 순서에 맞게 작성한다.
(2) 슬라이드 마스터 : 2~6슬라이드의 제목, 하단 로고, 슬라이드 번호는 슬라이드 마스터를 이용하여 작성한다.
 - 제목 글꼴(굴림, 40pt, 흰색), 가운데 맞춤, 도형(선 없음)
 - 하단 로고(「내 PC\문서\ITQ\Picture\로고2.jpg」, 배경(회색) 투명색으로 설정)

[슬라이드 1] ≪표지 디자인≫ (40점)

(1) 표지 디자인 : 도형, 워드아트 및 그림을 이용하여 작성한다.

세부조건

① 도형 편집
 - 도형에 그림 채우기 :
  「내 PC\문서\ITQ\Picture\그림3.jpg」, 투명도 50%
 - 도형 효과 :
  부드러운 가장자리 5포인트

② 워드아트 삽입
 - 변환 : 삼각형, 위로 【삼각형】
 - 글꼴 : 돋움, 굵게
 - 텍스트 반사 :
  근접 반사, 4pt 오프셋

③ 그림 삽입
 - 「내 PC\문서\ITQ\Picture\로고2.jpg」
 - 배경(회색) 투명색으로 설정

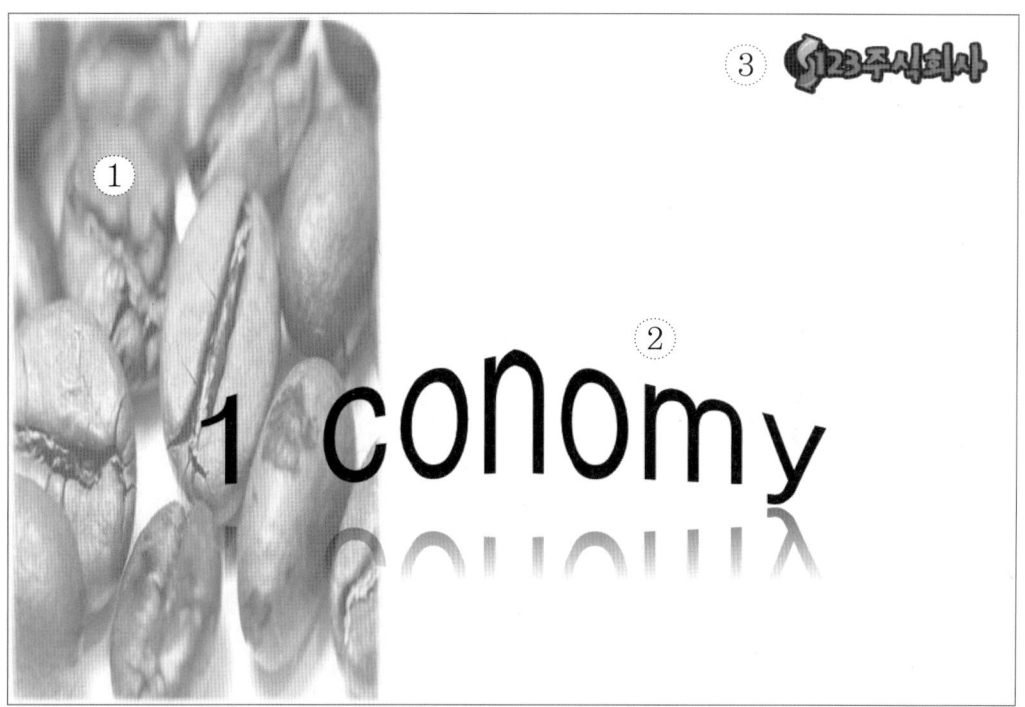

[슬라이드 2] ≪목차 슬라이드≫ (60점)

(1) 출력형태와 같이 도형을 이용하여 목차를 작성한다(글꼴 : 돋움, 24pt).
(2) 도형 : 선 없음

세부조건

① 텍스트에 하이퍼링크 적용
 → '슬라이드 6'

② 그림 삽입
 - 「내 PC\문서\ITQ\Picture\그림5.jpg」
 - 자르기 기능 이용

[슬라이드 3] ≪텍스트/동영상 슬라이드≫ (60점)

(1) 텍스트 작성 : 글머리 기호 사용(❖, ■)
  ❖문단(굴림, 24pt, 굵게, 줄간격 : 1.5줄), ■문단(굴림, 20pt, 줄간격 : 1.5줄)

세부조건

① 동영상 삽입 :
 - 「내 PC₩문서₩ITQ₩Picture₩동영상.wmv」
 - 자동실행, 반복재생- 설정

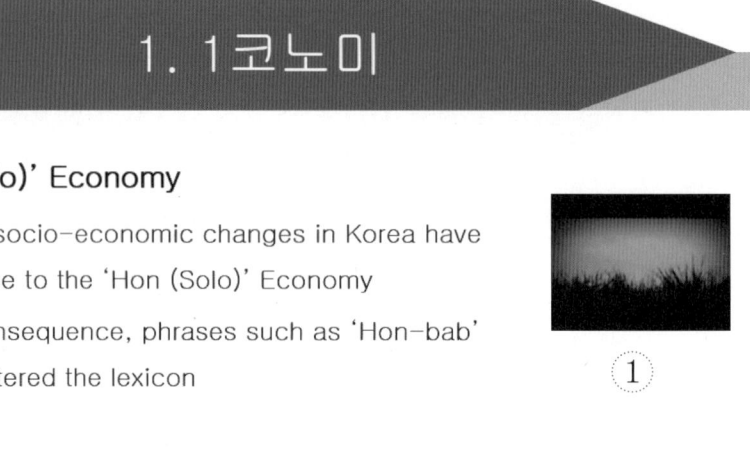

1. 1코노미

❖ 'Hon (Solo)' Economy
  ■ Recent socio-economic changes in Korea have given rise to the 'Hon (Solo)' Economy
  ■ As a consequence, phrases such as 'Hon-bab' have entered the lexicon

❖ 1코노미
  ■ 숫자 1과 경제(economy)의 합성어로 혼밥(혼자 밥 먹기), 혼술(혼자 술 마시기) 등 혼자만의 생활을 즐기며 소비 하는 경제활동

[슬라이드 4] ≪표 슬라이드≫ (80점)

(1) 도형과 표 작성 기능을 이용하여 슬라이드를 작성한다(글꼴 : 돋움, 18pt).

세부조건

① 상단 도형 :
  2개 도형의 조합으로 작성

② 좌측 도형 :
  그라데이션 효과(선형 아래쪽)

③ 테이블 디자인【표 스타일】:
  테마 스타일 1 - 강조 5

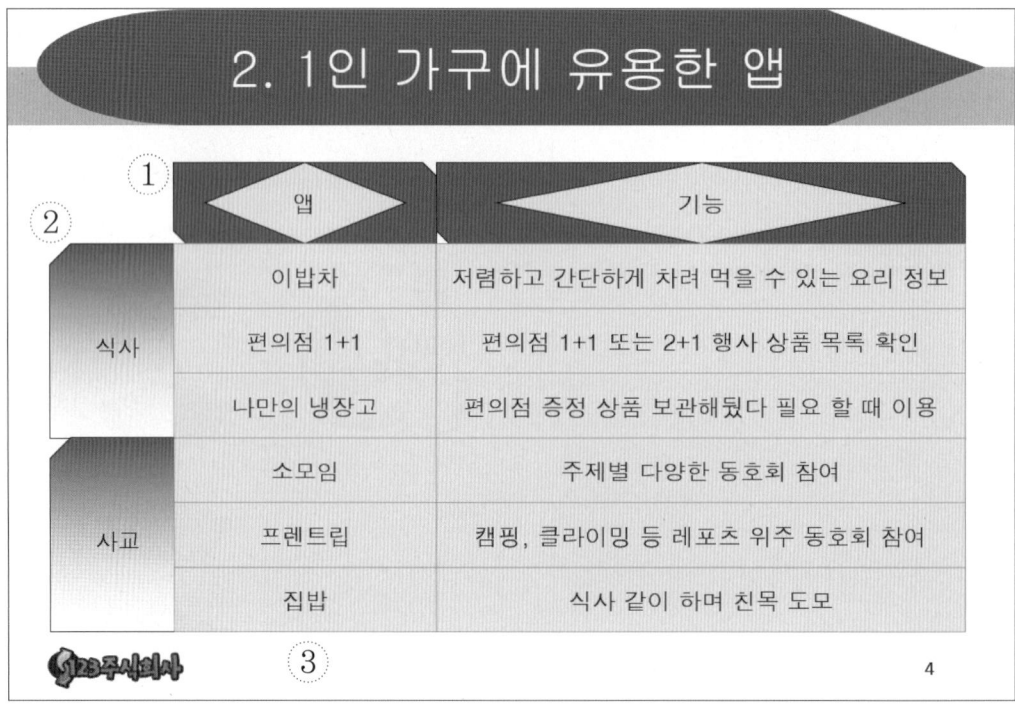

2. 1인 가구에 유용한 앱

	앱	기능
식사	이밥차	저렴하고 간단하게 차려 먹을 수 있는 요리 정보
	편의점 1+1	편의점 1+1 또는 2+1 행사 상품 목록 확인
	나만의 냉장고	편의점 증정 상품 보관해뒀다 필요 할 때 이용
사교	소모임	주제별 다양한 동호회 참여
	프렌트립	캠핑, 클라이밍 등 레포츠 위주 동호회 참여
	집밥	식사 같이 하며 친목 도모

[슬라이드 5] ≪차트 슬라이드≫ (100점)

(1) 차트 작성 기능을 이용하여 슬라이드를 작성한다.
(2) 차트 : 종류(묶은 세로 막대형), 글꼴(돋움, 16pt), 외곽선

세부조건

※ 차트설명
- 차트제목 : 궁서, 24pt, 굵게, 채우기(흰색), 테두리, 그림자(오프셋 오른쪽)
- 차트영역 : 채우기(노랑) 그림영역 : 채우기(흰색)
- 데이터 서식 : 취업 계열을 표식이 있는 꺾은선형으로 변경 후 보조축으로 지정
- 값 표시 : 건강악화의 취업 계열만

① 도형 삽입
 - 스타일 : 미세효과 – 파랑, 강조1
 - 글꼴 : 굴림, 18pt

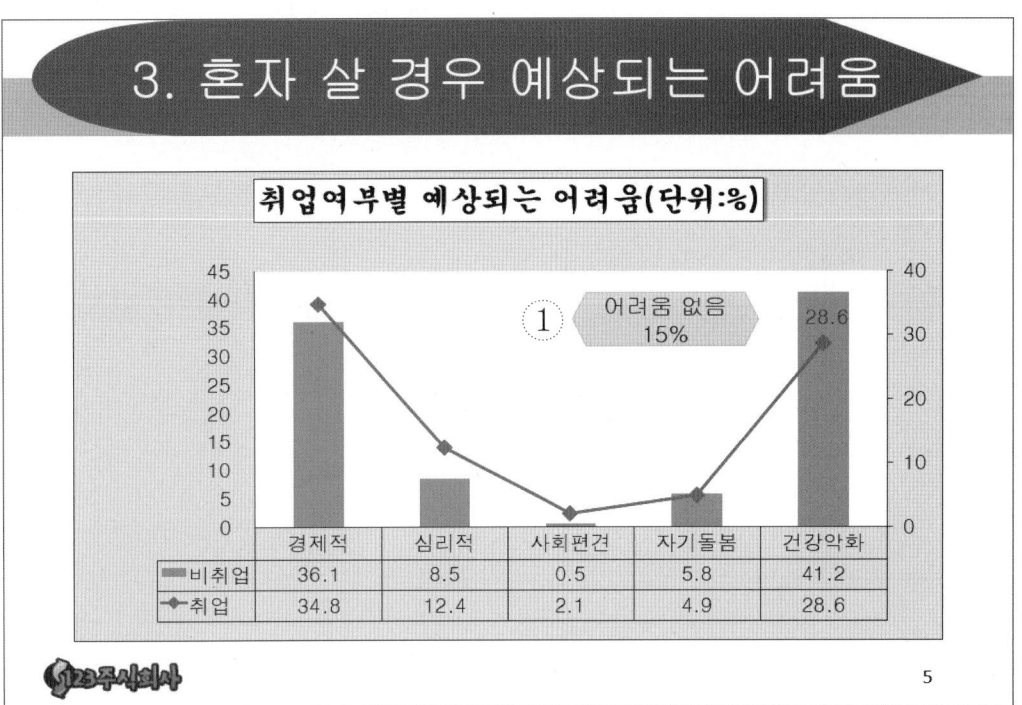

[슬라이드 6] ≪도형 슬라이드≫ (100점)

(1) 슬라이드와 같이 도형 및 스마트아트를 배치한다(글꼴 : 굴림, 18pt).
(2) 애니메이션 순서 : ① ⇒ ②

세부조건

① 도형 및 스마트아트 편집
 - 스마트아트 디자인
  : 3차원 벽돌, 3차원 만화
 - 그룹화 후 애니메이션 효과
  : 닦아내기(위에서)

② 도형 편집
 - 그룹화 후 애니메이션 효과
  : 회전

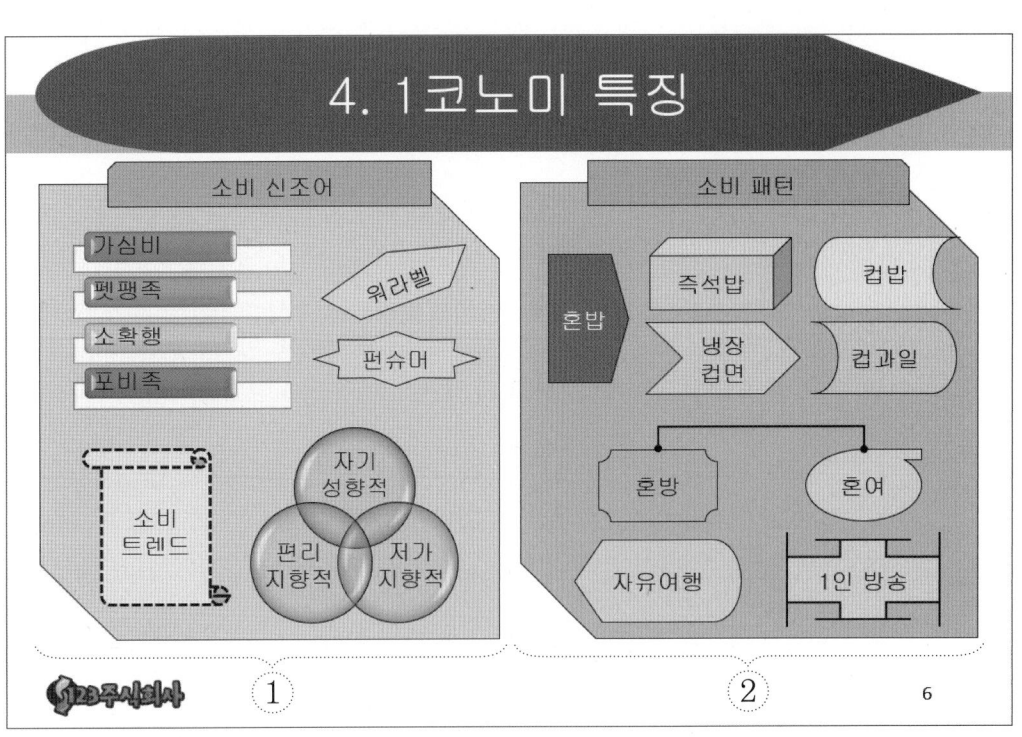

제05회 ITQ 실전모의문제

과목	코드	문제유형	시험시간	수험번호	성명
한글파워포인트	1142	B	60분		

수험자 유의사항

- 수험자는 문제지를 받는 즉시 문제지와 수험표상의 시험과목(프로그램)이 동일한지 반드시 확인하여야 합니다.
- 파일명은 본인의 "수험번호-성명"으로 입력하여 답안폴더(내 PC\문서\ITQ)에 하나의 파일로 저장해야 하며, 답안문서 파일명이 "수험번호-성명"과 일치하지 않거나, 답안파일을 전송하지 않아 미제출로 처리될 경우 실격 처리합니다(예:12345678-홍길동.pptx).
- 답안 작성을 마치면 파일을 저장하고, '답안 전송' 버튼을 선택하여 감독위원 PC로 답안을 전송하십시오. 수험생 정보와 저장한 파일명이 다를 경우 전송되지 않으므로 주의하시기 바랍니다.
- 답안 작성 중에도 주기적으로 저장하고, '답안 전송'하여야 문제 발생을 줄일 수 있습니다. 작업한 내용을 저장하지 않고 전송할 경우 이전에 저장된 내용이 전송되오니 이점 유의하시기 바랍니다.
- 답안문서는 지정된 경로 외의 다른 보조기억장치에 저장하는 경우, 지정된 시험 시간 외에 작성된 파일을 활용할 경우, 기타 통신수단(이메일, 메신저, 네트워크 등)을 이용하여 타인에게 전달 또는 외부 반출하는 경우는 부정 처리합니다.
- 시험 중 부주의 또는 고의로 시스템을 파손한 경우는 수험자가 변상해야 하며, 〈수험자 유의사항〉에 기재된 방법대로 이행하지 않아 생기는 불이익은 수험생 당사자의 책임임을 알려 드립니다.
- 문제의 조건은 MS오피스 2021 버전으로 설정되어 있으며 MS오피스 2016은 【 】에 표기되어 있습니다. 이와 관련하여 작성한 답안의 출력형태가 문제지와 다를 수 있습니다.
- 시험을 완료한 수험자는 답안파일이 전송되었는지 확인한 후 감독위원의 지시에 따라 문제지를 제출하고 퇴실합니다.

답안 작성요령

- 온라인 답안 작성 절차
  수험자 등록 ⇒ 시험 시작 ⇒ 답안파일 저장 ⇒ 답안 전송 ⇒ 시험 종료
- 슬라이드의 크기는 A4 Paper로 설정하여 작성합니다.
- 슬라이드의 총 개수는 6개로 구성되어 있으며 슬라이드 1부터 순서대로 작업하고 반드시 문제와 세부조건대로 합니다.
- 별도의 지시사항이 없는 경우 출력형태를 참조하여 글꼴색은 검정 또는 흰색으로 작성하고, 기타사항은 전체적인 균형을 고려하여 작성합니다.
- 슬라이드 도형 및 개체에 출력형태와 다른 스타일(그림자, 외곽선 등)을 적용했을 경우 감점처리 됩니다.
- 슬라이드 번호를 작성합니다(슬라이드 1에는 생략).
- 2~6번 슬라이드 제목 도형과 하단 로고는 슬라이드 마스터를 이용하여 출력형태와 동일하게 작성합니다 (슬라이드 1에는 생략).
- 문제와 세부조건, 세부조건 번호 ○(점선원)는 입력하지 않습니다.
- 각 개체의 위치는 오른쪽의 슬라이드와 동일하게 구성합니다.
- 그림 삽입 문제의 경우 반드시 「내 PC\문서\ITQ\Picture」폴더에서 정확한 파일을 선택하여 삽입하십시오.
- 각 슬라이드를 각각의 파일로 작업해서 저장할 경우 실격 처리됩니다.

[전체구성] (60점)

(1) 슬라이드 크기 및 순서 : 크기를 A4 용지로 설정하고 슬라이드 순서에 맞게 작성한다.
(2) 슬라이드 마스터 : 2~6슬라이드의 제목, 하단 로고, 슬라이드 번호는 슬라이드 마스터를 이용하여 작성한다.
 - 제목 글꼴(굴림, 40pt, 흰색), 가운데 맞춤, 도형(선 없음)
 - 하단 로고(「내 PC\문서\ITQ\Picture\로고2.jpg」, 배경(회색) 투명색으로 설정)

[슬라이드 1] ≪표지 디자인≫ (40점)

(1) 표지 디자인 : 도형, 워드아트 및 그림을 이용하여 작성한다.

세부조건

① 도형 편집
 - 도형에 그림 채우기 :
 「내 PC\문서\ITQ\Picture\그림3.jpg」, 투명도 50%
 - 도형 효과 :
 부드러운 가장자리 5포인트

② 워드아트 삽입
 - 변환 : 수축
 - 글꼴 : 돋움, 굵게
 - 텍스트 반사 :
 근접 반사, 4pt 오프셋

③ 그림 삽입
 - 「내 PC\문서\ITQ\Picture\로고2.jpg」
 - 배경(회색) 투명색으로 설정

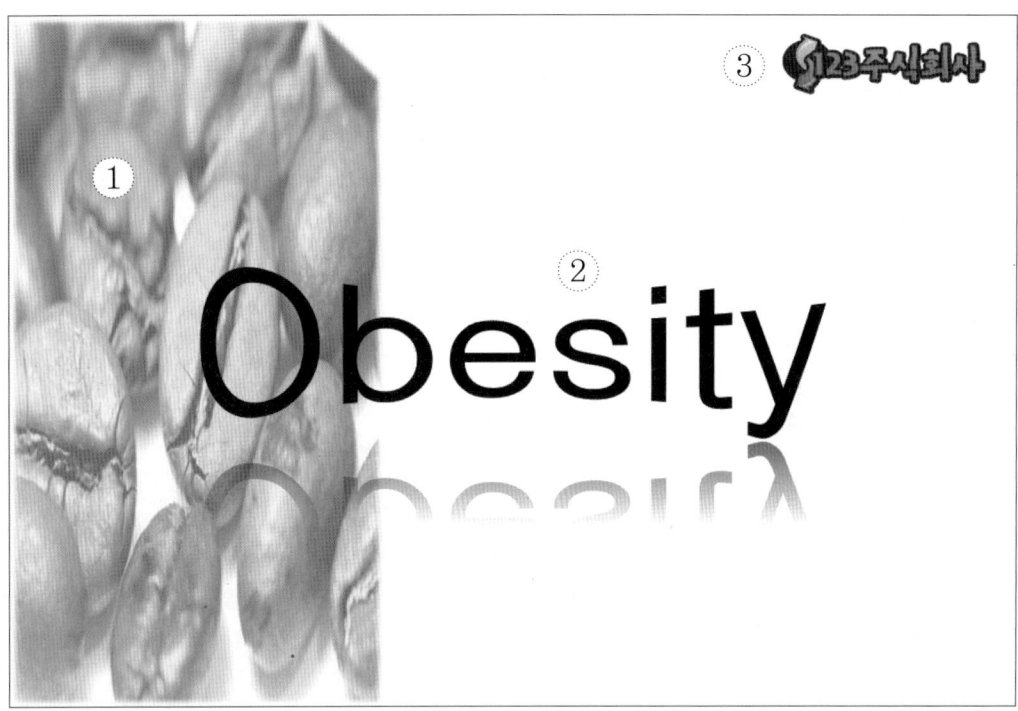

[슬라이드 2] ≪목차 슬라이드≫ (60점)

(1) 출력형태와 같이 도형을 이용하여 목차를 작성한다(글꼴 : 돋움, 24pt).
(2) 도형 : 선 없음

세부조건

① 텍스트에 하이퍼링크 적용
 → '슬라이드 6'

② 그림 삽입
 - 「내 PC\문서\ITQ\Picture\그림5.jpg」
 - 자르기 기능 이용

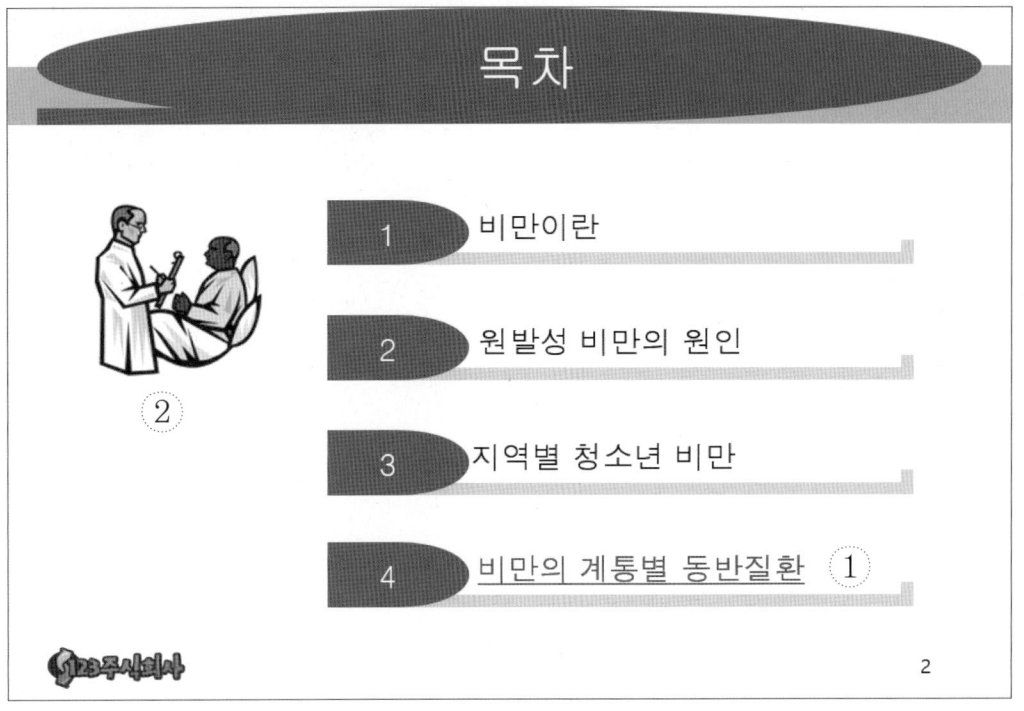

[슬라이드 3] ≪텍스트/동영상 슬라이드≫ (60점)

(1) 텍스트 작성 : 글머리 기호 사용(❖, ▪)
  ❖문단(굴림, 24pt, 굵게, 줄간격 : 1.5줄), ▪문단(굴림, 20pt, 줄간격 : 1.5줄)

세부조건

① 동영상 삽입 :
  - 「내 PC₩문서₩ITQ₩Picture₩동영상.wmv」
  - 자동실행, 반복재생- 설정

1. 비만이란

❖ Obesity
  ▪ Obesity has been connected with almost all diseases such as cardiovascular diseases, diabetes mellitus, cancers, joint disorders and other many diseases

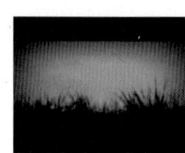

❖ 소아 비만증
  ▪ 유아기에서 사춘기까지의 비만
  ▪ 이 시기 비만의 80~85%가 성인비만으로 이행되고 동맥경화, 당뇨병, 심근경색 등이 조기에 나타날 수 있음

[슬라이드 4] ≪표 슬라이드≫ (80점)

(1) 도형과 표 작성 기능을 이용하여 슬라이드를 작성한다(글꼴 : 돋움, 18pt).

세부조건

① 상단 도형 :
  2개 도형의 조합으로 작성

② 좌측 도형 :
  그라데이션 효과(선형 아래쪽)

③ 테이블 디자인 【표 스타일】 :
  테마 스타일 1 - 강조 5

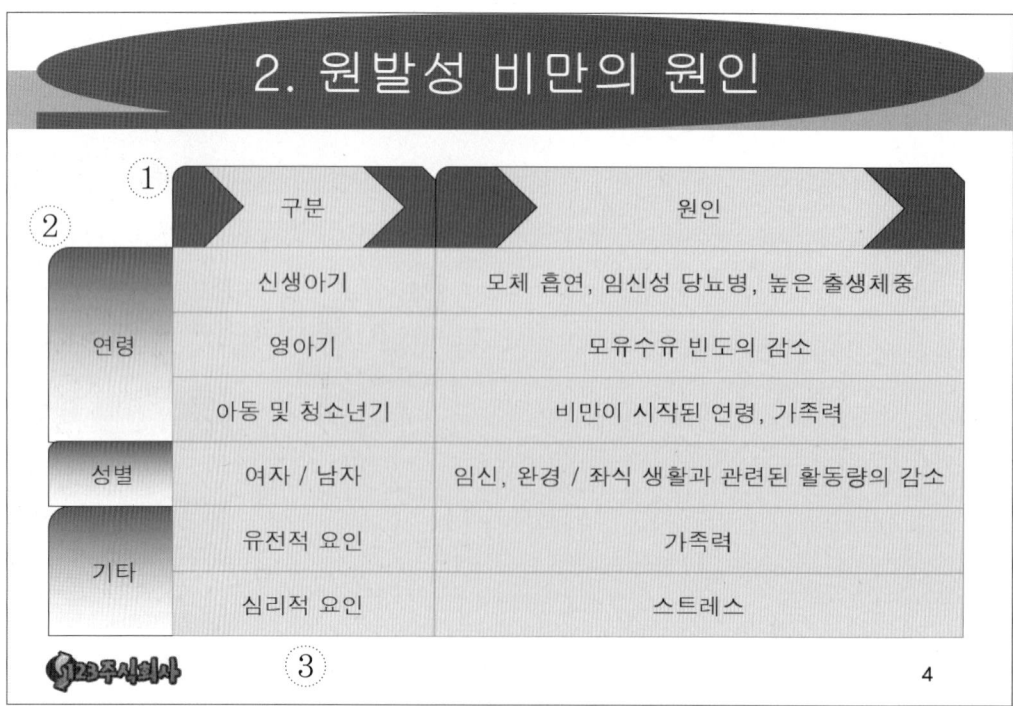

2. 원발성 비만의 원인

구분		원인
연령	신생아기	모체 흡연, 임신성 당뇨병, 높은 출생체중
	영아기	모유수유 빈도의 감소
	아동 및 청소년기	비만이 시작된 연령, 가족력
성별	여자 / 남자	임신, 환경 / 좌식 생활과 관련된 활동량의 감소
기타	유전적 요인	가족력
	심리적 요인	스트레스

[슬라이드 5] ≪차트 슬라이드≫ (100점)

(1) 차트 작성 기능을 이용하여 슬라이드를 작성한다.
(2) 차트 : 종류(묶은 세로 막대형), 글꼴(돋움, 16pt), 외곽선

세부조건

※ 차트설명
- 차트제목 : 궁서, 24pt, 굵게, 채우기(흰색), 테두리, 그림자(오프셋 오른쪽)
- 차트영역 : 채우기(노랑) 그림영역 : 채우기(흰색)
- 데이터 서식 : 남학생 계열을 표식이 있는 꺾은선형으로 변경 후 보조축으로 지정
- 값 표시 : 인천의 남학생 계열만

① 도형 삽입
 - 스타일 :
   미세효과 – 파랑, 강조1
 - 글꼴 : 굴림, 18pt

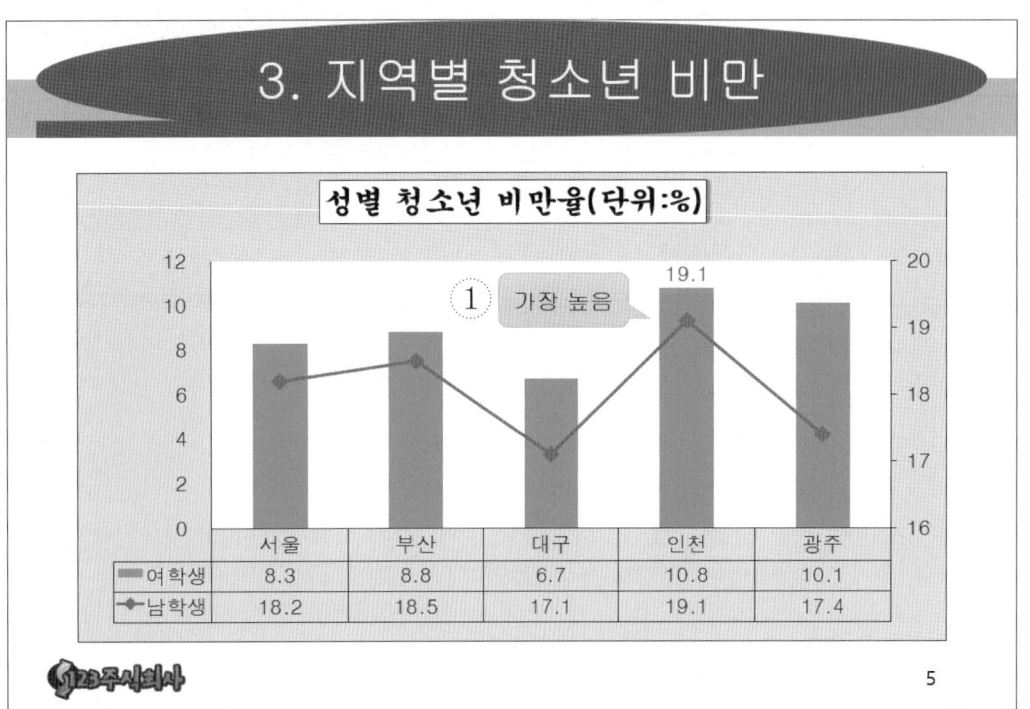

[슬라이드 6] ≪도형 슬라이드≫ (100점)

(1) 슬라이드와 같이 도형 및 스마트아트를 배치한다(글꼴 : 굴림, 18pt).
(2) 애니메이션 순서 : ① ⇒ ②

세부조건

① 도형 및 스마트아트 편집
 - 스마트아트 디자인
   : 3차원 벽돌, 3차원 만화
 - 그룹화 후 애니메이션 효과
   : 닦아내기(위에서)

② 도형 편집
 - 그룹화 후 애니메이션 효과
   : 바운드

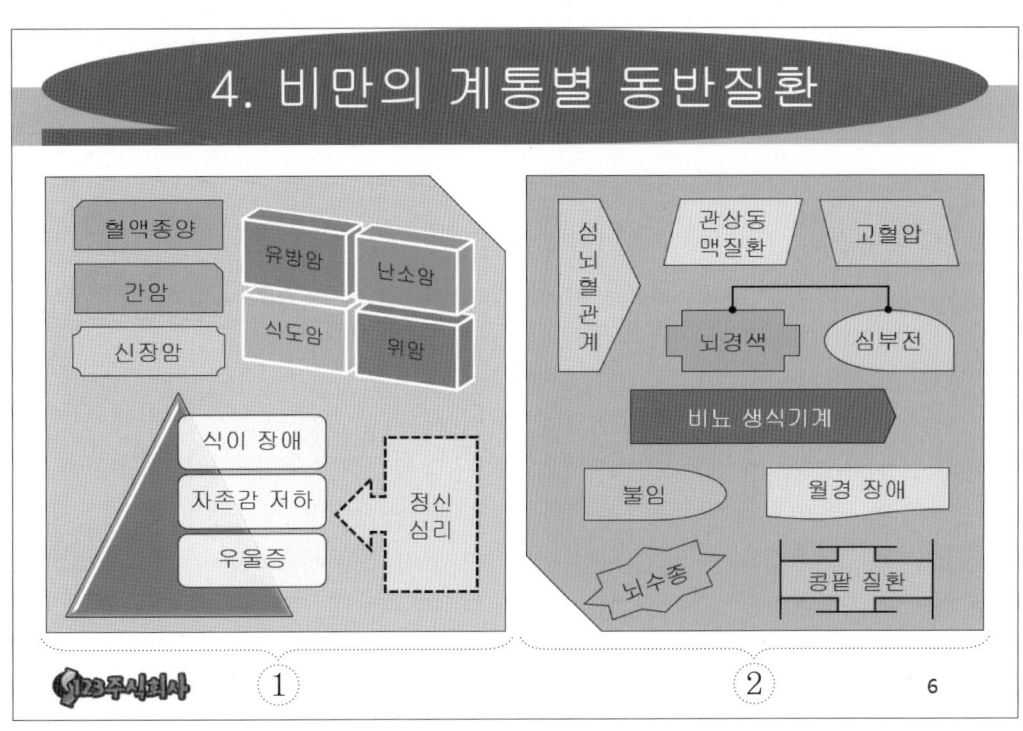

제06회 ITQ 실전모의문제

과목	코드	문제유형	시험시간	수험번호	성명
한글파워포인트	1142	C	60분		

수험자 유의사항

- 수험자는 문제지를 받는 즉시 문제지와 <u>수험표상의 시험과목(프로그램)이 동일한지 반드시 확인</u>하여야 합니다.
- 파일명은 본인의 "수험번호-성명"으로 입력하여 답안폴더(내 PC\문서\ITQ)에 하나의 파일로 저장해야 하며, 답안문서 파일명이 "수험번호-성명"과 일치하지 않거나, 답안파일을 전송하지 않아 미제출로 처리될 경우 실격 처리합니다(예:12345678-홍길동.pptx).
- 답안 작성을 마치면 파일을 저장하고, '답안 전송' 버튼을 선택하여 감독위원 PC로 답안을 전송하십시오. 수험생 정보와 저장한 파일명이 다를 경우 전송되지 않으므로 주의하시기 바랍니다.
- 답안 작성 중에도 <u>주기적으로 저장하고, '답안 전송'</u>하여야 문제 발생을 줄일 수 있습니다. 작업한 내용을 저장하지 않고 전송할 경우 이전에 저장된 내용이 전송되오니 이점 유의하시기 바랍니다.
- 답안문서는 지정된 경로 외의 다른 보조기억장치에 저장하는 경우, 지정된 시험 시간 외에 작성된 파일을 활용할 경우, 기타 통신수단(이메일, 메신저, 네트워크 등)을 이용하여 타인에게 전달 또는 외부 반출하는 경우는 부정 처리합니다.
- 시험 중 부주의 또는 고의로 시스템을 파손한 경우는 수험자가 변상해야 하며, 〈수험자 유의사항〉에 기재된 방법대로 이행하지 않아 생기는 불이익은 수험생 당사자의 책임임을 알려 드립니다.
- 문제의 조건은 MS오피스 2021 버전으로 설정되어 있으며 MS오피스 2016은 【 】에 표기되어 있습니다. 이와 관련하여 작성한 답안의 출력형태가 문제지와 다를 수 있습니다.
- 시험을 완료한 수험자는 답안파일이 전송되었는지 확인한 후 감독위원의 지시에 따라 문제지를 제출하고 퇴실합니다.

답안 작성요령

- 온라인 답안 작성 절차
  수험자 등록 ⇒ 시험 시작 ⇒ 답안파일 저장 ⇒ 답안 전송 ⇒ 시험 종료
- 슬라이드의 크기는 A4 Paper로 설정하여 작성합니다.
- 슬라이드의 총 개수는 6개로 구성되어 있으며 슬라이드 1부터 순서대로 작업하고 반드시 문제와 세부조건대로 합니다.
- 별도의 지시사항이 없는 경우 출력형태를 참조하여 글꼴색은 검정 또는 흰색으로 작성하고, 기타사항은 전체적인 균형을 고려하여 작성합니다.
- 슬라이드 도형 및 개체에 출력형태와 다른 스타일(그림자, 외곽선 등)을 적용했을 경우 감점처리 됩니다.
- 슬라이드 번호를 작성합니다(슬라이드 1에는 생략).
- 2~6번 슬라이드 제목 도형과 하단 로고는 슬라이드 마스터를 이용하여 출력형태와 동일하게 작성합니다(슬라이드 1에는 생략).
- 문제와 세부조건, 세부조건 번호 ○(점선원)는 입력하지 않습니다.
- 각 개체의 위치는 오른쪽의 슬라이드와 동일하게 구성합니다.
- 그림 삽입 문제의 경우 반드시 「내 PC\문서\ITQ\Picture」폴더에서 정확한 파일을 선택하여 삽입하십시오.
- 각 슬라이드를 각각의 파일로 작업해서 저장할 경우 실격 처리됩니다.

kpc 한국생산성본부

[전체구성] (60점)

(1) 슬라이드 크기 및 순서 : 크기를 A4 용지로 설정하고 슬라이드 순서에 맞게 작성한다.
(2) 슬라이드 마스터 : 2~6슬라이드의 제목, 하단 로고, 슬라이드 번호는 슬라이드 마스터를 이용하여 작성한다.
- 제목 글꼴(돋움, 40pt, 흰색), 가운데 맞춤, 도형(선 없음)
- 하단 로고(「내 PC\문서\ITQ\Picture\로고2.jpg」, 배경(회색) 투명색으로 설정)

[슬라이드 1] ≪표지 디자인≫ (40점)

(1) 표지 디자인 : 도형, 워드아트 및 그림을 이용하여 작성한다.

세부조건

① 도형 편집
- 도형에 그림 채우기 :
「내 PC\문서\ITQ\Picture\그림1.jpg」, 투명도 50%
- 도형 효과 :
부드러운 가장자리 5포인트

② 워드아트 삽입
- 변환 : 갈매기형 수장, 아래로
【역갈매기형 수장】
- 글꼴 : 돋움, 굵게
- 텍스트 반사 :
1/2 반사, 터치

③ 그림 삽입
-「내 PC\문서\ITQ\Picture\로고2.jpg」
- 배경(회색) 투명색으로 설정

[슬라이드 2] ≪목차 슬라이드≫ (60점)

(1) 출력형태와 같이 도형을 이용하여 목차를 작성한다(글꼴 : 굴림, 24pt).
(2) 도형 : 선 없음

세부조건

① 텍스트에 하이퍼링크 적용
→ '슬라이드 6'

② 그림 삽입
-「내 PC\문서\ITQ\Picture\그림5.jpg」
- 자르기 기능 이용

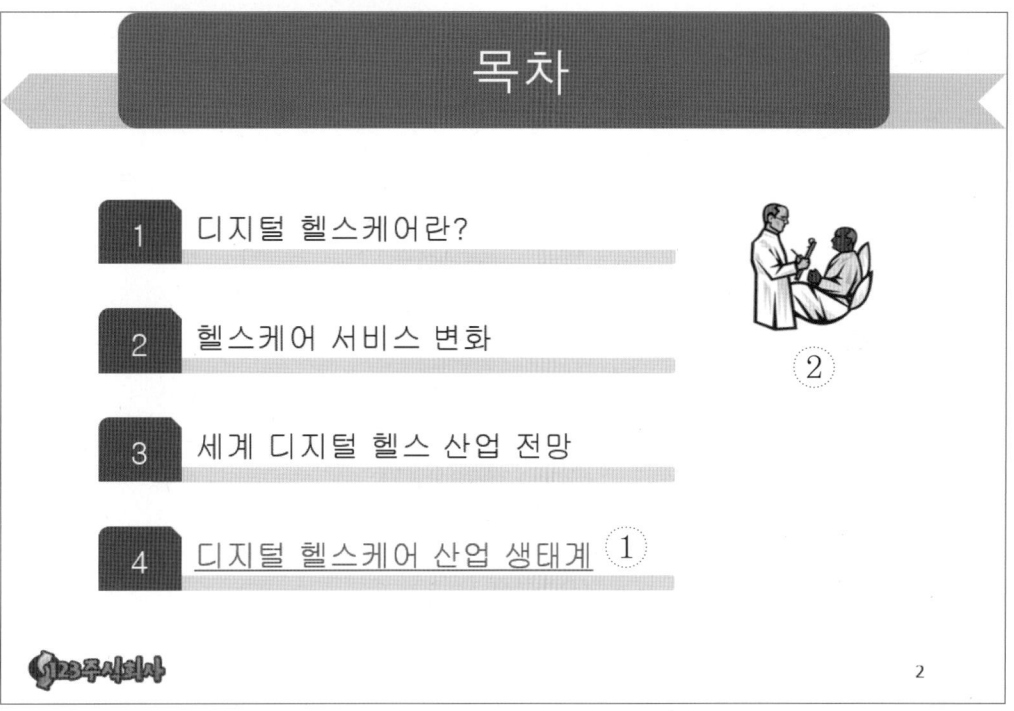

[슬라이드 3] ≪텍스트/동영상 슬라이드≫ (60점)

(1) 텍스트 작성 : 글머리 기호 사용(❖, ✓)
   ❖문단(굴림, 24pt, 굵게, 줄간격 : 1.5줄), ✓문단(굴림, 20pt, 줄간격 : 1.5줄)

세부조건
① 동영상 삽입 :
 -「내 PC\문서\ITQ\Picture\ 동영상.wmv」
 - 자동실행, 반복재생- 설정

1. 디지털 헬스케어란?

❖ **Digital health**
  ✓ Digital health is a discipline that includes digital care programs, living, and society to enhance the efficiency of healthcare delivery and to make medicine more precise

❖ **디지털 헬스케어 특징**
  ✓ 보건의료용 정보통신기술, 디지털기술 등이 융합
  ✓ 개인 맞춤 의료
  ✓ 예방 의료 및 예측의료 가능

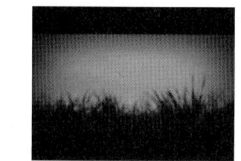

[슬라이드 4] ≪표 슬라이드≫ (80점)

(1) 도형과 표 작성 기능을 이용하여 슬라이드를 작성한다(글꼴 : 돋움, 18pt).

세부조건
① 상단 도형 :
   2개 도형의 조합으로 작성
② 좌측 도형 :
   그라데이션 효과(선형 아래쪽)
③ 테이블 디자인【표 스타일】:
   테마 스타일 1 - 강조 6

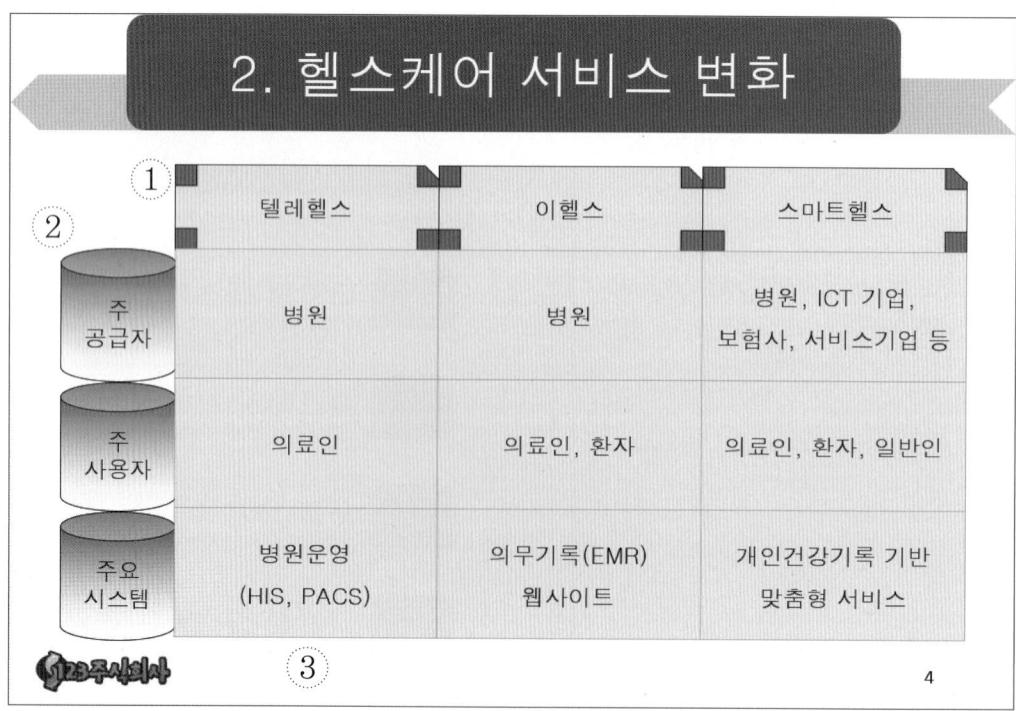

[슬라이드 5] ≪차트 슬라이드≫   (100점)

(1) 차트 작성 기능을 이용하여 슬라이드를 작성한다.
(2) 차트 : 종류(묶은 세로 막대형), 글꼴(돋움, 16pt), 외곽선

세부조건

※ 차트설명
- 차트제목 : 궁서, 24pt, 굵게, 채우기(흰색), 테두리, 그림자(오프셋 오른쪽)
- 차트영역 : 채우기(노랑)
  그림영역 : 채우기(흰색)
- 데이터 서식 : 2027 계열을 표식이 있는 꺾은선형으로 변경 후 보조축으로 지정
- 값 표시 : 전체의 2020 계열만

① 도형 삽입
  - 스타일 :
    미세효과 – 파랑, 강조1
  - 글꼴 : 굴림, 18pt

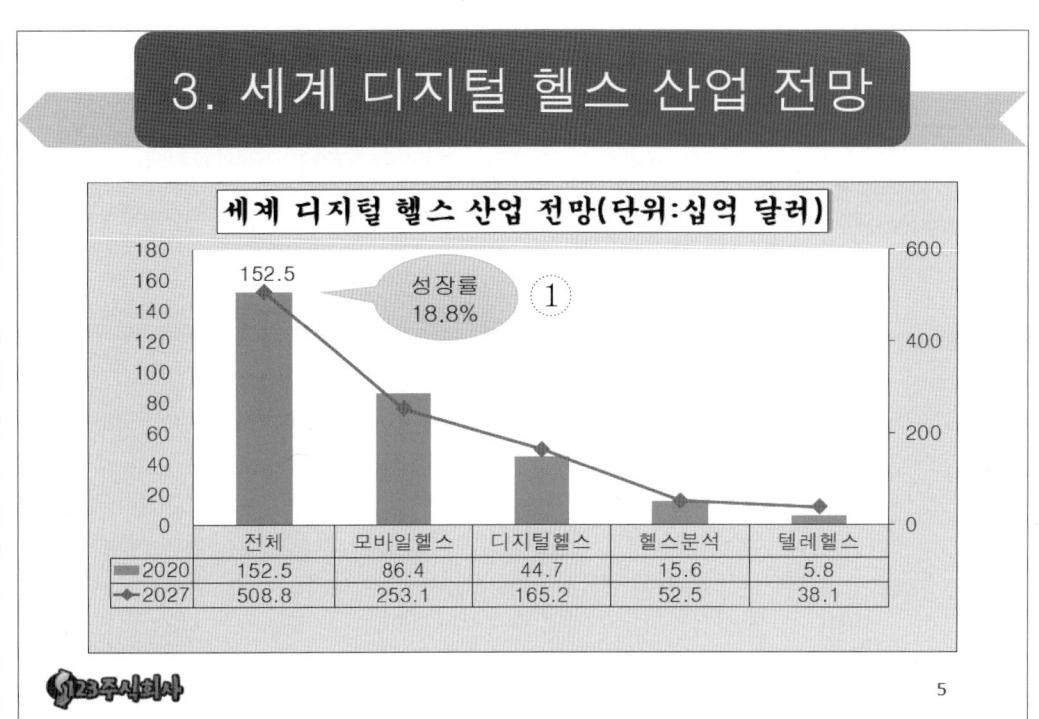

[슬라이드 6] ≪도형 슬라이드≫   (100점)

(1) 슬라이드와 같이 도형 및 스마트아트를 배치한다(글꼴 : 굴림, 18pt).
(2) 애니메이션 순서 : ① ⇒ ②

세부조건

① 도형 및 스마트아트 편집
  - 스마트아트 디자인
    : 3차원 만화,
      3차원 경사
  - 그룹화 후 애니메이션 효과
    : 닦아내기(위에서)

② 도형 편집
  - 그룹화 후 애니메이션 효과
    : 바운드

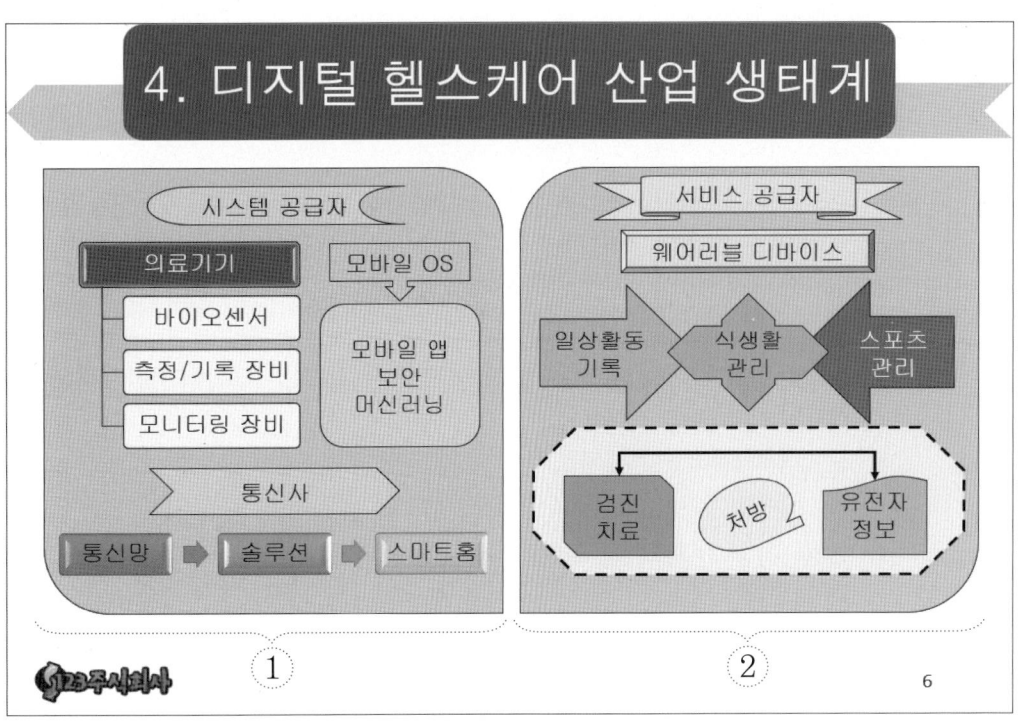

제07회 ITQ 실전모의문제

과목	코드	문제유형	시험시간	수험번호	성명
한글파워포인트	1142	A	60분		

수험자 유의사항

- 수험자는 문제지를 받는 즉시 문제지와 **수험표상의 시험과목(프로그램)이 동일한지 반드시 확인**하여야 합니다.
- 파일명은 본인의 "수험번호-성명"으로 입력하여 답안폴더(내 PC\문서\ITQ)에 하나의 파일로 저장해야 하며, 답안문서 파일명이 "수험번호-성명"과 일치하지 않거나, 답안파일을 전송하지 않아 미제출로 처리될 경우 실격 처리합니다(예:12345678-홍길동.pptx).
- 답안 작성을 마치면 파일을 저장하고, '답안 전송' 버튼을 선택하여 감독위원 PC로 답안을 전송하십시오. 수험생 정보와 저장한 파일명이 다를 경우 전송되지 않으므로 주의하시기 바랍니다.
- 답안 작성 중에도 **주기적으로 저장하고, '답안 전송'**하여야 문제 발생을 줄일 수 있습니다. 작업한 내용을 저장하지 않고 전송할 경우 이전에 저장된 내용이 전송되오니 이점 유의하시기 바랍니다.
- 답안문서는 지정된 경로 외의 다른 보조기억장치에 저장하는 경우, 지정된 시험 시간 외에 작성된 파일을 활용할 경우, 기타 통신수단(이메일, 메신저, 네트워크 등)을 이용하여 타인에게 전달 또는 외부 반출하는 경우는 부정 처리합니다.
- 시험 중 부주의 또는 고의로 시스템을 파손한 경우는 수험자가 변상해야 하며, 〈수험자 유의사항〉에 기재된 방법대로 이행하지 않아 생기는 불이익은 수험생 당사자의 책임임을 알려 드립니다.
- 문제의 조건은 MS오피스 2021 버전으로 설정되어 있으며 MS오피스 2016은 【 】에 표기되어 있습니다. 이와 관련하여 작성한 답안의 출력형태가 문제지와 다를 수 있습니다.
- 시험을 완료한 수험자는 답안파일이 전송되었는지 확인한 후 감독위원의 지시에 따라 문제지를 제출하고 퇴실합니다.

답안 작성요령

- 온라인 답안 작성 절차
  수험자 등록 ⇒ 시험 시작 ⇒ 답안파일 저장 ⇒ 답안 전송 ⇒ 시험 종료
- 슬라이드의 크기는 A4 Paper로 설정하여 작성합니다.
- 슬라이드의 총 개수는 6개로 구성되어 있으며 슬라이드 1부터 순서대로 작업하고 반드시 문제와 세부조건대로 합니다.
- 별도의 지시사항이 없는 경우 출력형태를 참조하여 글꼴색은 검정 또는 흰색으로 작성하고, 기타사항은 전체적인 균형을 고려하여 작성합니다.
- 슬라이드 도형 및 개체에 출력형태와 다른 스타일(그림자, 외곽선 등)을 적용했을 경우 감점처리 됩니다.
- 슬라이드 번호를 작성합니다(슬라이드 1에는 생략).
- 2~6번 슬라이드 제목 도형과 하단 로고는 슬라이드 마스터를 이용하여 출력형태와 동일하게 작성합니다(슬라이드 1에는 생략).
- 문제와 세부조건, 세부조건 번호 ○(점선원)는 입력하지 않습니다.
- 각 개체의 위치는 오른쪽의 슬라이드와 동일하게 구성합니다.
- 그림 삽입 문제의 경우 반드시 「내 PC\문서\ITQ\Picture」폴더에서 정확한 파일을 선택하여 삽입하십시오.
- 각 슬라이드를 각각의 파일로 작업해서 저장할 경우 실격 처리됩니다.

[전체구성] (60점)

(1) 슬라이드 크기 및 순서 : 크기를 A4 용지로 설정하고 슬라이드 순서에 맞게 작성한다.
(2) 슬라이드 마스터 : 2~6슬라이드의 제목, 하단 로고, 슬라이드 번호는 슬라이드 마스터를 이용하여 작성한다.
- 제목 글꼴(돋움, 40pt, 흰색), 가운데 맞춤, 도형(선 없음)
- 하단 로고(「내 PC\문서\ITQ\Picture\로고2.jpg」, 배경(회색) 투명색으로 설정)

[슬라이드 1] ≪표지 디자인≫ (40점)

(1) 표지 디자인 : 도형, 워드아트 및 그림을 이용하여 작성한다.

세부조건

① 도형 편집
- 도형에 그림 채우기 :
「내 PC\문서\ITQ\Picture\그림1.jpg」, 투명도 50%
- 도형 효과 :
부드러운 가장자리 5포인트

② 워드아트 삽입
- 변환 : 갈매기형 수장, 아래로
【역갈매기형 수장】
- 글꼴 : 돋움, 굵게
- 텍스트 반사 : 1/2 반사, 터치

③ 그림 삽입
-「내 PC\문서\ITQ\Picture\로고2.jpg」
- 배경(회색) 투명색으로 설정

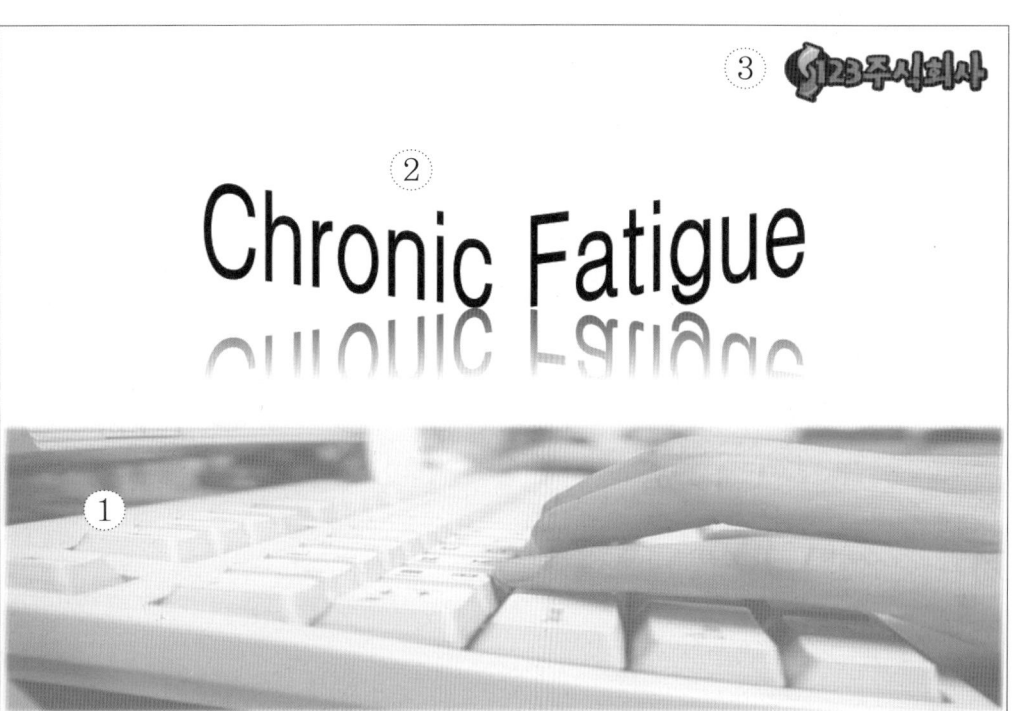

[슬라이드 2] ≪목차 슬라이드≫ (60점)

(1) 출력형태와 같이 도형을 이용하여 목차를 작성한다(글꼴 : 굴림, 24pt).
(2) 도형 : 선 없음

세부조건

① 텍스트에 하이퍼링크 적용
→ '슬라이드 6'

② 그림 삽입
-「내 PC\문서\ITQ\Picture\그림5.jpg」
- 자르기 기능 이용

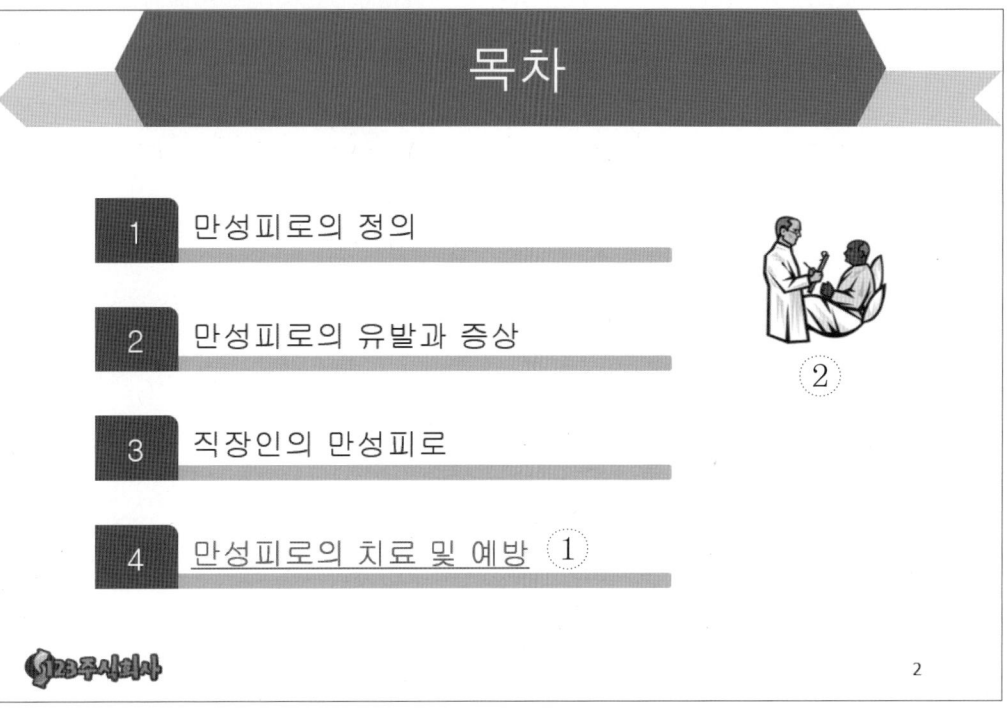

[슬라이드 3] ≪텍스트/동영상 슬라이드≫ (60점)

(1) 텍스트 작성 : 글머리 기호 사용(❖, ✓)
  ❖문단(굴림, 24pt, 굵게, 줄간격 : 1.5줄), ✓문단(굴림, 20pt, 줄간격 : 1.5줄)

세부조건

① 동영상 삽입 :
 - 「내 PC₩문서₩ITQ₩Picture₩동영상.wmv」
 - 자동실행, 반복재생 - 설정

1. 만성피로의 정의

❖ Chronic fatigue syndrome
  ✓ Self-reported impairment in short-term memory or concentration
  ✓ Tender cervical or axillary nodes
  ✓ Post-exertional malaise lasting more than 24 hours

❖ 만성피로증후군
  ✓ 특별한 원인이 밝혀지지 않은 상태로, 일을 줄이고 휴식을 취해도 6개월 이상 지속되거나 반복되는 심한 피로 증상

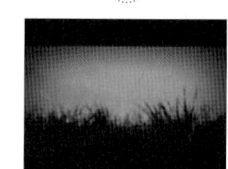

[슬라이드 4] ≪표 슬라이드≫ (80점)

(1) 도형과 표 작성 기능을 이용하여 슬라이드를 작성한다(글꼴 : 돋움, 18pt).

세부조건

① 상단 도형 :
  2개 도형의 조합으로 작성
② 좌측 도형 :
  그라데이션 효과(선형 아래쪽)
③ 테이블 디자인【표 스타일】:
  테마 스타일 1 - 강조 6

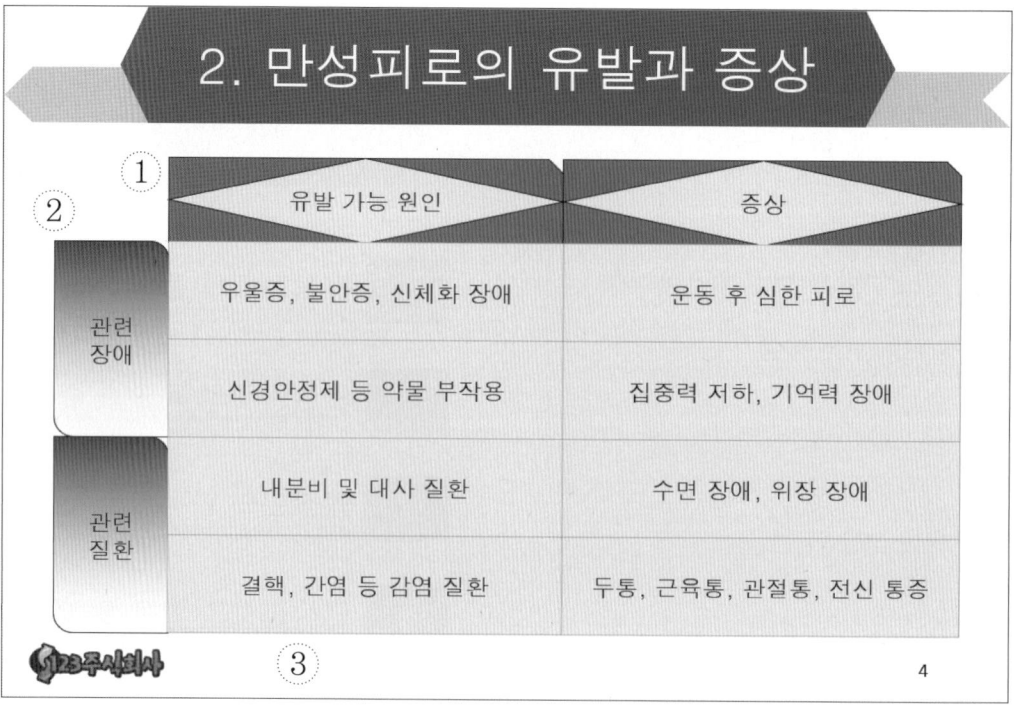

2. 만성피로의 유발과 증상

	유발 가능 원인	증상
관련 장애	우울증, 불안증, 신체화 장애	운동 후 심한 피로
	신경안정제 등 약물 부작용	집중력 저하, 기억력 장애
관련 질환	내분비 및 대사 질환	수면 장애, 위장 장애
	결핵, 간염 등 감염 질환	두통, 근육통, 관절통, 전신 통증

[슬라이드 5] ≪차트 슬라이드≫   (100점)

(1) 차트 작성 기능을 이용하여 슬라이드를 작성한다.
(2) 차트 : 종류(묶은 세로 막대형), 글꼴(돋움, 16pt), 외곽선

세부조건

※ 차트설명
- 차트제목 : 궁서, 24pt, 굵게, 채우기(흰색), 테두리, 그림자(오프셋 오른쪽)
- 차트영역 : 채우기(노랑) 그림영역 : 채우기(흰색)
- 데이터 서식 : 남자 계열을 표식이 있는 꺾은선형으로 변경 후 보조축으로 지정
- 값 표시 : 2022의 여자 계열만

① 도형 삽입
  - 스타일 : 미세효과 - 파랑, 강조1
  - 글꼴 : 굴림, 18pt

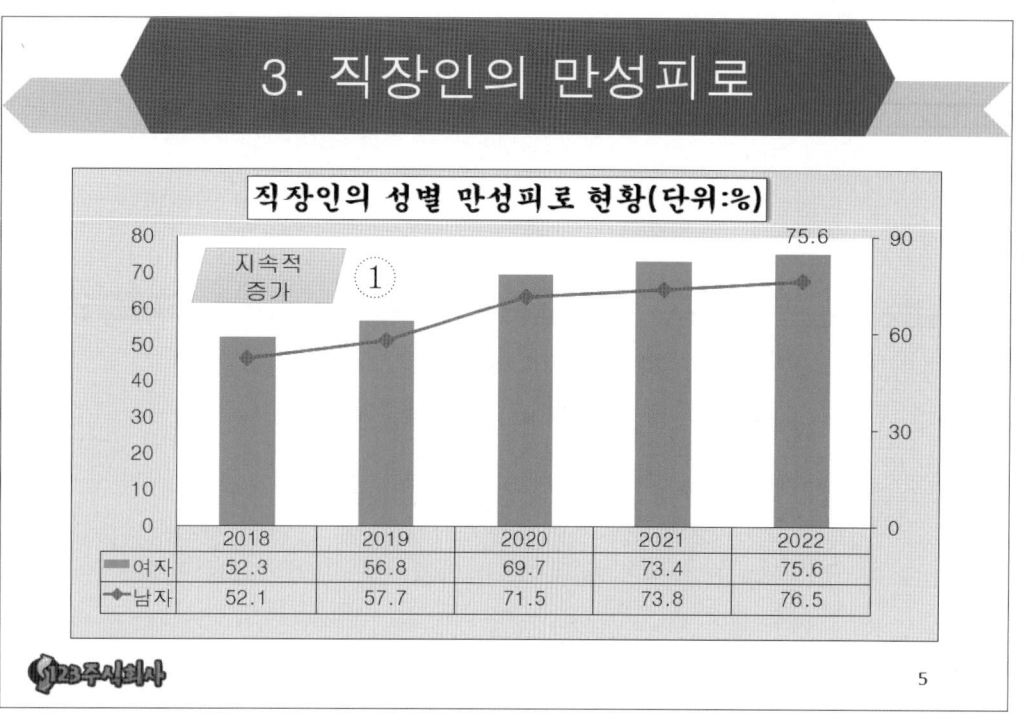

[슬라이드 6] ≪도형 슬라이드≫   (100점)

(1) 슬라이드와 같이 도형 및 스마트아트를 배치한다(글꼴 : 돋움, 18pt).
(2) 애니메이션 순서 : ① ⇒ ②

세부조건

① 도형 및 스마트아트 편집
  - 스마트아트 디자인 : 3차원 경사, 3차원 만화
  - 그룹화 후 애니메이션 효과 : 닦아내기(위에서)

② 도형 편집
  - 그룹화 후 애니메이션 효과 : 바운드

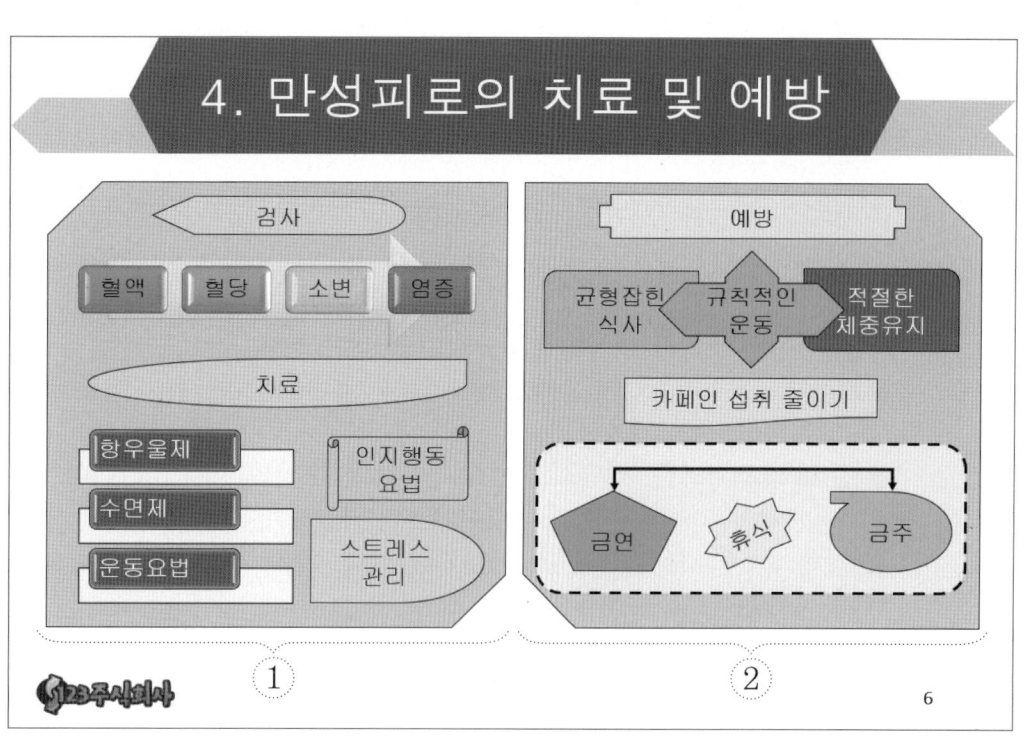

제 08 회 ITQ 실전모의문제

과목	코드	문제유형	시험시간	수험번호	성명
한글파워포인트	1142	B	60분		

수험자 유의사항

- 수험자는 문제지를 받는 즉시 문제지와 <u>수험표상의 시험과목(프로그램)이 동일한지 반드시 확인</u>하여야 합니다.
- 파일명은 본인의 "수험번호-성명"으로 입력하여 답안폴더(내 PC\문서\ITQ)에 하나의 파일로 저장해야 하며, 답안문서 파일명이 "수험번호-성명"과 일치하지 않거나, 답안파일을 전송하지 않아 미제출로 처리될 경우 실격 처리합니다(예:12345678-홍길동.pptx).
- 답안 작성을 마치면 파일을 저장하고, '답안 전송' 버튼을 선택하여 감독위원 PC로 답안을 전송하십시오. 수험생 정보와 저장한 파일명이 다를 경우 전송되지 않으므로 주의하시기 바랍니다.
- 답안 작성 중에도 <u>주기적으로 저장하고, '답안 전송'</u>하여야 문제 발생을 줄일 수 있습니다. 작업한 내용을 저장하지 않고 전송할 경우 이전에 저장된 내용이 전송되오니 이점 유의하시기 바랍니다.
- 답안문서는 지정된 경로 외의 다른 보조기억장치에 저장하는 경우, 지정된 시험 시간 외에 작성된 파일을 활용할 경우, 기타 통신수단(이메일, 메신저, 네트워크 등)을 이용하여 타인에게 전달 또는 외부 반출하는 경우는 부정 처리합니다.
- 시험 중 부주의 또는 고의로 시스템을 파손한 경우는 수험자가 변상해야 하며, 〈수험자 유의사항〉에 기재된 방법대로 이행하지 않아 생기는 불이익은 수험생 당사자의 책임임을 알려 드립니다.
- 문제의 조건은 MS오피스 2021 버전으로 설정되어 있으며 MS오피스 2016은 【 】에 표기되어 있습니다. 이와 관련하여 작성한 답안의 출력형태가 문제지와 다를 수 있습니다.
- 시험을 완료한 수험자는 답안파일이 전송되었는지 확인한 후 감독위원의 지시에 따라 문제지를 제출하고 퇴실합니다.

답안 작성요령

- 온라인 답안 작성 절차
  수험자 등록 ⇒ 시험 시작 ⇒ 답안파일 저장 ⇒ 답안 전송 ⇒ 시험 종료
- 슬라이드의 크기는 A4 Paper로 설정하여 작성합니다.
- 슬라이드의 총 개수는 6개로 구성되어 있으며 슬라이드 1부터 순서대로 작업하고 반드시 문제와 세부조건대로 합니다.
- 별도의 지시사항이 없는 경우 출력형태를 참조하여 글꼴색은 검정 또는 흰색으로 작성하고, 기타사항은 전체적인 균형을 고려하여 작성합니다.
- 슬라이드 도형 및 개체에 출력형태와 다른 스타일(그림자, 외곽선 등)을 적용했을 경우 감점처리 됩니다.
- 슬라이드 번호를 작성합니다(슬라이드 1에는 생략).
- 2~6번 슬라이드 제목 도형과 하단 로고는 슬라이드 마스터를 이용하여 출력형태와 동일하게 작성합니다 (슬라이드 1에는 생략).
- 문제와 세부조건, 세부조건 번호 ○(점선원)는 입력하지 않습니다.
- 각 개체의 위치는 오른쪽의 슬라이드와 동일하게 구성합니다.
- 그림 삽입 문제의 경우 반드시 「내 PC\문서\ITQ\Picture」폴더에서 정확한 파일을 선택하여 삽입하십시오.
- 각 슬라이드를 각각의 파일로 작업해서 저장할 경우 실격 처리됩니다.

[전체구성] (60점)

(1) 슬라이드 크기 및 순서 : 크기를 A4 용지로 설정하고 슬라이드 순서에 맞게 작성한다.
(2) 슬라이드 마스터 : 2~6슬라이드의 제목, 하단 로고, 슬라이드 번호는 슬라이드 마스터를 이용하여 작성한다.
　　- 제목 글꼴(돋움, 40pt, 흰색), 가운데 맞춤, 도형(선 없음)
　　- 하단 로고(「내 PC\문서\ITQ\Picture\로고2.jpg」, 배경(회색) 투명색으로 설정)

[슬라이드 1] ≪표지 디자인≫ (40점)

(1) 표지 디자인 : 도형, 워드아트 및 그림을 이용하여 작성한다.

세부조건

① 도형 편집
- 도형에 그림 채우기 :
「내 PC\문서\ITQ\Picture\
그림1.jpg」, 투명도 50%
- 도형 효과 :
부드러운 가장자리 5포인트

② 워드아트 삽입
- 변환 : 갈매기형 수장, 아래로
【역갈매기형 수장】
- 글꼴 : 굴림, 굵게
- 텍스트 반사 : 1/2 반사, 터치

③ 그림 삽입
-「내 PC\문서\ITQ\Picture\
로고2.jpg」
- 배경(회색) 투명색으로 설정

[슬라이드 2] ≪목차 슬라이드≫ (60점)

(1) 출력형태와 같이 도형을 이용하여 목차를 작성한다(글꼴 : 굴림, 24pt).
(2) 도형 : 선 없음

세부조건

① 텍스트에 하이퍼링크 적용
→ '슬라이드 6'

② 그림 삽입
-「내 PC\문서\ITQ\Picture\
그림5.jpg」
- 자르기 기능 이용

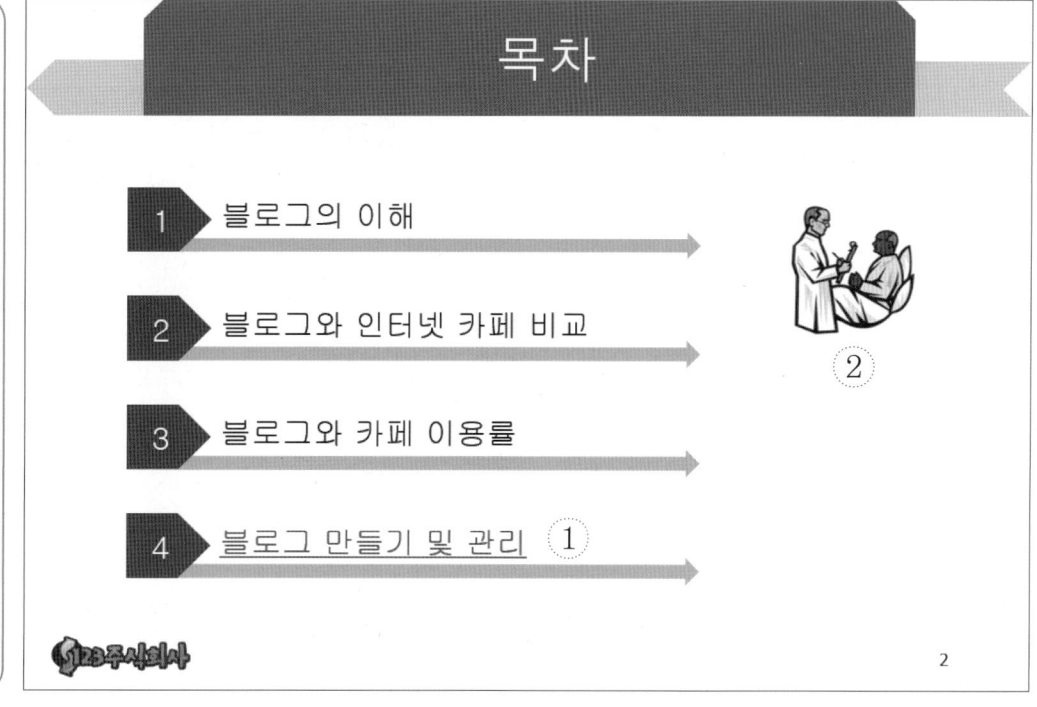

[슬라이드 3] ≪텍스트/동영상 슬라이드≫ (60점)

(1) 텍스트 작성 : 글머리 기호 사용(❖, ✓)
❖문단(굴림, 24pt, 굵게, 줄간격 : 1.5줄), ✓문단(굴림, 20pt, 줄간격 : 1.5줄)

세부조건

① 동영상 삽입 :
- 「내 PC₩문서₩ITQ₩Picture₩동영상.wmv」
- 자동실행, 반복재생 - 설정

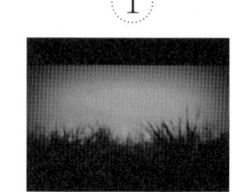

[슬라이드 4] ≪표 슬라이드≫ (80점)

(1) 도형과 표 작성 기능을 이용하여 슬라이드를 작성한다(글꼴 : 돋움, 18pt).

세부조건

① 상단 도형 :
2개 도형의 조합으로 작성

② 좌측 도형 :
그라데이션 효과(선형 아래쪽)

③ 테이블 디자인【표 스타일】:
테마 스타일 1 - 강조 6

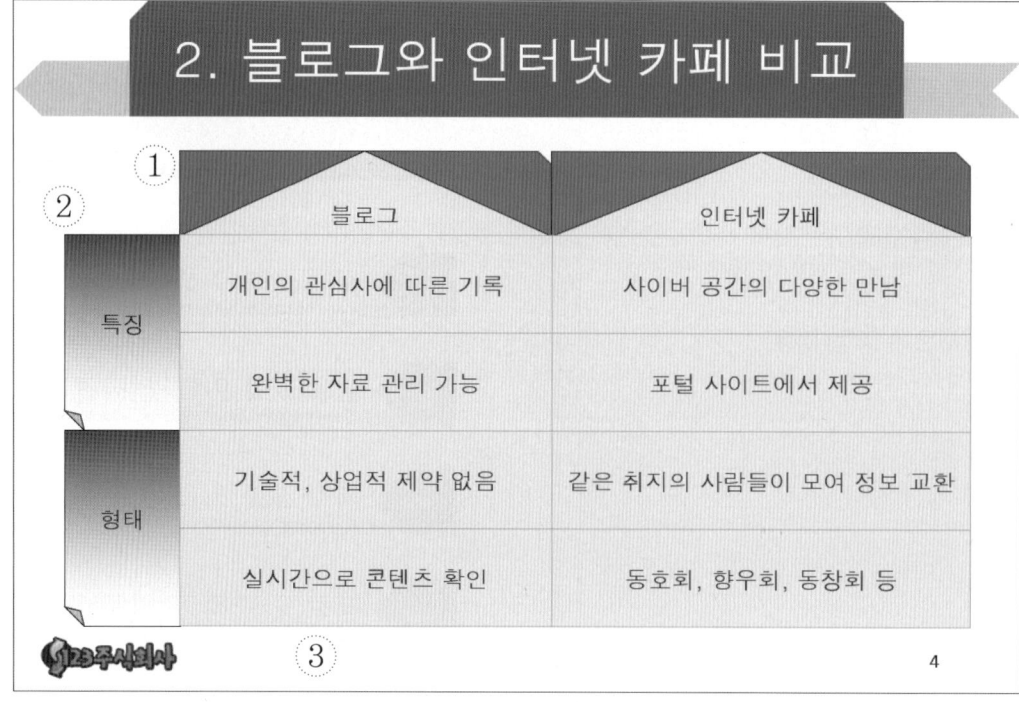

[슬라이드 5] ≪차트 슬라이드≫ (100점)

(1) 차트 작성 기능을 이용하여 슬라이드를 작성한다.
(2) 차트 : 종류(묶은 세로 막대형), 글꼴(돋움, 16pt), 외곽선

세부조건

※ 차트설명
- 차트제목 : 궁서, 24pt, 굵게, 채우기(흰색), 테두리, 그림자(오프셋 오른쪽)
- 차트영역 : 채우기(노랑)
  그림영역 : 채우기(흰색)
- 데이터 서식 : 사용시간 분포(%) 계열을 표식이 있는 꺾은선형으로 변경 후 보조축으로 지정
- 값 표시 : 30대의 평균 사용시간 계열만

① 도형 삽입
 - 스타일 :
   미세효과 – 파랑, 강조1
 - 글꼴 : 굴림, 18pt

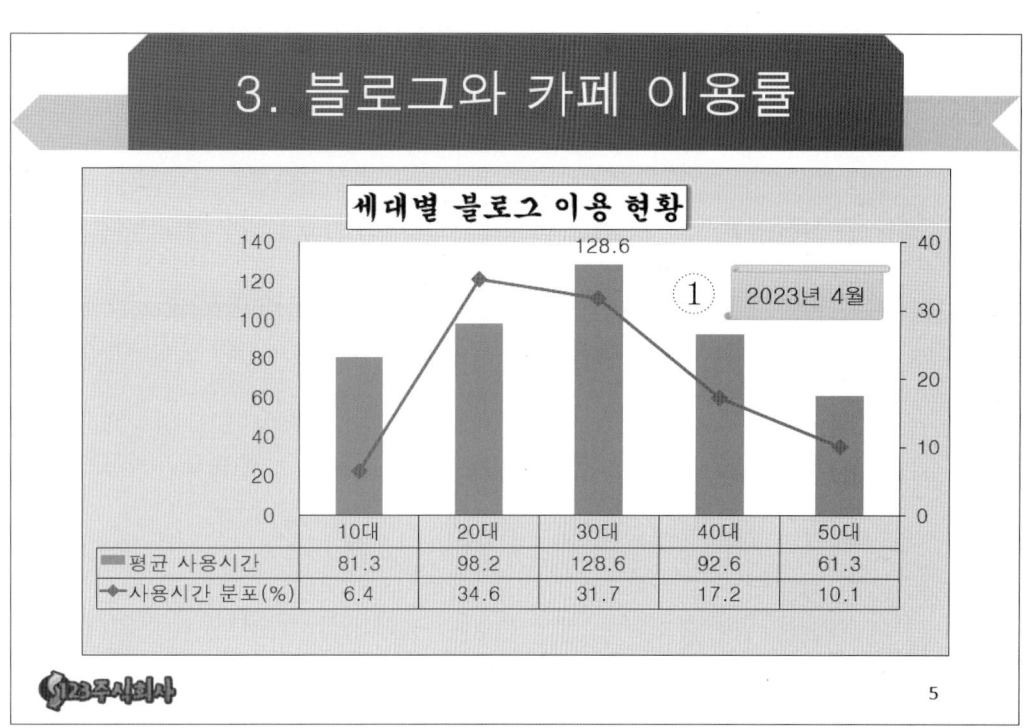

[슬라이드 6] ≪도형 슬라이드≫ (100점)

(1) 슬라이드와 같이 도형 및 스마트아트를 배치한다(글꼴 : 돋움, 18pt).
(2) 애니메이션 순서 : ① ⇒ ②

세부조건

① 도형 및 스마트아트 편집
 - 스마트아트 디자인
   : 3차원 경사,
     3차원 만화
 - 그룹화 후 애니메이션 효과
   : 닦아내기(위에서)

② 도형 편집
 - 그룹화 후 애니메이션 효과
   : 바운드

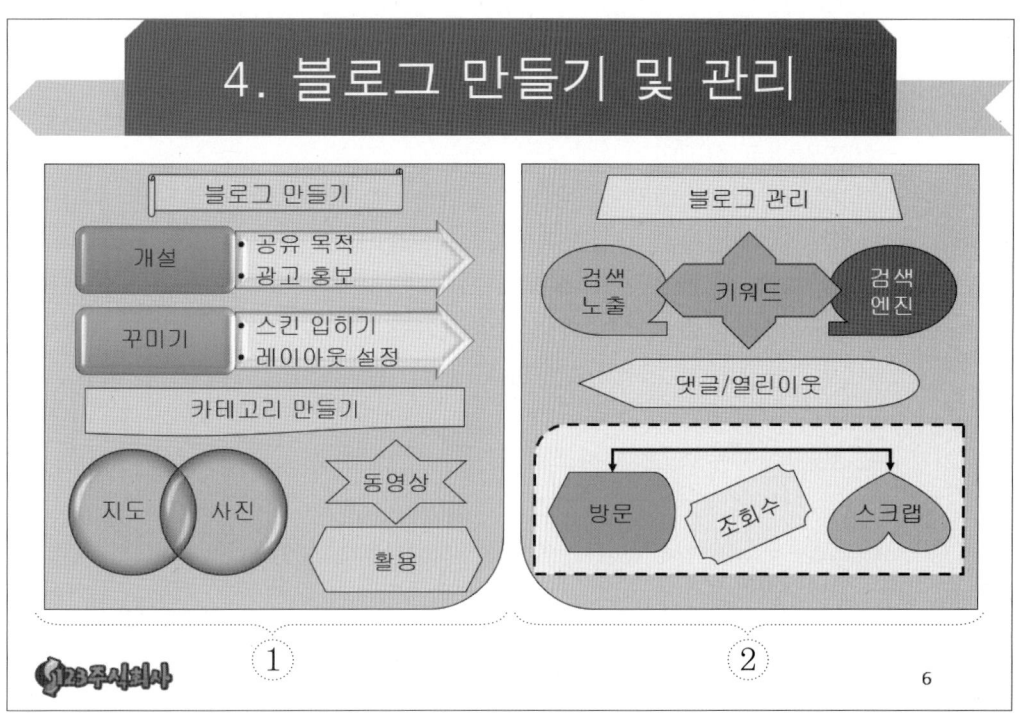

제09회 ITQ 실전모의문제

과목	코드	문제유형	시험시간	수험번호	성명
한글파워포인트	1142	C	60분		

수험자 유의사항

- 수험자는 문제지를 받는 즉시 문제지와 <u>수험표상의 시험과목(프로그램)이 동일한지 반드시 확인</u>하여야 합니다.
- 파일명은 본인의 "수험번호-성명"으로 입력하여 답안폴더(내 PC\문서\ITQ)에 하나의 파일로 저장해야 하며, 답안문서 파일명이 "수험번호-성명"과 일치하지 않거나, 답안파일을 전송하지 않아 미제출로 처리될 경우 실격 처리합니다(예:12345678-홍길동.pptx).
- 답안 작성을 마치면 파일을 저장하고, '답안 전송' 버튼을 선택하여 감독위원 PC로 답안을 전송하십시오. 수험생 정보와 저장한 파일명이 다를 경우 전송되지 않으므로 주의하시기 바랍니다.
- 답안 작성 중에도 <u>주기적으로 저장하고, '답안 전송'</u>하여야 문제 발생을 줄일 수 있습니다. 작업한 내용을 저장하지 않고 전송할 경우 이전에 저장된 내용이 전송되오니 이점 유의하시기 바랍니다.
- 답안문서는 지정된 경로 외의 다른 보조기억장치에 저장하는 경우, 지정된 시험 시간 외에 작성된 파일을 활용할 경우, 기타 통신수단(이메일, 메신저, 네트워크 등)을 이용하여 타인에게 전달 또는 외부 반출하는 경우는 부정 처리합니다.
- 시험 중 부주의 또는 고의로 시스템을 파손한 경우는 수험자가 변상해야 하며, 〈수험자 유의사항〉에 기재된 방법대로 이행하지 않아 생기는 불이익은 수험생 당사자의 책임임을 알려 드립니다.
- 문제의 조건은 MS오피스 2021 버전으로 설정되어 있으며 MS오피스 2016은 【 】에 표기되어 있습니다. 이와 관련하여 작성한 답안의 출력형태가 문제지와 다를 수 있습니다.
- 시험을 완료한 수험자는 답안파일이 전송되었는지 확인한 후 감독위원의 지시에 따라 문제지를 제출하고 퇴실합니다.

답안 작성요령

- 온라인 답안 작성 절차
  수험자 등록 ⇒ 시험 시작 ⇒ 답안파일 저장 ⇒ 답안 전송 ⇒ 시험 종료
- 슬라이드의 크기는 A4 Paper로 설정하여 작성합니다.
- 슬라이드의 총 개수는 6개로 구성되어 있으며 슬라이드 1부터 순서대로 작업하고 반드시 문제와 세부 조건대로 합니다.
- 별도의 지시사항이 없는 경우 출력형태를 참조하여 글꼴색은 검정 또는 흰색으로 작성하고, 기타사항은 전체적인 균형을 고려하여 작성합니다.
- 슬라이드 도형 및 개체에 출력형태와 다른 스타일(그림자, 외곽선 등)을 적용했을 경우 감점처리 됩니다.
- 슬라이드 번호를 작성합니다(슬라이드 1에는 생략).
- 2~6번 슬라이드 제목 도형과 하단 로고는 슬라이드 마스터를 이용하여 출력형태와 동일하게 작성합니다 (슬라이드 1에는 생략).
- 문제와 세부조건, 세부조건 번호 ○(점선원)는 입력하지 않습니다.
- 각 개체의 위치는 오른쪽의 슬라이드와 동일하게 구성합니다.
- 그림 삽입 문제의 경우 반드시 「내 PC\문서\ITQ\Picture」폴더에서 정확한 파일을 선택하여 삽입하십시오.
- 각 슬라이드를 각각의 파일로 작업해서 저장할 경우 실격 처리됩니다.

[전체구성] (60점)

(1) 슬라이드 크기 및 순서 : 크기를 A4 용지로 설정하고 슬라이드 순서에 맞게 작성한다.
(2) 슬라이드 마스터 : 2~6슬라이드의 제목, 하단 로고, 슬라이드 번호는 슬라이드 마스터를 이용하여 작성한다.
  - 제목 글꼴(돋움, 40pt, 흰색), 가운데 맞춤, 도형(선 없음)
  - 하단 로고(「내 PC₩문서₩ITQ₩Picture₩로고2.jpg」, 배경(회색) 투명색으로 설정)

[슬라이드 1] ≪표지 디자인≫ (40점)

(1) 표지 디자인 : 도형, 워드아트 및 그림을 이용하여 작성한다.

세부조건

① 도형 편집
 - 도형에 그림 채우기 :
   「내 PC₩문서₩ITQ₩Picture₩그림1.jpg」, 투명도 50%
 - 도형 효과 :
   부드러운 가장자리 5포인트

② 워드아트 삽입
 - 변환 : 팽창
 - 글꼴 : 돋움, 굵게
 - 텍스트 반사 :
   근접 반사, 4pt 오프셋

③ 그림 삽입
 - 「내 PC₩문서₩ITQ₩Picture₩로고2.jpg」
 - 배경(회색) 투명색으로 설정

[슬라이드 2] ≪목차 슬라이드≫ (60점)

(1) 출력형태와 같이 도형을 이용하여 목차를 작성한다(글꼴 : 굴림, 24pt).
(2) 도형 : 선 없음

세부조건

① 텍스트에 하이퍼링크 적용
 → '슬라이드 4'

② 그림 삽입
 - 「내 PC₩문서₩ITQ₩Picture₩그림5.jpg」
 - 자르기 기능 이용

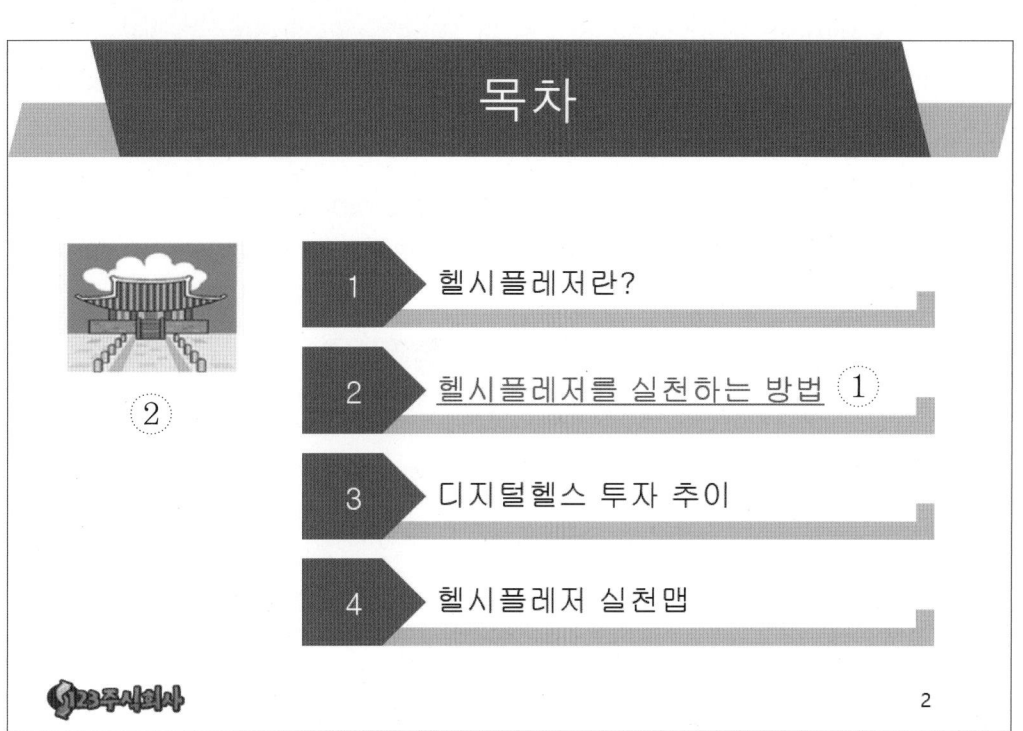

[슬라이드 3] ≪텍스트/동영상 슬라이드≫ (60점)

(1) 텍스트 작성 : 글머리 기호 사용(❖, ■)
  ❖문단(굴림, 24pt, 굵게, 줄간격 : 1.5줄), ■문단(굴림, 20pt, 줄간격 : 1.5줄)

세부조건

① 동영상 삽입 :
- 「내 PC₩문서₩ITQ₩Picture₩동영상.wmv」
- 자동실행, 반복재생- 설정

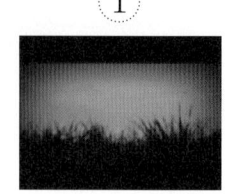

[슬라이드 4] ≪표 슬라이드≫ (80점)

(1) 도형과 표 작성 기능을 이용하여 슬라이드를 작성한다(글꼴 : 돋움, 18pt).

세부조건

① 상단 도형 :
 2개 도형의 조합으로 작성

② 좌측 도형 :
 그라데이션 효과(선형 아래쪽)

③ 테이블 디자인【표 스타일】:
 테마 스타일 1 - 강조 5

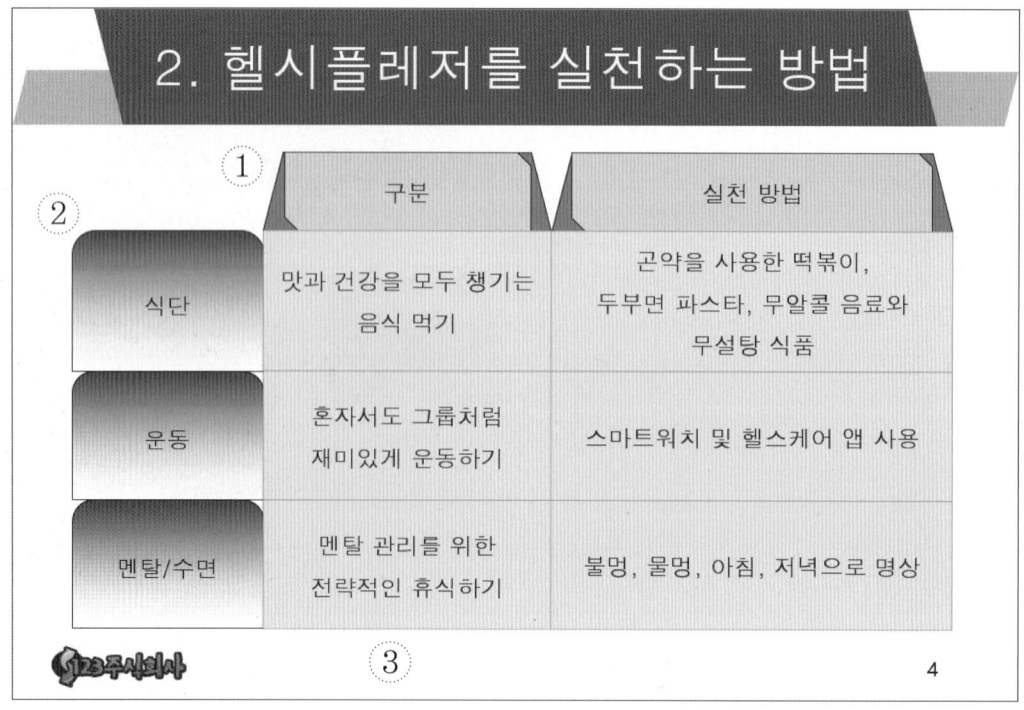

[슬라이드 5] ≪차트 슬라이드≫   (100점)

(1) 차트 작성 기능을 이용하여 슬라이드를 작성한다.
(2) 차트 : 종류(묶은 세로 막대형), 글꼴(돋움, 16pt), 외곽선

세부조건

※ 차트설명
- 차트제목 : 굴림, 20pt, 굵게, 채우기(흰색), 테두리, 그림자(오프셋 오른쪽)
- 차트영역 : 채우기(노랑) 그림영역 : 채우기(흰색)
- 데이터 서식 : 투자금액(억 달러) 계열을 표식이 있는 꺾은선형으로 변경 후 보조축으로 지정
- 값 표시 : 2019년의 딜 수(건) 계열만

① 도형 삽입
- 스타일 :
  미세효과 – 파랑, 강조1
- 글꼴 : 굴림, 18pt

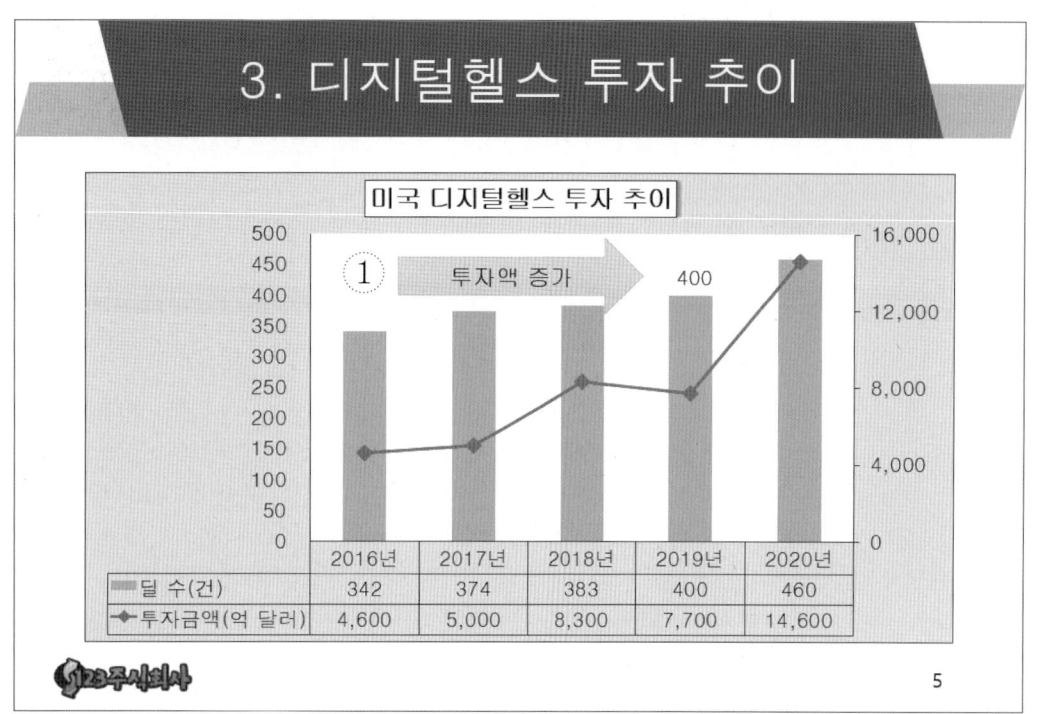

[슬라이드 6] ≪도형 슬라이드≫   (100점)

(1) 슬라이드와 같이 도형 및 스마트아트를 배치한다(글꼴 : 굴림, 18pt).
(2) 애니메이션 순서 : ① ⇒ ②

세부조건

① 도형 및 스마트아트 편집
- 스마트아트 디자인
  : 3차원 만화,
    3차원 경사
- 그룹화 후 애니메이션 효과
  : 닦아내기(위에서)

② 도형 편집
- 그룹화 후 애니메이션 효과
  : 회전

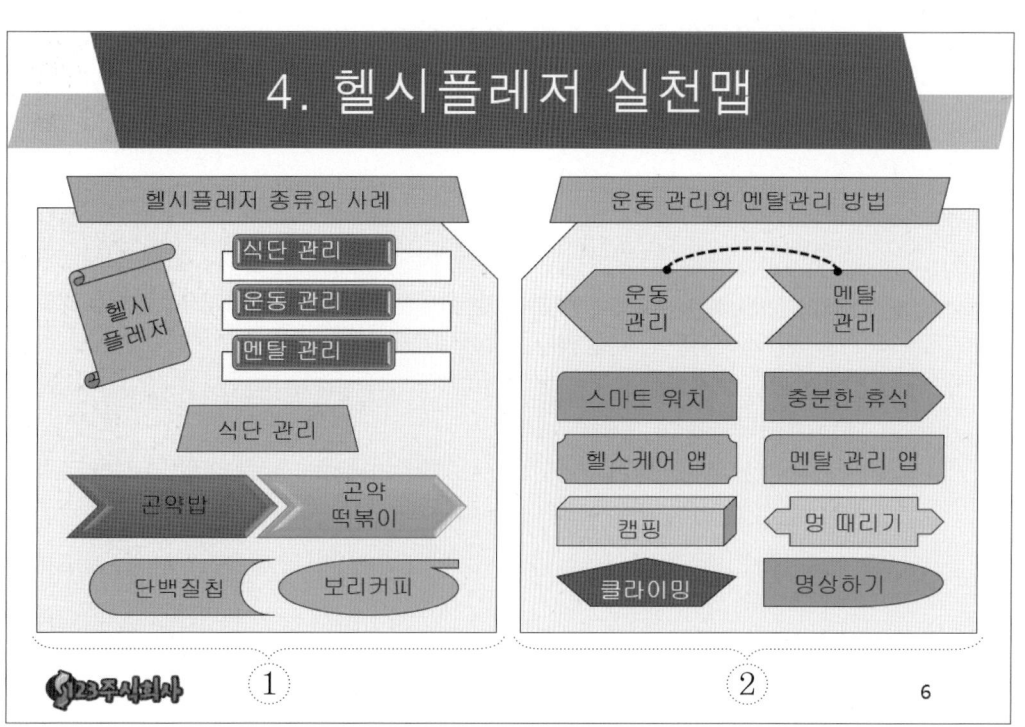

제10회 ITQ 실전모의문제

과목	코드	문제유형	시험시간	수험번호	성명
한글파워포인트	1142	A	60분		

수험자 유의사항

- 수험자는 문제지를 받는 즉시 문제지와 <u>수험표상의 시험과목(프로그램)이 동일한지 반드시 확인</u>하여야 합니다.
- 파일명은 본인의 "수험번호-성명"으로 입력하여 답안폴더(내 PC\문서\ITQ)에 하나의 파일로 저장해야 하며, 답안문서 파일명이 "수험번호-성명"과 일치하지 않거나, 답안파일을 전송하지 않아 미제출로 처리될 경우 실격 처리합니다(예:12345678-홍길동.pptx).
- 답안 작성을 마치면 파일을 저장하고, '답안 전송' 버튼을 선택하여 감독위원 PC로 답안을 전송하십시오. 수험생 정보와 저장한 파일명이 다를 경우 전송되지 않으므로 주의하시기 바랍니다.
- 답안 작성 중에도 <u>주기적으로 저장하고, '답안 전송'</u>하여야 문제 발생을 줄일 수 있습니다. 작업한 내용을 저장하지 않고 전송할 경우 이전에 저장된 내용이 전송되오니 이점 유의하시기 바랍니다.
- 답안문서는 지정된 경로 외의 다른 보조기억장치에 저장하는 경우, 지정된 시험 시간 외에 작성된 파일을 활용할 경우, 기타 통신수단(이메일, 메신저, 네트워크 등)을 이용하여 타인에게 전달 또는 외부 반출하는 경우는 부정 처리합니다.
- 시험 중 부주의 또는 고의로 시스템을 파손한 경우는 수험자가 변상해야 하며, 〈수험자 유의사항〉에 기재된 방법대로 이행하지 않아 생기는 불이익은 수험생 당사자의 책임임을 알려 드립니다.
- 문제의 조건은 MS오피스 2021 버전으로 설정되어 있으며 MS오피스 2016은 【 】에 표기되어 있습니다. 이와 관련하여 작성한 답안의 출력형태가 문제지와 다를 수 있습니다.
- 시험을 완료한 수험자는 답안파일이 전송되었는지 확인한 후 감독위원의 지시에 따라 문제지를 제출하고 퇴실합니다.

답안 작성요령

- 온라인 답안 작성 절차
  수험자 등록 ⇒ 시험 시작 ⇒ 답안파일 저장 ⇒ 답안 전송 ⇒ 시험 종료
- 슬라이드의 크기는 A4 Paper로 설정하여 작성합니다.
- 슬라이드의 총 개수는 6개로 구성되어 있으며 슬라이드 1부터 순서대로 작업하고 반드시 문제와 세부 조건대로 합니다.
- 별도의 지시사항이 없는 경우 출력형태를 참조하여 글꼴색은 검정 또는 흰색으로 작성하고, 기타사항은 전체적인 균형을 고려하여 작성합니다.
- 슬라이드 도형 및 개체에 출력형태와 다른 스타일(그림자, 외곽선 등)을 적용했을 경우 감점처리 됩니다.
- 슬라이드 번호를 작성합니다(슬라이드 1에는 생략).
- 2~6번 슬라이드 제목 도형과 하단 로고는 슬라이드 마스터를 이용하여 출력형태와 동일하게 작성합니다(슬라이드 1에는 생략).
- 문제와 세부조건, 세부조건 번호 ○(점선원)는 입력하지 않습니다.
- 각 개체의 위치는 오른쪽의 슬라이드와 동일하게 구성합니다.
- 그림 삽입 문제의 경우 반드시 「내 PC\문서\ITQ\Picture」폴더에서 정확한 파일을 선택하여 삽입하십시오.
- 각 슬라이드를 각각의 파일로 작업해서 저장할 경우 실격 처리됩니다.

[전체구성] (60점)

(1) 슬라이드 크기 및 순서 : 크기를 A4 용지로 설정하고 슬라이드 순서에 맞게 작성한다.
(2) 슬라이드 마스터 : 2~6슬라이드의 제목, 하단 로고, 슬라이드 번호는 슬라이드 마스터를 이용하여 작성한다.
  - 제목 글꼴(돋움, 40pt, 흰색), 가운데 맞춤, 도형(선 없음)
  - 하단 로고(「내 PC₩문서₩ITQ₩Picture₩로고2.jpg」, 배경(회색) 투명색으로 설정)

[슬라이드 1] ≪표지 디자인≫ (40점)

(1) 표지 디자인 : 도형, 워드아트 및 그림을 이용하여 작성한다.

세부조건

① 도형 편집
  - 도형에 그림 채우기 :
    「내 PC₩문서₩ITQ₩Picture₩그림1.jpg」, 투명도 50%
  - 도형 효과 :
    부드러운 가장자리 5포인트

② 워드아트 삽입
  - 변환 : 팽창
  - 글꼴 : 돋움, 굵게
  - 텍스트 반사 :
    근접 반사, 4pt 오프셋

③ 그림 삽입
  - 「내 PC₩문서₩ITQ₩Picture₩로고2.jpg」
  - 배경(회색) 투명색으로 설정

[슬라이드 2] ≪목차 슬라이드≫ (60점)

(1) 출력형태와 같이 도형을 이용하여 목차를 작성한다(글꼴 : 굴림, 24pt).
(2) 도형 : 선 없음

세부조건

① 텍스트에 하이퍼링크 적용
  → '슬라이드 4'

② 그림 삽입
  - 「내 PC₩문서₩ITQ₩Picture₩그림5.jpg」
  - 자르기 기능 이용

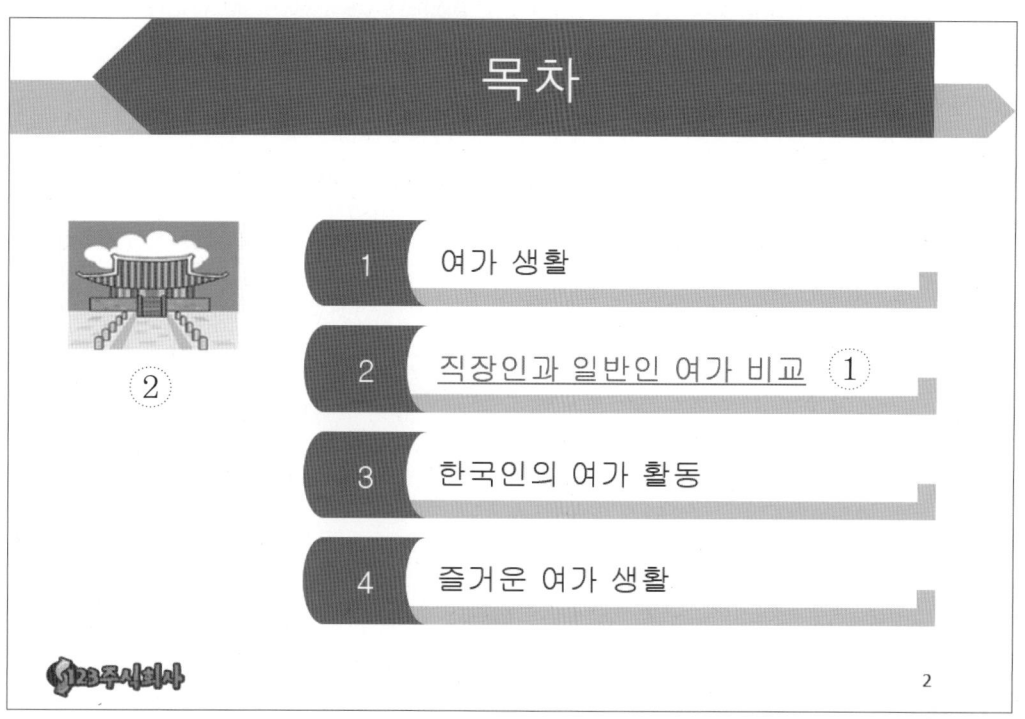

[슬라이드 3] ≪텍스트/동영상 슬라이드≫ (60점)

(1) 텍스트 작성 : 글머리 기호 사용(❖, ■)
  ❖문단(굴림, 24pt, 굵게, 줄간격 : 1.5줄), ■문단(굴림, 20pt, 줄간격 : 1.5줄)

세부조건

① 동영상 삽입 :
 - 「내 PC\문서\ITQ\Picture\
   동영상.wmv」
 - 자동실행, 반복재생- 설정

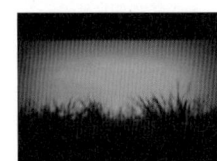

[슬라이드 4] ≪표 슬라이드≫ (80점)

(1) 도형과 표 작성 기능을 이용하여 슬라이드를 작성한다(글꼴 : 돋움, 18pt).

세부조건

① 상단 도형 :
  2개 도형의 조합으로 작성

② 좌측 도형 :
  그라데이션 효과(선형 아래쪽)

③ 테이블 디자인【표 스타일】:
  테마 스타일 1 - 강조 5

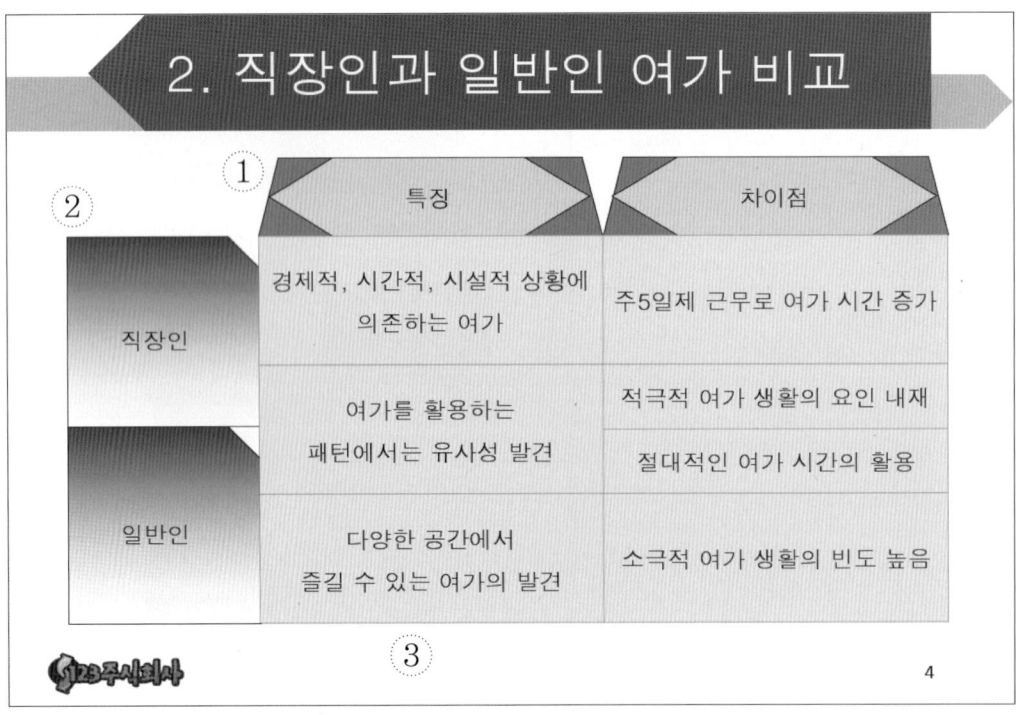

[슬라이드 5] ≪차트 슬라이드≫ (100점)

(1) 차트 작성 기능을 이용하여 슬라이드를 작성한다.
(2) 차트 : 종류(묶은 세로 막대형), 글꼴(돋움, 16pt), 외곽선

세부조건

※ 차트설명
- 차트제목 : 굴림, 20pt, 굵게, 채우기(흰색), 테두리, 그림자(오프셋 오른쪽)
- 차트영역 : 채우기(노랑)
  그림영역 : 채우기(흰색)
- 데이터 서식 : 2022년 계열을 표식이 있는 꺾은선형으로 변경 후 보조축으로 지정
- 값 표시 : VOD 감상의 2019년 계열만

① 도형 삽입
 - 스타일 :
   미세효과 – 파랑, 강조1
 - 글꼴 : 굴림, 18pt

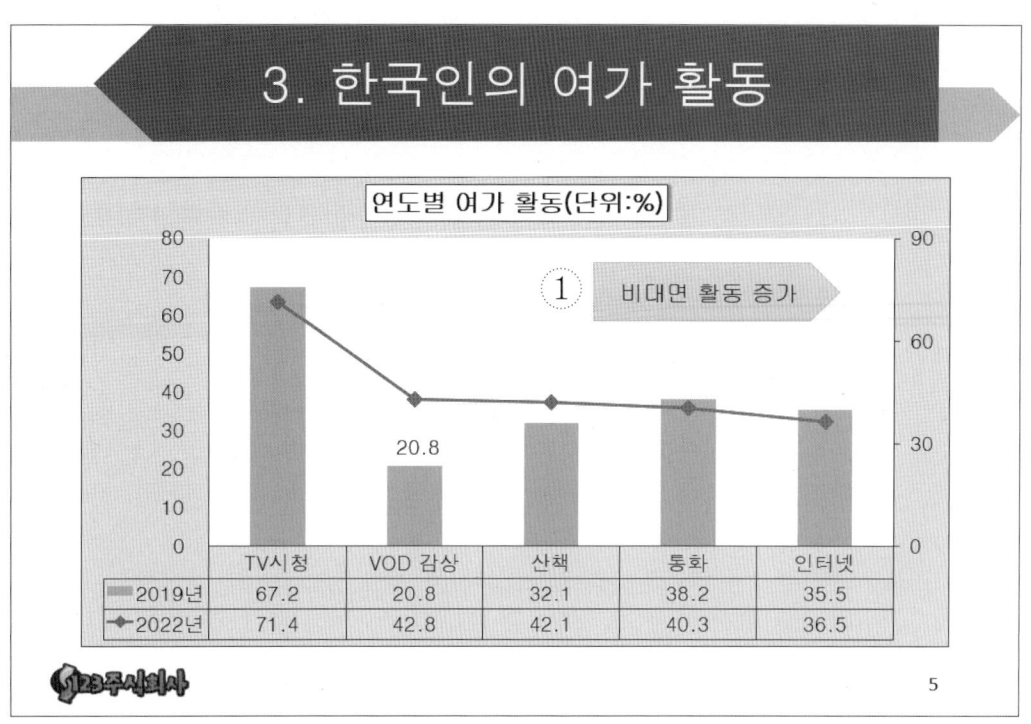

[슬라이드 6] ≪도형 슬라이드≫ (100점)

(1) 슬라이드와 같이 도형 및 스마트아트를 배치한다(글꼴 : 굴림, 18pt).
(2) 애니메이션 순서 : ① ⇒ ②

세부조건

① 도형 및 스마트아트 편집
 - 스마트아트 디자인
   : 3차원 만화,
     3차원 경사
 - 그룹화 후 애니메이션 효과
   : 닦아내기(위에서)

② 도형 편집
 - 그룹화 후 애니메이션 효과
   : 회전

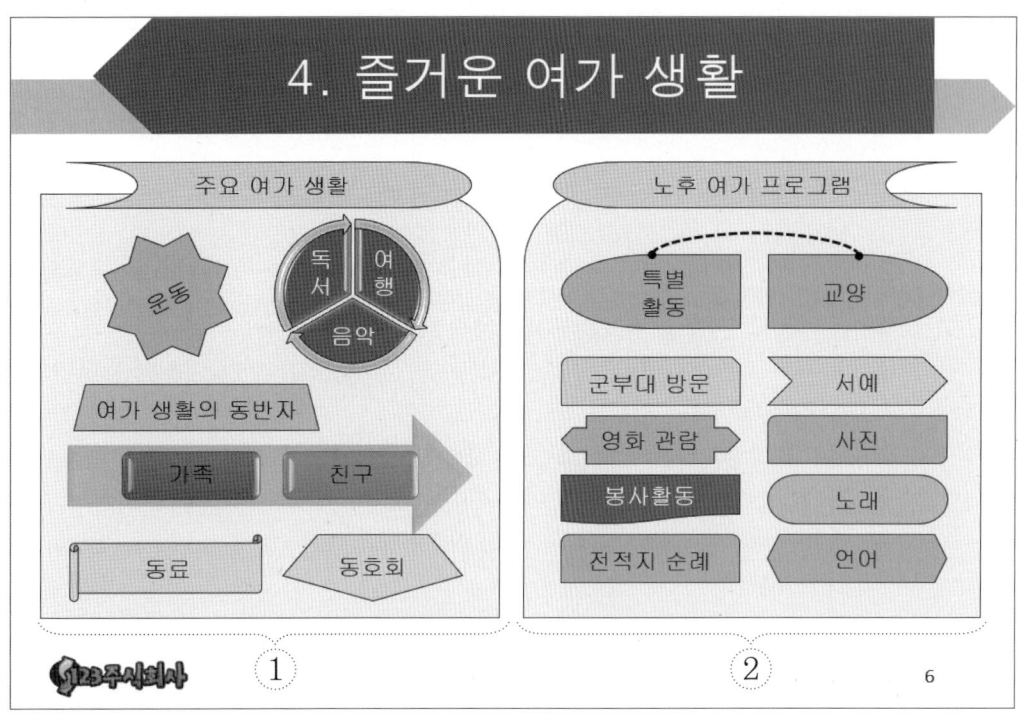

제11회 ITQ 실전모의문제

과목	코드	문제유형	시험시간	수험번호	성명
한글파워포인트	1142	B	60분		

수험자 유의사항

- 수험자는 문제지를 받는 즉시 문제지와 <u>수험표상의 시험과목(프로그램)이 동일한지 반드시 확인</u>하여야 합니다.
- 파일명은 본인의 "수험번호-성명"으로 입력하여 답안폴더(내 PC₩문서₩ITQ)에 하나의 파일로 저장해야 하며, 답안문서 파일명이 "수험번호-성명"과 일치하지 않거나, 답안파일을 전송하지 않아 미제출로 처리될 경우 실격 처리합니다(예:12345678-홍길동.pptx).
- 답안 작성을 마치면 파일을 저장하고, '답안 전송' 버튼을 선택하여 감독위원 PC로 답안을 전송하십시오. 수험생 정보와 저장한 파일명이 다를 경우 전송되지 않으므로 주의하시기 바랍니다.
- 답안 작성 중에도 <u>주기적으로 저장하고, '답안 전송'</u>하여야 문제 발생을 줄일 수 있습니다. 작업한 내용을 저장하지 않고 전송할 경우 이전에 저장된 내용이 전송되오니 이점 유의하시기 바랍니다.
- 답안문서는 지정된 경로 외의 다른 보조기억장치에 저장하는 경우, 지정된 시험 시간 외에 작성된 파일을 활용할 경우, 기타 통신수단(이메일, 메신저, 네트워크 등)을 이용하여 타인에게 전달 또는 외부 반출하는 경우는 부정 처리합니다.
- 시험 중 부주의 또는 고의로 시스템을 파손한 경우는 수험자가 변상해야 하며, 〈수험자 유의사항〉에 기재된 방법대로 이행하지 않아 생기는 불이익은 수험생 당사자의 책임임을 알려 드립니다.
- 문제의 조건은 MS오피스 2021 버전으로 설정되어 있으며 MS오피스 2016은 【 】에 표기되어 있습니다. 이와 관련하여 작성한 답안의 출력형태가 문제지와 다를 수 있습니다.
- 시험을 완료한 수험자는 답안파일이 전송되었는지 확인한 후 감독위원의 지시에 따라 문제지를 제출하고 퇴실합니다.

답안 작성요령

- 온라인 답안 작성 절차
  수험자 등록 ⇒ 시험 시작 ⇒ 답안파일 저장 ⇒ 답안 전송 ⇒ 시험 종료
- 슬라이드의 크기는 A4 Paper로 설정하여 작성합니다.
- 슬라이드의 총 개수는 6개로 구성되어 있으며 슬라이드 1부터 순서대로 작업하고 반드시 문제와 세부 조건대로 합니다.
- 별도의 지시사항이 없는 경우 출력형태를 참조하여 글꼴색은 검정 또는 흰색으로 작성하고, 기타사항은 전체적인 균형을 고려하여 작성합니다.
- 슬라이드 도형 및 개체에 출력형태와 다른 스타일(그림자, 외곽선 등)을 적용했을 경우 감점처리 됩니다.
- 슬라이드 번호를 작성합니다(슬라이드 1에는 생략).
- 2~6번 슬라이드 제목 도형과 하단 로고는 슬라이드 마스터를 이용하여 출력형태와 동일하게 작성합니다 (슬라이드 1에는 생략).
- 문제와 세부조건, 세부조건 번호 ○(점선원)는 입력하지 않습니다.
- 각 개체의 위치는 오른쪽의 슬라이드와 동일하게 구성합니다.
- 그림 삽입 문제의 경우 반드시 「내 PC₩문서₩ITQ₩Picture」폴더에서 정확한 파일을 선택하여 삽입하십시오.
- 각 슬라이드를 각각의 파일로 작업해서 저장할 경우 실격 처리됩니다.

[전체구성] (60점)

(1) 슬라이드 크기 및 순서 : 크기를 A4 용지로 설정하고 슬라이드 순서에 맞게 작성한다.
(2) 슬라이드 마스터 : 2~6슬라이드의 제목, 하단 로고, 슬라이드 번호는 슬라이드 마스터를 이용하여 작성한다.
  - 제목 글꼴(돋움, 40pt, 흰색), 가운데 맞춤, 도형(선 없음)
  - 하단 로고(「내 PC₩문서₩ITQ₩Picture₩로고2.jpg」, 배경(회색) 투명색으로 설정)

[슬라이드 1] ≪표지 디자인≫ (40점)

(1) 표지 디자인 : 도형, 워드아트 및 그림을 이용하여 작성한다.

세부조건

① 도형 편집
  - 도형에 그림 채우기 :
    「내 PC₩문서₩ITQ₩Picture₩그림1.jpg」, 투명도 50%
  - 도형 효과 :
    부드러운 가장자리 5포인트

② 워드아트 삽입
  - 변환 : 팽창
  - 글꼴 : 돋움, 굵게
  - 텍스트 반사 :
    근접 반사, 4pt 오프셋

③ 그림 삽입
  - 「내 PC₩문서₩ITQ₩Picture₩로고2.jpg」
  - 배경(회색) 투명색으로 설정

[슬라이드 2] ≪목차 슬라이드≫ (60점)

(1) 출력형태와 같이 도형을 이용하여 목차를 작성한다(글꼴 : 굴림, 24pt).
(2) 도형 : 선 없음

세부조건

① 텍스트에 하이퍼링크 적용
  → '슬라이드 4'

② 그림 삽입
  - 「내 PC₩문서₩ITQ₩Picture₩그림5.jpg」
  - 자르기 기능 이용

[슬라이드 3] ≪텍스트/동영상 슬라이드≫   (60점)

(1) 텍스트 작성 : 글머리 기호 사용(❖, ■)
  ❖문단(굴림, 24pt, 굵게, 줄간격 : 1.5줄), ■문단(굴림, 20pt, 줄간격 : 1.5줄)

세부조건

① 동영상 삽입 :
  - 「내 PC\문서\ITQ\Picture\
    동영상.wmv」
  - 자동실행, 반복재생- 설정

---

1. 화학요법과 항암제

❖ About the Chemotherapy
  ■ Chemotherapy is a type of cancer treatment that uses one or more anti-cancer drugs as part of a standardized chemotherapy regimen

❖ 항암제
  ■ 악성종양을 치료하기 위한 화학요법 등에 사용되는 약제의 총칭
  ■ 골수기능저하, 구토, 설사, 식욕감퇴, 탈모증 등의 여러가지 부작용이 나타날 수 있음

[슬라이드 4] ≪표 슬라이드≫   (80점)

(1) 도형과 표 작성 기능을 이용하여 슬라이드를 작성한다(글꼴 : 돋움, 18pt).

세부조건

① 상단 도형 :
  2개 도형의 조합으로 작성

② 좌측 도형 :
  그라데이션 효과(선형 아래쪽)

③ 테이블 디자인【표 스타일】:
  테마 스타일 1 - 강조 5

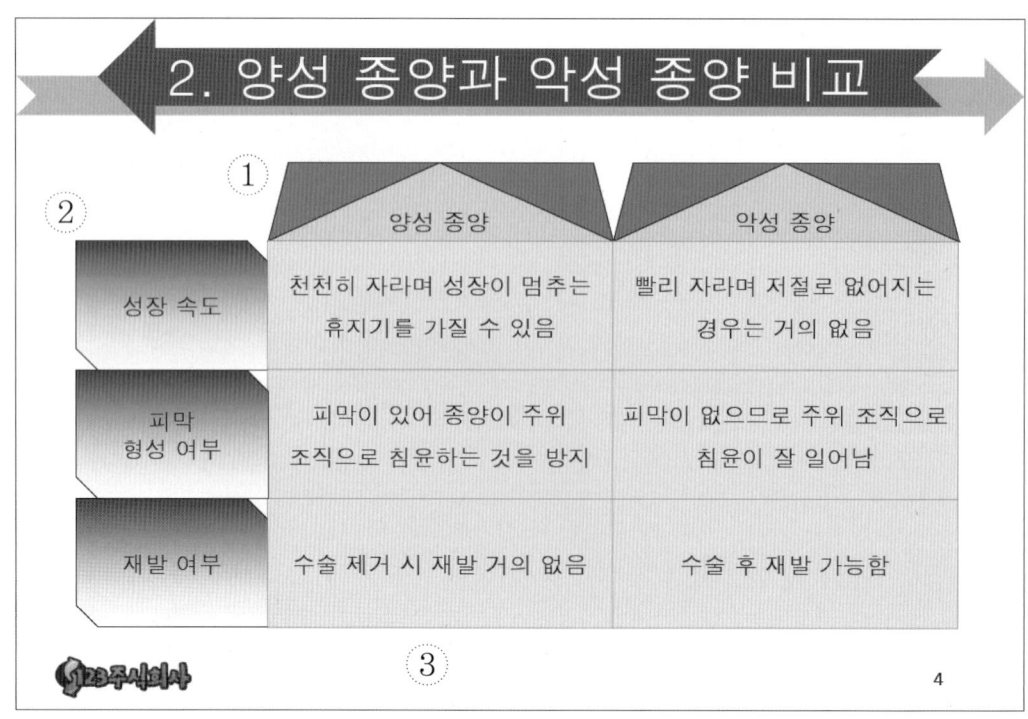

[슬라이드 5] ≪차트 슬라이드≫ (100점)

(1) 차트 작성 기능을 이용하여 슬라이드를 작성한다.
(2) 차트 : 종류(묶은 세로 막대형), 글꼴(돋움, 16pt), 외곽선

세부조건

※ 차트설명
- 차트제목 : 굴림, 20pt, 굵게, 채우기(흰색), 테두리, 그림자(오프셋 오른쪽)
- 차트영역 : 채우기(노랑)
  그림영역 : 채우기(흰색)
- 데이터 서식 : 화학요법 계열을 표식이 있는 꺾은선형으로 변경 후 보조축으로 지정
- 값 표시 : 2022년의 방사선요법 계열만

① 도형 삽입
 - 스타일 :
   미세효과 - 파랑, 강조1
 - 글꼴 : 굴림, 18pt

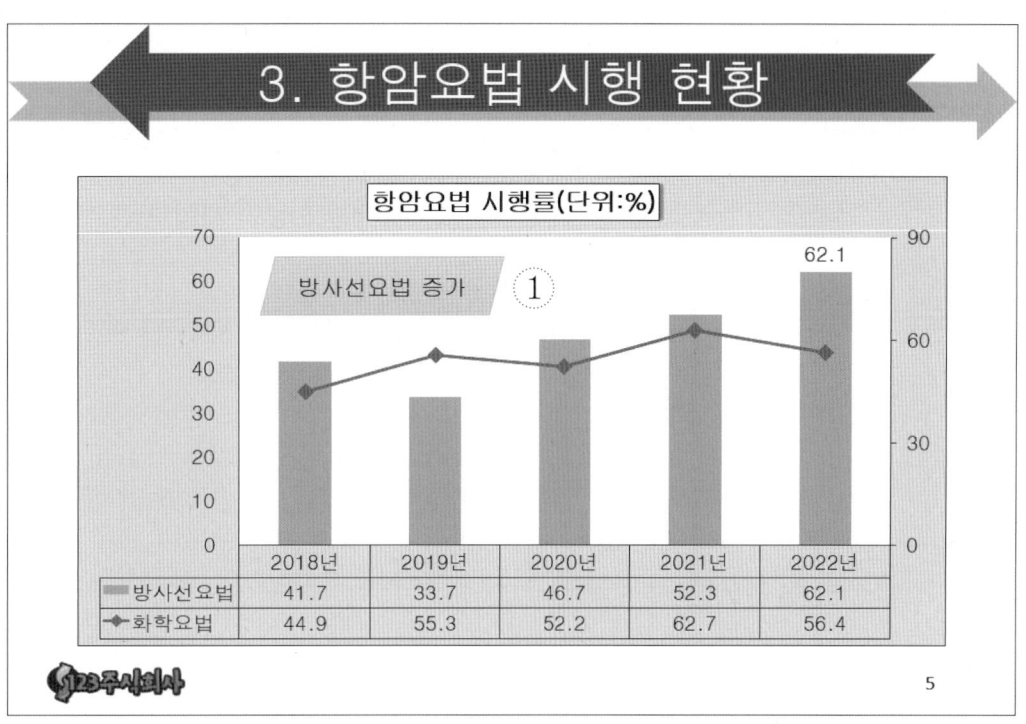

[슬라이드 6] ≪도형 슬라이드≫ (100점)

(1) 슬라이드와 같이 도형 및 스마트아트를 배치한다(글꼴 : 굴림, 18pt).
(2) 애니메이션 순서 : ① ⇒ ②

세부조건

① 도형 및 스마트아트 편집
 - 스마트아트 디자인
   : 3차원 만화,
   3차원 경사
 - 그룹화 후 애니메이션 효과
   : 닦아내기(위에서)

② 도형 편집
 - 그룹화 후 애니메이션 효과
   : 회전

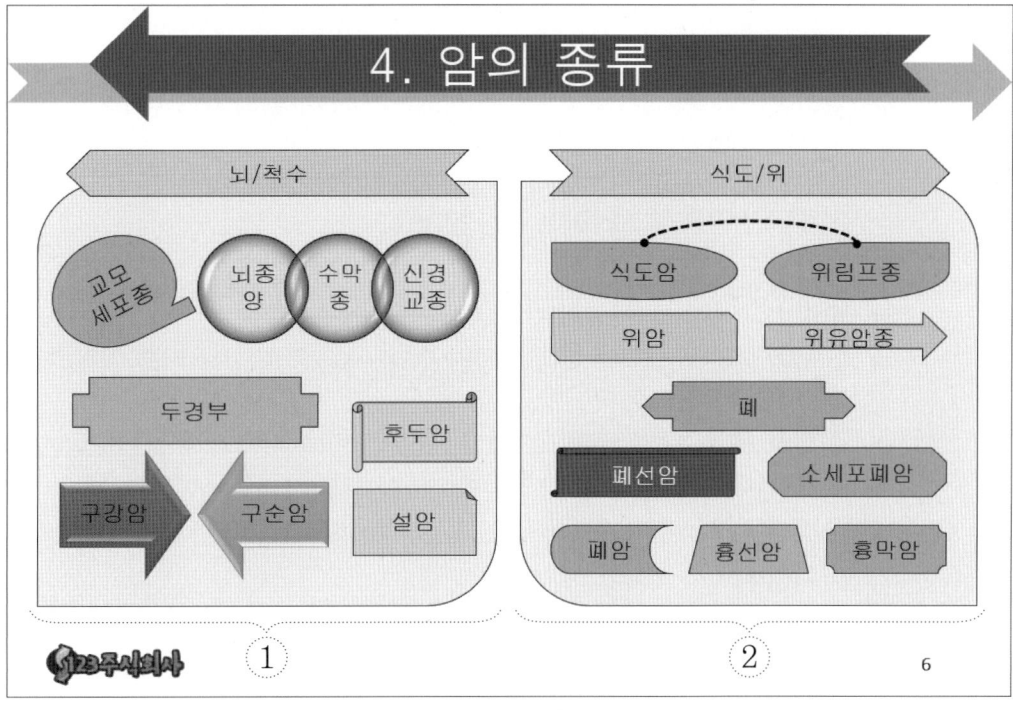

제12회 ITQ 실전모의문제

과목	코드	문제유형	시험시간	수험번호	성명
한글파워포인트	1142	C	60분		

수험자 유의사항

- 수험자는 문제지를 받는 즉시 문제지와 <u>수험표상의 시험과목(프로그램)이 동일한지 반드시 확인</u>하여야 합니다.
- 파일명은 본인의 "수험번호-성명"으로 입력하여 답안폴더(내 PC₩문서₩ITQ)에 하나의 파일로 저장해야 하며, 답안문서 파일명이 "수험번호-성명"과 일치하지 않거나, 답안파일을 전송하지 않아 미제출로 처리될 경우 실격 처리합니다(예:12345678-홍길동.pptx).
- 답안 작성을 마치면 파일을 저장하고, '답안 전송' 버튼을 선택하여 감독위원 PC로 답안을 전송하십시오. 수험생 정보와 저장한 파일명이 다를 경우 전송되지 않으므로 주의하시기 바랍니다.
- 답안 작성 중에도 **주기적으로 저장하고, '답안 전송'**하여야 문제 발생을 줄일 수 있습니다. 작업한 내용을 저장하지 않고 전송할 경우 이전에 저장된 내용이 전송되오니 이점 유의하시기 바랍니다.
- 답안문서는 지정된 경로 외의 다른 보조기억장치에 저장하는 경우, 지정된 시험 시간 외에 작성된 파일을 활용할 경우, 기타 통신수단(이메일, 메신저, 네트워크 등)을 이용하여 타인에게 전달 또는 외부 반출하는 경우는 부정 처리합니다.
- 시험 중 부주의 또는 고의로 시스템을 파손한 경우는 수험자가 변상해야 하며, 〈수험자 유의사항〉에 기재된 방법대로 이행하지 않아 생기는 불이익은 수험생 당사자의 책임임을 알려 드립니다.
- 문제의 조건은 MS오피스 2021 버전으로 설정되어 있으며 MS오피스 2016은【 】에 표기되어 있습니다. 이와 관련하여 작성한 답안의 출력형태가 문제지와 다를 수 있습니다.
- 시험을 완료한 수험자는 답안파일이 전송되었는지 확인한 후 감독위원의 지시에 따라 문제지를 제출하고 퇴실합니다.

답안 작성요령

- 온라인 답안 작성 절차
  수험자 등록 ⇒ 시험 시작 ⇒ 답안파일 저장 ⇒ 답안 전송 ⇒ 시험 종료
- 슬라이드의 크기는 A4 Paper로 설정하여 작성합니다.
- 슬라이드의 총 개수는 6개로 구성되어 있으며 슬라이드 1부터 순서대로 작업하고 반드시 문제와 세부 조건대로 합니다.
- 별도의 지시사항이 없는 경우 출력형태를 참조하여 글꼴색은 검정 또는 흰색으로 작성하고, 기타사항은 전체적인 균형을 고려하여 작성합니다.
- 슬라이드 도형 및 개체에 출력형태와 다른 스타일(그림자, 외곽선 등)을 적용했을 경우 감점처리 됩니다.
- 슬라이드 번호를 작성합니다(슬라이드 1에는 생략).
- 2~6번 슬라이드 제목 도형과 하단 로고는 슬라이드 마스터를 이용하여 출력형태와 동일하게 작성합니다 (슬라이드 1에는 생략).
- 문제와 세부조건, 세부조건 번호 ○(점선원)는 입력하지 않습니다.
- 각 개체의 위치는 오른쪽의 슬라이드와 동일하게 구성합니다.
- 그림 삽입 문제의 경우 반드시「내 PC₩문서₩ITQ₩Picture」폴더에서 정확한 파일을 선택하여 삽입하십시오.
- 각 슬라이드를 각각의 파일로 작업해서 저장할 경우 실격 처리됩니다.

[전체구성] (60점)

(1) 슬라이드 크기 및 순서 : 크기를 A4 용지로 설정하고 슬라이드 순서에 맞게 작성한다.
(2) 슬라이드 마스터 : 2~6슬라이드의 제목, 하단 로고, 슬라이드 번호는 슬라이드 마스터를 이용하여 작성한다.
   - 제목 글꼴(돋움, 40pt, 흰색), 가운데 맞춤, 도형(선 없음)
   - 하단 로고(「내 PC₩문서₩ITQ₩Picture₩로고2.jpg」, 배경(회색) 투명색으로 설정)

[슬라이드 1] ≪표지 디자인≫ (40점)

(1) 표지 디자인 : 도형, 워드아트 및 그림을 이용하여 작성한다.

세부조건

① 도형 편집
  - 도형에 그림 채우기 :
    「내 PC₩문서₩ITQ₩Picture₩그림1.jpg」, 투명도 50%
  - 도형 효과 :
    부드러운 가장자리 5포인트

② 워드아트 삽입
  - 변환 : 기울기, 위로
    【위로 기울기】
  - 글꼴 : 돋움, 굵게
  - 텍스트 반사 :
    근접 반사, 터치

③ 그림 삽입
  - 「내 PC₩문서₩ITQ₩Picture₩로고2.jpg」
  - 배경(회색) 투명색으로 설정

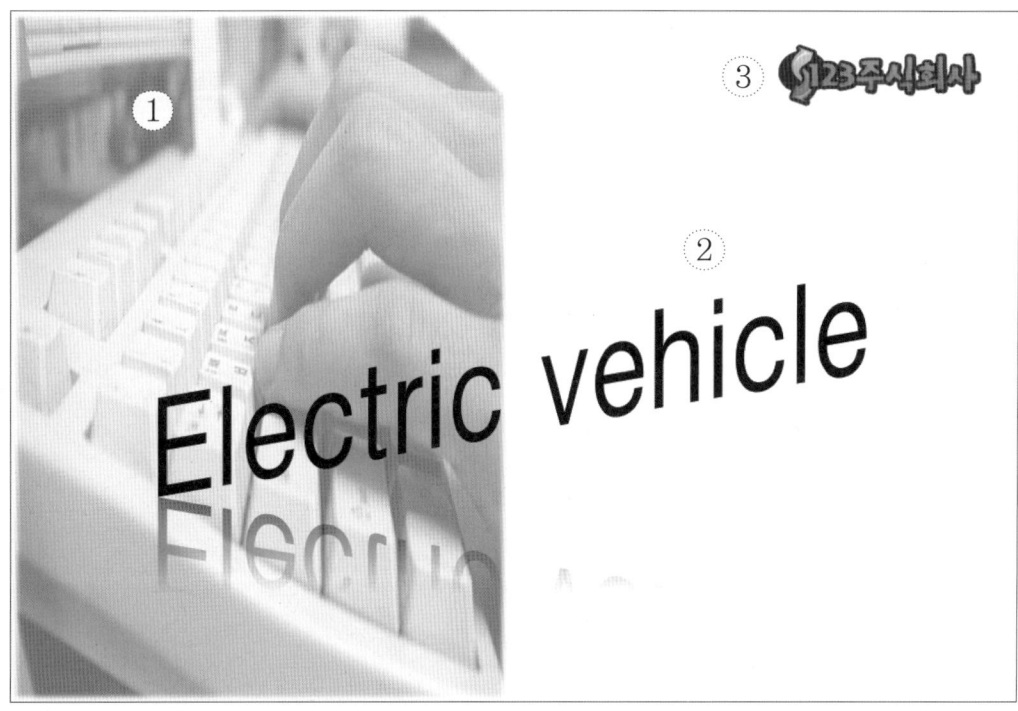

[슬라이드 2] ≪목차 슬라이드≫ (60점)

(1) 출력형태와 같이 도형을 이용하여 목차를 작성한다(글꼴 : 굴림, 24pt).
(2) 도형 : 선 없음

세부조건

① 텍스트에 하이퍼링크 적용
  → '슬라이드 6'

② 그림 삽입
  - 「내 PC₩문서₩ITQ₩Picture₩그림5.jpg」
  - 자르기 기능 이용

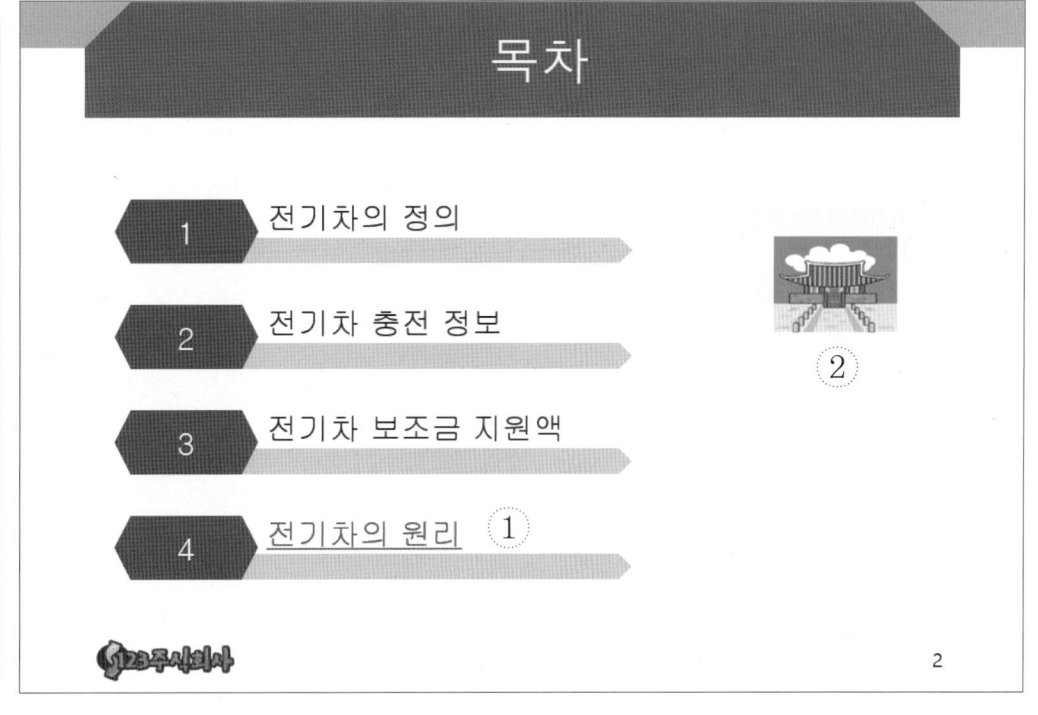

[슬라이드 3] ≪텍스트/동영상 슬라이드≫ (60점)

(1) 텍스트 작성 : 글머리 기호 사용(◆, ✓)
- ◆문단(굴림, 24pt, 굵게, 줄간격 : 1.5줄), ✓문단(굴림, 20pt, 줄간격 : 1.5줄)

세부조건

① 동영상 삽입 :
- 「내 PC₩문서₩ITQ₩Picture₩동영상.wmv」
- 자동실행, 반복재생 - 설정

1. 전기차의 정의

◆ Electric vehicle
- ✓ An electric vehicle can be powered by a collector system, with electricity from extravehicular sources, or it can be powered autonomously by a battery

◆ 전기차의 특징
- ✓ 전기 사용, 작은 소음, 차량 구조설계 용이
- ✓ 뛰어난 제어 성능 및 유지보수성
- ✓ 엔진 소음이 작고, 폭발의 위험성이 작음

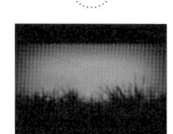

[슬라이드 4] ≪표 슬라이드≫ (80점)

(1) 도형과 표 작성 기능을 이용하여 슬라이드를 작성한다(글꼴 : 돋움, 18pt).

세부조건

① 상단 도형 :
  2개 도형의 조합으로 작성

② 좌측 도형 :
  그라데이션 효과(선형 아래쪽)

③ 테이블 디자인【표 스타일】:
  테마 스타일 1 - 강조 5

[슬라이드 5] ≪차트 슬라이드≫ (100점)

(1) 차트 작성 기능을 이용하여 슬라이드를 작성한다.
(2) 차트 : 종류(묶은 세로 막대형), 글꼴(돋움, 16pt), 외곽선

세부조건

※ 차트설명
- 차트제목 : 궁서, 24pt, 굵게,
  채우기(흰색), 테두리,
  그림자(오프셋 왼쪽)
- 차트영역 : 채우기(노랑)
  그림영역 : 채우기(흰색)
- 데이터 서식 : 국비+지방비 계열을 표식이 있는 꺾은선형으로 변경 후 보조축으로 지정
- 값 표시 : 2022년의 국비 계열만

① 도형 삽입
  - 스타일 :
    미세효과 – 파랑, 강조1
  - 글꼴 : 굴림, 18pt

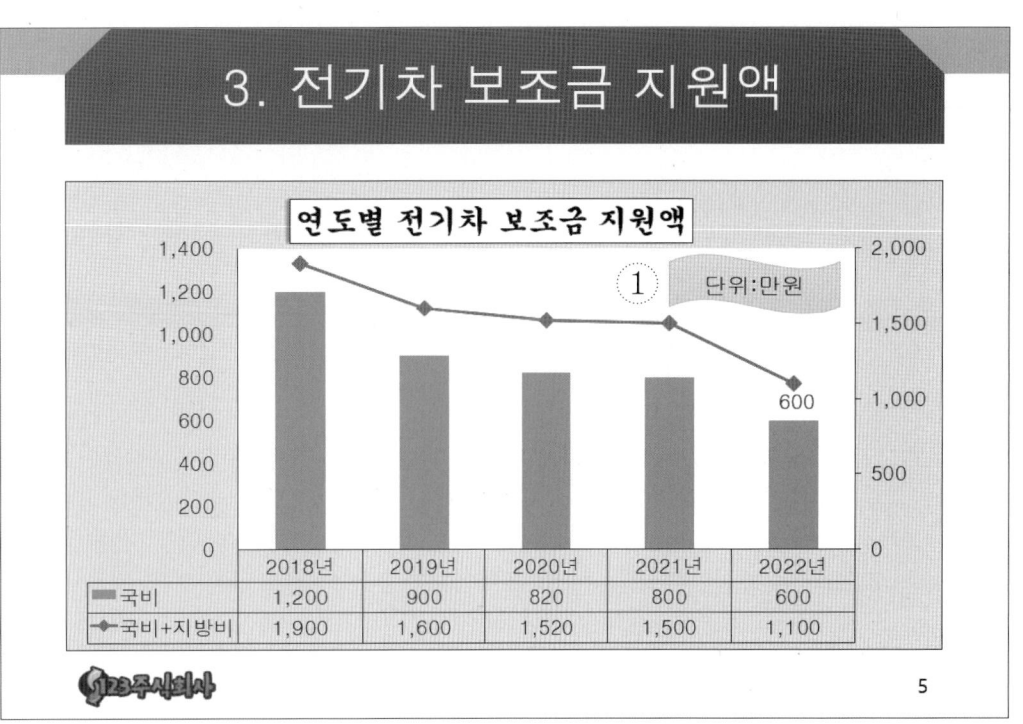

[슬라이드 6] ≪도형 슬라이드≫ (100점)

(1) 슬라이드와 같이 도형 및 스마트아트를 배치한다(글꼴 : 굴림, 18pt).
(2) 애니메이션 순서 : ① ⇒ ②

세부조건

① 도형 및 스마트아트 편집
  - 스마트아트 디자인
    : 3차원 만화,
      3차원 벽돌
  - 그룹화 후 애니메이션 효과
    : 닦아내기(위에서)

② 도형 편집
  - 그룹화 후 애니메이션 효과
    : 바운드

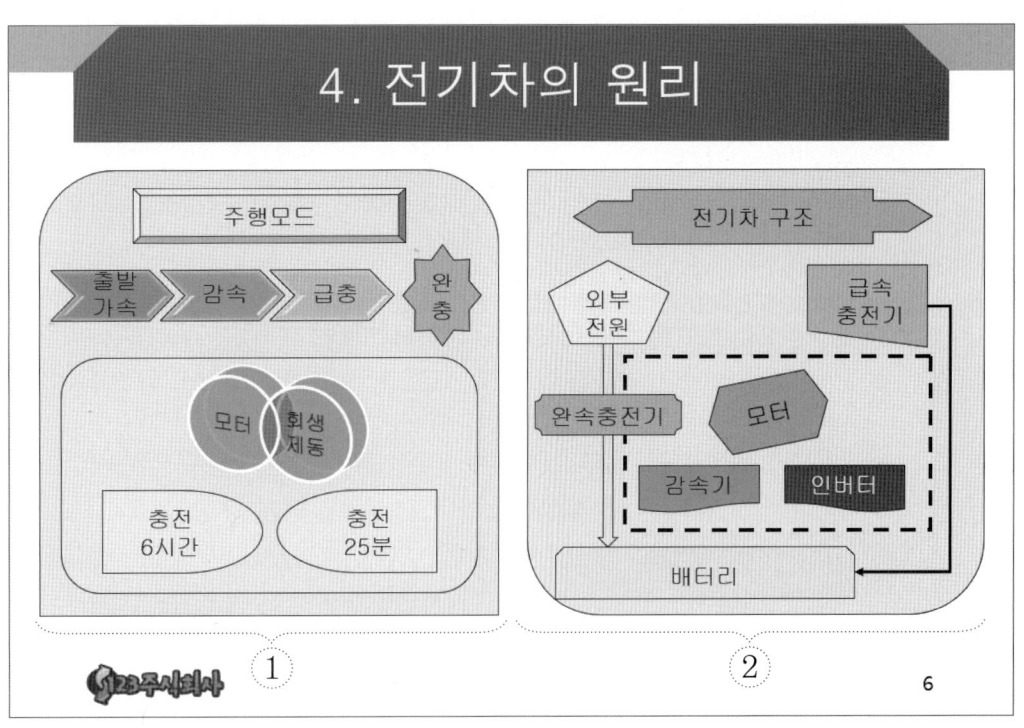

제13회 ITQ 실전모의문제

과목	코드	문제유형	시험시간	수험번호	성명
한글파워포인트	1142	A	60분		

수험자 유의사항

- 수험자는 문제지를 받는 즉시 문제지와 <u>수험표상의 시험과목(프로그램)이 동일한지 반드시 확인</u>하여야 합니다.
- 파일명은 본인의 "수험번호-성명"으로 입력하여 답안폴더(내 PC₩문서₩ITQ)에 하나의 파일로 저장해야 하며, 답안문서 파일명이 "수험번호-성명"과 일치하지 않거나, 답안파일을 전송하지 않아 미제출로 처리될 경우 실격 처리합니다(예:12345678-홍길동.pptx).
- 답안 작성을 마치면 파일을 저장하고, '답안 전송' 버튼을 선택하여 감독위원 PC로 답안을 전송하십시오. 수험생 정보와 저장한 파일명이 다를 경우 전송되지 않으므로 주의하시기 바랍니다.
- 답안 작성 중에도 <u>주기적으로 저장하고, '답안 전송'</u>하여야 문제 발생을 줄일 수 있습니다. 작업한 내용을 저장하지 않고 전송할 경우 이전에 저장된 내용이 전송되오니 이점 유의하시기 바랍니다.
- 답안문서는 지정된 경로 외의 다른 보조기억장치에 저장하는 경우, 지정된 시험 시간 외에 작성된 파일을 활용할 경우, 기타 통신수단(이메일, 메신저, 네트워크 등)을 이용하여 타인에게 전달 또는 외부 반출하는 경우는 부정 처리합니다.
- 시험 중 부주의 또는 고의로 시스템을 파손한 경우는 수험자가 변상해야 하며, 〈수험자 유의사항〉에 기재된 방법대로 이행하지 않아 생기는 불이익은 수험생 당사자의 책임임을 알려 드립니다.
- 문제의 조건은 MS오피스 2021 버전으로 설정되어 있으며 MS오피스 2016은【 】에 표기되어 있습니다. 이와 관련하여 작성한 답안의 출력형태가 문제지와 다를 수 있습니다.
- 시험을 완료한 수험자는 답안파일이 전송되었는지 확인한 후 감독위원의 지시에 따라 문제지를 제출하고 퇴실합니다.

답안 작성요령

- 온라인 답안 작성 절차
  수험자 등록 ⇒ 시험 시작 ⇒ 답안파일 저장 ⇒ 답안 전송 ⇒ 시험 종료
- 슬라이드의 크기는 A4 Paper로 설정하여 작성합니다.
- 슬라이드의 총 개수는 6개로 구성되어 있으며 슬라이드 1부터 순서대로 작업하고 반드시 문제와 세부 조건대로 합니다.
- 별도의 지시사항이 없는 경우 출력형태를 참조하여 글꼴색은 검정 또는 흰색으로 작성하고, 기타사항은 전체적인 균형을 고려하여 작성합니다.
- 슬라이드 도형 및 개체에 출력형태와 다른 스타일(그림자, 외곽선 등)을 적용했을 경우 감점처리 됩니다.
- 슬라이드 번호를 작성합니다(슬라이드 1에는 생략).
- 2~6번 슬라이드 제목 도형과 하단 로고는 슬라이드 마스터를 이용하여 출력형태와 동일하게 작성합니다 (슬라이드 1에는 생략).
- 문제와 세부조건, 세부조건 번호 ○(점선원)는 입력하지 않습니다.
- 각 개체의 위치는 오른쪽의 슬라이드와 동일하게 구성합니다.
- 그림 삽입 문제의 경우 반드시 「내 PC₩문서₩ITQ₩Picture」폴더에서 정확한 파일을 선택하여 삽입 하십시오.
- 각 슬라이드를 각각의 파일로 작업해서 저장할 경우 실격 처리됩니다.

[전체구성] (60점)

(1) 슬라이드 크기 및 순서 : 크기를 A4 용지로 설정하고 슬라이드 순서에 맞게 작성한다.
(2) 슬라이드 마스터 : 2~6슬라이드의 제목, 하단 로고, 슬라이드 번호는 슬라이드 마스터를 이용하여 작성한다.
  - 제목 글꼴(돋움, 40pt, 흰색), 가운데 맞춤, 도형(선 없음)
  - 하단 로고(「내 PC\문서\ITQ\Picture\로고2.jpg」, 배경(회색) 투명색으로 설정)

[슬라이드 1] ≪표지 디자인≫ (40점)

(1) 표지 디자인 : 도형, 워드아트 및 그림을 이용하여 작성한다.

세부조건

① 도형 편집
 - 도형에 그림 채우기 :
   「내 PC\문서\ITQ\Picture\
   그림1.jpg」, 투명도 50%
 - 도형 효과 :
   부드러운 가장자리 5포인트

② 워드아트 삽입
 - 변환 : 물결, 아래로
   【물결 1】
 - 글꼴 : 돋움, 굵게
 - 텍스트 반사 :
   근접 반사, 터치

③ 그림 삽입
 - 「내 PC\문서\ITQ\Picture\
   로고2.jpg」
 - 배경(회색) 투명색으로 설정

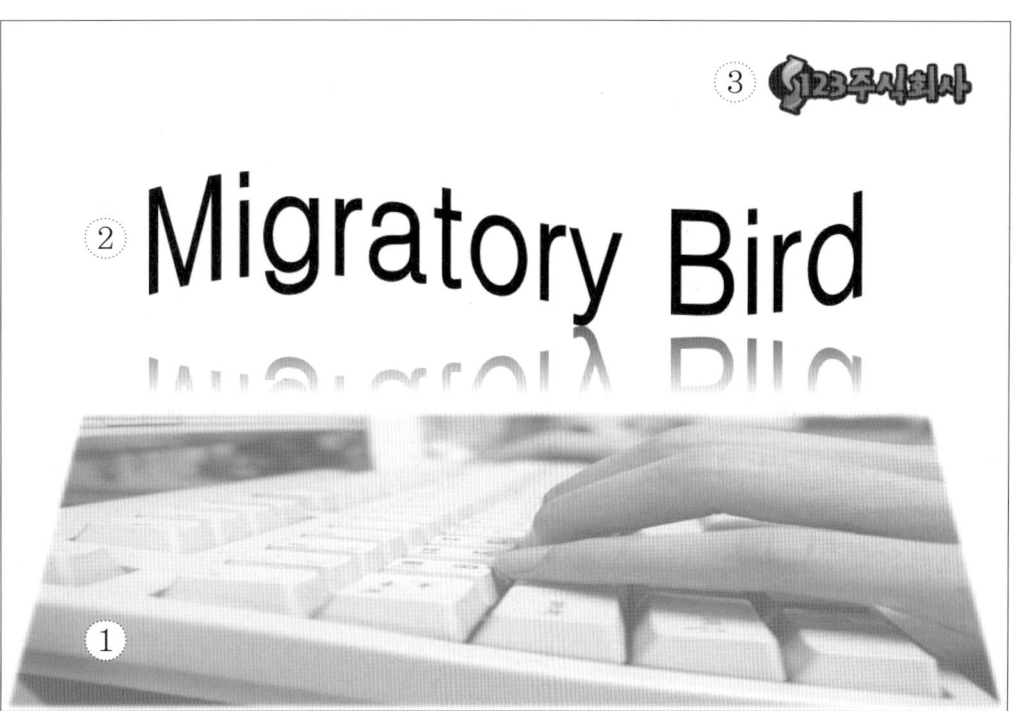

[슬라이드 2] ≪목차 슬라이드≫ (60점)

(1) 출력형태와 같이 도형을 이용하여 목차를 작성한다(글꼴 : 굴림, 24pt).
(2) 도형 : 선 없음

세부조건

① 텍스트에 하이퍼링크 적용
 → '슬라이드 6'

② 그림 삽입
 - 「내 PC\문서\ITQ\Picture\
   그림5.jpg」
 - 자르기 기능 이용

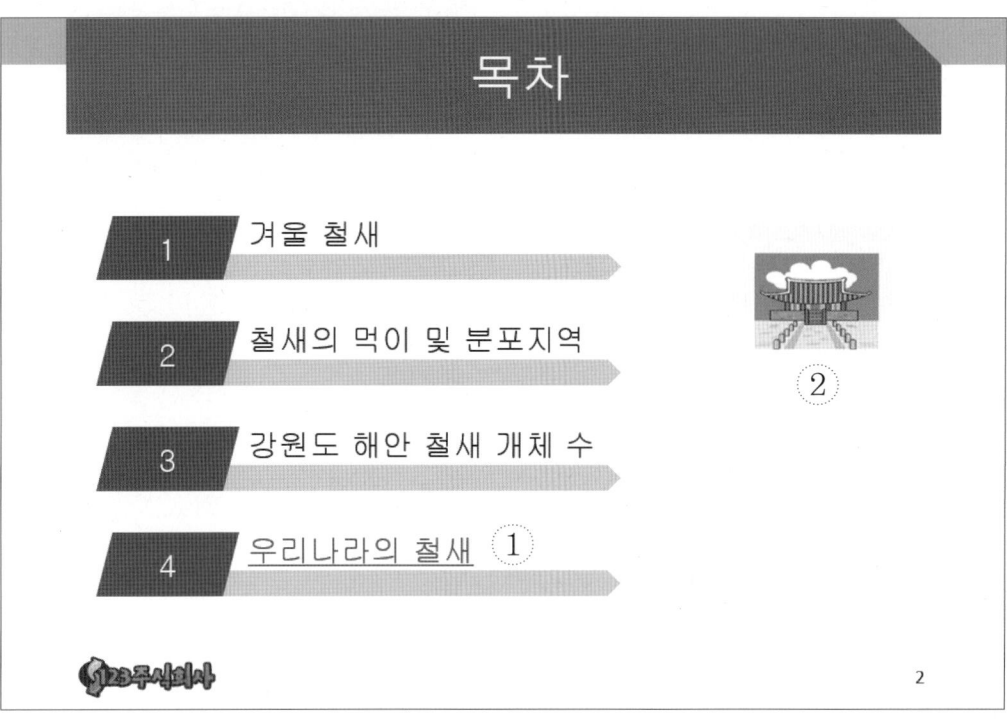

[슬라이드 3] ≪텍스트/동영상 슬라이드≫   (60점)

(1) 텍스트 작성 : 글머리 기호 사용(➤, ❖)
    ➤문단(굴림, 24pt, 굵게, 줄간격 : 1.5줄), ❖문단(굴림, 20pt, 줄간격 : 1.5줄)

세부조건

① 동영상 삽입 :
  - 「내 PC\문서\ITQ\Picture\동영상.wmv」
  - 자동실행, 반복재생 - 설정

1. 겨울 철새

➤ Winter Visitor
  ❖ It is the seasonal journey undertaken by many species of birds
  ❖ Bird movements include those made in response to changes in food availability, habitat, or weather

➤ 겨울 철새
  ❖ 시베리아와 같은 북쪽지방에서 생활하다가 먹이, 환경, 날씨 등의 이유로 가을에 찾아와 월동을 하고 봄이 지나면 다른 곳으로 이동하여 번식하는 철새

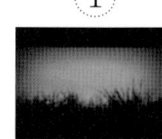

[슬라이드 4] ≪표 슬라이드≫   (80점)

(1) 도형과 표 작성 기능을 이용하여 슬라이드를 작성한다(글꼴 : 돋움, 18pt).

세부조건

① 상단 도형 :
   2개 도형의 조합으로 작성

② 좌측 도형 :
   그라데이션 효과(선형 아래쪽)

③ 테이블 디자인【표 스타일】:
   테마 스타일 1 - 강조 5

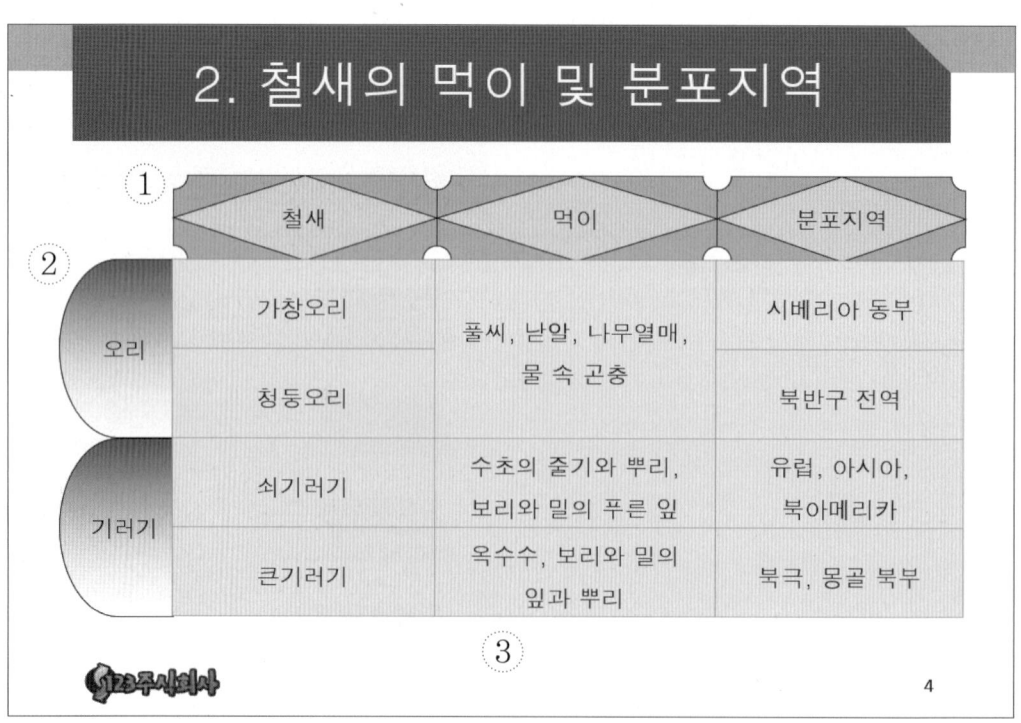

2. 철새의 먹이 및 분포지역

철새		먹이	분포지역
오리	가창오리	풀씨, 낟알, 나무열매, 물 속 곤충	시베리아 동부
	청둥오리		북반구 전역
기러기	쇠기러기	수초의 줄기와 뿌리, 보리와 밀의 푸른 잎	유럽, 아시아, 북아메리카
	큰기러기	옥수수, 보리와 밀의 잎과 뿌리	북극, 몽골 북부

[슬라이드 5] ≪차트 슬라이드≫ (100점)

(1) 차트 작성 기능을 이용하여 슬라이드를 작성한다.
(2) 차트 : 종류(묶은 세로 막대형), 글꼴(돋움, 16pt), 외곽선

세부조건

※ 차트설명
- 차트제목 : 궁서, 24pt, 굵게, 채우기(흰색), 테두리, 그림자(오프셋 왼쪽)
- 차트영역 : 채우기(노랑) 그림영역 : 채우기(흰색)
- 데이터 서식 : 12월 계열을 표식이 있는 꺾은선형으로 변경 후 보조축으로 지정
- 값 표시 : 방울새의 1월 계열만

① 도형 삽입
 - 스타일 :
   미세효과 – 파랑, 강조1
 - 글꼴 : 굴림, 18pt

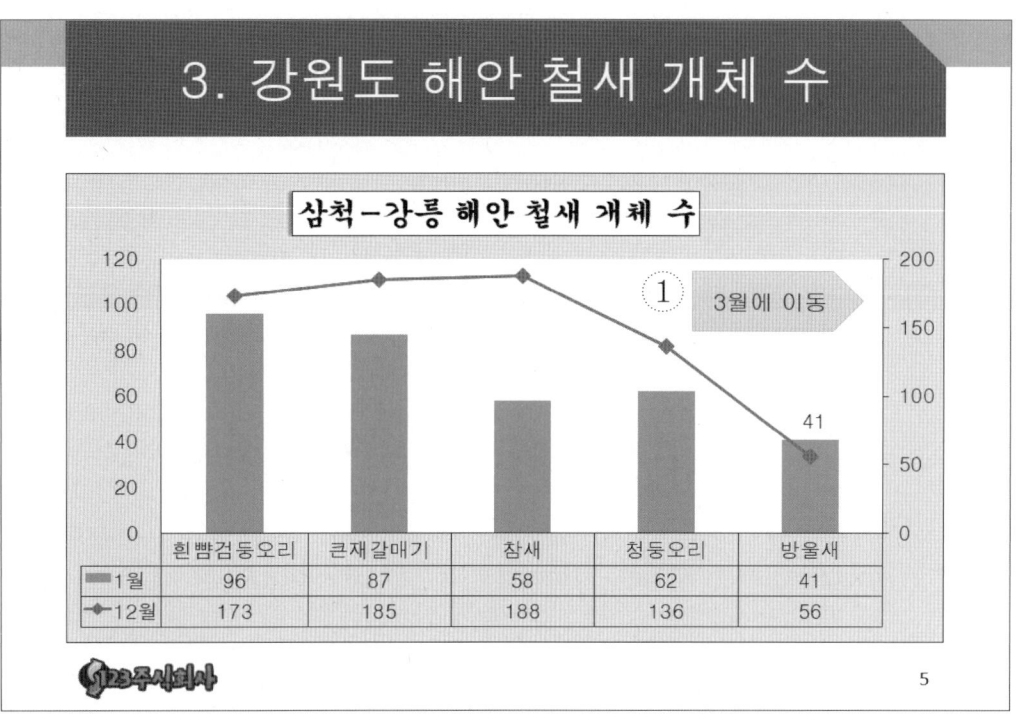

[슬라이드 6] ≪도형 슬라이드≫ (100점)

(1) 슬라이드와 같이 도형 및 스마트아트를 배치한다(글꼴 : 굴림, 18pt).
(2) 애니메이션 순서 : ① ⇒ ②

세부조건

① 도형 및 스마트아트 편집
 - 스마트아트 디자인
   : 3차원 만화,
     3차원 경사
 - 그룹화 후 애니메이션 효과
   : 닦아내기(위에서)

② 도형 편집
 - 그룹화 후 애니메이션 효과
   : 바운드

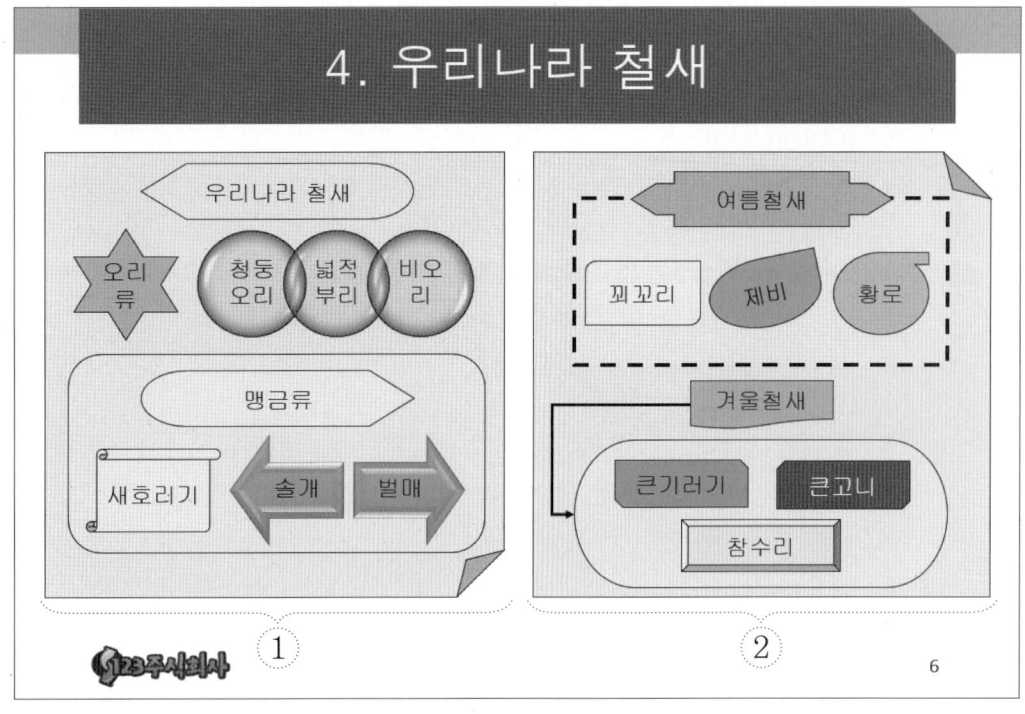

제14회 ITQ 실전모의문제

과목	코드	문제유형	시험시간	수험번호	성명
한글파워포인트	1142	B	60분		

수험자 유의사항

- 수험자는 문제지를 받는 즉시 문제지와 **수험표상의 시험과목(프로그램)이 동일한지 반드시 확인**하여야 합니다.
- 파일명은 본인의 "수험번호-성명"으로 입력하여 답안폴더(내 PC\문서\ITQ)에 하나의 파일로 저장해야 하며, 답안문서 파일명이 "수험번호-성명"과 일치하지 않거나, 답안파일을 전송하지 않아 미제출로 처리될 경우 실격 처리합니다(예:12345678-홍길동.pptx).
- 답안 작성을 마치면 파일을 저장하고, '답안 전송' 버튼을 선택하여 감독위원 PC로 답안을 전송하십시오. 수험생 정보와 저장한 파일명이 다를 경우 전송되지 않으므로 주의하시기 바랍니다.
- 답안 작성 중에도 **주기적으로 저장하고, '답안 전송'**하여야 문제 발생을 줄일 수 있습니다. 작업한 내용을 저장하지 않고 전송할 경우 이전에 저장된 내용이 전송되오니 이점 유의하시기 바랍니다.
- 답안문서는 지정된 경로 외의 다른 보조기억장치에 저장하는 경우, 지정된 시험 시간 외에 작성된 파일을 활용할 경우, 기타 통신수단(이메일, 메신저, 네트워크 등)을 이용하여 타인에게 전달 또는 외부 반출하는 경우는 부정 처리합니다.
- 시험 중 부주의 또는 고의로 시스템을 파손한 경우는 수험자가 변상해야 하며, 〈수험자 유의사항〉에 기재된 방법대로 이행하지 않아 생기는 불이익은 수험생 당사자의 책임임을 알려 드립니다.
- 문제의 조건은 MS오피스 2021 버전으로 설정되어 있으며 MS오피스 2016은【 】에 표기되어 있습니다. 이와 관련하여 작성한 답안의 출력형태가 문제지와 다를 수 있습니다.
- 시험을 완료한 수험자는 답안파일이 전송되었는지 확인한 후 감독위원의 지시에 따라 문제지를 제출하고 퇴실합니다.

답안 작성요령

- 온라인 답안 작성 절차
  수험자 등록 ⇒ 시험 시작 ⇒ 답안파일 저장 ⇒ 답안 전송 ⇒ 시험 종료
- 슬라이드의 크기는 A4 Paper로 설정하여 작성합니다.
- 슬라이드의 총 개수는 6개로 구성되어 있으며 슬라이드 1부터 순서대로 작업하고 반드시 문제와 세부조건대로 합니다.
- 별도의 지시사항이 없는 경우 출력형태를 참조하여 글꼴색은 검정 또는 흰색으로 작성하고, 기타사항은 전체적인 균형을 고려하여 작성합니다.
- 슬라이드 도형 및 개체에 출력형태와 다른 스타일(그림자, 외곽선 등)을 적용했을 경우 감점처리 됩니다.
- 슬라이드 번호를 작성합니다(슬라이드 1에는 생략).
- 2~6번 슬라이드 제목 도형과 하단 로고는 슬라이드 마스터를 이용하여 출력형태와 동일하게 작성합니다(슬라이드 1에는 생략).
- 문제와 세부조건, 세부조건 번호 ○(점선원)는 입력하지 않습니다.
- 각 개체의 위치는 오른쪽의 슬라이드와 동일하게 구성합니다.
- 그림 삽입 문제의 경우 반드시「내 PC\문서\ITQ\Picture」폴더에서 정확한 파일을 선택하여 삽입하십시오.
- 각 슬라이드를 각각의 파일로 작업해서 저장할 경우 실격 처리됩니다.

[전체구성] (60점)

(1) 슬라이드 크기 및 순서 : 크기를 A4 용지로 설정하고 슬라이드 순서에 맞게 작성한다.
(2) 슬라이드 마스터 : 2~6슬라이드의 제목, 하단 로고, 슬라이드 번호는 슬라이드 마스터를 이용하여 작성한다.
 - 제목 글꼴(돋움, 40pt, 흰색), 가운데 맞춤, 도형(선 없음)
 - 하단 로고(「내 PC\문서\ITQ\Picture\로고2.jpg」, 배경(회색) 투명색으로 설정)

[슬라이드 1] ≪표지 디자인≫ (40점)

(1) 표지 디자인 : 도형, 워드아트 및 그림을 이용하여 작성한다.

세부조건

① 도형 편집
 - 도형에 그림 채우기 :
   「내 PC\문서\ITQ\Picture\그림1.jpg」, 투명도 50%
 - 도형 효과 :
   부드러운 가장자리 5포인트

② 워드아트 삽입
 - 변환 : 삼각형, 위로 【삼각형】
 - 글꼴 : 돋움, 굵게
 - 텍스트 반사 :
   근접 반사, 4pt 오프셋

③ 그림 삽입
 - 「내 PC\문서\ITQ\Picture\로고2.jpg」
 - 배경(회색) 투명색으로 설정

[슬라이드 2] ≪목차 슬라이드≫ (60점)

(1) 출력형태와 같이 도형을 이용하여 목차를 작성한다(글꼴 : 굴림, 24pt).
(2) 도형 : 선 없음

세부조건

① 텍스트에 하이퍼링크 적용
 → '슬라이드 6'

② 그림 삽입
 - 「내 PC\문서\ITQ\Picture\그림4.jpg」
 - 자르기 기능 이용

[슬라이드 3] ≪텍스트/동영상 슬라이드≫   (60점)

(1) 텍스트 작성 : 글머리 기호 사용(❖, ✓)
  ❖문단(굴림, 24pt, 굵게, 줄간격 : 1.5줄), ✓문단(굴림, 20pt, 줄간격 : 1.5줄)

세부조건

① 동영상 삽입 :
  - 「내 PC₩문서₩ITQ₩Picture₩동영상.wmv」
  - 자동실행, 반복재생- 설정

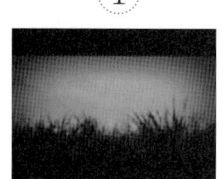

[슬라이드 4] ≪표 슬라이드≫   (80점)

(1) 도형과 표 작성 기능을 이용하여 슬라이드를 작성한다(글꼴 : 돋움, 18pt).

세부조건

① 상단 도형 :
  2개 도형의 조합으로 작성

② 좌측 도형 :
  그라데이션 효과(선형 아래쪽)

③ 테이블 디자인【표 스타일】:
  테마 스타일 1 - 강조 1

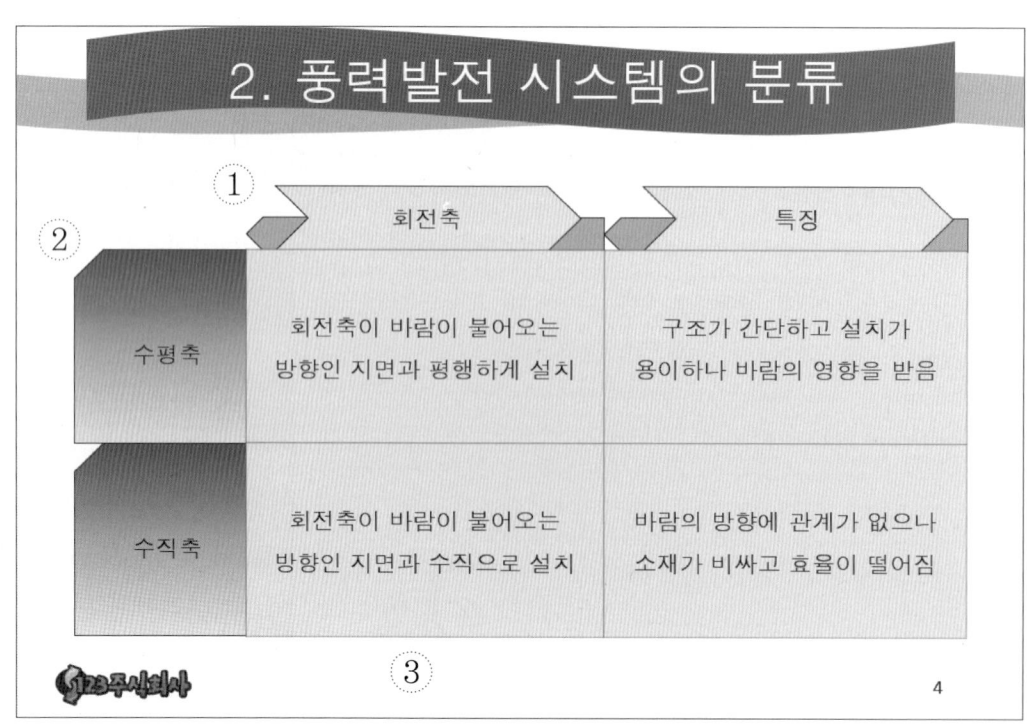

[슬라이드 5] ≪차트 슬라이드≫   (100점)

(1) 차트 작성 기능을 이용하여 슬라이드를 작성한다.
(2) 차트 : 종류(묶은 세로 막대형), 글꼴(돋움, 16pt), 외곽선

세부조건

※ 차트설명
- 차트제목 : 궁서, 24pt, 굵게, 채우기(흰색), 테두리, 그림자(오프셋 오른쪽)
- 차트영역 : 채우기(노랑) 그림영역 : 채우기(흰색)
- 데이터 서식 : 자가용 계열을 표식이 있는 꺾은선형으로 변경 후 보조축으로 지정
- 값 표시 : 경북의 사업용 계열만

① 도형 삽입
  - 스타일 :
    미세효과 - 파랑, 강조1
  - 글꼴 : 굴림, 18pt

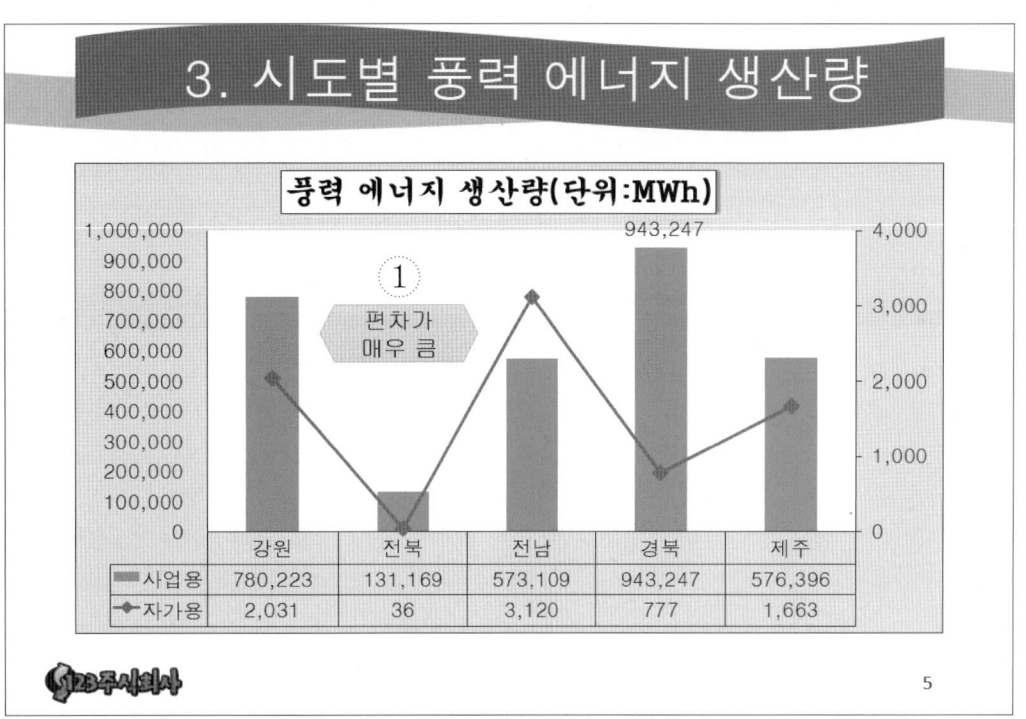

[슬라이드 6] ≪도형 슬라이드≫   (100점)

(1) 슬라이드와 같이 도형 및 스마트아트를 배치한다(글꼴 : 굴림, 18pt).
(2) 애니메이션 순서 : ① ⇒ ②

세부조건

① 도형 및 스마트아트 편집
  - 스마트아트 디자인
    : 3차원 광택 처리,
    3차원 만화
  - 그룹화 후 애니메이션 효과
    : 닦아내기(위에서)

② 도형 편집
  - 그룹화 후 애니메이션 효과
    : 바운드

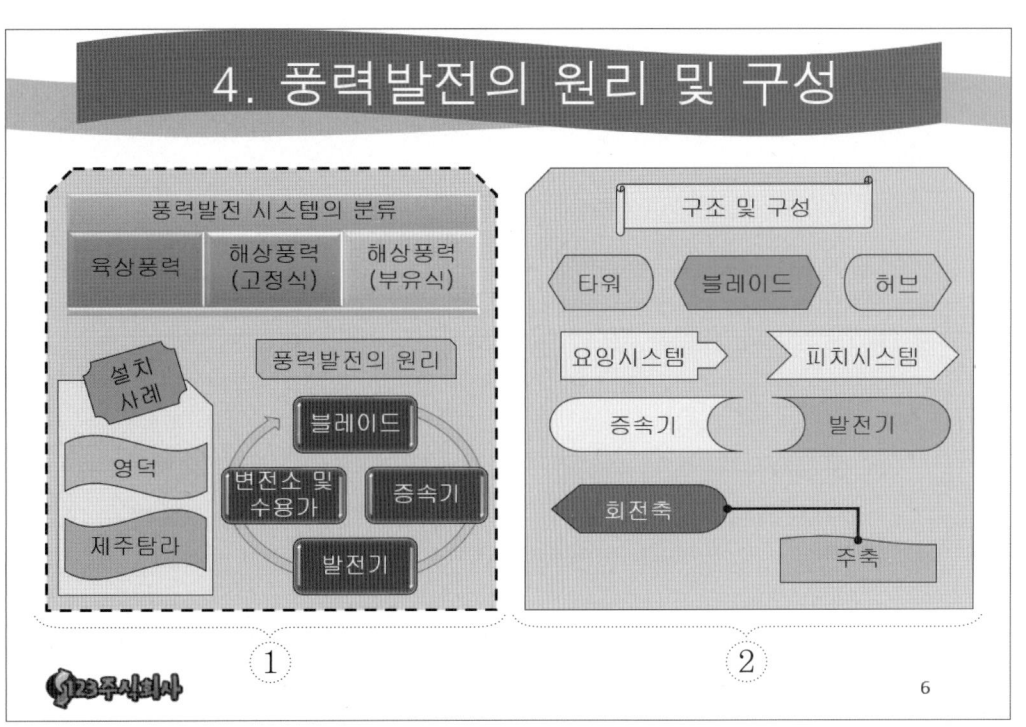

제15회 ITQ 실전모의문제

과목	코드	문제유형	시험시간	수험번호	성명
한글파워포인트	1142	C	60분		

수험자 유의사항

- 수험자는 문제지를 받는 즉시 문제지와 **수험표상의 시험과목(프로그램)이 동일한지 반드시 확인**하여야 합니다.
- 파일명은 본인의 "수험번호-성명"으로 입력하여 답안폴더(내 PC\문서\ITQ)에 하나의 파일로 저장해야 하며, 답안문서 파일명이 "수험번호-성명"과 일치하지 않거나, 답안파일을 전송하지 않아 미제출로 처리될 경우 실격 처리합니다(예:12345678-홍길동.pptx).
- 답안 작성을 마치면 파일을 저장하고, '답안 전송' 버튼을 선택하여 감독위원 PC로 답안을 전송하십시오. 수험생 정보와 저장한 파일명이 다를 경우 전송되지 않으므로 주의하시기 바랍니다.
- 답안 작성 중에도 **주기적으로 저장하고, '답안 전송'**하여야 문제 발생을 줄일 수 있습니다. 작업한 내용을 저장하지 않고 전송할 경우 이전에 저장된 내용이 전송되오니 이점 유의하시기 바랍니다.
- 답안문서는 지정된 경로 외의 다른 보조기억장치에 저장하는 경우, 지정된 시험 시간 외에 작성된 파일을 활용할 경우, 기타 통신수단(이메일, 메신저, 네트워크 등)을 이용하여 타인에게 전달 또는 외부 반출하는 경우는 부정 처리합니다.
- 시험 중 부주의 또는 고의로 시스템을 파손한 경우는 수험자가 변상해야 하며, 〈수험자 유의사항〉에 기재된 방법대로 이행하지 않아 생기는 불이익은 수험생 당사자의 책임임을 알려 드립니다.
- 문제의 조건은 MS오피스 2021 버전으로 설정되어 있으며 MS오피스 2016은 【 】에 표기되어 있습니다. 이와 관련하여 작성한 답안의 출력형태가 문제지와 다를 수 있습니다.
- 시험을 완료한 수험자는 답안파일이 전송되었는지 확인한 후 감독위원의 지시에 따라 문제지를 제출하고 퇴실합니다.

답안 작성요령

- 온라인 답안 작성 절차
  수험자 등록 ⇒ 시험 시작 ⇒ 답안파일 저장 ⇒ 답안 전송 ⇒ 시험 종료
- 슬라이드의 크기는 A4 Paper로 설정하여 작성합니다.
- 슬라이드의 총 개수는 6개로 구성되어 있으며 슬라이드 1부터 순서대로 작업하고 반드시 문제와 세부조건대로 합니다.
- 별도의 지시사항이 없는 경우 출력형태를 참조하여 글꼴색은 검정 또는 흰색으로 작성하고, 기타사항은 전체적인 균형을 고려하여 작성합니다.
- 슬라이드 도형 및 개체에 출력형태와 다른 스타일(그림자, 외곽선 등)을 적용했을 경우 감점처리 됩니다.
- 슬라이드 번호를 작성합니다(슬라이드 1에는 생략).
- 2~6번 슬라이드 제목 도형과 하단 로고는 슬라이드 마스터를 이용하여 출력형태와 동일하게 작성합니다(슬라이드 1에는 생략).
- 문제와 세부조건, 세부조건 번호 ○(점선원)는 입력하지 않습니다.
- 각 개체의 위치는 오른쪽의 슬라이드와 동일하게 구성합니다.
- 그림 삽입 문제의 경우 반드시 「내 PC\문서\ITQ\Picture」폴더에서 정확한 파일을 선택하여 삽입하십시오.
- 각 슬라이드를 각각의 파일로 작업해서 저장할 경우 실격 처리됩니다.

kpc 한국생산성본부

[전체구성] (60점)

(1) 슬라이드 크기 및 순서 : 크기를 A4 용지로 설정하고 슬라이드 순서에 맞게 작성한다.
(2) 슬라이드 마스터 : 2~6슬라이드의 제목, 하단 로고, 슬라이드 번호는 슬라이드 마스터를 이용하여 작성한다.
- 제목 글꼴(돋움, 40pt, 흰색), 가운데 맞춤, 도형(선 없음)
- 하단 로고(「내 PC\문서\ITQ\Picture\로고1.jpg」, 배경(회색) 투명색으로 설정)

[슬라이드 1] ≪표지 디자인≫ (40점)

(1) 표지 디자인 : 도형, 워드아트 및 그림을 이용하여 작성한다.

세부조건

① 도형 편집
 - 도형에 그림 채우기 :
  「내 PC\문서\ITQ\Picture\
  그림1.jpg」, 투명도 50%
 - 도형 효과 :
  부드러운 가장자리 5포인트

② 워드아트 삽입
 - 변환 : 수축, 위쪽
  【위쪽 수축】
 - 글꼴 : 굴림, 굵게
 - 텍스트 반사 :
  근접 반사, 터치

③ 그림 삽입
 -「내 PC\문서\ITQ\Picture\
  로고1.jpg」
 - 배경(회색) 투명색으로 설정

[슬라이드 2] ≪목차 슬라이드≫ (60점)

(1) 출력형태와 같이 도형을 이용하여 목차를 작성한다(글꼴 : 굴림, 24pt).
(2) 도형 : 선 없음

세부조건

① 텍스트에 하이퍼링크 적용
 → '슬라이드 4'

② 그림 삽입
 -「내 PC\문서\ITQ\Picture\
  그림5.jpg」
 - 자르기 기능 이용

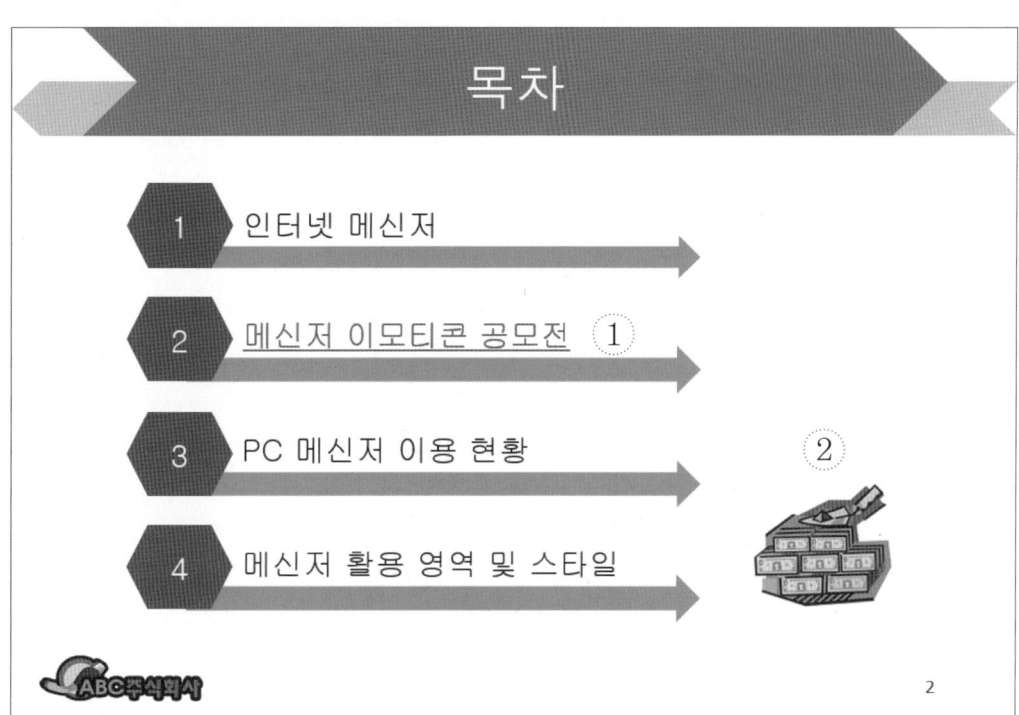

[슬라이드 3] ≪텍스트/동영상 슬라이드≫ (60점)

(1) 텍스트 작성 : 글머리 기호 사용(◆, ✓)
  ◆문단(굴림, 24pt, 굵게, 줄간격 : 1.5줄), ✓문단(굴림, 20pt, 줄간격 : 1.5줄)

세부조건

① 동영상 삽입 :
 - 「내 PC₩문서₩ITQ₩Picture₩동영상.wmv」
 - 자동실행, 반복재생 – 설정

1. 인터넷 메신저

◆ Instant Messenger
  ✓ See who's currently online
  ✓ Send a quick & private instant message
  ✓ Use it anywhere / Talk to anyone on the internet
  ✓ Customize / Enjoy a safe & private online environment
◆ 메신저란
  ✓ 인터넷을 통하여 실시간으로 데이터를 주고받을 수 있는 소프트웨어로서 온라인상에서 상대방과 직접 대화하며 파일 교환이 가능하여 그룹 회의 등에 활용

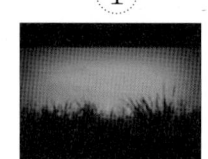

[슬라이드 4] ≪표 슬라이드≫ (80점)

(1) 도형과 표 작성 기능을 이용하여 슬라이드를 작성한다(글꼴 : 돋움, 18pt).

세부조건

① 상단 도형 :
   2개 도형의 조합으로 작성

② 좌측 도형 :
   그라데이션 효과(선형 아래쪽)

③ 테이블 디자인【표 스타일】:
   테마 스타일 1 - 강조 6

2. 메신저 이모티콘 공모전

구분		내용
개인 및 단체	주제	모바일 메신저의 새로운 이모티콘 및 스티커 디자인
	참가 자격	학생 및 일반인 누구나 참여 가능
순수 창작물	심사 기준	우주 최초의 이모티콘
		새로운 방식의 이모티콘
		독특하고 재미있는 이모티콘
		다양하고 친근한 이모티콘

[슬라이드 5] ≪차트 슬라이드≫ (100점)

(1) 차트 작성 기능을 이용하여 슬라이드를 작성한다.
(2) 차트 : 종류(묶은 세로 막대형), 글꼴(돋움, 16pt), 외곽선

세부조건

※ 차트설명
- 차트제목 : 궁서, 24pt, 굵게, 채우기(흰색), 테두리, 그림자(오프셋 왼쪽)
- 차트영역 : 채우기(노랑) 그림영역 : 채우기(흰색)
- 데이터 서식 : 레이첼온 계열을 표식이 있는 꺾은선형으로 변경 후 보조축으로 지정
- 값 표시 : 2018년의 라인톡 계열만

① 도형 삽입
 - 스타일 :
   미세효과 – 파랑, 강조1
 - 글꼴 : 굴림, 18pt

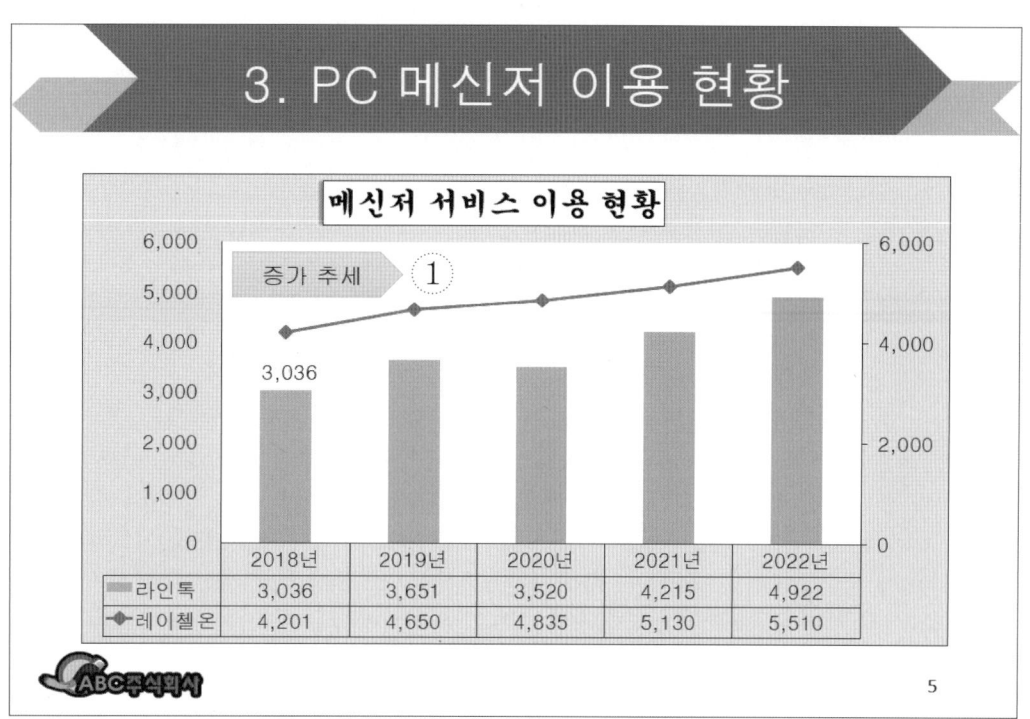

[슬라이드 6] ≪도형 슬라이드≫ (100점)

(1) 슬라이드와 같이 도형 및 스마트아트를 배치한다(글꼴 : 굴림, 18pt).
(2) 애니메이션 순서 : ① ⇒ ②

세부조건

① 도형 및 스마트아트 편집
 - 스마트아트 디자인
   : 3차원 벽돌,
   3차원 만화
 - 그룹화 후 애니메이션 효과
   : 닦아내기(위에서)

② 도형 편집
 - 그룹화 후 애니메이션 효과
   : 나타내기

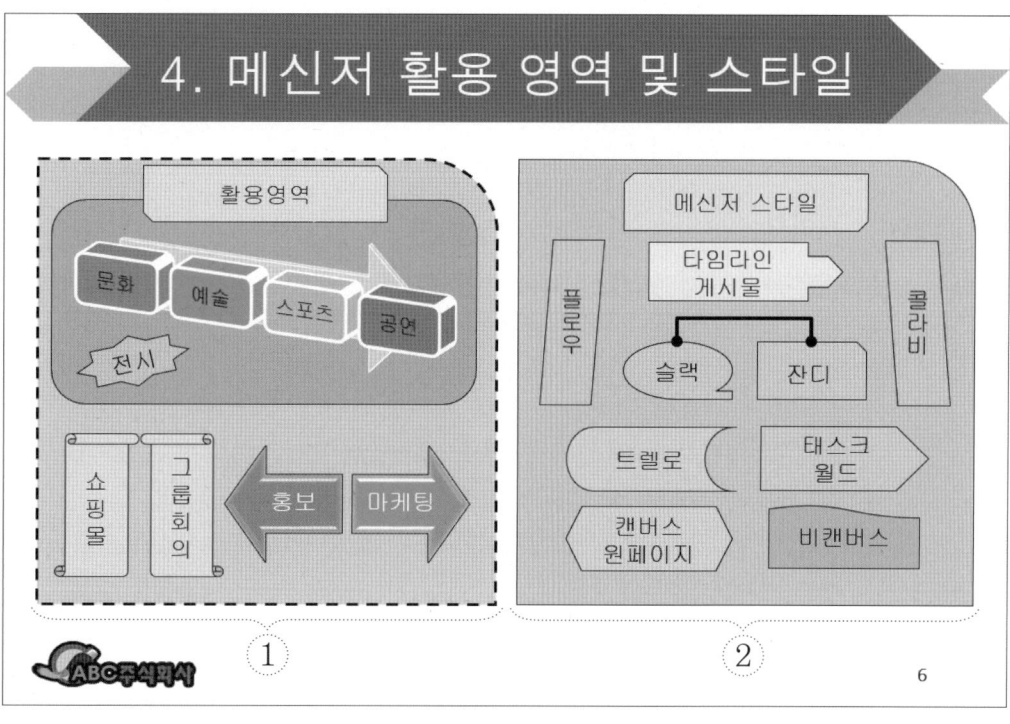

제16회 ITQ 실전모의문제

과목	코드	문제유형	시험시간	수험번호	성명
한글파워포인트	1142	A	60분		

수험자 유의사항

- 수험자는 문제지를 받는 즉시 문제지와 **수험표상의 시험과목(프로그램)이 동일한지 반드시 확인**하여야 합니다.
- 파일명은 본인의 "수험번호-성명"으로 입력하여 답안폴더(내 PC\문서\ITQ)에 하나의 파일로 저장해야 하며, 답안문서 파일명이 "수험번호-성명"과 일치하지 않거나, 답안파일을 전송하지 않아 미제출로 처리될 경우 실격 처리합니다(예:12345678-홍길동.pptx).
- 답안 작성을 마치면 파일을 저장하고, '답안 전송' 버튼을 선택하여 감독위원 PC로 답안을 전송하십시오. 수험생 정보와 저장한 파일명이 다를 경우 전송되지 않으므로 주의하시기 바랍니다.
- 답안 작성 중에도 **주기적으로 저장하고, '답안 전송'**하여야 문제 발생을 줄일 수 있습니다. 작업한 내용을 저장하지 않고 전송할 경우 이전에 저장된 내용이 전송되오니 이점 유의하시기 바랍니다.
- 답안문서는 지정된 경로 외의 다른 보조기억장치에 저장하는 경우, 지정된 시험 시간 외에 작성된 파일을 활용할 경우, 기타 통신수단(이메일, 메신저, 네트워크 등)을 이용하여 타인에게 전달 또는 외부 반출하는 경우는 부정 처리합니다.
- 시험 중 부주의 또는 고의로 시스템을 파손한 경우는 수험자가 변상해야 하며, 〈수험자 유의사항〉에 기재된 방법대로 이행하지 않아 생기는 불이익은 수험생 당사자의 책임임을 알려 드립니다.
- 문제의 조건은 MS오피스 2021 버전으로 설정되어 있으며 MS오피스 2016은 【 】에 표기되어 있습니다. 이와 관련하여 작성한 답안의 출력형태가 문제지와 다를 수 있습니다.
- 시험을 완료한 수험자는 답안파일이 전송되었는지 확인한 후 감독위원의 지시에 따라 문제지를 제출하고 퇴실합니다.

답안 작성요령

- 온라인 답안 작성 절차
  수험자 등록 ⇒ 시험 시작 ⇒ 답안파일 저장 ⇒ 답안 전송 ⇒ 시험 종료
- 슬라이드의 크기는 A4 Paper로 설정하여 작성합니다.
- 슬라이드의 총 개수는 6개로 구성되어 있으며 슬라이드 1부터 순서대로 작업하고 반드시 문제와 세부 조건대로 합니다.
- 별도의 지시사항이 없는 경우 출력형태를 참조하여 글꼴색은 검정 또는 흰색으로 작성하고, 기타사항은 전체적인 균형을 고려하여 작성합니다.
- 슬라이드 도형 및 개체에 출력형태와 다른 스타일(그림자, 외곽선 등)을 적용했을 경우 감점처리 됩니다.
- 슬라이드 번호를 작성합니다(슬라이드 1에는 생략).
- 2~6번 슬라이드 제목 도형과 하단 로고는 슬라이드 마스터를 이용하여 출력형태와 동일하게 작성합니다 (슬라이드 1에는 생략).
- 문제와 세부조건, 세부조건 번호 ○(점선원)는 입력하지 않습니다.
- 각 개체의 위치는 오른쪽의 슬라이드와 동일하게 구성합니다.
- 그림 삽입 문제의 경우 반드시 「내 PC\문서\ITQ\Picture」폴더에서 정확한 파일을 선택하여 삽입하십시오.
- 각 슬라이드를 각각의 파일로 작업해서 저장할 경우 실격 처리됩니다.

[전체구성] (60점)

(1) 슬라이드 크기 및 순서 : 크기를 A4 용지로 설정하고 슬라이드 순서에 맞게 작성한다.
(2) 슬라이드 마스터 : 2~6슬라이드의 제목, 하단 로고, 슬라이드 번호는 슬라이드 마스터를 이용하여 작성한다.
 - 제목 글꼴(돋움, 40pt, 흰색), 가운데 맞춤, 도형(선 없음)
 - 하단 로고(「내 PC₩문서₩ITQ₩Picture₩로고1.jpg」, 배경(회색) 투명색으로 설정)

[슬라이드 1] ≪표지 디자인≫ (40점)

(1) 표지 디자인 : 도형, 워드아트 및 그림을 이용하여 작성한다.

세부조건

① 도형 편집
 - 도형에 그림 채우기 :
   「내 PC₩문서₩ITQ₩Picture₩그림2.jpg」, 투명도 50%
 - 도형 효과 :
   부드러운 가장자리 5포인트

② 워드아트 삽입
 - 변환 : 수축, 위쪽
   【위쪽 수축】
 - 글꼴 : 궁서, 굵게
 - 텍스트 반사 :
   근접 반사, 터치

③ 그림 삽입
 - 「내 PC₩문서₩ITQ₩Picture₩로고1.jpg」
 - 배경(회색) 투명색으로 설정

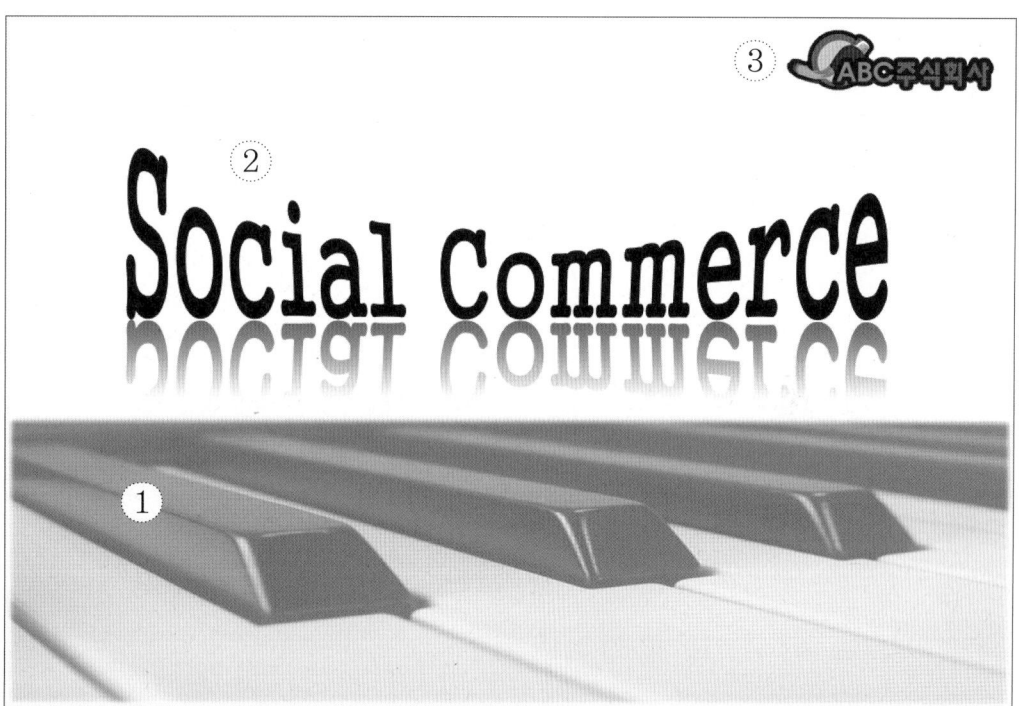

[슬라이드 2] ≪목차 슬라이드≫ (60점)

(1) 출력형태와 같이 도형을 이용하여 목차를 작성한다(글꼴 : 굴림, 24pt).
(2) 도형 : 선 없음

세부조건

① 텍스트에 하이퍼링크 적용
  → '슬라이드 4'

② 그림 삽입
 - 「내 PC₩문서₩ITQ₩Picture₩그림4.jpg」
 - 자르기 기능 이용

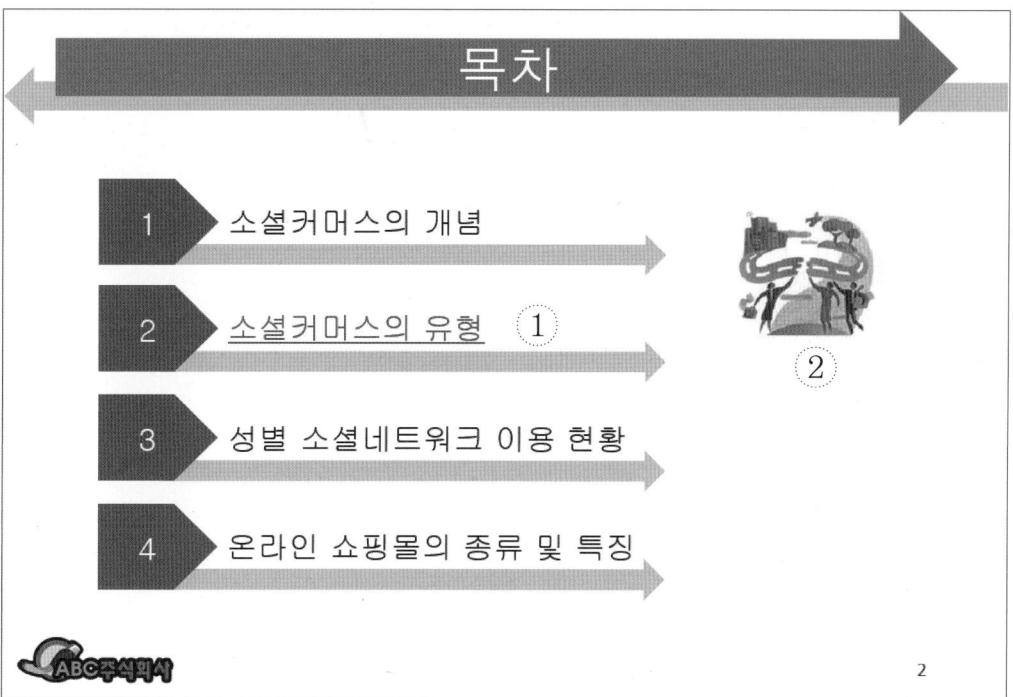

[슬라이드 3] ≪텍스트/동영상 슬라이드≫ (60점)

(1) 텍스트 작성 : 글머리 기호 사용(❖, ✓)
  ❖문단(굴림, 24pt, 굵게, 줄간격 : 1.5줄), ✓문단(굴림, 20pt, 줄간격 : 1.5줄)

세부조건

① 동영상 삽입 :
  - 「내 PC\문서\ITQ\Picture\동영상.wmv」
  - 자동실행, 반복재생- 설정

1. 소셜커머스의 개념

❖ Social Commerce
  ✓ Social media is becoming more a part of an overall integrated, multi-channel marketing strategy
  ✓ The use of social by marketers reflects this more deeply engrained behavior

❖ 소셜커머스
  ✓ 페이스북, 인스타그램 등 소셜미디어를 활용하는 전자상거래로 소비자의 인맥과 입소문을 활용하여 다양한 상품을 판매

3

[슬라이드 4] ≪표 슬라이드≫ (80점)

(1) 도형과 표 작성 기능을 이용하여 슬라이드를 작성한다(글꼴 : 돋움, 18pt).

세부조건

① 상단 도형 :
  2개 도형의 조합으로 작성

② 좌측 도형 :
  그라데이션 효과(선형 아래쪽)

③ 테이블 디자인【표 스타일】:
  테마 스타일 1 - 강조 6

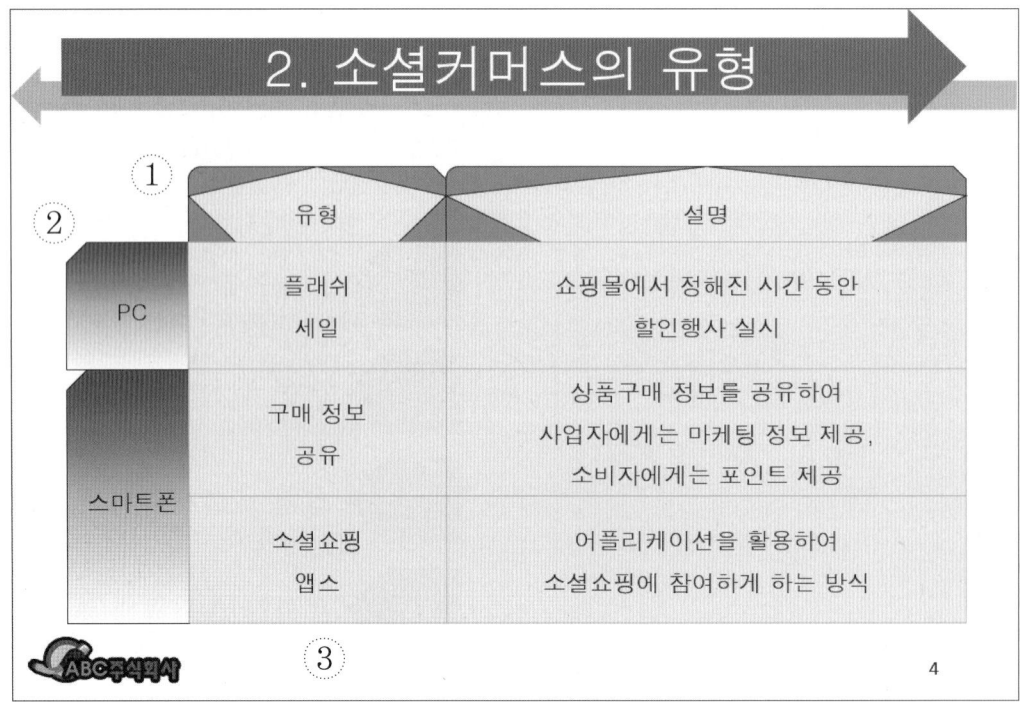

2. 소셜커머스의 유형

	유형	설명
PC	플래쉬 세일	쇼핑몰에서 정해진 시간 동안 할인행사 실시
스마트폰	구매 정보 공유	상품구매 정보를 공유하여 사업자에게는 마케팅 정보 제공, 소비자에게는 포인트 제공
	소셜쇼핑 앱스	어플리케이션을 활용하여 소셜쇼핑에 참여하게 하는 방식

[슬라이드 5] ≪차트 슬라이드≫ (100점)

(1) 차트 작성 기능을 이용하여 슬라이드를 작성한다.
(2) 차트 : 종류(묶은 세로 막대형), 글꼴(돋움, 16pt), 외곽선

세부조건

※ 차트설명
- 차트제목 : 궁서, 24pt, 굵게, 채우기(흰색), 테두리, 그림자(오프셋 오른쪽)
- 차트영역 : 채우기(노랑) 그림영역 : 채우기(흰색)
- 데이터 서식 : 여성 계열을 표식이 있는 꺾은선형으로 변경 후 보조축으로 지정
- 값 표시 : 인스타그램의 남성 계열만

① 도형 삽입
- 스타일 :
  미세효과 – 파랑, 강조1
- 글꼴 : 굴림, 18pt

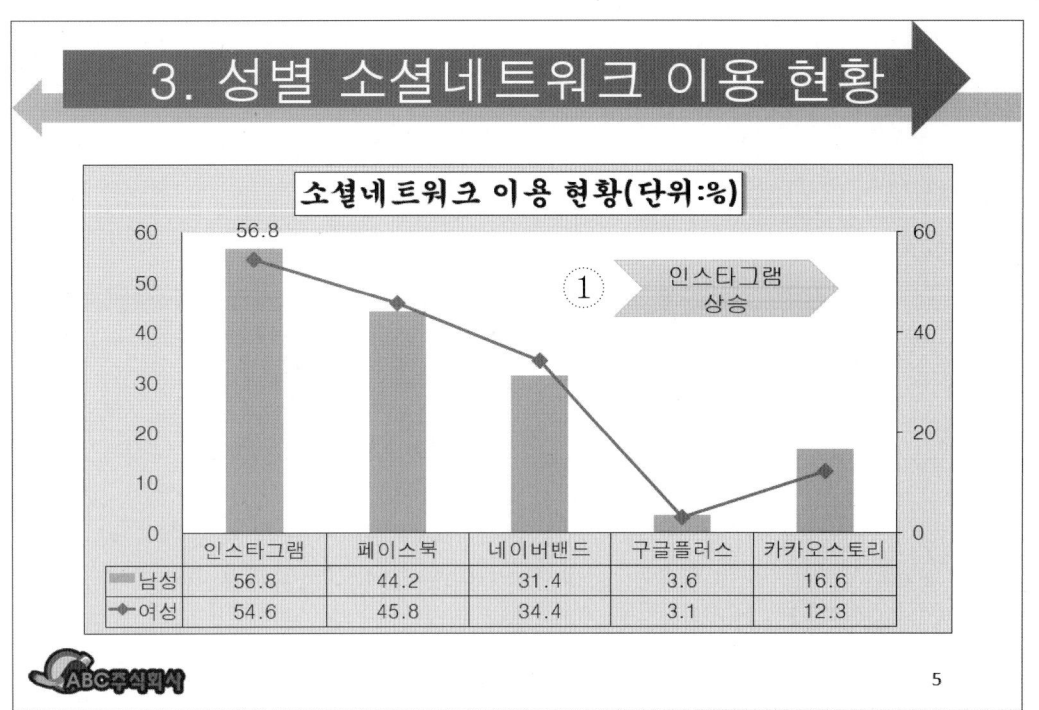

[슬라이드 6] ≪도형 슬라이드≫ (100점)

(1) 슬라이드와 같이 도형 및 스마트아트를 배치한다(글꼴 : 굴림, 18pt).
(2) 애니메이션 순서 : ① ⇒ ②

세부조건

① 도형 편집
- 그룹화 후 애니메이션 효과
  : 닦아내기(위에서)

② 도형 및 스마트아트 편집
- 스마트아트 디자인
  : 3차원 만화,
    3차원 경사
- 그룹화 후 애니메이션 효과
  : 나타내기

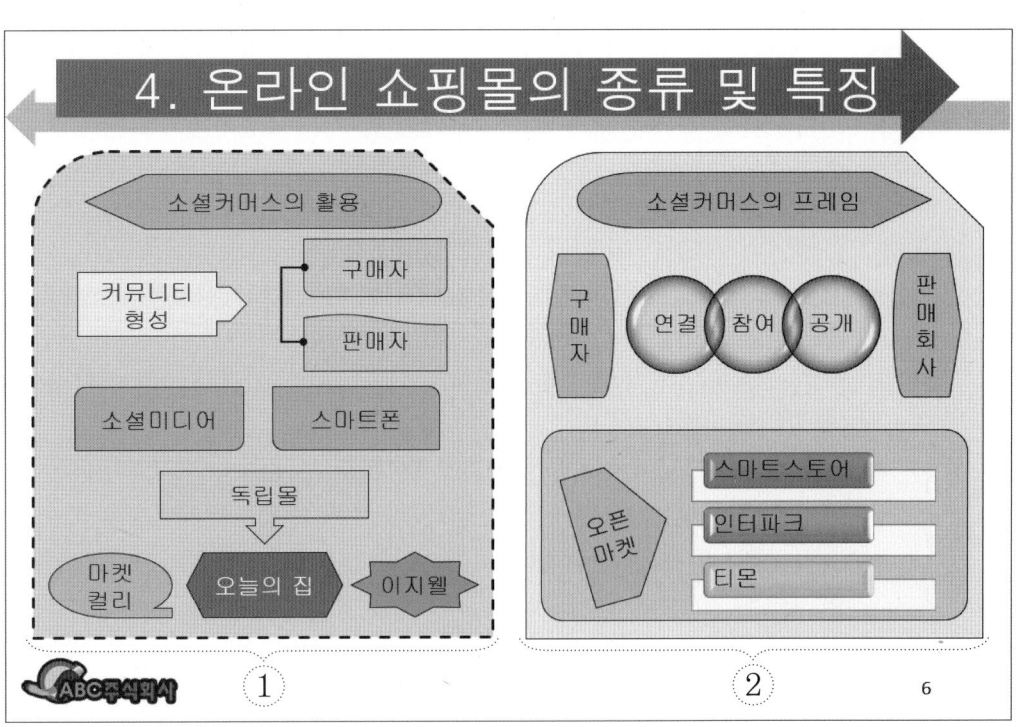

제17회 ITQ 실전모의문제

과목	코드	문제유형	시험시간	수험번호	성명
한글파워포인트	1142	B	60분		

수험자 유의사항

- 수험자는 문제지를 받는 즉시 문제지와 **수험표상의 시험과목(프로그램)이 동일한지 반드시 확인**하여야 합니다.
- 파일명은 본인의 "수험번호-성명"으로 입력하여 답안폴더(내 PC\문서\ITQ)에 하나의 파일로 저장해야 하며, 답안문서 파일명이 "수험번호-성명"과 일치하지 않거나, 답안파일을 전송하지 않아 미제출로 처리될 경우 실격 처리합니다(예:12345678-홍길동.pptx).
- 답안 작성을 마치면 파일을 저장하고, '답안 전송' 버튼을 선택하여 감독위원 PC로 답안을 전송하십시오. 수험생 정보와 저장한 파일명이 다를 경우 전송되지 않으므로 주의하시기 바랍니다.
- 답안 작성 중에도 **주기적으로 저장하고, '답안 전송'**하여야 문제 발생을 줄일 수 있습니다. 작업한 내용을 저장하지 않고 전송할 경우 이전에 저장된 내용이 전송되오니 이점 유의하시기 바랍니다.
- 답안문서는 지정된 경로 외의 다른 보조기억장치에 저장하는 경우, 지정된 시험 시간 외에 작성된 파일을 활용할 경우, 기타 통신수단(이메일, 메신저, 네트워크 등)을 이용하여 타인에게 전달 또는 외부 반출하는 경우는 부정 처리합니다.
- 시험 중 부주의 또는 고의로 시스템을 파손한 경우는 수험자가 변상해야 하며, 〈수험자 유의사항〉에 기재된 방법대로 이행하지 않아 생기는 불이익은 수험생 당사자의 책임임을 알려 드립니다.
- 문제의 조건은 MS오피스 2021 버전으로 설정되어 있으며 MS오피스 2016은 【 】에 표기되어 있습니다. 이와 관련하여 작성한 답안의 출력형태가 문제지와 다를 수 있습니다.
- 시험을 완료한 수험자는 답안파일이 전송되었는지 확인한 후 감독위원의 지시에 따라 문제지를 제출하고 퇴실합니다.

답안 작성요령

- 온라인 답안 작성 절차
  수험자 등록 ⇒ 시험 시작 ⇒ 답안파일 저장 ⇒ 답안 전송 ⇒ 시험 종료
- 슬라이드의 크기는 A4 Paper로 설정하여 작성합니다.
- 슬라이드의 총 개수는 6개로 구성되어 있으며 슬라이드 1부터 순서대로 작업하고 반드시 문제와 세부 조건대로 합니다.
- 별도의 지시사항이 없는 경우 출력형태를 참조하여 글꼴색은 검정 또는 흰색으로 작성하고, 기타사항은 전체적인 균형을 고려하여 작성합니다.
- 슬라이드 도형 및 개체에 출력형태와 다른 스타일(그림자, 외곽선 등)을 적용했을 경우 감점처리 됩니다.
- 슬라이드 번호를 작성합니다(슬라이드 1에는 생략).
- 2~6번 슬라이드 제목 도형과 하단 로고는 슬라이드 마스터를 이용하여 출력형태와 동일하게 작성합니다 (슬라이드 1에는 생략).
- 문제와 세부조건, 세부조건 번호 ○(점선원)는 입력하지 않습니다.
- 각 개체의 위치는 오른쪽의 슬라이드와 동일하게 구성합니다.
- 그림 삽입 문제의 경우 반드시 「내 PC\문서\ITQ\Picture」폴더에서 정확한 파일을 선택하여 삽입하십시오.
- 각 슬라이드를 각각의 파일로 작업해서 저장할 경우 실격 처리됩니다.

[전체구성] (60점)

(1) 슬라이드 크기 및 순서 : 크기를 A4 용지로 설정하고 슬라이드 순서에 맞게 작성한다.
(2) 슬라이드 마스터 : 2~6슬라이드의 제목, 하단 로고, 슬라이드 번호는 슬라이드 마스터를 이용하여 작성한다.
  - 제목 글꼴(굴림, 40pt, 흰색), 가운데 맞춤, 도형(선 없음)
  - 하단 로고(「내 PC\문서\ITQ\Picture\로고1.jpg」, 배경(회색) 투명색으로 설정)

[슬라이드 1] ≪표지 디자인≫ (40점)

(1) 표지 디자인 : 도형, 워드아트 및 그림을 이용하여 작성한다.

세부조건

① 도형 편집
  - 도형에 그림 채우기 :
    「내 PC\문서\ITQ\Picture\그림1.jpg」, 투명도 50%
  - 도형 효과 :
    부드러운 가장자리 5포인트

② 워드아트 삽입
  - 변환 : 기울기, 위로
    【위로 기울기】
  - 글꼴 : 돋움, 굵게
  - 텍스트 반사 :
    근접 반사, 터치

③ 그림 삽입
  - 「내 PC\문서\ITQ\Picture\로고1.jpg」
  - 배경(회색) 투명색으로 설정

[슬라이드 2] ≪목차 슬라이드≫ (60점)

(1) 출력형태와 같이 도형을 이용하여 목차를 작성한다(글꼴 : 굴림, 24pt).
(2) 도형 : 선 없음

세부조건

① 텍스트에 하이퍼링크 적용
  → '슬라이드 5'

② 그림 삽입
  - 「내 PC\문서\ITQ\Picture\그림4.jpg」
  - 자르기 기능 이용

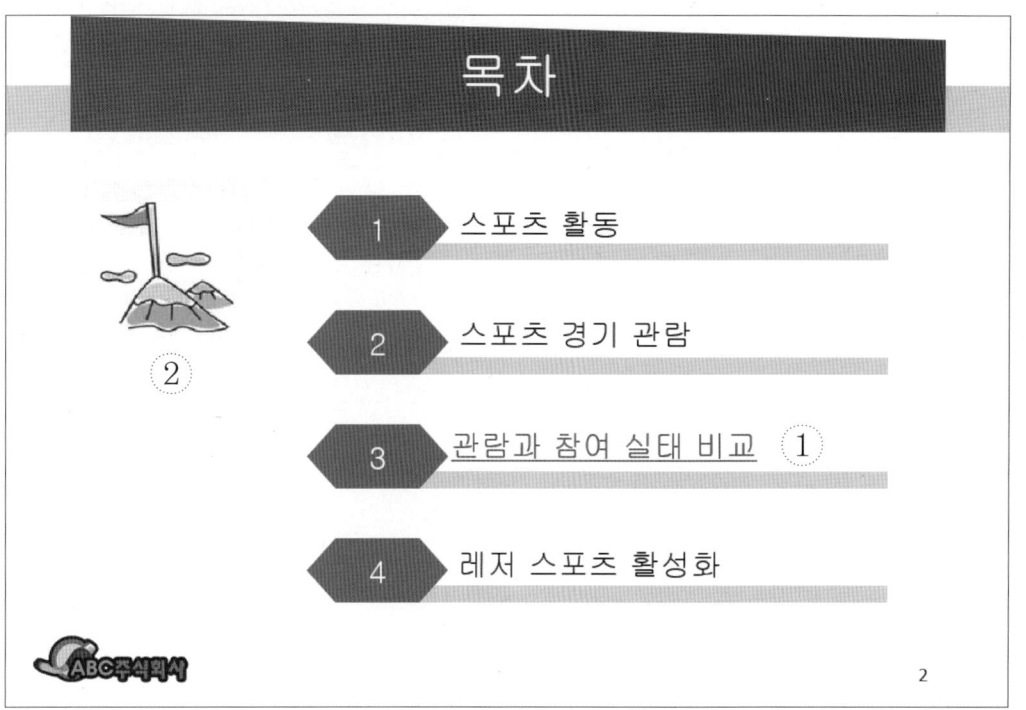

[슬라이드 3] ≪텍스트/동영상 슬라이드≫ (60점)

(1) 텍스트 작성 : 글머리 기호 사용(◆, ✓)
  ◆문단(굴림, 24pt, 굵게, 줄간격 : 1.5줄), ✓문단(굴림, 20pt, 줄간격 : 1.5줄)

세부조건

① 동영상 삽입 :
  - 「내 PC₩문서₩ITQ₩Picture₩동영상.wmv」
  - 자동실행, 반복재생- 설정

1. 스포츠 활동

◆ Sports activities
  ✓ Sports refer to competitive physical activities or games, and can improve an individual's health
  ✓ This is applied by rules and customs that ensure fair competition

◆ 스포츠 활동
  ✓ 스포츠는 경쟁적인 신체 활동이나 게임으로, 개인의 건강을 증진시킬 수 있으며 공정한 경쟁을 보장하는 규칙과 관습을 적용함

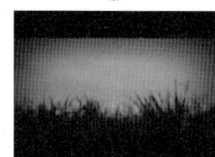

[슬라이드 4] ≪표 슬라이드≫ (80점)

(1) 도형과 표 작성 기능을 이용하여 슬라이드를 작성한다(글꼴 : 돋움, 18pt).

세부조건

① 상단 도형 :
  2개 도형의 조합으로 작성

② 좌측 도형 :
  그라데이션 효과(선형 아래쪽)

③ 테이블 디자인 【표 스타일】 :
  테마 스타일 1 - 강조 6

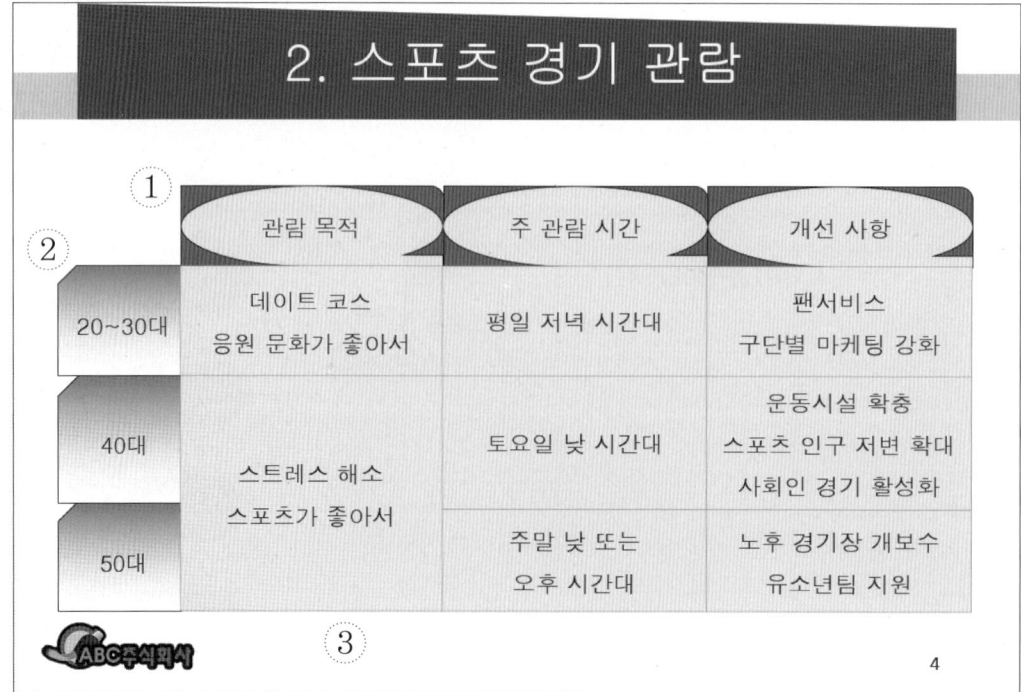

[슬라이드 5] ≪차트 슬라이드≫   (100점)

(1) 차트 작성 기능을 이용하여 슬라이드를 작성한다.
(2) 차트 : 종류(묶은 세로 막대형), 글꼴(굴림, 16pt), 외곽선

세부조건

※ 차트설명
- 차트제목 : 궁서, 24pt, 굵게, 채우기(흰색), 테두리, 그림자(오프셋 아래쪽)
- 차트영역 : 채우기(노랑) 그림영역 : 채우기(흰색)
- 데이터 서식 : 직접 해본 운동 계열을 표식이 있는 꺾은선형으로 변경 후 보조축으로 지정
- 값 표시 : 배드민턴의 직접 해본 운동 계열만

① 도형 삽입
- 스타일 :
  미세효과 – 파랑, 강조1
- 글꼴 : 굴림, 18pt

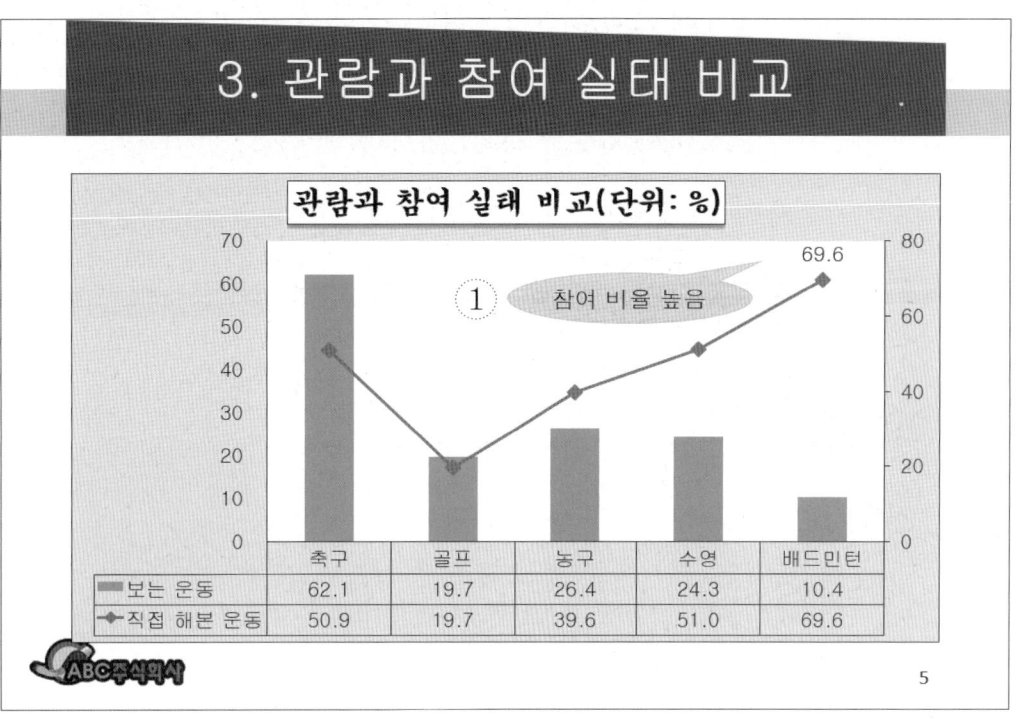

[슬라이드 6] ≪도형 슬라이드≫   (100점)

(1) 슬라이드와 같이 도형 및 스마트아트를 배치한다(글꼴 : 굴림, 18pt).
(2) 애니메이션 순서 : ① ⇒ ②

세부조건

① 도형 및 스마트아트 편집
- 스마트아트 디자인
  : 3차원 만화,
    3차원 경사
- 그룹화 후 애니메이션 효과
  : 날아오기(왼쪽에서)

② 도형 편집
- 그룹화 후 애니메이션 효과
  : 나타내기

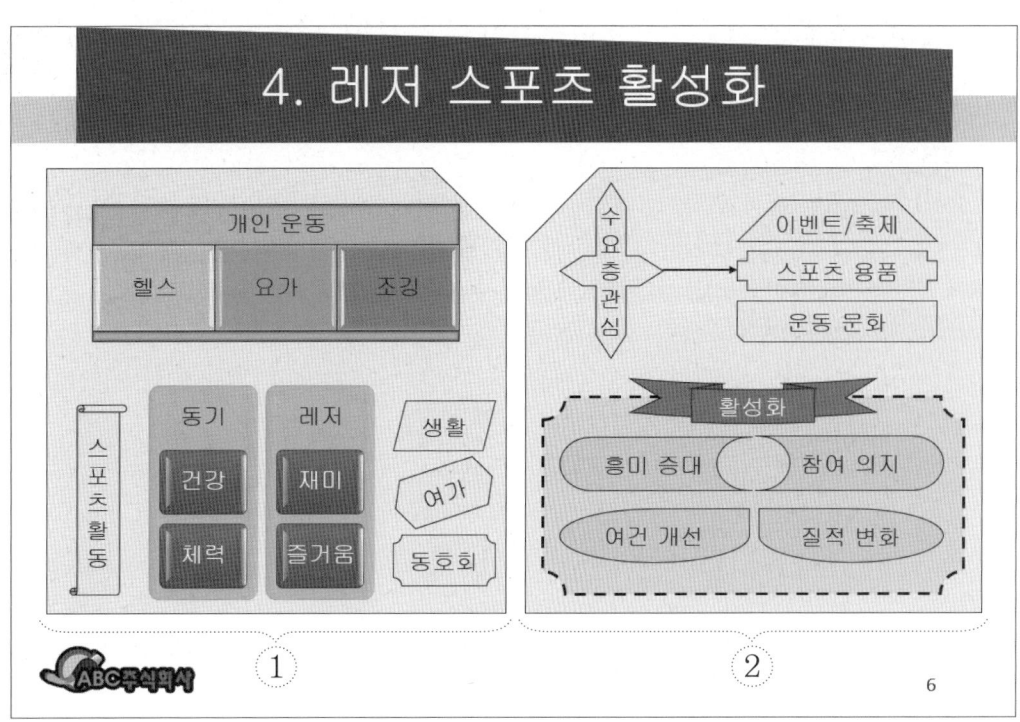

제 18 회 ITQ 실전모의문제

과목	코드	문제유형	시험시간	수험번호	성명
한글파워포인트	1142	C	60분		

수험자 유의사항

- 수험자는 문제지를 받는 즉시 문제지와 수험표상의 시험과목(프로그램)이 동일한지 반드시 확인하여야 합니다.
- 파일명은 본인의 "수험번호-성명"으로 입력하여 답안폴더(내 PC₩문서₩ITQ)에 하나의 파일로 저장해야 하며, 답안문서 파일명이 "수험번호-성명"과 일치하지 않거나, 답안파일을 전송하지 않아 미제출로 처리될 경우 실격 처리합니다(예:12345678-홍길동.pptx).
- 답안 작성을 마치면 파일을 저장하고, '답안 전송' 버튼을 선택하여 감독위원 PC로 답안을 전송하십시오. 수험생 정보와 저장한 파일명이 다를 경우 전송되지 않으므로 주의하시기 바랍니다.
- 답안 작성 중에도 주기적으로 저장하고, '답안 전송'하여야 문제 발생을 줄일 수 있습니다. 작업한 내용을 저장하지 않고 전송할 경우 이전에 저장된 내용이 전송되오니 이점 유의하시기 바랍니다.
- 답안문서는 지정된 경로 외의 다른 보조기억장치에 저장하는 경우, 지정된 시험 시간 외에 작성된 파일을 활용할 경우, 기타 통신수단(이메일, 메신저, 네트워크 등)을 이용하여 타인에게 전달 또는 외부 반출하는 경우는 부정 처리합니다.
- 시험 중 부주의 또는 고의로 시스템을 파손한 경우는 수험자가 변상해야 하며, 〈수험자 유의사항〉에 기재된 방법대로 이행하지 않아 생기는 불이익은 수험생 당사자의 책임임을 알려 드립니다.
- 문제의 조건은 MS오피스 2021 버전으로 설정되어 있으며 MS오피스 2016은 【 】에 표기되어 있습니다. 이와 관련하여 작성한 답안의 출력형태가 문제지와 다를 수 있습니다.
- 시험을 완료한 수험자는 답안파일이 전송되었는지 확인한 후 감독위원의 지시에 따라 문제지를 제출하고 퇴실합니다.

답안 작성요령

- 온라인 답안 작성 절차
  수험자 등록 ⇒ 시험 시작 ⇒ 답안파일 저장 ⇒ 답안 전송 ⇒ 시험 종료
- 슬라이드의 크기는 A4 Paper로 설정하여 작성합니다.
- 슬라이드의 총 개수는 6개로 구성되어 있으며 슬라이드 1부터 순서대로 작업하고 반드시 문제와 세부 조건대로 합니다.
- 별도의 지시사항이 없는 경우 출력형태를 참조하여 글꼴색은 검정 또는 흰색으로 작성하고, 기타사항은 전체적인 균형을 고려하여 작성합니다.
- 슬라이드 도형 및 개체에 출력형태와 다른 스타일(그림자, 외곽선 등)을 적용했을 경우 감점처리 됩니다.
- 슬라이드 번호를 작성합니다(슬라이드 1에는 생략).
- 2~6번 슬라이드 제목 도형과 하단 로고는 슬라이드 마스터를 이용하여 출력형태와 동일하게 작성합니다 (슬라이드 1에는 생략).
- 문제와 세부조건, 세부조건 번호 ◌(점선원)는 입력하지 않습니다.
- 각 개체의 위치는 오른쪽의 슬라이드와 동일하게 구성합니다.
- 그림 삽입 문제의 경우 반드시 「내 PC₩문서₩ITQ₩Picture」폴더에서 정확한 파일을 선택하여 삽입하십시오.
- 각 슬라이드를 각각의 파일로 작업해서 저장할 경우 실격 처리됩니다.

[전체구성] (60점)

(1) 슬라이드 크기 및 순서 : 크기를 A4 용지로 설정하고 슬라이드 순서에 맞게 작성한다.
(2) 슬라이드 마스터 : 2~6슬라이드의 제목, 하단 로고, 슬라이드 번호는 슬라이드 마스터를 이용하여 작성한다.
  - 제목 글꼴(돋움, 40pt, 흰색), 가운데 맞춤, 도형(선 없음)
  - 하단 로고(「내 PC₩문서₩ITQ₩Picture₩로고2.jpg」, 배경(회색) 투명색으로 설정)

[슬라이드 1] ≪표지 디자인≫ (40점)

(1) 표지 디자인 : 도형, 워드아트 및 그림을 이용하여 작성한다.

세부조건

① 도형 편집
 - 도형에 그림 채우기 :
   「내 PC₩문서₩ITQ₩Picture₩그림2.jpg」, 투명도 50%
 - 도형 효과 :
   부드러운 가장자리 5포인트

② 워드아트 삽입
 - 변환 : 물결, 위로
   【물결 2】
 - 글꼴 : 돋움, 굵게
 - 텍스트 반사 :
   전체 반사, 터치

③ 그림 삽입
 - 「내 PC₩문서₩ITQ₩Picture₩로고2.jpg」
 - 배경(회색) 투명색으로 설정

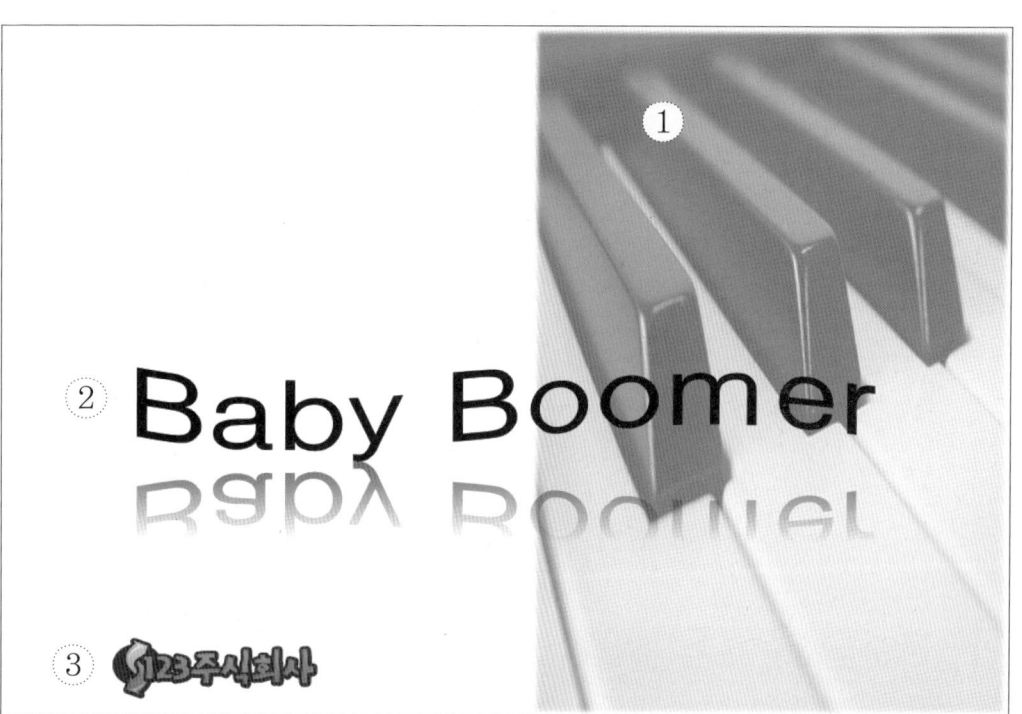

[슬라이드 2] ≪목차 슬라이드≫ (60점)

(1) 출력형태와 같이 도형을 이용하여 목차를 작성한다(글꼴 : 굴림, 24pt).
(2) 도형 : 선 없음

세부조건

① 텍스트에 하이퍼링크 적용
 → '슬라이드 4'

② 그림 삽입
 - 「내 PC₩문서₩ITQ₩Picture₩그림4.jpg」
 - 자르기 기능 이용

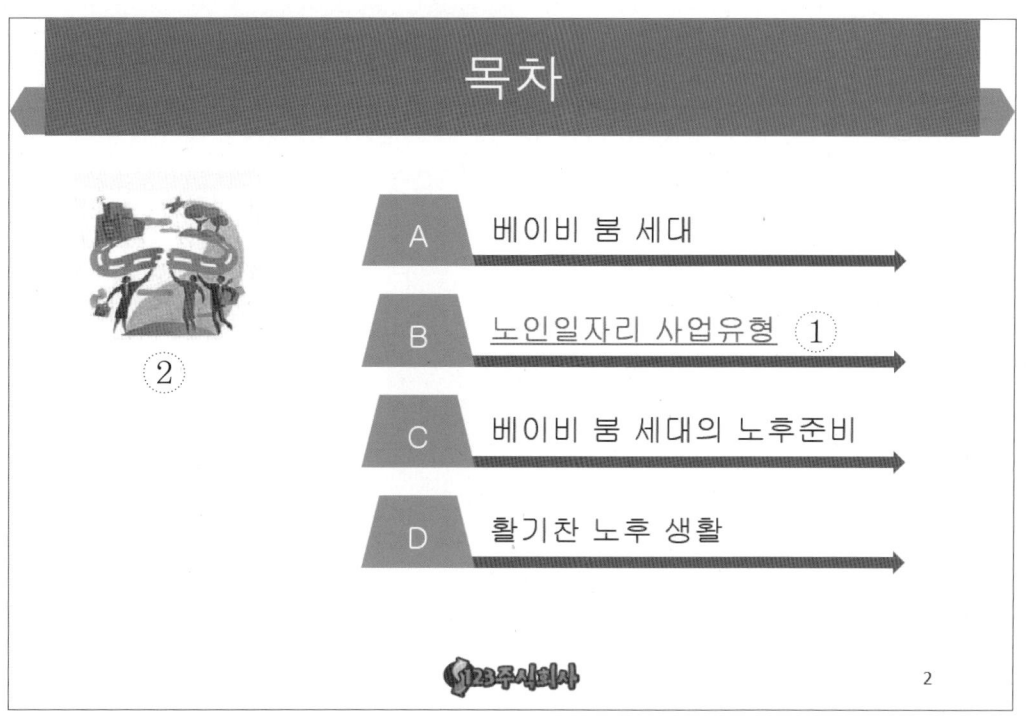

[슬라이드 3] ≪텍스트/동영상 슬라이드≫ (60점)

(1) 텍스트 작성 : 글머리 기호 사용(❖, ✓)
　　❖문단(굴림, 24pt, 굵게, 줄간격 : 1.5줄), ✓문단(굴림, 20pt, 줄간격 : 1.5줄)

세부조건

① 동영상 삽입 :
- 「내 PC₩문서₩ITQ₩Picture₩동영상.wmv」
- 자동실행, 반복재생 - 설정

A. 베이비 붐 세대

❖ Baby Boomer
　✓ Baby boomer is used in a cultural context, so it is difficult to achieve broad consensus of a precise date definition
　✓ Different people and scholars have varying opinions

❖ 베이비 붐 세대
　✓ 인구비율이 높은 특정 기간에 걸쳐 출생한 세대로 우리나라 근대화의 중추로 자부심이 크며, 이전 세대에 비해 경제력과 소비력이 높음

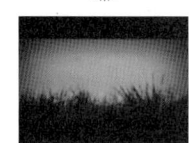

[슬라이드 4] ≪표 슬라이드≫ (80점)

(1) 도형과 표 작성 기능을 이용하여 슬라이드를 작성한다(글꼴 : 돋움, 18pt).

세부조건

① 상단 도형 :
　2개 도형의 조합으로 작성

② 좌측 도형 :
　그라데이션 효과(선형 아래쪽)

③ 테이블 디자인【표 스타일】:
　테마 스타일 1 - 강조 5

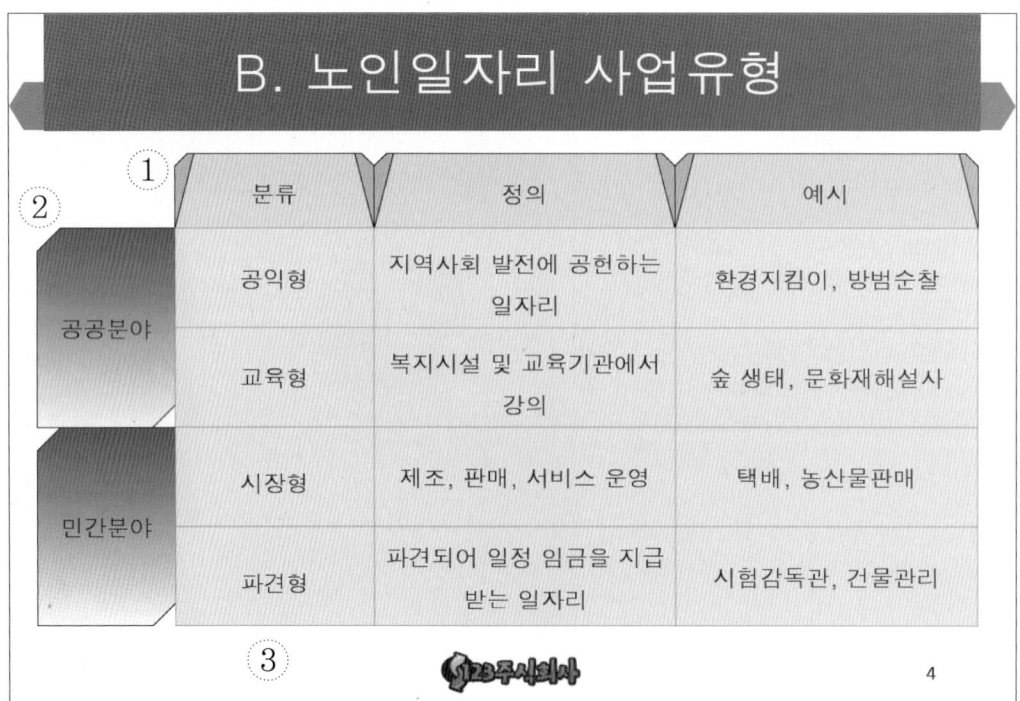

228

[슬라이드 5] ≪차트 슬라이드≫ (100점)

(1) 차트 작성 기능을 이용하여 슬라이드를 작성한다.
(2) 차트 : 종류(묶은 세로 막대형), 글꼴(돋움, 16pt), 외곽선

세부조건

※ 차트설명
- 차트제목 : 궁서, 24pt, 굵게, 채우기(흰색), 테두리, 그림자(오프셋 왼쪽)
- 차트영역 : 채우기(노랑) 그림영역 : 채우기(흰색)
- 데이터 서식 : 여성 계열을 표식이 있는 꺾은선형으로 변경 후 보조축으로 지정
- 값 표시 : 국민연금의 남성 계열만

① 도형 삽입
 - 스타일 :
   미세효과 – 파랑, 강조1
 - 글꼴 : 굴림, 18pt

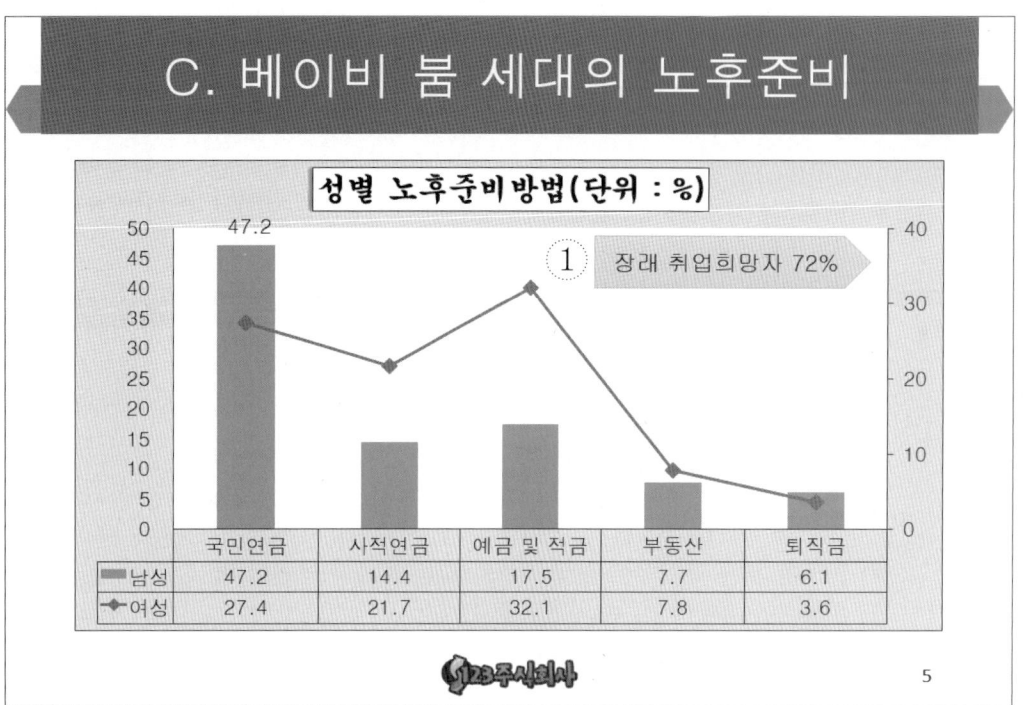

[슬라이드 6] ≪도형 슬라이드≫ (100점)

(1) 슬라이드와 같이 도형 및 스마트아트를 배치한다(글꼴 : 굴림, 18pt).
(2) 애니메이션 순서 : ① ⇒ ②

세부조건

① 도형 및 스마트아트 편집
 - 스마트아트 디자인
   : 3차원 만화,
   3차원 경사
 - 그룹화 후 애니메이션 효과
   : 바운드

② 도형 편집
 - 그룹화 후 애니메이션 효과
   : 실선 무늬(세로)

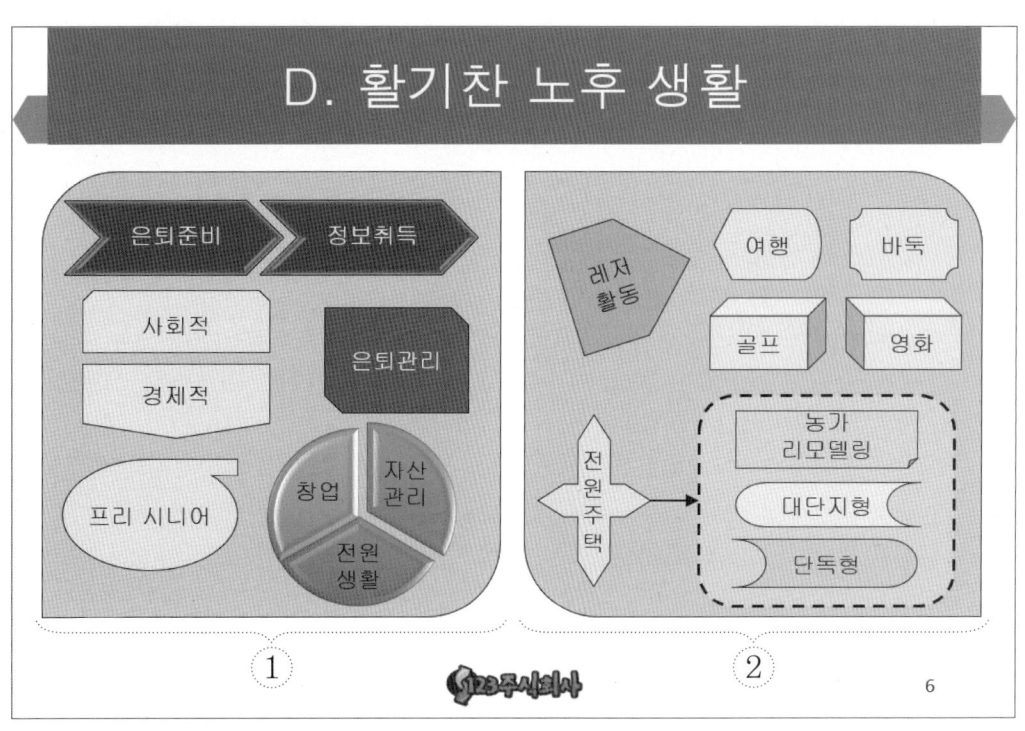

제19회 ITQ 실전모의문제

과목	코드	문제유형	시험시간	수험번호	성명
한글파워포인트	1142	A	60분		

수험자 유의사항

- 수험자는 문제지를 받는 즉시 문제지와 **수험표상의 시험과목(프로그램)이 동일한지 반드시 확인**하여야 합니다.
- 파일명은 본인의 "수험번호-성명"으로 입력하여 답안폴더(내 PC\문서\ITQ)에 하나의 파일로 저장해야 하며, 답안문서 파일명이 "수험번호-성명"과 일치하지 않거나, 답안파일을 전송하지 않아 미제출로 처리될 경우 실격 처리합니다(예:12345678-홍길동.pptx).
- 답안 작성을 마치면 파일을 저장하고, '답안 전송' 버튼을 선택하여 감독위원 PC로 답안을 전송하십시오. 수험생 정보와 저장한 파일명이 다를 경우 전송되지 않으므로 주의하시기 바랍니다.
- 답안 작성 중에도 **주기적으로 저장하고, '답안 전송'**하여야 문제 발생을 줄일 수 있습니다. 작업한 내용을 저장하지 않고 전송할 경우 이전에 저장된 내용이 전송되오니 이점 유의하시기 바랍니다.
- 답안문서는 지정된 경로 외의 다른 보조기억장치에 저장하는 경우, 지정된 시험 시간 외에 작성된 파일을 활용할 경우, 기타 통신수단(이메일, 메신저, 네트워크 등)을 이용하여 타인에게 전달 또는 외부 반출하는 경우는 부정 처리합니다.
- 시험 중 부주의 또는 고의로 시스템을 파손한 경우는 수험자가 변상해야 하며, 〈수험자 유의사항〉에 기재된 방법대로 이행하지 않아 생기는 불이익은 수험생 당사자의 책임임을 알려 드립니다.
- 문제의 조건은 MS오피스 2021 버전으로 설정되어 있으며 MS오피스 2016은 【 】에 표기되어 있습니다. 이와 관련하여 작성한 답안의 출력형태가 문제지와 다를 수 있습니다.
- 시험을 완료한 수험자는 답안파일이 전송되었는지 확인한 후 감독위원의 지시에 따라 문제지를 제출하고 퇴실합니다.

답안 작성요령

- 온라인 답안 작성 절차
  수험자 등록 ⇒ 시험 시작 ⇒ 답안파일 저장 ⇒ 답안 전송 ⇒ 시험 종료
- 슬라이드의 크기는 A4 Paper로 설정하여 작성합니다.
- 슬라이드의 총 개수는 6개로 구성되어 있으며 슬라이드 1부터 순서대로 작업하고 반드시 문제와 세부조건대로 합니다.
- 별도의 지시사항이 없는 경우 출력형태를 참조하여 글꼴색은 검정 또는 흰색으로 작성하고, 기타사항은 전체적인 균형을 고려하여 작성합니다.
- 슬라이드 도형 및 개체에 출력형태와 다른 스타일(그림자, 외곽선 등)을 적용했을 경우 감점처리 됩니다.
- 슬라이드 번호를 작성합니다(슬라이드 1에는 생략).
- 2~6번 슬라이드 제목 도형과 하단 로고는 슬라이드 마스터를 이용하여 출력형태와 동일하게 작성합니다(슬라이드 1에는 생략).
- 문제와 세부조건, 세부조건 번호 ○(점선원)는 입력하지 않습니다.
- 각 개체의 위치는 오른쪽의 슬라이드와 동일하게 구성합니다.
- 그림 삽입 문제의 경우 반드시 「내 PC\문서\ITQ\Picture」폴더에서 정확한 파일을 선택하여 삽입하십시오.
- 각 슬라이드를 각각의 파일로 작업해서 저장할 경우 실격 처리됩니다.

kpc 한국생산성본부

[전체구성] (60점)

(1) 슬라이드 크기 및 순서 : 크기를 A4 용지로 설정하고 슬라이드 순서에 맞게 작성한다.
(2) 슬라이드 마스터 : 2~6슬라이드의 제목, 하단 로고, 슬라이드 번호는 슬라이드 마스터를 이용하여 작성한다.
- 제목 글꼴(굴림, 40pt, 흰색), 가운데 맞춤, 도형(선 없음)
- 하단 로고(「내 PC₩문서₩ITQ₩Picture₩로고2.jpg」, 배경(회색) 투명색으로 설정)

[슬라이드 1] ≪표지 디자인≫ (40점)

(1) 표지 디자인 : 도형, 워드아트 및 그림을 이용하여 작성한다.

세부조건

① 도형 편집
- 도형에 그림 채우기 :
「내 PC₩문서₩ITQ₩Picture₩그림1.jpg」, 투명도 50%
- 도형 효과 :
부드러운 가장자리 5포인트

② 워드아트 삽입
- 변환 : 삼각형, 위로
【삼각형】
- 글꼴 : 돋움, 굵게
- 텍스트 반사 :
근접 반사, 4pt 오프셋

③ 그림 삽입
-「내 PC₩문서₩ITQ₩Picture₩로고2.jpg」
- 배경(회색) 투명색으로 설정

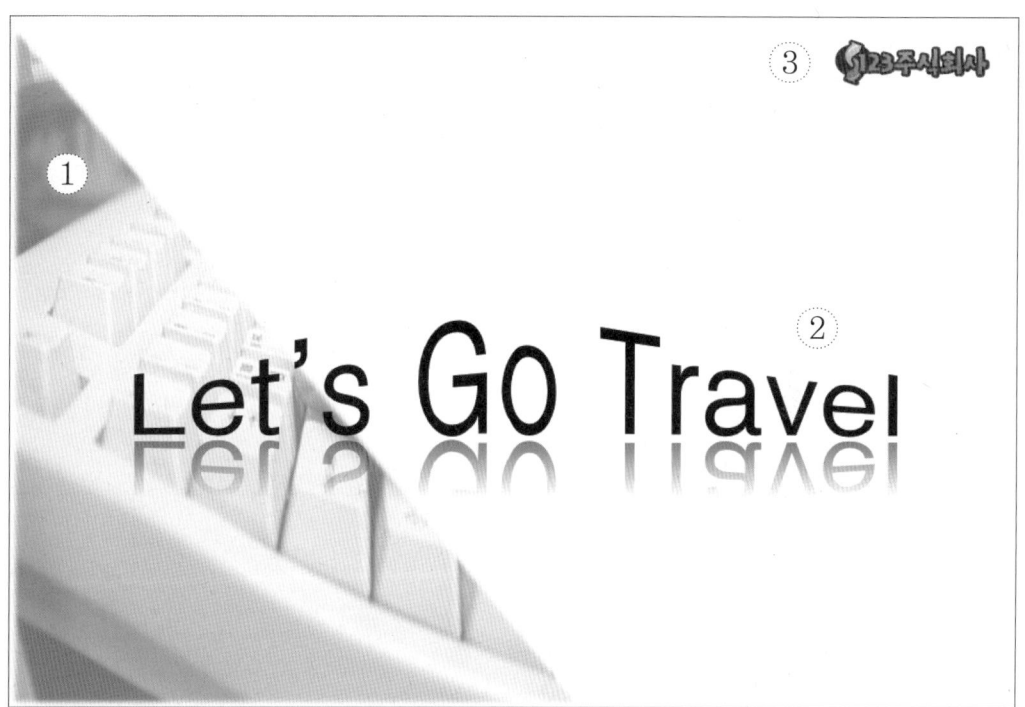

[슬라이드 2] ≪목차 슬라이드≫ (60점)

(1) 출력형태와 같이 도형을 이용하여 목차를 작성한다(글꼴 : 굴림, 24pt).
(2) 도형 : 선 없음

세부조건

① 텍스트에 하이퍼링크 적용
→ '슬라이드 6'

② 그림 삽입
-「내 PC₩문서₩ITQ₩Picture₩그림4.jpg」
- 자르기 기능 이용

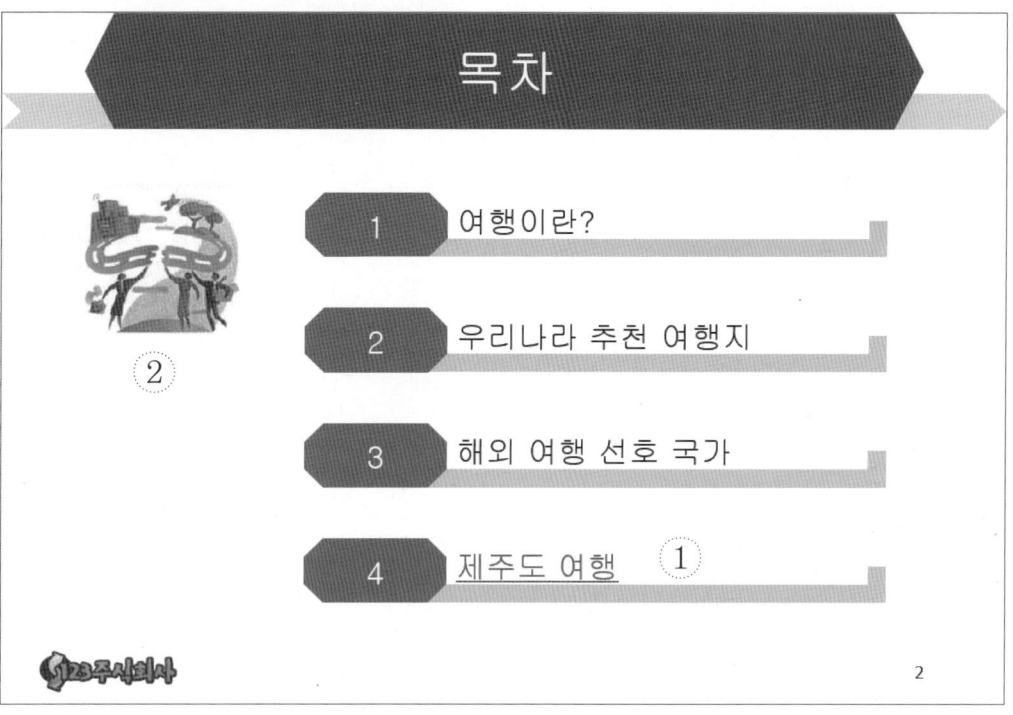

[슬라이드 3] ≪텍스트/동영상 슬라이드≫ (60점)

(1) 텍스트 작성 : 글머리 기호 사용(➢, ■)
   ➢문단(굴림, 24pt, 굵게, 줄간격 : 1.5줄), ■문단(굴림, 20pt, 줄간격 : 1.5줄)

세부조건

① 동영상 삽입 :
  - 「내 PC\문서\ITQ\Picture\동영상.wmv」
  - 자동실행, 반복재생 - 설정

1. 여행이란?

➢ **Meaning of travel**
  ■ Travel is about freedom and it's about being able to do anything anytime of the day, any day of the week
  ■ Travel means something different to every person in the world

➢ **여행의 의미**
  ■ 여행이란 일상생활에서 벗어나 다시 돌아올 예정으로 다른 장소에 가는 일을 말하며 재충전의 기회와 견식을 넓혀줄 수 있음

[슬라이드 4] ≪표 슬라이드≫ (80점)

(1) 도형과 표 작성 기능을 이용하여 슬라이드를 작성한다(글꼴 : 굴림, 18pt).

세부조건

① 상단 도형 :
  2개 도형의 조합으로 작성

② 좌측 도형 :
  그라데이션 효과(선형 아래쪽)

③ 테이블 디자인【표 스타일】:
  테마 스타일 1 - 강조 5

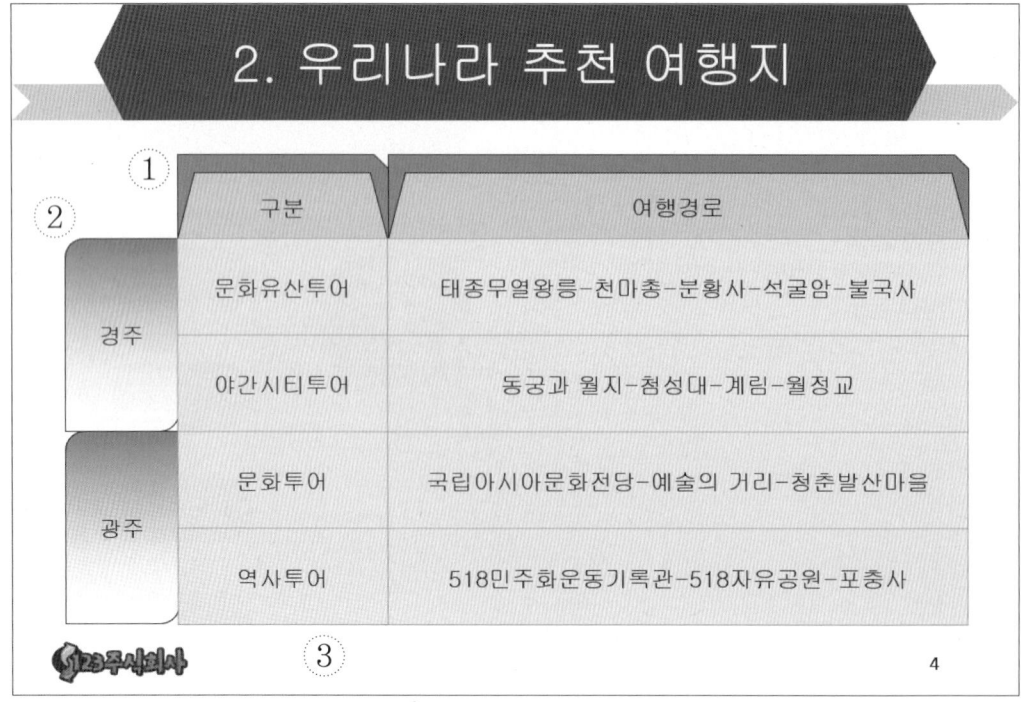

2. 우리나라 추천 여행지

구분		여행경로
경주	문화유산투어	태종무열왕릉-천마총-분황사-석굴암-불국사
	야간시티투어	동궁과 월지-첨성대-계림-월정교
광주	문화투어	국립아시아문화전당-예술의 거리-청춘발산마을
	역사투어	518민주화운동기록관-518자유공원-포충사

[슬라이드 5] ≪차트 슬라이드≫ (100점)

(1) 차트 작성 기능을 이용하여 슬라이드를 작성한다.
(2) 차트 : 종류(묶은 세로 막대형), 글꼴(돋움, 16pt), 외곽선

세부조건

※ 차트설명
- 차트제목 : 궁서, 24pt, 굵게, 채우기(흰색), 테두리, 그림자(오프셋 오른쪽)
- 차트영역 : 채우기(노랑) 그림영역 : 채우기(흰색)
- 데이터 서식 : 남성 계열을 표식이 있는 꺾은선형으로 변경 후 보조축으로 지정
- 값 표시 : 호주의 여성 계열만

① 도형 삽입
- 스타일 : 미세효과 - 파랑, 강조1
- 글꼴 : 굴림, 18pt

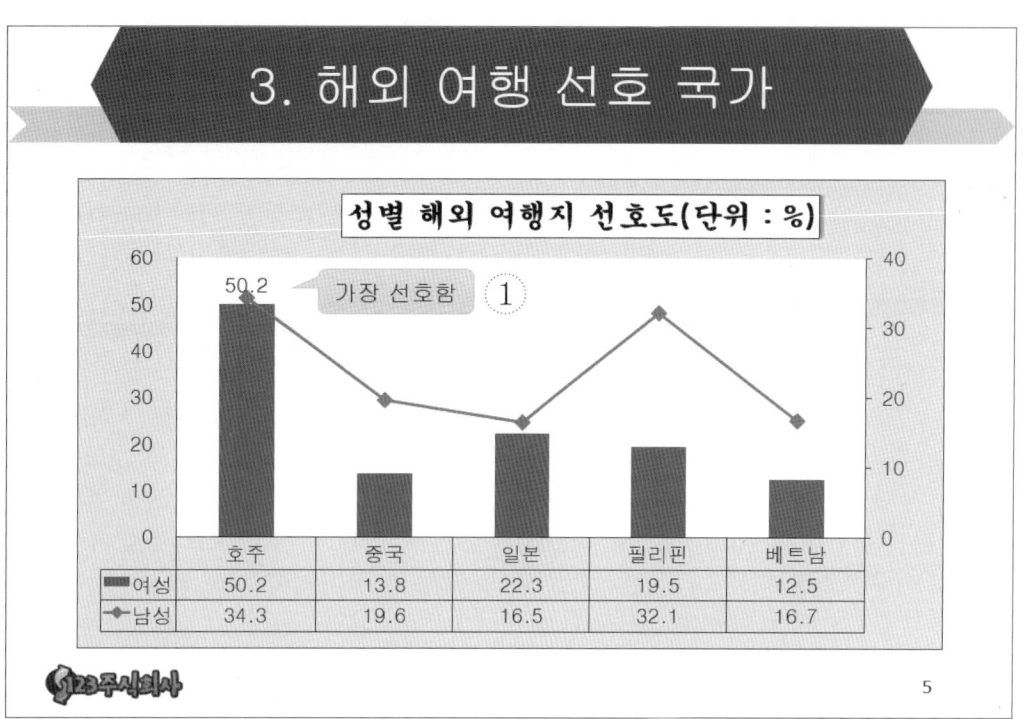

[슬라이드 6] ≪도형 슬라이드≫ (100점)

(1) 슬라이드와 같이 도형 및 스마트아트를 배치한다(글꼴 : 돋움, 18pt).
(2) 애니메이션 순서 : ① ⇒ ②

세부조건

① 도형 및 스마트아트 편집
- 스마트아트 디자인
  : 3차원 만화, 3차원 경사
- 그룹화 후 애니메이션 효과
  : 바운드

② 도형 편집
- 그룹화 후 애니메이션 효과
  : 닦아내기(위에서)

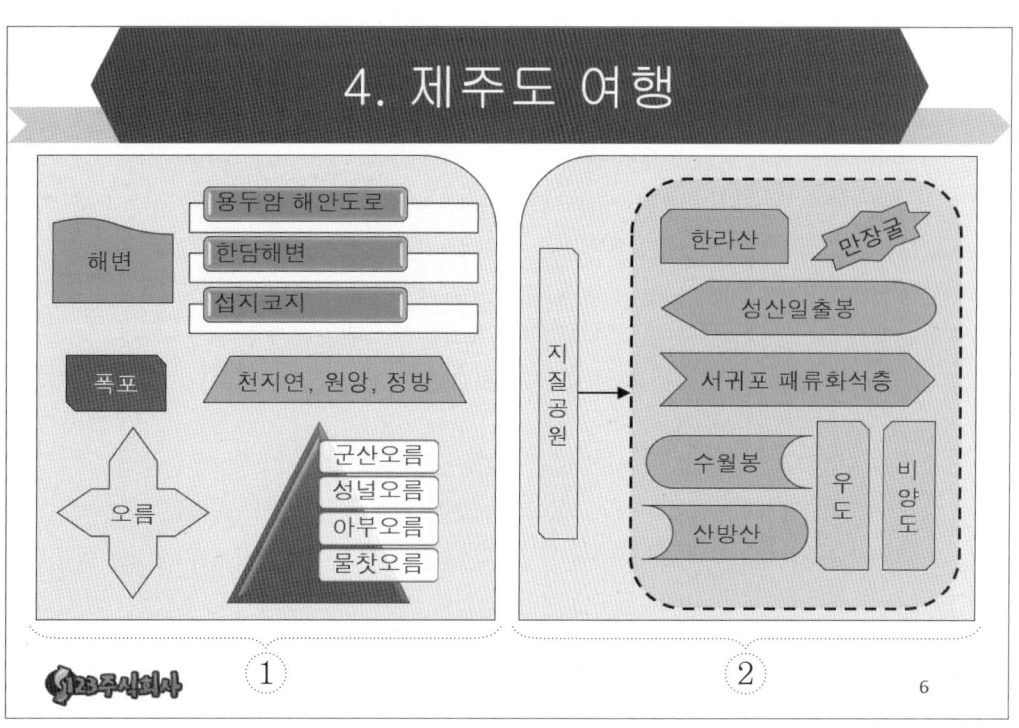

제20회 ITQ 실전모의문제

과목	코드	문제유형	시험시간	수험번호	성명
한글파워포인트	1142	B	60분		

수험자 유의사항

- 수험자는 문제지를 받는 즉시 문제지와 <u>수험표상의 시험과목(프로그램)이 동일한지 반드시 확인</u>하여야 합니다.
- 파일명은 본인의 "수험번호-성명"으로 입력하여 답안폴더(내 PC\문서\ITQ)에 하나의 파일로 저장해야 하며, 답안문서 파일명이 "수험번호-성명"과 일치하지 않거나, 답안파일을 전송하지 않아 미제출로 처리될 경우 실격 처리합니다(예:12345678-홍길동.pptx).
- 답안 작성을 마치면 파일을 저장하고, '답안 전송' 버튼을 선택하여 감독위원 PC로 답안을 전송하십시오. 수험생 정보와 저장한 파일명이 다를 경우 전송되지 않으므로 주의하시기 바랍니다.
- 답안 작성 중에도 <u>주기적으로 저장하고, '답안 전송'</u>하여야 문제 발생을 줄일 수 있습니다. 작업한 내용을 저장하지 않고 전송할 경우 이전에 저장된 내용이 전송되오니 이점 유의하시기 바랍니다.
- 답안문서는 지정된 경로 외의 다른 보조기억장치에 저장하는 경우, 지정된 시험 시간 외에 작성된 파일을 활용할 경우, 기타 통신수단(이메일, 메신저, 네트워크 등)을 이용하여 타인에게 전달 또는 외부 반출하는 경우는 부정 처리합니다.
- 시험 중 부주의 또는 고의로 시스템을 파손한 경우는 수험자가 변상해야 하며, 〈수험자 유의사항〉에 기재된 방법대로 이행하지 않아 생기는 불이익은 수험생 당사자의 책임임을 알려 드립니다.
- 문제의 조건은 MS오피스 2021 버전으로 설정되어 있으며 MS오피스 2016은 【 】에 표기되어 있습니다. 이와 관련하여 작성한 답안의 출력형태가 문제지와 다를 수 있습니다.
- 시험을 완료한 수험자는 답안파일이 전송되었는지 확인한 후 감독위원의 지시에 따라 문제지를 제출하고 퇴실합니다.

답안 작성요령

- 온라인 답안 작성 절차
  수험자 등록 ⇒ 시험 시작 ⇒ 답안파일 저장 ⇒ 답안 전송 ⇒ 시험 종료
- 슬라이드의 크기는 A4 Paper로 설정하여 작성합니다.
- 슬라이드의 총 개수는 6개로 구성되어 있으며 슬라이드 1부터 순서대로 작업하고 반드시 문제와 세부 조건대로 합니다.
- 별도의 지시사항이 없는 경우 출력형태를 참조하여 글꼴색은 검정 또는 흰색으로 작성하고, 기타사항은 전체적인 균형을 고려하여 작성합니다.
- 슬라이드 도형 및 개체에 출력형태와 다른 스타일(그림자, 외곽선 등)을 적용했을 경우 감점처리 됩니다.
- 슬라이드 번호를 작성합니다(슬라이드 1에는 생략).
- 2~6번 슬라이드 제목 도형과 하단 로고는 슬라이드 마스터를 이용하여 출력형태와 동일하게 작성합니다(슬라이드 1에는 생략).
- 문제와 세부조건, 세부조건 번호 ○(점선원)는 입력하지 않습니다.
- 각 개체의 위치는 오른쪽의 슬라이드와 동일하게 구성합니다.
- 그림 삽입 문제의 경우 반드시 「내 PC\문서\ITQ\Picture」폴더에서 정확한 파일을 선택하여 삽입하십시오.
- 각 슬라이드를 각각의 파일로 작업해서 저장할 경우 실격 처리됩니다.

[전체구성] (60점)

(1) 슬라이드 크기 및 순서 : 크기를 A4 용지로 설정하고 슬라이드 순서에 맞게 작성한다.
(2) 슬라이드 마스터 : 2~6슬라이드의 제목, 하단 로고, 슬라이드 번호는 슬라이드 마스터를 이용하여 작성한다.
 - 제목 글꼴(돋움, 40pt, 흰색), 가운데 맞춤, 도형(선 없음)
 - 하단 로고(「내 PC\문서\ITQ\Picture\로고1.jpg」, 배경(회색) 투명색으로 설정)

[슬라이드 1] ≪표지 디자인≫ (40점)

(1) 표지 디자인 : 도형, 워드아트 및 그림을 이용하여 작성한다.

세부조건

① 도형 편집
 - 도형에 그림 채우기 :
   「내 PC\문서\ITQ\Picture\그림1.jpg」, 투명도 50%
 - 도형 효과 :
   부드러운 가장자리 5포인트

② 워드아트 삽입
 - 변환 : 곡선, 아래로 【휘어 내려가기】
 - 글꼴 : 돋움, 굵게
 - 텍스트 반사 : 근접 반사, 터치

③ 그림 삽입
 - 「내 PC\문서\ITQ\Picture\로고1.jpg」
 - 배경(회색) 투명색으로 설정

[슬라이드 2] ≪목차 슬라이드≫ (60점)

(1) 출력형태와 같이 도형을 이용하여 목차를 작성한다(글꼴 : 굴림, 24pt).
(2) 도형 : 선 없음

세부조건

① 텍스트에 하이퍼링크 적용
 → '슬라이드 6'

② 그림 삽입
 - 「내 PC\문서\ITQ\Picture\그림5.jpg」
 - 자르기 기능 이용

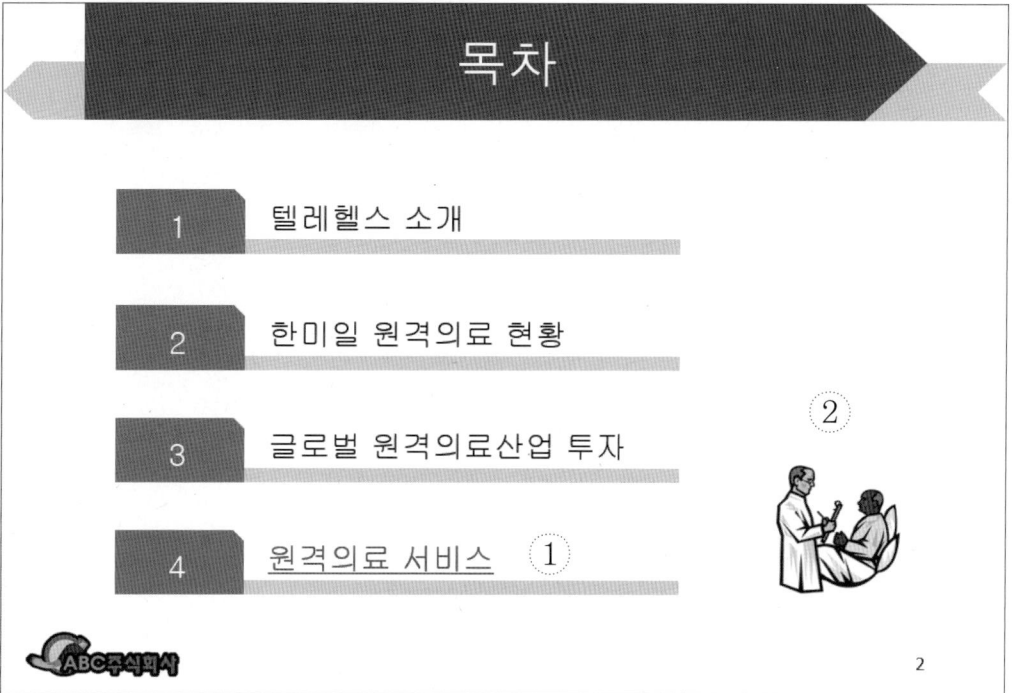

[슬라이드 3] ≪텍스트/동영상 슬라이드≫ (60점)

(1) 텍스트 작성 : 글머리 기호 사용(◆, ➢)
- ◆문단(굴림, 24pt, 굵게, 줄간격 : 1.5줄), ➢문단(굴림, 20pt, 줄간격 : 1.5줄)

세부조건

① 동영상 삽입 :
- 「내 PC₩문서₩ITQ₩Picture₩동영상.wmv」
- 자동실행, 반복재생 - 설정

[슬라이드 4] ≪표 슬라이드≫ (80점)

(1) 도형과 표 작성 기능을 이용하여 슬라이드를 작성한다(글꼴 : 돋움, 18pt).

세부조건

① 상단 도형 :
2개 도형의 조합으로 작성

② 좌측 도형 :
그라데이션 효과(선형 아래쪽)

③ 테이블 디자인【표 스타일】:
테마 스타일 1 - 강조 2

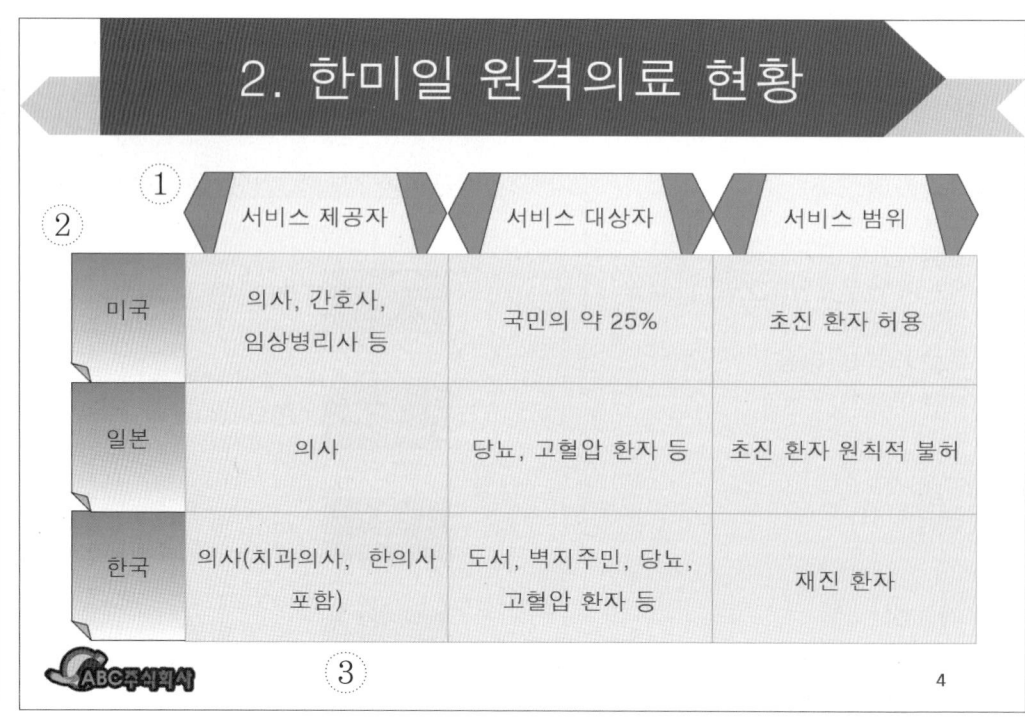

[슬라이드 5] ≪차트 슬라이드≫ (100점)

(1) 차트 작성 기능을 이용하여 슬라이드를 작성한다.
(2) 차트 : 종류(묶은 세로 막대형), 글꼴(돋움, 16pt), 외곽선

세부조건

※ 차트설명
- 차트제목 : 궁서, 24pt, 굵게, 채우기(흰색), 테두리, 그림자(오프셋 아래쪽)
- 차트영역 : 채우기(노랑)
  그림영역 : 채우기(흰색)
- 데이터 서식 : 투자건수 계열을 표식이 있는 꺾은선형으로 변경 후 보조축으로 지정
- 값 표시 : 2021년의 투자규모 계열만

① 도형 삽입
  - 스타일 :
    미세효과 - 파랑, 강조1
  - 글꼴 : 굴림, 18pt

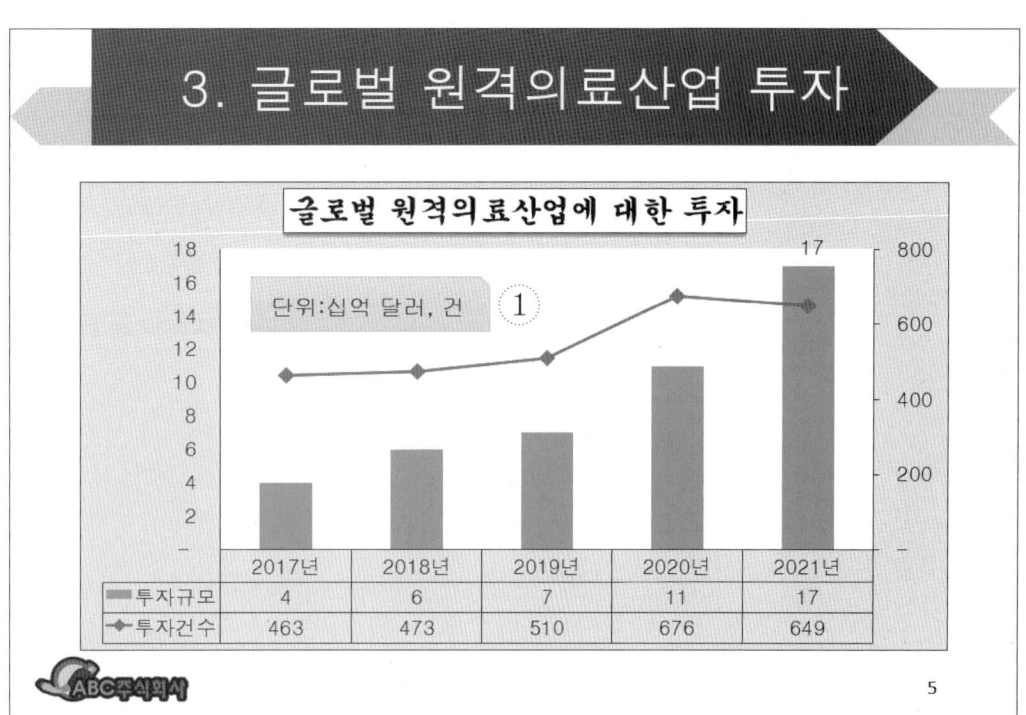

[슬라이드 6] ≪도형 슬라이드≫ (100점)

(1) 슬라이드와 같이 도형 및 스마트아트를 배치한다(글꼴 : 굴림, 18pt).
(2) 애니메이션 순서 : ① ⇒ ②

세부조건

① 도형 및 스마트아트 편집
  - 스마트아트 디자인
    : 3차원 만화,
    3차원 광택 처리
  - 그룹화 후 애니메이션 효과
    : 날아오기(왼쪽에서)

② 도형 편집
  - 그룹화 후 애니메이션 효과
    : 바운드

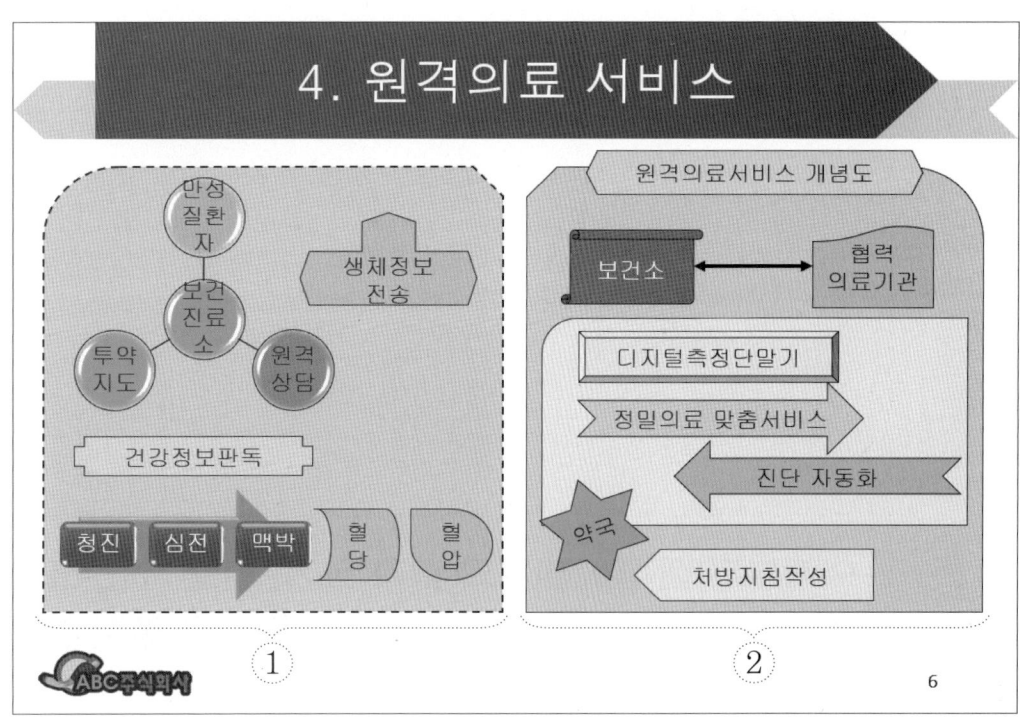

이제부터 실제 시험지의 글자 크기, 글꼴, 화면크기, 형식, 형태, 종이, 크기가 100% 똑같은 문제를 풀어 봅니다.
For the Top, Let's Go !!

BiG 라플
License Plus

BiG 1 빅 폰트(Big Font)
BiG 2 빅 픽쳐(Big Picture)
BiG 3 빅 북(Big Book)

ITQ 정보기술자격
POWER POINT

PART 03
기출예상문제

PART 03

기출예상문제 차례

BIG 라플

제 1 회   정보기술자격(ITQ) 시험

제 2 회   정보기술자격(ITQ) 시험

제 3 회   정보기술자격(ITQ) 시험

제 4 회   정보기술자격(ITQ) 시험

제 5 회   정보기술자격(ITQ) 시험

제 6 회   정보기술자격(ITQ) 시험

제 7 회   정보기술자격(ITQ) 시험

Last Summary (마무리 핵심요약)

BIG 라플

- Last Summary (마무리 핵심요약)은 시험일에도 가져가세요.
- 1회부터 뜯어서 학습하되, 구성은 2회분씩 묶여 있습니다.
- 실제 시험문제 화면크기와 글자크기를 100% 동일하게 적용하였습니다.
- 뒷쪽에 있는 종이 스탠드를 필요하면 지금부터 사용하세요.
- 종이 스탠드 보관시 납작하게 만들어 교재에 꽂아 주세요.
- 채점프로그램을 활용하여 점수를 바로 확인할 수 있습니다.

[전체구성] (60점)
(1) 슬라이드 크기 및 순서 : 크기를 A4 용지로 설정하고 슬라이드 순서에 맞게 작성한다.
(2) 슬라이드 마스터 : 2~6슬라이드의 제목, 하단 로고, 슬라이드 번호는 슬라이드 마스터를 이용하여 작성한다.
   - 제목 글꼴(돋움, 36pt, 흰색), 가운데 맞춤, 도형(선 없음)
   - 하단 로고(「내 PC\문서\ITQ\Picture\로고2.jpg」, 배경(회색) 투명색으로 설정)

[슬라이드 1] ≪표지 디자인≫ (40점)
(1) 표지 디자인 : 도형, 워드아트 및 그림을 이용하여 작성한다.

세부조건

① 도형 편집
 - 도형에 그림 채우기 :
   「내 PC\문서\ITQ\Picture\
   그림1.jpg」, 투명도 50%
 - 도형 효과 :
   부드러운 가장자리 5포인트

② 워드아트 삽입
 - 변환 : 갈매기형 수장, 위로
   【갈매기형 수장】
 - 글꼴 : 돋움, 굵게
 - 텍스트 반사 :
   근접 반사, 4pt 오프셋

③ 그림 삽입
 - 「내 PC\문서\ITQ\Picture\
   로고2.jpg」
 - 배경(회색) 투명색으로 설정

[슬라이드 2] ≪목차 슬라이드≫ (60점)
(1) 출력형태와 같이 도형을 이용하여 목차를 작성한다(글꼴 : 굴림, 24pt).
(2) 도형 : 선 없음

세부조건

① 텍스트에 하이퍼링크 적용
 → '슬라이드 4'

② 그림 삽입
 - 「내 PC\문서\ITQ\Picture\
   그림5.jpg」
 - 자르기 기능 이용

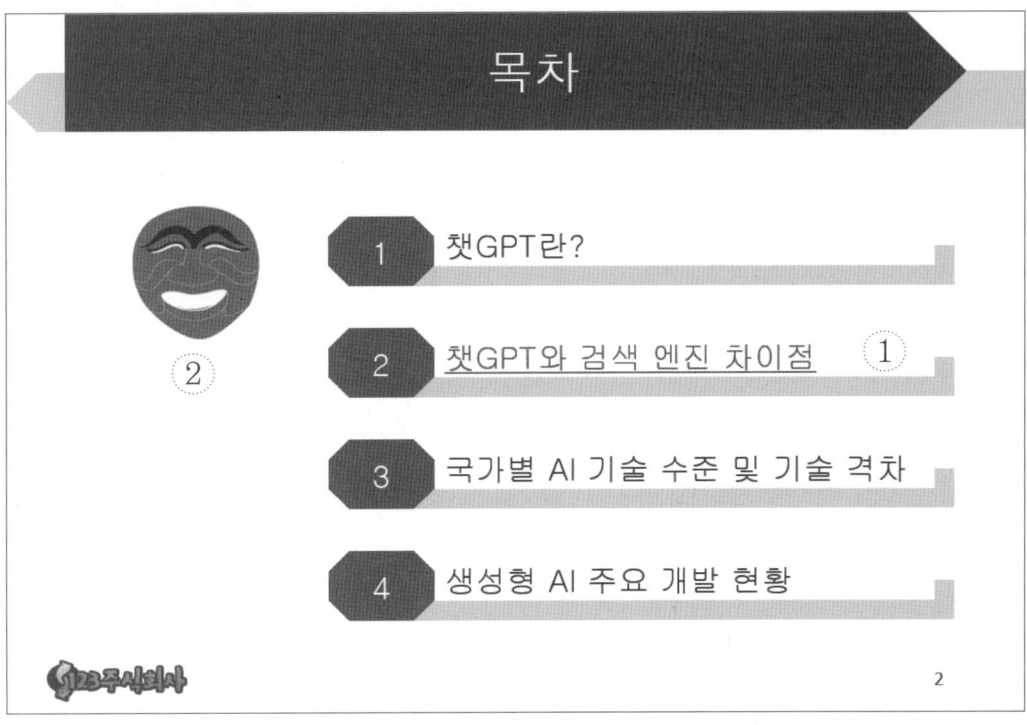

[슬라이드 3] ≪텍스트/동영상 슬라이드≫ (60점)
(1) 텍스트 작성 : 글머리 기호 사용(❖, ■)
❖문단(굴림, 24pt, 굵게, 줄간격 : 1.5줄), ■문단(굴림, 20pt, 줄간격 : 1.5줄)

세부조건
① 동영상 삽입 :
- 「내 PC\문서\ITQ\Picture\동영상.wmv」
- 자동실행, 반복재생 - 설정

1. 챗GPT란?

❖ ChatGPT
- ChatGPT is OpenAI's AI model, 'GPT-3.5' Chatbot made available in a way
- GPT stands for Generative Pretrained Transformer

❖ 챗GPT
- 챗GPT는 초거대 인공지능 모델 GPT-3.5를 누구나 쉽게 사용할 수 있도록 만든 미국 오픈에이아이의 챗봇으로 질문을 하면 체계적 구성을 가진 문서로 만들어주는 생성형 AI 모델

[슬라이드 4] ≪표 슬라이드≫ (80점)
(1) 도형과 표 작성 기능을 이용하여 슬라이드를 작성한다(글꼴 : 돋움, 18pt).

세부조건
① 상단 도형 :
2개 도형의 조합으로 작성
② 좌측 도형 :
그라데이션 효과(선형 아래쪽)
③ 테이블 디자인【표 스타일】:
테마 스타일 1 - 강조 5

2. 챗GPT와 검색 엔진 차이점

	챗GPT	검색 엔진
인공지능 기술	인공지능 기술인 언어 모델링을 사용해 사용자의 질문에 답변	키워드 검색을 통한 정보 제공
생산성	사용자 질문에 새로운 질문을 생성하는 답변 제공	새로운 정보 생성할 수 없음
상호작용	사용자 친화적 상호작용을 통해 질문을 이해하고 대답하는 방식	사용자와 상호작용 없음

[슬라이드 5] ≪차트 슬라이드≫ (100점)

(1) 차트 작성 기능을 이용하여 슬라이드를 작성한다.
(2) 차트 : 종류(묶은 세로 막대형), 글꼴(돋움, 16pt) 외곽선

세부조건

※ 차트설명
- 차트제목 : 굴림, 20pt, 굵게, 채우기(흰색), 테두리, 그림자(오프셋 오른쪽)
- 차트영역 : 채우기(노랑)
  그림영역 : 채우기(흰색)
- 데이터 서식 : 기술 격차(년) 계열을 표식이 있는 꺾은선형으로 변경 후 보조축으로 지정
- 값 표시 : 기술 수준의 한국 계열만

① 도형 삽입
- 스타일 :
  미세효과 – 파랑, 강조1
- 글꼴 : 굴림, 18pt

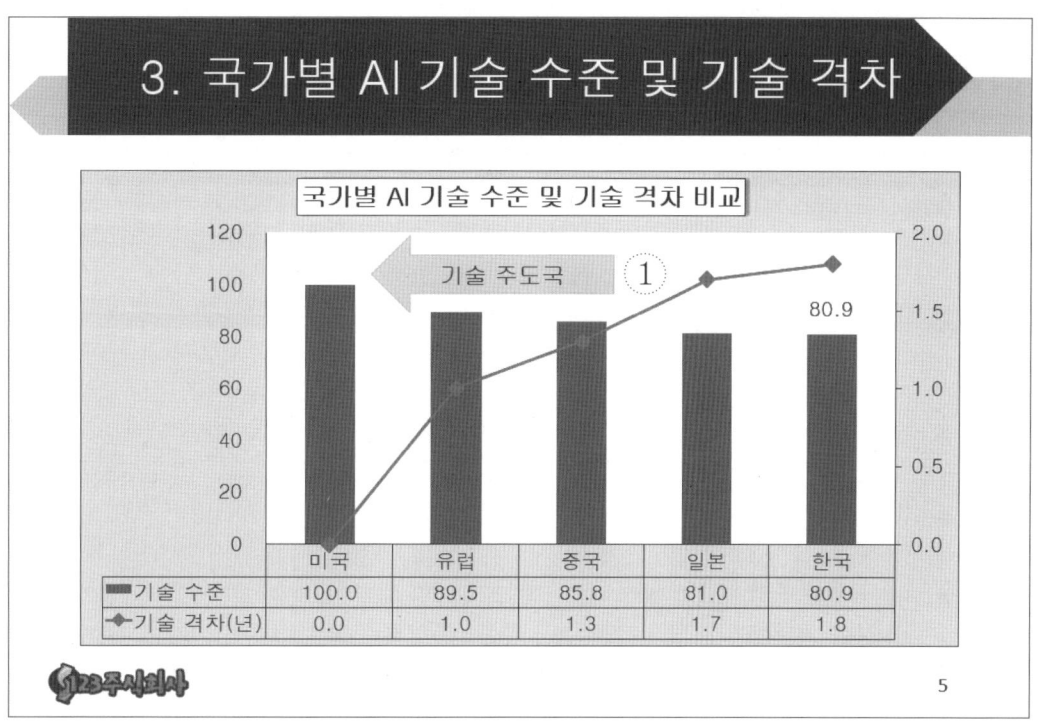

[슬라이드 6] ≪도형 슬라이드≫ (100점)

(1) 슬라이드와 같이 도형 및 스마트아트를 배치한다(글꼴 : 돋움, 18pt).
(2) 애니메이션 순서 : ① ⇒ ②

세부조건

① 도형 및 스마트아트 편집
- 스마트아트 디자인
  : 3차원 경사,
   3차원 광택 처리
- 그룹화 후 애니메이션 효과
  : 닦아내기(위에서)

② 도형 편집
- 그룹화 후 애니메이션 효과
  : 회전

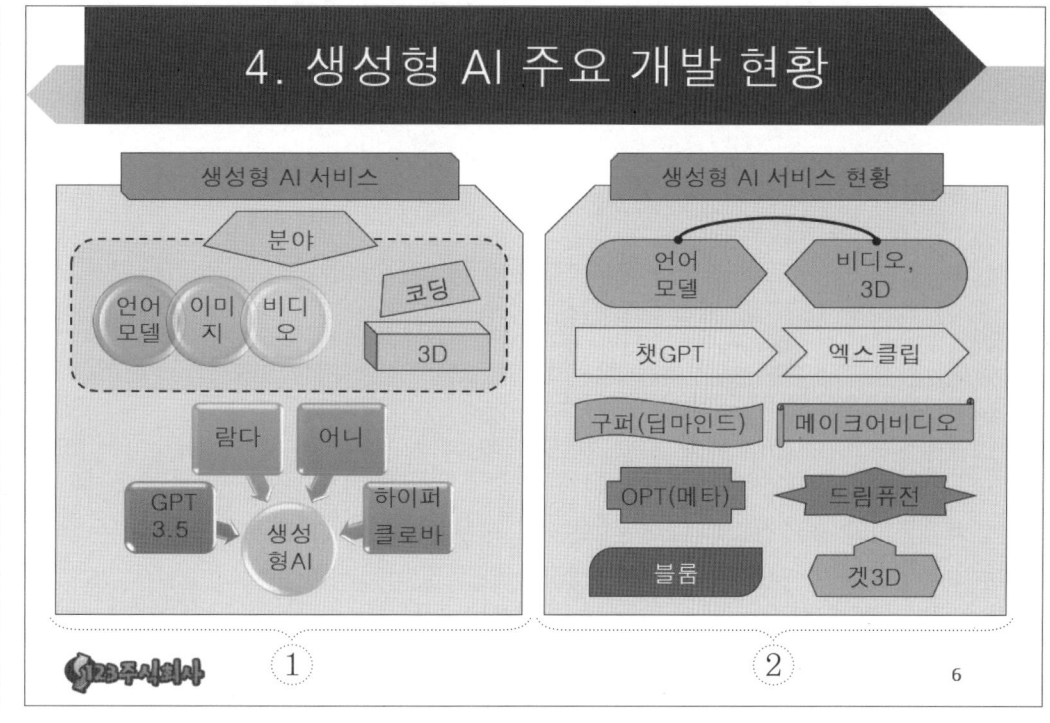

제1회 정보기술자격(ITQ) 시험 — MS오피스

과 목	코드	문제유형	시험시간	수험번호	성 명
한글 파워포인트	1142	A	60분		

수험자 유의사항

- 수험자는 문제지를 받는 즉시 문제지와 <u>수험표상의 시험과목(프로그램)이 동일한지 반드시 확인</u>하여야 합니다.
- 파일명은 본인의 "수험번호-성명"으로 입력하여 답안폴더(내 PC₩문서₩ITQ)에 하나의 파일로 저장해야 하며, 답안문서 파일명이 "수험번호-성명"과 일치하지 않거나, 답안파일을 전송하지 않아 미제출로 처리될 경우 실격 처리합니다(예:12345678-홍길동.pptx).
- 답안 작성을 마치면 파일을 저장하고, '답안 전송' 버튼을 선택하여 감독위원 PC로 답안을 전송하십시오. 수험생 정보와 저장한 파일명이 다를 경우 전송되지 않으므로 주의하시기 바랍니다.
- 답안 작성 중에도 **주기적으로 저장하고, '답안 전송'**하여야 문제 발생을 줄일 수 있습니다. 작업한 내용을 저장하지 않고 전송할 경우 이전에 저장된 내용이 전송되오니 이점 유의하시기 바랍니다.
- 답안문서는 지정된 경로 외의 다른 보조기억장치에 저장하는 경우, 지정된 시험 시간 외에 작성된 파일을 활용할 경우, 기타 통신수단(이메일, 메신저, 네트워크 등)을 이용하여 타인에게 전달 또는 외부 반출하는 경우는 부정 처리합니다.
- 시험 중 부주의 또는 고의로 시스템을 파손한 경우는 수험자가 변상해야 하며, 〈수험자 유의사항〉에 기재된 방법대로 이행하지 않아 생기는 불이익은 수험생 당사자의 책임임을 알려 드립니다.
- 문제의 조건은 MS오피스 2021 버전으로 설정되어 있으며 MS오피스 2016은 【 】에 표기되어 있습니다. 이와 관련하여 작성한 답안의 출력형태가 문제지와 다를 수 있습니다.
- 시험을 완료한 수험자는 답안파일이 전송되었는지 확인한 후 감독위원의 지시에 따라 문제지를 제출하고 퇴실합니다.

답안 작성요령

- 온라인 답안 작성 절차
  수험자 등록 ⇒ 시험 시작 ⇒ 답안파일 저장 ⇒ 답안 전송 ⇒ 시험 종료
- 슬라이드의 크기는 A4 Paper로 설정하여 작성합니다.
- 슬라이드의 총 개수는 6개로 구성되어 있으며 슬라이드 1부터 순서대로 작업하고 반드시 문제와 세부조건대로 합니다.
- 별도의 지시사항이 없는 경우 출력형태를 참조하여 글꼴색은 검정 또는 흰색으로 작성하고, 기타사항은 전체적인 균형을 고려하여 작성합니다.
- 슬라이드 도형 및 개체에 출력형태와 다른 스타일(그림자, 외곽선 등)을 적용했을 경우 감점처리 됩니다.
- 슬라이드 번호를 작성합니다(슬라이드 1에는 생략).
- 2~6번 슬라이드 제목 도형과 하단 로고는 슬라이드 마스터를 이용하여 출력형태와 동일하게 작성합니다 (슬라이드 1에는 생략).
- 문제와 세부조건, 세부조건 번호 ○(점선원)는 입력하지 않습니다.
- 각 개체의 위치는 오른쪽의 슬라이드와 동일하게 구성합니다.
- 그림 삽입 문제의 경우 반드시 「내 PC₩문서₩ITQ₩Picture」폴더에서 정확한 파일을 선택하여 삽입하십시오.
- 각 슬라이드를 각각의 파일로 작업해서 저장할 경우 실격 처리됩니다.

kpc 한국생산성본부

제2회 정보기술자격(ITQ) 시험

MS오피스

과 목	코드	문제유형	시험시간	수험번호	성 명
한글 파워포인트	1142	B	60분		

수험자 유의사항

- 수험자는 문제지를 받는 즉시 문제지와 <u>수험표상의 시험과목(프로그램)이 동일한지 반드시 확인</u>하여야 합니다.
- 파일명은 본인의 "수험번호-성명"으로 입력하여 답안폴더(내 PC\문서\ITQ)에 하나의 파일로 저장해야 하며, 답안문서 파일명이 "수험번호-성명"과 일치하지 않거나, 답안파일을 전송하지 않아 미제출로 처리될 경우 실격 처리합니다(예:12345678-홍길동.pptx).
- 답안 작성을 마치면 파일을 저장하고, '답안 전송' 버튼을 선택하여 감독위원 PC로 답안을 전송하십시오. 수험생 정보와 저장한 파일명이 다를 경우 전송되지 않으므로 주의하시기 바랍니다.
- 답안 작성 중에도 <u>주기적으로 저장하고, '답안 전송'</u>하여야 문제 발생을 줄일 수 있습니다. 작업한 내용을 저장하지 않고 전송할 경우 이전에 저장된 내용이 전송되오니 이점 유의하시기 바랍니다.
- 답안문서는 지정된 경로 외의 다른 보조기억장치에 저장하는 경우, 지정된 시험 시간 외에 작성된 파일을 활용할 경우, 기타 통신수단(이메일, 메신저, 네트워크 등)을 이용하여 타인에게 전달 또는 외부 반출하는 경우는 부정 처리합니다.
- 시험 중 부주의 또는 고의로 시스템을 파손한 경우는 수험자가 변상해야 하며, 〈수험자 유의사항〉에 기재된 방법대로 이행하지 않아 생기는 불이익은 수험생 당사자의 책임임을 알려 드립니다.
- 문제의 조건은 MS오피스 2021 버전으로 설정되어 있으며 MS오피스 2016은 【 】에 표기되어 있습니다. 이와 관련하여 작성한 답안의 출력형태가 문제지와 다를 수 있습니다.
- 시험을 완료한 수험자는 답안파일이 전송되었는지 확인한 후 감독위원의 지시에 따라 문제지를 제출하고 퇴실합니다.

답안 작성요령

- 온라인 답안 작성 절차
  수험자 등록 ⇒ 시험 시작 ⇒ 답안파일 저장 ⇒ 답안 전송 ⇒ 시험 종료
- 슬라이드의 크기는 A4 Paper로 설정하여 작성합니다.
- 슬라이드의 총 개수는 6개로 구성되어 있으며 슬라이드 1부터 순서대로 작업하고 반드시 문제와 세부 조건대로 합니다.
- 별도의 지시사항이 없는 경우 출력형태를 참조하여 글꼴색은 검정 또는 흰색으로 작성하고, 기타사항은 전체적인 균형을 고려하여 작성합니다.
- 슬라이드 도형 및 개체에 출력형태와 다른 스타일(그림자, 외곽선 등)을 적용했을 경우 감점처리 됩니다.
- 슬라이드 번호를 작성합니다(슬라이드 1에는 생략).
- 2~6번 슬라이드 제목 도형과 하단 로고는 슬라이드 마스터를 이용하여 출력형태와 동일하게 작성합니다 (슬라이드 1에는 생략).
- 문제와 세부조건, 세부조건 번호 ○(점선원)는 입력하지 않습니다.
- 각 개체의 위치는 오른쪽의 슬라이드와 동일하게 구성합니다.
- 그림 삽입 문제의 경우 반드시 「내 PC\문서\ITQ\Picture」폴더에서 정확한 파일을 선택하여 삽입하십시오.
- 각 슬라이드를 각각의 파일로 작업해서 저장할 경우 실격 처리됩니다.

kpc 한국생산성본부

[슬라이드 5] ≪차트 슬라이드≫ (100점)
(1) 차트 작성 기능을 이용하여 슬라이드를 작성한다.
(2) 차트 : 종류(묶은 세로 막대형), 글꼴(돋움, 16pt) 외곽선

세부조건

※ 차트설명
- 차트제목 : 굴림, 20pt, 굵게, 채우기(흰색), 테두리, 그림자(오프셋 오른쪽)
- 차트영역 : 채우기(노랑) 그림영역 : 채우기(흰색)
- 데이터 서식 : 남성 계열을 표식이 있는 꺾은선형으로 변경 후 보조축으로 지정
- 값 표시 : 2021년의 남성 계열만

① 도형 삽입
- 스타일 :
  미세효과 – 파랑, 강조1
- 글꼴 : 굴림, 18pt

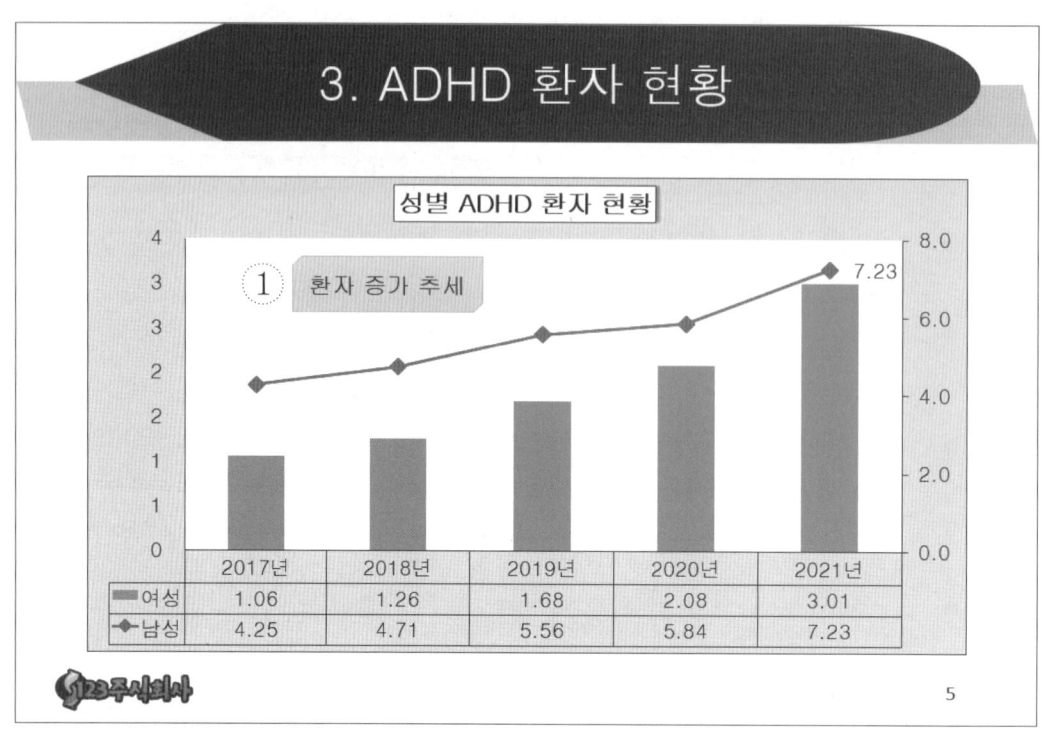

[슬라이드 6] ≪도형 슬라이드≫ (100점)
(1) 슬라이드와 같이 도형 및 스마트아트를 배치한다(글꼴 : 돋움, 18pt).
(2) 애니메이션 순서 : ① ⇒ ②

세부조건

① 도형 및 스마트아트 편집
- 스마트아트 디자인
  : 3차원 경사,
   3차원 광택 처리
- 그룹화 후 애니메이션 효과
  : 닦아내기(위에서)

② 도형 편집
- 그룹화 후 애니메이션 효과
  : 회전

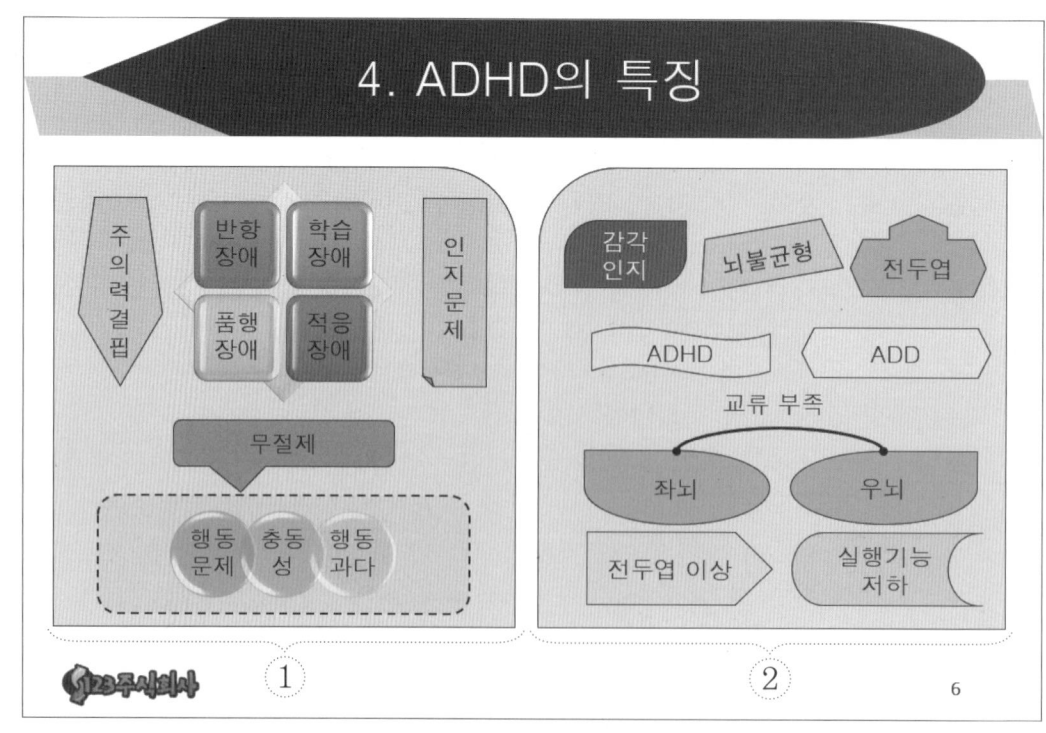

[슬라이드 3] ≪텍스트/동영상 슬라이드≫ (60점)
(1) 텍스트 작성 : 글머리 기호 사용(❖, ■)
❖문단(굴림, 24pt, 굵게, 줄간격 : 1.5줄), ■문단(굴림, 20pt, 줄간격 : 1.5줄)

세부조건

① 동영상 삽입 :
- 「내 PC₩문서₩ITQ₩Picture₩동영상.wmv」
- 자동실행, 반복재생 - 설정

1. 주의력 결핍 과잉행동장애

❖ Signs and Symptoms
  ■ Some people with ADHD only have problems with one of the behaviors, while others have both inattention and hyperactivity-impulsivity

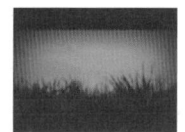

❖ 주의력 결핍 과잉행동장애
  ■ 짧은 주의집중의 폭, 과잉활동증, 충동성을 핵심으로 하는 장애로서 집중하는 능력에 결함이 있고 산만함
  ■ 학령기 아동에게 흔히 보이는 질병 중 하나로 대개 7세 이전에 발병

3

[슬라이드 4] ≪표 슬라이드≫ (80점)
(1) 도형과 표 작성 기능을 이용하여 슬라이드를 작성한다(글꼴 : 돋움, 18pt).

세부조건

① 상단 도형 :
  2개 도형의 조합으로 작성

② 좌측 도형 :
  그라데이션 효과(선형 아래쪽)

③ 테이블 디자인【표 스타일】:
  테마 스타일 1 - 강조 5

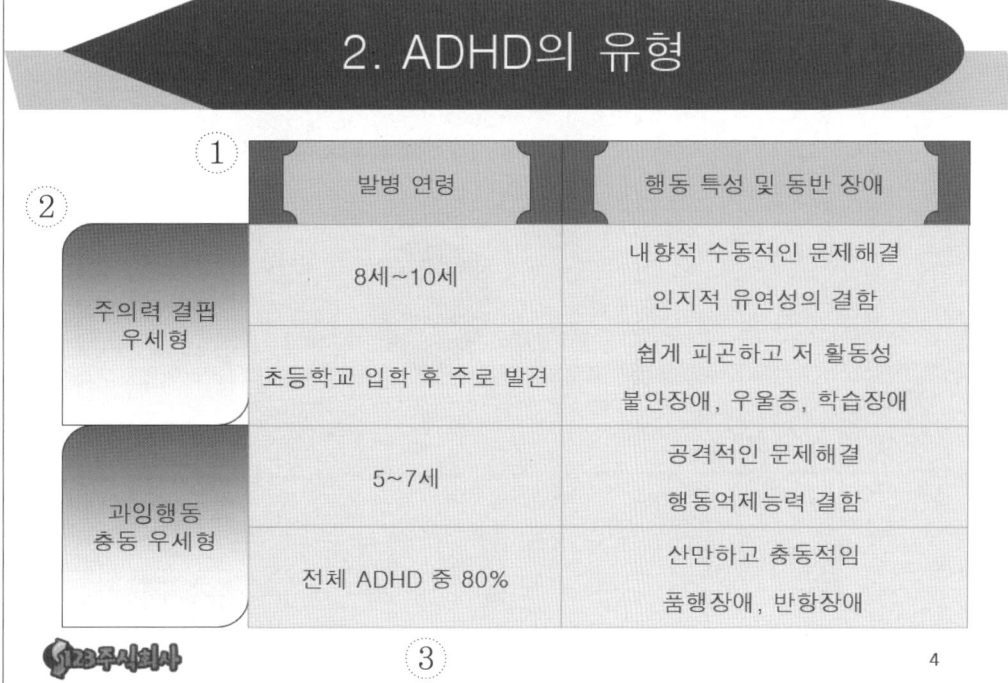

[전체구성] (60점)
(1) 슬라이드 크기 및 순서 : 크기를 A4 용지로 설정하고 슬라이드 순서에 맞게 작성한다.
(2) 슬라이드 마스터 : 2~6슬라이드의 제목, 하단 로고, 슬라이드 번호는 슬라이드 마스터를 이용하여 작성한다.
- 제목 글꼴(돋움, 36pt, 흰색), 가운데 맞춤, 도형(선 없음)
- 하단 로고(「내 PC\문서\ITQ\Picture\로고2.jpg」, 배경(회색) 투명색으로 설정)

[슬라이드 1] ≪표지 디자인≫ (40점)
(1) 표지 디자인 : 도형, 워드아트 및 그림을 이용하여 작성한다.

세부조건

① 도형 편집
- 도형에 그림 채우기 :
「내 PC\문서\ITQ\Picture\
그림1.jpg」, 투명도 50%
- 도형 효과 :
부드러운 가장자리 5포인트

② 워드아트 삽입
- 변환 : 갈매기형 수장, 위로
【갈매기형 수장】
- 글꼴 : 돋움, 굵게
- 텍스트 반사 :
근접 반사, 4pt 오프셋

③ 그림 삽입
-「내 PC\문서\ITQ\Picture\
로고2.jpg」
- 배경(회색) 투명색으로 설정

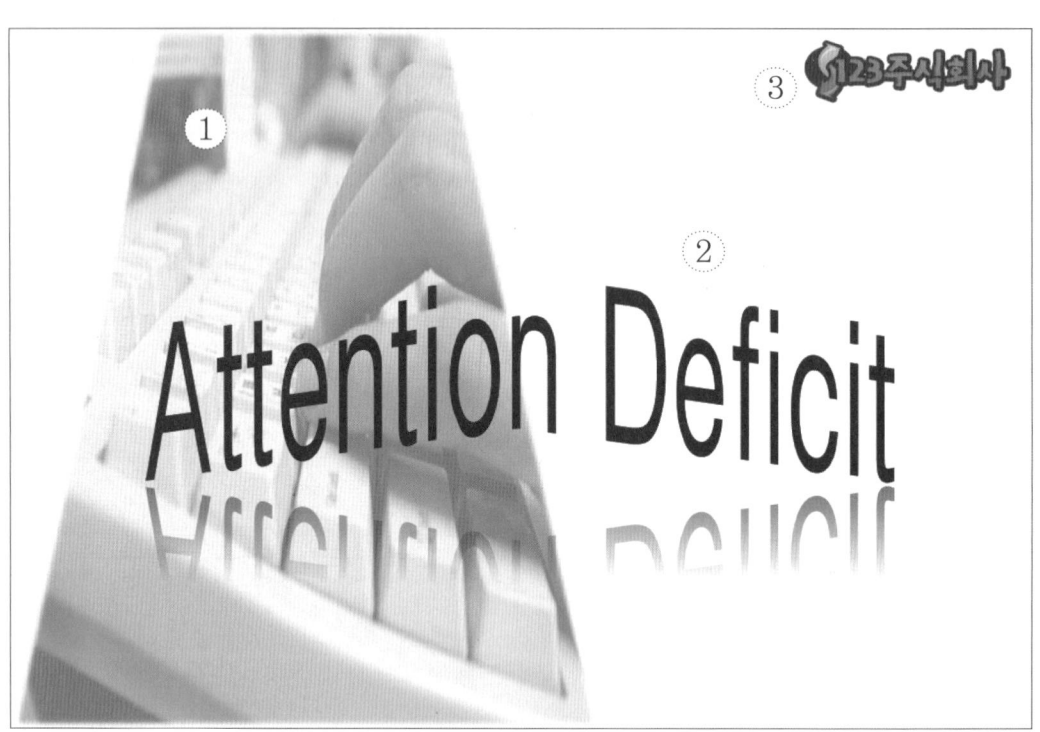

[슬라이드 2] ≪목차 슬라이드≫ (60점)
(1) 출력형태와 같이 도형을 이용하여 목차를 작성한다(글꼴 : 굴림, 24pt).
(2) 도형 : 선 없음

세부조건

① 텍스트에 하이퍼링크 적용
→ '슬라이드 4'

② 그림 삽입
-「내 PC\문서\ITQ\Picture\
그림5.jpg」
- 자르기 기능 이용

제3회 정보기술자격(ITQ) 시험 **MS오피스**

과 목	코드	문제유형	시험시간	수험번호	성 명
한글 파워포인트	1142	C	60분		

수험자 유의사항

- 수험자는 문제지를 받는 즉시 문제지와 수험표상의 시험과목(프로그램)이 동일한지 반드시 확인하여야 합니다.
- 파일명은 본인의 "수험번호-성명"으로 입력하여 답안폴더(내 PC\문서\ITQ)에 하나의 파일로 저장해야 하며, 답안문서 파일명이 "수험번호-성명"과 일치하지 않거나, 답안파일을 전송하지 않아 미제출로 처리될 경우 실격 처리합니다(예:12345678-홍길동.pptx).
- 답안 작성을 마치면 파일을 저장하고, '답안 전송' 버튼을 선택하여 감독위원 PC로 답안을 전송하십시오. 수험생 정보와 저장한 파일명이 다를 경우 전송되지 않으므로 주의하시기 바랍니다.
- 답안 작성 중에도 주기적으로 저장하고, '답안 전송'하여야 문제 발생을 줄일 수 있습니다. 작업한 내용을 저장하지 않고 전송할 경우 이전에 저장된 내용이 전송되오니 이점 유의하시기 바랍니다.
- 답안문서는 지정된 경로 외의 다른 보조기억장치에 저장하는 경우, 지정된 시험 시간 외에 작성된 파일을 활용할 경우, 기타 통신수단(이메일, 메신저, 네트워크 등)을 이용하여 타인에게 전달 또는 외부 반출하는 경우는 부정 처리합니다.
- 시험 중 부주의 또는 고의로 시스템을 파손한 경우는 수험자가 변상해야 하며, 〈수험자 유의사항〉에 기재된 방법대로 이행하지 않아 생기는 불이익은 수험생 당사자의 책임임을 알려 드립니다.
- 문제의 조건은 MS오피스 2021 버전으로 설정되어 있으며 MS오피스 2016은 【 】에 표기되어 있습니다. 이와 관련하여 작성한 답안의 출력형태가 문제지와 다를 수 있습니다.
- 시험을 완료한 수험자는 답안파일이 전송되었는지 확인한 후 감독위원의 지시에 따라 문제지를 제출하고 퇴실합니다.

답안 작성요령

- 온라인 답안 작성 절차
  수험자 등록 ⇒ 시험 시작 ⇒ 답안파일 저장 ⇒ 답안 전송 ⇒ 시험 종료
- 슬라이드의 크기는 A4 Paper로 설정하여 작성합니다.
- 슬라이드의 총 개수는 6개로 구성되어 있으며 슬라이드 1부터 순서대로 작업하고 반드시 문제와 세부조건대로 합니다.
- 별도의 지시사항이 없는 경우 출력형태를 참조하여 글꼴색은 검정 또는 흰색으로 작성하고, 기타사항은 전체적인 균형을 고려하여 작성합니다.
- 슬라이드 도형 및 개체에 출력형태와 다른 스타일(그림자, 외곽선 등)을 적용했을 경우 감점처리 됩니다.
- 슬라이드 번호를 작성합니다(슬라이드 1에는 생략).
- 2~6번 슬라이드 제목 도형과 하단 로고는 슬라이드 마스터를 이용하여 출력형태와 동일하게 작성합니다(슬라이드 1에는 생략).
- 문제와 세부조건, 세부조건 번호 ○(점선원)는 입력하지 않습니다.
- 각 개체의 위치는 오른쪽의 슬라이드와 동일하게 구성합니다.
- 그림 삽입 문제의 경우 반드시 「내 PC\문서\ITQ\Picture」폴더에서 정확한 파일을 선택하여 삽입하십시오.
- 각 슬라이드를 각각의 파일로 작업해서 저장할 경우 실격 처리됩니다.

kpc 한국생산성본부

[슬라이드 5] ≪차트 슬라이드≫ (100점)

(1) 차트 작성 기능을 이용하여 슬라이드를 작성한다.
(2) 차트 : 종류(묶은 세로 막대형), 글꼴(돋움, 16pt) 외곽선

세부조건

※ 차트설명
- 차트제목 : 굴림, 20pt, 굵게, 채우기(흰색), 테두리, 그림자(오프셋 오른쪽)
- 차트영역 : 채우기(노랑) 그림영역 : 채우기(흰색)
- 데이터 서식 : 식품 계열을 표식이 있는 꺾은선형으로 변경 후 보조축으로 지정
- 값 표시 : 인천의 식품 계열만

① 도형 삽입
 - 스타일 :
   미세효과 - 파랑, 강조1
 - 글꼴 : 굴림, 18pt

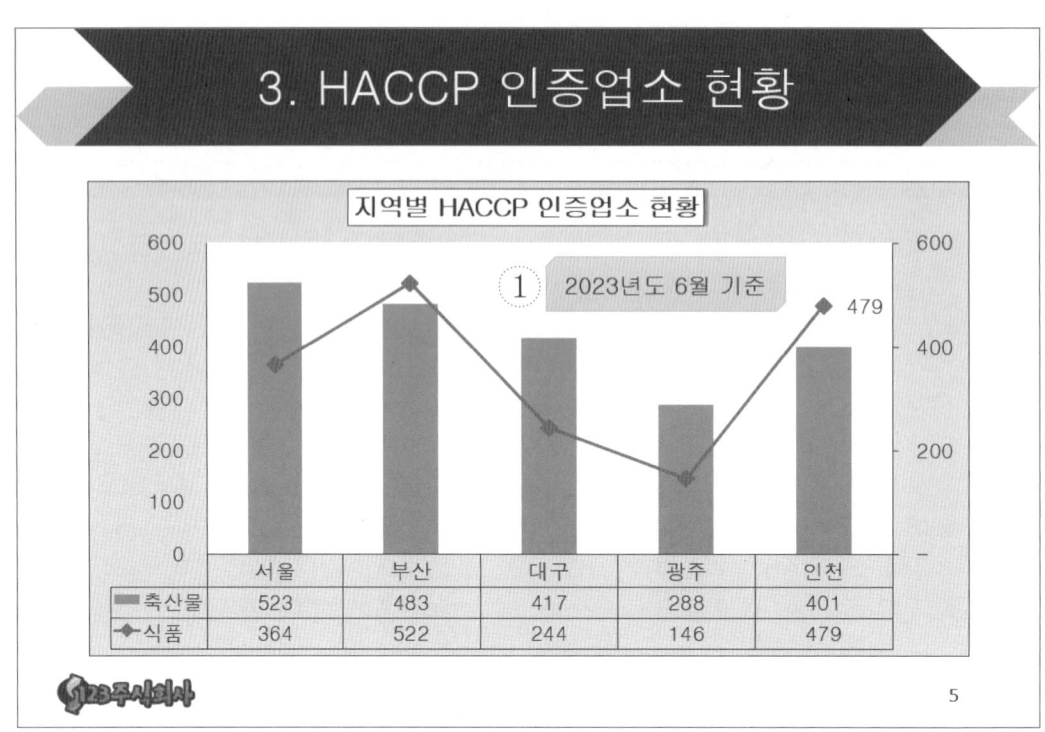

[슬라이드 6] ≪도형 슬라이드≫ (100점)

(1) 슬라이드와 같이 도형 및 스마트아트를 배치한다(글꼴 : 돋움, 18pt).
(2) 애니메이션 순서 : ① ⇒ ②

세부조건

① 도형 및 스마트아트 편집
 - 스마트아트 디자인
   : 3차원 경사,
   3차원 광택 처리
 - 그룹화 후 애니메이션 효과
   : 닦아내기(위에서)

② 도형 편집
 - 그룹화 후 애니메이션 효과
   : 회전

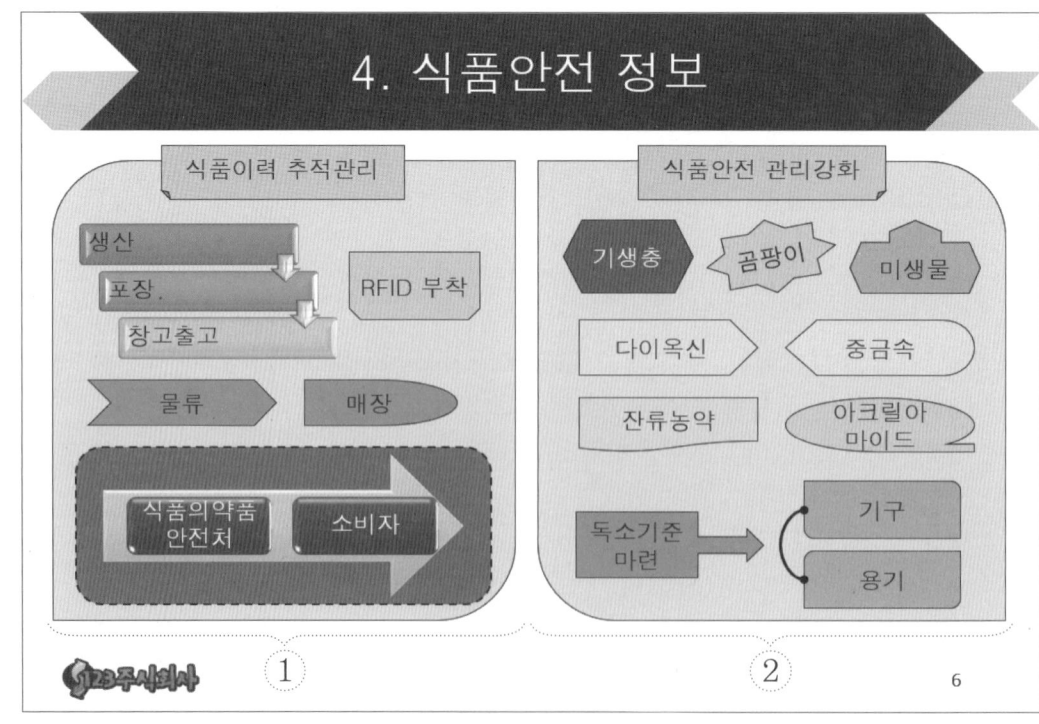

[슬라이드 3] ≪텍스트/동영상 슬라이드≫ (60점)
 (1) 텍스트 작성 : 글머리 기호 사용(❖, ■)
   ❖문단(굴림, 24pt, 굵게, 줄간격 : 1.5줄), ■문단(굴림, 20pt, 줄간격 : 1.5줄)

세부조건
① 동영상 삽입 :
 - 「내 PC₩문서₩ITQ₩Picture₩동영상.wmv」
 - 자동실행, 반복재생 - 설정

1. 식품안전의 개념

❖ Food Safety
 ■ Food safety is a scientific discipline describing handling, preparation, and storage of food in ways that prevent foodborne illness

❖ 농수산물 안전관리
 ■ 사전 관리 강화를 통한 식품 안전망 확보 및 건강한 식생활 환경 조성
 ■ 도매시장 반입 농산물에 대한 경매 전 검사로 부적합 농산물의 시중 유통을 사전 차단하여 시민의 먹을거리 안전성 확보

[슬라이드 4] ≪표 슬라이드≫ (80점)
 (1) 도형과 표 작성 기능을 이용하여 슬라이드를 작성한다(글꼴 : 돋움, 18pt).

세부조건
① 상단 도형 :
 2개 도형의 조합으로 작성
② 좌측 도형 :
 그라데이션 효과(선형 아래쪽)
③ 테이블 디자인 【표 스타일】 :
 테마 스타일 1 - 강조 5

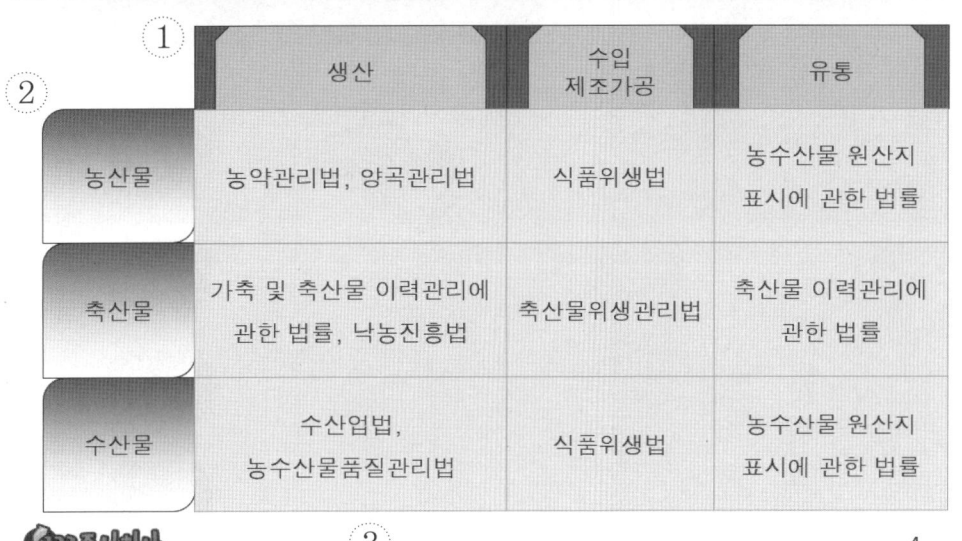

[전체구성] (60점)
(1) 슬라이드 크기 및 순서 : 크기를 A4 용지로 설정하고 슬라이드 순서에 맞게 작성한다.
(2) 슬라이드 마스터 : 2~6슬라이드의 제목, 하단 로고, 슬라이드 번호는 슬라이드 마스터를 이용하여 작성한다.
   - 제목 글꼴(돋움, 36pt, 흰색), 가운데 맞춤, 도형(선 없음)
   - 하단 로고(「내 PC₩문서₩ITQ₩Picture₩로고2.jpg」, 배경(회색) 투명색으로 설정)

[슬라이드 1] ≪표지 디자인≫ (40점)
(1) 표지 디자인 : 도형, 워드아트 및 그림을 이용하여 작성한다.

세부조건

① 도형 편집
 - 도형에 그림 채우기 :
   「내 PC₩문서₩ITQ₩Picture₩그림1.jpg」, 투명도 50%
 - 도형 효과 :
   부드러운 가장자리 5포인트

② 워드아트 삽입
 - 변환 : 갈매기형 수장, 위로
   【갈매기형 수장】
 - 글꼴 : 돋움, 굵게
 - 텍스트 반사 :
   근접 반사, 4pt 오프셋

③ 그림 삽입
 - 「내 PC₩문서₩ITQ₩Picture₩로고2.jpg」
 - 배경(회색) 투명색으로 설정

[슬라이드 2] ≪목차 슬라이드≫ (60점)
(1) 출력형태와 같이 도형을 이용하여 목차를 작성한다(글꼴 : 굴림, 24pt).
(2) 도형 : 선 없음

세부조건

① 텍스트에 하이퍼링크 적용
 → '슬라이드 4'

② 그림 삽입
 - 「내 PC₩문서₩ITQ₩Picture₩그림5.jpg」
 - 자르기 기능 이용

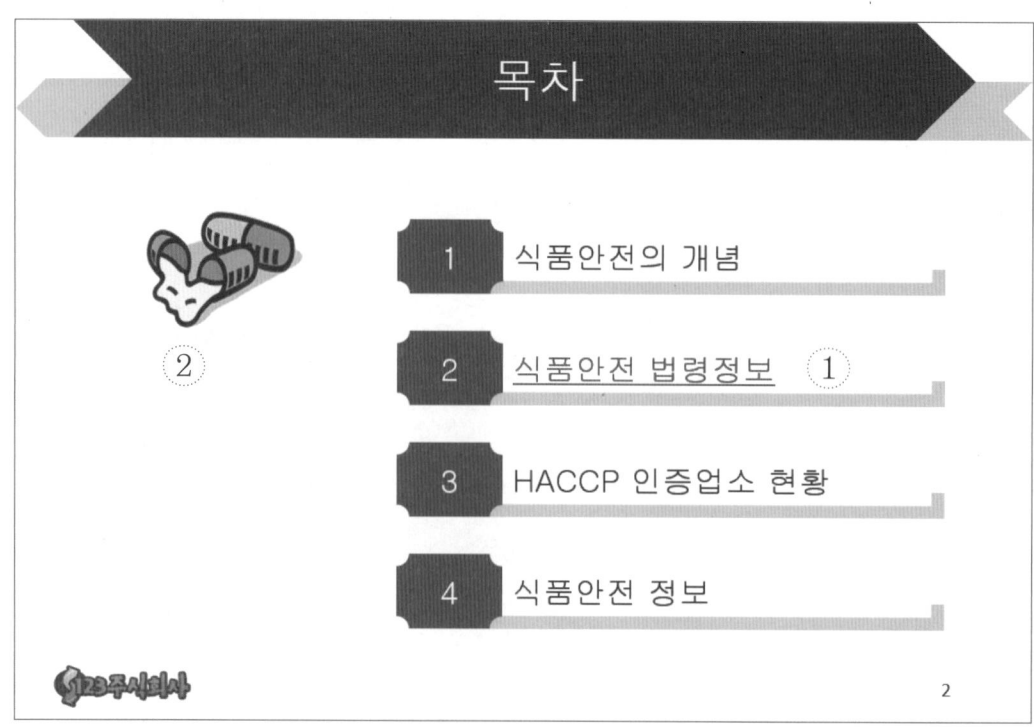

마무리 핵심요약   ITQ POWERPOINT

[슬라이드 5] ≪차트 슬라이드≫ (100점)

(1) 차트 작성 기능을 이용하여 슬라이드를 작성한다.
(2) 차트 : 종류(묶은 세로 막대형), 글꼴(돋움, 16pt) 외곽선
   └ 차트는 묶은 세로 막대형과 표식이 있는 꺾은선형을 이용하여 작성

세부조건

※ 차트설명 — 차트 제목의 글꼴 및 글꼴 크기를 확인
- 차트제목 : 굴림, 20pt, 굵게, 채우기(흰색), 테두리, 그림자(오프셋 오른쪽)
- 차트영역 : 채우기(노랑) 그림영역 : 채우기(흰색)
- 데이터 서식 : 기술 격차(년) 계열을 표식이 있는 꺾은선형으로 변경 후 보조축으로 지정
- 값 표시 : 기술 수준의 한국 계열만

① 도형 삽입
  - 스타일 :
    미세효과 – 파랑, 강조1
  - 글꼴 : 굴림, 18pt

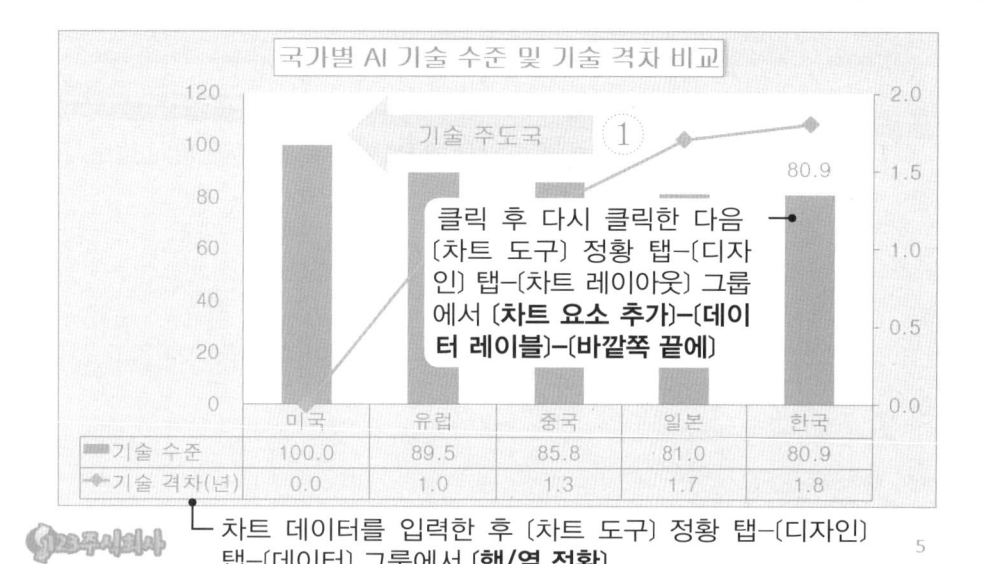

클릭 후 다시 클릭한 다음 〔차트 도구〕 정황 탭-〔디자인〕 탭-〔차트 레이아웃〕 그룹에서 〔차트 요소 추가〕-〔데이터 레이블〕-〔바깥쪽 끝에〕

└ 차트 데이터를 입력한 후 〔차트 도구〕 정황 탭-〔디자인〕 탭-〔데이터〕 그룹에서 〔행/열 전환〕

[슬라이드 6] ≪도형 슬라이드≫ (100점)

(1) 슬라이드와 같이 도형 및 스마트아트를 배치한다(글꼴 : 돋움, 18pt).
(2) 애니메이션 순서 : ① ⇒ ②

- 〔삽입〕 탭-〔일러스트레이션〕 그룹에서 〔SmartArt(🗇)〕
- 〔SmartArt〕 정황 탭-〔디자인〕 탭-〔SmartArt 스타일〕 그룹에서 〔SmartArt 스타일〕 지정

4. 생성형 AI 주요 개발 현황

① 도형 및 스마트아트 편집
  - 스마트아트 디자인
    : 3차원 경사,
     3차원 광택 처리
  - 그룹화 후 애니메이션 효과
    : 닦아내기(위에서)

- 〔애니메이션〕 탭-〔애니메이션〕 그룹에서 〔애니메이션〕 지정
- 〔애니메이션〕 탭-〔애니메이션〕 그룹에서 〔효과 옵션〕-〔위에서〕

② 도형 편집
  - 그룹화 후 애니메이션 효과
    : 회전

- 〔그리기 도구〕 정황 탭-〔서식〕 탭-〔도형 스타일〕 그룹에서 〔도형 윤곽선〕-〔두께〕-〔2¼ pt〕
- 〔그리기 도구〕 정황 탭-〔서식〕 탭-〔도형 스타일〕 그룹에서 〔도형 윤곽선〕-〔대시〕-〔파선(- - -)〕

〔삽입〕 탭-〔일러스트레이션〕 그룹에서 〔도형〕-〔왼쪽/오른쪽/위쪽 화살표〕

Last Summary

ITQ POWERPOINT

과 목	코 드	문제유형	시험시간	수험번호	성 명
한글 파워포인트	1142	C	60분		

수험자 유의사항

- 수험자는 문제지를 받는 즉시 문제지와 수험표상의 시험과목(프로그램)이 동일한지 반드시 확인하여야 합니다.
- 파일명은 본인의 "수험번호-성명"으로 입력하여 답안폴더(내 PC₩문서₩ITQ)에 하나의 파일로 저장해야 하며, 답안문서 파일명이 "수험번호-성명"과 일치하지 않거나, 답안파일을 전송하지 않아 미제출로 처리될 경우 실격 처리합니다(예:12345678-홍길동.pptx). *저장 위치(내 PC₩문서₩ITQ)에 파일명(수험번호-성명)으로 저장해야 합니다.*
- 답안 작성을 마치면 파일을 저장하고, '답안 전송' 버튼을 선택하여 감독위원 PC로 답안을 전송하십시오. 수험생 정보와 저장한 파일명이 일치하지 않을 경우 0점 처리됩니다. **꼭! 저장한 후 전송합니다. 저장하지 않고 전송하는 경우가 많습니다.**
- 답안 작성 중에도 주기적으로 저장하고, '답안 전송'하여야 문제 발생을 줄일 수 있습니다. 작업한 내용을 저장하지 않고 전송할 경우 이전에 저장된 내용이 전송되오니 이점 유의하시기 바랍니다.
- 답안문서는 지정된 경로 외의 다른 보조기억장치에 저장하는 경우, 지정된 시험 시간 외에 작성된 파일을 활용할 경우, 기타 통신수단(이메일, 메신저, 네트워크 등)을 이용하여 타인에게 전달 또는 외부 반출하는 경우는 부정 처리합니다.
- 시험 중 부주의 또는 고의로 시스템을 파손한 경우는 수험자가 변상해야 하며, 〈수험자 유의사항〉에 기재된 방법대로 이행하지 않아 생기는 불이익은 수험생 당사자의 책임임을 알려 드립니다.
- 문제의 조건은 MS오피스 2021 버전으로 설정되어 있으며 MS오피스 2016은【 】에 표기되어 있습니다. 이와 관련하여 작성한 답안의 출력형태가 문제지와 다를 수 있습니다.
- 시험을 완료한 수험자는 답안파일이 전송되었는지 확인한 후 감독위원의 지시에 따라 문제지를 제출하고 퇴실합니다.

답안 작성요령

- 온라인 답안 작성 절차
  수험자 등록 ⇒ 시험 시작 ⇒ 답안파일 저장 ⇒ 답안 전송 ⇒ 시험 종료
- 슬라이드의 크기는 A4 Paper로 설정하여 작성합니다.
- 슬라이드의 총 개수는 6개로 구성되어 있으며 슬라이드 1부터 순서대로 작업하고 반드시 문제와 세부조건대로 합니다.
- 별도의 지시사항이 없는 경우 출력형태를 참조하여 글꼴색은 검정 또는 흰색으로 작성하고, 기타사항은 전체적인 균형을 고려하여 작성합니다.
- 슬라이드 도형 및 개체에 출력형태와 다른 스타일(그림자, 외곽선 등)을 적용했을 경우 감점처리 됩니다.
- 슬라이드 번호를 작성합니다(슬라이드 1에는 생략).
- 2~6번 슬라이드 제목 도형과 하단 로고는 슬라이드 마스터를 이용하여 출력형태와 동일하게 작성합니다(슬라이드 1에는 생략).
- 문제와 세부조건, 세부조건 번호 ○(점선원)는 입력하지 않습니다.
- 각 개체의 위치는 오른쪽의 슬라이드와 동일하게 구성합니다.
- 그림 삽입 문제의 경우 반드시 「내 PC₩문서₩ITQ₩Picture」폴더에서 정확한 파일을 선택하여 삽입하십시오.
- 각 슬라이드를 각각의 파일로 작업해서 저장할 경우 실격 처리됩니다.

[전체구성] (60점)
(1) 슬라이드 크기 및 순서 : 크기를 A4 용지로 설정하고 슬라이드 순서에 맞게 작성한다.
(2) 슬라이드 마스터 : 2~6슬라이드의 제목, 하단 로고, 슬라이드 번호는 슬라이드 마스터를 이용하여 작성한다.
 - 제목 글꼴(돋움, 40pt, 흰색), 가운데 맞춤, 도형(선 없음)
 - 하단 로고(「내 PC₩문서₩ITQ₩Picture₩로고1.jpg」, 배경(회색) 투명색으로 설정)

[슬라이드 1] ≪표지 디자인≫ (40점)
(1) 표지 디자인 : 도형, 워드아트 및 그림을 이용하여 작성한다.

세부조건

① 도형 편집
 - 도형에 그림 채우기 :
  「내 PC₩문서₩ITQ₩Picture₩
  그림1.jpg」, 투명도 50%
 - 도형 효과 :
  부드러운 가장자리 5포인트

② 워드아트 삽입
 - 변환 : 갈매기형 수장, 위로
  【갈매기형 수장】
 - 글꼴 : 굴림, 굵게
 - 텍스트 반사 :
  근접 반사, 터치

③ 그림 삽입
 -「내 PC₩문서₩ITQ₩Picture₩
  로고2.jpg」
 - 배경(회색) 투명색으로 설정

[슬라이드 2] ≪목차 슬라이드≫ (60점)
(1) 출력형태와 같이 도형을 이용하여 목차를 작성한다(글꼴 : 돋움, 24pt).
(2) 도형 : 선 없음

세부조건

① 텍스트에 하이퍼링크 적용
 → '슬라이드 4'

② 그림 삽입
 -「내 PC₩문서₩ITQ₩Picture₩
  그림5.jpg」
 - 자르기 기능 이용

[슬라이드 3] ≪텍스트/동영상 슬라이드≫ (60점)

(1) 텍스트 작성 : 글머리 기호 사용(➢, ✓)

➢문단(굴림, 24pt, 굵게, 줄간격 : 1.5줄), ✓문단(굴림, 20pt, 줄간격 : 1.5줄)

세부조건

① 동영상 삽입 :
- 「내 PC\문서\ITQ\Picture\동영상.wmv」
- 자동실행, 반복재생- 설정

1. 건강 관리

➢ Health care
  ✓ In general, health care refers to physical health
  ✓ Regular health care satisfies one's desire for health and makes one mentally happy

➢ 건강 관리
  ✓ 일반적으로 신체적 건강을 가리키는 경우가 많으며 규칙적인 건강 관리는 자신의 건강을 향한 욕구를 충족시키는 동시에 정신적으로도 행복하게 함

[슬라이드 4] ≪표 슬라이드≫ (80점)

(1) 도형과 표 작성 기능을 이용하여 슬라이드를 작성한다(글꼴 : 굴림, 18pt).

세부조건

① 상단 도형 :
  2개 도형의 조합으로 작성

② 좌측 도형 :
  그라데이션 효과(선형 아래쪽)

③ 테이블 디자인【표 스타일】:
  테마 스타일 1 - 강조 5

2. 균형있는 식생활

구분	밥류	면류	빵류
구분	진지한 식사 쌀, 현미, 잡곡	다양한 형태 국수, 라면, 스파게티	간편한 식사 식빵, 도넛, 바게트
선호	건강에 좋기 때문에, 소화가 잘 되어서	빠른 시간 먹기 편해서, 식감이 좋아서	휴대가 편리해서, 음료와 어울려서
비선호	식단 준비의 번거로움	밥이 곧 식사라는 이미지	선택적 간식거리로 인식

[슬라이드 5] ≪차트 슬라이드≫ (100점)

(1) 차트 작성 기능을 이용하여 슬라이드를 작성한다.
(2) 차트 : 종류(묶은 세로 막대형), 글꼴(돋움, 16pt) 외곽선

세부조건

※ 차트설명
- 차트제목 : 궁서, 24pt, 굵게, 채우기(흰색), 테두리, 그림자(오프셋 오른쪽)
- 차트영역 : 채우기(노랑) 그림영역 : 채우기(흰색)
- 데이터 서식 : 음주율 계열을 표식이 있는 꺾은선형으로 변경 후 보조축으로 지정
- 값 표시 : 20대의 음주율 계열만

① 도형 삽입
 - 스타일 :
   미세효과 - 파랑, 강조1
 - 글꼴 : 굴림, 18pt

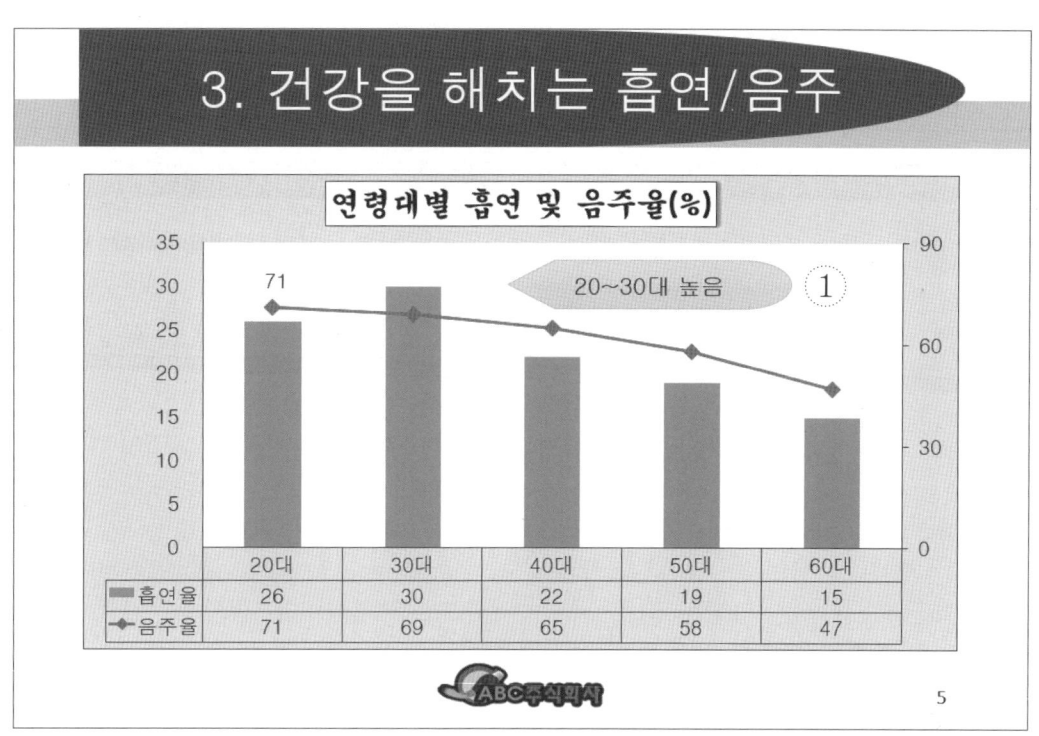

[슬라이드 6] ≪도형 슬라이드≫ (100점)

(1) 슬라이드와 같이 도형 및 스마트아트를 배치한다(글꼴 : 돋움, 18pt).
(2) 애니메이션 순서 : ① ⇒ ②

세부조건

① 도형 및 스마트아트 편집
 - 스마트아트 디자인
   : 3차원 만화, 강한 효과
 - 그룹화 후 애니메이션 효과
   : 닦아내기(위에서)

② 도형 편집
 - 그룹화 후 애니메이션 효과
   : 회전

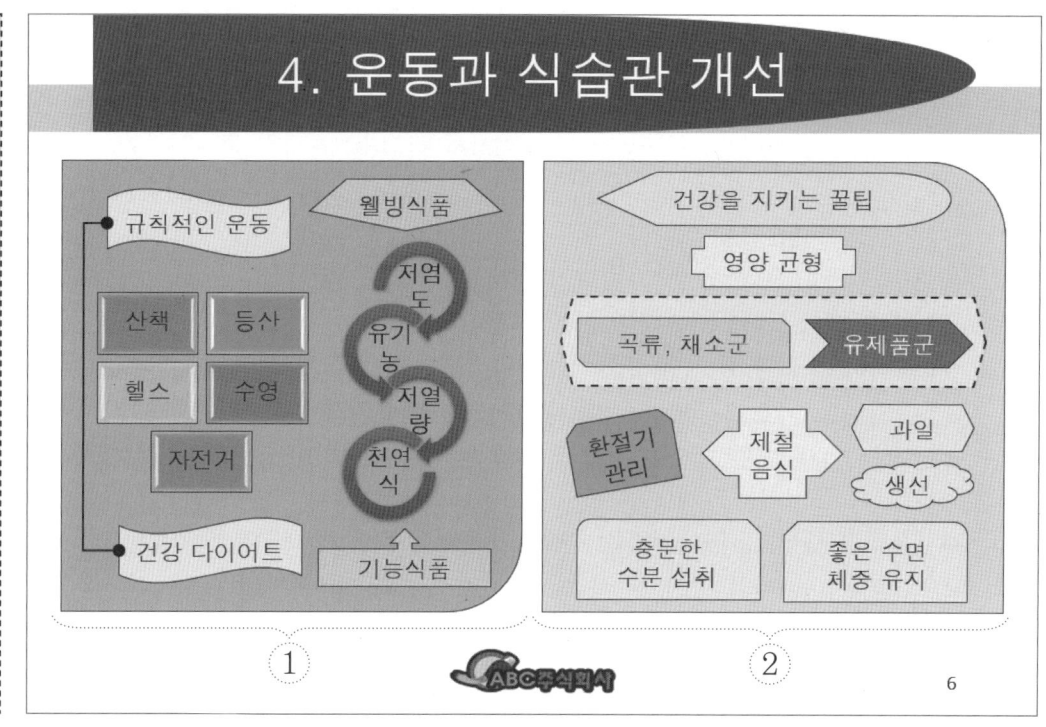

제7회 정보기술자격(ITQ) 시험 — MS오피스

과목	코드	문제유형	시험시간	수험번호	성 명
한글 파워포인트	1142	A	60분		

수험자 유의사항

- 수험자는 문제지를 받는 즉시 문제지와 <u>수험표상의 시험과목(프로그램)이 동일한지 반드시 확인</u>하여야 합니다.
- 파일명은 본인의 "수험번호-성명"으로 입력하여 답안폴더(내 PC₩문서₩ITQ)에 하나의 파일로 저장해야 하며, 답안문서 파일명이 "수험번호-성명"과 일치하지 않거나, 답안파일을 전송하지 않아 미제출로 처리될 경우 실격 처리합니다(예:12345678-홍길동.pptx).
- 답안 작성을 마치면 파일을 저장하고, '답안 전송' 버튼을 선택하여 감독위원 PC로 답안을 전송하십시오. 수험생 정보와 저장한 파일명이 다를 경우 전송되지 않으므로 주의하시기 바랍니다.
- 답안 작성 중에도 **주기적으로 저장하고, '답안 전송'**하여야 문제 발생을 줄일 수 있습니다. 작업한 내용을 저장하지 않고 전송할 경우 이전에 저장된 내용이 전송되오니 이점 유의하시기 바랍니다.
- 답안문서는 지정된 경로 외의 다른 보조기억장치에 저장하는 경우, 지정된 시험 시간 외에 작성된 파일을 활용할 경우, 기타 통신수단(이메일, 메신저, 네트워크 등)을 이용하여 타인에게 전달 또는 외부 반출하는 경우는 부정 처리합니다.
- 시험 중 부주의 또는 고의로 시스템을 파손한 경우는 수험자가 변상해야 하며, 〈수험자 유의사항〉에 기재된 방법대로 이행하지 않아 생기는 불이익은 수험생 당사자의 책임임을 알려 드립니다.
- 문제의 조건은 MS오피스 2021 버전으로 설정되어 있으며 MS오피스 2016은 【 】에 표기되어 있습니다. 이와 관련하여 작성한 답안의 출력형태가 문제지와 다를 수 있습니다.
- 시험을 완료한 수험자는 답안파일이 전송되었는지 확인한 후 감독위원의 지시에 따라 문제지를 제출하고 퇴실합니다.

답안 작성요령

- 온라인 답안 작성 절차
 수험자 등록 ⇒ 시험 시작 ⇒ 답안파일 저장 ⇒ 답안 전송 ⇒ 시험 종료
- 슬라이드의 크기는 A4 Paper로 설정하여 작성합니다.
- 슬라이드의 총 개수는 6개로 구성되어 있으며 슬라이드 1부터 순서대로 작업하고 반드시 문제와 세부조건대로 합니다.
- 별도의 지시사항이 없는 경우 출력형태를 참조하여 글꼴색은 검정 또는 흰색으로 작성하고, 기타사항은 전체적인 균형을 고려하여 작성합니다.
- 슬라이드 도형 및 개체에 출력형태와 다른 스타일(그림자, 외곽선 등)을 적용했을 경우 감점처리 됩니다.
- 슬라이드 번호를 작성합니다(슬라이드 1에는 생략).
- 2~6번 슬라이드 제목 도형과 하단 로고는 슬라이드 마스터를 이용하여 출력형태와 동일하게 작성합니다(슬라이드 1에는 생략).
- 문제와 세부조건, 세부조건 번호 ◯(점선원)는 입력하지 않습니다.
- 각 개체의 위치는 오른쪽의 슬라이드와 동일하게 구성합니다.
- 그림 삽입 문제의 경우 반드시 「내 PC₩문서₩ITQ₩Picture」폴더에서 정확한 파일을 선택하여 삽입하십시오.
- 각 슬라이드를 각각의 파일로 작업해서 저장할 경우 실격 처리됩니다.

kpc 한국생산성본부

[전체구성] (60점)

(1) 슬라이드 크기 및 순서 : 크기를 A4 용지로 설정하고 슬라이드 순서에 맞게 작성한다.
(2) 슬라이드 마스터 : 2~6슬라이드의 제목, 하단 로고, 슬라이드 번호는 슬라이드 마스터를 이용하여 작성한다.
 - 제목 글꼴(돋움, 40pt, 흰색), 가운데 맞춤, 도형(선 없음)
 - 하단 로고(「내 PC\문서\ITQ\Picture\로고2.jpg」, 배경(회색) 투명색으로 설정)

[슬라이드 1] ≪표지 디자인≫ (40점)

(1) 표지 디자인 : 도형, 워드아트 및 그림을 이용하여 작성한다.

세부조건

① 도형 편집
 - 도형에 그림 채우기 :
   「내 PC\문서\ITQ\Picture\
   그림1.jpg」, 투명도 50%
 - 도형 효과 :
   부드러운 가장자리 5포인트

② 워드아트 삽입
 - 변환 : 삼각형, 위로
   【삼각형】
 - 글꼴 : 돋움, 굵게
 - 텍스트 반사 :
   근접 반사, 4pt 오프셋

③ 그림 삽입
 - 「내 PC\문서\ITQ\Picture\
   로고2.jpg」
 - 배경(회색) 투명색으로 설정

[슬라이드 2] ≪목차 슬라이드≫ (60점)

(1) 출력형태와 같이 도형을 이용하여 목차를 작성한다(글꼴 : 굴림, 24pt).
(2) 도형 : 선 없음

세부조건

① 텍스트에 하이퍼링크 적용
 → '슬라이드 5'

② 그림 삽입
 - 「내 PC\문서\ITQ\Picture\
   그림4.jpg」
 - 자르기 기능 이용

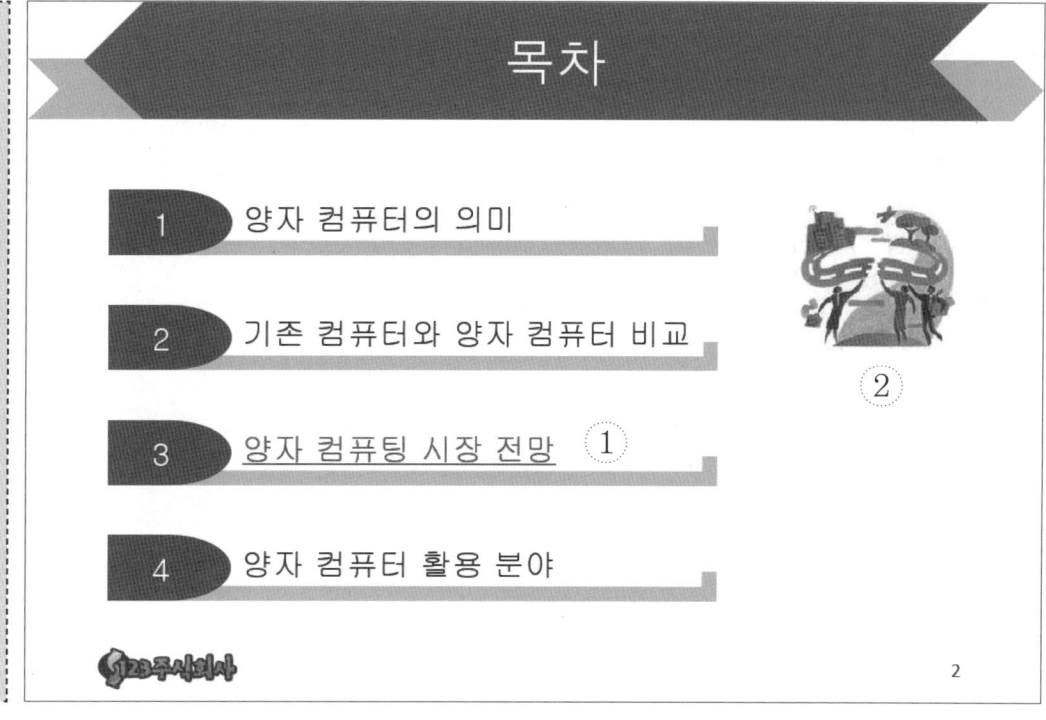

[슬라이드 3] ≪텍스트/동영상 슬라이드≫ (60점)

(1) 텍스트 작성 : 글머리 기호 사용(❖, ■)

❖문단(굴림, 24pt, 굵게, 줄간격 : 1.5줄), ■문단(굴림, 20pt, 줄간격 : 1.5줄)

세부조건

① 동영상 삽입 :
- 「내 PC\문서\ITQ\Picture\동영상.wmv」
- 자동실행, 반복재생 - 설정

1. 양자 컴퓨터의 의미

❖ Quantum Computing
- Quantum computing is computing using quantum-mechanical phenomena, such as superposition and entanglement
- A quantum computer is a device that performs quantum computing

❖ 양자 컴퓨터
- 중첩(0이면서 동시에 1인 상태), 얽힘 등 양자의 고유한 물리학적 특성을 이용하여 다수의 정보를 빠른 속도로 동시 처리할 수 있는 컴퓨터

[슬라이드 4] ≪표 슬라이드≫ (80점)

(1) 도형과 표 작성 기능을 이용하여 슬라이드를 작성한다(글꼴 : 돋움, 16pt).

세부조건

① 상단 도형 : 2개 도형의 조합으로 작성

② 좌측 도형 : 그라데이션 효과(선형 아래쪽)

③ 테이블 디자인【표 스타일】: 테마 스타일 1 - 강조 5

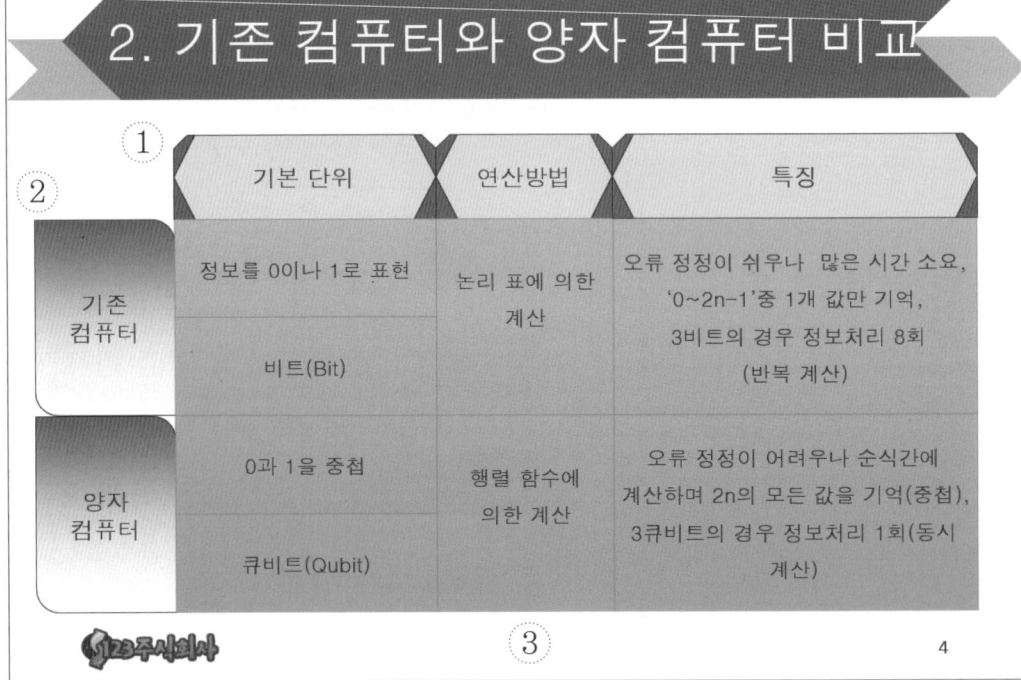

[슬라이드 5] ≪차트 슬라이드≫ (100점)
(1) 차트 작성 기능을 이용하여 슬라이드를 작성한다.
(2) 차트 : 종류(묶은 세로 막대형), 글꼴(돋움, 16pt) 외곽선

세부조건

※ 차트설명
- 차트제목 : 궁서, 24pt, 굵게, 채우기(흰색), 테두리, 그림자(오프셋 오른쪽)
- 차트영역 : 채우기(노랑) 그림영역 : 채우기(흰색)
- 데이터 서식 : 국내시장 계열을 표식이 있는 꺾은선형으로 변경 후 보조축으로 지정
- 값 표시 : 2020년의 세계시장 계열만

① 도형 삽입
- 스타일 :
  미세효과 – 파랑, 강조1
- 글꼴 : 굴림, 18pt

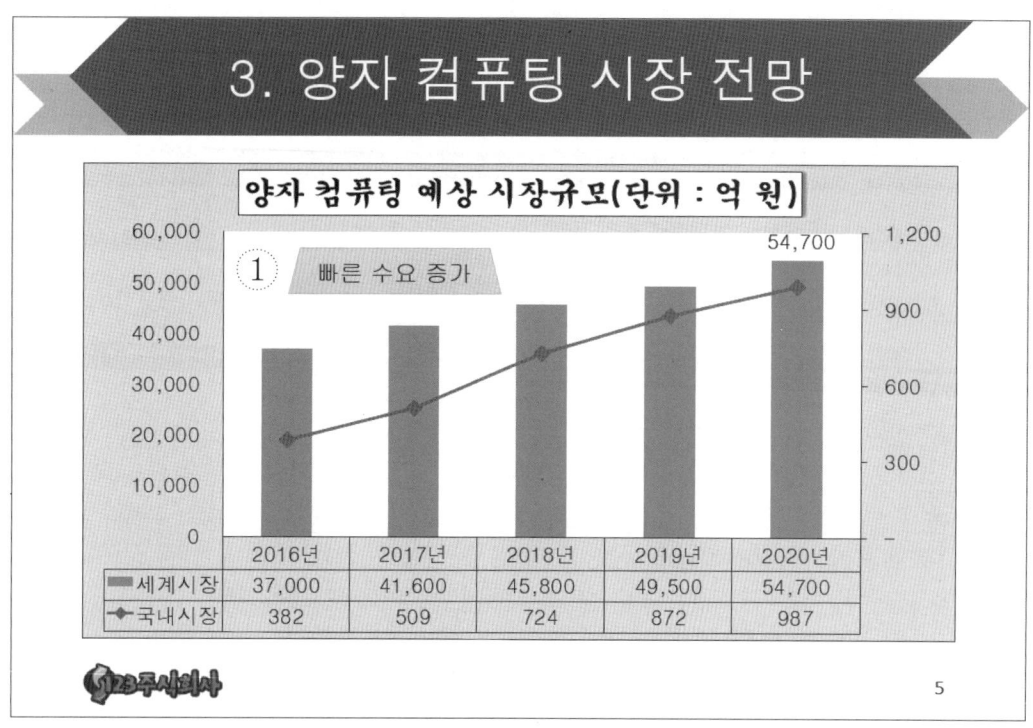

[슬라이드 6] ≪도형 슬라이드≫ (100점)
(1) 슬라이드와 같이 도형 및 스마트아트를 배치한다(글꼴 : 굴림, 18pt).
(2) 애니메이션 순서 : ① ⇒ ②

세부조건

① 도형 및 스마트아트 편집
- 스마트아트 디자인
  : 3차원 광택 처리,
    3차원 만화
- 그룹화 후 애니메이션 효과
  : 닦아내기(위에서)

② 도형 편집
- 그룹화 후 애니메이션 효과
  : 바운드

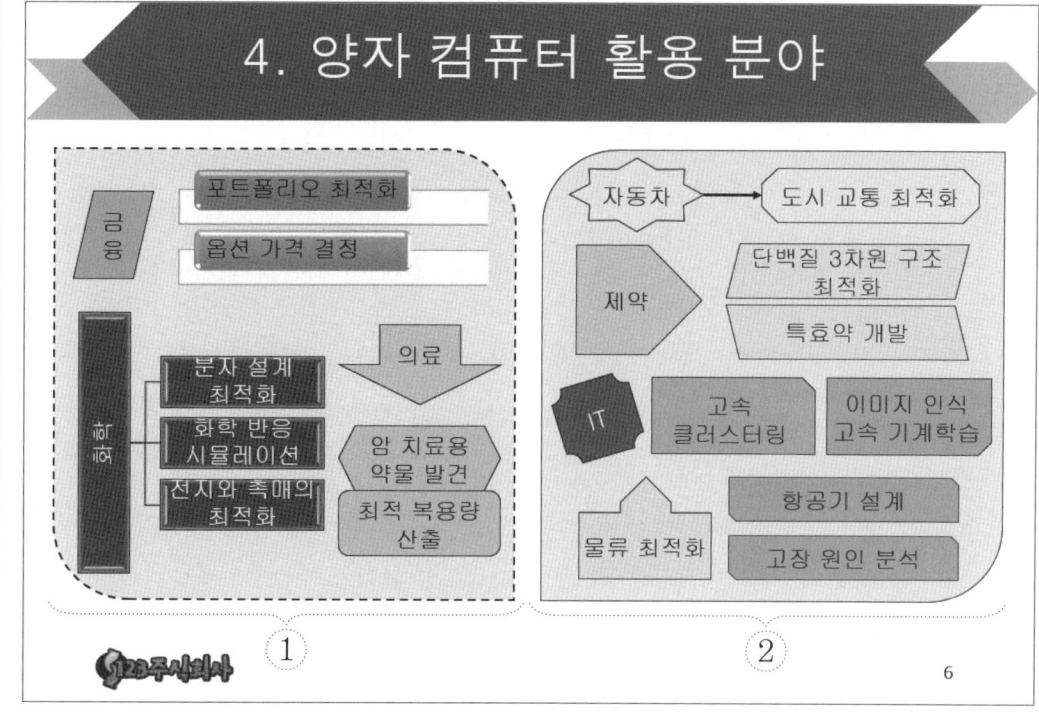

제6회 정보기술자격(ITQ) 시험 — MS오피스

과 목	코드	문제유형	시험시간	수험번호	성 명
한글 파워포인트	1142	C	60분		

수험자 유의사항

- 수험자는 문제지를 받는 즉시 문제지와 <u>수험표상의 시험과목(프로그램)이 동일한지 반드시 확인</u>하여야 합니다.
- 파일명은 본인의 "수험번호-성명"으로 입력하여 답안폴더(내 PC\문서\ITQ)에 하나의 파일로 저장해야 하며, 답안문서 파일명이 "수험번호-성명"과 일치하지 않거나, 답안파일을 전송하지 않아 미제출로 처리될 경우 실격 처리합니다(예:12345678-홍길동.pptx).
- 답안 작성을 마치면 파일을 저장하고, '답안 전송' 버튼을 선택하여 감독위원 PC로 답안을 전송하십시오. 수험생 정보와 저장한 파일명이 다를 경우 전송되지 않으므로 주의하시기 바랍니다.
- 답안 작성 중에도 **주기적으로 저장하고, '답안 전송'**하여야 문제 발생을 줄일 수 있습니다. 작업한 내용을 저장하지 않고 전송할 경우 이전에 저장된 내용이 전송되오니 이점 유의하시기 바랍니다.
- 답안문서는 지정된 경로 외의 다른 보조기억장치에 저장하는 경우, 지정된 시험 시간 외에 작성된 파일을 활용할 경우, 기타 통신수단(이메일, 메신저, 네트워크 등)을 이용하여 타인에게 전달 또는 외부 반출하는 경우는 부정 처리합니다.
- 시험 중 부주의 또는 고의로 시스템을 파손한 경우는 수험자가 변상해야 하며, 〈수험자 유의사항〉에 기재된 방법대로 이행하지 않아 생기는 불이익은 수험생 당사자의 책임임을 알려 드립니다.
- 문제의 조건은 MS오피스 2021 버전으로 설정되어 있으며 MS오피스 2016은 【 】에 표기되어 있습니다. 이와 관련하여 작성한 답안의 출력형태가 문제지와 다를 수 있습니다.
- 시험을 완료한 수험자는 답안파일이 전송되었는지 확인한 후 감독위원의 지시에 따라 문제지를 제출하고 퇴실합니다.

답안 작성요령

- 온라인 답안 작성 절차
  수험자 등록 ⇒ 시험 시작 ⇒ 답안파일 저장 ⇒ 답안 전송 ⇒ 시험 종료
- 슬라이드의 크기는 A4 Paper로 설정하여 작성합니다.
- 슬라이드의 총 개수는 6개로 구성되어 있으며 슬라이드 1부터 순서대로 작업하고 반드시 문제와 세부조건대로 합니다.
- 별도의 지시사항이 없는 경우 출력형태를 참조하여 글꼴색은 검정 또는 흰색으로 작성하고, 기타사항은 전체적인 균형을 고려하여 작성합니다.
- 슬라이드 도형 및 개체에 출력형태와 다른 스타일(그림자, 외곽선 등)을 적용했을 경우 감점처리 됩니다.
- 슬라이드 번호를 작성합니다(슬라이드 1에는 생략).
- 2~6번 슬라이드 제목 도형과 하단 로고는 슬라이드 마스터를 이용하여 출력형태와 동일하게 작성합니다(슬라이드 1에는 생략).
- 문제와 세부조건, 세부조건 번호 ◯(점선원)는 입력하지 않습니다.
- 각 개체의 위치는 오른쪽의 슬라이드와 동일하게 구성합니다.
- 그림 삽입 문제의 경우 반드시 「내 PC\문서\ITQ\Picture」폴더에서 정확한 파일을 선택하여 삽입하십시오.
- 각 슬라이드를 각각의 파일로 작업해서 저장할 경우 실격 처리됩니다.

kpc 한국생산성본부

[전체구성] (60점)
(1) 슬라이드 크기 및 순서 : 크기를 A4 용지로 설정하고 슬라이드 순서에 맞게 작성한다.
(2) 슬라이드 마스터 : 2~6슬라이드의 제목, 하단 로고, 슬라이드 번호는 슬라이드 마스터를 이용하여 작성한다.
  - 제목 글꼴(돋움, 40pt, 흰색), 가운데 맞춤, 도형(선 없음)
  - 하단 로고(「내 PC₩문서₩ITQ₩Picture₩로고2.jpg」, 배경(회색) 투명색으로 설정)

[슬라이드 1] ≪표지 디자인≫ (40점)
(1) 표지 디자인 : 도형, 워드아트 및 그림을 이용하여 작성한다.

세부조건

① 도형 편집
 - 도형에 그림 채우기 :
   「내 PC₩문서₩ITQ₩Picture₩그림3.jpg」, 투명도 50%
 - 도형 효과 :
   부드러운 가장자리 5포인트

② 워드아트 삽입
 - 변환 : 삼각형, 위로
   【삼각형】
 - 글꼴 : 돋움, 굵게
 - 텍스트 반사 :
   근접 반사, 4pt 오프셋

③ 그림 삽입
 -「내 PC₩문서₩ITQ₩Picture₩로고2.jpg」
 - 배경(회색) 투명색으로 설정

[슬라이드 2] ≪목차 슬라이드≫ (60점)
(1) 출력형태와 같이 도형을 이용하여 목차를 작성한다(글꼴 : 굴림, 24pt).
(2) 도형 : 선 없음

세부조건

① 텍스트에 하이퍼링크 적용
  → '슬라이드 5'

② 그림 삽입
 -「내 PC₩문서₩ITQ₩Picture₩그림5.jpg」
 - 자르기 기능 이용

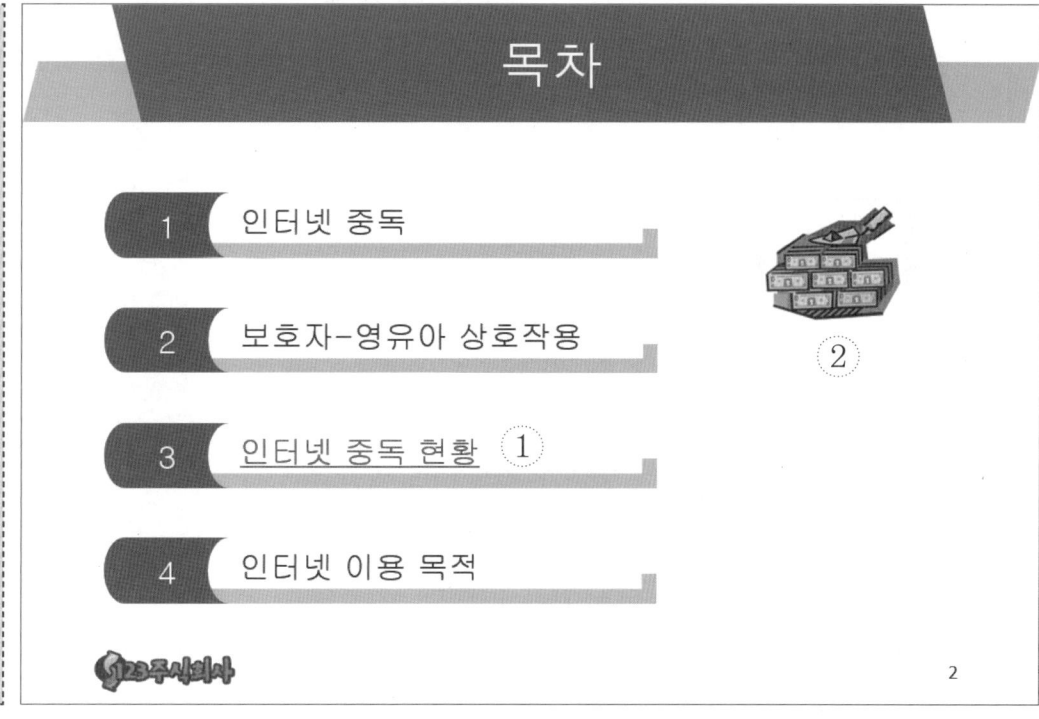

[슬라이드 3] ≪텍스트/동영상 슬라이드≫ (60점)
(1) 텍스트 작성 : 글머리 기호 사용(❖, ■)
　❖문단(굴림, 24pt, 굵게, 줄간격 : 1.5줄), ■문단(굴림, 20pt, 줄간격 : 1.5줄)

세부조건
① 동영상 삽입 :
  - 「내 PC₩문서₩ITQ₩Picture₩동영상.wmv」
  - 자동실행, 반복재생 - 설정

1. 인터넷 중독

❖ Internet Addiction Test
  ■ The Internet Addiction Test is the first validated and reliable measure of addictive use of the Internet
  ■ How do you know if you're already addicted or rapidly tumbling toward trouble

❖ 인터넷 중독
  ■ 인터넷을 과다 사용하는 습관적 행위로 금단과 내성이 생겨 가정, 학교, 사회, 일상생활의 장애가 유발되는 상태

[슬라이드 4] ≪표 슬라이드≫ (80점)
(1) 도형과 표 작성 기능을 이용하여 슬라이드를 작성한다(글꼴 : 돋움, 18pt).

세부조건
① 상단 도형 :
  2개 도형의 조합으로 작성
② 좌측 도형 :
  그라데이션 효과(선형 아래쪽)
③ 테이블 디자인【표 스타일】:
  테마 스타일 1 - 강조 5

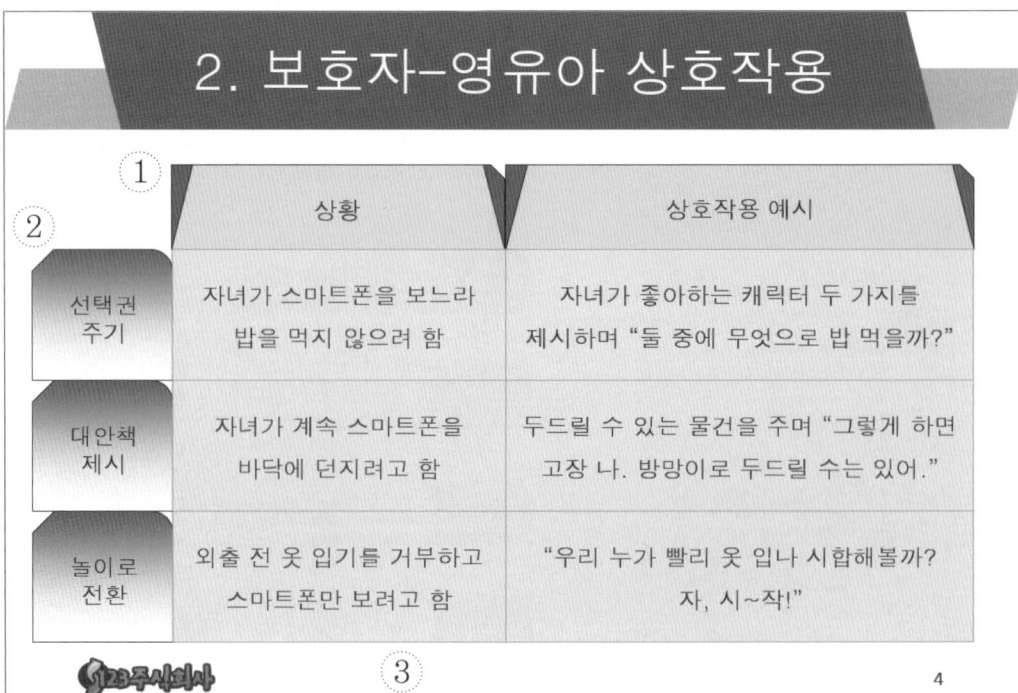

[슬라이드 5] ≪**차트 슬라이드**≫ (100점)

(1) 차트 작성 기능을 이용하여 슬라이드를 작성한다.
(2) 차트 : 종류(묶은 세로 막대형), 글꼴(돋움, 16pt) 외곽선

세부조건

※ 차트설명
- 차트제목 : 궁서, 24pt, 굵게, 채우기(흰색), 테두리, 그림자(오프셋 오른쪽)
- 차트영역 : 채우기(노랑) 그림영역 : 채우기(흰색)
- 데이터 서식 : 고위험 사용자 계열을 표식이 있는 꺾은선 형으로 변경 후 보조축으로 지정
- 값 표시 : 16~19세의 잠재적 위험 사용자 계열만

① 도형 삽입
  - 스타일 :
    미세효과 – 파랑, 강조1
  - 글꼴 : 굴림, 18pt

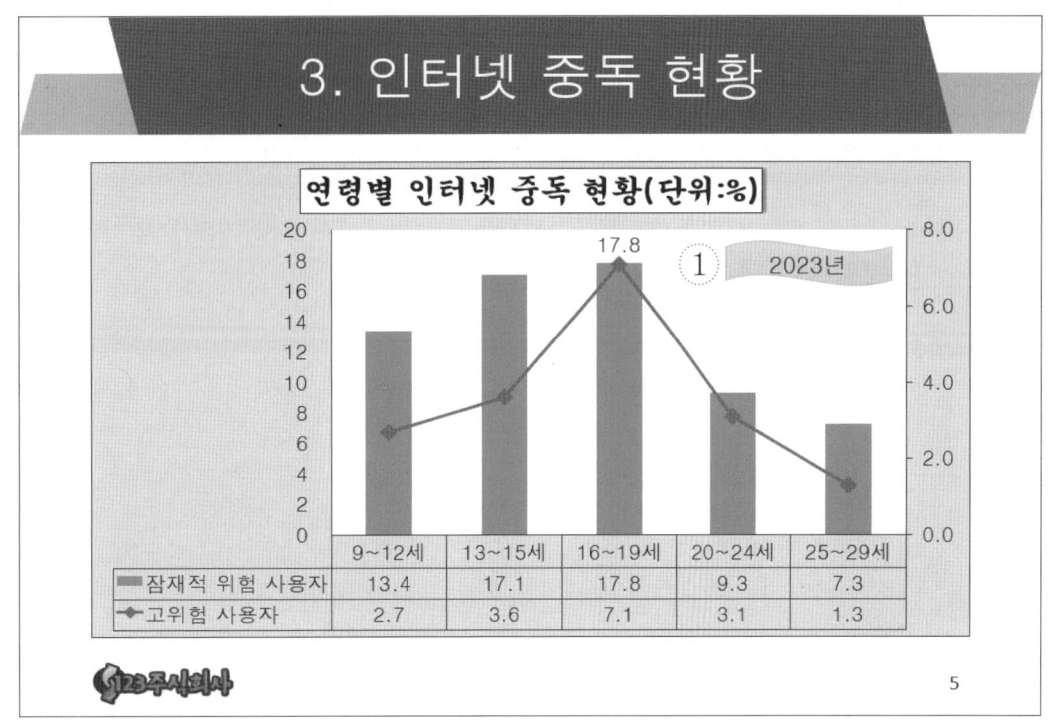

[슬라이드 6] ≪**도형 슬라이드**≫ (100점)

(1) 슬라이드와 같이 도형 및 스마트아트를 배치한다(글꼴 : 굴림, 18pt).
(2) 애니메이션 순서 : ① ⇒ ②

세부조건

① 도형 및 스마트아트 편집
  - 스마트아트 디자인
    : 3차원 광택 처리, 3차원 만화
  - 그룹화 후 애니메이션 효과
    : 닦아내기(위에서)

② 도형 편집
  - 그룹화 후 애니메이션 효과
    : 바운드

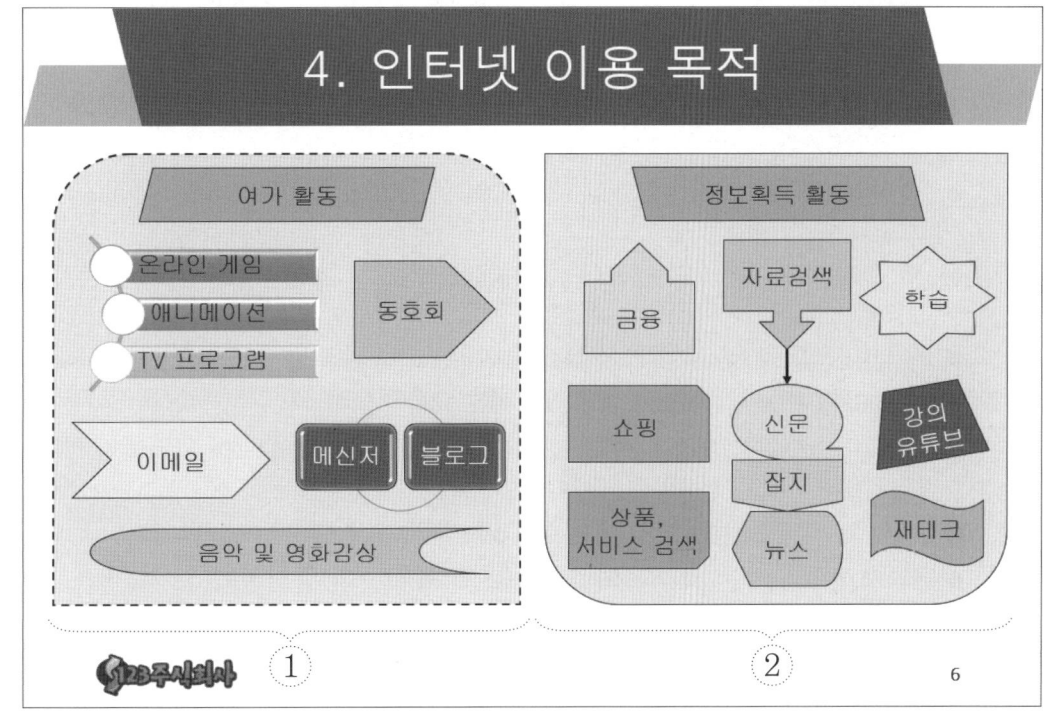

제5회 정보기술자격(ITQ) 시험 — MS오피스

과 목	코드	문제유형	시험시간	수험번호	성 명
한글 파워포인트	1142	B	60분		

수험자 유의사항

- 수험자는 문제지를 받는 즉시 문제지와 **수험표상의 시험과목(프로그램)이 동일한지 반드시 확인**하여야 합니다.
- 파일명은 본인의 "수험번호-성명"으로 입력하여 답안폴더(내 PC\문서\ITQ)에 하나의 파일로 저장해야 하며, 답안문서 파일명이 "수험번호-성명"과 일치하지 않거나, 답안파일을 전송하지 않아 미제출로 처리될 경우 실격 처리합니다(예:12345678-홍길동.pptx).
- 답안 작성을 마치면 파일을 저장하고, '답안 전송' 버튼을 선택하여 감독위원 PC로 답안을 전송하십시오. 수험생 정보와 저장한 파일명이 다를 경우 전송되지 않으므로 주의하시기 바랍니다.
- 답안 작성 중에도 **주기적으로 저장하고, '답안 전송'**하여야 문제 발생을 줄일 수 있습니다. 작업한 내용을 저장하지 않고 전송할 경우 이전에 저장된 내용이 전송되오니 이점 유의하시기 바랍니다.
- 답안문서는 지정된 경로 외의 다른 보조기억장치에 저장하는 경우, 지정된 시험 시간 외에 작성된 파일을 활용할 경우, 기타 통신수단(이메일, 메신저, 네트워크 등)을 이용하여 타인에게 전달 또는 외부 반출하는 경우는 부정 처리합니다.
- 시험 중 부주의 또는 고의로 시스템을 파손한 경우는 수험자가 변상해야 하며, 〈수험자 유의사항〉에 기재된 방법대로 이행하지 않아 생기는 불이익은 수험생 당사자의 책임임을 알려 드립니다.
- 문제의 조건은 MS오피스 2021 버전으로 설정되어 있으며 MS오피스 2016은 【 】에 표기되어 있습니다. 이와 관련하여 작성한 답안의 출력형태가 문제지와 다를 수 있습니다.
- 시험을 완료한 수험자는 답안파일이 전송되었는지 확인한 후 감독위원의 지시에 따라 문제지를 제출하고 퇴실합니다.

답안 작성요령

- 온라인 답안 작성 절차
  수험자 등록 ⇒ 시험 시작 ⇒ 답안파일 저장 ⇒ 답안 전송 ⇒ 시험 종료
- 슬라이드의 크기는 A4 Paper로 설정하여 작성합니다.
- 슬라이드의 총 개수는 6개로 구성되어 있으며 슬라이드 1부터 순서대로 작업하고 반드시 문제와 세부 조건대로 합니다.
- 별도의 지시사항이 없는 경우 출력형태를 참조하여 글꼴색은 검정 또는 흰색으로 작성하고, 기타사항은 전체적인 균형을 고려하여 작성합니다.
- 슬라이드 도형 및 개체에 출력형태와 다른 스타일(그림자, 외곽선 등)을 적용했을 경우 감점처리 됩니다.
- 슬라이드 번호를 작성합니다(슬라이드 1에는 생략).
- 2~6번 슬라이드 제목 도형과 하단 로고는 슬라이드 마스터를 이용하여 출력형태와 동일하게 작성합니다(슬라이드 1에는 생략).
- 문제와 세부조건, 세부조건 번호 ◌(점선원)는 입력하지 않습니다.
- 각 개체의 위치는 오른쪽의 슬라이드와 동일하게 구성합니다.
- 그림 삽입 문제의 경우 반드시 「내 PC\문서\ITQ\Picture」폴더에서 정확한 파일을 선택하여 삽입하십시오.
- 각 슬라이드를 각각의 파일로 작업해서 저장할 경우 실격 처리됩니다.

kpc 한국생산성본부

[전체구성] (60점)
(1) 슬라이드 크기 및 순서 : 크기를 A4 용지로 설정하고 슬라이드 순서에 맞게 작성한다.
(2) 슬라이드 마스터 : 2~6슬라이드의 제목, 하단 로고, 슬라이드 번호는 슬라이드 마스터를 이용하여 작성한다.
 - 제목 글꼴(돋움, 40pt, 흰색), 가운데 맞춤, 도형(선 없음)
 - 하단 로고(「내 PC\문서\ITQ\Picture\로고2.jpg」, 배경(회색) 투명색으로 설정)

[슬라이드 1] ≪표지 디자인≫ (40점)
(1) 표지 디자인 : 도형, 워드아트 및 그림을 이용하여 작성한다.

세부조건

① 도형 편집
 - 도형에 그림 채우기 :
  「내 PC\문서\ITQ\Picture\
  그림3.jpg」, 투명도 50%
 - 도형 효과 :
  부드러운 가장자리 5포인트

② 워드아트 삽입
 - 변환 : 삼각형, 위로
 【삼각형】
 - 글꼴 : 돋움, 굵게
 - 텍스트 반사 :
  근접 반사, 4pt 오프셋

③ 그림 삽입
 - 「내 PC\문서\ITQ\Picture\
  로고2.jpg」
 - 배경(회색) 투명색으로 설정

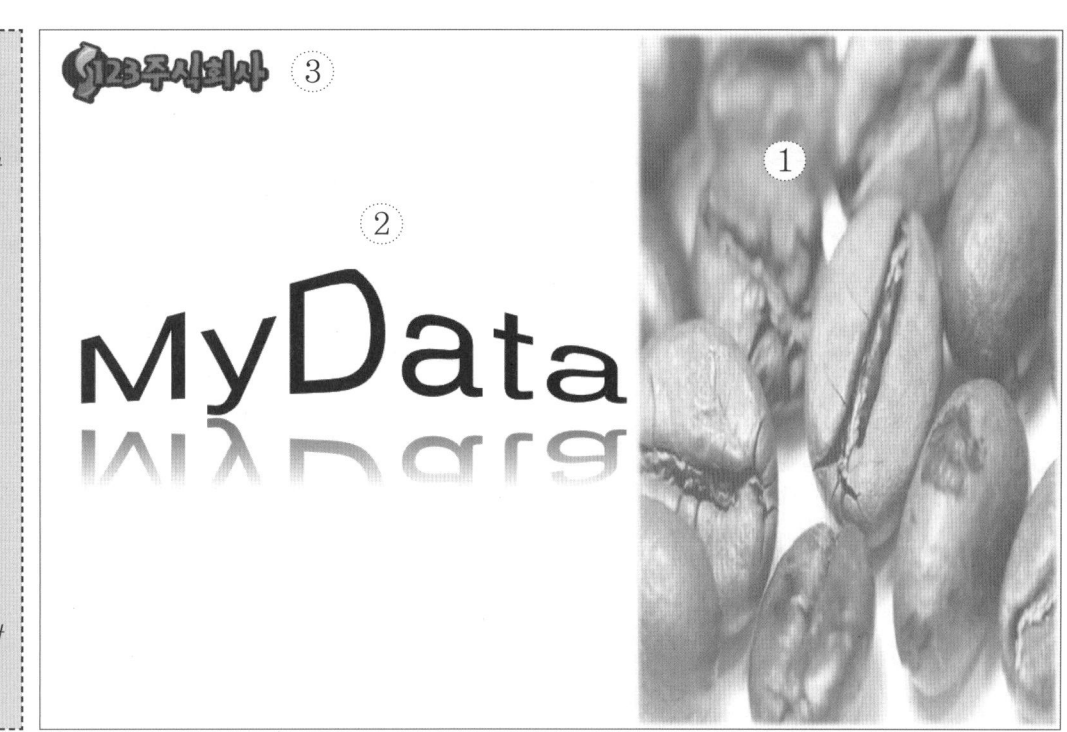

[슬라이드 2] ≪목차 슬라이드≫ (60점)
(1) 출력형태와 같이 도형을 이용하여 목차를 작성한다(글꼴 : 굴림, 24pt).
(2) 도형 : 선 없음

세부조건

① 텍스트에 하이퍼링크 적용
 → '슬라이드 5'

② 그림 삽입
 - 「내 PC\문서\ITQ\Picture\
  그림5.jpg」
 - 자르기 기능 이용

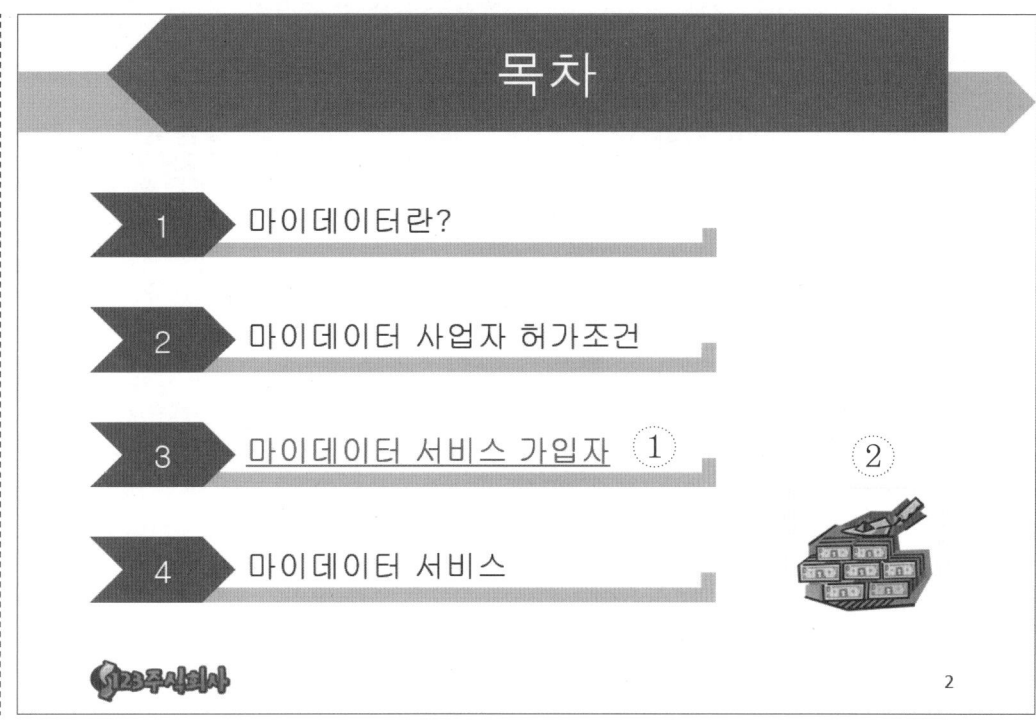

[슬라이드 3] ≪텍스트/동영상 슬라이드≫ (60점)
(1) 텍스트 작성 : 글머리 기호 사용(❖, ■)
  ❖문단(굴림, 24pt, 굵게, 줄간격 : 1.5줄), ■문단(굴림, 20pt, 줄간격 : 1.5줄)

세부조건
① 동영상 삽입 :
 - 「내 PC₩문서₩ITQ₩Picture₩동영상.wmv」
 - 자동실행, 반복재생- 설정

1. 마이데이터란?

❖ MyData
■ MyData is one of the government's flagship financial business initiatives, which aims to enable customers to browse their own personal financial information gathered from various financial firms and made available all in one place

❖ 마이데이터 사업자
■ 마이데이터 사업자는 개인신용정보 전송 요구권 행사에 기반
■ 고객에게 더욱 편리한 금융서비스 제공

[슬라이드 4] ≪표 슬라이드≫ (80점)
(1) 도형과 표 작성 기능을 이용하여 슬라이드를 작성한다(글꼴 : 돋움, 18pt).

세부조건
① 상단 도형 :
  2개 도형의 조합으로 작성
② 좌측 도형 :
  그라데이션 효과(선형 아래쪽)
③ 테이블 디자인【표 스타일】:
  테마 스타일 1 - 강조 5

2. 마이데이터 사업자 허가조건

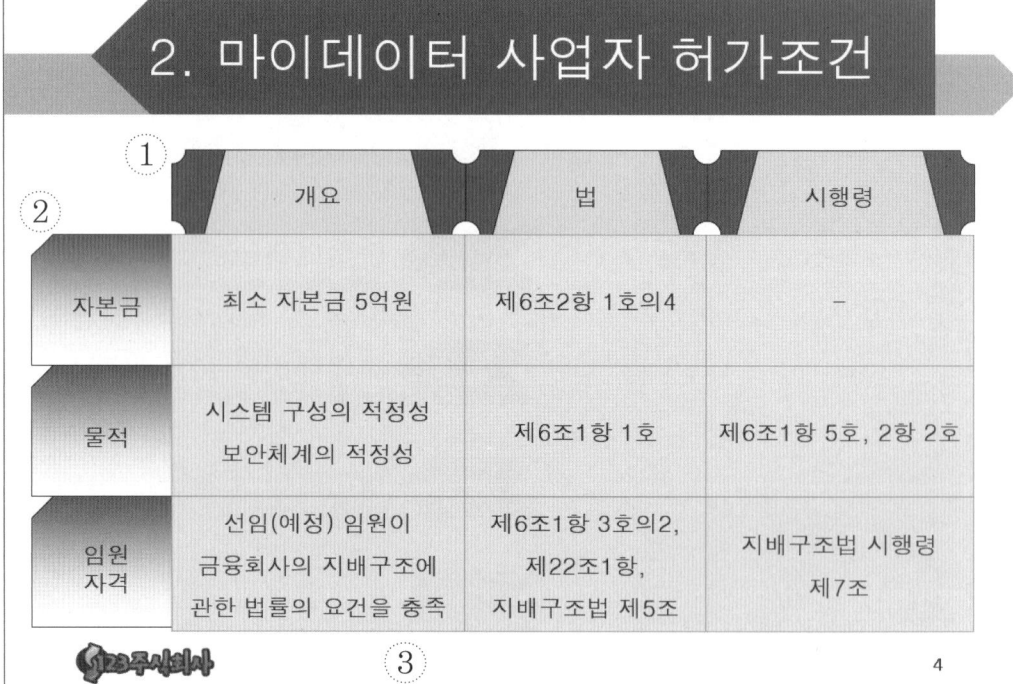

	개요	법	시행령
자본금	최소 자본금 5억원	제6조2항 1호의4	-
물적	시스템 구성의 적정성 보안체계의 적정성	제6조1항 1호	제6조1항 5호, 2항 2호
임원 자격	선임(예정) 임원이 금융회사의 지배구조에 관한 법률의 요건을 충족	제6조1항 3호의2, 제22조1항, 지배구조법 제5조	지배구조법 시행령 제7조

[슬라이드 5] ≪차트 슬라이드≫ (100점)

(1) 차트 작성 기능을 이용하여 슬라이드를 작성한다.
(2) 차트 : 종류(묶은 세로 막대형), 글꼴(돋움, 16pt) 외곽선

세부조건

※ 차트설명
- 차트제목 : 궁서, 24pt, 굵게, 채우기(흰색), 테두리, 그림자(오프셋 오른쪽)
- 차트영역 : 채우기(노랑) 그림영역 : 채우기(흰색)
- 데이터 서식 : 핀테크-IT 계열을 표식이 있는 꺾은선형으로 변경 후 보조축으로 지정
- 값 표시 : 9월의 금융기관 계열만

① 도형 삽입
- 스타일 : 미세효과 – 파랑, 강조1
- 글꼴 : 굴림, 18pt

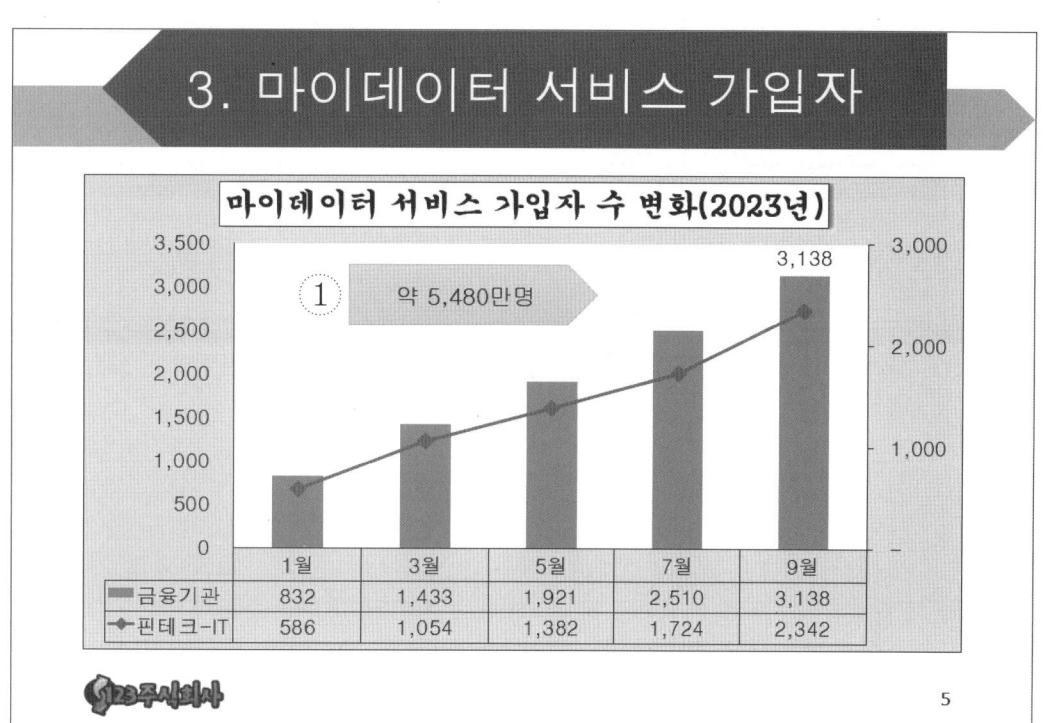

[슬라이드 6] ≪도형 슬라이드≫ (100점)

(1) 슬라이드와 같이 도형 및 스마트아트를 배치한다(글꼴 : 굴림, 18pt).
(2) 애니메이션 순서 : ① ⇒ ②

세부조건

① 도형 및 스마트아트 편집
- 스마트아트 디자인 : 3차원 광택 처리, 3차원 만화
- 그룹화 후 애니메이션 효과 : 닦아내기(위에서)

② 도형 편집
- 그룹화 후 애니메이션 효과 : 바운드

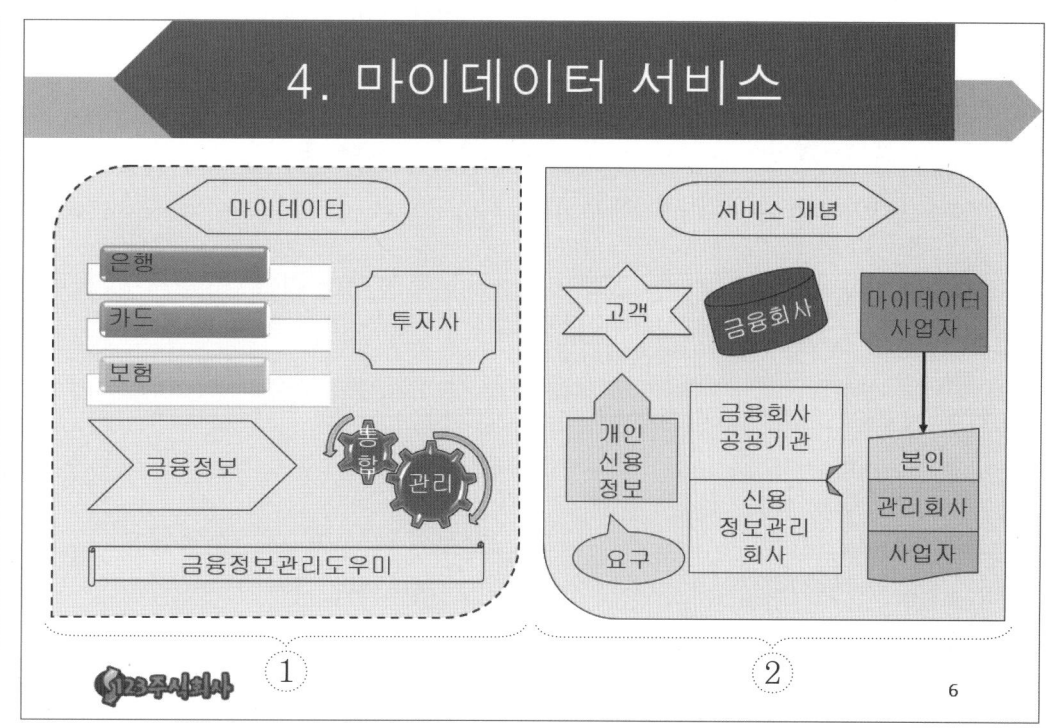

제4회 정보기술자격(ITQ) 시험

MS오피스

과목	코드	문제유형	시험시간	수험번호	성 명
한글 파워포인트	1142	A	60분		

수험자 유의사항

- 수험자는 문제지를 받는 즉시 문제지와 **수험표상의 시험과목(프로그램)이 동일한지 반드시 확인**하여야 합니다.
- 파일명은 본인의 "수험번호-성명"으로 입력하여 답안폴더(내 PC\문서\ITQ)에 하나의 파일로 저장해야 하며, 답안문서 파일명이 "수험번호-성명"과 일치하지 않거나, 답안파일을 전송하지 않아 미제출로 처리될 경우 실격 처리합니다(예:12345678-홍길동.pptx).
- 답안 작성을 마치면 파일을 저장하고, '답안 전송' 버튼을 선택하여 감독위원 PC로 답안을 전송하십시오. 수험생 정보와 저장한 파일명이 다를 경우 전송되지 않으므로 주의하시기 바랍니다.
- 답안 작성 중에도 **주기적으로 저장하고, '답안 전송'**하여야 문제 발생을 줄일 수 있습니다. 작업한 내용을 저장하지 않고 전송할 경우 이전에 저장된 내용이 전송되오니 이점 유의하시기 바랍니다.
- 답안문서는 지정된 경로 외의 다른 보조기억장치에 저장하는 경우, 지정된 시험 시간 외에 작성된 파일을 활용할 경우, 기타 통신수단(이메일, 메신저, 네트워크 등)을 이용하여 타인에게 전달 또는 외부 반출하는 경우는 부정 처리합니다.
- 시험 중 부주의 또는 고의로 시스템을 파손한 경우는 수험자가 변상해야 하며, 〈수험자 유의사항〉에 기재된 방법대로 이행하지 않아 생기는 불이익은 수험생 당사자의 책임임을 알려 드립니다.
- 문제의 조건은 MS오피스 2021 버전으로 설정되어 있으며 MS오피스 2016은 【 】에 표기되어 있습니다. 이와 관련하여 작성한 답안의 출력형태가 문제지와 다를 수 있습니다.
- 시험을 완료한 수험자는 답안파일이 전송되었는지 확인한 후 감독위원의 지시에 따라 문제지를 제출하고 퇴실합니다.

답안 작성요령

- 온라인 답안 작성 절차
  수험자 등록 ⇒ 시험 시작 ⇒ 답안파일 저장 ⇒ 답안 전송 ⇒ 시험 종료
- 슬라이드의 크기는 A4 Paper로 설정하여 작성합니다.
- 슬라이드의 총 개수는 6개로 구성되어 있으며 슬라이드 1부터 순서대로 작업하고 반드시 문제와 세부 조건대로 합니다.
- 별도의 지시사항이 없는 경우 출력형태를 참조하여 글꼴색은 검정 또는 흰색으로 작성하고, 기타사항은 전체적인 균형을 고려하여 작성합니다.
- 슬라이드 도형 및 개체에 출력형태와 다른 스타일(그림자, 외곽선 등)을 적용했을 경우 감점처리 됩니다.
- 슬라이드 번호를 작성합니다(슬라이드 1에는 생략).
- 2~6번 슬라이드 제목 도형과 하단 로고는 슬라이드 마스터를 이용하여 출력형태와 동일하게 작성합니다 (슬라이드 1에는 생략).
- 문제와 세부조건, 세부조건 번호 ○(점선원)는 입력하지 않습니다.
- 각 개체의 위치는 오른쪽의 슬라이드와 동일하게 구성합니다.
- 그림 삽입 문제의 경우 반드시 「내 PC\문서\ITQ\Picture」폴더에서 정확한 파일을 선택하여 삽입하십시오.
- 각 슬라이드를 각각의 파일로 작업해서 저장할 경우 실격 처리됩니다.

kpc 한국생산성본부

마무리 핵심요약

[전체구성] ─〔디자인〕 탭-〔페이지 설정〕 그룹에서 〔페이지 설정〕 (60점)
(1) 슬라이드 크기 및 순서 : 크기를 A4 용지로 설정하고 슬라이드 순서에 맞게 작성한다.
(2) 슬라이드 마스터 : 2~6슬라이드의 제목, 하단 로고, 슬라이드 번호는 슬라이드 마스터를 이용하여 작성한다.
   - 제목 글꼴(돋움, 36pt, 흰색), 가운데 맞춤, 도형(선 없음)
   - 하단 로고(「내 PC\문서\ITQ\Picture\로고2.jpg」, 배경(회색) 투명색으로 설정)
   └〔보기〕 탭-〔마스터 보기〕 그룹에서 〔슬라이드 마스터〕

[슬라이드 1] ≪표지 디자인≫ (40점)
(1) 표지 디자인 : 도형, 워드아트 및 그림을 이용하여 작성한다.
           〔삽입〕 탭-〔이미지〕 그룹에서 〔그림〕┐

세부조건

① 도형 편집
 - 도형에 그림 채우기 :
   「내 PC\문서\ITQ\Picture\
   그림1.jpg」, 투명도 50%
 - 도형 효과 :
   부드러운 가장자리 5포인트

② 워드아트 삽입
 - 변환 : 갈매기형 수장, 위로
 【갈매기형 수장】← 파워포인트 2016 버전 응시자는 【 】 안의 지시사항으로 작성
 - 글꼴 : 돋움, 굵게
 - 텍스트 반사 :
   근접 반사, 4pt 오프셋 ←〔그리기 도구〕 정황 탭-〔서식〕 탭-〔WordArt〕 그룹에서 〔텍스트 효과〕-〔반사〕

③ 그림 삽입
 - 「내 PC\문서\ITQ\Picture\
   로고2.jpg」
 - 배경(회색) 투명색으로 설정 ←〔그리기 도구〕 정황 탭-〔서식〕 탭-〔조정〕 그룹에서 〔색〕-〔투명한 색 설정〕

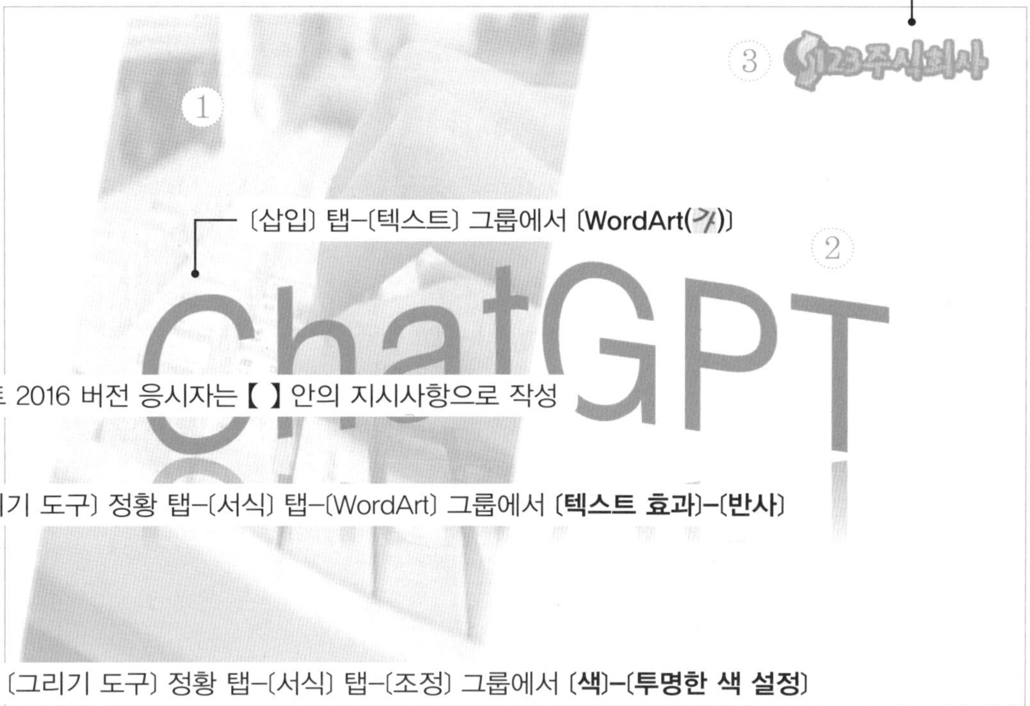

[슬라이드 2] ≪목차 슬라이드≫ (60점)
(1) 출력형태와 같이 도형을 이용하여 목차를 작성한다(글꼴 : 굴림, 24pt).
(2) 도형 : 선 없음
         ┌〔슬라이드 마스터〕에서 도형 작성 및 제목 개체 틀을 지정

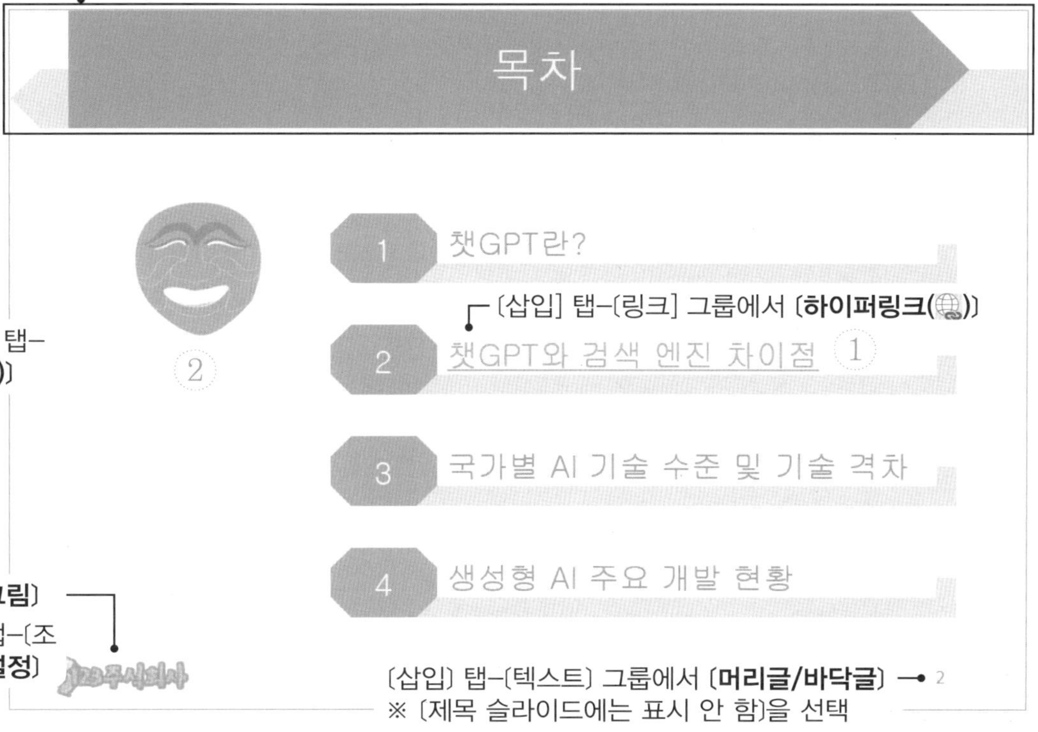

세부조건

① 텍스트에 하이퍼링크 적용
 → '슬라이드 4'

② 그림 삽입
 - 「내 PC\문서\ITQ\Picture\
   그림5.jpg」
 - 자르기 기능 이용
 └〔그림 도구〕 정황 탭-〔서식〕 탭-
   〔크기〕 그룹에서 〔자르기(▣)〕

         ┌〔삽입〕 탭-〔링크〕 그룹에서 〔하이퍼링크(🌐)〕

• 〔삽입〕 탭-〔이미지〕 그룹에서 〔그림〕
• 〔그리기 도구〕 정황 탭-〔서식〕 탭-〔조정〕 그룹에서 〔색〕-〔투명한 색 설정〕

〔삽입〕 탭-〔텍스트〕 그룹에서 〔머리글/바닥글〕 → 2
※ 〔제목 슬라이드에는 표시 안 함〕을 선택

Last Summary

[슬라이드 3] ≪텍스트/동영상 슬라이드≫ (60점)
(1) 텍스트 작성 : 글머리 기호 사용(❖, ■)
　　　　❖문단(굴림, 24pt, 굵게, 줄간격 : 1.5줄), ■문단(굴림, 20pt, 줄간격 : 1.5줄)
　　　　　　└ 〔그리기 도구〕 정황 탭-〔서식〕 탭-〔단락〕 그룹에서 〔**줄 간격**〕

세부조건

① 동영상 삽입 :
－「내 PC₩문서₩ITQ₩Picture₩동영상.wmv」
－자동실행, 반복재생－설정
　└ 〔비디오 도구〕 정황 탭-〔재생〕 탭-〔비디오 옵션〕 그룹

1. 챗GPT란?

〔삽입〕 탭-〔미디어〕 그룹에서 〔**비디오**〕-〔**내 PC의 비디오**〕

❖ ChatGPT
■ ChatGPT is OpenAI's AI model, 'GPT-3.5' Chatbot made available in a way
■ GPT stands for Generative Pretrained Transformer

〔그리기 도구〕 정황 탭-〔서식〕 탭-〔단락〕 그룹에서 〔**글머리 기호**〕 ①

❖ 챗GPT
■ 챗GPT는 초거대 인공지능 모델 GPT-3.5를 누구나 쉽게 사용할 수 있도록 만든 미국 오픈에이아이의 챗봇으로 질문을 하면 체계적 구성을 가진 문서로 만들어주는 생성형 AI 모델

└ 〔도형 서식〕 작업 창에서 **자동 맞춤 안 함**을 선택

[슬라이드 4] ≪표 슬라이드≫ (80점)
(1) 도형과 표 작성 기능을 이용하여 슬라이드를 작성한다(글꼴 : 돋움, 18pt).

뒤쪽 도형을 먼저 작성한 후 앞쪽 도형을 작성

세부조건

① 상단 도형 :
　2개 도형의 조합으로 작성
② 좌측 도형 :
　그라데이션 효과(선형 아래쪽)
③ 테이블 디자인【표 스타일】:
　테마 스타일 1 - 강조 5
　└ 〔표 도구〕 정황 탭-〔디자인〕 탭-〔표 스타일〕 그룹에서 〔표 스타일〕

2. 챗GPT와 검색 엔진 차이점

	챗GPT	검색 엔진
인공지능 기술	인공지능 기술인 언어 모델링을 사용해 사용자의 질문에 답변	키워드 검색을 통한 정보 제공
생산성	사용자 질문에 새로운 질문을 생성하는 답변 제공	새로운 정보 생성할 수 없음
상호작용	사용자 친화적 상호작용을 통해 질문을 이해하고 대답하는 방식	사용자와 상호작용 없음

└ 〔그리기 도구〕 정황 탭-〔서식〕 탭-〔도형 스타일〕 그룹에서 〔**도형 채우기**〕-〔**그라데이션**〕

조립 방법

❶ 교재에서 [종이 스탠드] 페이지를 분리합니다.

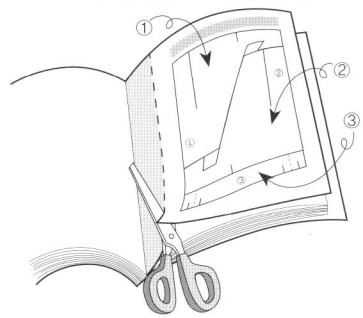

❷ 자르는 선을 모두 잘라 3개의 객체로 분리합니다.

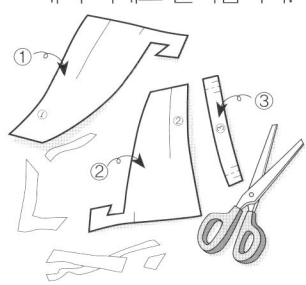

❸ ①번과 ②번을 서로 교차하여 끼워줍니다.

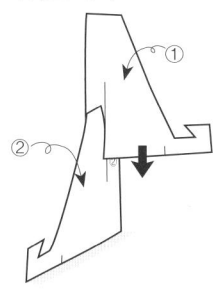

❹ ③번의 양쪽 접는 선 부분을 접어줍니다.

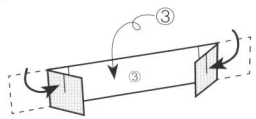

❺ ①번과 ②번의 조립된 부분을 ③번과 잘 맞추어 위·아래로 끼워줍니다.

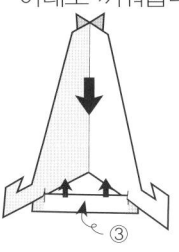

❻ 완성된 종이 스탠드를 잘 활용합니다.

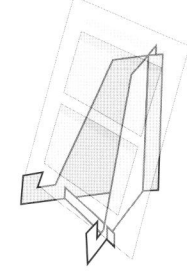

재미로 만들어 보는 종이 스탠드

→ 기출문제지를 올려서 사용하세요~

——— 자르는 선   - - - - - 접는 선

렉스미디어 도서 소개

빵터진

▶ 컴퓨터모험 ❶
- 정가 : 10,000원
- 페이지 : 128 page

▶ 컴퓨터모험 ❷
- 정가 : 10,000원
- 페이지 : 128 page

▶ 컴퓨터모험 ❸
- 정가 : 10,000원
- 페이지 : 144 page

깨비뚝딱

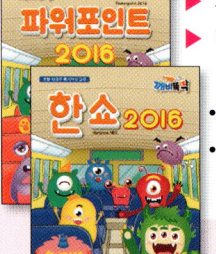
▶ 파워포인트 2016
▶ 한쇼 NEO(2016)
- 정가 : 12,000원
- 페이지 : 144 page

▶ 한글 NEO(2016)
- 정가 : 12,000원
- 페이지 : 144 page

▶ 엑셀 2016
▶ 한셀 NEO(2016)
- 정가 : 12,000원
- 페이지 : 144 page

▶ 파워포인트 2021
- 정가 : 12,000원
- 페이지 : 144 page

▶ 한글 2020
- 정가 : 12,000원
- 페이지 : 144 page

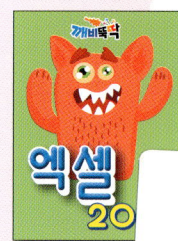
▶ 엑셀 2021
- 정가 : 12,000원
- 페이지 : 144 page

스마트스쿨

▶ 파워포인트 2021
▶ 한쇼 NEO(2016)
- 정가 : 각 10,000원
- 페이지 : 160 page

▶ 한글 NEO(2016)
▶ 한글 2020
- 정가 : 10,000원~ 12,000원
- 페이지 : 160 page

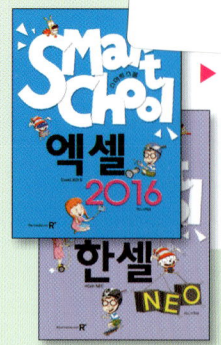
▶ 한셀 NEO(2016)
- 정가 : 각 10,000원
- 페이지 : 160 page

영재스쿨

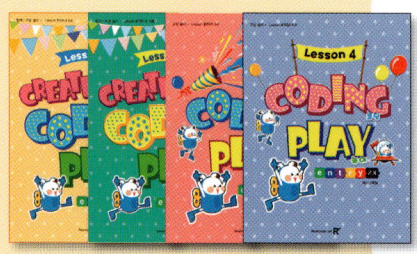
▶ 엔트리 2.X ❶
▶ 엔트리 2.X ❷
▶ 엔트리 2.X ❸
▶ 엔트리 2.X ❹
- 정가 : 각 12,000원
- 페이지 : 144 page

▶ 스크래치 3.0 ❶
▶ 스크래치 3.0 ❷
▶ 스크래치 3.0 ❸
▶ 스크래치 3.0 ❹
- 정가 : 각 10,000원
- 페이지 : 144 page